開成高等学校

〈 収 録 内 容 〉

2024 年度 ……………………… 数・英・理
※国語の大問 2 は、問題に使用された作品の著作権者が二次使用の許可
ため、問題を掲載しておりません。

2023 年度 ……………………… 数・英・理・社・国

2022 年度 ……………………… 数・英・理・社・国

2021 年度 ……………………… 数・英・理・社・国

2020 年度 ……………………… 数・英・理・社・国

2019 年度 ……………………… 数・英・理・社・国

 平成 30 年度 ……………………… 数・英・理・社

 平成 29 年度 ……………………… 数・英・理・社

便利な DL コンテンツは右の QR コードから

解答用紙　過去年度　リスニング　解説+α　⇒　

※データのダウンロードは 2025 年 3 月末日まで。
※データへのアクセスには、右記のパスワードの入力が必要となります。　⇒　988608

〈 合 格 最 低 点 〉

2024年度	263点	2020年度	242点
2023年度	254点	2019年度	263点
2022年度	222点	2018年度	263点
2021年度	233点	2017年度	218点

本書の特長

実戦力がつく入試過去問題集

▶ 問題 ………… 実際の入試問題を見やすく再編集。

▶ 解答用紙 …… 実戦対応仕様で収録。

▶ 解答解説 …… 詳しくわかりやすい解説には、難易度の目安がわかる「基本・重要・やや難」の分類マークつき（下記参照）。各科末尾には合格へと導く「ワンポイントアドバイス」を配置。採点に便利な配点つき。

入試に役立つ分類マーク ✎

基本 ▶ 確実な得点源！
受験生の90％以上が正解できるような基礎的、かつ平易な問題。
何度もくり返して学習し、ケアレスミスも防げるようにしておこう。

重要 ▶ 受験生なら何としても正解したい！
入試では典型的な問題で、長年にわたり、多くの学校でよく出題される問題。
各単元の内容理解を深めるのにも役立てよう。

やや難 ▶ これが解ければ合格に近づく！
受験生にとっては、かなり手ごたえのある問題。
合格者の正解率が低い場合もあるので、あきらめずにじっくりと取り組んでみよう。

合格への対策、実力錬成のための内容が充実

▶ 各科目の出題傾向の分析、合否を分けた問題（過去3年分）の確認で、入試対策を強化！

▶ その他、学校紹介、過去問の効果的な使い方など、学習意欲を高める要素が満載！

解答用紙ダウンロード	解答用紙はプリントアウトしてご利用いただけます。弊社HPの商品詳細ページよりダウンロードしてください。トビラのQRコードからアクセス可。
+α ダウンロード	2021年度以降の数学の解説に +α が付いています。弊社HPの商品詳細ページよりダウンロードしてください。トビラのQRコードからアクセス可。
リスニング音声ダウンロード	英語のリスニング問題については、弊社オリジナル作成により音声を再現。弊社HPの商品詳細ページで全収録年度分を配信対応しております。トビラのQRコードからアクセス可。
UD FONT	見やすく読みまちがえにくいユニバーサルデザインフォントを採用しています。

開成 高等学校

高度なカリキュラムで
東大合格者数トップを誇る
伝統行事で生徒の自主性を重視

普通科
生徒数　1211名
〒116-0013
東京都荒川区西日暮里4-2-4
☎03-3822-0741
山手線・千代田線西日暮里駅
徒歩2分

URL　https://www.kaiseigakuen.jp

全国トップの進学校の伝統と誇り

東大合格者数が全国トップの進学校としてあまりにも有名である。「ペンケン」の校章は“ペンは剣よりも強し”という格言からとったもので、校風を象徴している。開校以来、「自由な精神」と「質実剛健」を伝統とし、新時代を切り開く思考力と実行力、その基盤となる基礎学力、これらを身につける不断の努力を通じ、粘り強く健全な人物の育成に努めている。

1871（明治4）年、幕末の先覚者・佐野鼎により、共立学校として創立。初代校長として高橋是清を迎え、今日の学園の基礎を築いた。1895（明治28）年に開成中学校と改称。出身者として、柳田国男（民俗学者）、斎藤茂吉（歌人）、吉田五十八（建築家）、田中美知太郎（哲学者）など、文化功労者や文化勲章受賞者も多数輩出している。

心技体を育む充実した環境

西日暮里駅から歩いて2分と、通学の便が大変よい。普通教室棟にはコンピューター教室などの最新設備が整うほか、高校校舎屋上には天体観測ドームもある。そのほか、図書館、食堂や、2つのグラウンド、体育館などの体育施設も充実している。

生徒の自発性を重視した授業内容

コース分けもなく、自主性を尊重

中高6カ年の一貫教育で、進度の速い授業を展開している。そのため、高校からの入学者は、高校1年次では別クラスとなり、内部進学者と進度を合わせるように、補講を行うなどの配慮がなされている。

カリキュラムやクラス編成は、文系・理系といったコース分けはなく、すべての教科を履修することが基本で、本校の教師により作成された自主教材も効果的に使われる。また、理・社の科目選択ができ、志望大学の受験科目に合わせた受講が可能となっている。講習は夏期・冬期にそれぞれ1週間ほど行われる。また、校内独自の模試を実施し、到達度・弱点の確認と努力の目安としている。生徒の自主性を尊重し、生徒自身が目標を持って積極的に授業に取り組む姿勢を一番に重視したカリキュラムとなっている。

厳しさと楽しさを引き継ぐ伝統行事

「よく学びよく遊べ」をモットーにしており、学園生活は厳しさの中にも楽しさがある。学校行事やクラブ活動でも、生徒の自主性を重んじている。

毎年4月には、長い伝統を持つ筑波大学附属高校とのボートレースが行われ、新入生は入学早々上級生の指導で応援練習に打ち込むことになる。5月には全校をあげて作り上げる運動会、6月には、高校1年の学年旅行（1〜2泊）と、高校2年の修学旅行（4泊5日）がある。夏休みには水泳学校があり、9月には文化祭がある。また、秋の開成マラソンは、1906（明治39）年以来の伝統行事で、8km完走を目指す。そのほか、冬休みには、希望者を対象にスキー学校も開かれる。

クラブ活動はバラエティーに富んで

おり、22の運動部と30の学芸部、18の同好会がある。

東大進学者日本一 2023年146名合格

学校別の東大進学者数連続日本一を続ける、全国屈指の進学校である。2023年3月卒業生は、118名が現役で東大に、さらに一橋大に5名、東京工業大に3名が合格した。また、私立大では、早稲田大105名、慶應義塾大90名（数字はすべて現役のみ）の合格者を出し、難関校や医学部に進む生徒が多い。毎年、半数弱の卒業生が浪人するが、その多くが再挑戦で希望大学に進学している。

2024年度入試要項

試験日　2/10
試験科目　国・数・英・理・社

募集定員	受験者数	合格者数	競争率
100	545	180	3.0

過去問の効果的な使い方

① **はじめに**　入学試験対策に的を絞った学習をする場合に効果的に活用したいのが「過去問」です。なぜならば，志望校別の出題傾向や出題構成，出題数などを知ることによって学習計画が立てやすくなるからです。入学試験に合格するという目的を達成するためには，各教科ともに「何を」「いつまでに」やるかを決めて計画的に学習することが必要です。目標を定めて効率よく学習を進めるために過去問を大いに活用してください。また，塾に通われていたり，家庭教師のもとで学習されていたりする場合は，それぞれのカリキュラムによって，どの段階で，どのように過去問を活用するのかが異なるので，その先生方の指示にしたがって「過去問」を活用してください。

② **目的**　過去問学習の目的は，言うまでもなく，志望校に合格することです。どのような分野の問題が出題されているか，どのレベルか，出題の数は多めか，といった概要をまず把握し，それを基に学習計画を立ててください。また，近年の出題傾向を把握することによって，入学試験に対する自分なりの感触をつかむこともできます。

　過去問に取り組むことで，実際の試験をイメージすることもできます。制限時間内にどの程度までできるか，今の段階でどのくらいの得点を得られるかということも確かめられます。それによって必要な学習量も見えてきますし，過去問に取り組む体験は試験当日の緊張を和らげることにも役立つでしょう。

③ **開始時期**　過去問への取り組みは，全分野の学習に目安のつく時期，つまり，9月以降に始めるのが一般的です。しかし，全体的な傾向をつかみたい場合や，学習進度が早くて，夏前におおよその学習を終えている場合には，7月，8月頃から始めてもかまいません。もちろん，受験間際に模擬テストのつもりでやってみるのもよいでしょう。ただ，どの時期に行うにせよ，取り組むときには，集中的に徹底して取り組むようにしましょう。

④ **活用法**　各年度の入試問題を全問マスターしようと思う必要はありません。できる限り多くの問題にあたって自信をつけることは必要ですが，重要なのは，志望校に合格するためには，どの問題が解けなければいけないのかを知ることです。問題を制限時間内にやってみる。解答で答え合わせをしてみる。間違えたりできなかったりしたところについては，解説をじっくり読んでみる。そうすることによって，本校の入試問題に取り組むことが今の自分にとって適当かどうかが，はっきりします。出題傾向を研究し，合否のポイントとなる重要な部分を見極めて，入学試験に必要な力を効率よく身につけてください。

数学

　各都道府県の公立高校の入学試験問題は，中学数学のすべての分野から幅広く出題されます。内容的にも，基本的・典型的なものから思考力・応用力を必要とするものまでバランスよく構成されています。私立・国立高校では，中学数学のすべての分野から出題されることには変わりはありませんが，出題形式，難易度などに差があり，また，年度によっての出題分野の偏りもあります。公立高校を含

め，ほとんどの学校で，前半は広い範囲からの基本的な小問群，後半はあるテーマに沿っての数問の小問を集めた大問という形での出題となっています。

　まずは，単年度の問題を制限時間内にやってみてください。その後で，解答の答え合わせ，解説での研究に時間をかけて取り組んでください。前半の小問群，後半の大問の一部を合わせて50％以上の正解が得られそうなら多年度のものにも順次挑戦してみるとよいでしょう。

英語

　英語の志望校対策としては，まず志望校の出題形式をしっかり把握しておくことが重要です。英語の問題は，大きく分けて，リスニング，発音・アクセント，文法，読解，英作文の5種類に分けられます。リスニング問題の有無（出題されるならば，どのような形式で出題されるか），発音・アクセント問題の形式，文法問題の形式（語句補充，語句整序，正誤問題など），英作文の有無（出題されるならば，和文英訳か，条件作文か，自由作文か）など，細かく具体的につかみましょう。読解問題では，物語文，エッセイ，論理的な文章，会話文などのジャンルのほかに，文章の長さも知っておきましょう。また，読解問題でも，文法を問う問題が多いか，内容を問う問題が多く出題されるか，といった傾向をおさえておくことも重要です。志望校で出題される問題の形式に慣れておけば，本番ですんなり問題に対応することができますし，読解問題で出題される文章の内容や量をつかんでおけば，読解問題対策の勉強として，どのような読解問題を多くこなせばよいかの指針になります。

　最後に，英語の入試問題では，なんと言っても読解問題でどれだけ得点できるかが最大のポイントとなります。初めて見る長い文章をすらすらと読み解くのはたいへんなことですが，そのような力を身につけるには，リスニングも含めて，総合的に英語に慣れていくことが必要です。「急がば回れ」ということわざの通り，志望校対策を進める一方で，英語という言語の基本的な学習を地道に続けることも忘れないでください。

国語

　国語は，出題文の種類，解答形式をまず確認しましょう。論理的な文章と文学的な文章のどちらが中心となっているか，あるいは，どちらも同じ比重で出題されているか，韻文（和歌・短歌・俳句・詩・漢詩）は出題されているか，独立問題として古文の出題はあるか，といった，文章の種類を確認し，学習の方向性を決めましょう。また，解答形式は，記号選択のみか，記述解答はどの程度あるか，記述は書き抜き程度か，要約や説明はあるか，といった点を確認し，記述力重視の傾向にある場合は，文章力に磨きをかけることを意識するとよいでしょう。さらに，知識問題はどの程度出題されているか，語句（ことわざ・慣用句など），文法，文学史など，特に出題頻度の高い分野はないか，といったことを確認しましょう。出題頻度の高い分野については，集中的に学習することが必要です。読解問題の出題傾向については，脱語補充問題が多い，書き抜きで解答する言い換えの問題が多い，自分の言葉で説明する問題が多い，選択肢がよく練られている，といった傾向を把握したうえで，これらを意識して取り組むと解答力を高めることができます。「漢字」「語句・文法」「文学史」「現代文の読解問題」「古文」「韻文」と，出題ジャンルを分類して取り組むとよいでしょう。毎年出題されているジャンルがあるとわかった場合は，必ず正解できる力をつけられるよう意識して取り組み，得点力を高めましょう。

出題傾向と内容

〈出題形式〉

　例年，大問が4題，小問が11〜15題程度の出題であるが，年度によっては①が小問群となっていたこともあった。本年度の①は[A]，[B]と，2題の関連しない問題で構成されていた。

　他校の多くに見られるような，数や式の計算，因数分解，方程式の解法などが単独で出題されることはないが，大問を解く中で，それらの計算や解法が必要になっていて，やや複雑な数値や文字式などがごく普通に登場している。大問数が少ないので，問題範囲が狭いように感じるかも知れないが，いずれも多くの要素を含む総合問題である。

〈本年度の出題内容〉

①　[A]　関数・グラフと図形の融合問題で，座標を文字で表し，その関係から方程式を作って座標の数値を求める問題である。

①　[B]　三角形の3つの頂点からそれぞれの向かい合う辺に垂線を引くとき，その3本の直線が1点で交わることを確認する証明問題である。4点が同一円周上にあるための条件や，平行線と線分の比，三角形の相似などの考え方を用いる。

②　3桁の自然数の中で，各位の数を並べ替えて4の倍数を作ることができるものを「拡張4の倍数」と定義し，その個数を問う問題である。使われる3個の数を偶数と奇数に場合分けし，偶数が1個，2個，3個の場合それぞれに小問を設定してある。

③　正四面体を用いての総合問題である。(1)では正四面体の4つの頂点を通る球の半径を求めさせている。(2)以降では，正四面体の4つの頂点から元の正四面体の辺の $\frac{1}{3}$ の長さの辺をもつ合同な正四面体を切り落とした立体についての設問で，最終的にはその立体のすべての頂点を通る球の半径を求めるようになっている。

〈全体的な傾向〉

　どの問題も難しそうに見えるものが多いが，問題文全体を読んで，何をテーマにし，何を求めさせているのかをつかむと道筋が見えてくることがある。前の問題が後の問題のヒントになる誘導形式がとられることも多い。その形式の問題では最初の方の小問を正しく解いておかないと後の問題がうまく行かない。簡単そうに見える最初の方の小問をしっかり仕上げておこう。

　中学数学を超えるものが登場することもあるが，問題文をよく読んで題意をつかみながら進めて行けば，中学数学の範囲の考え方で十分対応できる。

来年度の予想と対策

　来年度も出題数，出題内容や設問形式には大きな変化はないものと思われる。年度によって出題されない分野があるにしても，全体的には，中学数学の全範囲から出題されると考えておくとよい。関数・グラフと図形の融合問題や図形の計量問題は例年やや複雑なものが出題されている。場合の数や確率に関するものも要注意である。数学の用語に関しての説明・証明なども何回か出題されているので注意しておこう。標準以上の問題集にあたって高度な問題に取り組み，応用力，思考力を磨くことも大切であるが，数学的な感覚やひらめき，発想力なども要求されるので，普段から様々な事象に関心をもち，「なぜだろう？」と疑問を持って考えるようにしよう。

年度別出題内容の分析表　数学

出題内容		28年	29年	30年	2019年	2020年	2021年	2022年	2023年	2024年
数・用語	整数・自然数の性質				○	○	○		○	○
	倍数・約数				○	○	○		○	○
	用語の意味		○	○						
	規則性・新しい記号							○	○	○
計算問題	数・式の計算・式の値	○							○	
	分数・小数を含む数・式の計算									
	平方根	○				○				
	多項式の展開・因数分解	○				○				
方程式・不等式	連立方程式を含む一次方程式		○			○				
	二次方程式							○		○
	不等式									
	等式の変形									
	方程式・不等式の応用		○							
関数・グラフ	比例・反比例									
	一次関数	○	○			○	○			○
	$y=ax^2$の二次関数	○	○		○	○	○			
	その他の関数									
	座標・式を求める問題	○	○		○	○	○			○
	グラフの作成									
大問で使われる計算等	複雑な数・式の計算				○	○	○	○	○	○
	平方根の計算				○	○	○	○	○	○
	因数分解									
	やや複雑な方程式・不等式				○	○	○	○	○	○
	その他の計算									
図形の性質	平行線の性質				○	○	○			○
	多角形の性質							○		
	円の性質	○						○		○
	合同	○				○				
	相似・平行線と線分の比	○	○		○	○	○			○
	三平方の定理	○	○		○	○	○	○	○	○
	動点		○							
	立体の切断・位置関係		○			○		○	○	○
	図形の移動・回転									
	説明・証明・作図	○					○		○	○
図形の計量	角度								○	
	長さ・面積・体積	○			○	○	○	○	○	○
	面積・体積の比					○			○	
確率・統計	場合の数・確率	○	○			○	○	○	○	○
	資料の整理・代表値・平均									
	標本調査									
融合問題	関数・グラフと図形	○	○		○	○	○			○
	関数・グラフと確率・場合の数									
	図形と確率・場合の数	○								
	その他の融合問題		○		○				○	
	記述問題							○		
	その他の問題						○	○	○	○

開成高等学校

1

2次方程式$5t^2+4t-5=0$を解いて$Z\left(\dfrac{23+\sqrt{29}}{25},\ \dfrac{33-4\sqrt{29}}{25}\right)$を求めるまでの計算については，本文解説では途中の計算を省略してある。本校を希望する人は少なくとも本文解説程度の計算ができるようになっておこう。

xの係数が偶数である2次方程式を解くとき，xの係数を2で割った数を用いて解くことができる。$ax^2+bx+c=0$について，$b=2m$であるとする。普通に解くと，$x=\dfrac{-2m\pm\sqrt{(2m)^2-4ac}}{2a}=$ $\dfrac{-2m\pm\sqrt{4(m^2-ac)}}{2a}=\dfrac{-2m\pm2\sqrt{m^2-ac}}{2a}$　分母と分子を2で割って，$x=\dfrac{-m\pm\sqrt{m^2-ac}}{a}$　　本問題に当てはめると，$a=5$，$m=2$．$c=-5$だから，$t=\dfrac{-2\pm\sqrt{4-5\times(-5)}}{5}=\dfrac{-2\pm\sqrt{29}}{5}$

2次方程式の解の公式を使わないで，$(x+a)^2=b$の形にして解く方がやりやすい場合もある。この問題では，$5t^2+4t-5=0$　　$t^2+\dfrac{4}{5}t-1=0$　　$t^2+\dfrac{4}{5}t=1$　　両辺に$\dfrac{4}{5}$の$\dfrac{1}{2}$の2乗の$\dfrac{4}{25}$を加えて，$t^2+\dfrac{4}{5}t+\left(\dfrac{2}{5}\right)^2=1+\dfrac{4}{25}$　　$\left(t+\dfrac{2}{5}\right)^2=\dfrac{29}{25}$　　$t+\dfrac{2}{5}=\pm\dfrac{\sqrt{29}}{5}$　　$t=\dfrac{-2\pm\sqrt{29}}{5}$とできる。

$t=\dfrac{-2+\sqrt{29}}{5}$　　$t^2=\dfrac{33-4\sqrt{29}}{25}$については，まずは，$(A+B)^2=A^2+B^2+2AB$と考えられるようにしておこう。すると，$\sqrt{A}+\sqrt{B}$を2乗するときに，$(A+B)+2\sqrt{AB}$とすぐに計算できる。

2 (1)

問題文に4の倍数になる2桁の数が整理されている。1個の偶数が4のとき，114，134，334，154などは位の数字を並べ替えても4の倍数とはならない。1個の偶数が0，8のときも同様である。使われる偶数が2または6であれば，2つの奇数がどんな組み合わせでも拡張4の倍数となる。同じ数を含む2つの奇数の並べ方は11，13，15，…，95，97，99と25通りあるが，1と1のときと1と3のときでは位の数字を並べ替えてできる拡張4の倍数の個数が違う。そこに注意が必要である。

なお，3桁以上の自然数が4の倍数かどうかを下2桁の数で判断できることは次のように説明できる。十の位の数をx，一の位の数をyとすると，3桁以上の自然数Aはaを自然数として，$100a+10x+y=4\times25a+10x+y$と表すことができる。$4\times25a$は4の倍数なので，$10x+y$が4の倍数であればAは4の倍数である。

2 (2)

偶数2個が，同じ数の場合も含めて0，4，8のいずれかであれば4の倍数ができる。2または6が混じると，502，526，542，566，…のように4の倍数にならないが，並べ替えることによって下2桁が52，56の4の倍数を作ることができ，拡張4の倍数となる。

3

1辺の長さがaの正四面体の体積が$\dfrac{\sqrt{2}}{12}a^3$であることを次のようにして確かめておこう。右図で，$BM=\dfrac{\sqrt{3}}{2}a$　　$BG=\dfrac{2}{3}BM=\dfrac{2}{3}\times\dfrac{\sqrt{3}}{2}a=$ $\dfrac{\sqrt{3}}{3}a$　　$AG^2=AB^2-BG^2=a^2-\dfrac{1}{3}a^2=\dfrac{2}{3}a^2$　　$AG=\dfrac{\sqrt{2}}{\sqrt{3}}a$　　$\triangle BCD$の面積は$\dfrac{\sqrt{3}}{4}a^2$なので，正四面体ABCDの体積は，$\dfrac{1}{3}\times\dfrac{\sqrt{3}}{4}a^2\times\dfrac{\sqrt{2}}{\sqrt{3}}a=$ $\dfrac{\sqrt{2}}{12}a^3$

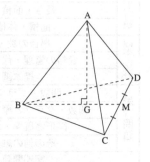

◎本校の過去問は，1つの問題の中にさまざまな考え方が含まれている。単なる問題集ではなく，数学を研究する参考書とみて活用していこう。

⒈

本文解説では使わなかったが，右のような表を作って条件に合うものをマークしていくと見つけやすい。

なお，本文解説でも少し説明したが，0で割るわり算はできない。例えば，5÷0はその答えがaであるとすれば，$0×a=5$が成り立たなければならないが，このようなaは存在しない。また，0÷0の答えがbであるとすれば，$0×b=0$　　この場合には，bがいくつの場合でも成り立つので答えが定まらない。

	1	2	3	4	5	6	7	8
1		○		○		△	●	○
2	○	●	△		●	△		●
3		●	△		●			△
4	○	●		○				○
5					●			
6	△	△	△	△		△		
7							●	
8	○	○	●	△	●		△	●

⒉ (1)，(2)

作図や三角形の合同を学習する際に学んだ「線分の垂直二等分線上の点は線分の両端から等しい距離にある」と「角の二等分線上の点は角を作る2辺から等しい距離にある」は，いつでも使えるようにしておこう。この問題で証明したことを言葉で表すと，「三角形の角の二等分線は，その角と向かい合う辺を，その角を作る2辺の比に分ける」となる。

$a：b$の比の値は$\dfrac{a}{b}$であり，$\dfrac{a}{b}$が約分できるときには約分して表す。つまり，$a：b$の前項と後項が同じ自然数で割り切れるときに，その数で割って，できるだけ小さな数値で表す。また，分母が平方根を用いた無理数であるときには分母を有理数に直して表す。比で表す場合には，後項をできるだけ簡単な有理数の数や数式で表す。本問題では特に指定はなかったので様々な表し方があるが，本文解説の方法で得られた比，$(5+3\sqrt{2})：(6+3\sqrt{2})$については，$(A+B)(A-B)＝A^2-B^2$を利用して後項を有理数に直した。

⒊ (2)

本文解説の「$1×2×3×\cdots×(n-1)≦a_1×a_2×a_3×\cdots×a_{n-1}<n$だから，$n≧4$のときは，$1×2×(n-1)≦1×2×\cdots×(n-1)≦a_1×a_2×\cdots×a_{n-1}<n$」の部分に疑問を持つ人がいるかも知れないので補足説明をしておく。

$a_1×a_2×a_3×\cdots×a_{n-1}<n$で，$a_1$，$a_2$，$a_3$，$\cdots$，としていろいろな値が考えられ，その中で最も小さい数値が，1，2，3，$\cdots$，a_{n-1}である。よって，$1×2×\cdots×(n-1)≦a_1×a_2×\cdots×a_{n-1}<n$が成り立つ。また，$n≧4$で最も小さい場合は$n=4$のときだから，$1×2×(n-1)≦1×2×\cdots×(n-1)<n$が成り立つ。

⒋

(2)の問題で角度を求めるために，BI⊥AG，DI⊥AGから△IBDが直角二等辺三角形であることを確かめた。EI⊥AGでもあるので，△BDEが正三角形であることから∠BID＝120°であることを求めてもよい。同様に△CHFも正三角形である。

正三角形を頂角の二等分線で分けると，内角の大きさが30°，60°，90°で辺の比が$2：1：\sqrt{3}$の直角三角形ができる。それを右図のように並べ替えると頂角が120°の二等辺三角形になる。

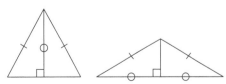

◎本校の過去問は，1つの問題の中に様々な考え方が含まれている。単なる問題集ではなく，数学を研究する参考書とみて活用していこう。

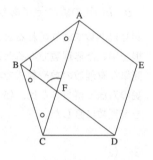

1 (2)

（ⅰ）の7回の移動は最短距離であるのでたどりやすい。（ⅱ）もそれに2回加えるだけなので，最短距離のルートから他所に動いて戻れば2回増える。「はじめてGoalと書かれたマスに到着する」という条件があるのでGoalに入ってから戻ることはできないが，それ以外の動きには制限がない。Startから動いてすぐStartに戻る動き方が2回あることに注意する。

2

分数の分母や分子が分数になっているときには，$\dfrac{A}{B}=A\div B=A\times\dfrac{1}{B}$ と考えていけばよいが，右の枠内のように計算する方法もある。

$$\dfrac{\frac{A}{B}}{\frac{C}{D}}=\dfrac{\frac{A}{B}\times BD}{\frac{C}{D}\times BD}=\dfrac{AD}{BC}$$

（1）では，途中で出てくる $(y^2+1+x)^2$ について，分母に (y^2+1) があるので，本文解説のように $(y^2+1)^2$ を崩さないように進めて，(y^2+1) を因数に持つ形で因数分解することを心がけるとよい。(2)では，(y^2+1+x) を作るように工夫する。

3 (2)

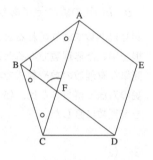

正五角形について研究したことがある人なら，本問題では，正五角形の対角線の長さが立方体の1辺の長さに等しいことからlを求めたかも知れない。

1辺の長さが2ℓの正五角形ABCDEで対角線ACとBDの交点をFとすると，$\angle FAB=\angle FBC=\angle FCB=36°$，$\angle ABF=\angle AFB=72°$なので，△ABFは二等辺三角形である。よって，$AF=AB=2\ell$　　$AC=x$とすると，$FC=x-2\ell$　　△BFC∽△ABCなので，$BC:AC=FC:BC$　　$2\ell:x=(x-2\ell):2\ell$　　$x^2-2x\ell=4\ell^2$　　$x^2-2x\ell+\ell^2=4\ell^2$　　$(x-\ell)^2=5\ell^2$　　$x=\ell+\sqrt{5}\,\ell=(1+\sqrt{5})\ell$　　これが4に等しいとき，$\ell=\dfrac{4}{\sqrt{5}+1}=\dfrac{4(\sqrt{5}-1)}{(\sqrt{5}+1)(\sqrt{5}-1)}=\sqrt{5}-1$

4

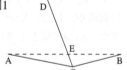

図1で，3点A，C，Bが一直線上にあることを証明する方法はいろいろある。

①　$\angle DCA+\angle DCB=180°$であることをいう。

②　点CがAB上にないと不都合が生じることをいう。

③　直線ABがCDと交わる点をEとして，点Cと点Eが一致することをいう。

本文解説では①の方法を用いたが，他の方法が分かりやすい場合もある。

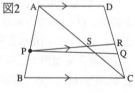

図2で，BC//DAの台形ABCDで，AB，DCを$a:b$に分ける点をP，Qとするとき，PQ//BCであることを証明してみよう。点Pを通りBCに平行な直線とDCとの交点をRとする。PRと対角線ACとの交点をSとすると，PR//BCなので，$AS:SC=AP:PB=a:b$　　PR//ADなので，$DR:RC=AS:SC=a:b$　　よって，点Rは点Qと一致するので，PQ//BC

◎本校の過去問題は，1つの問題の中に様々な考え方が含まれている。単なる問題集ではなく，数学を研究する参考書とみて活用していこう。

開成の英語 —— 出題傾向と対策 合否を分けた問題の徹底分析 ——

出題傾向と内容

1, 2　いずれも長文読解問題で，1は言い換え，語句整序，語句選択補充，英文和訳，内容吟味から成る総合問題，2は語句選択補充，英文和訳，文選択補充，指示語，語句整序から成る総合問題である。1は物語文で，状況や内容を正しく読み取れているかを問う問題が中心で，非現実的な状況設定で長い文も多く，内容を正しくつかむのが難しい。2はエッセイで，比較的なじみやすい題材を扱っているが，描かれている具体的な場面を正しくつかめるかがポイントである。1，2とも本文は特に長いものではない。

3　3は英語の説明に合う単語を答える問題で，最初の1文字が与えられているが，正解となる単語は難しいものがほとんどで，豊富な語彙力が問われている。

4　4は会話文形式の発音問題。文中の空所に，同じ綴りで連続する母音字2文字を含む語を入れるという問題。正解となる語は基本的なものだが，正しい綴りまで覚えていないと正解するのは難しい。

5　5は同意文書きかえ問題。特に難しいレベルのものではないが，動詞や代名詞の形など細かい点への注意が必要である。

6　聞き取りの問題。3つのパートから成り，Part Aは夏に開かれるサマースクールについての父と息子の対話を聞いて質問への正解を選ぶ形式。Part Bは旅の行程を述べた文を聞いて質問への正解を選ぶ問題が2題，話者のある行動にかかった時間を答える問題が1題である。Part Cは何か国かの成人年齢についての説明文を聞いて質問への正解を選ぶ問題が3題，法的にしてもよいことができる年齢を答える問題が1題である。

学習のポイント

> 文法事項は，高校1年生レベルのところまでの学習も必要だが，中学校レベルの学習事項をしっかり理解することが重要。語いや語法の知識も充実させることが重要。読解問題については，さまざまなタイプの，長めの英文を数多く読んでおくことが必要である。

来年度の予想と対策

　来年度も本年度と同様，長文総合問題，語い問題，文法問題，リスニング問題での構成になることが予想される。

　長文総合問題で得点を上げることが特に重要なので，内容を速く正確につかめる力をつけるために，数多くの英文を読んで慣れておくことが必要である。語いや語法についての出題が多いので，単語や熟語，定型表現などの知識を増やすことも重要。文法については，中学学習範囲の理解をさらに深めたうえ，さらに一歩進んだ事項にも取り組む必要がある。

　リスニングは長い英文を聞き取る力が要求されるので，日ごろから多くの会話文や説明文を聞く練習をしよう。その他，発音関連の問題の対策も必要である。

年度別出題内容の分析表 英語

		出題内容	28年	29年	30年	2019年	2020年	2021年	2022年	2023年	2024年
設問形式	話し方・聞き方	単語の発音				○					○
		アクセント									
		くぎり・強勢・抑揚		○							
		聞き取り・書き取り	○	○	○	○	○	○	○	○	○
	語彙	単語・熟語・慣用句	○	○	○	○	○	○		○	○
		同意語・反意語									
		同音異義語					○		○		
	読解	内容吟味	○	○	○	○	○	○	○	○	○
		要旨把握		○							
		語句解釈				○	○			○	○
		段落・文整序									
		指示語					○		○	○	○
		会話文									
		文補充・選択						○	○	○	○
	文法・作文	和文英訳	○							○	
		語句補充・選択	○	○	○	○	○	○	○	○	○
		語句整序	○	○		○	○	○	○	○	○
		正誤問題				○	○	○			
		言い換え・書き換え		○							○
		語形変化									
		英問英答									
		自由・条件作文									
		英文和訳（記述・選択）	○	○	○	○	○	○	○	○	○
文法事項		文型									○
		時制								○	○
		間接疑問文		○					○	○	○
		進行形									
		助動詞	○				○		○		
		付加疑問文									
		感嘆文									
		命令文									
		不定詞	○	○	○	○				○	○
		分詞	○	○	○						
		動名詞	○	○	○				○		
		比較				○	○	○	○	○	○
		受動態						○	○		
		完了形				○	○	○	○	○	
		前置詞	○	○	○				○	○	
		接続詞	○	○	○			○	○		○
		代名詞							○	○	○
		関係代名詞	○	○	○	○	○			○	○

開成高等学校

①の問3の語句整序問題は，特に難しい文法事項を含む文ではないが，不要な1語を含む分，難易度は高い。また，文章内の文を組み立てる問題なので，その前後の内容がつかめていないとさらに難易度は増す。全問中で正解率が低かった問題と思われるが，逆にここで正解することで，合格ラインに大きく近づくことになる。ここでは，文章中の語句整序問題への対応力を増すべく，この問題をじっくりと再検討しよう。

　文章中の文を組み立てる問題では，その文の前後関係をつかむことが1つの大きなヒントになる。この文の直前で，「私」が何気なく入った店の中を歩き回ったが，買いたい物が本当にないことを確認する(confirm there is indeed here that I wish to purchase)。単語としては confirm「確認する」，purchase「購入する(＝ buy)」が難しいが，there is nothing「何もない」，I wish to ～「～したい」という表現から，その店には「私」が欲しい物がないという状況をつかみたい。組み立てる文の直後では，逆に「私」がある品物に興味を覚えることが述べられているが，ここも notice one interesting item「あるおもしろい品物に気づく」から，内容をつかみたい。それによって，組み立てる文の前後で，「買いたい品物がない」→「ある品物に興味を引かれる」という流れがわかるが，「私」がある品物に興味を引かれるのは組み立てる文の直後の but 以下であることから，組み立てる文は直前の「買いたい品物がない」という内容を補足したり，そのときの具体的な気持ちを表したりする内容であると推測できる。このことを踏まえて，英文を組み立てていこう。

　組み立てる文は I wonder と文の〈主語＋動詞〉が与えられている。I wonder ～「～だろうか，～かと疑問に思う」は重要表現で，後に〈疑問詞＋主語＋動詞～〉が続いて間接疑問文になる場合が多い。ここでも与えられている語に how があることから，I wonder how ～. という形を考え，この後に〈主語＋動詞〉の形を続ける。

　〈I wonder how ＋主語＋動詞～.〉の形ができれば，how 以下の主語として the old woman「その高齢の女性」とするのはそう難しくないだろう。問題はその後の形だが，与えらえている語の中で動詞と考えられるのは does, manages, stay である。主語が the old woman で3人称単数であること，to があるので to stay と組み立てられることから，動詞は does か manages「経営する，～を操る，～を何とか成し遂げる」と考えられるし，いずれかが「不要な1語」の可能性が高いが，これだけでは判断できないので，どちらが適切であるかは他の部分を検討してからにしよう。

　次に，残った business, in, stay, to のつながりを考えるが，直前の動詞 does または manages とのつながりも合わせて考える必要がある。意味としては business「商売」がとっつきやすいだろう。does business とすれば「商売をする」という意味が成り立つし，manage business で「事業を経営する」の意味と解釈できるが，この場合は business に a がつくので不適切である。また，does と manages が目的語をとる他動詞ではなく，自動詞の可能性もあることにも注意したい，stay については上で見たように to stay と不定詞として使うのは間違いないと考えられるので，to stay で確定としよう。また，stay in ～ という形の可能性も考えたい。in を前置詞とすれば in business というつながりも可能だ。

　このように，この問題の難しいところは how 以下の部分で，does または manages, business をどう使うかが1つの考えどころなのだが，manage は上で挙げたように，自動詞だと「経営する」という意味がある。また，stay in business で「商売を続ける」という意味を表すので，how the old woman manages to stay in business とすれば「その高齢の女性が商売を続けるためにどのように経営しているのか」となって文が完成する。不要なのは does で，does business としても to stay in だけでは意味を成さない。

　こうなると単語の細かい知識の問題であるとも言えるのだが，例えば stay という動詞の意味として，単に「滞在する，泊まる」だけではなく，「(ある状態)のままでいる」という意味も基本的なこととして覚えておきたい。stay awake「目が覚めた状態だ(＝起きている)」，stay silent「黙っている」などの表現で覚えておくとよいだろう。また，「状態」を表す語句には形容詞の他に分詞もあるが，〈前置詞＋名詞〉も同じ働きがあることを確認しておこう。例えば，He stood there with a book in his hand.「彼は手に本を持ってそこに立っていた」という文の in his hand は「本」がどのような状態になっているかを表している。このような知識を駆使すれば，知識として持っていなくても stay in business という組み合わせを考えることもでき，正解につながる可能性がぐんと高まるのだ。この問題の does, manages が自動詞なのか他動詞なのかということも合わせ，品詞の性質の理解がこの問題の最大のポイントとも言えるだろう。

　突き詰めれば，単語の知識が豊富なのはもちろん重要だが，それぞれの品詞の働きを理解することこそが「基礎」であるということだ。

①問5(7)の語句整序問題は難易度の高い文法事項を含む難問である。日本語が与えられていないので英文から文脈をつかむことも要求されるので，当然このような問題は合否を分ける大きな1問となる。とは言えこのような問題でも基本的なことが十分に理解できていれば決して正解することは不可能ではない。たとえ知らない文法事項でも，その場で対応できる真の基礎力を明らかにしつつこの問題を再度検討する。

　まず組み立てる文の前後関係を確認しよう。下線部を含む文は，「グレンとフリズビーは犬には～他の種を大切に思うために必要なものをほとんどの人間の中に生み出す自然の能力があるという証拠を僕に与えてくれた」という文。proof「証拠」の直後の that は同格を表し「～という…」の意味で直前の名詞の内容を that 以下で示す。次の ability のあとの that は関係代名詞で，that 以下は「犬には他の種を大切に思うために必要なものをほとんどの人間の中に生み出す」という意味。この文構造から，まずは組み立てる部分が2つ目の that 以下を修飾する働きをすることを見抜く必要がある。このことを念頭に置いて与えられている語句を検討していこう。

　組み立てる部分に前置詞 without があるのでこのあとには名詞（句）が続く。与えられている語句の中で名詞は reward「見返り[報酬]」だが being を動名詞と考えるとこれも without のあとに続く可能性がある。そこで reward, being それぞれと結びつく語句を考える。material は「物質的な」という意味の形容詞なので any material reward で「どんな物質的な見返りも」といった意味のまとまりになる。一方 being を動名詞，expected を過去分詞とすれば being expected「期待されていること」と意味のまとまりができる。このことから組み立てる部分は without any material reward being expected か without being expected any material reward ということになる。いずれかを判断するには without の直後にくる名詞句とそのあとにくる語句の関係を考えることが必要になる。

　まず without any material reward being expected の場合を考えよう。この形では being は「～されている」という状態を表す現在分詞で，動名詞ではない。第5文型〈主語＋動詞＋目的語＋補語〉の文型を考えよう。この場合の補語は目的語の状態を説明する。これをこの問題で組み立てる部分に当てはめると reward「見返り」が being expected「期待されている」状態であることになり without any material reward being expected で「どんな物質的な見返りが期待されずに」という意味になる。「期待される」ものは「見返り」ということになり文意が通る。一方 without being expected any material reward の場合の being は前置詞のあとなので動名詞で，「（～が）物質的な見返りを期待される」となり，見返りを期待されるのがだれ[何]なのかが問題となる。他者を大切に思うことで何らかの見返りを期待するのは，大切に思う側の人ということになるが他者を大切にする人物が見返りを期待されるというのは不自然である。見返りを期待すると考えられるのは他者を大切に思う人物のはずだからだ。

　こうした考察から，正解は without any material reward being expected ということになるのだが，上で述べたようにここでは第5文型の理解が決め手となる。〈名詞（句）＋状態を表す語句〉という語順では「状態を表す語句」が直前の名詞（句）の状態を表すことを確認しておきたい。「期待される」ものは「見返り」であって「人物」ではないことを考えると正解への道が開けるということだ。〈with＋名詞（句）＋状態を表す語句〉で「～を…の状態にして」という意味を表すが，with と逆の意味を表す without なので「～が…の状態ではなく」という意味になると推測する力も必要である。しかし〈with＋名詞（句）＋状態を表す語句〉「～を…の状態にして」という知識がなくても〈名詞（句）＋状態を表す語句〉の知識がしっかり身についていればこの問題で正解にたどり着くことは決して不可能ではないのだ。

　加えて説明すると，「状態を表す語句」として用いられる品詞は形容詞と分詞である。次の例で確認しよう。

He stood there with the hands free. 「彼は両手を自由にしてそこに立っていた」
He stood there with his eyes closed. 「彼は目を閉じてそこに立っていた」

　上の例では形容詞 free が the hands の状態を説明し下の例では過去分詞 closed が his eyes の状態を説明している。こうした語句の関係を理解することが英文法をより深く理解することにつながる。単に文型ということに縛られず主語と目的語・補語目的語と補語といった関係を考えることが重要で他の文法事項の理解についても同じことが言える。こうした語句と語句のつながりを意識しながら学習することで理解は一段と深まる。

4は不足する1語を補って英文を組み立てる語句整序問題。文全体の構造がつかめても，不足する語がわからないと正解できないので，難易度は高い。4の5問でどれだけ得点できたかは総得点に大きく影響し，合否の分かれ目となる1大問になったと思われる。ここでは(1)の問題を，特に不足する語の見つけ方という点に重点を置きながら再度検討して，語句整序問題への対応力に磨きをかけよう。

1　文構造を考える

　まず，日本語の内容と与えられている when you can という文末に着目しよう。when you can「あなたができるときに」から，この直前には「充電しておかないと」という内容がくることは容易に推測できるだろう。「充電する」という英単語を知らなくても，与えられている語に特に難しい語はないので，charge がその語であることも想像しやすい。charge は「充電する」のほかに，「請求する，(罪などを)負わせる，課する，襲撃する」など，さまざまな意味がある重要語である。ここでは主語を you にして you don't charge your battery として when you can の前に置けば，「充電できるときに充電しない」という英文ができるので，あとは「こうなるんですよ」をどう表し，その部分とどうつなげばよいかを考えることになる。与えられている語の中に when があることから，これを接続詞として使い，when you don't charge your battery when you can とすると，「充電できるときに充電しないときに」→「充電できるときに充電しておかないと」の文意になる。when は「あることをするとそのときに」ということだから，場合によっては if と同じような意味合いを表す。例えば，「部屋に入ると暖かい」ということを英文で表すとき，It is warm if you enter the room. とすれば「部屋に入るかどうかは別として，もし入れば」という「条件」を表すし，if の代わりに when を使えば「部屋に入ったそのときに」と「部屋に入る」という動作をする「時」を表し，日本語が表す内容としてはどちらも誤りではない。英作文などで when を使うべきか if を使うべきか迷ったら，前後関係などから「時」，「条件」のどちらがより適切かで判断しよう。日本語だけではどちらとも決めかねる場合もあるが，安易に「～するとき」，「～ならば」という訳語だけで判断しない方がよい。「窓を開けたら雨だった」などの場合は明らかに when が適切である。

2　不足する語を考える

　英文の構造は，〈「こうなるんですよ」＋ when you don't charge your battery when you can.〉となることがわかったところで，「こうなるんですよ」をどう表すかを考えていく。与えられている語で残っているのは，happen, things, this である。happen が「起こる」という意味であることがわかっていれば，「こうなる」→「このことが起こる」と言いかえて，this things happen とできるが，これでは things という複数形の前に単数を指す this がくるのでこれでは正しい英文にならない。these things happen，あるいは this thing happens ならばよいが，何かしら検討を加える必要がある。ここで検討しなくてはならないのが，不足する1語である。先に組み立てた when you don't charge your battery when you can のどこかに1語を加える可能性も考えられるが，明らかに不自然な this things happen の部分で適切な1語を補うことを考えよう。happen に3人称単数現在の s がついていないことから，things happen「ことが起こる」という骨組みはこれでよい。ではどのような語を補うか。ポイントは this が入る位置である。「この」の意味では this things となって誤りだが，この this を「これ」という代名詞として考えると，things ～ this の形で this を後ろに置くことも可能だ。さらに，名詞 things と代名詞 this をつなぐことから，「こうなる」を「このようなことが起こる」と考えて，前後の名詞をつなぐ働きがある前置詞を使うことを考える。「～のような」の意味の前置詞だから，like を使って things like this で「このようなこと」を組み立てる。

　これで，Things like this happen when you don't charge your battery when you can. という英文が完成した。不足する1語を補う問題の場合，補う語は前置詞や代名詞など，ともすると軽視しやすい語の場合が多く，ほかの(2)～(5)の問題についても同様のことが言える。こうしたところでの見落としを防ぐには，単に単語や熟語の意味を覚えるだけは不十分である。特に単語の場合は品詞の理解が不可欠である。品詞の理解は語句整序問題に限らず，英語力全体の向上につながることを忘れずに日々の学習に臨もう。

開成の理科

── 出題傾向と対策
合否を分けた問題の徹底分析 ──

出題傾向と内容

　大問数は4問で，物理，化学，生物，地学の4分野から均等に1大問ずつ，幅広くバランスよく出題される。小問数は25問程度で，試験時間からみて適量であり，特別に慌てることはなくじっくり取り組むことができる。解答形式は，記号選択をはじめ，語句，化学式，数値，文記述，描図などさまざまである。

　多くは基礎基本に忠実な設問であり，難問は少なく，高得点を取ることが当たり前といわれるような年度が多い。ただし，単純な知識を吐き出すだけの設問は少なく，基礎基本から類推して考えたり，問題文や図表から考察したりする設問が多いため，丸暗記だけで乗り切ることはできず，思考力を鍛えておく必要がある。各大問に1つ2つは難問が混ざることもあるが，多くはその大問の流れを理解し誘導に乗れば，解決の糸口がつかめる。

| 物理分野 | 力学，電気，光などのうちから1項目が出題されるが，原子物理が出題された年度もある。いずれも，基礎的な数量の扱いとともに，図表からの情報を的確に使うことも求められる。図形や関数の処理など数学的な扱いが要求される年度もある。 |

| 化学分野 | 中学校で学ぶ化学反応のうち1〜2つを素材にして，化学式，性質，しくみ，量的関係などが総合的に問われるオーソドックスな問題が多い。他分野に比べると解きやすい問題が多いが，ときには量的関係に関する難しめの計算が出題されることもある。 |

| 生物分野 | 基礎知識に加え，問題文からの情報を利用し，類推して解答にいたる設問が多い。また，遺伝の計算など，生物現象をモデル化して思考し考察する問題も多い。選択肢が選びにくいことも多く，充分に頭を使いながら知識を蓄えることが必要である。 |

| 地学分野 | 地球科学，気象，天文の3単元から，毎年のようにバラエティーに富んだ素材が出題され，3単元の横断的な大問となる年度も多い。身近な事象や時事的な事象にはできるだけ関心を持ち，立体的に理解を深めておきたい。 |

学習のポイント

> 基礎力を身につけるのはもちろん，科学的に思考する訓練を数多くこなしておこう

来年度の予想と対策

　出題傾向は大きく変わらず，広範囲から素材を選んだ良問が出題され続けるだろう。教科書で扱われる知識を習得しておくことは当然必要として，それらをただ語句として暗記するのではなく，各語句が指す物のはたらきやしくみ，事象のメカニズムを理解しておくことが必要である。実験観察などは積極的に取り組み，操作とその意味を身につけておきたい。

　初めて目にするような知識や実験が扱われる場合があるが，問題文や図表をよく理解すれば，習得した基礎知識との関連が見えてきて，類推することで解答できることが多い。過去問題やその他の問題集で，考察力の必要な問題に数多く触れておくのが大切である。数量や図形の扱いは，数学とともに理科でも熟練しておきたい。

出題内容			28年	29年	30年	2019年	2020年	2021年	2022年	2023年	2024年
第1分野	物理分野	光	○				○				
		音									
		熱		○							
		電気・電流回路							○		○
		磁界				○			○		
		力のはたらき					○	○		○	
		物体の運動				○		○	○		
		エネルギー		○				○			
	化学分野	物質の性質・状態変化	○								
		気体		○				○			
		水溶液					○		○	○	○
		原子・分子・イオン	○	○	○			○	○		○
		化合・分解								○	
		酸化・還元	○		○						
		電気分解・電池				○	○	○			
		酸・アルカリ・中和						○		○	○
第2分野	生物分野	生物の観察									
		植物の種類				○		○			○
		植物のからだ				○			○		○
		動物の種類・進化						○			
		ヒトのからだ	○	○				○		○	
		細胞						○			
		生殖・遺伝	○				○		○		○
		生態系・環境			○						
	地学分野	地層と地史					○	○			
		火山と火成岩		○					○	○	
		地震									
		大気中の水蒸気									
		気象・天気			○	○		○	○		
		地球の自転と公転	○				○		○		
		太陽系	○	○			○			○	○
		恒星・宇宙			○		○				
その他		時事									
		文記述，論述		○				○	○		○
		描図，作図				○	○	○			
		その他		○							

開成高等学校

■ この大問で，これだけ取ろう！

①	沈殿を生じる中和反応	標準	問6の飽和水溶液の扱いに気をつける必要があるが，他は難しくない。失点は1つまで。
②	被子植物の有性生殖	標準	問5はていねいに題意を読み取る必要があるが，他はよく考えれば方針が立てやすい。失点は2つまで。
③	金星の見え方	標準	問題文と図をよく読み，条件をしっかり把握して考えたい。失点は1つまで。
④	回路のつなぎかえ	やや難	複雑そうに見えるが，導線でつないだところをひとまとめにすると，並列部分2か所の回路である。失点は2つまで。

■ 鍵になる問題は③だ！

　本年も，各分野から1題ずつの出題内容で，多くは基礎基本を徹底できていれば難しくない。

　①問6では，21mLが水ではなく飽和水溶液の体積であることに注意して計算する必要がある。また，②問5では，4つの種子ができるためには，独立した4つの精細胞と4つの卵細胞が必要なことを，正しく考える必要がある。④問4以降では，導線でつながれた部分には電圧がかかっていないので，ニクロム線の一部に電流が流れないことに気づかなければならない。

　このように，基礎基本とは，単に知っているということではなく，考え方を充分に使いこなせるということである。ただし，難問は少ないので，高得点を取りたい内容である。

　③を取り上げる。昨年に続き金星の問題である。

　問2は，図1のEの位置にある金星は，太陽と重なるため，通常は見ることができない。しかし，地球の公転軌道面と金星の公転軌道面はわずかに傾いて交わっているため，図1で太陽・金星E・地球が一直線上にあるように見えても，実際は紙面の表か裏の方にわずかにずれていることが多い。そこで，昼間に太陽を上手に隠して，わずかにずれた金星に正確に望遠鏡を向ければ，図2の写真が撮れる。ただし，太陽の近くに望遠鏡を向けることは危険であり，昼間の太陽の近くにある金星の位置も肉眼ではわからないため，詳しい計算と熟練の技術がなければ，素人に撮影は不可能である。

　図2では太陽が上（北）にあることから，金星が下（南）にあり，左（東）から右（西）へ動いていることがわかれば，解答が出る。

　問4，問5の計8つの選択肢は，事実としてはどれも正しい。しかし，本問はプトレマイオスの天動説を否定する事実を選ばなければならない。問題文の下線部④と図3をていねいに理解したかどうかが正解の分かれ目である。

　問4では，木星の回りを衛星が回っている事実が下線部④に反する。ガリレオは，木星の周りに見える4つの天体を継続的に観測し，木星の周りを公転している確信を得た。これらの衛星はのちに，イオ，エウロパ，ガニメデ，カリストと命名され，総称してガリレオ衛星と呼ばれている。

　問5では，図1での金星の見え方の基本を思い出しながら，図3ではどう見えるのか試してみるとよい。図3の金星の部分を拡大して描図すればわかりやすいだろう。この位置関係では，金星の半分以上が輝いて見えることは決してありえない。

■ この大問で，これだけ取ろう！

1	炭酸水素ナトリウムの熱分解	標準	頻出の設問が並ぶ。問6は化学反応式の意味をよく考えよう。全問正解を狙いたい。
2	火山灰の鉱物，金星の見え方	標準	いずれも基本的な理解をもとに答えることができる。問8，問9は状況をよく把握しよう。失点は1つまで。
3	水圧の大きさ	やや難	質量に対する重力，各単位の換算など，ていねいに計算する必要がある。失点は2つまで。
4	血液の循環	標準	問4は問3を踏まえる。問5，問6は，問題文の情報を有効に使う。失点は1つまで。

■ 鍵になる問題は3だ！

　各分野から基礎を主体とした出題内容であった。例年通り本年も難解な設問は多くないため，高得点を確実に取るべき試験である。ただし，2と4では，問題文に与えられた条件をよく把握する必要がある。

　3を取り上げる。内容そのものは基本的だが，質量や密度にgとkg，圧力にPaとhPaが使われており，単位換算に手間ひまのかかる問題である。試験時間を消費してしまった受験生も多かっただろう。本編では，力の単位$[N]$と，圧力の単位$[Pa]＝[N/m^2]$をもとに解説したが，ここでは，gやcmという，比較的小さい単位のままで計算する解答例を紹介しておく。

　1gの質量にはたらく重力の大きさを1gw（1g重）と表す。そして，1cm²の面に1gwの力がかかったときの圧力を1gw/cm²と表す。圧力の単位換算をすると，1gw/cm²＝10000gw/m²＝100N/m²＝100Pa，つまり，1gw/cm²＝1hPaである。例えば，台風などに伴う高潮では，気圧が1hPa低下するごとに，海水位が約1cm上昇する。

　問1は，深さ20.0cmにある水面に平行な1cm²の面の上には，20.0gの水があるから，水圧は20gw/cm²＝20hPaである。

　問2は，20$[gw/cm^2]$×40$[cm^2]$＝800$[gw]$＝8.00$[N]$である。

　問3は，水に比べて大気の密度が0.00120倍なので，圧力も0.00120倍になる。よって，問1の答えを利用すると，20$[hPa]$×0.00120＝0.0240$[hPa]$となる。

　問5は，円板の下面に上向きにはたらく力が問2の800gw，円板の上面に下向きはたらく力が20$[gw/cm^2]$×$(40-30)$$[cm^2]$＝200$[gw]$，円板に下向きにはたらく重力が120gwなので，求める力をFとすると，800＝200＋120＋F　より，F＝480gw＝4.80Nとなる。

　問6は，深さd$[cm]$での水圧がd$[gw/cm^2]$だから，円板が円筒から離れ，力を受けないときには，40d＝$(40-30)$d＋120　が成り立ち，d＝4.00cmと求まる。

　このように，水圧の問題では，深さ1cmにつき1gw/cm²＝1hPaの水圧がかかると考えると，計算しやすいことが多い。ただし，力学の他分野との連携や，電気などを含めた総合的な科学との互換を考えるならば，$[kg/m^3]$，$[N]$，$[Pa]$の単位に習熟しておくのが有利である。実際，高等学校で学ぶ物理では，もっぱらこれらの単位を使用することになる。

■ この大問で，これだけ取ろう！

1	電磁誘導で生じる電圧	標準	問4は，棒磁石が落下運動することに注意する。全問正解を狙おう。
2	草津温泉の河川水の中和	標準	問題文や図の要点をしっかり読み取れば，基本的な知識を使って答えられる。失点は1つまで。
3	メンデルの遺伝の法則	やや難	問4，問5を考える鍵は，問2の時点で注意をしておきたい。失点は2つまで。
4	ハワイの火山	標準	問4は問3を踏まえる。問5，問6は，問題文の情報を有効に使う。失点は1つまで。

■ 鍵になる問題は 3 だ！

　例年どおり，各分野からバランスよく出題された。極端な難問は少ないため，高得点が必要となるだろう。 2 の温泉水， 4 のハワイの地学と，興味深いテーマが選ばれており，問題文や図表を読み取って，基礎知識を適用していく学力が求められている。

　 3 を取り上げる。問2はよくある語句の書き取り問題に見えるが，これをただ暗記しているのか，正しく理解しているのかの違いが，問4や問5に大きく響いてくる。親どうしを掛け合わせて，さやと種子ができた時点では，子である種子の形は観察できるが，さやはまだ母親のからだそのものである。つまり，種子の遺伝子は子の遺伝子だが，さやの遺伝子は親の遺伝子である。このように，「種子の形」と「さやの色」は同時に観察できない。子の「さやの色」を観察するには，もうひと世代あとまで育てる必要があり，時間と手間がかかる。

　問5では，遺伝子をそれぞれ，丸A，しわa，緑B，しわbとする。純系どうしの両親について，遺伝子型AAbbのめしべと，aaBBの花粉を使って掛け合わせをしている。

　（1）で，さやは母親のからだの一部だから，遺伝子型はAAbbのままであり黄色である。種子は子の遺伝子であり，遺伝子型はすべてAaBbだから顕性形質の丸型である。

　（2）で問われているさやは，子の遺伝子型を持つので，AaBbだから顕性形質の緑色である。

　（3）は，子AaBbの自家受粉によってできる孫の遺伝子型を考える。AaBbがつくる精細胞や卵細胞の遺伝子型は，AB，Ab，aB，abの4通りだから，掛け合わせると次のようになる。

	AB	Ab	aB	ab
AB	AABB	AABb	AaBB	AaBb
Ab	AABb	AAbb	AaBb	Aabb
aB	AaBB	AaBb	aaBB	aaBb
ab	AaBb	Aabb	aaBb	aabb

　よって，AA：Aa：aa＝4：8：4となるので，種子の形は，丸：しわ＝12：4＝3：1となる。

開成の社会 —— 出題傾向と対策
合否を分けた問題の徹底分析

🔍 出題傾向と内容

　例年，大問は3題出題される。記号選択問題が最も多く，地名や人名，用語などを答える問題がこれに次いでいる。論述問題の出題数は少ないが，1～2題程度は出題されるので油断してはいけない。

　地理は，かなり広い範囲から出題される。世界地理からの出題が多いのが本校の特色であり，日本の地理よりも難易度が高い問題が出題される傾向がみられる。近年は，環境問題に関する出題も増えている。また，地図を用いた問題，グラフを用いた問題も多い。

　歴史は，例年，長めのリード文を用いた出題で，リード文の穴埋め問題，リード文の下線部に関する問題が大半を占めている。例年は世界史からの出題が多いのが本校の大きな特色となっており，しかも日本史に比べてやや難易度が高くなっている。時代の並び替え問題は出題されると考えた方がよい。

　公民は，時事問題の一部として出題されることが多い。地理，歴史に比べて難易度は全体に高い。公民では，政治制度について，かなり細かな知識を必要とする問題が多くみられる。時事問題も難易度の高い問題が多く，これに対応できる受験生はそれほど多くないだろう。

　本年度の出題項目は以下の通りである。

1. 総合－NATOを題材にした世界の地理，政治
2. 歴史－将棋をテーマにした日本，世界の歴史
3. 公民－企業を題材にした日本の政治，経済など

学習のポイント
- ●分野の枠を超えた総合的な問題をしよう！
- ●新聞やテレビを意識して読んだり，見たりして時事問題に強くなろう！
- ●政治制度については，教科書レベル以上の学習をしよう！

🔍 来年度の予想と対策

　多様な角度から社会的な分析力を試そうとする問題に重点が置かれている。この傾向は，今後も大きく変化することはないと思われる。

　地理は，地図帳を開いて地名や位置を確認することが大切である。統計資料の読み取りに慣れることも必須である。近年は，環境問題の出題が増えているので，対策は欠かせない。また，世界地理では，世界地図，EUやASEANのような地域統合機構についての学習も忘れないようにしよう。

　歴史では，政治史を中心に学習し，それぞれの時代の特色や人物の業績を理解しておきたい。また，時代の並べ替えの問題，出来事の起きた世紀を問う問題が頻出なので，歴史の流れや因果関係を正しく理解しておくことが何より重要である。年号はできるだけ覚えておいたほうがよいだろう。

　公民では，教科書レベルの学習だけでなく，さらにつっこんだ学習が必要である。特に政治制度（統治機構）では細かな知識が求められる。本校の特色の一つである時事問題についても深い理解が求められる。テレビや新聞に目を向け，時事問題に興味・関心を持ってほしい。

年度別出題内容の分析表　社会

分野	中分類	出題内容	28年	29年	30年	2019年	2020年	2021年	2022年	2023年	2024年
地理的分野	日本の地理	地形図の見方	○						○		
		日本の国土と自然	○	○	○		○		○	○	
		人口・都市									
		農林水産業	○			○				○	
		鉱工業・エネルギー問題								○	
		交通・通信・貿易	○			○					
		諸地域の特色									
	世界の地理	世界地図と地球儀						○	○		
		地形・気候	○		○	○	○	○	○	○	○
		人口・都市							○		
		産業・エネルギー問題	○			○					○
		交通・通信・貿易				○					
		生活・文化	○	○	○	○	○				
		諸地域の特色						○			
		公害・環境問題						○	○	○	
歴史的分野	日本史	政治・外交史	○	○	○	○	○		○	○	○
		社会・経済史	○	○	○	○	○		○	○	○
		文化史	○	○	○	○	○		○	○	○
		各時代の特色									
		日本史総合									
	世界史	政治・外交史	○	○	○	○	○	○		○	○
		社会・経済史						○		○	○
		文化史						○			○
		各時代の特色									
		世界史総合									
		日本史と世界史の関連									○
公民的分野		憲法の原理・基本的人権	○	○	○	○	○		○	○	○
		国の政治のしくみと働き	○					○	○	○	○
		地方自治						○			○
		国民生活と社会保障								○	○
		財政・消費生活・経済一般	○	○	○	○	○			○	○
		国際社会と平和	○	○	○	○	○	○		○	○
		時事問題						○	○	○	○
		その他	○		○	○	○	○	○	○	

開成高等学校

1 問1

　冷戦が続いていた時期におけるソビエト連邦の国境線を地図に描き足して完成させる問題。旧ソ連構成国の地図上の位置が正確に把握できていないと，正解することは難しい。ここでは，地図を拡大し，国境付近に位置する国の名とその位置をわかりやすく示した。

2 Ⅰ

　下の図1～図3に示した湖に関する問題。日本の湖についての正確な知識がないと，正解するのは難しかったと思われる。ここでは，図1～図3に示した湖に関するデータを示すとともに，日本の主な湖(面積で上位10位まで)のデータを示しておきたい。

図1　　　　　　図2　　　　　　図3

【図1～図3の湖】（♯は汽水湖）

	所属する都道府県	面積	水面標高	最大水深	成因
図1(十和田湖)	青森県・秋田県	61km²	400m	327m	カルデラ湖※
図2(満濃池)	香川県	1.4km²	150m	31m	人造湖(ため池)
図3(浜名湖)♯	静岡県	65km²	0m	13m	海跡湖※※

※カルデラ湖：火山の火口付近が鍋状に大きく陥没してできた凹地(カルデラ)に水が溜まってできた湖。

※※海跡湖：かつての海域が外海と隔てられてできた海岸付近の湖。

【日本の湖ベスト10】（面積による順位）（♯は汽水湖）

	湖の名称	所属する都道府県	面積	水面標高	最深	成因
1位	琵琶湖	滋賀県	669km²	85m	104m	断層湖※※※
2位	霞ヶ浦	茨城県	168km²	0m	12m	海跡湖
3位	サロマ湖♯	北海道	152km²	0m	20m	海跡湖
4位	猪苗代湖	福島県	103km²	514m	94m	断層湖
5位	中海♯	島根県・鳥取県	86km²	0m	17m	海跡湖
6位	屈斜路湖	北海道	80km²	121m	118m	カルデラ湖
7位	宍道湖♯	島根県	79km²	0m	6m	海跡湖
8位	支笏湖	北海道	79km²	248m	360m	カルデラ湖
9位	洞爺湖	北海道	71km²	84m	180m	カルデラ湖
10位	浜名湖♯	静岡県	65km²	0m	13m	海跡湖

※※※断層湖：断層運動によって陥没した凹地に水が溜まってできた湖。

1 問4 （1）

　下の図を見て，地点Aの緯度と経度を答える問題。受験生が不得意とする世界地理の問題であり，得点に差がついたと思われる。ここでは，図を利用して，解説をしておきたい。

　まず，図の右下に，「緯線・経線とも0度を基準として等間隔で描かれている」とあるのに注目する。

　緯線について考える。図中に引かれた太い横線が赤道である（赤道がアマゾン川の河口付近を通過していることは知っておきたい）。また，北海道の北端付近を通過しているのが北緯45度の緯線である。よって，緯線は15度間隔で引かれていると判定できる。これらのことから，図中の各緯線の緯度は，図中に記した数値となる。

　次に，経度について考える。経度0度の経線は，イギリスの首都ロンドン郊外（旧グリニッジ天文台）を通過している（図中に引かれた太い縦線）。また，日本の本州を通過している縦線は，東経135度の経線で，日本標準時子午線でもある（兵庫県明石市を通過）。よって，経線は15度間隔で引かれていると判定できる。これらのことから，図中の各経線の経度は，図中に記した数値となる。

　以上のことから，地点Aの緯度，経度は，北緯60度，西経150度である。

出題傾向と内容

　現代文の読解問題が1〜2題と古文の読解問題が1題という構成が続いていたが，本年度は古文に替わり漢文の読解問題1題が出題された。現代文の大問数の増減や，古文と漢文という文種の違いはあるが，全体的な分量に変化はない。現代文は難解なものではないが，文章のテーマをすばやく読み取り，筆者の主張を踏まえたうえで，設問の要求を見抜く力と過不足なく解答にまとめる表現力が必要とされている。古文や漢文も，文章の主題や内容を正確に把握したうえで設問の要求に合わせて解答をまとめる力が要求される。設問形式は，字数制限のない自由記述が中心となっている。本年度は見られなかったが，抜き出しや記号選択式が採用されることもある。

　標準的な漢字の書き取りが毎年出題されており，語句の意味や文法についても，大問に含まれて出題されることがある。

論説文　國分功一郎(1974−)は日本の哲学者で，さまざまな哲学者の思想を通して現代社会を読み解く文章を多く発表している。採用文が収められている『目的への抵抗』も，コロナ危機以降，目的のない行為を許さない傾向が見られる現代社会に対して覚えた違和感を描くもので，引用されたアーレントの言葉の意味や，筆者が感じている危機感の正体を簡潔にまとめさせる出題となっている。

小　説　岩城けい(1971−)の小説『M』は，『Masato』『Matt』に続く同じ主人公を描いた三部作の最終作品である。本文は，多民族国家であるオーストラリアの大学で，出自やアイデンティティの問題に悩む主人公とアビーがお互いに惹かれ合いながらもわかり合えないもどかしさを描いている。設問では，この二人の社会に対する苦痛と怒りを読み取ると同時に，同じ苦痛と怒りを持ちながらも共有できない「僕」の心情を，自分の言葉で表現する力が求められている。

古　文　『遠思楼詩鈔』は江戸時代後期の学者，広瀬淡窓による漢詩集で，その中の「桂林荘雑詠示諸生」という作品が取り上げられている。有名な作品ではないが，問題文の紹介や注釈から，日本で作られた漢詩で私塾の塾長が塾生に向けて詠んだものであることがわかれば，問題には十分取り組めるだろう。設問は，漢詩の基本的な構成とともに，注釈を参考に内容が読み取れるかどうかを問うものである。

来年度の予想と対策

　今後も，現代文，古文ともに論述主体の傾向が続くだろう。論述の対策としては，過去年度の出題を参考にして論説文を要約する練習が有効である。設問の意図をしっかりと読み取ることを心がけたい。作品を読んだうえで，発想力や鑑賞力，および表現力などの独創性を試す問題も重視される傾向にある。韻文も含めた文学作品を正確に読解する力はもちろん，作品に対する自分の考えを論述する力を養っておきたい。

　古文や漢文は，文法事項をふまえた正確な読解が必要となる。ふだんから古文や漢文を読み慣れておくことが功を奏する。教科書で扱われた作品の他の文章や，よく知られている昔話の原文などを積極的に読んでおきたい。

　漢字や語句の意味についても，確実に得点できるよう普段の練習を怠ってはならない。

学習のポイント

> 本文の表現を使用して，自分の言葉で要約することに慣れておこう。論旨の流れや，内容をつかんでいく過程を，順を追ってまとめていくことを意識しよう。

年度別出題内容の分析表 国語

出 題 内 容			28年	29年	30年	2019年	2020年	2021年	2022年	2023年	2024年
内容の分類	読解	主題・表題								○	○
		大意・要旨				○	○	○	○		○
		情景・心情			○	○	○	○	○	○	○
		内容吟味	○	○	○	○	○	○		○	
		文脈把握				○	○	○	○	○	○
		段落・文章構成									
		指示語									
		接続語									
		言い換え									
		脱文・脱語補充									
	漢字・語句	漢字の読み書き	○	○	○	○	○	○	○		○
		筆順・画数・部首									
		語句の意味				○	○				
		同義語・対義語									
		三字・四字熟語									
		熟語の構成									
		ことわざ・慣用句・故事成語									
	記述	作 文									
		要約・説明									
		書き抜き									
		その他									
	文法	文と文節・品詞分類									
		品詞・用法						○			
		敬 語									
		仮名遣い	○								
		返り点・書き下し文									○
		古文・漢文の口語訳	○				○	○			
		古文の省略に関する問題									
		表現技法									
		文学史									
問題文の種類	散文	論説文・説明文	○	○	○	○	○	○	○		○
		小説・物語	○	○			○	○	○		○
		随筆・紀行・日記				○				○	
	韻文	詩									
		和歌・短歌									
		俳句・川柳							○		
		古 文	○	○	○	○	○	○	○	○	
		漢文・漢詩									○

開成高等学校

□ 問三

★ 合否を分けるポイント（この設問がなぜ合否を分けるのか？）

　本文は，コロナ危機における人々の考え方の「傾向」を提示した上で，哲学者ハンナ・アーレントの言葉を引用し，その「傾向」は果たしてコロナ危機によるものなのか，あるいはもともと現代社会に内在していたものではないかと指摘している。本問は，筆者が危機感を抱く理由を捉えさせるもので，筆者の主張に関わるものである。本文中の重要な意味を持つ言葉を探し，筆者の危機感の正体を的確に表現できるかどうかが，合否を分けるポイントになる。

★ こう答えると「合格」できない！

　筆者が「もともと現代社会に内在していて，しかも支配的になりつつあった傾向」は，本文で繰り返されている「目的のない行為は認めない」という「傾向」だと考え，目的のない行為は認められなくなってしまうから，などとまとめてしまうと，筆者やアーレントが感じていた「危機感」にはつながらず，「合格」できない。途中で挿入されている第二次大戦に関する叙述の意味を考えたい。

★ これで「合格」！

　まず，「もともと現代社会に内在していて，しかも支配的になりつつあった傾向」を具体的に述べ，その「傾向」によって起こされる事態を述べて，筆者が危機感を抱く理由とするという構成を組み立てよう。本文では「目的のない行為は認めない」という表現が繰り返されており，これが，現代社会が内在していたとする「傾向」にあたる。さらに，「目的のために」で始まる段落に，この「傾向」によって「恐るべき結果」が訪れるとある。この「恐るべき結果」とはどのような事態であろうか。ヒントは，「非常に印象的で」で始まる段落の「目的による手段の正当化を回避する」ためには「強い道徳的信念が必要である」の部分だ。「目的のない行為は認めない」という「傾向」は，言い換えれば，目的達成のためには道徳的信念に反する手段が取られる可能性があるということになる。挿入される第二次世界大戦やナチス・ドイツの叙述からは，ユダヤ人迫害によって自分たちの全体主義を完成させようとした歴史が浮かび上がる。筆者は，この全体主義の傾向が現代社会でも内在しているのではないかと危機感を抱いているのである。この内容を，目的のない行為や道徳という言葉を用いて簡潔にまとめれば，「合格」だ！

□ 問五

★ 合否を分けるポイント（この設問がなぜ合否を分けるのか？）

　詩全体の内容を読み取り，作者が塾生たちに伝えたかった主題を読み取らせる設問なので，この問いに答えられるかどうかが，合否を分けることになる。起句の倒置法や，起句の「同袍」が意味するもの，転句の「霜雪のごとし」から浮かび上がる情景，結句の対句表現に着目することから始めよう。

★ こう答えると「合格」できない！

　漢詩の形式に戸惑い，設問だけを読んで答えようとしては，詩の内容を読み取ることが難しくなり，「合格」できない。限られた時間の中で遠回りのように思えても，ていねいに注釈を読み込むことが理解につながる。

★ これで「合格」！

　「伝えたかったこと」とあるので，塾長が塾生に語りかける形で「〜ということ。」に続く形で説明しよう。起句から故郷から離れた土地であっても不満を述べないこと，承句から親友の存在，転句から美しい自然，結句から生活の営みの四点を読み取り，この四点を踏まえた文章にまとめられれば，「合格」だ！　五十字以内で説明するという練習を重ねて，短い時間で書き上げられるようにしておくことが必須となる。

□ 問四

★ 合否を分けるポイント（この設問がなぜ合否を分けるのか？）

　傍線部③の「共に踏み跡を刻んで生きる」は，死に向き合う宮野が希望する生き方を表現するものである。磯野との往復書簡によってまさに両者が変容し，その中で宮野が自己を発見するに至ったことを喩えた表現だ。他者とどのような関係を結ぶべきかという宮野の考えを正しく読み取り，本文中の言葉を用いながら簡潔に表現できるかどうかが，合否を分けるポイントになる。

★ こう答えると「合格できない！」

　「共に踏み跡を刻んで生きる」という表現だけに着目してどのようなことを喩えているのかを考え，同じ経験をしながら共に生きていく，などと答えたのでは，「合格」できない。同様の表現が書かれている箇所があれば，その前後にヒントとなる表現がないかを探すことから始めよう。

★ これで「合格」！

　宮野は，この書簡で「出会った他者を通じて，自己を生み出すのです。自分というと，出来上がった存在を思い浮かべますが，そうやって，選びとり，見出される。産まれてくる自分は独りで可能になったものじゃない」と訴え，自分と「出会う」ことを選んだ磯野に感謝を伝えている。この二人の関係が，「共に踏み跡を刻んで生きる」ことなのだ。「では，その情熱」で始まる段落の「連結器と化すことに抵抗をしながら，その中で出会う人々と誠実に向き合い，ともに踏み跡を刻んで生きることを覚悟する勇気」という言葉を用いて，偶然出会った他者と誠実に向き合うことで自己を生み出すような関係を結びながら生きること，などとまとめれば「合格」だ！

□ 問二

★ 合否を分けるポイント（この設問がなぜ合否を分けるのか？）

　□は設問が二題のみ，そのうちの題名に通じる設問なので，この問いに答えられるかどうかが，合否を分けることになる。題名は，文章の主題に関わることが多い。「吉日」とはどのような日のことなのか，筆者の考え方や人生観を読み取った上で簡潔にまとめよう。解答欄の大きさに合わせて一行三十五字程度とし五十字程度で答えることを意識したい。

★ こう答えると「合格」できない！

　本文の前半では，筆者が訪問客を歓迎していないことが述べられ，後半では筆者の穏やかな生活が描かれている。この穏やかな生活が描写された部分のうち，どの表現を用いてまとめるかがセンスを問われることになる。最終段落に描かれている具体的な描写部分の表現を用いると，指定字数には収まらず，「合格」できない。

★ これで「合格」！

　「吉日」について描写している「風が静かで温かで，腹加減がよくって，いやな来客に妨げられないで，快く午睡でもした日が，まあ吉日といえばいわれた」という一文を，抽象性のある言葉に置き換えてまとめられれば，「合格」だ！傍線部②の「今の私は，これぐらいなところで吉日を選ばなければならなかった」という表現は，全面的な「吉日」ではなくある程度妥協した「吉日」であるという内容であるが，最終段落の具体的な描写からは筆者はこの「吉日」に十分満足していることも合わせて読み取りたい。

二 問三

★ 合否を分けるポイント（この設問がなぜ合否を分けるのか？）

　冒頭で，筆者は「武道修行の目的」として「世界を見渡したときに，『敵』と呼ばれるようなものが存在しないという広々とした，穏やかな境地に至ること」を挙げている。本問は，この「天下無敵」と呼ばれる状態の本当の意味を読み取らせる設問だ。解答は，筆者の考えを正確に理解し反映したものでなければならない。指示語の内容を述べて説明しただけのものか，筆者の考えを正確に反映したものかが，合否を分けるポイントとなる。

★ こう答えると「合格できない！」

　傍線部や傍線部の前後に含まれる指示語の内容を明確にするという原則にしたがって，「私たち」が「複雑化するために，簡単にはコントロールできない環境に投じられて，自分自身を『前とは違うもの』に書き換えることで環境に適応するというプロセスを繰り返す」ことと述べたのでは，「合格」できない。「生物学的な意味での『進化』」を，「私」という個人に置き換えて表現している部分を探し，自分の言葉を補ってまとめることを意識したい。

★ これで「合格」！

　傍線部③の「それ」は，同じ段落の「私たちは……複雑化するために，簡単にはコントロールできない環境に投じられて，自分自身を『前とは違うもの』に書き換えることで環境に適応するというプロセスを繰り返す」ことを指示しているが，この「生物学的な意味での『進化』」を，「私」にとっての「『天下無敵』ということの意味」にふさわしくなるように表現し直そう。注目するのは「じゃあ，どういう世界が楽しいのか？」で始まる段落の「地球上に私以外にたくさんの人がいて，いろいろな仕方で私の自由な運動や自己実現を妨害しているのだけれども，私が適切に対処すると，その『敵性』が解除されて，彼らはむしろ私の『支援者・協働者』に変わり，彼らがいるおかげで私単独ではできないことができるようになる」という説明だ。この「私が適切に対処すると，その『敵性』が解除されて，彼らはむしろ私の『支援者・協働者』に変わり，彼らがいるおかげで私単独ではできないことができるようになる」を，「敵」に適切に対処していくことで自分自身が成長する，などの簡潔な表現に置き換え，これが「天下無敵」の本当の意味だということなどとまとめれば，筆者の考えを的確に述べることになり，「合格」だ！

三 問三

★ 合否を分けるポイント（この設問がなぜ合否を分けるのか？）

　句の単純な鑑賞ではなく，文章全体の内容を読み取った上で「仏に化ける狸かな」にこめられた作者の心情を読み取らせる設問である。さらに，「秋の暮」という季語をどのように解答に反映させるのか，解答者のセンスも問われている。「秋の暮」を生かした解答になっているかどうかが，合否を分けることになる。

★ こう答えると「合格」できない！

　「仏に化ける狸かな」から，秋の暮れに亡くなった狸を哀れに思う心情，とまとめてしまっては，解答欄に空白が生じ，「秋の暮」という季語も生きず，「合格」できない。「秋の暮」という情景を想像し，そこからさらに想像を膨らませることで，作者の心情に深みを加えたい。

★ これで「合格」！

　「秋の暮」という季語から思い浮かぶのは，秋の夜長という語である。冬に向かうにつれて日の沈むのが早くなり，夜は長くなっていく。乏しい明かりの中で感じられる孤独は，一層深い。作者もまた，話し相手がおらず句作も進まない中で，孤独を感じていたのではないだろうか。作者は狸が退治されたと聞き，もしやあの狸も孤独で孤独な自分を訪れてくれていたのではないかと，狸に自身の孤独を重ねることで狸に対する哀れさをつのらせて，「仏に化ける狸かな」と表現したのだ。句は短いからこそ，読者の想像によって豊かな世界を広げることができる。その解釈を含んだ解答が作成できれば，「合格」だ！

2024年度
★★★★★★★★★★★★★★★★★★★★★★

入 試 問 題

2024年度

開成高等学校入試問題

【**数　学**】（60分）　　＜満点：100点＞

【**注意**】　答案は指定された場所にかき，考え方や計算の過程がはっきりとわかるように心がけること（特に指示がある場合を除く）。

1．解答する際に利用した図はなるべくていねいにかくこと。

2．問題文中に特に断りのない限り，答えの根号の中はできるだけ簡単な数にし，分母に根号がない形で表すこと。

3．円周率は π を用いること。

4．試験中，机の上に置けるのは次のものだけです。これ以外の物品を置いてはいけません。

・黒しんの鉛筆またはシャープペンシル　　・消しゴム　　・コンパス　　・直定規

・三角定規一組（10㎝程度の目盛り付き）　　・時計　　・メガネ

筆箱も机の上には置けませんので，カバンの中にしまってください。

1　以下の［A］，［B］に答えよ。

［A］　座標平面上に放物線 $C: y = x^2$ と直線 $\ell: y = -4x + 5$ がある。図のように，x 軸の正の部分に点Wと点X，放物線 C 上に点Y，直線 ℓ 上に点Zを取り，四角形WXYZが正方形になるようにする。点Xの座標を $(t, 0)$ とおく。

(1)　t を用いて点Zの座標を表せ。なお，1つ答えればよい。

(2)　t が満たす2次方程式を

$$\boxed{(\mathcal{P})}\, t^2 + \boxed{(\mathcal{A})}\, t - \boxed{(\mathcal{D})} = 0$$

と表したとき，空欄(ア)，(イ)，(ウ)にあてはまる正の整数を答えよ。

(3)　点Zの座標を求めよ。

なお，下記の図は必ずしも正確なものではない。

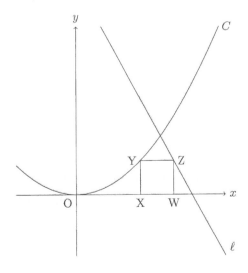

［**B**］　鋭角三角形に対して，３つの頂点からそれぞれの対辺に垂線を下ろすと，３本の垂線が１点で交わることが知られている。（この点は三角形の「垂心」と呼ばれる。）以下，３本の垂線が１点で交わることを証明しよう。

┌─ 証明 ─────────────────────────────────

　　鋭角三角形ABCにおいて，点Bから直線ACへ下ろした垂線が直線ACと交わる点をD，点Cから直線ABへ下ろした垂線が直線ABと交わる点をEとする。△ABCが鋭角三角形であることから，D，Eはそれぞれ辺AC，辺AB上にあるので，線分BD，CEの交点Hは△ABCの内部にある。よって直線AHと直線BCの交点をFとすると，Fは辺BC上にある。これより，下図のようになる。

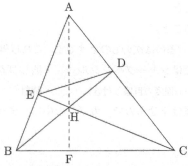

　　図において，∠DBC＝∠CAHを証明する。
　　∠BDC＝∠BEC＝90°だから，線分BCを直径とする円は点D，点Eを通る。よって４点B，C，D，Eは同一円周上にあるから，弧　（ア）　に円周角の定理を用いて　（イ）　…①がいえる。
　　また∠ADH＝∠AEH＝90°より，線分AHを直径とする円は点D，Eを通る。よって４点A，E，H，Dは同一円周上にあるから，弧　（ウ）　に円周角の定理を用いて　（エ）　…②がいえる。
　　以上の①，②と図より，∠DBC＝∠CAH…③である。

　　次に∠AFB＝90°であることを証明する。

┌─────────────────────────────────────┐
│   │
│   （オ）   │
│   │
└─────────────────────────────────────┘

　　点Aから直線BCに下ろした垂線はただ１つなので，直線AFは点Aから直線BCへ下ろした垂線と一致する。よって，鋭角三角形の各頂点から対辺へ下ろした３本の垂線が１点で交わることが示された。

└──────────────────────────────────────

(1)　空欄（ア），（イ），（ウ），（エ）に適切な弧の名称または等式を補え。
(2)　空欄（オ）にあてはまる，∠AFB＝90°であることの証明を書け。

2 3桁の自然数（100以上999以下の整数）が「拡張4の倍数」であることを，次の通り定める。

　　　拡張4の倍数……4の倍数であるか，または各位の数字をうまく並べ替えると3桁である
　　　　　　　　　　4の倍数にできる数

　　たとえば251は，各位の数字を入れ替えて152とすれば4の倍数になるので，拡張4の倍数である。

　　以下，拡張4の倍数の個数を求める。各位の3つの数字の組合せにおける偶数の個数に着目し，場合分けして数えよう。なお，各問いとも答えのみ記せばよい。

(1) 拡張4の倍数のうち，各位の3つの数字の組合せが「偶数1つと奇数2つ」の場合を考える。
　(i)　各位の数字の組合せが「6と奇数2つ」である拡張4の倍数は何個あるか。
　(ii)　このような組合せで現れる偶数の数字は，6とあと1つしかない。6でない方を答えよ。

(2) 拡張4の倍数のうち，各位の3つの数字の組合せが「偶数2つと奇数1つ」の場合を考える。たとえば，各位の数字が「5と偶数2つ」の組合せであるものを数える。
　(i)　5が百の位にあるものは何個あるか。
　(ii)　5が十の位にあるものは何個あるか。
　(iii)　5が一の位にあるものは何個あるか。

(3) 拡張4の倍数のうち，各位の3つの数字の組合せが「偶数3つ」の場合を数えたい。そのために，まず各位の数字がいずれも偶数である3桁の自然数すべての個数を数え，そこから拡張4の倍数でないものの個数を引き算する。
　(i)　すべての位の数字が偶数である3桁の自然数は何個あるか。
　(ii)　すべての位の数字が偶数である3桁の自然数のうち，拡張4の倍数でないものの例を3つ挙げよ。
　(iii)　すべての位の数字が偶数である拡張4の倍数は何個あるか。

(4) 拡張4の倍数は全部で何個あるか。

　　なお参考のため，3桁の4の倍数に現れる下2桁の一覧表を下記に記す。一の位が0，4，8のグループと2，6のグループとで分けて並べている。

00	04	08	12	16
20	24	28	32	36
40	44	48	52	56
60	64	68	72	76
80	84	88	92	96

3 1辺の長さが6の正四面体ABCDを考える。

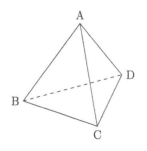

　　　　辺CDの中点をMとし，点Aから平面BCDに下ろした垂線が平面BCDと交わる点をGとする。また正四面体ABCDの4つの頂点を通る球S_1の中心をOとする。このとき3点B，G，Mはこの順で一直線上にあり，さらにBG：GM＝2：1である。
(1) 点Oは線分AG上にある。線分AOの長さ，すなわち球S_1の半径を求めよ。なお，答えのみ記せばよい。

　次に，正四面体ABCDの4つの頂点から，下図のように1辺の長さが2の正四面体を切り落としてできる立体Tを考える。頂点Aを含む正四面体を切り落としたときに新しくできる正三角形の面を$\triangle A_1 A_2 A_3$，頂点Bを含む正四面体を切り落としたときに新しくできる正三角形の面を$\triangle B_1 B_2 B_3$とする。ただしA_1とB_1は，下図のように正四面体の辺AB上にとる。

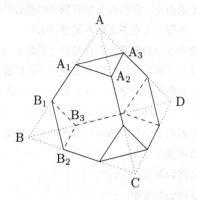

　この立体Tの12個すべての頂点を通る球S_2が存在する。その半径を求めよう。

(2)　平面ABMによる立体Tの断面の形をかけ。また，同じ図に点O，点Gをかき込め。

(3)　平面$A_1 A_2 A_3$に点Oから下ろした垂線が平面$A_1 A_2 A_3$と交わる点をHとする。OHの長さを求めよ。

(4)　点Oを中心とし，立体Tの12個すべての頂点を通る球S_2の半径を求めよ。

【英　語】（50分）　＜満点：100点＞　　　※リスニングテストの音声は弊社HPにアクセスの上，
音声データをダウンロードしてご利用ください。

【注意】　１．試験開始後約20分経過してから，聴き取り問題（約15分間）を実施します。
　　　　　２．短縮形は１語と数えるものとします。［例：I am（２語）　I'm（１語）］

1　次の英文を読み，後の問いに答えなさい。

　It's a shop I must have walked past a million times before, but have hardly noticed until now, and have never thought to enter.　An ordinary looking, little, brown brick building, crammed between a hair salon and a furniture store, with a tiny window display offering a variety of (1)forgettable items that are of no interest to me.　But I have some extra time on my hands today and decide to take a quick look.

　The interior is cool and dark, and it takes a moment for my eyes to adjust.　A very strong rose scent* hangs thickly in the air; nearly enough to turn me away.　(2)Instead I continue further into the store, eyes looking quickly over the shelves for anything interesting.　Indeed, there are a great variety of items—and yet not a single thing appeals to me.

　"Can I help you?"

　I look up to see an elderly woman behind a counter.　She looks vaguely surprised.　"When did she last see a customer enter her shop?"　I wonder.

　"Just looking," I reply.

　I walk around the whole shop and confirm that there is indeed nothing here that I wish to purchase.　(3)I wonder [business / does / how / in / manages / old / stay / the / to / woman].　I head towards the door, but pause when I notice one interesting item.　A large old book, displayed on a wooden stand.

　There is no visible title on the worn leather cover, and it is held shut with a thick metal clasp*.　After taking a closer look, I see that a combination lock is fixed to the clasp.

　The numbers read: 02-11-32.

　I try the latch* with the current combination, but it does not open.　I am now even more curious to discover what lies between the book's pages.　"What is this book about?"　I ask the old woman, who has been staring at me quietly the whole time.　"Do you know the combination?"

　"I do," the woman replies, but adds （　4　） more.

　I feel frustrated by her response, and decide that I've had enough of this place.　I turn to leave and am almost out the door, when I hear the woman say, "Try your birthday."

　(5)I give her an odd look as I walk back over to the book.　She's crazy, I think. And yet, I am compelled. With my finger I move the numbers into place so that they now show my birth month, day, and year.

    (6)   , the latch clicks open. I pull back the heavy cover and quickly look through the pages. "This can't be right," I whisper in shock as I realize the book is a history... about me!

I look up to question the woman, but she is gone and the shop suddenly seems different, brighter. The shelves are now stocked with all my favorite things. I wander through the aisles again—how did I miss this before? And this? I would buy any of these items, gladly!

Gone is the scent of rose, replaced with my own favorite scent.

***

I sit behind the counter and wait for a customer to come in and buy something, but they all walk past the window as though the place were not (7). The few that do enter seem uninterested in what I have to sell, or complain that the scent in the air is too strong.

Until one day, a young woman takes an interest in the book. "It won't open," she notes, smacking on her gum*.

"   (8)   ," I say.

(注) scent 香り   clasp 留め金   latch 掛け金   smack on gum ガムをくちゃくちゃかむ

問1　下線部(1)が表す内容を次のように言い換えたとき，空所に入る語を答えなさい。

    forgettable items (ア) which I (イ) not (ウ)

問2　下線部(2)が表す具体的な内容を次のように言い換えたとき，空所に入る語を答えなさい。

Instead of (　　) the store,

問3　下線部(3)の [ ] 内の語を並べ替え，最も適切な表現を完成させなさい。ただし，語群には，不要な語が1語含まれている。

問4　空所 (4) に入る最も適切なものを1つ選び，記号で答えなさい。

　ア　anything　　イ　everything　　ウ　nothing　　エ　something

問5　下線部(5)を和訳しなさい。

問6　空所 (6) に入る最も適切なものを1つ選び，記号で答えなさい。

　ア　Hopefully　　イ　To my surprise　　ウ　Unfortunately　　エ　What's more

問7　空所 (7) に入る最も適切な7文字の1語を，本文中の16行目以降から抜き出して答えなさい。

問8　空所 (8) に入る最も適切な英語表現を本文中から抜き出して答えなさい。

2　次の英文を読み，後の問いに答えなさい。

The sudden popularity of tennis in the United States has produced all sorts of new ideas in the game. One of the most exciting is called Mother's Tennis. It differs from regular tennis in that it requires not only four players, but also a number of children, several dogs, and sometimes a very angry husband.

The game is played on a regular court with two players on each side. But the thrill comes not from hitting the ball back and forth, but from [(1)   ].

I was introduced to Mother's Tennis at Martha's Vineyard* last summer, and (2)this is how it went.

One of the mothers was about to serve the ball when her seven-year-old child ran up to the fence and shouted, "Mommy, Johnny has climbed on the roof and he's crying because he can't get down."

"Well, tell him to stay up there until I finish the set," she said.

"[(3)   ]"

"Tell him to hang onto the top of the roof."

A few minutes later during a heated play a large black dog walked across the court. The rules of Mother's Tennis say play must be stopped when a dog comes on the court.

We all stopped while one of the mothers shouted at the dog, "Parkinson, go home."

Parkinson sat down next to the net and stared at all of us.

A mother, the owner of the dog, shouted to her daughter, "Polly, take Parkinson home."

"I can't," the daughter shouted back. "I have to take a sailing lesson."

The mother took Parkinson roughly by the back of his neck and said to the rest of us, "[(4)   ]"

Fifteen minutes later she returned, and play started again.

For three minutes. Then another child appeared at the fence. "Mom, Dad wants to know where his swimming suit is," (A)she said.

"It's hanging outside where (B)he left it to dry."

"He says it isn't there now."

"Well, tell him to look in the laundry room."

"(C)You better tell him. He's very angry. He had to make his own breakfast, and he cut his finger opening a grapefruit."

"(D)I'll be home in a half hour."

We just got through one game when a lady appeared and shouted, "Sally, do you have a list of the sponsors for the charity event next week? I need it right away."

"The list is in my car. [(5)   ]" Sally went to her car while the rest of us kept swinging our rackets in the air to keep warm.

The match was about to start again when Lucy's three-year-old son walked out on the court and stopped on a line.

"Peter, don't stay on the line," Lucy shouted. "Go over there by the bench."

Peter just sat (6)there, scratching himself.

Lucy was becoming angry. "Peter, if you don't get off the court, I'm not going to give you lunch."

Peter pursed his lips* and then started to cry.

Lucy jumped to catch him, but he escaped and ran to the other side of the net. He was finally caught by one of the other mothers and was pulled, crying and kicking, off the court. He didn't stop screaming for the rest of the morning.

During the set one husband showed up looking for his car keys, and two more dogs appeared on the court.

It was a typical Mother's Tennis match, and was (7)[all / any / different / from / I / no / played / summer]. The beauty of Mother's Tennis and where it differs from regular tennis is that no one keeps score. Who can remember?

(注) Martha's Vineyard　マサチューセッツ州のリゾート地　　purse one's lips　口をすぼめる

問1　空所 [(1)] に入る最も適切な英語表現を１つ選び，記号で答えなさい。

ア　the unexpected problems of children and dogs entering the court during play

イ　the unexpected fights between children and husbands by the court during play

ウ　the unexpected equipment given to dogs and children on the court during play

エ　the unexpected help from husbands and children running around the court during play

問2　下線部(2)を，this と it の表す具体的な内容を明らかにして和訳しなさい。

問3　空所 [(3)] ～ [(5)] に入る最も適切な英語表現を１つずつ選び，記号で答えなさい。なお，各選択肢の使用は１回限りとする。

ア　I'll get it.　　　　イ　He ran home.

ウ　I'll be right back.　　エ　He says he's afraid of falling.

問4　下線部(A)～(D)のうち，２つは同じ人物のことを指している。その２つを選び，記号で答えなさい。

問5　下線部(6)が表す具体的な内容を，本文中から連続する３語で抜き出しなさい。

問6　下線部(7)の [ ] の語を並べ替え，最も適切な表現を完成させなさい。

---

[3]　次の定義に当てはまる最も適切な単語をそれぞれ答えなさい。なお，最初の文字は指定されている。解答欄には最初の文字も含めて書くこと。

(1)　(h　　) = something that you often do, almost without thinking about it

(2)　(t　　) = a natural ability to be good at something, especially without being taught

(3)　(t　　) = a vehicle or system of vehicles, such as buses, trains, planes, etc., for getting from one place to another

(4)　(a　　) = able to be used or can easily be bought or found

(5)　(f　　) = able to change or be changed easily according to the situation

4 次の対話文の同じ番号の空所には，発音は異なるが，綴りは同じの，連続する母音字 2 文字を含む語が入る。対話の意味が通るよう，例を参考にして，空所に入る語を答えなさい。

Mike: Mr. Davis, have you visited the new city library yet?

Mr. Davis: Yes, I have. Actually, my brother designed that library, so I know it very well.

Mike: Wow! I'm interested in architecture, but our school library doesn't have many books on it to (例－ア read). Would it be possible to introduce your brother to me?

Mr. Davis: Yes, of course. Would you like him to give you a tour of the library?

Mike: That's (例－イ great)! How about meeting him this Sunday?

Mr. Davis: Sure. Let's meet at the main entrance of the library at 10:00.

Mike: OK. Thank you, Mr. Davis. I'll see you then.

*** Next Sunday ***

Mr. Davis: Hey, Mike! Here!

Mike: Oh, hi, Mr. Davis. Thank you for taking the time for me.

Mr. Davis: That's no problem. Mike, this is my brother, Richard.

Mike: Nice to meet you, Mr.... Davis?

Richard: Call me Richard, Mike. I'm glad to hear that young people are interested in the library.

Mike: Nice to meet you, Richard. It's a huge building!

Richard: Yes, it's really big. Can you see the entrance hall has a very high (①－ア)?

Mike: Sure, what is its (①－イ)?

Richard: It's about (①－ウ) meters high. You can fit three floors into this hall.

Mike: Wow! That's incredible! That's why it looks so big.

Richard: Yes, and it has a security system and an alarm will ring if there is any (②－ア).

Mike: What is it? Some kind of new technology?

Richard: Yes, it is. With this system, even a (②－イ) can't get in.

Mr. Davis: Really? That's amazing!

Richard: That's right. And we named it "Cyber Active Technology," or "CAT."

Mike: So, it's almost like having a real cat guarding a house!!

5 次の各組の英文がほぼ同じ内容になるように，空所に入る最も適切な 1 語をそれぞれ答えなさい。

(1) ⎰ Once she graduated from high school, she didn't depend on her parents.
    ⎱ Once she graduated from high school, she became (   )(   ) her parents.

(2) { I want to attend the party but I can't.
    { I ( ) I ( ) attend the party.

(3) { This science book is more expensive than that history book.
    { That history book ( ) less ( ) this science book.

(4) { He wanted to get the information as soon as possible.
    { He wanted to get the information as soon as ( )( ).

(5) { He said to me, "Is your mother at home?"
    { He asked me ( )( )( )( ) at home.

6 (聴き取り問題)

Part A

Listen to the conversation between Ryota and his father about which summer school to attend. Use the camp descriptions to answer the questions. Write the letter of the camp A to D on the answer sheet.

Selecting a Summer School Program

A	**Summer Science Camp**	B	**Soccer Camp**
	- Manila, Philippines		- Vancouver, Canada
	- July 31 to August 13		- August 7 to August 12
	- Cost: ¥250,000		- Cost: ¥50,000
	- Group science presentation		- Learn from professionals
C	**Advanced Math**	D	**Writing and Reading**
	- Boston, USA		- Oxford, UK
	- July 10 to August 5		- August 7 to August 21
	- Cost: ¥850,000		- Cost: ¥780,000
	- Study math with students from around the world		- Great weekend activities

(1) Which camp is Ryota most likely going to apply to?
(2) Which camp only runs during the daytime?
(3) Which camp will some of Ryota's classmates be attending?

Part B

Listen to the monologue about the boy traveling to his grandparents' house and answer the questions. Use the memo space to write down how much time it took to travel to each place. For questions (1) and (2), choose the best answer from A to D for each question, and for question (3), write down the number.

Place	Time (Memo Space)
Nippori Station to Narita Airport	
Narita Airport to Gold Coast Airport	
In Gold Coast Airport	
Gold Coast Airport to grandparents' house	

(1) Why did the boy take the flight to Gold Coast and NOT to Brisbane?

A It left earlier.

B It was a shorter flight.

C It was less expensive.

D It flew to a more convenient airport.

(2) How much time did it take to fly from Narita Airport to Gold Coast Airport?

A 8 hours 30 minutes.   B 8 hours 40 minutes.

C 9 hours 20 minutes.   D 9 hours 30 minutes.

(3) How many minutes did it take the boy this time to go through security and pick up his bag?

Part C

Listen to the monologue and choose the best answer from A to D for each question. Use the memo space provided to answer the questions.

(Memo Space)

Country, State, or Province	Age of Majority	Legal Right / Age
Japan		
New Zealand		
Thailand		
Argentina		
United States - Most states - Alabama, Nebraska - Mississippi - All states		
Canada - Ontario, Quebec - British Columbia, New Brunswick - All provinces		

(1) Three examples were stated for what you could do at the age of 20 in Japan until 2021. Which example was NOT stated?

   A Vote.   B Have a credit card.

   C Rent an apartment.   D Sign a cell phone contract.

(2) What is the age of majority in Alabama and New Brunswick?

   A 18   B 19   C 20   D 21

(3) Fill in the blanks with the correct age.

In the United States, you cannot become a president until the age of ___(3)a___, and in New Zealand, you can fly a plane by yourself at the age of ___(3)b___.

   A 16   B 19   C 20   D 35

(4) What is the theme of the monologue?

   A The age at which you are legally an adult in some countries.

   B The age at which you can legally drink alcohol or drive a car.

   C The age at which you can legally do things is the same for all countries.

   D The age at which you can legally do things matches the age of majority in all countries.

【理　科】（40分）　＜満点：50点＞

1　中和に関する以下の文章を読み，あとの問いに答えよ。

　　水溶液どうしの中和の実験で，BTB溶液を事前に水溶液に加えておく手法はよく用いられるが，硫酸（水溶液）と水酸化バリウム水溶液の組み合わせでは，水溶液が白く濁るため，BTB溶液では水溶液の液性が変化する瞬間を目視で判別するのは難しい。

　　図1のように，ステンレス電極を電源装置と豆電球に接続し，硫酸に入れた装置を考える。一定の電圧をかけながら水酸化バリウム水溶液を硫酸に加えていくと，できた水溶液は白く濁るとともに，点灯していた豆電球の明かりは次第に暗くなるが，ある量を境に，再度明るくなることが知られている。これは液中に存在するイオンに関係している。この現象に着目して，次の［実験］を行った。

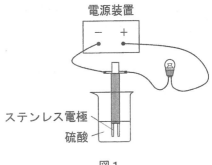

図1

［実験］薬品庫にあった濃度不明の硫酸をビーカーに10mL入れて，ガラス棒でよくかき混ぜながら，水酸化バリウムの飽和水溶液を少しずつ加えていった。その過程で，図2のように電源装置とステンレス電極などを用いて，水酸化バリウム水溶液を加えるたびに一定の電圧をかけて，水溶液に流れる電流の大きさを電流計で調べた。すると，水酸化バリウム水溶液を21mL加えたときに電流値が最小になったことから，この瞬間に水溶液が中性になったと判断することができ，さらに加えると電流値は図3のようになった。

　　この実験の条件で水100gに対する水酸化バリウムの溶解度は5.0gであるとする。

　　実験中の水溶液は一定温度であり，その密度は1.0g／cm³であるとする。この実験において，中和以外の化学変化は起きないものとする。

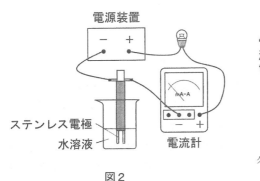

図2

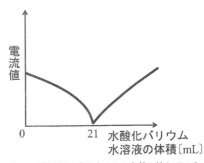

グラフは測定値の点をなめらかな線で結んでいる。

図3

問1　水酸化バリウムの化学式を答えよ。ただし，文字と数字の大きさは例のように明確に区別して書くこと。

問2　文章中の下線部に関連して，BTB溶液を加えた水溶液がアルカリ性になると，水溶液の色は何色になるか。

問3　［実験］の中和で生じる塩の物質名を答えよ。

例　

問4 〔実験〕に関連して，正しいものを次の**ア〜エ**の中から**すべて選び**，記号で答えよ。

ア 水溶液が白く濁ったのは，中和で生じる塩が水中でほとんど電離しないからである。

イ 水酸化バリウムの飽和水溶液を用いるときは，溶解度を超える量の固体を水に入れて溶けるだけ溶かし，容器の底面付近からピペットなどで水溶液を吸い上げて用いる。

ウ 水溶液が中性になった後に流れる電流が大きくなっていくので，電流計の針が振り切れないように，電流計のどの－端子を使うかに注意して測定する必要がある。

エ 水溶液中のイオンの数が多くなれば，電圧を一定にしたときに流れる電流が大きくなる。

問5 〔実験〕を通じて，溶液中の水酸化物イオンの数は下図の破線のように推移する。これに対する溶液中に溶けているバリウムイオンの数の推移として，最も適切なグラフを図中の①〜⑥の中から1つ選び，番号で答えよ。なお，⑤のグラフは水酸化物イオンと同じ推移をしているものとする。

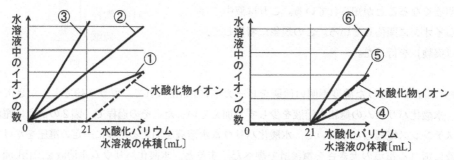

見やすさのため，①〜⑥のグラフは2つに分けて表示している。

問6 〔実験〕で水溶液が中性になるのに要した水酸化バリウム水溶液中の溶質は何gか。答えは小数第1位まで求めよ。

問7 水溶液が中性になったとき，水溶液中の溶質である水酸化バリウムと硫酸は，水酸化バリウム：硫酸＝171：98の質量比で反応したことがわかっている。この比を用いて，〔実験〕で用いた硫酸の質量パーセント濃度を計算せよ。答えは小数第1位まで求めよ。

---

2 発生に関する以下の文章を読み，あとの問いに答えよ。

生物は細胞から成り立っている。多細胞生物の成長とは細胞が増えることであり，細胞は細胞分裂により増えていく。①例えばヒト（成人）の細胞数は2013年の Eva Bianconi らの論文によると約37兆2000億個と推定されている。だが，多くの動物の細胞には細胞分裂の回数に限界がある。実験によると，ヒトの細胞は60回くらいが限界といわれている。

生物が自分と同じ種類の新しい個体（子）をつくることを生殖という。ゾウリムシなどの単細胞生物では，体が2つに分かれて増える。多細胞生物でも，動物ではヒドラなどのように，親の体の一部から芽が出るようにふくらみ，それが分かれて子になるものがいる（出芽）。植物でも，ジャガイモやサツマイモのいも，ヤマノイモのむかご，オランダイチゴのほふく茎の先端などから，芽や根が出て新しい個体ができる（栄養生殖）。②このような増え方を無性生殖という。

これに対し，減数分裂という特別な細胞分裂を伴う生殖を有性生殖という。減数分裂は体細胞分裂（通常の細胞分裂）と異なり，染色体数が半減する。そのため子の細胞は，親の細胞と同数の染色体を持つことになる。

問1 下線部①について，１つの細胞が細胞分裂を繰り返していくと，計算上では何回目の分裂で細胞の数は37兆個を超えるか。ただし，すべての細胞は同じ周期で分裂し，37兆個を超えるまでは１つも死なないものとする。

問2 下線部②に関連して，次の(1)～(4)の例が無性生殖であれば○，そうでなければ×を記せ。

(1) バフンウニが体外受精により増える

(2) 裸子植物のイチョウの精子が胚珠内の卵と受精して増える

(3) 被子植物のチャノキが挿し木により増える

(4) ウメボシイソギンチャクの胃の中で親の体の一部が分かれて新しい小さな個体ができ，それが口から出されて増える

問3 オランダイチゴの農業での利用について，次の(1)，(2)の場合，無性生殖（ほふく茎利用）と有性生殖（種子利用）のどちらを利用するのが適切か。また，その理由を「遺伝子」という語を用いて１行以内で答えよ。

(1) 新しい品種を開発する場合　　(2) 同一の品種を増やす場合

被子植物では，花粉がめしべの柱頭につくと，花粉から柱頭の内部へと（ ③ ）が伸びる。（ ③ ）の中には精細胞があり，胚珠の中には卵細胞がある。（ ③ ）が胚珠に達すると，（ ③ ）の先端部まで運ばれた精細胞と，胚珠の中の卵細胞が受精して，受精卵ができる。柱頭に複数の花粉がついた場合，それらの花粉から生じる精細胞は，それぞれが子房の中にある異なる卵細胞と受精する。

受精卵は，体細胞分裂を繰り返して胚になる。④胚珠全体は種子になり，子房全体は果実（または果実の一部）になる。果実の中の種子が発芽すると，葉・茎・根をもつ体に成長して，親と同じような植物の体ができる。

問4 文中の空欄（③）に当てはまる語を記せ。

問5 下線部④に関連して，有性生殖するある被子植物（１つの果実に４つの種子を含む）の多数の果実を考えたとき，次の(1)，(2)に答えよ。

(1) ある遺伝子A，aについてのみ考えたとき，１つの果実に含まれる４つの種子の遺伝子の組み合わせは最大で何種類になるか。最も適切なものを，次のア～エの中から１つ選び，記号で答えよ。ただし，両親のもつ遺伝子の組み合わせはどちらもAaであるとする。

ア 遺伝子の組み合わせは最大で１種類しかない

イ 遺伝子の組み合わせは最大で２種類存在する

ウ 遺伝子の組み合わせは最大で３種類存在する

エ 遺伝子の組み合わせは最大で４種類存在する

(2) A，aとB，bの２種類の遺伝子を考えたときに，１つの果実に含まれる４つの種子の遺伝子の組み合わせは最大で何種類になるか。最も適切なものを，次のア～エの中から１つ選び，記号で答えよ。ただし，両親のもつ遺伝子の組み合わせはどちらもAaBbであるとする（このときにできる卵細胞と精細胞がもつ遺伝子の組み合わせは，それぞれAB，Ab，aB，abの４種類がある）。

ア 遺伝子の組み合わせは最大で１種類しかない

イ 遺伝子の組み合わせは最大で２種類存在する

ウ 遺伝子の組み合わせは最大で３種類存在する

エ 遺伝子の組み合わせは最大で４種類存在する

3 太陽系の惑星に関する以下の文章を読み，あとの問いに答えよ。

右の図１は，金星と太陽との位置関係を表した図である。

Ｃの位置にある金星は（ ① ）見える。

Ｅの位置にある金星は肉眼では見えないが，望遠鏡を使えば昼間の青空の中で太陽の上（北）側か下（南）側に見ることができる。

たとえば**図２**は，Ｅの位置にある金星を撮影した写真で，望遠鏡で撮影しているが，上下左右は肉眼で見た向きと同じになっている。なお，金星は地球と同じくらいの大きさであるが，②人類が生活するには過酷な環境である。

17世紀初頭，ガリレオは望遠鏡で木星や金星の観測をして，③古代に提唱されたプトレマイオスの天動説は間違っていて，コペルニクスが16世紀半ばに提唱した地動説の方が合理的であると考えた。④プトレマイオスの天動説は**図３**のように表され，すべての天体は地球を中心として回っているとされていた。これは，地球以外の天体を中心として回っている天体がないことを意味する。

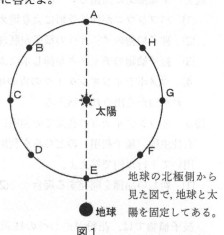

図１

地球の北極側から見た図で，地球と太陽を固定してある。

図２

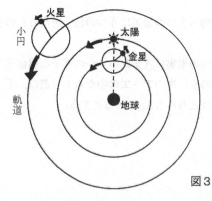

図３

金星や火星などは太陽と異なり，軌道上を進む点を中心とした小円の周上を回っている。この場合には，小円の中心に天体がないので地球を中心として回っていると考える。金星の小円の中心は太陽と地球を結ぶ破線の上に常にある。火星・金星以外の惑星や月は省略してある。

問１ 文中の空欄（①）に当てはまる語句として最も適切なものを，次の**ア**～**カ**の中から１つ選び，記号で答えよ。

ア 明け方の東の空で三日月型に　　**イ** 明け方の東の空で半月型に

ウ 明け方の東の空で半月型より丸く　**エ** 夕方の西の空で三日月型に

オ 夕方の西の空で半月型に　　　　**カ** 夕方の西の空で半月型より丸く

問２ 図２の写真で示された金星は太陽の上（北）側にあるか，下（南）側にあるか。また，その翌日の金星を同じ条件で撮影した写真は次のページの図４のＸ，Ｙのどちらであると考えられる

か。組み合わせとして最も適切なものを，次のア
～エの中から１つ選び，記号で答えよ。

ア　上（北）側　X

イ　上（北）側　Y

ウ　下（南）側　X

エ　下（南）側　Y

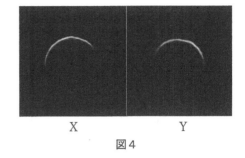

図4

問3　下線部②の内容として最も適切なものを，次のア～エの中から１つ選び，記号で答えよ。

ア　大気圧が0.006気圧しかなく，大気のほとんどが二酸化炭素でできている。

イ　大気圧が0.006気圧しかなく，大気のほとんどが窒素でできている。

ウ　大気圧が90気圧もあり，大気のほとんどが二酸化炭素でできている。

エ　大気圧が90気圧もあり，大気のほとんどが窒素でできている。

問4　ガリレオは木星の観測から，下線部③のようにプトレマイオスの天動説が間違っていると考えたという。次の事実のうち，プトレマイオスの天動説が間違っている根拠と考えられる最も適切なものはどれか。下線部④を参考にして次のア～エの中から１つ選び，記号で答えよ。

ア　木星に縞模様（しまもよう）が見える。

イ　木星の大赤斑が自転によって動いて見える。

ウ　木星の直径は地球の11倍である。

エ　木星に衛星がある。

問5　ガリレオは金星の観測からも，プトレマイオスの天動説が間違っていると考えたという。次の事実のうち，プトレマイオスの天動説が間違っている根拠と考えられる最も適切なものはどれか。前のページの図3を参考にして次のア～エの中から１つ選び，記号で答えよ。

ア　金星が三日月型に見えることがある。

イ　金星が満月に近い形に見えることがある。

ウ　金星が地球をはさんで太陽の反対側に位置して真夜中に見えるということがない。

エ　金星が太陽の手前に重なって見えることがある。

問6　地球から金星を見ると，太陽との間の角度は最大で約45°離れて見える。そのときの金星と地球との距離は約何億kmと計算できるか。前のページの図1を参考にして計算せよ。ただし，地球と太陽との距離は約1.5億kmである。結果は「1.5億km」のように百万km の位を四捨五入し，千万km の位まで答えよ。

また，必要ならば次の数値を使うこと。$\sqrt{2}=1.4$，$\sqrt{3}=1.7$，$\sqrt{5}=2.2$

4　次のページの図1のように，同じ断面積の均質なニクロム線（電熱線）で作られた正方形ABCD，電流計，導線，電池を用いて回路を作った（ニクロム線の電気抵抗はその長さに比例するものとし，ニクロム線以外の電気抵抗は無視できるものとする）。ここで，導線を電流計の５Aの－（マイナス）端子につないだところ，電流計の針の位置は次のページの図2のようになった。この回路について，問1に答えよ。

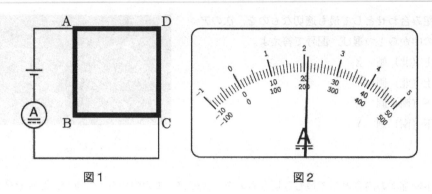

図1　　　　　　　　　　　図2

問1　ニクロム線の辺ABを流れる電流の大きさは何Aか。答えは小数第2位まで求めよ。

図3のように，図1の回路のニクロム線の辺ABの中点Pと辺CDの中点Qを導線でつないだ。図4は，図3と同等な回路図である。この回路について，**問2**，**問3**に答えよ。

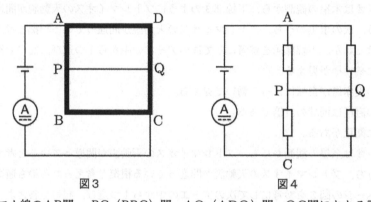

図3　　　　　　　　　　　図4

問2　ニクロム線のAP間，PC（PBC）間，AQ（ADQ）間，QC間にかかる電圧をそれぞれ V_{AP}，V_{PC}，V_{AQ}，V_{QC}とする。比$V_{AP}：V_{PC}：V_{AQ}：V_{QC}$を最も簡単な整数比で表せ。

問3　ニクロム線のAP間，PC間，AQ間，QC間の消費電力をそれぞれP_{AP}，P_{PC}，P_{AQ}，P_{QC}とする。比$P_{AP}：P_{PC}：P_{AQ}：P_{QC}$を最も簡単な整数比で表せ。

図5のように，図3の回路の導線PQの中点Rとニクロム線の辺BCの中点Sを導線でつないだ。図6は，図5と同等な回路図である。この回路について，**問4～問6**に答えよ。

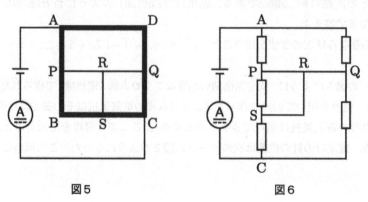

図5　　　　　　　　　　　図6

問4 ニクロム線のPS（PBS）間にかかる電圧は，導線のPS（PRS）間にかかる電圧に等しい。その電圧は電池の電圧の何倍か。

問5 ニクロム線のAP間，SC間，AQ（ADQ）間，QC間にかかる電圧をそれぞれV_{AP}，V_{SC}，V_{AQ}，V_{QC}とする。比$V_{AP}:V_{SC}:V_{AQ}:V_{QC}$を最も簡単な整数比で表せ。

問6 電流計を流れる電流の大きさは何Aか。答えは小数第2位まで求めよ。

続けて，**図5**の導線RSの中点P′とニクロム線の辺QCの中点Q′を導線でつないで，導線P′Q′の中点R′とニクロム線の辺SCの中点S′を導線でつなぐ（**図7**）。同じようにして横縦に導線をつなぐ（**図8**）。このようにして導線をつないでいった回路について，**問7**に答えよ。

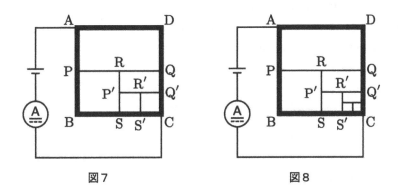

図7　　　　　　　図8

問7 このようにして導線をつなぐことを繰り返していくと，電流計を流れる電流の大きさはある値に近づいていく。その値は何Aか。答えは小数第2位まで求めよ。

【社　会】（40分）　＜満点：50点＞

1 2023年7月にNATO首脳会議が開かれ，NATOへの加盟を求めるウクライナに対して「加盟条件が満たされ，加盟国が同意した場合に加盟への招待状を出す」という内容を含んだ共同声明が発表されました。

ウクライナとNATOに関する，以下の問いに答えなさい。

問1　ウクライナは，ソビエト連邦を構成していた国の一つです。解答用紙の地図中の太い実線は，冷戦が続いていた時期におけるソビエト連邦の国境線の一部です。地図中に同様の実線を描き足して，冷戦期におけるソビエト連邦の国境線を完成させなさい。

問2　解答用紙の地図中にある**A**・**B**の海の名称を答えなさい。

問3　＜表1＞の**C～F**は，ロシアによる侵攻以前にウクライナが生産量10位以内に入っていた農産物または地下資源の，国別生産量を示したものです。

＜表1＞

C　（2020年）	
国　名	生産量(万t)
オーストラリア	56452
ブラジル	24679
X	22500
インド	12700
ロシア	6950
ウクライナ	4930
カナダ	3610
南アフリカ共和国	3540
イラン	3250
スウェーデン	2540
世界計	152000

D　（2021年）	
国　名	生産量(万t)
アメリカ合衆国	38394
X	27255
ブラジル	8846
アルゼンチン	6053
ウクライナ	4211
インド	3165
メキシコ	2750
インドネシア	2001
南アフリカ共和国	1687
フランス	1536
世界計	121024

E　（2021年）	
国　名	生産量(万t)
X	13695
インド	10959
ロシア	7606
アメリカ合衆国	4479
フランス	3656
ウクライナ	3218
オーストラリア	3192
パキスタン	2746
カナダ	2230
ドイツ	2146
世界計	77088

F　（2021年）	
国　名	生産量(万t)
ウクライナ	1639
ロシア	1566
アルゼンチン	343
X	285
ルーマニア	284
トルコ	241
ブルガリア	200
フランス	191
ハンガリー	176
タンザニア	112
世界計	5819

『世界国勢図会 2023/24』より

(1) C ～ F に該当するものを，次のア～キから一つずつ選び，記号で答えなさい。

  ア 小麦　イ 米　　ウ とうもろこし　　エ ひまわりの種子

  オ 原油　カ 石炭　キ 鉄鉱石

(2) 前のページの表中のXに該当する国を答えなさい。

問4　NATOの日本語での正式名称を，**漢字**で答えなさい。

問5　かつてソビエト連邦を構成していた国のうち，現在NATOの加盟国である国を**すべて**答えなさい。

問6　2021年12月にロシアはNATOに対し，NATOがさらなる東方拡大を行わないことを法的に保証するよう求めました。これに対し，フィンランドとスウェーデンで，自国の安全保障を強化するためNATOへの加盟を求める世論が高まり，両国から加盟が申請されました。フィンランドは2023年4月に加盟が実現しています。

  フィンランドとスウェーデンがNATOに加盟するとそれぞれ自国の安全保障が強化される，と考えられるのはなぜか，その根拠となるNATOの規定の内容を含めて説明しなさい。

2　次の文章を読み，あとの問いに答えなさい。

  現代の日本で多くの人に楽しまれている将棋（しょうぎ）の起源は，①古代インドのチャトランガというゲームにあるという説が有力です。このゲームがいつ誕生したかは諸説ありますが，インドからヨーロッパやアジアの各地に広がり，似たような遊戯に発展したと考えられています。

  例えば，現在，ヨーロッパをはじめ世界各地で愛好されるチェスは，チャトランガがペルシアへ伝わり，②イスラム世界で発展したのち，ヨーロッパへと伝えられ，駒の名称などの変化を経て現行のものができあがりました。チェスはヨーロッパで貴族に愛好されたほか，聖職者がチェス盤と駒を世界に見立て，③中世ヨーロッパ社会のあるべき姿を論じる素材としても使われました。

  東アジア，東南アジア方面に目を向けると，いまでは中国でシャンチー，朝鮮半島でチャンギ，タイでマークルックといった将棋に類するゲームが楽しまれています。中国では9世紀前半，④唐の時代にまとめられた伝奇集に，将棋に類するゲームが伝わっていたことを示す物語があります。これが将棋に類するゲームが東アジアに伝わったことを示す，最も古い記述とも言われています。

  日本への将棋の伝来ルートとしてインドから中国，そして日本へと伝わったとする説と，インドから東南アジアに伝わり，中国を経由して日本に伝えられたとする説が挙げられています。将棋の日本への伝来時期は実のところはっきりしていません。聖武天皇ゆかりの品を中心に道具や衣類などを保管する東大寺の（　1　）には，遊具として碁盤と双六盤（すごろく）は納められていますが将棋盤はありません。現時点では，興福寺境内から発掘された11世紀後半の将棋の駒や，駒の名を書いた文字練習用の木簡が，将棋に関する最古の資料です。また，11世紀ごろの書物『新猿楽記（しんさるがくき）』に将棋に関する記述が見られます。こうしたことから，⑤11世紀までに将棋が中国から伝来したとする説が出されています。

  将棋が現在の形になるまで，駒の数や将棋盤について様々な変化が見られました。例えば，平安時代には「飛車」「角行（かくぎょう）」が無いものの現在の形に近い「小将棋」と，縦横13マスの将棋盤を用い，「猛虎」「飛龍」など現在使われていない駒を多く使う「大将棋」が指されていたことが記録に残されています。さらに興福寺の出土品には，現在使われていない「酔象（すいぞう）」という駒に関連するものがあります。

　鎌倉時代には，縦横15マスに増やした将棋盤を用いる「大将棋」が指され，駒の種類もさらに増えました。「大将棋」を改良した「中将棋」も登場し，人気を博したほか，ある時点で「小将棋」の駒に「飛車」「角行」が加えられました。現在の形の将棋が登場するのは16世紀の初めとも言われています。⑥戦国大名朝倉氏の城下町であった（　2　）遺跡から発見された16世紀後半の将棋の駒をみると，文字の書き方や駒の材質から，下級武士や庶民の間でも現行の将棋かそれに近いものがはやっていた様子がうかがえます。

　世界各地の将棋に類するゲームの大多数と異なり，日本の将棋では取った駒を持ち駒として使用できるルールが採用されました。持ち駒の使用が始まった時期については諸説ありますが，このルールによって将棋はさらに複雑なゲームへと発展していきました。

　将棋は僧侶や貴族といった文字の読める人々が愛好し，徐々に将棋を指す人が増えていったと考えられています。（　3　）の乱で敗れた藤原頼長の日記や，後鳥羽上皇の命令で編集された『（　4　）』に関わった藤原定家の日記などにも，将棋に関する記述が表れます。また，⑦承久の乱で敗れ隠岐に流された後鳥羽上皇が都にいた時には，上皇のまわりに将棋を指す人々が多く集まり，実力に応じ駒落ちも行われていたと考えられる話が残っています。

　将棋は地方にも広がり，奥州藤原氏の本拠地であった（　5　）や，鎌倉の鶴岡八幡宮の境内からも将棋の駒が発見されています。

　武家にとって初の法典となる（　6　）の制定で知られる，北条泰時の時代に博奕禁止令が出されました。当時は，将棋も禁止の対象だったと考えられています。その後，改めて出された禁止令では，将棋は禁止の対象から外されました。

　室町時代，そして戦国時代には，将棋は貴族や武士，都市住民などの間で愛好され，さらに，将棋の技術に優れた将棋指しが芸能者の一種として，武将たちに召し出されることがありました。将棋指しの一人である宗桂は貴族の山科言経と交流があり，また徳川家康に召し出されたこともありました。

　そして⑧1612年，宗桂は家康から俸禄を支給されました。このことをきっかけに将棋を家業とする家が現れ，やがて三つの家から世襲の名人が出るしくみが確立されました。彼らは寺社奉行の支配を受けることになり，詰将棋集を作り将軍に献上しました。

　現在，日本将棋連盟では11月17日を「将棋の日」と定めて各地でイベントを行っています。その由来は八代将軍（　7　）が1716年に将軍の御前で指す「御城将棋」を，毎年11月17日に行うように制度化したことにあります。

　江戸時代には段位制が整備されたほか，将棋の普及が進み将棋を指す人々がさらに増えていきました。⑨将棋の定跡や戦法を扱った書物も発行され，幕末には各地で将棋会が盛んになり，地域で将棋の腕を磨くことが可能となっていきました。

　江戸幕府の滅亡後，支えを失った将棋の家元が衰える一方で，一般庶民の娯楽として将棋は根を下ろしていきました。明治時代後半以降，新聞に将棋欄が作られ，新聞社の支援を受けた棋士たちが様々な団体を結成するなど，将棋の世界と新聞社は深く関わりを持っていました。

　1927年には様々な団体が集まり，日本将棋連盟が結成されました。昭和初期には棋士が職業として確立され，1935年には従来の終身名人制から実力名人制へと変わり，名人を選ぶためにリーグ戦を開始しました。しかし，太平洋戦争は将棋の世界にも打撃を与えました。新聞から将棋欄が消え，棋戦は中断され，将棋雑誌も休刊となり，棋士たちは徴兵されたり，各地への慰問を命じられ

るなど⑩国からの統制をうけました。

　終戦後，名人戦の新制度が採用されました。所属棋士をA・B・Cに分けてランキングを決め，A級第1位を名人戦の挑戦者とし，名人位の1期を1年とする新しい制度となりました。これが今の将棋の名人戦にも引き継がれています。

問1　空欄（1）～（7）にあてはまる語句を**漢字**で答えなさい。

問2　下線部①に関して，古代インドについて述べた文として適切なものを，次の**ア～エ**から一つ選び，記号で答えなさい。

　ア　インダス文明では，整備された道路や水路を持つデリーなどの都市が栄えた。

　イ　紀元前1500年ごろには，アーリヤ人が中央アジアからインドに侵入した。

　ウ　アーリヤ人たちは，クシャトリヤ（王侯貴族）を頂点とする身分制度を生み出した。

　エ　ハンムラビ王が法典をつくり，法に基づく支配を行った。

問3　下線部②に関して，イスラム世界を経由してヨーロッパに伝わったものとして適切なものを，次の**ア～エ**から**すべて**選び，記号で答えなさい。なお，適切なものが一つもない場合には**オ**と答えなさい。

　ア　火薬の製法　　イ　ジャガイモの栽培法　　ウ　紙の製法　　エ　たばこの製法

問4　下線部③に関して，中世ヨーロッパについて述べた文として適切なものを，次の**ア～エ**から一つ選び，記号で答えなさい。

　ア　東ヨーロッパでは，ギリシア正教を国の宗教とするビザンツ帝国が栄えた。

　イ　ビザンツ帝国の首都であるアテネは，アジアとヨーロッパの交易で栄えた。

　ウ　西ヨーロッパでは，プロテスタント教会の首長である教皇が強い権力を持っていた。

　エ　理性を重視し物事を合理的にとらえようとする，啓蒙（けいもう）思想が生まれた。

問5　下線部④に関して，唐について述べた文として**誤っているもの**を，次の**ア～エ**から一つ選び，記号で答えなさい。

　ア　刑法の律と政治に関する法の令によって政治体制の基礎を固め，強大な帝国を築いた。

　イ　国際的な文化が発展し，都の長安には外国からの使節も来た。

　ウ　人々は戸籍に登録され，それに基づき土地を与えられ税や兵役を負担した。

　エ　7世紀半ばに，高句麗（こうくり）と協力して百済（くだら）を滅ぼした。

問6　下線部⑤に関して，この説を想定する論者は，この時代に中国に渡った僧侶が将棋の伝来に関係しているとみています。この時代の中国の王朝を，次の**ア～エ**から一つ選び，記号で答えなさい。

　ア　北宋（ほくそう）　イ　金　ウ　南宋（なんそう）　エ　元

問7　下線部⑥に関して，荒廃した京都から貴族や高僧，学者などが朝倉氏の城下町へ移り住み，文化が発達しました。京都を荒廃させ，貴族たちの移住のきっかけとなった出来事を答えなさい。

問8　下線部⑦に関して，承久の乱のあと，鎌倉幕府が朝廷の監視や西国統治に当たらせるために設置した機関を，**漢字**で答えなさい。

問9　下線部⑧に関して，この年に定めたこととして適切なものを，次の**ア～エ**から一つ選び，記号で答えなさい。

　ア　オランダ商館を出島に移した。　　イ　日本人の海外渡航を禁止した。

　ウ　幕府領でキリスト教を禁止した。　　エ　スペイン船の来航を禁止した。

問10　下線部⑨に関して，書物が盛んに読まれるようになった背景として，識字率の高さが挙げられます。町や農村で民衆向けに開設された教育施設を，**漢字**で答えなさい。

問11　下線部⑩に関して，戦争中の国民に対する統制について述べた文として適切なものを，次の**ア～エ**から**すべて**選び，記号で答えなさい。なお，適切なものが一つもない場合には**オ**と答えなさい。

　ア　マスメディアは政府の統制を受けずに，すべての戦況を自由に知らせた。

　イ　性別による分業が進められ，工場から女性が排除されていった。

　ウ　米が不足すると，代わりに芋など代用食の配給が行われた。

　エ　寺の鐘や家庭の鍋・釜までも，兵器生産のため政府に回収された。

3　次の文章を読み，あとの問いに答えなさい。

　一般的に，新しく事業を始めることを「起業」と呼びます。中でも，社会的課題の解決を目的とした事業を始めることを「社会的起業」と呼びます。また，そうした事業を「ソーシャル・ビジネス」，その事業のための組織を「社会的企業」，その事業・組織の立ち上げを行う人を「社会起業家」と呼びます。この「社会起業家」という言葉が現れ始めたのは，①政府のあり方が改めて問われた，②1980年代のイギリスであると言われます。日本においては2000年代に入って，これらの言葉が注目され始めました。

　経済産業省の2011年の報告書では，ソーシャル・ビジネスが対象とする社会的課題の分野として「高齢化問題，環境問題，子育て・教育問題」などが挙げられています。組織が③株式会社であっても④非営利組織であっても，こうした分野における課題解決を目的とする事業を行うものであれば，社会的企業と見なすことができます。

　ソーシャル・ビジネスの例としては，⑤保育園では預かれない発熱した子どもを預かる病児保育の事業や，⑥空き家を活用して住まいと仕事を提供する事業などが挙げられます。2006年にノーベル平和賞を受賞した⑦グラミン銀行も，社会的企業の一つです。

　こうした事業を起こす「社会起業家」の活動は，⑧身近にある社会的な課題を解決する姿勢の結果生まれたものです。そして，その活動が政策形成に影響を与えることもあります。⑨日本国憲法をはじめ，様々な法令で⑩民主主義に則って政治を行うための制度が定められていますが，私たち自身が⑪社会を変えていく方法は，たとえば選挙の他にもあり得るということを，「社会的起業」は示しているのかもしれません。

問1　下線部①に関して，政府の経済活動である財政の役割について述べた文として適切なものを，次の**ア～エ**から一つ選び，記号で答えなさい。

　ア　市場機構に委ねていては十分に供給されない社会資本や公共サービスを供給することによる，「経済の安定化」の役割を担っている。

　イ　累進課税制度を取り入れつつ，社会保障のしくみを整えることによる，「所得の再分配」の役割を担っている。

　ウ　景気変動に応じて増税・減税をしたり，公共事業の増減をしたりすることによる，「資源の効率的な配分」の役割を担っている。

　エ　価格の上下を通じて生産の過不足を防ぐことによる，「資源配分の調整」の役割を担っている。

問2　下線部②に関して，次の文章は，1980年代のイギリスと日本の動きについて述べたものです。
　　文章中の空欄【A】～【C】にあてはまる言葉の組み合わせとして適切なものを，以下のア～ク
　　から一つ選び，記号で答えなさい。

> 　1970年代のオイル・ショック以降，1980年代のイギリスでは，「【　A　】政府」へ回帰す
> る政策が見られました。例えば【　B　】首相のもと，国有企業の民営化が進められました。
> 日本でも，【　C　】内閣のもと，電電公社，専売公社，国鉄の民営化が実行されました。

ア　A－大きな　　　B－レーガン　　　C－中曽根康弘
イ　A－大きな　　　B－レーガン　　　C－田中角栄
ウ　A－大きな　　　B－サッチャー　　C－中曽根康弘
エ　A－大きな　　　B－サッチャー　　C－田中角栄
オ　A－小さな　　　B－レーガン　　　C－中曽根康弘
カ　A－小さな　　　B－レーガン　　　C－田中角栄
キ　A－小さな　　　B－サッチャー　　C－中曽根康弘
ク　A－小さな　　　B－サッチャー　　C－田中角栄

問3　下線部③に関して，株式会社について述べた次の文章を読み，以下の問いに答えなさい。

> 　株式会社は，自身の発行する株式を購入してもらうことで資金を集めます。この株式を購
> 入して，その会社に出資した個人や法人は「株主」となります。株主は，会社が得た利益の
> 一部を【　D　】として受け取ります。株主総会において，株主は【　E　】議決権を行使
> することができます。そして会社が倒産した場合，株主は，その会社の残した負債の返済の
> ために追加で出資する必要が【　F　】とされています。

⑴　文章中の空欄【D】に入る最も適切な言葉を，**漢字2字**で答えなさい。

⑵　文章中の空欄【E】【F】にあてはまる言葉の組み合わせとして適切なものを，次のア～エ
　　から一つ選び，記号で答えなさい。

ア　E－保有する株式の数に応じて　　　F－ある
イ　E－保有する株式の数に応じて　　　F－ない
ウ　E－個人・法人ごとに一票の　　　　F－ある
エ　E－個人・法人ごとに一票の　　　　F－ない

問4　下線部④に関して，次の問いに答えなさい。

⑴　「非営利組織」の略称を，**アルファベット3字**で答えなさい。

⑵　次の文章中の空欄【G】にあてはまる言葉を，**漢字2字**で答えなさい。

> 　ある団体が，特定非営利活動促進法に基づいて法人格を取得した場合，その団体は特定非
> 営利活動法人となります。法人格の取得によって，その法人の名義で【　G　】を結ぶなど，
> 法的に権利や義務の主体として行為することができるようになります。
> 　【　G　】の例としては，次のa～cの行為を挙げることができ，dの行為はあてはまり
> ません。
> a　法人の名義で事務所として利用する部屋を借りること。

  b 法人の名義で車を購入すること。
  c 法人の名義で銀行からお金を借りること。
  d 法人の名義で意見を法人自身のホームページ上に掲載すること。

問5 下線部⑤に関して，2023年3月まで保育園（保育所）を管轄していた省の名前を，次の**ア**～**エ**から一つ選び，記号で答えなさい。

ア 厚生労働省 **イ** 文部科学省 **ウ** 総務省 **エ** 経済産業省

問6 下線部⑥に関して，次の文章を読み，あとの問いに答えなさい。

  現在，日本には，差別や貧困によって住まいと仕事を持つことができない人がいる問題と，高齢化などにより空き家が増加しているという問題があります。こうした状況を改善する方法について，「Renovate Japan」による「タテナオシ事業」を参考にして考えてみましょう。

  空き家を利用するには，まず改修作業が必要です。そこで，空き家（X）の改修作業を，住まいと仕事に困っている人に依頼します。同時に，その人を，会社が前もって改修しておいた空き家（Y）に受け入れます。このように，空き家（Y）に泊まり込んで空き家（X）の改修に参加する人は，この事業においては「リノベーター」と呼ばれます。

  ただし，空き家（Y）には宿泊費を設定しておきます。その上で，空き家（X）の改修作業に従事した時間数に応じてリノベーターに賃金を支払い，宿泊費を支払えるようにします。もちろんリノベーターは，宿泊費以上の収入を得ることも可能です。このようにすれば，住まいと仕事を提供することができます。

 第三段落のしくみについて考えてみると，会社の支出の方が多くなっています。そこで，Renovate Japan はこの事業によって改修を終えた空き家（X）を，シェアハウスとして活用しています。これはリノベーターもその他の人も，家賃を支払ってともに住むことができるものです。そして「住むだけで『社会貢献』してみませんか？」と呼びかけるなど，入居者を募集しています。

 それでは，空き家（X）に住む，リノベーター以外の入居者について考えてみたとき，その人はなぜ社会貢献していると言えるのでしょうか。解答欄に合わせて説明しなさい。

問7 下線部⑦に関して，バングラデシュのグラミン銀行は，生活に困窮する人々が事業を始めるための少額の資金を，無担保で融資する事業を始めたことで有名です。この事業を何と呼ぶか，**カタカナ**で答えなさい。

問8 下線部⑧に関して，次の問いに答えなさい。

(1) イギリスの政治学者ブライスは，身近な社会的課題の解決に取り組むことは，国政の運営に必要とされる能力を養うことにつながるという意味で，「地方自治は民主主義の【 H 】」と述べました。この空欄【H】にあてはまる言葉を，**漢字2字**で答えなさい。

(2) 地方公共団体も，身近な社会的課題の解決に取り組む機関です。地方公共団体に関して述べた文として適切なものを，次の**ア**～**エ**から一つ選び，記号で答えなさい。

 ア 首長は，条例案を議会に提出することはできない。

 イ 住民は，条例の制定・改正・廃止を請求することはできない。

 ウ 議会は，住民が直接選んだ首長に対して，不信任を議決することはできない。

エ　国は，地方交付税交付金の使途を指定することはできない。

問9　下線部⑨に関して，次の問いに答えなさい。

(1) 日本国憲法の基本的な考え方を示す言葉は，いくつかの条文に見られます。次の条文の空欄【Ⅰ】にあてはまる言葉を，**漢字2字**で答えなさい。

> 第24条②　配偶者の選択，財産権，相続，住居の選定，離婚並びに婚姻及び家族に関するその他の事項に関しては，法律は，個人の【　Ⅰ　】と両性の本質的平等に立脚して，制定されなければならない。

(2) たとえば表現の自由は，民主主義にとって必要不可欠な権利です。そして表現の自由は，自由権に分類されます。それでは，自由権に分類される権利が書かれている条文として適切なものを，次のア～エから一つ選び，記号で答えなさい。

　　ア　「公務員を選定し，及びこれを罷免することは，国民固有の権利である」

　　イ　「すべて国民は，健康で文化的な最低限度の生活を営む権利を有する」

　　ウ　「何人も，いかなる奴隷的拘束も受けない。又，犯罪に因る処罰の場合を除いては，その意に反する苦役に服させられない」

　　エ　「すべて国民は，法律の定めるところにより，その能力に応じて，ひとしく教育を受ける権利を有する」

問10　下線部⑩に関して，国会は日本の議会制民主主義を支える機関です。国会における立法過程について述べた文として適切なものを，次のア～エから一つ選び，記号で答えなさい。

　　ア　法案は議員もしくは各省庁が提出することができるが，予算案の提出は議員にのみ認められている。

　　イ　衆議院にも参議院にも委員会が設置されており，国会に提出された法案は内容に応じてそれぞれの委員会で審議され，さらに必要に応じて公聴会が開かれる。

　　ウ　衆議院が可決した法案を参議院が否決し，両院協議会でも不一致に終わった場合は，衆議院の議決がそのまま国会の議決となる。

　　エ　衆議院が可決した法案を参議院が30日以内に議決をしない場合，衆議院で総議員の3分の2以上の賛成で再可決されれば，それが国会の議決となる。

問11　下線部⑪に関して，次の問いに答えなさい。

(1) 日本国憲法に照らしたときに，既存の制度が不適切であると判断され，法律の改正や廃止がなされて，生活のしくみが変わってきた例はいくつか挙げられます。戦後の裁判と法改正について述べた文として**誤っているもの**を，次のア～エから一つ選び，記号で答えなさい。

　　ア　女性の再婚禁止規定について，6か月を超えて禁止するのは結婚における男女の平等に反するとされ，再婚禁止期間は離婚の日から6か月間とされた。

　　イ　国籍法の規定する日本国籍取得の要件のうち，父母の婚姻を要件とすることは法の下の平等に反するとされ，結婚要件は廃止された。

　　ウ　薬局開設時の，店舗間の距離制限は必要かつ合理的な規制とは認められず，職業選択の自由に反するとされ，距離制限は廃止された。

　　エ　法律上結婚していない夫婦間に生まれた子どもの相続分を，法律上の夫婦の子どもの2分の1に定めた民法規定は法の下の平等に反するとされ，この規定は廃止された。

(2) 法を新たに制定することも，社会の在り方や人々の行動を変えることにつながります。新法制定の事例について述べた文として適切なものを，次の**ア**〜**エ**から一つ選び，記号で答えなさい。

ア 女子差別撤廃条約を批准するため，1985年に制定された男女共同参画社会基本法では，雇用の場面における男女差別が禁止された。

イ 1994年に制定された製造物責任法（PL法）では，消費者が製品を作った会社の過失を証明できた場合にのみ，損害賠償が受けられることが定められた。

ウ 1997年に制定された老人福祉法によって，40歳以上の人が加入する介護保険制度が2000年から導入された。

エ 障害者権利条約を批准するため，2013年に制定された障害者差別解消法では，合理的配慮の考え方が導入された。

他郷＝故郷を離れた異郷の地。

同袍＝一つの綿入れ（はんてん・どてら。いずれも厚く綿を入れた防寒着）を共用すること。また、そこから親友を意味する。

柴扉＝細い木の枝を束ねて作った粗末な門。

問一　傍線部①「出づれば」を現代語に改めよ。ただし、接続助詞の「ば」を用いずに訳すこと。

問二　傍線部②は「君は川流を汲め　我は薪を拾はん」と訓読する。これを参考にして、解答欄の文に返り点を付けよ（送り仮名は不要）。

問三　この詩の詩形を、漢字四字で答えよ。

問四　前のページの詩のように、四句からなる漢詩は、起承転結の構成を取るのが原則である。

さて、次の俗謡は、それを教えるために江戸時代からよく用いられてきたものである。これを起承転結の順に並べ替え、記号で答えよ。

ア　諸国大名は弓矢で殺す

イ　姉は十六妹は十四

ウ　糸屋の娘は目で殺す

エ　大阪本町糸屋の娘

問五　作者が塾生たちに伝えたかったことを、詩全体の内容を踏まえて、五十字以内で説明せよ（句読点も一字と数える）。

ために食事をすることもない。あらゆることを何かのために行い、何かのためでない行為を認めない。必要を超え出ること、目的からはみ出ることを許さない。不要不急と名指されたものを排除するのを厭わない
……。

もちろん、何度でも繰り返しておかねばなりませんが、コロナ危機においては、感染の拡大を避けるために我々の様々な行動が一定期間制限されなければならなかったことは間違いないでしょう。不要不急と判断されたことを諦めねばならなかった場面があったことは間違いないでしょう。けれどもそこで実現された状態は、コロナ危機においてはじめて現代社会に現れたものだったのでしょうか。不要不急と名指された活動や行為を排除するのを厭わない傾向などとは無縁だった数年前の現代社会に、この傾向が、コロナ危機によって無理やり埋め込まれたのでしょうか。コロナ危機だから、不要不急と名指されたものが断念されているのでしょうか。

もしかしたらコロナ危機において実現されつつある状態とは、③もともと現代社会に内在していて、しかも支配的になりつつあった傾向が実現した状態ではないでしょうか。不要不急と名指された活動は、コロナ危機だから制限されただけでなく、そもそもそれを制限しようとする傾向が現代社会のなかにあったのではないでしょうか。

（國分功一郎『目的への抵抗』より）

問一　傍線部①「アーレントによる目的の概念の定義」とはどのようなものか。二十五字以内で答えよ（句読点も一字と数える）。

問二　傍線部②「全体主義においては、『チェスのためにチェスをする』ことが許されない」とあるが、それはなぜか。四十字以内で説明せよ

問三　傍線部③「もともと現代社会に内在していて、しかも支配的になりつつあった傾向」に対し、筆者はなぜ危機感を抱いているのか。六十字以内で説明せよ（句読点も一字と数える）。

（出典：岩城けい『M』より）

二　※問題に使用された作品の著作権者が二次使用の許可を出していないため、問題を掲載しておりません。

三　次の漢詩は、江戸時代後期の学者・詩人である広瀬淡窓の作である。これを読んで後の問に答えよ。

　　　桂林荘雑詠示二諸生一

休レ道他郷多二苦辛一
同袍有レ友自相親
柴扉暁出二①霜如レ雪一
君汲二川流一我拾レ薪

桂林荘雑詠　諸生に示す

道ふを休めよ　他郷苦辛多しと
同袍友有り　自ら相親しむ
柴扉暁に①出づれば　霜 雪のごとし
君は川流を汲め　我は薪を拾はん

（『遠思楼詩鈔』より）

（注）桂林荘=作者の開いた私塾。大分県日田市にあった。塾生たちはそこで共同生活を営みながら学んだ。
　　　雑詠=心に浮かんだことを、題をつけずに詠んだ詩。無題詩。
　　　諸生=多くの塾生たち。

える、すぐれて哲学的な定義だと言うことができます。目的の本質とは手段の正当化にある。そしてアーレントはこの本質から目を背けない。

目的のために効果的であるならばあらゆる手段が許されるという考えを追求していくと、最後には「恐るべき結果」が訪れるとアーレントは述べていました。更に、「私たちは、おそらく、そのことに十分気がつき始めた最初の世代であろう」とも。『人間の条件』は一九五八年に刊行されています。第二次大戦の終結はわずか一三年前。ここで改めて紹介するならば、アーレントはドイツ出身のユダヤ系の哲学者です。大戦前、ナチス・ドイツの手を逃れるためにフランスを経由してアメリカに亡命。戦後、かの地で活躍しました。『全体主義の起源』という大著でその名を知られるようになったアーレントは、まさしく全体主義との戦いを生涯の課題とした哲学者です。「恐るべき結果」や「最初の世代」といった表現は、この彼女の経験から読み解くことができます。

人が贅沢をするのは、それがよろこびをもたらすからです。美味しい食事を食べるのは、それが美味しいからです。贅沢は何らかの目的のためになされるのではありません。ですから、「人間らしい生活をするために、私は贅沢をしなければならない」と考え、そのような目的を立てて贅沢をしようとしたら、それは贅沢ではなくなってしまうでしょう。贅沢はそもそも目的からはみ出るものであり、それが贅沢の定義に他ならないからです。

実はアーレントによれば、いま贅沢という例で説明したものこそ、全体主義が絶対に認めないものに他なりません。アーレントはこんな風に言っています。

全体的支配はその目的を実際に達しようとするならば、チェスのためにチェスをすることにももはやまったく中立性を認めないところまで行かねばならず、これと全く同じに芸術のための芸術に終止符を打つことが絶対に必要である。全体主義の支配者にとっては、チェスも芸術もともにまったく同じ水準の活動である。双方の場合とも人間は一つの事柄に没入しきっており、まさにそれゆえに完全には支配し得ない状態にある。ヒムラー〔＝ハインリヒ・ヒムラー。ナチス親衛隊の指導者〕がSS隊員〔＝ナチス親衛隊員〕を新しい型の人間として定義して、いかなる場合でも「それ自体のために或る事柄を行なう」ことの絶対にない人間と言ったのは間違っていない

（アーレント『新版　全体主義の起源　3──全体主義』前掲書、三七ページ）。

決定的に重要な一節だと思います。②　全体主義においては、「チェスのためにチェスをする」ことが許されない。全体主義が求める人間は、いかなる場合でも、「それ自体のために或る事柄を行なう」ことの絶対にない人間である。だから芸術のための芸術も許されない。もちろん、食事のための食事も許されない。

衝撃的なのは、〈いかなる場合でもそれ自体のために或る事柄を行なうことの絶対にない人間〉という言い回しは、「ヒムラー」や「SS隊員」への言及を取り除いてしまったら、現代ではむしろ肯定的に受け止められる言い回しではないかということです。どんな無駄も排し、常に目的を意識して行動する。チェスのためにチェスをすることも、食事の

【国　語】　（五〇分）　〈満点：一〇〇点〉

一　次の文章を読んで後の問いに答えよ。

不要不急と名指されたものを厭わない。必要を超え出ることを、目的をはみ出るものを許さない。あらゆることを何かのために行い、何かのためでない行為を認めない。あらゆる行為はその目的と一致していて、そこからずれることがあってはならない。——いま僕が描きだそうとしている社会の傾向ないし論理とはこのようなものです。ここでは目的の概念が決定的に重要な役割を果たしていることが分かります。では目的とは何でしょうか。あまりにも日常的によく用いられる言葉ですから、この言葉のいったいどこに考察を加えるべきところがあるのだろうかと不思議に思われるかもしれません。しかし、このように自明だと思われる言葉について掘り下げて考える手助けをしてくれるのが哲学なんですね。

ここではハンナ・アーレントに助力を求めることにしましょう。アーレントこそは、目的の概念を徹底的に思考した哲学者の一人に他なりません。まずは彼女の哲学的主著と言うべき『人間の条件』がこの概念について述べているところを見てみましょう。

〈中略〉

アーレントによれば、「必ずしもすべての手段が許されるわけではない」などという限定条件にはほとんど意味がありません（同書、三六〇ページ）。そんな限定条件を付けたところで、目的を立てたならば人間はその目的による手段の正当化に至るほかない。なぜならアーレントによれば、手段の正当化こそ、目的を定義するものに他ならないからです。

目的とはまさに手段を正当化するもののことであり、それが目的の定義にほかならない以上、目的はすべての手段を必ずしも正当化しないなどというのは、逆説を語ることになるからである（同書、三六〇ページ）。

非常に印象的で鋭利な言葉です。目的はしばしば手段を正当化してしまうことがあるのではない。目的という概念の本質は手段を正当化するところにある。アーレントはそう指摘しているわけです。何らかの強い道徳的信念をもった人物が、「どんな手段も認められるわけではない」と考えて、目的による手段の正当化を回避することは確かに起こりうるでしょう。しかし、この事態を回避するためになぜ強い道徳的信念が必要であるかと言えば、そもそも目的という概念に、手段の正当化という要素が含まれているからです。それが①アーレントによる目的の概念の定義が言わんとしていることであり、この定義は事柄の本質そのものを捉

では目的として定められたある事柄を追求するためには、効果的でありさえすれば、すべての手段が許され、正当化される。こういう考え方を追求してゆけば、最後にはどんなに恐るべき結果が生まれるか、私たちは、おそらく、そのことに十分気がつき始めた最初の世代であろう（アーレント『人間の条件』志水速雄訳、ちくま学芸文庫、一九九四年、三五九〜三六〇ページ）。

2024年度

解　答　と　解　説

《2024年度の配点は解答欄に掲載してあります。》

＜数学解答＞　《学校からの正答の発表はありません。》

$\boxed{1}$ [A] (1) $Z(t+t^2,\ t^2)$ [$Z(t+t^2,\ -4t^2-4t+5)$] (2) (ア) 5 (イ) 4 (ウ) 5

(3) $Z\left(\dfrac{23+\sqrt{29}}{25},\ \dfrac{33-4\sqrt{29}}{25}\right)$

[B] (1) (ア) CD (イ) ∠DBC＝∠DEC (ウ) DH (エ) ∠DEH＝∠DAH

(2) 解説参照

$\boxed{2}$ (1) （ⅰ) 75個 （ⅱ) 2 (2) （ⅰ) 25個 （ⅱ) 20個 （ⅲ) 20個

(3) （ⅰ) 100個 （ⅱ) 222, 226, 262, 266, 622, 626, 662, 666の内の3個

（ⅲ) 92個 (4) 567個

$\boxed{3}$ (1) $\dfrac{3\sqrt{6}}{2}$ (2) 解説参照 (3) $\dfrac{5\sqrt{6}}{6}$ (4) $\dfrac{\sqrt{22}}{2}$

○推定配点○

$\boxed{1}$ [A] (2) 各2点×3 他 各6点×2 [B] (1) 各2点×4 (2) 8点

$\boxed{2}$ (1) 各4点×2 (4) 6点 他 各3点×6 $\boxed{3}$ (1) 6点

(2) 断面の形 6点 点O，点Gの位置 各3点×2 他 各8点×2 計100点

＜数学解説＞

$\boxed{1}$ （関数・グラフと図形，一次関数，yがxの2乗に比例する関数，座標，2次方程式，証明）

基本 [A] (1) X$(t,\ 0)$なので，点Yのx座標はtだから，Y$(t,\ t^2)$　　WX＝YXなので，W$(t+t^2,\ 0)$
点Zのy座標は点Yのy座標と等しいから，Z$(t+t^2,\ t^2)$　　点Zのy座標を$y=-4x+5$に$x=t+t^2$を
代入して表すと，$y=-4(t+t^2)+5=-4t^2-4t+5$　　よって，Z$(t+t^2,\ -4t^2-4t+5)$でもよい。

(2) 点Zのy座標から，$t^2=-4t^2-4t+5$　　$5t^2+4t-5=0$

(3) $5t^2+4t-5=0$を2次方程式の解の公式を用いて解くと，$t=\dfrac{-4\pm\sqrt{116}}{10}=\dfrac{-2\pm\sqrt{29}}{5}$　　$t>0$

だから，$t=\dfrac{-2+\sqrt{29}}{5}$　　$t^2=\dfrac{33-4\sqrt{29}}{25}$なので，$t+t^2=\dfrac{-2+\sqrt{29}}{5}+\dfrac{33-4\sqrt{29}}{25}=\dfrac{23+\sqrt{29}}{25}$　　し

たがって，$Z\left(\dfrac{23+\sqrt{29}}{25},\ \dfrac{33-4\sqrt{29}}{25}\right)$

＋α [B] (1) ∠DBC＝∠CAHを証明するのだから，∠DBC，∠CAHと等しい角を探す。ある線分に
関して，その線分を含む直線と同じ側にあって大きさが等しい角が存在すれば，その角の頂点と
線分の両端は同一円周上にある。特にそれらの角が直角であれば，その線分は4点を通る円の直
径である。よって，4点B，C，D，Eは同一円周上にあって，弧CDに対する円周角は等しいから，
∠DBC＝∠DEC…①　　また，4点A，E，H，Dも同一円周上にあるから，弧DHに対する円周角
は等しいから，∠DEH＝∠DAH…②　　∠DECと∠DEHは同じ角なので，①，②から，∠DBC＝
∠CAH…③　　したがって，(ア) CD (イ) ∠DBC＝∠DEC (ウ) DH (エ) ∠DEH＝
∠DAH

(2) ∠AFB＝90°であることを証明するには，∠AFB＝∠ADCをいえばよい。

〈解答例〉 線分DFを引く。∠DBCと∠CAHは直線DFについて同じ側にあり，③から∠DBC＝∠CAHだから，4点A，B，F，Dは同一円周上にある。よって，弧ABに対する円周角は等しいから，∠AFB＝∠ADB＝90°

2 （自然数の性質―4の倍数，新しく定義された「拡張4の倍数」，個数）

重要 (1) （ⅰ） 100は4の倍数なので，3桁以上の自然数は下2桁が4の倍数ならば4の倍数である。偶数が6だけである3桁の数は，下2桁が16，36，56，76，96のときに4の倍数となる。使われる2つの奇数が同じ数である場合が5通りあり，1と1の場合，116，161，611の3通りの拡張4の場合がある。3と3，5と5，7と7，9と9の場合も同様なので3×5＝15（個）である。…① 使われる2つの奇数が異なる数である場合は，1と3，1と5，1と7，1と9，3と5，3と7，3と9，5と7，5と9，7と9の10通りある。そのうちの1と3の場合は136，163，316，361，613，631の6通りの拡張4の倍数ができ，他の場合も同様だから，10×6＝60（個）できる。…② ①，②から，15＋60＝75（個）

（ⅱ） 使われる1つの偶数が0，4，8のとき，それらの数が一の位の数として使われるとき，十の位の数が奇数の場合に4の倍数となることはない。一の位の数が2のとき，12，32，52，72，92は4の倍数である。よって，6でない方の数は2である。

(2) （ⅰ） 5が百の位にある場合，十の位と一の位の数が共に偶数であって4の倍数になるものは，問題文の中に参考として書いてある15通りがある。…① それらの15個の中で，20，24，28，60，64，68は並べ替えた場合に4の倍数ではないが，502，542，582，506，546，586は520，524，528，560，564，568と並べ替えて4の倍数になるから拡張4の倍数であり6個ある。…② 並べ替えて下2桁が52，56になる場合もある。5を百の位に置いたときの下2けたの数が①，②にないものが，22，26，62，66の4個ある。つまり，522，526，562，566の4個ある。これらも並べ替えて252，652などと4の倍数になるので拡張4の倍数である。…③ ①，②，③から，15＋6＋4＝25（個）

〈別解〉 5が百の位にあるとき，十の位が偶数になるのは5通りあり，そのそれぞれに対して一の位にくる偶数が5通りずつあるので，5×5＝25（通り）ある。よって，25個（この場合，例えば526は4の倍数ではないが，並べ替えることによって256，652とすることができる。よって，拡張4の倍数である。）

（ⅱ） 5が十の位にあるとき，百の位が0ということはないので百の位にくる偶数は4通りあり，そのそれぞれに対して一の位にくる偶数は4通りずつあるから，4×5＝20（個）

（ⅲ） 5が一の位にあるとき，百の位が0ということはないので百の位にくる偶数は4通りあり，そのそれぞれに対して十の位にくる偶数は4通りずつあるから，4×5＝20（個）

＊（ⅱ），（ⅲ）のいずれの場合も4の倍数でないものもできるが，どれも並べ替えることで4の倍数を作れるので，それぞれ20個すべてが拡張4の倍数である。

(3) （ⅰ） すべての位が偶数である3桁の自然数は，百の位の数として2，4，6，8の4通りがあり，そのそれぞれに対して十の位の数として0，2，4，6，8の5通りずつがある。そして，それらに対して一の位の数としてやはり5通りずつあるので，個数は4×5×5＝100（個）

（ⅱ） 0，4，6，8が混じると拡張4の倍数ができる。3つの位がいずれも2または6のときにどのように並べ替えても4の倍数にならない。よって，222，226，262，266，622，626，662，666の中から3個を答えればよい。

（ⅲ） すべての位の数字が偶数である3桁の自然数100個から，拡張4の倍数にならない8個を除くと拡張4の倍数の個数が求められる。よって，100－8＝92

(4) 「偶数1つと奇数2つ」の場合が，「6と奇数2つ」と「2と奇数2つ」の場合があるので75×2＝150（個）…① 「5と偶数2つ」の場合が65個あって，使われる奇数が1，3，7，9のときも同様だか

ら，$65 \times 5 = 325$（個）…② すべての位が偶数の場合は92個…③ よって，拡張4の倍数の個数は全部で，$150 + 325 + 92 = 567$（個）

重要 ③ （空間図形―正四面体，切断，三平方の定理，長さ，球の半径）

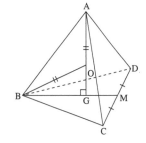

(1) BMは正三角形BCDの高さなので，1辺の長さの$\dfrac{\sqrt{3}}{2}$倍である。

よって，$BM = 3\sqrt{3}$　　BG：GM＝2：1だから，$BG = 2\sqrt{3}$

△ABGで三平方の定理を用いると，$AG = \sqrt{AB^2 - BG^2} = \sqrt{24} = 2\sqrt{6}$

球S_1の半径をrとして△OBGで三平方の定理を用いると，$BO^2 = BG^2 + OG^2$　　$r^2 = (2\sqrt{3})^2 + (2\sqrt{6} - r)^2$　　$4\sqrt{6}\,r = 36$　　$r = \dfrac{9}{\sqrt{6}} = \dfrac{3\sqrt{6}}{2}$

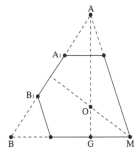

(2) 正四面体ABCDの4つの頂点から切り落とす正四面体の1辺の長さは2なので，点A_1，B_1はABを3等分する。BM上にBG：GM＝2：1の点Gをとると，AG⊥BMとなる。点Oから点A，点Bまでの距離は等しいから，点Oは線分ABの垂直二等分線上にあり，AM＝BMであることから，線分ABの垂直二等分線は点Mも通る。よって，点MとABの中点を結ぶ線分とAGとの交点が点Oとなる。

(3) 面$A_1A_2A_3$は面BCDに平行であり，点Oは点Aから面BCDに引いた垂線AG上にあるから，OHは面$A_1A_2A_3$に垂直である。正四角すいAA$_1$A$_2$A$_3$は正四面体ABCDに相似で相似比が1：3だから，$AH = \dfrac{1}{3}AG = \dfrac{2\sqrt{6}}{3}$　　よって，$OH = AO - AH = \dfrac{3\sqrt{6}}{2} - \dfrac{2\sqrt{6}}{3} = \dfrac{5\sqrt{6}}{6}$

(4) A$_2$A$_3$の中点をNとすると，A$_1$H：HN＝2：1となる。$A_1N = \dfrac{1}{3}BM$だから，$A_1H = \dfrac{2}{3} \times \dfrac{1}{3} \times 3\sqrt{3} = \dfrac{2\sqrt{3}}{3}$　　△OA$_1$Hで三平方の定理を用いると，$OA_1^2 = A_1H^2 + OH^2$　　$OA_1^2 = \left(\dfrac{2\sqrt{3}}{3}\right)^2 + \left(\dfrac{5\sqrt{6}}{6}\right)^2 = \dfrac{4}{3} + \dfrac{25}{6} = \dfrac{33}{6}$　　$OA_1 = \dfrac{\sqrt{33}}{\sqrt{6}} = \dfrac{\sqrt{11}}{\sqrt{2}} = \dfrac{\sqrt{22}}{2}$

── ★ワンポイントアドバイス★ ──

①[A] (1)で点Zのy座標を2通りで表してみると(2)の方程式ができる。[B]は同一円周上にある4点を利用。　② 4の倍数でない数でも並び替えると4の倍数になるものが多い。　③ 説明文をよく読んで，順に考えていけばよい。前の小問の結果を使うようになっている。

＋α は弊社HP商品詳細ページ（トビラのQRコードからアクセス可）参照。

＜英語解答＞《学校からの正答の発表はありません。》

1 問1 in, am, interested　問2 leaving　問3 how the old woman manages to stay in business　問4 ウ　問5 （例）私は本のところまで歩いて戻りながら妙な顔つきで彼女を見る。　問6 イ　問7 visible　問8 Try your birthday

2 問1 ア　問2 （例）以下はそのマザーズ・テニスがどのように進行したかである　問3 （3）エ　（4）ウ　（5）ア　問4 （C），（D）　問5 on the line　問6 no different from any I played all summer

3 （1）habit　（2）talent　（3）transportation　（4）available　（5）flexible

4 ① ア ceiling　イ height　ウ eight　② ア trouble　イ mouse

5 （1）independent of　（2）wish, could　（3）costs, than　（4）he could　（5）whether[if] my mother was

6 Part A （1）C　（2）B　（3）D
　　Part B （1）C　（2）A　（3）45
　　Part C （1）B　（2）B　（3）a 35　b 16　（4）A

○推定配点○
1問1～問4，問6～問8，2問1，問3～問6　各3点×14（1問1完答）　1問5，2問2　各4点×2
3～6　各2点×25（5，6Part C(3)各完答）　　計100点

＜英語解説＞

1 （長文読解問題・物語文：言い換え，語句整序，語句選択補充，英文和訳，内容吟味）

（全訳）　それは歩いて百万回通り過ぎたにちがいないある店だが，今までほとんど気づいておらず，入ってみようなどとは決して思ったことがない。普通の見た目で，小さな茶色いレンガの建物で理髪店と家具店の間に押し込まれ，私には何の興味を起こさせないすぐに忘れてしまうようなさまざまな品物が小さなウインドウに陳列されている。しかし私は今日は余分な時間があってざっと見てみることにする。

内装は落ち着いていて暗く，目が慣れるまで一瞬時間がかかる。とても強いバラの香りが空気中に濃く漂っていて，引き返したくなるくらいだ。代わりに，私はおもしろい物を求めて棚の上をすばやく探しながらさらに店の奥へと進む。確かに，大変な種類の物があるが，それでも私に訴えかける物は1つとしてない。

「何かご用でしょうか」

見上げるとカウンターの後ろに高齢の女性が見える。彼女は何となく驚いているように見える。「彼女が客が店に入るのを見たのはいつだろう？」と私は思った。

「見ているだけです」と私は答えた。

私は店全体を歩き回り，買いたい物が本当にないことを確認する。(3)その高齢の女性は商売を続けるためにどのように経営しているのだろうか。私はドアの方へ向かうが，あるおもしろい品物に気づいて足を止める。木製の台に置かれた，大きな古い本だ。

擦り切れた皮の表紙には題名が見えず，分厚い金属の留め金で閉じられている。よく見てみると，留め金に文字合わせ錠が付けられているのが見える。

02-11-32と番号が書いてある。

私はその組合わせの数字で掛け金を開けようとするが開かない。今やさらに本のページに何が書かれているのかを知りたくなった。「この本は何について書かれているのですか」私は高齢の女性

に尋ねるが，彼女はその間ずっと静かに私をじろじろ見続けている。「組み合わせの数字をご存じですか」

「知っていますよ」と女性は答えるが，それ以上のことは何も付け加えない。

私は彼女の返事にいらだちを感じて，もうこの場所に用はないと判断し，出て行こうと振り向いてドアを出ようとするときに，その女性が「あなたのお誕生日でやってみなさい」と言うのが聞こえる。

(5)私は本のところまで歩いて戻りながら妙な顔つきで彼女を見る。彼女は気が変なのだと私は思う。それでも，私はそうせざるをえない気持ちだ。今度は数字が私の誕生月，日，年を示すように指で数字を動かす。

(6)驚いたことに，掛け金がかちゃっと開く。私は重たい表紙を引いてすばやくページに目を通す。その本が歴史…私の歴史であることに気づいて，私は衝撃を受けて「正しいはずはない」とささやいた！

私は女性に質問しようと見上げるが，彼女はいなくなっており，店の様子が突然違って明るく見える。棚には今，私の好きなものすべてが置かれている。私は廊下を再びうろうろする—以前，これがどれほど欲しくてたまらなかったことか？　そしてこれも？　喜んでこれら全部買おう！

バラの香りは消えて，代わりに私の好きなにおいがしている。

＊＊＊

私はカウンターの後ろに座り，客が入って来て何かを買うのを待つが，彼らはみな，まるで店が見えないかのように窓を歩いて通り過ぎて行く。入って来るわずかな客は私が売らなくてはならない物に興味がなさそうであるか，空気中のにおいが強すぎると不平を言う。

ある日，若い女性がその本に興味を持つまでは。「開きませんよ」と彼女はガムをくちゃくちゃかみながら言う。

「あなたのお誕生日でやってみなさい」と私は言う。

問1　下線部の forgettable は forget「忘れる」に「可能」の意味の接尾辞 -able がついた語で，「容易に忘れられる，忘れやすい」という意味。後半の of は後に来る名詞の性質を表して，of interest で「興味がある」という意味になるが，no がついているので「興味がない」という意味になるから，下線部は「私には何の興味を起こさせないすぐに忘れてしまうような品物」という意味を表す。これを forgettable items「忘れやすい物」を先行詞として関係代名詞を使って後ろから修飾する形で表す。which 以下に I があることから，I am not interested in ～「私は～に興味がない」という形を考える。which は forgettable items を指し，in の目的語になるが，前置詞の目的語が先行詞となる場合，関係代名詞の直前に前置詞を置くこともできるので，forgettable items in which I am not interested と言い換える。

問2　下線部の前では，「とても強いバラの香りが空気中に濃く漂っていて，引き返したくなるくらいだ」，下線部の直後では，「私はおもしろい物を求めて棚の上をすばやく探しながらさらに店の奥へと進む」と対照的なことを述べている。instead of ～ で「～の代わりに」という意味なので，「（バラのにおいに耐えかねて）店を出る代わりに（＝店を出ないで）店の奥へ進んだ」と考え，Instead of leaving the store, と言い換える。

やや難 問3　(I wonder) how the old woman manages to stay in business. I wonder の後に節を続けて「～なのだろうか」と疑問に思う気持ちを表す。ここでは疑問詞 how で始まる節を続ける。manage は「経営する」の意味の自動詞，stay in business で「商売を続ける」という意味を表す。to を「目的」を表す不定詞の to として使い，how the old woman manage「その高齢の女性がどのように経営しているのか」の後に to stay in business「商売を続けるために」と続け

る。does が不要。

問4　この場面で，「私」が留め金に付いている文字合わせ錠を開けるための数字を知っているか店の女性に尋ねたところ，女性は「知っている」と答える。しかし，その直後で「私」がいらだちを覚えていることから，女性は「数字を知っている」とだけ答えて，それ以上何も数字や錠について何も加えて話すことがなかったと考えられる。したがって，nothing が適切。

重要 ▶ 問5　全訳を参照。古い本に付いている文字合わせ錠を開けるための数字として，女性が「あなたの誕生日」と言った場面。店の女性が初対面である「私」の誕生日を知っているということは通常考えられないことであるため，「私」は odd look「妙な顔つき」を女性に与える，つまり，「妙な顔つきで女性を見る」。over は，店を出ようとしていたときに「私」がいたドアのところから，店の奥にある本の方へということを表す副詞。

問6　錠を開けるための数字として自分の誕生日を入れたところ，掛け金がかちゃっと開いたことは，「私」にとってとても意外なことだったはずなので，To my surprise「(私が)驚いたことに」がこの場面に合う。Hopefully「うまくいけば」，Unfortunately「運悪く」，What's more「さらに」。

問7　空所を含む文の後半にある as though ～ は「まるで～かのように」という意味。ここでは，「私」がカウンターの後ろに座って客を待っても，みな通り過ぎて行ってしまう様子を表しているので，下線部(3)から3行後にある visible「(目に)見える」を入れると文脈に合う。

問8　本に付いていた錠を開けて，本の中身が自分の歴史だったことを知ったとたん，店の女性はいなくなっており，店には自分が好きなものでいっぱいになっている。ここで場面が変わり，今度は自分が店のカウンターの後ろに座って客を待つ側になっている。そこへ店に入って来た若い女性が，自分も興味を持った古い本に興味を持って錠を開けようとするが，若い女性は「開かない」と言う。このあとの展開として「私」が言うこととしては，自分が高齢の女性に言われたことと同じ，Try your birthday.「あなたのお誕生日でやってみなさい」である。

2　(長文読解問題・エッセイ：語句選択補充，英文和訳，文選択補充，指示語，語句整序)

(全訳)　合衆国でテニスが突然人気が出たことで，そのゲームにおいてあらゆる種類の新しいアイディアが生まれた。最も刺激的なものの1つがマザーズ・テニスである。それは，4人のプレーヤーだけでなく，多くの子供たち，数匹のイヌ，そして時にはとても怒っている父親も必要であるという点で通常のテニスと異なる。

ゲームは両側に2人のプレーヤーがいる通常のコートで行われる。しかし，ボールを打ち合うことからだけではなく，(1)子供やイヌがプレー中にコートに入って来るという予期せぬ問題からもまたスリルが起こる。

私は去年の夏にマーサズ・ヴィニヤードでのマザーズ・テニスに招待されたが，以下はその進行の様子である。

母親の1人がまさにボールをサーブしようとしていると，彼女の7歳の子供がフェンスのところまで走って来て，「ママ，ジョニーが屋根に登っちゃって，降りられないから泣いているんだ」と叫んだ。

「ええと，私がセットを終えるまでそこにいるように彼に言ってちょうだい」

「(3)彼は落ちるのが怖いって言ってるよ」

「屋根のいちばん上につかまっているように言ってちょうだい」

熱のこもった試合が続いた数分後，1匹の大きな黒いイヌが歩いてコートを横切った。マザーズ・テニスのルールでは，イヌがコートにやって来たときはプレーを止めなければならないとある。

母親たちの1人がそのイヌに，「パーキンソン，お家にお帰り」と叫ぶまで，私たちはみなゲーム

を止めた。

　パーキンソンはネットの隣に座って私たち全員をじろじろ見た。

　そのイヌの飼い主の母親が娘に，「ポリー，パーキンソンを家に連れて帰ってちょうだい」と叫んだ。

　「できないわ」と娘は叫び返した。「私はセーリングの授業を受けなくてはならないのよ」

　その母親は乱暴にイヌの首の後ろをつかんで，私たち全員に「(4)すぐに戻るわ」と言った。

　彼女は15分後に戻って来て，プレーが再開された。

　3分間が経った。そのとき別の子供がフェンスのところに現れた。「ママ，パパが水着がどこにあるか知りたがっているわ」と彼女は言った。

　「彼がそれを干すために置いていたところの外に掛かっているわ」

　「今，そこにないって言ってるわよ」

　「それじゃあ，洗濯室を見るように言って」

　「あなたが彼に言った方がいいわ。とても怒っているのよ。彼は自分の朝食を作らなくてはならなくて，グレープフルーツを切っていて指を切っちゃったの」

　「私は30分で家に戻るわ」

　ある女性が現れて「サリー，来週の慈善行事のスポンサーのリストを持ってる？　今すぐにそれが必要なの」

　「リストは私の車の中にあるわ。(5)私が取って来るわ」サリーは，残った私たちが体を温めるためにラケットで素振りをしている間に自分の車のところへ行った。ルーシーの3歳の子供が歩いてコートにやって来て白線の上で立ち止まったとき，再び試合が始まろうとしていた。

　「ピーター，白線の上にいてはダメよ」とルーシーが叫んだ。「向こうのベンチのそばに行ってちょうだい」

　ピーターはただそこに座って体をかいていた。

　ルーシーは怒り出してきた。「ピーター，コートから出ないとお昼ご飯をあげないわよ」

　ピーターは口をすぼめて泣き出した。

　ルーシーは彼を捕まえようと跳び出したが，彼は逃れてネットの反対側に走って行った。

　彼はついに他の母親たちの1人に捕まって，泣いたり足をばたばたさせながらコートから引っ張り出された。彼は午前中ずっと泣き叫ぶのをやめなかった。

　そのセットに間に，車のカギを探して1人のご主人が現れ，さらに2匹のイヌがコートに現れた。(7)それが典型的なマザーズ・テニスで，私が夏の間中にやったどれとも少しも違わなかった。マザーズ・テニスの良いところと通常のテニスと違う点は，誰もスコアをつけないことだ。誰が覚えていられようか。

問1　空所を含む文に続く段落では，筆者が参加したマザーズ・テニスで起こったことが具体的に述べられているので，その中で述べられていることに合うものを選ぶ。空所を含む文に続く段落以降では，コートに入って来るイヌや子供のことが述べられているので，ア「子供やイヌがプレー中にコートに入って来るという予期せぬ問題」が適切。problem of 〜 の of は「同格」を表し，of 以下では problem の具体的な内容を表して，「〜という問題」という意味を表す。イ「プレー中の子供たちと夫たちの間の予期せぬ争い」，ウ「プレー中にコートにいるイヌや子供に与えられる予期せぬ道具」，エ「プレー中にコートの周りを走っている夫や子供からの予期せぬ手助け」については具体的に述べられていない。

重要　問2　this は直後に書かれている内容を指す場合にも使われ，ここでは下線部を含む文の直後から述べられている内容を指し，「次は，以下は」などの意味を表す。この場合の went は「（物事が）

進行する」の意味の go の過去形で，it は筆者が参加したマザーズ・テニスを指す。文全体は，is の補語として疑問詞で始まる節が続く間接疑問文。this と it を具体的にして全体を直訳すると，「以下は（マーサズ・ヴィニヤードでの）そのマザーズ・テニスがどのように進行したかである」となる。

基本 問3 全訳を参照。 (3) 空所の前の部分で，この母親は屋根に登って降りられない自分の子供に，セットが終わるまで待つように言っているが，空所に入るもう1人の子供の発言に対して屋根のてっぺんにつかまっているように言っている。この流れに合うのはエ。 (4) コートに入って来た自分のイヌを捕まえ，空所の発言から15分後に戻って来ていることから，この母親はイヌを家まで連れ戻したと考えられる。したがって，ウが適切。 (5) サリーは空所の直前でスポンサーのリストが自分の車の中にあると言って，空所の直後で自分の車のところへ行ったことが述べられていることから，サリーは自分で車までリストを取りに行ったと考えられる。したがって，アが適切。

問4 (A)の she はフェンスのところに現れて，父親が水着を探していると母親に伝えた女の子。(B)の he はそれに対して水着がある場所として，「彼がそれを干すために置いていたところの外に掛かっている」と答えているので，その女の子の父親，すなわち母親の夫を指す。(C)を含むせりふは女の子が相手に向かって言っているものなので，You は自分の母親を指す。(D)を含む文はその女の子に対しての返答なので，I は自分自身，すなわちその女の子の母親を指す。したがって，(C)と(D)が同じ人物を指している。

問5 コートの白線の上にいるピーターに，母親のルーシーは向こうのベンチのそばに行くように言うが，その後のピーターの様子を見て怒り出していることから，ピーターは言われた通りに白線の上から離れていないことがわかる。したがって，sat there「そこに座っていた」の there は on the line「白線の上に」ということを表している。

やや難 問6 (It was a typical Mother's Tennis match, and was) no different from any I played all summer. be different from ～「～と異なる」に着目して，「～と違う」または「～と違わない」という英文を考える。no は different などの形容詞の前に置いて「少しも～ない」という意味を表す働きをするので，It（＝その日筆者が参加したマザーズ・テニス）was no different from ～ と組み立てる。any は any Mother's Tennis「どんなマザーズ・テニス」と考えて，from の後に置く。さらに，any を先行詞として I played を続け，最後に all summer「夏の間中に」を置く。文全体は「私が夏の間中にやったどれ（＝どのマザーズ・テニス）とも少しも違わなかった」という意味になる。

③ （語彙問題）
(1) 「ほとんどそのことを考えることなしにしばしばすること」 habit「（個人の）習慣」が適切。
(2) 「特に教わることなく，何かを上手にする生まれつきの能力」 talent「才能」が適切。
(3) 「ある場所から別の場所へ移動するための，バス，列車，飛行機などの乗り物あるいはその仕組み」 transportation「輸送機関，乗り物」が適切。
(4) 「使うことができたり，簡単に買ったり見つけたりできる」 available「利用[購入，入手]できる」が適切。
(5) 「状況によって変わったり簡単に変えることができる」 flexible「柔軟な，融通のきく」が適切。

④ （会話文・語句補充問題：発音問題）
（全訳） マイク　　　：デービス先生，もう新しい市立図書館は訪れましたか。
デービス先生：はい，訪れました。実は，私の兄がその図書館を設計したので，私はそこをとても

よく知っているんです。

マイク　　　：うわあ！　ぼくは建築に興味があるのですが，ぼくたちの学校の図書館には読むべきそれについての本があまりたくさんありません。あなたのお兄さんをぼくに紹介していただくことはできますか。

デービス先生：はい，もちろんですよ。彼に図書館を案内して回ってほしいですか。

マイク　　　：それはすてきです！　今度の日曜日に彼に会うのはどうでしょうか。

デービス先生：はい。10時に図書館の正面玄関で会いましょう。

マイク　　　：わかりました。ありがとうございます，デービス先生。そのときに会いましょう。

＊＊＊次の日曜日＊＊＊

デービス先生：やあ，マイク！　こっちですよ！

マイク　　　：ああ，こんにちは，デービス先生。ぼくのために時間をとってくださってありがとうございます。

デービス先生：どういたしまして。マイク，こちらが兄のリチャードです。

マイク　　　：初めまして，デービス…さん？

リチャード　：リチャードと呼んでください，マイク。若い人たちが図書館に興味を持っていると聞いてうれしいです。

マイク　　　：初めまして，リチャード。大きな建物ですね！

リチャード　：はい，本当に大きいです。エントランス・ホールにとても高い天井があるのが見えますか。

マイク　　　：はい，その高さはどれくらいですか。

リチャード　：およそ8メートルです。このホールの3階分に当たります。

マイク　　　：うわあ！　信じられません！　だからとても大きく見えるんですね。

リチャード　：はい，それに安全システムがあって，何か問題があれば警報音が鳴るんですよ。

マイク　　　：それは何ですか。ある種の新しい技術ですか。

リチャード　：はい，そうです。このシステムを使えばネズミでさえ入れません。

デービス先生：本当？　それは驚きだ！

リチャード　：その通り。そして私たちはそれを「サーバー・アクティブ・テクノロジー」，「CAT」と名付けたんだ。

マイク　　　：それでは，家を守る本物のネコを飼っているようなものですね！

① 天井(ceiling)が高く，マイクがその高さ(height)を尋ねる。それに対してリチャードが8 (eight)メートルと天井の高さを答えるという流れ。空所ウを含むリチャードの発言に続くマイクの発言の最終文にある it はエントランス・ホールを指し，天井が高いためにホールが大きく見えるということを言っている。

② リチャードがホールのセキュリティーシステムによって，何か問題(trouble)があると警報音が鳴ると説明し，さらにそのシステムの厳重さを「ネズミ(mouse)でさえ(ホールに)入れない」と補足している。マイクがシステムの名称が CAT と聞いて，「家を守る本物のネコを飼っているようなものですね」と言っていることから，イに入る語を推測することができる。

重要 ⑤ （同意文書きかえ問題：熟語，仮定法，比較，接続詞，時制）

(1) 上の文は「彼女は高校を卒業するとすぐに，両親には頼らなかった」という意味。depend on ～「～に頼る」の反対の意味になるように independent of ～「～から独立して」を入れる。became independent of her parents で「彼女の両親から独立した」という意味になる。この場合の once は「～するとすぐに，一度～すると」という意味の接続詞。

(2)　上の文は「私はパーティーに参加したいができない」という意味。現実としてはできないが，パーティーに参加したという願望を表すように，仮定法を用いて〈I wish ＋主語＋(助)動詞の過去形〉「～ならいいのに」を用いて I wish I could attend the party.「パーティーに参加することができたらいいのに」と書き換える。

(3)　上の文は「この科学の本はあの歴史の本よりも高価だ」という意味。下の文は That history book が主語なので，「あの歴史の本はこの科学の本ほど高くない［よりも安い］」といった内容になる。「金額が～かかる」の意味の cost を動詞にして costs less than ～「～よりもお金がかからない」と表す。

(4)　上の文は「彼はできるだけ早く情報を手に入れたいと思っている」という意味。as ～ as possible は as ～ as … can の形でも同じ意味を表す。「…」には主語に対応する代名詞が入る。

(5)　上の文は「彼は私に『お母さんは家にいますか』と言った」という意味。下の文では人の発言を直接示さない形で表す。発言が Yes / No で答えられる疑問文なので，whether または if「～かどうか」を用いて書き換える。上の文では直接相手に向かって言っているので your mother となっているが，下の文では me に合わせて my mother とする。また，asked me 以下に名詞節が続くので，過去形 asked に合わせてbe動詞も過去形にする。

6　（リスニング問題）

Part A

Dad　：Hi Ryota, have you decided which summer school you would like to go to?

Ryota：No, but I think I like these four programs.

Dad　：Well, why don't you tell me about them?

Ryota：The first one is a science camp in the Philippines which runs for two weeks. At the end of the camp, students present their group science projects. It is only 250,000 yen.

Dad　：Sounds interesting and you like science, but you have that university science project during the last week of summer. right?

Ryota：Yes.

Dad　：Why not try something different?

Ryota：OK. Well, there is also a one-week soccer camp in Vancouver, but Mom has to join me as the camp finishes at 5:00 PM every day. So, we will have to stay in a hotel together.

Dad　：What are the dates?

Ryota：August 7th to 12th.

Dad　：I don't think your mom can make it for those dates as she has a work presentation that week.

Ryota：Ah, OK, what about this advanced math course in Boston? It is held at one of the top boarding schools in the US.

Dad　：It could be expensive. How much is it?

Ryota：I might be able to get a scholarship which means you only need to pay for the airplane and spending money.

Dad　：That program sounds like a good option. What is the last one?

Ryota：Oxford has an English writing and reading program. They offer classes with a small number of students and great weekend activities.

Dad : Interesting, and you can study British English at the same time. Are any of your classmates attending the program?

Ryota : Ah, it's a popular program, so I think several of them have applied to it.

Dad : That could be a problem. Do you think you will actually study and speak English with all of your friends there?

Ryota : That is a good point. It might be a good second option then.

Part A

父 ：やあ，リョウタ，どのサマースクールに行くか決めたかい？

リョウタ：いいや，でもこの4つのプログラムが気に入っていると思うよ。

父 ：ええと，それらについて話してみてはどう？

リョウタ：最初のは2週間行われるフィリピンでの科学キャンプだよ。キャンプの最後に生徒はグループ科学企画を発表するんだ。たった25万円だよ。

父 ：おもしろそうだし，君は科学が好きだけど，夏の最終週の間に大学の科学企画があるよね？

リョウタ：うん。

父 ：何か違うものはどう？

リョウタ：わかった。ええと，バンクーバーで1週間のサッカーキャンプもあるけれど，お母さんが毎日午後5時にキャンプが終わるときにぼくと一緒にいないといけないんだ。だから，ぼくたちは一緒にホテルにいなくてはならないよ。

父 ：日にちは？

リョウタ：8月7日から8月12日だよ。

父 ：母さんはその週は仕事の発表があるから，その日にちは都合をつけられないと思うよ。

リョウタ：ああ，わかった，ボストンでの上級数学コースはどうかな？ それは合衆国の最高の寄宿学校の1つで行われるんだ。

父 ：高いだろうね。いくらだい？

リョウタ：ぼくは奨学金をもらえるかもしれないけれど，それは飛行機代と生活費だけ支払えばいいということだよ。

父 ：そのプログラムは良い選択肢のようだね。最後のは何だい？

リョウタ：オックスフォードで英語の読み書きプログラムがあるよ。少数の生徒の授業とすてきな週末の活動を提供してくれるんだ。

父 ：おもしろいし，同時にイギリス英語を勉強することができるね。君のクラスメートは誰かそのプログラムに参加するのかい？

リョウタ：ああ，それは人気のプログラムだから何人かは申し込んだと思うよ。

父 ：それは問題かもしれないね。そこで友だちがみんないて本当に英語を勉強したり話したりすると思うかい？

リョウタ：それは大事な点だね。それでは良い2番目の選択肢かもしれない。

Part A

　参加すべきサマースクールについてのリョウタと彼の父親の対話を聞きなさい。質問に答えるためにキャンプの説明を使いなさい。解答用紙にキャンプAからDの文字を書きなさい。

サマースクールプログラムを選ぶ

　A　サマー科学キャンプ

　　－　フィリピン，マニラ

- 7月31日から8月13日
- 費用：25万円
- グループ科学発表
B　サッカーキャンプ
  - カナダ，バンクーバー
  - 8月7日から8月12日
  - 費用：5万円
  - プロ選手から学ぶ
C　上級数学
  - 合衆国，ボストン
  - 7月10日から8月5日
  - 費用：85万円
  - 世界中からの生徒と一緒に数学を勉強する
D　読み書き
  - イギリス，オックスフォード
  - 8月7日から8月21日
  - 費用：78万円
  - すてきな週末活動

(1)　リョウタはどのキャンプに最も申し込む可能性がありますか。
(2)　日中だけ行われるキャンプはどれですか。
(3)　リョウタのクラスメートの何人かはどのキャンプに参加する予定ですか。

Part B

Last year I went to my grandparents' house in Brisbane, Australia. As usual, it took a long time to get there. First, I left my house and took the 5 AM Skyliner train from Nippori Station to Narita Airport, which took 46 minutes.

There were two flights on that day. The first was an 8 AM flight to Brisbane Airport and the second was a 9 AM flight to Gold Coast Airport. However, the first flight was too expensive, so I had to take the second one even though it is a little far from my grandparents' house. Just before we landed, I was surprised when the pilot announced that we would be arriving at 6:30 PM local time, but then I remembered that Australia is an hour ahead of Japan. So, the flight was shorter than I first thought.

Next, after I got off the plane I had to go through security, pick up my bag, and then met my grandparents. The last time I flew there it took me an hour and 15 minutes to get through security and pick up my bag, but this time it took 30 minutes less time. Then, my grandparents met me at the airport arrival gate, and we drove to their house in Brisbane, which took one hour and 20 minutes.

Part B

去年，私はオーストラリアのブリスベンにある祖父母の家に行った。いつものように，そこに着くのに長い時間がかかった。最初に，私は家を出て日暮里から成田空港までの朝5時のスカイライナーに乗って，46分かかった。

その日は2便あった。最初はブリスベン空港までの朝8時の便で，次はゴールドコースト空港までの朝9時の便だ。しかし，最初の便は高すぎたので，祖父母の家から少し遠かったけれども次の便

に乗らなくてはならなかった。着陸の直前に，パイロットが地元時間で午後6時30分に着くとアナウンスしたとき，私は驚いたが，それからオーストラリアは日本より時間が1時間進んでいることを思い出した。だから，空の旅は最初に思っていたよりも短かった。

次に，飛行機を降りた後，私は保安検査場を通ってバッグを取らなくてはならず，それから祖父母に会った。最後に飛行機でそこへ行ったときは，保安検査場を通ってバッグを取るまで1時間15分かかったが，今回は30分短くて済んだ。それから，空港の到着ロビーで祖父母が私と会って，車でブリスベンの彼らの家に行ったが，1時間20分かかった。

Part B

祖父母の家に旅をする少年の話を聞いて質問に答えなさい。それぞれの場所に行くのにどれだけ時間がかかったかを書き留めるために，メモ用欄を使いなさい。質問(1)(2)にはそれぞれの質問のA　Dから最も適切な答えを選び，質問(3)には数字を書きなさい。

場所	時間（メモ欄）
日暮里駅から成田空港	
成田空港からゴールドコースト空港	
ゴールドコースト空港内	
ゴールドコースト空港から祖父母の家	

(1)　少年はなぜ，ブリスベンではなくゴールドコーストへの便に乗ったのですか。

A　その方が早く出発した。

B　その方が飛行時間が短かった。

C　その方が安かった。

D　その方がより便利な空港まで飛んだ。

(2)　成田空港からゴールドコースト空港まで飛行機でどれだけ時間かかりましたか。

A　8時間30分。

B　8時間40分。

C　9時間20分。

D　9時間30分。

(3)　今回，少年が保安検査場を通ってバッグを取るまで何分かかりましたか。

Part C

What is an adult and at what age is a person an adult? According to the law, this age is also called "the age of majority" and it is not the same for every country. Let's start here in Japan. In 1876, the age of majority was set at 20 and is celebrated by the Coming of Age Day holiday in January. This meant that once you reached this age you could vote, rent an apartment, or sign a cell phone contract on your own. However, in 2022 this all changed, and the government of Japan dropped this to age 18. But what about other countries?

In many other countries, like Japan today, this age is 18, but not for all countries. One example is New Zealand, where the age is set at 20. Similarly, in Thailand, it is also 20 or if a child gets married. Another example is Argentina, where the age of majority is 21. This is currently one of the highest ages. Finally, there are the United States and Canada, which have the most complex systems. The age of majority depends on which state or province you live in. For example, in most US states, the age is 18, but in Alabama and Nebraska it is 19, and in Mississippi, it is 21. Similarly, in Canada, in provinces such as Ontario and Quebec, it is 18, but in British Columbia and New Brunswick, it is 19.

The age of majority means that you are legally seen as an adult. However, this age might not match other legal rights that are thought to be only for adults. Some might be under this age and others over. For example, in the United States, you cannot buy alcohol until you are 21 in any state, but in some states, you can get a driver's license at the age of 16. On the other hand, you cannot become president until you are 35. Another example is in Canada, you cannot sign a cell phone contract by yourself until you are 18, but you can legally apply for your own passport when you are only 16. Finally, in New Zealand, you can fly a plane by yourself at the age of 16 if you have been trained. However, you cannot adopt a child until you are 25.

What do you think the age of majority should be and what legal things should match or not match this age?

Part C

大人とは何で，何歳から人は大人になるのだろうか。法律によれば，この年齢は「成年」とも呼ばれ，それはすべての国で同じとは限らない。ここ日本から始めよう。1876年，成年は20歳に設定され，1月の成人の日によって祝福されている。これは，この年齢に達すれば投票したりアパートを賃借したり，自分で携帯電話の契約にサインしたりすることができるということだ。しかし，2020年にこれがすべて変わり，日本政府はこれを18歳に下げた。しかし，他の国はどうだろうか。

他の多くの国々では，今日の日本と同じようにこの年齢は18歳だが，すべての国がそうであるわけではない。1つの例がニュージーランドで，そこでは成年は20歳である。同様に，タイでも20歳か，子供が結婚すれば成人である。別の例はアルゼンチンで，そこでは成年になるのは21歳である。これは現時点で最も高い年齢の1つである。最後に，合衆国とカナダがあるが，それらには最も複雑な制度がある。成年は住んでいる州や地域によるのだ。例えば，合衆国のほとんどの州で成年は18歳だが，アラバマ州とネブラスカ州では19歳，ミシシッピ州では21歳である。同様に，カナダでは，オンタリオやケベックなどの地域では18歳だが，ブリティッシュ・コロンビアとニュー・ブランズウィックでは19歳である。

成年は，法律的に大人とみなされることを意味する。しかし，この年齢は大人のためだけにあると考えられる他の法的権利に合わないかもしれない。この年齢に満たない者もいれば，この年齢を超えている者もいる。例えば，合衆国ではどの州でも21歳になるまではアルコールを買うことができないが，州によっては16歳で運転免許を取ることができる。一方，35歳になるまでは大統領になることができない。他の例は，カナダでは18歳になるまでは自分で携帯電話の契約にサインすることができないが，たった16歳で法律的に自分自身のパスポートを申請することができることだ。最後に，ニュージーランドでは，訓練を受けていれば16歳で自分で飛行機を操縦することができる。しかし，25歳になるまでは子供を養子に取ることはできない。

成年は何歳であるべきであると，そしてどのような法的事項がその年齢に合うべきかまたは合わないかと思うだろうか。

Part C

話を聞いてそれぞれの質問に対してA〜Dから最も適切な答えを選びなさい。質問に答えるために与えられたメモ欄を使いなさい。

国，州または地域	成人年齢	法的権利／年齢
日本		
ニュージーランド		
タイ		
アルゼンチン		
合衆国 　－　ほとんどの州 　－　アラバマ州，ネブラスカ州 　－　ミシシッピ州 　－　全州		
カナダ 　－　オンタリオ，ケベック 　－　ブリティッシュ・コロンビア， 　　　ニュー・ブランズウィック 　－　全地域		

(1)　2021年までの日本で20歳でできることについて3つの例が述べられました。述べられていないのはどの例ですか。

　A　投票する。

　B　クレジットカードを所有する。

　C　アパートを賃借する。

　D　携帯電話の契約書にサインする。

(2)　アラバマ州とニュー・ブランズウィックでは成人年齢は何歳ですか。

　A　18

　B　19

　C　20

　D　21

(3)　空所に正しい年齢を入れなさい。

　　合衆国では　(3)a　歳まで大統領になることができず，ニュージーランドでは　(3)b　歳で自分で飛行機を操縦することができる。

(4)　話の主題は何ですか。

　A　いくつかの国での法的に大人になる年齢。

　B　法的にアルコールを飲んだり車を運転したりできる年齢。

　C　法的に物事をすることができる年齢はすべての国で同じだ。

　D　法的に物事をすることができる年齢はすべての国で成人年齢と一致している。

　　　　　　　　─★ワンポイントアドバイス★─

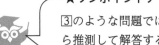

3のような問題では，英語の説明が完全に理解できなくても，英文中にある語句から推測して解答することも必要。(2)ならば natural ability「自然の能力」だけからも「才能」という語が推測可能である。

＜理科解答＞《学校からの正答の発表はありません。》

1　問1　Ba(OH)$_2$　　問2　青色　　問3　硫酸バリウム　　問4　ア，ウ　　問5　④
　　問6　1.0g　　問7　5.7%

2　問1　46回目　　問2　(1)　×　　(2)　×　　(3)　○　　(4)　○
　　問3　(1)　有性生殖，新しい形質の個体は，遺伝子の組み合わせによって得られるから。
　　(2)　無性生殖，同じ遺伝子を持った個体を増やす必要があるから。
　　問4　花粉管　　問5　(1)　ウ　　(2)　エ

3　問1　カ　　問2　ウ　　問3　ウ　　問4　エ　　問5　イ　　問6　1.1億km

4　問1　1.05A　　問2　1：1：1：1　　問3　3：1：1：3　　問4　0倍　　問5　3：2：3：2
　　問6　3.36A　　問7　5.60A

○推定配点○

1　問1〜問4　各1点×4　　他　各2点×3　　2　各2点×7(問2，問3(1)・(2)各完答)
3　各2点×6　　4　各2点×7　　計50点

＜理科解説＞

1　(中和—沈殿を生じる中和反応)

問1　水酸化バリウムは，バリウムイオンBa^{2+}と水酸化物イオンOH$^-$からできている。＋と－の電気量がつりあうため，1個のBa^{2+}と2個のOH$^-$が結びつく。

問2　BTB溶液は，酸性で黄色，中性で緑色，アルカリ性で青色を示す。

基本　問3　硫酸はH$_2$SO$_4$である。[実験]の中和では，硫酸イオンSO$_4^{2+}$とバリウムイオンBa^{2+}が結びつき，白い固体である硫酸バリウムBaSO$_4$ができて沈殿する。この中和反応を化学反応式で書くと，H$_2$SO$_4$＋Ba(OH)$_2$→BaSO$_4$＋2H$_2$Oである。

問4　ア：正しい。水溶液が白くにごったのは，水に溶けにくい物質ができたためである。水に溶けにくい物質は，水中でほとんど電離もしない。

イ：誤り。ピペットなどで容器の底面付近から吸い上げると，溶け残りの固体が混ざってしまう可能性がある。そのため，ピペットなどで上澄みの部分を吸い上げるのがよい。

ウ：正しい。中和点の前後では電流の値が小さいので，値の小さい端子を使ってしまいがちだが，その後は電流が大きくなることを考えると，値をよく観察して端子を選ぶ必要がある。

エ：誤り。本問の[実験]に限っていえば，中和点以降にBa^{2+}とOH$^-$の数が増え，電流も大きくなる。しかし，一般には，流れる電流の量には，水溶液中のイオンの数だけでなく，イオンの1個あたりが持つ電気の量も関わっており，一概にはいえない。

問5　溶液中に硫酸イオンが残っている間は，バリウムイオンを加えてもすべて硫酸イオンと結びついて沈殿するため，バリウムイオンの数は0のまま増えない。中和が完了して硫酸イオンがなくなったあとはバリウムイオンも増加する。ただし，Ba(OH)$_2$→Ba^{2+}＋2OH$^-$のように電離するので，バリウムイオンの数は水酸化物イオンの数の半分である。

重要　問6　中性になったときの水酸化ナトリウム水溶液は21mLつまり21cm^{3}である。水溶液の密度が1.0g/cm^{3}だから，水溶液の質量は1.0×21＝21(g)である。一方，水100gに対する水酸化バリウムの溶解度が5.0gで，その飽和水溶液の質量は105gである。これと比較して，求める溶質の質量をx[g]とすると，105：5.0＝21：x　より，x＝1.0gとなる。

問7　硫酸水溶液は10mL使用しており，その質量は10gである。中和するときの水酸化バリウムと硫酸の質量比が171：98だから，硫酸の質量をy[g]とすると，171：98＝1.0：y　より，y＝0.5730…

となる。求める質量パーセント濃度は、$y \div 10 \times 100$ だから、四捨五入により5.7%となる。

2 （生殖と遺伝—被子植物の有性生殖）

問1　$2^{10}=1024$だから、$2^{20}=(2^{10})^2=1048576$であり、$2^{40}=(2^{20})^2=1099511627776$で1兆を超える。これに$2^5=32$を掛けると、35184372088832となり、35兆ほどになるので、45回目では37兆を超えない。超えるのは46回目である。

問2　(1)・(2)は受精によるものであり、有性生殖である。(3)・(4)は、精子や卵のような生殖細胞をつくることなく新たな個体となっており、新旧の遺伝子は全く同じ無性生殖である。

問3　(1)では、さまざまな形質を持った個体を作る必要がある。そのためには、遺伝子の組み合わせが異なる個体を作る必要があり、有性生殖によって子をつくるのが適切である。一方、(2)は同じ形質を持った個体を多数作る必要がある。そのためには、遺伝子の組み合わせが変化してはいけない。よって、無性生殖によって子をつくるのが適切である。

問4　花粉が発芽すると花粉管が伸びて、その中を精細胞の核が移動する。

問5　1つの果実の中に4個の種子ができた場合、もともと胚珠が4個あって中にそれぞれ卵細胞があり、4個の花粉から出た精細胞と1対1で受精したことになる。(1)の場合、卵細胞、精細胞ともに遺伝子型はAかaなので、できた種子の遺伝子型は、AA、Aa、aaのいずれかであり、最大で3通りである。(2)の場合、卵細胞、精細胞ともに遺伝子型はAB、Ab、aB、abの4通りがあるので、できた種子の遺伝子型は、A、Bのそれぞれについて3通りずつの、全部で9通りが考えられる。しかし、種子は4個しかないので、最大で4通りである。

3 （太陽系—金星の見え方）

基本 問1　図1は地球の北極側から見た図であり、地球の自転と公転、金星の公転は、いずれも反時計回りに描かれる。そのため、地球の左側が夕方の位置、右側が朝方の位置である。よって、B、C、Dの位置の金星は、夕方の西の空に見える宵の明星である。そのうち、太陽・D・地球を順に結ぶ角がほぼ直角なので、Dの金星は半分だけが輝く。BとCの金星は、半分より大きな割合で輝くが、地球から遠くなるので小さく見える。

問2　図2は、肉眼で見たときと同じ向きにしてある。図2では金星の上(北)側に太陽光が当たっているので、金星は太陽の下(南)側にある。また、地球から見て図1のE付近の位置にある金星は、太陽の位置に対し、左(東)から右(西)へ動いて見える。よって、図2の翌日には太陽光はやや左上から当たるようになり、Xのような写真が得られる。

問3　金星は、約90気圧の濃厚な大気を持ち、その95%以上が二酸化炭素である。そのため、温室効果が強くはたらき、表面は460℃程度の高温である。なお、火星はアである。

重要 問4　ア、イ、ウの事実は、天動説、地動説とは関係しない。下線部④の通り、プトレマイオスの天動説では、地球以外の天体を中心として回っている天体はないと考えるが、ガリレオは木星の周りを回る衛星を発見しており、プトレマイオスの天動説が誤りである証拠となる。

問5　図3では、金星はつねに太陽の手前にあるため、金星の輝いている部分は半分以下である。満月に近い形になるには、金星が太陽よりも遠方に位置する必要がある。ウ、エは、プトレマイオスの天動説でも、金星が太陽と地球の間にあることから説明がつく。

問6　地球から見て太陽と金星が最大に離れて見えるとき、金星の位置は地球から金星の軌道に引いた接線の接点付近、つまり図1のDやF付近にある。このとき、太陽・金星・地球を結んでできる三角形は、金星の角が90°であり、さらに、地球の角が45°だから、直角二等辺三角形である。その辺の比から、求める距離x〔km〕とすると、$1:\sqrt{2}=x:1.5億$　より、$x=0.75億\times\sqrt{2}=1.1億$kmとなる。

4 （電流回路—回路のつなぎかえ）

問1　図1で，A→B→CとA→D→Cが並列つなぎであり，両者の抵抗も等しいので，辺ABには電流計の半分の電流が流れる。図2の読みは2.10Aだから，求める電流は1.05Aである。

重要　問2　図3では，A→PとA→D→Qが並列つなぎだから，$V_{AP}=V_{AQ}$である。また，P→B→CとQ→Cが並列つなぎだから，$V_{PC}=V_{QC}$である。これら2組の並列部分の合成抵抗は等しいので，かかる電圧も等しく，$V_{AP}=V_{PC}$，$V_{AQ}=V_{QC}$である。以上より，これら4か所の電圧はすべて等しく，電源電圧の半分である。

問3　問2のとおり，どの部分も電圧は等しいので，消費電力を比較するには，電流を比較すればよい。A→PとA→D→Qでは，電熱線の長さが1：3だから，抵抗も1：3である。電圧が等しいので電流は3：1となり，消費電力も3：1である。同様に，P→B→CとQ→Cでは，電熱線の長さが3：1だから，抵抗も3：1である。電圧が等しいので電流は1：3となり，消費電力も1：3である。2組の並列部分にかかる電圧および合成抵抗は等しいので，消費電力は$P_{AP}：P_{PC}：P_{AQ}：P_{QC}=3：1：1：3$である。

問4　ニクロム線P→B→Sと導線P→R→Sは並列つなぎなので，電圧は等しい。また，導線P→R→Sの電気抵抗は無視できるので，電圧は0である。よって，ニクロム線P→B→Sにかかる電圧も0である。電流はニクロム線P→B→Sには流れず，すべて導線P→R→Sに流れる。

やや難　問5　A→Pの抵抗をrとすると，A→D→Qの抵抗は$3r$であり，この並列つなぎの合成抵抗は，$\frac{1}{r}+\frac{1}{3r}=\frac{4}{3r}$より$\frac{3}{4}r$である。一方，S→CとQ→Cの抵抗はどちらも$r$だから，この並列つなぎの合成抵抗は$\frac{1}{2}r$である。よって，並列部分どうしの合成抵抗の比は$\frac{3}{4}r：\frac{1}{2}r=3：2$であり，かかる電圧も3：2となる。

問6　A→Pの抵抗をrとすると，図1の回路は，$4r$の抵抗2本の並列つなぎで，合成抵抗は$2r$である。このときの電流が図2の2.10Aである。一方，図5の合成抵抗は，問5のことから$\frac{3}{4}r+\frac{1}{2}r=\frac{5}{4}r$である。図1と図5の合成抵抗の比は，$2r：\frac{5}{4}r=8：5$である。図1と図5で，電源電圧が一定なので，流れる電流は5：8である。よって，求める電流xは，$5：8=2.10：x$　より，$x=3.36$Aとなる。

問7　導線をつなぐことを繰り返したとき，Cに最も近い接点をS^∞，Q^∞とする。P→S^∞やQ→Q^∞は，ニクロム線と並列に導線でつながれたため，電圧は0である。また，S^∞→CやQ^∞→Cはどんどん短くなっていくので，抵抗は0に近づき，電圧は0に近づく。結局，抵抗はほとんどA→B→CとA→D→Cの並列つなぎ部分だけになる。よって，合成抵抗が$\frac{3}{4}r$のときの電流を，問6と同様に求めればよい。図1と図8の合成抵抗の比は，$2r：\frac{3}{4}r=8：3$である。図1と図8で，電源電圧が一定なので，流れる電流は3：8である。よって，求める電流xは，$3：8=2.10：x$　より，$x=5.60$Aとなる。

★ワンポイントアドバイス★

どの分野でも，基礎基本はことばだけでなく図を活用して理解に努め，問題を解く場面でも積極的に図の読み書きを行おう。

＜社会解答＞ 《学校からの正答の発表はありません。》

1 問1 右図　 問2 A 黒(海)　 B アゾフ(海)

問3 (1) C キ　 D ウ　 E ア　 F エ

(2) 中国　 問4 北大西洋条約機構

問5 エストニア・ラトビア・リトアニア

問6 (例) 加盟国の1か国に対する武力攻撃を全加盟国に対する攻撃とみなすという規定があり，自国の安全保障が強化されると考えられるから。

2 問1 (1) 正倉院　 (2) 一乗谷　 (3) 保元　 (4) 新古今和歌集　 (5) 平泉

(6) 御成敗式目　 (7) 徳川吉宗　 問2 イ　 問3 ア・ウ　 問4 ア　 問5 エ

問6 ア　 問7 応仁の乱　 問8 六波羅探題　 問9 ウ　 問10 寺子屋

問11 ウ・エ

3 問1 イ　 問2 キ　 問3 (1) 配当　 (2) イ　 問4 (1) NPO　 (2) 契約

問5 ア　 問6 (例) もと空き家だったところに住むことによって，空き家問題を解決するとともに，仕事がなくて困っている人を助けることにもつながる(から。)

問7 マイクロ・クレジット　 問8 (1) 学校　 (2) エ　 問9 (1) 尊厳

(2) ウ　 問10 イ　 問11 (1) ア　 (2) エ

○推定配点○

1 問1・問6 各3点×2　 他 各1点×9(問5完答)　 2 各1点×17(問3・問11各完答)

3 問6 3点　 他 各1点×15　 計50点

＜社会解説＞

1 (総合—NATOを題材にした世界の地理，政治)

やや難 問1 冷戦期におけるソビエト連邦は，ソビエト連邦を構成していた15の共和国のうち，ロシア，エストニア，ラトビア，リトアニア，ベラルーシ，ウクライナ，モルドバによって西方のヨーロッパ諸国と接していた。

問2 A 黒海は，ヨーロッパと小アジアとの間にある地中海の付属海。南西部はボスポラス海峡，マルマラ海，ダーダネルス海峡を経て地中海に連なる。硫化物を含むので黒く見える。　 B アゾフ海は，黒海の北に位置する浅い内海。ウクライナ南東部とロシア南西部にまたがり，クリミア半島とクバン川三角州低地に囲まれている。平均水深9m，最深部でも約14mで，世界で最も浅い海といわれる。

重要 問3 C オーストラリア，ブラジル，中国が上位を占め，世界の生産量が圧倒的に多いことから鉄鉱石。　 D アメリカ合衆国が最大の生産国で，これに中国，ブラジル，アルゼンチンが次いでいることから，とうもろこし。アメリカ合衆国のとうもろこしは，食用，飼料用のほか，バイオエタノールの原料としても利用されている。　 E 中国が最大の生産国で，インド，ロシア，アメリカ合衆国，フランスが次いでいることから小麦。　 F ウクライナ，ロシアが二大生産国であることから，ひまわりの種子。ウクライナからロシアにかけて広がる黒土地帯は，世界的な畑作地帯で，小麦，とうもろこしのほか，ひまわりの栽培も盛んである。

問4 NATOは，「North Atlantic Treaty Organization」の略称で，北大西洋条約機構と訳す。

やや難 問5 2023年4月現在，NATOの加盟国は，アメリカ合衆国，イギリス，ベルギー，カナダ，デンマーク，フランス，アイスランド，イタリア，ルクセンブルク，オランダ，ノルウェー，ポルトガ

ル，ギリシャ，トルコ，ドイツ，スペイン，チェコ，ハンガリー，ポーランド，ブルガリア，エストニア，ラトビア，リトアニア，ルーマニア，スロバキア，スロベニア，アルバニア，クロアチア，モンテネグロ，北マケドニア，フィンランドの31か国。このうち，旧ソ連構成国は，エストニア，ラトビア，リトアニアの3か国。

問6　NATOは，1949年に結ばれた北大西洋条約に基づいて設立された集団的防衛機構。北大西洋条約5条は，加盟国の1か国に対する武力攻撃を全加盟国に対する攻撃とみなすと定めている。

2　（日本と世界の歴史―将棋を題材にした歴史）

基本　問1　1　正倉院は，奈良市東大寺境内にある校倉造の宝物庫。大仏殿造営（745～752年）前後に建造されたもので，聖武天皇の冥福を祈って光明皇后が寄進した天皇愛用の御物や，大仏開眼式に使用された文物などが納められている。　2　一乗谷は，越前（福井県）の戦国大名朝倉氏の居城。山城，居館，城下町からなる。分国法「朝倉孝景条々」で，家臣に城下集住が命じられたことで知られる。　3　保元の乱は，1156年（保元元年）に起こった内乱。皇室内部では崇徳上皇と後白河天皇，摂関家では藤原頼長と忠通との対立が激化し，崇徳・頼長側は源為義，後白河・忠通側は平清盛・源義朝の軍を主力として戦ったが，崇徳側は敗れ，上皇は讃岐に流された。　4　新古今和歌集は，8番目の勅撰和歌集で，八代集の最後。1205年，後鳥羽上皇の命により，藤原定家・家隆らが撰集した。歌数約1900首。情趣，技巧に富み，新古今調とよばれる新しい歌風を開いた。撰者のほか，西行，慈円，寂蓮法師らが代表的歌人。　5　平泉は，岩手県南部，一関市の北に接する町。嘉保年間（1094～96年）の藤原清衡による居館建築以降，約100年間奥州藤原氏の支配のもと平泉文化が栄え，多くの遺跡・文化財が残る。2011年，中尊寺，毛越寺などは，「平泉：仏国土（浄土）を表す建築・庭園および考古学的遺跡群」として世界文化遺産に登録された。　6　御成敗式目は，1232年に制定された鎌倉幕府の根本法で，最初の武家法。成立年号をとって「貞永式目」ともいう。3代執権北条泰時が，評定衆の三善康連らに命じて編纂させた。御家人の権利・義務や所領の訴訟などについて，源頼朝以来の慣習法・判例など武家社会の正義を平易に成文化したもので，51条から成る。　7　徳川吉宗は江戸幕府8代将軍（在位1716～45年）。享保の改革を断行し，武芸や実学の奨励，殖産興業，貨幣改鋳，公事方御定書の編纂などを通じて幕府の支配体制を補強した。また，新田開発，米価安定に尽力したことから，米将軍とよばれた。

やや難　問2　アーリア人は，中央アジアの高原地帯で遊牧生活を送っていたが，紀元前2000年ごろから南下し，紀元前1500年ごろにはインドに侵入した。アーデリーではなく，モヘンジョダロやハラッパー。ウーアーリア人たちがつくった身分制度（カースト制）で，最高位はバラモン（僧侶・司祭）。クシャトリヤはバラモンに次ぐ身分とされた。エーハンムラビは，バビロン第1王朝6代目の王。バビロン第1王朝はメソポタミアの都市バビロンを首都とした。

問3　アー火薬が史実に現れるのは宋以降で，これが元を通じて全モンゴル軍に使用され，その欧州侵入でヨーロッパに伝えられたとも，十字軍の兵士が中東から伝えたともいう。ウー紙は中国で発明され，751年のタラス川の戦いで捕虜になった中国人の中に製紙技術に通じていた者がいて，その技術がアラビアに伝わり，その後，12世紀半ばにヨーロッパに伝えられたとされる。イ・エージャガイモ，たばこはいずれも南アメリカを原産とする作物である。

問4　ビザンツ帝国は，首都コンスタンチノープルの旧称ビザンティウムにちなむ東ローマ帝国の別称。7世紀以降はイスラム勢力などの侵入により領土を縮小したが，ギリシャ正教を柱とする独自の世界を維持した。イービザンツ帝国の首都はコンスタンチノープル（現在のイスタンブール）。ウープロテスタント教会ではなく，カトリック教会。エー啓蒙思想が起こったのは17世紀末で，18世紀後半に至って全盛に達した。

やや難　問5　唐の高宗は新羅と同盟し，663年，高句麗と結んだ百済を滅ぼした。次いで高句麗の内紛に乗

じて，唐と新羅の連合軍は高句麗を攻撃し，668年には高句麗の首都平壌を陥落させた。

問6　宋(北宋)は，唐末の五代の争乱を鎮め，960年太祖趙匡胤が建国した統一王朝。1127年，金が北宋を滅ぼし，南宋となったが，1279年，元に滅ぼされた。

基本 問7　応仁の乱(1467〜77年)は，足利将軍家および管領の家柄である畠山，斯波両家の相続問題をきっかけとして起こった大乱。京都は戦乱によって焼け野原になり，貴族や僧侶は戦乱を避けて地方へ避難した。この結果，京都の洗練された文化が地方に伝播した。

問8　六波羅探題は，1221年の承久の乱の後，従来の京都守護に代わり，京都の六波羅に置かれた鎌倉幕府の出先機関。朝廷の監視と西国の御家人の統轄が主な任務。承久の乱の際，幕府軍を率いた北条泰時・時房が初代の責任者となった。

問9　江戸幕府は，1612年，幕府の直轄領に対し，キリスト教の禁教令を発布し，翌年これを全国に広げた。アは1641年，イは1635年，エは1624年。

基本 問10　寺子屋は，江戸時代，読み・書き・そろばんを教えた庶民の教育機関。牢人・神官・僧侶・医師などが教師役で，寺子(児童)は6〜13歳ごろまでで，通常20〜30人程度。教科書には『庭訓往来』，『実語教』，『童子教』などが用いられた。

問11　ウ—1943年ごろから米の調達が困難になり，不足分を大麦，小麦，雑穀，さつまいも，じゃがいもなどの代用品で埋め合わせるようになった。エ—1941年8月に金属類回収令が公布され，一般家庭などから金属製品を供出させ，軍需品にあてようとした。寺院の鐘なども回収された。ア—戦時中，新聞やラジオなどのマスメディアは，政府の厳しい統制を受け，戦況は大本営発表のものに限られた。イ—働き盛りの男性の多くが戦士として戦場に送られたので，女性も工場などに動員された。

3　(公民―企業を題材にした日本の政治，経済など)

問1　財政の大きな役割の一つに，累進課税や社会保障，雇用政策を行うことで，国内の所得の格差を減らし，国民に健康で文化的な最低限度の生活を保障することがある。ア—「経済の安定化」ではなく「資源配分の調整」。ウ—「資源の効率的な配分」ではなく，「経済(景気)の安定化」。エ—財政ではなく，市場の役割。

やや難 問2　第二次世界大戦後は積極国家観のもとで，一般に「大きな政府」が求められるようになった。しかし，イギリスに見られるように福祉政策の優先が市場経済の停滞をもたらしたため，その反省から1980年代には「小さな政府」を求めるサッチャー主義(サッチャー首相が主導した経済再生政策)が台頭した。同じころ，日本では中曽根康弘首相，アメリカ合衆国ではレーガン大統領が「小さな政府」を掲げて市場経済重視策をとった。

重要 問3　(1)　配当は，株式会社が株主に対して剰余金を分配すること。会社法105条1項1号，453条に定める。　(2)　株主は，株式会社における株式の所有者。株主総会に出席して1株につき1個の議決権を有する。株主は，会社債権者に対して直接責任は負わず，その所有する株式の引き受け金額を限度とする有限責任である。

問4　(1)　NPOは，「Nonprofit Organization」の略称。　(2)　契約は，私法上，意思表示の合致(合意)によって成立する法律行為。通常は申し込みと承諾によって成立する。

問5　保育園(保育所)は，乳幼児をあずかり，保育する施設。児童福祉法に基づいて設置される。2023年3月末まで，厚生労働省が所轄していた。

問6　文章中の「現在，日本には，差別や貧困によって住まいと仕事を持つことができない人がいる問題と，高齢化などにより空き家が増加している問題があります。」という記述に注目して考える。「タテナオシ事業」は，この2つの問題を同時に解決しようとする取り組みである。

やや難 問7　グラミン銀行は，貧困層を対象とする無担保の少額融資(マイクロ・クレジット)を専門とす

る銀行で，経済学者のムハマド・ユヌスが創立した。返済率は99％と高率。2006年にノーベル平和賞を受賞した。

重要 問8 （1） 「地方自治は民主主義の学校」はイギリスの政治学者ブライスの言葉。地方自治が住民にとって大切な政治参加の営みであり，この経験が民主主義の理解に役立ち，さらに国や中央の政治の民主主義の実現につながるとした。 （2） 地方交付税交付金は，国税収入の一定割合を，国が地方公共団体へ交付金として支給する資金。地方財政の格差を是正し，地方公共団体で等しく事務が遂行できるようにする制度で，交付金の使途は制限されない。なお，国庫支出金は，国が使途を特定して地方公共団体に公布される。ア～ウはいずれも「できない」ではなく，「できる」。

問9 （1） 個人の尊厳は，一人一人の個人の人格に最高の価値を認め，国家の役割は，個人の生命・自由及び幸福追求のための外的条件の整備であるとすること。日本国憲法の第13条は，「すべて国民は，個人として尊重される」と規定し，個人主義の原則をとっている。 （2） ウは，日本国憲法第18条で，奴隷的拘束及び苦役からの自由を規定。自由権に分類される。アは参政権，イ・エは社会権に分類される。

問10 委員会は，委員によって構成される合議制の機関。国会では，衆参両院の本会議での審議に先立ち，議案についての調査・審議を行う機関をいう。常任委員会と特別委員会があり，必要に応じて公聴会が開かれる。アー法案を提出できるのは議員，内閣のいずれか。また，予算案を提出できるのは内閣のみ。ウー衆議院が可決した法案を参議院が否決したときは，衆議院で出席議員の3分の2以上の賛成で再び可決した場合は，法律となる。なお，この場合，両院協議会の開催は任意である。エー「総議員の3分の2以上」ではなく，「出席議員の3分の2以上」。

やや難 問11 （1） 再婚禁止期間は，2016年6月の民法改正以前には，前婚の解消または取り消しの日から6か月とされていた。しかし，6か月の再婚禁止期間は不適切あるいは女性に対して不公平であるという意見が強まり，民法は，これを100日とすると改正された(民法第733条1項)。 （2） 障害者差別解消法は，2006年国連総会で採択された「障害者権利条約」を批准するための国内法整備の一環として，2013年に制定，2016年に施行された法律。行政機関などは，利用などにおいて障害者から合理的な配慮が求められた場合，過重な負担にならない限り提供しなければならないと規定した。アー男女共同参画社会基本法ではなく，男女雇用機会均等法。イー製造物責任法は，企業が製造・販売した製品の欠陥によって，消費者がけがをしたり損害を受けた場合，故意・過失の有無を問わず賠償の責任を負わせる。ウー老人福祉法ではなく，介護保険法。

―★ワンポイントアドバイス★―

NATO(北大西洋条約機構)について大問で問われた。ロシアのウクライナ侵攻を受けた出題であり，時事問題にも十分に気を配る必要がある。

＜国語解答＞　《学校からの正答の発表はありません。》

一　問一　（例）　効果的なあらゆる手段を使って達成されるべきもの。

問二　（例）　目的のない行為に没入する人間を支配することはできず，全体の利益とはならないから。　　問三　（例）　目的のない行為は認めないという傾向によって，目的達成のためには道徳的でない手段が取られるかもしれないと考えるから。

二　問一　a　頂戴　　b　濁(す)　　c　締(まった)　　d　潤(い)

問二　（例）　遠慮なく聞いてくるくせに，心配して理由を尋ねることもなく，あっさりと引き下がってしまうような態度。　　問三　（例）　日本人であることを享受しながら，オーストラリア人として認められないことを不満に思う気持ちを，アビーに甘えだと指摘されたから。　　問四　（例）　出身国や見た目のせいでマジョリティーになれないことに傷つきながら，その気持ちをお互いに共有できずに怒っているということ。

三　問一　出れば　　問二　如̒恐̓三̒畏̓我̑招̓薪̒　　問三　七言絶句

問四　起エ→承イ→転ア→結ウ　　問五　（例）　故郷から遠く離れた場所だが文句を言わず，美しい自然の中で友情を育みつつ学問に励んでほしいということ。

〇推定配点〇

一　問一・問二　各10点×2　　問三　12点　　二　問一　各2点×4　　他　各10点×3

三　問五　10点　　他　各5点×4(問四完答)　　計100点

＜国語解説＞

一　（論説文—大意・要旨，文脈把握）

問一　同じ段落の「目的という概念の本質は手段を正当化するところにある」に着目する。「手段を正当化する」は，目的を達成するための手段なら正当である，という意味になる。直後の段落の「目的のために効果的であるならばあらゆる手段が許される」などの文言をヒントに，「定義」を問われているので，「目的とは」に続くようにまとめる。

問二　傍線部②の「チェスのためにチェスをする」は，直後の文の「それ自体のために或る事柄を行なう」に相当し，目的のない行為や活動を意味する。また，傍線部②の直前に「決定的に重要な一節」とあるので，その前の「全体的支配は」で始まるアーレントの言葉にも着目する。「全体主義の支配者にとっては，チェスも芸術も……人間は一つの事柄に没入しきっており，まさにそれゆえに完全には支配し得ない状態にある」とあり，ここから，全体の利益を優先する「全体主義」においては，目的のない行為や活動に没入する人間は支配できないからという理由を読み取る。

やや難　問三　傍線部③の「もともと現代社会に内在していて，しかも支配的になりつつあった傾向」とは，冒頭の段落に記されている「不要不急と名指されたものを排除するのを厭わない……あらゆる行為はその目的と一致していて，そこからずれることがあってはならない」とする「傾向」である。この「傾向」について，「目的として」で始まるアーレントの言葉に「目的として定められたある事柄を追求するためには，効果的でありさえすれば，すべての手段が許され，正当化される。こういう考え方を追求してゆけば，最後にはどんなに恐るべき結果が生まれるか」とあり，筆者もアーレントと同じ「危機感」を抱いていると推察できる。この「恐るべき結果」の内容を探る。「非常に印象的で」で始まる段落に，「手段の正当化を回避する」ためには「強い道徳的信念が必要」とあり，日本の現代社会においても目的達成のためには道徳的でない手段を取られるのではないかと筆者は危機感を抱いているとわかる。

二 （小説―主題・表題，情景・心情，文脈把握，漢字の読み書き）

問一　a　もらうという意味の謙譲語。「戴」を使った熟語には，他に「戴冠」「不倶戴天」などがある。　b　音読みは「ダク」で，「濁音」「清濁」などの熟語がある。　c　音読みは「テイ」で，「締結」などの熟語がある。　d　他の訓読みに「うる（む）」がある。。

問二　冒頭の段落でアビーを「予測不能な相手」としていることを確認したうえで，アビーと「僕」のやり取りに着目する。まず，傍線部①の直後「なんでも直球でくる」は，「このあいだの打ち上げパーティ，どうして来なかったの？」と，アビーが「僕」にいきなり尋ねたことを表している。「僕」はパーティの日に人種に関する苦い出来事があったので，アビーの問いかけに対し「いや，なんとなく」「ちょっと，いろいろ」と言葉を濁した後，「……ほっといてくれよ」と突き放している。この様子からは，アビーに何があったのかと心配してほしいという「僕」の甘えが読み取れる。「僕」の甘えに対し，アビーは「OK」とあっさり引き下がっており，このアビーの態度を，遠慮なく聞いてくるくせに心配して理由を尋ねることもなく，あっさり引き下がるような態度，などとまとめる。無意識下ではあるが，「僕」の心配してほしいという甘えが受け入れられなかったことが，「これだからイヤなんだ」だという心情に通じることも押さえる。

問三　傍線部②に「自分の弱点を一気に引き摺り出されたような」とあるので，「僕」が「自分の弱点」と感じていることを考える。きっかけは直前のアビーの言葉なので，直前の「日本だったら，誰でも知ってるじゃない？……よその国でまるで自分の国みたいに生きていけるじゃない？この国に飼い慣らされて，この国の人間みたいに振る舞って，そんなにオージーになりたいの？コソコソ隠してるのは，あなたの方よ！」に着目する。このアビーの言葉から，日本人でありながらいつの間にかオーストラリア人のようにふるまい，それでも見た目のせいでオーストラリア人として認められないと不満に思っていたことが「僕」の「弱点」だと読み取れる。この「弱点」を具体的に述べて，自分でも気づいていなかった「弱点」をアビーに指摘されたから，という形でまとめる。傍線部②の直後で，「僕」は「だったら，きみはその逆だ！」と反論し，見た目が白人のようなアビーは，オーストラリア人として周囲から認められていると続けていることもヒントになる。

やや難　問四　傍線部③の「あれ」は，「『白人』のわたしよりも，見た目で簡単にわかってもらえる『エイジアン』のあなたの方がずっと得してるんじゃない!?」と喚くアビーの姿を指し示している。前の「アルメニアなんて，誰も知らない！わたしたちの言葉もカルチャーも……特殊で絶滅危惧種！」や「日本人なんて，ここじゃチヤホヤされているじゃない！日本人なんて立派なマジョリティー！これ以上あまやかされたいの？」などの言葉から，出身国のせいでマジョリティーにはなれないアビーの苦痛と怒りが読み取れる。一方，傍線部③の一つ前の文「火傷の痕がズキズキする」は，アンザック・デーに「僕」が日本人の「見た目」のせいで絡まれたことに対する苦痛と怒りを表現している。傍線部③は，マジョリティーにはなれない苦痛と怒りを持つ点でアビーと「僕」は同じだ，と述べているので，出身国のせいでマジョリティーにはなれないアビーと同じように，見た目のせいでマジョリティーにはなれない「僕」も傷つき怒っているということをまとめる。二人は同じ苦痛と怒りを感じながらも，気持ちを通じ合わせられないでいることも読み取りたい。

三 （漢文―主題・表題，文脈把握，返り点・書き下し文）

〈口語訳〉　桂林荘で心に浮かんだことを詠み塾生たちに示す

語ることは止めなさい　異教の地では苦労が多いと

一つの綿入れを共有するような親友がいる　自然と仲良くなっただろう

柴の門を明け方に出れば，霜が雪のように降りている

君は川の流れから水を汲め　私は薪を拾おう

基本 問一　(注)を参考にする。柴でできた粗末な門を「出づれば」と考え，現代語に改める。

基本 問二　「君」を読んだ後，「川流」を一・二点ではさみ，「汲」に返る。「我」を読んだ後，「薪」を「拾」の先に読むので，「拾」にレ点をつける。

基本 問三　一句が七言なので「七言」。四句からなるので「絶句」。

問四　「起」はうたい起こしなので，場面と人物を紹介するエ。「承」は「起」を受けて発展させているイ。「転」は内容を一転させるので，「諸国大名」とあるア。「結」は，「糸屋の娘」の「諸国大名」との共通点を述べてまとめるウ。

重要 問五　詩は，ここは故郷から遠く離れた場所だが苦労していると言うのはやめよう，ここには親友と，美しい自然の中での生活があるではないか，という内容である。

★ワンポイントアドバイス★

解答はよく練り上げる必要のあるものが多い。確実に得点できるものをしっかりおさえた上で，十分な時間をかけて解答を練り上げよう。

大切なことはメモしておこうネ!

2023年度

★★★★★★★★★★★★★★★★★★★★★★

入 試 問 題

2023
年
度

2023年度

開成高等学校入試問題

【数　学】（60分）　　＜満点：100点＞

【注意】 答案は指定された場所にかき，考え方や計算の過程がはっきりとわかるように心がけること（特に指示がある場合を除く）。

1. 解答する際に利用した図はなるべくていねいにかくこと。
2. 問題文中に特に断りのない限り，答えの根号の中はできるだけ簡単な数にし，分母に根号がない形で表すこと。
3. 円周率は π を用いること。
4. 試験中，机の上に置けるのは次のものだけです。これ以外の物品を置いてはいけません。
   - ・黒しんの鉛筆またはシャープペンシル
   - ・消しゴム　　・コンパス
   - ・直定規　　・三角定規一組（10cm程度の目盛り付き）
   - ・時計　　・メガネ

   筆箱も机の上には置けませんので，カバンの中にしまってください。

---

1 以下の問いに答えよ。

袋の中に $1，2，3，4，5，6，7，8$ と書かれたカードが 1 枚ずつ，あわせて 8 枚入っている。この袋からカードを 1 枚取り出して書かれた数字を確認して戻すという操作を 2 回行う。1 回目に取り出したカードに書かれた数と 2 回目に取り出したカードに書かれた数の積を M とおく。

(1) M が 2 の累乗となるような取り出し方は何通りあるか。

(2) M が 2 の累乗と 3 の累乗の積となるような取り出し方は何通りあるか。

(3) M が 1 つの素数の累乗となるような取り出し方は何通りあるか。

ただし累乗とは同じ数をいくつかかけたものである。例えば 2 の累乗とは $2^2，2^3，\cdots$ のことである。ここでは 2 自身も 2 の累乗と考えることにする。

---

2 角 B が直角である三角形 ABC がある。角 BAC の二等分線と辺 BC の交点を P とおく。

(1) 三角形の面積の公式が $\frac{1}{2} \times$ （底辺）$\times$（高さ）であることを利用して，AB：AC＝BP：CP を証明せよ。

(2) $AB = 2\sqrt{2}$，$BP = 1$ であるとき，次の問いに答えよ。

 (i) AC，PC の長さをそれぞれ求めよ。

 (ii) 三角形 PAB，三角形 PAC の内接円の半径の比を求めよ。

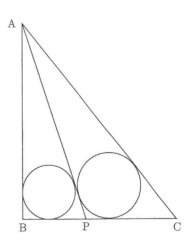

3   n 個の異なる自然数で

『すべての数の和と，すべての数の積が等しい』 … （＊）

を満たすものを求めてみよう。

(i) $n = 2$ のとき

（＊）を満たす 2 個の異なる自然数を x, y （ただし $x < y$）とすると，これらは方程式 $x + y = xy$ を満たしている。両辺を xy で割ると $\dfrac{1}{y} + \dfrac{1}{x} = 1$ である。

$x < y$ より，$\dfrac{1}{x}$ [①] $\dfrac{1}{y}$ であり，$\dfrac{1}{y} + \dfrac{1}{x} = 1$ でもあるので，$\dfrac{1}{x}$ [②] $\dfrac{1}{2}$ がわかる。

よって，x の範囲を考えると $x =$ （ ⓐ ）となり，$\dfrac{1}{y} + \dfrac{1}{x} = 1$ を満たす y は存在しない。

ゆえに，（＊）を満たす 2 個の異なる自然数は存在しない。

(ii) $n = 3$ のとき

（＊）を満たす 3 個の異なる自然数を x, y, z （ただし $x < y < z$）とすると，これらは方程式 $x + y + z = xyz$ を満たしている。両辺を xyz で割ると $\dfrac{1}{yz} + \dfrac{1}{zx} + \dfrac{1}{xy} = 1$ である。

yz, zx, xy の大小を不等式で表すと （ ⓑ ）<（ ⓒ ）<（ ⓓ ）となるので，$\dfrac{1}{yz}, \dfrac{1}{zx}, \dfrac{1}{xy}$ の大小は （ ⓔ ）<（ ⓕ ）<（ ⓖ ）となる。ゆえに(i)と同様に考えると （ ⓖ ）[③] $\dfrac{1}{3}$ となり，x, y の範囲を考えると $(x, y, z) = ((ⓗ), (ⓘ), (ⓙ))$ である。

(iii) $n \geqq 4$ のとき

（＊）を満たす n 個の異なる自然数について，(i), (ii)と同様に考えると，

$$\frac{(n \text{ 個の自然数のうち，最大の数})}{(n \text{ 個の自然数の積})} > \frac{1}{n}$$

となる。このことと $n \geqq 4$ から，不等式

$$1 \times 2 \times (n - 1) < n \cdots ㋐$$

が成り立つ。

ところが，㋐を満たす n の範囲を求めると $n <$（ ⓚ ）となり，$n \geqq 4$ では成り立たない。ゆえに，（＊）を満たす n 個の異なる自然数は存在しない。

(1)   （ ）内のⓐ～ⓚに入る適切な数や式，[ ] 内の①～③に入る適切な不等号を答えよ。

(2)   不等式㋐が成り立つ理由を説明せよ。

4　平面Pと1辺の長さが2の立方体ABCD−EFGHがある。平面Pとその立方体は頂点Gだけを共有し，対角線AGは平面Pと垂直である。対角線AG上に点Iを，角AIBが直角となるようにとる。このとき，角AIDも角AIEも直角である。

(1)　BIの長さを求めよ。

(2)　角BIDの大きさを求めよ。

(3)　平面P上に4点S，T，U，Vを，それぞれBS，CT，HU，EVが平面Pと垂直になるようにとる。四角形STUVの面積を求めよ。

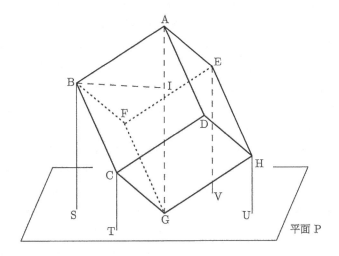

【英　語】（50分）　　＜満点：100点＞　　　※リスニングテストの音声は弊社HPにアクセスの上，
音声データをダウンロードしてご利用ください。

【注意】　１．試験開始後約20分経過してから，聴き取り問題（約15分間）を実施します。
　　　　　２．短縮形は１語と数えるものとします。［例：I am（２語）　I'm（１語）］

1 次の英文を読み，後の問いに答えなさい。

When I was little, I wanted a dog (A) so I could have a special friend (B) to play with.

I wanted someone who would sympathize* with me when the adults ganged up and treated* me unfairly, especially when they would not give me my way.

Finally, my mother allowed me to get a mixed puppy that I could not stop cuddling and stroking*. I spoke to Glen (that was his name) as if he and I were one. For the first time in my short life, I experienced what it was (C) like to care for someone more than myself.

When I think back to that time, I can now appreciate that special, almost spiritual, feeling that a dog can produce in two members of different species. Neither can speak to the other: they cannot talk about their day, what are their favorite colors, movies, taste in clothes, politics, etc., but something happens when, for example, you are feeling low and your dog comes up and simply sits beside you. Something is released inside and you don't feel so alone. Your first instinct* is to stroke his head or back. The dog always responds, and (1) your troubles are eased, if not solved.

Glen was suddenly not there one day and (2) I was beside myself. My mother explained that because he was so special, he had been selected from hundreds of other dogs to be trained by the army to help rescue miners who had been buried in a mine collapse*. This was, of course, not true. Glen, in fact, had to be (3) put down because he had distemper* that was causing him to be very ill.

As the weeks went on, I gradually accepted that Glen was not coming back, but it left a memory in my heart that was only eased by getting another dog many years later.

Frizby was his name; he was a Bearded Collie*. Isobel, my wife, gave him to me for a Christmas present, and he was easily the best present I have ever had. He gradually grew into a friend who, due to some strange inner clock, knew when it was nine o'clock at night and had to be given his walk in all kinds of weather, staring resolutely* at me until I (4) relented and headed for the door. (5) He jumped all over me and barked with joy at [ア　both about to　イ　of the adventure ウ　share　エ　the opportunity　オ　we were] in.

I gave him a home, food and walks, and Frizby gave me joy just by being there. When I came home, I could hear his (6)[ア　excited　イ　exciting] bark before I was out the car door. When I opened the front door, he ran around me at least three times, then jumped up until I got down on my knees for a wrestling game. Then, he brought me a tugging toy* for our next game. It would always end with his front paws* on my shoulders as we had a final hug before Isobel fed the both of us.

Isobel got the same treatment when she came into the house, but she showed no interest in the wrestling game, and Frizby had to make do with* a toy being thrown, which he was supposed to bring back. It was, however, Isobel who had the patience* to teach him every trick he knew.

As the years went by, it became quite clear that our beloved friend was suffering from arthritis* and would have to be released from his pain.

I gave him his last ride in the car to the vet. He went away very peacefully, and it broke my heart that I would never feel his warmth or see his head cock* to the one side, looking as if he was trying to understand what I was going to say. I will never ever forget the experience of having him in our lives.

Glen and Frizby gave me proof that (7) there exists in dogs a natural ability that produces a need in most humans to care for another species [ア any material イ being ウ expected エ reward オ without]. Throughout history, mankind has been cruel and heartless, but how much (8)[ア bad イ worse] would we be without our friend, the dog?

(注) sympathize 同情する gang up and ~ 寄ってたかって~する
cuddle and stroke 抱きしめ, やさしくなでる instinct 本能, 自然の衝動
be buried in a mine collapse 鉱山の崩落で生き埋めになる
distemper ジステンパー（犬の急性伝染病） Bearded Collie ビアデッドコリー（英国産牧羊犬）
resolutely 強い決意で tugging toy 犬がかんで引っ張って遊ぶおもちゃ front paw 前足
make do with ~ ~で間に合わせる・我慢する patience 辛抱強さ arthritis 関節炎
cock （頭が）傾く

問1 下線部(A)～(C)と最も用法の近いものを含む英文をそれぞれ1つ選び，記号で答えなさい。

(A) ア I think so, too.
イ My house is not so large as my cousin's.
ウ He has a high fever, so he can't come to the party.
エ Would you please speak louder so that I may hear you?

(B) ア I like to play in the park.
イ This river is too dangerous to play in.
ウ Her father built her a large room to play in.
エ The children looked very happy to play a lot.

(C) ア I'll come with you, if you like.
イ I like to go for a jog on Sundays.
ウ I love your eyes. They are like stars.
エ Children should go to school, like it or not.

問2　下線部(1)を和訳しなさい。

問3　文脈より判断して，下線部(2)，(4)が表す意味として最も適切なものをそれぞれ１つ選び，記号で答えなさい。

(2)　ア　僕は取り乱した

　　　イ　僕は冷静になった

　　　ウ　僕は有頂天になった

　　　エ　僕はどうでもよいと思った

(4)　ア　きっぱり断った

　　　イ　たいそう後悔した

　　　ウ　仕方がないと応じた

　　　エ　何事もなかったと安心した

問4　下線部(3)と同じ結果につながる別の英語表現を，最後の３つの段落内から抜き出して答えなさい。

問5　下線部(5)，(7)の [ ] 内の語（句）を並べ替え，最も適切な表現を完成するとき，それぞれ [ ] 内で２番目と４番目にくるものを記号で答えなさい。

問6　下線部(6)，(8)の [ ] においてそれぞれ適切な語を選び，記号で答えなさい。

問7　本文の内容と一致するものを３つ選び，記号で答えなさい。

ア　The author was such a good boy in his early years that he had never been treated unfairly by his parents.

イ　Even if neither Glen nor the author could talk about their day with each other, the author felt less lonely when Glen came up to sit beside him.

ウ　Glen disappeared from the author's side in order to help rescue people who had been buried in a mine collapse.

エ　The author got over his sadness quickly and easily after the loss of Glen.

オ　Frizby looked forward to going for a walk at night every day.

カ　The author almost always made meals for the whole family.

キ　Frizby, the author and Isobel often enjoyed the wrestling game together.

ク　The author believes that owning a dog can motivate people to care for something more than him or herself.

2　次の英文を読み，後の問いに答えなさい。

Almost all children acquire* a language (1a) effort. In many parts of the world, children grow (1b) speaking two or more languages. And if young children move to a new country and go to school there, (2) they seem to 'pick up' the new language with unbelievable ease.

Language acquisition seems to be almost guaranteed* for children up to about the age of six. They seem to be able to learn languages easily. They are also capable (1c) forgetting a language just as easily. It is almost as if they can put (1d) and take (1e) different languages like items of clothing! However, this ease of acquisition becomes gradually less noticeable as children move towards their teenage years, and after that, language acquisition is much more difficult.

Acquisition here describes the way in which people 'get' language with no real conscious effort – in other words, without thinking about grammar or vocabulary, or worrying about which bits of language go where. When children start making sounds in their mother tongue at around the age of two, (3) we do not expect them to study it; we expect to just watch it come out, first at the level of one-word utterances*, then two-word utterances, (4) until the phrases and sentences they use gradually become [as / complex / grow / older / more / they].

(5) In order for acquisition to take place, some conditions need to be met. In the first place, the children need to hear a lot of language. Such exposure is very important. Secondly, it is clear that the kind of the language they hear matters, too. When parents talk to their children, they simplify what they say, both consciously and unconsciously. They don't use complex sentences, or technical vocabulary; they use language which fits the situation, roughly tuning what they say to match the child's age and situation. Parents' language is marked by other features, too. (6) They often change the intonation they use so that their voices sound higher and more enthusiastic* than they would if they were talking to friends.

During childhood we get a large amount of such language exposure. In addition, most of the language we hear – especially from our parents – is given to us in typical social and emotional communications so that as we hear language, (7) we also hear the ways in which that language is used. Finally, children have a strong motivational urge* to communicate in order to be fed and understood. Together with their parents (and later other adults) they make language together. And then they try it out and use it. This 'trying out' is shown by the way children repeat words and phrases, talk to themselves and generally play with language. But in the end it is their desire* to communicate needs, wants and feelings that seems to (8) most. And throughout childhood and beyond, most people have a great many opportunities and reasons to use the language they have been acquiring.

It sounds, then, as if three features need to be present in order for children to acquire a language: exposure to it, motivation to communicate with it and opportunities to use it.

（注） acquire 身につける　　guarantee 保証する　　utterance 発話　　enthusiastic 気持ちがこもった
　　　urge 欲求　　desire 強い気持ち

問1　空所（1a）～（1e）に入る最も適切なものをそれぞれ1つ選び，記号で答えなさい。ただし，各選択肢の使用は1回限りとする。

　　ア　down　　イ　of　　ウ　off　　エ　on　　オ　up　　カ　without

問2　下線部(2)はどのような意味か，最も適切なものを1つ選び，記号で答えなさい。

　　ア　It seems that young children can remember their mother tongue easily.

イ It seems that young children have very little trouble learning another language.

ウ It seems that children need more time than adults to acquire their second language.

エ It seems that young children are able to create new languages easily themselves.

問3 下線(3)はどのような意味か，最も適切なものを1つ選び，記号で答えなさい。

ア Acquiring languages is difficult, so adults must wait for children to start speaking their mother tongue.

イ Parents feel that their children should not study a new language but should go out and play instead.

ウ People understand that first languages are learned by children naturally and without much thought or care.

エ Parents should not make their children study a second language but should let them decide when to start doing so.

問4 下線部(4)の [ ] 内の語を並べ替え，最も適切な表現を完成させなさい。解答欄には [ ] 内のみを書きなさい。

問5 下線部(5)を和訳しなさい。

問6 下線部(6)の4つの they (They)のうち，指しているものが異なるものを1つ選び，記号で答えなさい。

ア 1番目　イ 2番目　ウ 3番目　エ 4番目

問7 下線部(7)はどのような意味か，最も適切なものを1つ選び，記号で答えなさい。

ア We mostly focus on how children express their feelings and less on what is being said by them.

イ When children speak, parents look at facial expressions to help them understand the child's needs.

ウ Children learn how to communicate by paying attention to both what is said and how it is being said.

エ In many social situations, children may have trouble understanding what someone is asking them to do.

問8 空所（8）に，直前の段落で使われている語を文脈に合う形にして入れるとき，空所に入る最も適切な1語を答えなさい。

問9 本文の内容と一致するものを2つ選び，記号で答えなさい。

ア Young children often notice that acquiring a new language is difficult until their teenage years.

イ Focusing on vocabulary and grammar may not be how we get our mother tongue, but it is the fastest way to learn another language.

ウ Children start trying to speak because they want their parents to understand what they need.

エ　Parents talk to their children in a low voice because they want to help them feel relaxed and make it easier for them to understand.

オ　Adults often have a hard time with new languages because they do not have many chances to use them in their daily lives.

カ　It seems children can get a language quite easily until the age of six, but they may fail to do so if they do not hear it often.

3　次のうち，文法・語法上誤りのないものを 2 つ選び，記号で答えなさい。

ア　This is everything what I know.

イ　Let's discuss the problem over a cup of tea.

ウ　Tokyo is one of the largest city in the world.

エ　He helped my homework, so I was able to hand it in on time.

オ　I have been there three times when I was in elementary school.

カ　The number of tourists visiting Japan have been increasing recently.

キ　A : Do you mind if I ask you some questions?
　　B : No.　I'll be happy to answer them.

ク　A : I need your help.　Can you let me know when you are convenient?
　　B : I'm okay now.　What do you need?

4　次の各組の英文の空所に入る同じつづりの 1 語を答えなさい。

(1) Please turn (　　) at the second traffic light.
　　Has Richard (　　) for school yet?

(2) I (　　) the story very interesting.
　　He is collecting money to (　　) a company.

(3) Did you hear that?　I think I heard the phone (　　).
　　I'm going to buy a wedding (　　) for my fiancée.

(4) The (　　) of the United States of America is Washington D.C.
　　Make sure you start your sentences with (　　) letters.

5　次の各組の英文がほぼ同じ内容になるように，空所に入る最も適切な 1 語をそれぞれ答えなさい。

(1) It was kind of him to show me the way.
　　He was kind (　　)(　　) show me the way.

(2) Ten years have passed since my grandfather died.
　　My grandfather has (　　) (　　) (　　) ten years.

(3) Both my sister and I have played the piano for many years.
　　My sister has played the piano for many years and (　　) (　　) I.

(4) He said to me yesterday, "I am studying math now."
　　He told me yesterday that (　　) (　　) studying math (　　).

6 （聴き取り問題）

Part A

You will hear a conversation between two English teachers talking about winter vacation.　Listen carefully and answer the questions below.

1．How did Mr. Smith travel to Aomori?

A　He drove his car.　　　B　He rode a bus.

C　He took an airplane.　　D　He went by train.

2．How many museums did Mr. Smith visit?

A　One.　　B　Two.　　C　Three.　　D　Four.

3．What did Mr. Smith do on Wednesday?

A　He drove to a famous temple.　　B　He took a hot bath at his hotel.

C　He visited a gift shop.　　D　He went to a fish market.

4．If Mr. Smith visits Aomori again, what is he likely to do?

A　Take a flight there but visit in a different season.

B　Go next winter and visit more of the onsen.

C　Take the shinkansen but stay in a cheaper hotel.

D　Stay somewhere outside the city and go to an apple farm.

Part B

You will hear a teacher giving instructions about new clubs.　Your notes and a calendar are below.　You have 20 seconds to prepare.　Start preparing now.

Notes for Starting a Club (April 15)
● Write a "New Club" plan
✓ Club name
✓ Advisers (Need 2 teachers!)
✓ Officers (Need president & VP!)
✓ List of club members
--Need [A] students <u>in all</u>
✓ Days & meeting place
✓ Reason for the club
● Turn in by May [B] !!

May						2023
Sun	Mon	Tue	Wed	Thu	Fri	Sat
	1	2	3	4	5	6
7	8	9	10	11	12	13
14	15	16	17	18	19	20
21	22	23	24	25	26	27
28	29	30	31			

1．What does the teacher suggest about club advisers?

A　Share your plan with them.

B　Start looking early.

C　Talk to them again next month.

D　Write their names last.

2．Complete your notes by writing in <u>a number</u> for ［ A ］ on your answer sheet.

3．Complete your notes by writing in <u>a date</u> for ［ B ］ on your answer sheet.

4．Why does the teacher mention October?

  A　He has to check the plans again.

  B　He will need the latest club information.

  C　New members can join at that time.

  D　There will be a second opportunity to start a club.

Part C

You will hear the beginning of a presentation.　Listen carefully and answer the questions below.

1．Why does the presenter mention "food waste"?

  A　To describe an environmental problem.

  B　To give an example of successful recycling.

  C　To help explain what wastewater is.

  D　To show how it is similar to wastewater.

2．According to the presenter, what is one good thing about wastewater?

  A　It can be used by factories to make products like paper.

  B　It does less damage to the environment than food waste.

  C　People can waste less of it at home by changing daily habits.

  D　We can use it again after removing pollution from it.

3．If the UN plan is successful, about how much wastewater will be treated in 2030?

  A　30 percent.　　B　50 percent.　　C　65 percent.　　D　70 percent.

4．Based on what you have heard, what is the best title for this presentation?

  A　How We Make Dirty Water Clean

  B　Reducing Food and Water Waste

  C　The Many Uses of Wastewater

  D　The UN's Plan for Safer Water

【理　科】（40分）　＜満点：50点＞

1　炭酸水素ナトリウムを試験管に入れて加熱したときに生じる物質を調べた。図1のような実験装置で加熱し，発生した気体を石灰水に通したところ，石灰水が白くにごった。さらに，十分に加熱したところ，加熱した試験管の口のあたりには液体がついており，底の部分には粉末が残っていた。ここでは，この粉末を物質Xとする。この実験について，以下の問いに答えよ。

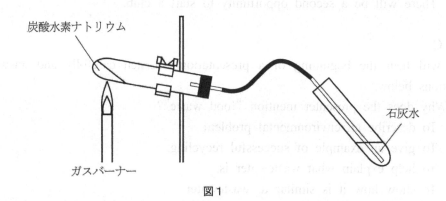

図1

問1　この実験で石灰水を白くにごらせた気体と同じ気体が発生する反応を，次のア～オの中から**すべて選び**，記号で答えよ。

ア　酸化銀を加熱する。

イ　うすい過酸化水素水に二酸化マンガンを加える。

ウ　石灰石にうすい塩酸を加える。

エ　炭酸水素ナトリウムにうすい塩酸を加える。

オ　亜鉛にうすい塩酸を加える。

問2　加熱した試験管の口のあたりについていた液体を，塩化コバルト紙を用いて調べた。このことに関する次の文の空欄（あ）～（う）に適切な語句または物質名を答えよ。

　　液体を塩化コバルト紙につけたところ，（　あ　）色から（　い　）色に変化したことから，この液体は（　う　）であることが分かる。

問3　加熱前の炭酸水素ナトリウムと加熱後に残った物質Xは，ともに白色で粉末状の物質であり，見た目では区別できない。そこで，両者を区別するために行った実験の結果を正しく記述した文を，次のア～エの中から1つ選び，記号で答えよ。

ア　それぞれを同じ質量だけ試験管にとり，純水を少量加えてからフェノールフタレイン溶液を加えたところ，炭酸水素ナトリウムの方が濃い赤色になった。

イ　それぞれを同じ質量だけ試験管にとり，純水を少量加えてからBTB溶液を加えたところ，炭酸水素ナトリウムの方が濃い黄色になった。

ウ　それぞれを同じ質量だけ試験管にとり，同じ体積の純水を加えて混ぜたところ，炭酸水素ナトリウムの方が溶けにくかった。

エ　それぞれの臭いを調べると，加熱前の炭酸水素ナトリウムは無臭だが，加熱後に残った物質Xは刺激臭がした。

問4　この実験で起こる反応を化学反応式で表せ。ただし，文字と数字の大きさを**例**のように明確に区別して書くこと。

例 $2Ag_2O$

　物質を構成する原子1個の質量は非常に小さいが，原子1個の質量を比較して簡単な整数比で表すと，次の**表1**のようになる。ただし，これらの原子が結合して物質をつくるとき，結合する前後で質量の総和は変化しないものとする。

表1　原子1個の質量の整数比

H	C	O	Na
1	12	16	23

問5　二酸化炭素分子1個と水分子1個の質量の比を，最も簡単な整数の比で表せ。

問6　この実験で炭酸水素ナトリウム2.0 g を用いて実験を行ったとする。炭酸水素ナトリウムがすべて反応したとすると，反応後に物質Xは何 g 生じるか。問4の化学反応式と**表1**の値を参考にして，小数第1位まで求めよ。

2　Ⅰ　火山灰 a，b に含まれている鉱物について，形や色を手掛かりに種類を調べたところ，含まれる鉱物の大半は火山灰や火成岩中によくみられるもので，表1のA～Eのいずれかであった。含まれていることが確認できた鉱物は表1で○がつけられている。以下の問いに答えよ。

表1　火山灰 a，b に含まれる鉱物

鉱物	形	色	火山灰 a	火山灰 b
A	不規則	無色・白色	○	
B	柱状・短冊状	白色・うす桃色	○	○
C	板状・六角形	黒色～褐色	○	
D	短い柱状・短冊状	緑色～褐色		○
E	丸みのある粒状	黄緑色～褐色		○

問1　チョウ石はどれか。A～Eの記号で答えよ。

問2　鉱物Cの名称を答えよ。

問3　次の文中の空欄（あ），（い）に当てはまる a，b の記号を答えよ。ただし，同じ記号を選んでも構わない。

　　火山灰 a と火山灰 b を噴出させた火山を比較すると，傾斜が相対的に急なのは火山灰（　あ　）を噴出させた火山で，噴火が相対的におだやかなのは火山灰（　い　）を噴出させた火山である。

問4　次のページの**図1**は1707年に富士山が噴火した際（宝永噴火）に堆積した火山灰層の厚さの分布を示したものである。日本の火山ではこのような分布になることが多いが，その原因となっ

ている風の名称を答えよ。

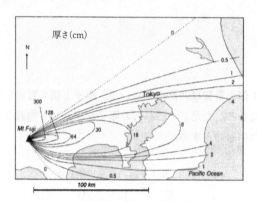

図1 宝永噴火による火山灰層の厚さ
（『富士火山』，山梨県環境科学研究所，2007）

問5 採取してきた火山灰に含まれる鉱物を観察するために，準備段階で蒸発皿を使うことが多い。このとき蒸発皿を使って何をするか，次の**ア～エ**の中から1つ選び，記号で答えよ。

ア 採取してきた火山灰は湿っている場合が多いので，加熱してまず乾燥させる。

イ 加熱と冷却による膨張と収縮を繰り返すことで，火山灰を細かく砕く。

ウ 水を加えてこねることで細かい粒子を洗い流してから，加熱して乾燥させる。

エ 水を加えて火山灰に含まれる塩化ナトリウムなどを溶かして取り除く。

Ⅱ ある日，東京で月と金星が非常に接近して見えていた。このとき金星を望遠鏡で見ると，ちょうど半月型で，肉眼で見た場合の左下側が光っていた。以下の問いに答えよ。

問6 このとき，月と金星が見えた時間帯と見えたおよその方向の組み合わせとして最も適当なものを，次の**ア～エ**の中から1つ選び，記号で答えよ。

ア 日没後，東　　**イ** 日没後，西　　**ウ** 日の出前，東　　**エ** 日の出前，西

問7 このときの月の形として最も適当なものを，次の**ア～ク**の中から1つ選び，記号で答えよ。なお，**ア～ク**はその月が真南を通過するときの形で示してある。

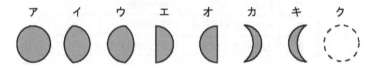

問8 地球と金星が太陽を中心に円軌道で公転しており，金星の軌道半径が地球の軌道半径の0.70倍だったとすると，金星の見かけの直径が最大になるときは最小のときの何倍か。答えは小数第1位まで求めよ。

なお，見かけの直径は**図2**のように角度で表さ

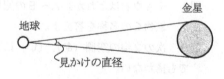

図2 地球から見た金星の見かけの直径

れ，観測地点からの距離に反比例するものとする。また，欠けている場合は見えていない部分も含めて直径を考えるものとする。

問9　金星が光って見えるのは太陽光を反射しているからである。金星の反射率は0.8であり，入射した太陽光の全エネルギーの8割が反射され，残りは金星の大気や地面に吸収されている。もし金星の反射率が地球の反射率と同じ0.3になったとすると，地球から見た金星の明るさと，金星の気温はどうなると考えられるか。最も適当なものを，次の**ア～エ**の中から1つ選び，記号で答えよ。なお，明るさは金星，地球，太陽が同じ位置関係のときに比較し，金星の大気組成や大気の量など，反射率以外の条件は変化しないものとする。

ア　明るく見えるようになり，金星の気温は高くなる。

イ　明るく見えるようになり，金星の気温は低くなる。

ウ　暗く見えるようになり，金星の気温は高くなる。

エ　暗く見えるようになり，金星の気温は低くなる。

3　我々が生活する地球表面近くでの空気や水の圧力について考える。標高0mにおける，空気の密度を$1.20kg／m^3$（$＝0.00120g／cm^3$），水の密度を$1.00g／cm^3$，質量100gの物体が受ける重力の大きさを1.00Nとする。

　標高0mにある実験室で，水そうに水を入れ，内側の断面積が$30.0cm^2$の円筒の下端に，質量120gで面積$40.0cm^2$の薄い円板をすき間なく接触させ，円板を手で押さえて，円板が水平になるように保ったまま沈めた。**図1**のように，水そうの水面から円板までの深さが20.0cmのときは，円板から手を離しても円板は円筒から離れなかった。水そうの水面と同じ高さでのデジタル気圧計の表示は1013hPaであった。**図1**のときについて，**問1**～**問5**に答えよ。

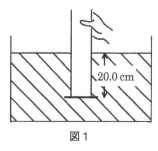

図1

問1　水そうの水面から深さ20.0cmの位置で円板の下面が受ける圧力は何hPaになるか。

問2　円板の下面が受ける力の大きさは何Nになるか。

問3　水そうの水面での大気圧と，円筒内部の円板上面での大気圧の差は何hPaになるか。

問4　円板上面での大気圧を求めるとき，**問3**で求めた差を水そうの水面の大気圧に加えても意味がない。その理由として最も適するものを，次の**ア～ウ**の中から1つ選び，記号で答えよ。

ア　同じ高さの大気圧は上向きも下向きも同じ大きさだから。

イ　空気の密度は水の密度よりも大きいから。

ウ　使用したデジタル気圧計の表示は1013hPaであり，1013.000hPaではないから。

問5　円板が円筒の下端から受ける力の大きさは何Nになるか。

　次に，**図1**の状態から，円板が水平になるように保ったまま円筒を少しずつ持ち上げると，円板が円筒の下端から離れた。**問6**に答えよ。

問6　円板が円筒の下端から離れるのは，水そうの水面から円板までの深さが何cmのときか。

　問4のように，実験室内の高低差では大気圧の差は考慮されないことが多い。しかし，標高3000mの山の山頂における大気圧を考えるときは，標高0mの大気圧との差が無視できない。標高0m，3000mの大気圧をそれぞれ1013hPa，713hPaとして，**問7**に答えよ。ただし，標高3000mでも質量100gの物体の受ける重力の大きさは1.00Nとする。

問7　標高0mから標高3000mまでの空気の平均密度は何$kg／m^3$か。

4 ヒトの体は多数の細胞で構成されており，体重の約70％は液体成分が占めている。この液体成分は，細胞内に含まれる細胞液と細胞の周りを流れる体液とに分けられる。このうち，体液は，さらに血液，組織液，リンパ液に分けられる。

問1 体液の循環を説明した次の文の空欄（あ）～（う）に適切な語句を答えよ。

血管内部から血管壁を通って浸み出した液体は（ あ ）液とよばれる。（ あ ）液の多くは役割を果たしながら（ い ）管に戻る。戻らずに残った液体は（ う ）管に移動し，（ う ）液とよばれるようになる。（ う ）液は最終的に（ い ）管に戻る。

問2 血液に含まれ組織液に含まれないものを，次のア～エの中から1つ選び，記号で答えよ。

ア 酸素と結びつきやすいヘモグロビンや赤血球

イ 酸素や二酸化炭素などの肺でやり取りされる物質

ウ 糖や脂肪などの養分となる物質

エ アンモニアなどの有害な物質

図1のように，心臓を出た太い血管は分かれて次第に細くなり，様々な場所を通った後，再び集まって次第に太くなり心臓に戻る。いま，心臓からの距離が異なるA～Eの各地点の断面では，血管の数，代表的な血管の直径，血管の断面積の合計は，それぞれ表1に示される値であったとする。図1のA～Eの各地点の断面を通過する1分あたりの血液量がいずれも同じであるものとして，表1を参照し，以下の問3～問5に答えよ。

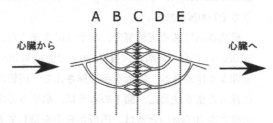

※ 血管の本数や太さの値を正確に反映しているわけではない。

図1

表1　A～E（図1）の各地点の断面における血管

	A	B	C	D	E
血管の数（×1000 本）	2.5	40000	1200000	80000	2.7
代表的な血管の直径（mm）	0.5	0.02	0.008	0.03	1.2
血管の断面積の合計（cm²）	5	130	600	570	30

問3 図1の血管は，心臓からの距離や分岐の特徴により，動脈，毛細血管，静脈に分類される。また，図1のA～Eの各地点での平均の血流速度は，その地点での血管の断面積を合計した値に反比例するものとする。関連する次の(1)，(2)に答えよ。

(1) 地点Aの血流速度が60mm/sのとき，地点B～Eの中で平均速度が最も遅い地点での平均の血流速度（mm/s）を答えよ。ただし，答えは小数第1位まで求めよ。

(2) (1)で速度を答えた血管は動脈，毛細血管，静脈のどれに分類されるか答えよ。

問4 表1のA～Eに関連する次の(1)，(2)に答えよ。

(1) 次のア～エの文は，ある一定量の血液が小さい直径の血管に分かれて流れる場合と大きい直径の血管にまとまって流れる場合とを比べて，前者が有利になるときの状況を述べたものである。誤っているものを，次のページのア～エの中から1つ選び，記号で答えよ。

　　ア　血液が多くの血管に分かれているため，各細胞の近くに血液を届けることができる。

　　イ　血液が多くの血管に分かれているため，流れる血液量を場所ごとに微調整でき，それぞれ
　　　の細胞に必要な量の血液を届けることができる。

　　ウ　血液量に対する血管壁の表面積が広くなるため，血管と細胞との物質のやり取りを速やか
　　　に行うことができる。

　　エ　血液量に対する血管壁の表面積が広くなるため，血液と血管壁との摩擦が小さくなり，速
　　　やかに血液を循環させることができる。

　(2)　外界から次の①，②を取り込む役割をもち，表面積が広く，毛細血管が発達しているという
　　特徴を備えた部分（構造）の名称と，それがある臓器の名称をそれぞれ答えよ。

　　①　酸素　　②　ブドウ糖

問5　ヒトの循環系の特徴として最も適切なものを，次のア～エの中から1つ選び，記号で答えよ。

　　ア　拍動による圧力変化が大きい心臓と動脈だけに血液の逆流を防ぐ弁があり，静脈には血液の
　　　逆流を防ぐための弁がない。

　　イ　どの臓器の前後においても，動脈を流れる血液の酸素濃度が静脈を流れる血液の酸素濃度よ
　　　りも高いという関係が成り立つ。

　　ウ　心臓と肺はともに多くの血液が集まる臓器であるため，物質をやり取りするための毛細血管
　　　は不要であり，いずれも毛細血管をもたない。

　　エ　血管壁の厚さや性質は体の部位によって異なり，心臓に近い部分の動脈では厚いうえに，弾
　　　力があるため，心臓の拍動で生じる強い圧力を受け止めることができる。

【社　会】（40分）　＜満点：50点＞

1　次の文章を読んで，あとの問いに答えなさい。

　神奈川県の三浦半島には多くの史蹟が残されています。三浦半島は古代より栄えていました。逗子市と葉山町にまたがる長柄桜山第1・2号墳は，神奈川県最大級の①古墳とされます。伝説では，②ヤマトタケルノミコトも三浦半島から船で上総に渡ったとされています。横須賀市の走水神社は，ヤマトタケルノミコトとその后であるオトタチバナヒメノミコトがまつられています。③奈良時代には房総半島に至る道として，三浦半島には古東海道が通っていました。

　④平安時代の末期から鎌倉時代の初期にかけて，この半島では三浦氏が勢力をのばしました。2022年のNHK大河ドラマ『鎌倉殿の13人』に登場した三浦義澄は，三浦氏のひとりです。⑤源頼朝が平家打倒のために挙兵したとき，三浦義澄は衣笠合戦でやぶれたものの，安房の地で頼朝と合流し，彼を助けました。頼朝の死後も第2代将軍（　1　）のもとで成立した13人の合議制のメンバーに入るなど，大きな力をもちました。御家人統率や軍事を担当する（　2　）の初代長官となった和田義盛も三浦一族で，義澄のおいにあたります。しかしその後，三浦氏は⑥執権の北条氏との権力争いにやぶれて，衰退していきます。最終的には⑦戦国時代，小田原を拠点とする北条早雲により三浦氏は滅ぼされました。今でも半島には三浦氏ゆかりの城趾や寺院が数多く残っています。

　江戸時代，半島の多くは幕府領または旗本の知行地となりました。横須賀市の塚山公園には，三浦按針夫妻の墓があります。三浦按針は，もともとウィリアム＝アダムズという名の⑧イギリス人で，徳川家康の外交顧問をつとめた人物です。⑨豊後に漂着したオランダ船リーフデ号の水先案内人だったのですが，家康に外交顧問として迎えられました。屋敷は江戸に与えられましたが，三浦半島にも領地が与えられたため，三浦按針と名乗ったのです。

　江戸時代には半島東部の（　3　）港が栄えました。この地は江戸湾の出入口にあたり，奉行所がおかれて船の積荷の検査や，沿岸警備など大きな役割を担いました。また肥料用干鰯の集散地として問屋街も形成され，全国の船でにぎわいました。19世紀には，⑩アメリカ東インド艦隊司令長官ペリーが日本に開国を要求するためこの地付近に来航しました。近くの久里浜にはペリー上陸記念碑が建てられています。

　江戸時代末期，幕府は小漁村であった横須賀に，⑪フランスの協力で横須賀製鉄所の建設をすすめました。現在，JR横須賀駅のそばにヴェルニー公園がありますが，ヴェルニーとは横須賀製鉄所建設のために来日したフランス人技師の名です。公園内には記念館があり，オランダ製のスチームハンマーなど，製鉄所の関係品が展示されています。

　明治時代になると，横須賀は軍港都市として発展しました。横須賀市の三笠公園には⑫日露戦争のとき日本海海戦で活躍した戦艦三笠が保存されています。戦艦三笠は⑬第二次世界大戦後には遊興施設として使われましたが，のちに復元され，記念艦となりました。艦内には日本海海戦時の連合艦隊司令長官（　4　）の遺品などが展示されています。

問1　文章中の空欄（1）〜（4）に当てはまる語句を，**漢字**で答えなさい。

問2　下線部①に関連して，熊本県にある古墳からは「ワカタケル大王」の名を刻んだ鉄刀が出土している。この古墳の名を**漢字**で答えなさい。

問3　下線部②に関連して，次のページの資料はこのときのようすを記したある書物の一部を現代語訳したものである。

> ヤマトタケルノミコトが走水海をお渡りになろうとした時，その海峡の神が荒波をおこして船をぐるぐる回したため，ミコトは先へ進んで渡ることができなかった。するとその后オトタチバナヒメノミコトが申されるには，「わたしが皇子の身代わりとなって海に入り身を沈めましょう。皇子は遣わされた東征の任務を成しとげて，天皇に御報告くださいませ」と申して，海にお入りになろうとする時，菅畳八重，皮畳八重，絹畳八重を波の上に敷いて，その上にお下りになった。するとその荒波は自然におだやかになって，御船は進むことができた。

この書物は，ある人物が暗記していた物語を，別の人物が筆記したものである。この書物の名を**漢字**で答えなさい。

問4　下線部③に関連して，奈良時代について述べた文として正しいものを，次の**ア～エ**から一つ選び，記号で答えなさい。

ア　口分田は6歳以上の男子には与えられたが，女子には与えられなかった。

イ　日本を唐や新羅から守るために，防人として九州北部に送られる男子もいた。

ウ　九州地方の政治や軍事を担うため，多賀城が設けられた。

エ　聖武天皇は仏教の力にたよって，平等院鳳凰堂に阿弥陀如来像をつくった。

問5　下線部④に関連して，平安時代の出来事a～cについて，年代の古い順に正しく並べ替えたものを，あとの**ア～カ**から一つ選び，記号で答えなさい。

a　上皇と天皇の対立から，京都で保元の乱がおきた。

b　源氏が陸奥の豪族安倍氏を滅ぼした。

c　藤原純友が瀬戸内地方で反乱をおこした。

ア　a→b→c　　**イ**　a→c→b　　**ウ**　b→a→c

エ　b→c→a　　**オ**　c→a→b　　**カ**　c→b→a

問6　下線部⑤に関連して，次の資料は源氏と平家の戦いを描いた軍記物語の一部を現代語訳したものである。

> 平家の兵士どもは，「ああ，なんとおびただしい源氏の陣の遠火の多さだ。ほんとうに野も山も，海も川も，皆，敵でいっぱいだな。どうしたものか」とあわてた。その夜半頃に，（　　　）川付近の沼にたくさん群がっていた水鳥どもが，何に驚いたのか，ただ一時にばっと飛び立った羽音が，大風か雷のように聞こえたので，平家の兵士たちは，「あっ，源氏の大軍が寄せてきた。斎藤別当が申したように，きっと背後にもまわっていよう。取りこめられてはかなうまい。ここを退いて，尾張川，洲俣を防ごう」といって，とる物もとりあえず，我先にと落ちて行った。

資料中の空欄（　　）に当てはまる語句を**漢字**で答えなさい。

問7　下線部⑥に関連して，鎌倉幕府第3代執権で，御家人に対して裁判の基準を示すための，51か条からなる法令を定めた人物の名を**漢字**で答えなさい。

問8　下線部⑦に関連して，次の資料はある戦国大名の分国法の一部を現代語訳したものである。

> 一，わが（　　　）の館のほかには，国内に城郭をかまえさせてはならない。すべて所領のある者は，一乗谷へ引っ越し，郷村には代官だけを置くようにする事。

　　　資料中の空欄（　　）に当てはまる語句を，次のア〜エから一つ選び，記号で答えなさい。

　ア　浅井　　イ　武田　　ウ　朝倉　　エ　上杉

問9　下線部⑧に関連して，イギリスの歴史について述べた文として正しいものを，次のア〜エから一つ選び，記号で答えなさい。

　ア　16世紀にイギリスはアヘン戦争で勝利し，香港島を支配下にいれた。

　イ　17世紀のイギリスで名誉革命がおき，権利の章典が定められた。

　ウ　18世紀にイギリス国王は十字軍に参加して，イェルサレムへむかった。

　エ　19世紀にクロムウェルがイギリス国王を処刑し，共和政を樹立した。

問10　下線部⑨に関連して，豊後とは現在の何県か。県名を**漢字**で答えなさい。

問11　下線部⑩に関連して，アメリカが日本に船の寄港を求めた背景として，清との貿易船が太平洋を航海していたこと，またある生き物を捕えるためのアメリカ船が太平洋で活動していたことがある。何を，どのような目的で捕えていたのか，簡潔に説明しなさい。

問12　下線部⑪に関連して，フランスの歴史について述べた文として正しいものを，次のア〜エから一つ選び，記号で答えなさい。

　ア　「鉄血宰相」とよばれたビスマルクのもとで，フランスは統一された。

　イ　「太陽王」とよばれたルイ14世のもとで，ヴェルサイユ宮殿が建設された。

　ウ　フランス革命が始まると，議会は社会主義政権の樹立を宣言した。

　エ　ナポレオンは皇帝に即位して，皇帝ピョートル１世ひきいるロシア軍とたたかった。

問13　下線部⑫に関連して，次の資料は日露戦争のときに発表された詩の一部である。

> 暖簾（のれん）のかげに伏して泣く
> あえかにわかき新妻を
> 君わするるや思へるや
> 十月（とつき）も添（そ）はでわかれたる
> 少女（おとめ）ごころを思ひみよ
> この世ひとりの君ならで
> あゝまた誰をたのむべき
> 君死にたまふことなかれ

この詩の作者の名を**漢字**で答えなさい。

問14　下線部⑬に関連して，第二次世界大戦後の出来事a〜cについて，年代の古い順に正しく並べ替えたものを，あとのア〜カから一つ選び，記号で答えなさい。

　a　アメリカとソ連が対立するキューバ危機がおきた。

　b　北朝鮮が韓国に侵攻して朝鮮戦争が始まった。

　c　バンドンでアジア・アフリカ会議が開かれた。

　ア　a→b→c　　イ　a→c→b　　ウ　b→a→c

　エ　b→c→a　　オ　c→a→b　　カ　c→b→a

2 日本と世界の湖沼に関連して，Ⅰ・Ⅱに答えなさい。

Ⅰ 日本の湖沼について，図1～図3を見てあとの問いに答えなさい。図は上が北を示している。また，図1～図3の縮尺は共通していない。

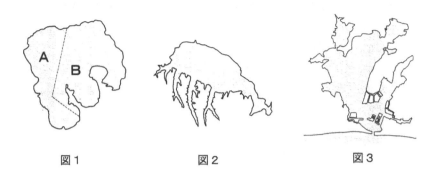

図1　　　　　図2　　　　　図3

問1 図1は，東北地方にある湖で，破線で示した県境は2008年に確定したものである。あとの問いに答えなさい。

(1) A・Bに当てはまる県名をそれぞれ答えなさい。

(2) この湖の成因は次のC～Eのいずれかである。この湖の成因および同じ成因を持つ湖の組み合わせとして正しいものを，あとの表のア～カから一つ選び，記号で答えなさい。

C 火山活動によってできたカルデラに水がたまってできた。

D 火山活動によって谷の一部がせき止められてできた。

E 断層運動によってできた低地に水がたまってできた。

	ア	イ	ウ	エ	オ	カ
成因	C	C	D	D	E	E
湖	琵琶湖	洞爺湖	中禅寺湖	琵琶湖	洞爺湖	中禅寺湖

問2 図2は，香川県にある人工的に作られた池であり，県内有数の貯水量がある。あとの問いに答えなさい。

(1) この池が作られた目的を，背景にある自然条件とあわせて簡潔に述べなさい。

(2) この池は9世紀に修築されたことが知られている。そのことに最も関係の深い人物を，次のア～エから一つ選び，記号で答えなさい。

ア 鑑真　イ 行基　ウ 空海　エ 重源

(3) 図2のような池の存在は，この県でうどんが多く消費されていることとも関連がある。うどんの主原料の栽培に関連して，この地域で特徴的にみられる栽培方法を，「二期作」もしくは「二毛作」という語句を用いて，簡潔に述べなさい。

問3 図3は，日本で10番目に面積の大きい湖である。あとの問いに答えなさい。

(1) この湖の名称を答えなさい。

(2) この湖は淡水と海水が混合した，海水よりも塩分の少ない湖である。同じような性質をもった湖として誤っているものを，次のア～エから一つ選び，記号で答えなさい。

ア 霞ヶ浦　イ サロマ湖　ウ 宍道湖　エ 中海

(3)　この湖の南側には，江戸時代の五街道の一つが通っていた。当てはまる街道の名称を答えなさい。

(4)　この湖では，埋立が行われた部分がある。この図の範囲の埋立地およびその周辺について説明した文として**誤っているもの**を，次の**ア〜エ**から一つ選び，記号で答えなさい。

ア　埋立地には大規模な製紙工場が建てられ，この地域の主要な産業になった。

イ　埋立地には，住宅地や農地としての土地利用が広くみられる。

ウ　埋立地には，平坦で広い土地を利用した太陽光発電所が近年増加している。

エ　古くから魚の養殖がさかんであり，養魚場としての利用がみられる。

Ⅱ　次の表は，世界において最も面積の大きい湖Xと最も水深が深い湖Yに関するものである。この表を見てあとの問いに答えなさい。

	湖X	湖Y
面積	①	3.2万km²
最大水深	1025m	1741m
水面標高	②	③
沿岸国の数	④	⑤

（『データブック オブ・ザ・ワールド2022年版』をもとに作成）

問4　表中の①に関して，次の**ア〜エ**のなかで，湖Xの面積に最も近い国土面積の国を一つ選び，記号で答えなさい。

ア　スリランカ　**イ**　チリ　**ウ**　日本　**エ**　マダガスカル

問5　湖Yの名称を答えなさい。

問6　表中の②〜⑤に当てはまる内容の組み合わせとして正しいものを，次の**ア〜エ**から一つ選び，記号で答えなさい。

ア　②　−28m　③　456m　④　1か国　⑤　5か国

イ　②　−28m　③　456m　④　5か国　⑤　1か国

ウ　②　456m　③　−28m　④　5か国　⑤　1か国

エ　②　456m　③　−28m　④　1か国　⑤　5か国

問7　湖Xと湖Yの沿岸国には共通する国が一つある。その国名を答えなさい。

問8　湖Xの南に位置する都市で，1971年にラムサール条約が採択された。ラムサール条約に関連して，あとの問いに答えなさい。

(1)　ラムサール条約の日本語での正式名称は「特に（　ⅰ　）の生息地として国際的に重要な（　ⅱ　）に関する条約」である。（ⅰ）・（ⅱ）に当てはまる語句を，それぞれ漢字2字で答えなさい。

(2)　日本における登録地の数と，1か所も登録されていない県（2021年現在）の組み合わせとして正しいものを，次の表の**ア〜カ**から一つ選び，記号で答えなさい。

	ア	イ	ウ	エ	オ	カ
数	5	53	91	5	53	91
登録なし	長野県	長野県	鹿児島県	鹿児島県	千葉県	千葉県

3 次の文章を読んで，あとの問いに答えなさい

2022年9月に報告された，①UNDP（国連開発計画）『人間開発報告書2021/2022』によれば，②1990年の調査開始以来初めて，2020年と2021年の2年連続で，③人間開発指数（HDI）の世界平均が低下しました。

2020年といえば，世界中で新型コロナウイルス感染症の感染拡大が確認された年です。日本でも，コロナ禍の影響とみられる変化が報告されています。例えば，④「健康で文化的な最低限度の生活」を営むために，公的扶助として生活費などを給付する（　⑤　）の申請件数が増えています。社会保障制度を管轄する（　⑥　）省の集計によると，2020年度の申請件数は22万8102件で，リーマン・ショックを発端とした世界的な金融危機の後の2009年度以来11年ぶりに増加に転じ，2021年度も増加しました。それ以外には，⑦雇用情勢に変化が起きていることも指摘されています。

感染拡大以前から⑧気候変動にまつわる問題や⑨世界各地での紛争など，私たちの生活を不安定にする要因はたくさんあり，⑩様々な格差の拡大も話題になっていました。さらにそこにコロナ禍という要素が重なりました。そして，2022年2月に始まったロシアによるウクライナへの軍事侵攻は，はかり知れないほどの人的被害をもたらしただけではなく，⑪世界中の至るところでその影響があらわれています。安心・安全な生活の実現には世界の連帯が不可欠なのです。

問1　下線部①に関連して，UNDPは四つの英単語の頭文字をつなげたものである。「D」が含まれる略語や略称のうち，UNDPの「D」とは元の単語が**異なるもの**を，次のア～エから一つ選び，記号で答えなさい。

ア　GDP　　イ　ODA　　ウ　OECD　　エ　SDGs

問2　下線部②に関連して，1990年に起こった出来事を，次のア～エから一つ選び，記号で答えなさい。

ア　ハイジャックされた旅客機が，ニューヨークの世界貿易センタービルとワシントン近郊の国防総省に突入した，アメリカ同時多発テロが起こった。

イ　西ドイツ（ドイツ連邦共和国）が東ドイツ（ドイツ民主共和国）を吸収するかたちで，東西ドイツが統一された。

ウ　EU（欧州連合）は，ヨーロッパ域内の市場統合をさらに促進するために通貨統合を目指し，単一通貨ユーロを導入した。

エ　イラクが大量破壊兵器を保有しているとして，米国や英国などの軍が国連安保理決議のないまま攻撃し，イラク戦争が起こった。

問3　下線部③に関連して，UNDP発行のパンフレット『人間開発ってなに？』によると，人間開発の目的は「人間が自らの意思に基づいて自分の人生の選択と機会の幅を拡大させること」である。そして，人間開発指数（HDI）は，各国の人間開発の度合いを測る包括的な経済社会指標で，健康長寿（平均寿命）・知識へのアクセス（就学状況）・人間らしい生活水準（国民総所得）の3分野の指標をもとに算出される。この3分野を伸ばす政策は，人間開発に不可欠である。

一方で，この3分野の指標を伸ばす以外にも，人間開発の目的に沿った政策を立案することは可能である。そのような政策の例として最も適切なものを，次のア～エから一つ選び，記号で答えなさい。

ア　付加価値の高い商品を生産する労働者が豊かな生活を送れるようにするため，従来より累進性が緩和された租税制度を導入する。

イ 性的マイノリティが様々な行政サービスや社会的配慮を受けやすくする，パートナーシップ制度を導入する。

ウ 社会人になっても自分が学びたいと思ったときに大学や大学院に通えるよう，社会人のための入試制度を充実させる。

エ 年齢に合った栄養バランスでの食生活や，運動不足解消など，生活習慣を見直すためのワークショップを充実させる。

問4 下線部④に関連して，このような生活を営む権利は，社会権の中でもさらに〔　　〕権に分類される。〔　〕に当てはまる言葉を，**漢字2字**で答えなさい。

問5 文章中の空欄（⑤）に当てはまる言葉を，**漢字4字**で答えなさい。

問6 文章中の空欄（⑥）に当てはまる言葉を，**漢字4字**で答えなさい。

問7 下線部⑦に関連して，あとの問いに答えなさい。

(1) 次の**ア～エ**のグラフは，日本における雇用者（※）数の増減を，2016年を100として示しており，それぞれ「建設業」，「医療，福祉」，「宿泊業，飲食サービス業」，「情報通信業」のいずれかである。「建設業」を示すものを，次の**ア～エ**から一つ選び，記号で答えなさい。

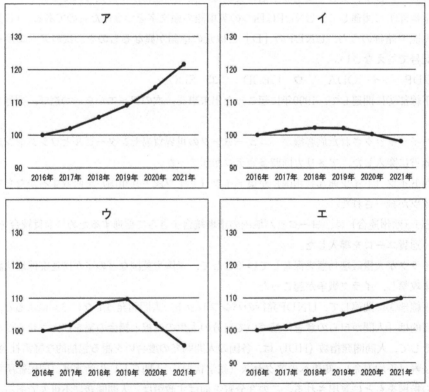

（※）労働力調査における雇用者とは，「会社、団体、官公庁または自営業主や個人家庭に雇われて給料・賃金を得ている者および会社、団体の役員」を指す。

（総務省「労働力調査（基本集計）」をもとに作成）

(2) 戦後の日本で広くみられた雇用慣行で，企業が従業員を定年まで雇う制度は，〔　　〕制と呼ばれる。〔　〕に当てはまる言葉を，**漢字4字**で答えなさい。

問8　下線部⑧に関連して，気候変動に関連する組織や国際会議**A～C**と，それに関する説明**Ⅰ～Ⅲ**の組み合わせとして正しいものを，あとの**ア～カ**から一つ選び，記号で答えなさい。

A　国連環境開発会議（地球サミット）

B　気候変動に関する政府間パネル（IPCC）

C　気候変動枠組条約第21回締約国会議（COP21）

Ⅰ　2021年8月に公表した報告書の中で，「人間の影響が大気，海洋および陸域を温暖化させてきたのは疑う余地がない」と，人間活動の地球温暖化への影響を指摘した。

Ⅱ　「持続可能な開発」を基本理念とし，各国，各人がとるべき行動計画の「アジェンダ21」や，気候変動枠組条約や生物多様性条約が採択された。

Ⅲ　世界の平均気温の上昇を産業革命以前と比べて2度未満に抑えるという目標を掲げ，途上国も含めたすべての国が対策に取り組むことを求めるパリ協定が採択された。

ア　A－Ⅰ　　　B－Ⅱ　　　C－Ⅲ

イ　A－Ⅰ　　　B－Ⅲ　　　C－Ⅱ

ウ　A－Ⅱ　　　B－Ⅰ　　　C－Ⅲ

エ　A－Ⅱ　　　B－Ⅲ　　　C－Ⅰ

オ　A－Ⅲ　　　B－Ⅰ　　　C－Ⅱ

カ　A－Ⅲ　　　B－Ⅱ　　　C－Ⅰ

問9　下線部⑨に関連して，第二次世界大戦後に紛争が繰り返されてきた地域の一つに，パレスチナを中心とした地域がある。四度の中東戦争すべてに参戦した国を，次の**ア～ク**から二つ選び，記号で答えなさい。

ア　アメリカ合衆国　　イ　アルゼンチン　　ウ　イスラエル　　エ　イラン　　オ　インド

カ　エジプト　　　　　キ　ナイジェリア　　ク　パキスタン

問10　下線部⑩に関連して，次の文章は様々な格差のうち，日本が世界と比較して深刻な課題を抱えている格差問題について述べたものである。これを読んで，あとの問いに答えなさい。

　　生物学的な性差を「セックス」と呼ぶのに対し，「（　**A**　）」とは，社会や文化の中で形成された性差のことを言う。日本では1985年に（　**B**　）条約を批准して以来，さまざまな対策が講じられてきたが，未（いま）だ（　**A**　）格差の解消にはほど遠い状況である。

　　特に深刻なのが女性の（　**C**　）参画の問題で，これを改善するために，2018年には「（　**C**　）分野における男女共同参画推進法」が制定され，2021年に改正された。2022年7月の国政選挙では改善の兆しもみられたが，まだまだ抜本的な改革が必要だという声もあがっている。

⑴　文中の空欄（**A**）～（**C**）に当てはまる言葉を答えなさい。

⑵　文中の下線部に関連して，選挙における「一票の格差」も問題である。これについて述べた文として**誤っているもの**を，次の**ア～エ**から一つ選び，記号で答えなさい。

ア　「一票の格差」とは，選挙区によって議員一人当たりの有権者数が異なるために，一票の価値に不平等が生じる問題のことである。

イ　「一票の格差」是正のため，選挙区の定数を変更する際には，議員一人当たりの有権者数が多い選挙区では定数を減らし，少ない選挙区では定数を増やす。

　　ウ　「一票の格差」を広げる要因として指摘されていた「一人別枠方式」に代わって，衆議院
　　　　小選挙区の議席配分に導入される方法をアダムズ方式という。
　　エ　「一票の格差」をめぐる訴訟において，これまで最高裁が違憲とした例はあるが，いずれ
　　　　も事情判決が言い渡され，選挙は有効とされている。
　問11　下線部⑪に関連して，紛争でウクライナの穀物輸出量が減少したことにより，世界中で穀物
　　の価格上昇が起こったが，この現象は需要曲線と供給曲線のグラフによって表すことができる。
　　解答欄に示されたグラフは，穀物の取引を市場に委ねているある国における，紛争前の穀物市場
　　の状況を表している。ウクライナからの輸出量減少の直接的影響によって，需要曲線または供給
　　曲線，あるいはその両方はどのように移動するか。解答欄のグラフに輸出量減少後の曲線を描き
　　加えなさい（移動しない曲線については描き加えないこと）。

笑ひ合ひたるに、翁、傍に木の端の有るを取りて、居たる傍の地を掘り
つつ、畠の様に成しつ。その後にこの下衆ども、「何態をこれはするぞ」
と見れば、この食ひ散らしたる瓜の核（＝瓜の種）どもを取り集めて、こ
のならしたる地に植ゑつ。その後、ほどもなく、その植ゑし瓜の核にて、二葉に
て生ひ出でたり。この下衆ども、これを見て、②奇異しと思ひて見るほ
どに、その二葉の瓜、ただ生ひに生ひて這ひまつはりぬ。ただ繁りに繁
りて、花咲きて瓜成りぬ。その瓜、ただ大きに成りて、皆めでたき瓜に
熟しぬ。

その時に、この下衆どもこれを見て、「こは神などにやあらむ」と恐
れて思ふほどに、翁、この瓜を取りて食ひて、この下衆どもに云はく、
「主達の食はせざりつる瓜は、かく瓜作りて出して食ふ」と云ひて、下
衆どもにも皆食はす。瓜多かりければ、道行く者どもをも呼びつつ食は
すれば、喜びで食ひけり。突ひ果てつれば（＝食べ終わったところ）、翁、「今
は罷りなむ（＝それでは失礼しよう）」と言ひて立ち去りぬ。行方を知らず。

その後、下衆ども、「馬に瓜を負せて行かむ」とて見るに、籠はありて、
その内の瓜一つも無し。その時に、下衆ども手を打ちて奇異しがること
限無し。「翁の籠の瓜を取り出しけるを、我らが目を暗まして見せざり
けるなりけり」と知りて、③嫉がりけれども、翁行きけむ方を知らずし
て、更に甲斐なくて、皆大和に帰りてけり。

問一　傍線部①「情いまさざりける主達かな」とあるが、どのようなこ
　　　とについてこの言葉を述べているのか。説明せよ。

問二　傍線部②「奇異しと思ひて」とあるが、下衆たちがこのように思っ
　　　たのはなぜか。説明せよ。

問三　傍線部③「嫉がりけれども」とあるが、下衆たちが悔しがったの
　　　はなぜか。説明せよ。

た華美な反物でも贈ってやれば兎に角、大抵の品物なら、「こんなもの」といわれそうなものは、私にも明らかに想像された。……それに、子のないものが、他人の出産に感激して祝い物をやるなんてことがあり得ることであろうか。

だから、出産や結婚の知らせを、私は吉報としては受け取れなかった。そんな郵便が舞い込んだ日が、私には悪日でないにしても、決して吉日ではなかった。

風が静かで温かで、腹加減がよくって、いやな来客に妨げられないで、快く午睡（＝昼寝）でもした日が、まあ吉日といえばいわれた。……この土地に静かに住んでいると、四季の変遷が、実によく心に映って行く。大抵毎年同じように季候が推移するので、今年は太陽の黒点の関係で、冬が例外に寒いだろうと、天文学者が予想していたが、その予想は例の如くはずれて、今までのところ、寒さの度合が例年と違っていなかった。三寒四温という在来の言い伝えはよく要を得ている。私は毎日のように浜へ散歩に出ているが、寒い風の吹きすさんでいる時があるかと思うと、風は凪いでいるのに、土用波（＝夏の土用の頃に起こる大波）のように、波打際に高い波の打ち寄せて汐煙の舞い上っていることもある。遠山は霞んでほかほかと春のように温かいこともある。

見飽きるほど見馴れているこの海原も、風のない光の冴えた温かい日には、夢のようにのんびりとして美しく見られる。そういう日には、私は裸足になって、波に濡れた柔かい砂の上を歩くのだが、その時の触覚は気持がいい。こういういい気持を感じながら、思う存分温かい汐風に浸って、脳裏の塵埃を拭って、胃の働きをもよくして、家へ帰って午餐（＝昼食）の膳に向って、新鮮な魚介や蔬菜（＝野菜）を味う時は、十人並に、生きとし生けるものの刹那の幸福が感ぜられるのであった。

②今の私は、これぐらいなところで吉日を選ばなければならなかった。

（正宗白鳥「吉日」より）

問一　傍線部①「訪問客があったのを、吉日のうちに分類したことは滅多になかった」とあるが、なぜか。説明せよ。

問二　傍線部②「今の私は、これぐらいなところで吉日を選ばなければならなかった」とあるが、今の筆者にとっての吉日とはどのような日をいうのか。説明せよ。

三　次の文章は、『今昔物語集』の一部分である。瓜を運ぶ命令を受けた者たち（下衆）は、多くの瓜を馬に負わせて現在の奈良県にあたる大和国から京へと向かっていた。その道中、自分たちのために持って来た瓜を食べて休んでいるときに、一人の年老いた人（翁）がその様子を見ていた。次の文章はそれに続く場面である。読んで、後の問に答えよ。なお、文章中の（＝　）はその直前の部分の現代語訳である。また、表記などを一部改めた。

しばしばかりまもりて（＝じっと見つめて）、翁の云はく、「その瓜一つ我に食はせ給へ。喉乾きてずちなし（＝どうしようもない）」と。瓜の下衆どもの云はく、「この瓜は皆己れらが（＝自分たちの）私物にはあらず。いとほしさに一つをも奉るべけれども、人の京に遣はす物なれば、え食ふまじきなり（＝食べられないのだ）」と。翁の云はく、「①情いまさざりける主達かな（＝情けをお持ちでなかった方々だなあ）。年老いたる者をば『哀れ』と云ふこそよきことなれ。さらば（＝それならば）翁、瓜を作りて食はむ」と云へば、この下衆ども、戯言を云ふなめり（＝言うようだ）と、をかしと思ひて

直すと、「美しい朝」と「いやな晩」という文句が、吉日悪日を言葉と
して対照されてあった。

それ以来、わが生まれた日が悪日で、わが死ぬる日が吉日だというよ
うな感じがおりおり胸に起こっていた。

この頃は、そういうひねくれた人生観の発露で「吉日」「悪日」を定
めることはないのだが、世を隔離しているような昨今の私の生活におい
ても、日の吉凶が、入り乱れて影をうつすように思われることが多い。
沈滞した水のような静かな生活では、なお更そういうことが感ぜられ易
いのかも知れない。

たまに表の格子戸が開いて、訪問客の来たらしい気配がすると、私は、
静かな水に小石でも投げられたような波動を胸に感じるのであった。静
坐の行（＝静かに座り、心をしずめる修行）が乱される気がするのを例としてい
た。

① 訪問客があったのを、吉日のうちに分類したことは滅多になかっ
た。文学青年にねちねち話し込まれる時の悩ましさはいうまでもなく、
長い尻の雑誌記者に、何がなしに応対させられるのも心の疲れを来す原
因となるのであった。私のところへでもおりおり電報（＝遠方に知らせを届
ける手段。配達員が届けるものであった。）が舞い込むのだが、故郷には老いて病
める両親がまだ住んでいるのだから、原稿の催促でも電報を打たれるの
は、私には有難くないのであった。宛名が私の作者名（＝ペンネーム）に
なっているのを見て、まず安心してひらくのであった。

私の戯曲も、二三度上演されて、上演料までも貰えたことがあったが、
そういう時には、興行者からの使者が私の家の玄関へも現れた。その時
のお使者の顔には、「今日はいいことを知らせに来てやったぞ。」という
ような表情が浮かんでいると、取次に出た妻が多少の反感を寄せていっ

た。……しかし、それは吉報に違いないので、日記に吉日のしるし
をつけて置いていい訳であったが、そんなことは滅多になかった。それ
に、見物を狂熱させる力のないものを、興行者の方でも狂言に窮した余
りに採用したらしいのに、その上演を名誉とするように喜ぶのは、自ら
顧みて不見識に思われた。

私は、用事以外には、知人と書翰を取りかわすことは、極めて稀なの
であったが、妻のところへは、彼女の親戚や私の身内から、おりおり音
信があった。離れ島へ本国から船が着いたように、彼女は喜んで迎える
のであったが、しかし、この頃の手紙には、あちらからもこちらからも、
出産の知らせが多くって、子供のない私達には、自分の身辺の淋しさを
顧みさせられる刺戟になるに留まった。そういう手紙を見ると、その人
達が子が生まれたとか、その子が笑ったとか、その子が立って歩いたと
かいうことが、天下の大事で、万民が興味を寄するに足ることであるよ
うに書かれてあるのを例としていた。親心はそれによってもよく察せら
れるのだが、しかし、他人の子が（まだ一面識もない赤ん坊が）何十里
か何百里か離れた土地で立ったりころんだりしているのが、我々の興味
になるのであろうか。地を易えて見たら分かりそうなものだが、自分の
子に一喜一憂しているその人々でも、他人の子にそんなに心を労するの
であろうか。

「また出産を祝ってやらなきゃなりませんね。」妻は世間の義理を果たさ
なければ気が済まなかった。

身内のある女が、「お産を祝ってやってもいいけれど、こがいなもの
（＝こんなもの）を寄越してというに極まってるから……。」と、気の進まな
い口をきいているのを、私は傍聴して、成程と同感した。常例を超越し

う。当たり前ですが、出会うためには、私とあなたという異なる二人がいなければなりません。でも、そこで出会う私もあなたも、この偶然の出会いによって変わってしまった二人のはずです。いま説明したように、偶然を引き受けるときに私たちは自分という存在を発見するのだから。そこで自分が産まれてくるのです。だとすると、私は、出会った他者を通じて、自己を生み出すのです。自分というと、出来上がった存在を思い浮かべますが、そうやって、選びとり、見出される、産まれてくる自分は一人で可能になったものじゃない。出会う自己と他者は、完成した自分をもっていない。

磯野さんは、この二か月間で、何に出会ったのでしょうか。もちろん、宮野真生子という訳のわからないガンもちの人間です。しかもその人間は、死という最上級の偶然（あるいは災厄と言っていいでしょう）まで連れてきてしまった。

でもね、出会わなくても、この偶然を引き受けなくてもよかったんですよ。あるいはその道もあったはずです。いくらでも、「もうやめよう」と言うことはできたはずです。なにせ、私はこんな身体状態ですし、それが起こってしまったと書いてくれたけど、そんなことはない。「にもかかわらず」と言えるとき、そこには別の可能性が e ヒソんでいます。「にも何もなかったことにする可能性だってあったのです。たくさんの「にもかかわらず」があったのに、すべてが反転して現れたという言葉、とても嬉しかったです。

でも、この反転を起こしたのは、磯野さんがこの出会いを引き受けて ③共に踏み跡を刻んで生きることを覚悟する勇気 を発揮してくれた

からです。同時に、私が自分を手放さずに、出会ってくれたあなたに向き合おうとしたからです。そこで私たちは、おそらく互いに出会うと同時に自分に出会い直した。磯野さんが「そもそもこういう関係性を結ぶ場所が私の中にあることを最近まで知らなかった」というように、私は、死に接して業深き言葉を求める自分を知らなかったように。

（宮野真生子・磯野真穂『急に具合が悪くなる』より）

問一　二重傍線部 a〜e の カタカナ を漢字に直せ。

問二　傍線部①「一〇〇パーセント自分を手放し、患者になって、辛い辛いと自分に立てこもりたいという気持ち」とあるが、どういう気持ちか。六十字以内で説明せよ（句読点も一字と数える）。

問三　傍線部②「一般的にはそう考えられています」とあるが、一般的にはどのように考えられているのか。四十字以内で説明せよ（句読点も一字と数える）。

問四　傍線部③「共に踏み跡を刻んで生きること」とはどういうことか。五十字以内で説明せよ（句読点も一字と数える）。

二　次の文章は、作家である正宗白鳥の記したものである。読んで、後の問に答えよ。なお、文章中の（＝）はその直前の部分の注である。また、文章の表記や送り仮名などを一部改めた。

「自分に関しては、ただ一つだけ確信していることがある。……疾かれ遅かれ、ある吉日に自分は死ぬのだ。」

「私は、それ以上の確信を有っている。私はある悪日に生まれたのだ。」

年少の頃、『浴泉記』というロシア小説の翻訳を読んだ時に、私はこういう会話のやり取りに心を打たれたことがあった。（後年英訳で読み

と言う時、そこにあるのは、「あなたが決めた」ことはあなた自身の責任で、一人で背負うべきものだという考え方です。ここにいる自分は、ズイブンとちゃんと出来上がった強い存在だなと思います。初めから偶然を引き受ける確固とした自分が想定されている。でも、私たちはこんな強い自分に初めからなれているのでしょうか。

改めて考えてみたいのですが、「決める」とは、あるいは「決める」ことの手前にある「選ぶ」とはどういうことなのでしょう。

ごく当たり前のことを書きますが、選ぶためには選択肢が必要で、それが決まっていない＝不確定な状態でなければなりません。つまり、選ぶとは不確定性、偶然性を許容することなのです。そんななかで、何をどう選び、決めろというのでしょう。必死でリスク計算をしようとするかもしれません。そしてはじき出される成功が約束されそうな道をとりましょうか。あるいは失敗が怖いので大きな変化をもたらす選択は避けましょうか。しかし、どれを選んでもうまくいくかどうかはわからないんですよ。「選ぶ」以上、そこには不確定なものがつきまとってしまいますからね。

結局、私たちはそこに現れた偶然を出来上がった「事柄」のように選択することなどできません。では、何が選べるのか。この先不確定に動く自分のどんな人生であれば引き受けられるのか、どんな自分なら許せるのか、それを問うことしかできません。そのなかで選ぶのです。だとしたら、選ぶという存在は確定していない。選ぶことで自分を見出すのです。選ぶとは、「それはあなたが決めたことだから」ではなく、「選び、決めたこと」の先で「自分」という存在が産まれてくる、そんな行為だと言えるでしょう。

ここまで書いたことをまとめると次のように言えます。選択とは偶然を許容する行為であるし、選択において決断されるのは、当該の事柄で、はなく、不確定性／偶然性を含んだ事柄に対応する自己の生き方であるということ。○○な人だから△△を選ぶ、のではなく、△△を選ぶことで自分が○○な人であることが明らかになる。偶然を受け止めるなかでこそ自己と呼ぶに値する存在が可能になるのだと。

だから、九鬼は言いました。「開示された状況の偶然性に直面して情熱的に自己を交付する無力な超力が運命の場所」であると。それはつまり、偶然という自分ではどうしようもないものに巻き込まれながら（無力）、その偶然に応じるなかで自己とは何かを見出し、偶然を生きること（超力）であったと言えます。

ただし、この「無力」という言葉にマドわされないでください。それは単にお手上げの降参状態ではありません。彼は同時に偶然を生きる力強さ（超力）を訴え、それは「情熱的自覚」と言われるような力強さを伴うものでなければならないと言いました。

では、その情熱、力強さとは何なのでしょう。これこそが、磯野さんが書いた「連結器と化すことに抵抗をしながら、その中で出会う人々と誠実に向き合い、ともに踏み跡を刻んで生きることを覚悟する勇気」です。

九鬼は『偶然性の問題』の結論で、偶然を生きるとは「出会う」ことであり、その出会いは「到るところに間主体性を開示することによって根源的社会性を構成する」と語っています。

この「出会い」とは、いったい何なのでしょう。何と出会うのでしょ

【国　語】　（五〇分）　〈満点：一〇〇点〉

一　次の文章は、人類学者の磯野真穂とガンを患っている哲学者の宮野真生子との間で交わされた往復書簡で、宮野さんから磯野さんへの手紙の一部である。ここで宮野さんは、磯野さんとの出会いの意味について語っている。読んで、後の問に答えよ。

磯野さんが「自分にとって宮野とは誰か」を問い、出会いと喪失の急降下が同時にやってくるという「ハチャメチャ」を生きるため、自分の生まれた地点にまで立ち返って、なんとかこの訳のわからない出来事を受け入れようとしていた頃、私はとても弱く情けない欲求に流されそうになっていたことを告白します。それは、自分という存在を手放したいという欲求でした。

もう少し単純に言うなら、「すっかり諦めて死にゆくガン患者になりたい」「ただケアされたい」「もうダメだって言いたい」、つまり、①一〇〇パーセント自分を手放し、患者になって、辛い辛いと自分に立てこもりたいという気持ちがよぎったことがあったのです。

だって、ラクじゃないですか、そうすれば。圧倒的非対称性のなかで、私がケアされるだけの弱者になってしまえば、みんな優しくしてくれるでしょう。ケアされるだけの弱者が、辛い辛いと自分に立てこもって、周りの人の優しさに甘えたとしても、周りのケアする人間は健康な強者なのだから、多少は許してくれるでしょう。そこには「ケアするもの—されるもの」の固定的なフォーマットがあり、そのマニュアル通りにやれば、とりあえず時間をやり過ごすことはできる。でも、そんな関係、何も幸せじゃないですよね。まさに「ケア」にはそう考えられています。

―――中略―――

さて、九鬼周造はいわずもがな『偶然性の問題』の哲学者ですが、その彼が最後にたどり着いたのは「運命」の問題でした。

私たちが生きる人生には偶然が充ちています。というか、そもそも偶然しかありません。ただし、私たちはいちいち小さな偶然に意味づけなどせずスルーして生きています（今日食べたパンがチョコパンだろうがジャムパンだろうが、たまたま目の前にあっただけで、そんなことはどうでもいい）。けれど、何か重大な問題を決めないといけないとき、あるいは、自分ではどうしようもない大きな出来事（病、災厄、恋愛、ₐニンシンなどなど）に直面したとき、自分の人生に与えられた偶然のₕトホウもなさに呆然とします。でも、その偶然を引き受け、私たちは生きねばならない。そのとき、自分で決めることの難しさに私たちは気づきます。

そもそも「決める」とはどういうことなのでしょうか。いくつかの選択肢のうち、いずれかを選んで、自分が納得することでしょうか。それは「あなたの決めた」こと、あなた自身の責任なのだから、一人で背負っ

アするもの—されるもの」という、点と点の連結器に互いが固定され、動くこともできないまま、終わりに向かって流れていく物理的な時間を過ごすだけの一方向の関係。死という動かせない未来に目を取られるあまり、時間のなかにあるはずの動き、始まりを忘れた、まさにすでに死んでしまった（まだ死んでなどいないのに！）世界。そこに自己と他者が関係を紡ぐなかで生まれる時間の「厚み」はありません。

てください。その責任の所在が「自分」というものでしょう。②一般的とはそう考えられています。それは「あなたが決めたことなのだから」

2023年度

解　答　と　解　説

《2023年度の配点は解答欄に掲載してあります。》

＜数学解答＞　《学校からの正答の発表はありません。》

1　(1)　15通り　　　(2)　17通り　　　(3)　24通り

2　(1)　解説参照　　　(2)（ｉ）$AC=\dfrac{18\sqrt{2}}{7}$, $PC=\dfrac{9}{7}$

　　（ⅱ）$(4+\sqrt{2}):6$（他の数値でも後項を有理数に直して同じ値になるものなら可）

3　(1)　ⓐ　1　　ⓑ　xy　　ⓒ　zx　　ⓓ　yz　　ⓔ　$\dfrac{1}{yz}$　　ⓕ　$\dfrac{1}{xz}$　　ⓖ　$\dfrac{1}{xy}$　　ⓗ　1

　　ⓘ　2　　ⓙ　3　　ⓚ　2　　①　＞　　②　＞　　③　＞　　(2)　解説参照

4　(1)　$BI=\dfrac{2\sqrt{6}}{3}$　　(2)　$\angle BID=120°$　　(3)　$\dfrac{8\sqrt{3}}{3}$

○推定配点○

1　各8点×3　　2　(1)　10点　　(2)（ｉ）各4点×2　　（ⅱ）8点

3　(1)　各1点×14　　(2)　10点　　4　(3)　10点　　他　各8点×2　　計100点

＜数学解説＞

+α　1　（数の性質，場合の数―素因数，累乗，素数）

(1)　1回目に1を取り出し，2回目に2の累乗を取り出す場合が2，2^2，2^3の3通りある。1回目に2の累乗を取り出し，2回目に1を取り出す場合も同様に3通りある。1回目に2の累乗を取り出す場合が3通りあって，そのそれぞれに2回目に2の累乗を取り出す場合が3通りずつあるから，$3×3=9$（通り）　したがって，Mが2の累乗となる取り出し方は，$3+3+9=15$（通り）

(2)　1のカードを取り出す場合は，1回目に1を取り出して2回目に2×3を取り出す場合とその逆の取り出し方をする場合の2通りがある。1回目に2の累乗を取り出すのは，2，2^2，2^3の3通りがあり，そのそれぞれに2回目に3を因数に持つ数を取り出す場合が，3，2×3の2通りずつあるので，$3×2=6$（通り）　1回目に3を取り出して，2回目に2，2^2，2×3，2^3を取り出す場合が4通りある。1回目に2×3が出て，2回目に2または3を因数に持つ数を取り出す場合が，2，3，2^2，2×3，2^3の5通りある。したがって，$2+6+4+5=17$（通り）

(3)　Mが2の累乗となる取り出し方は15通りある。Mが3の累乗となる取り出し方は，（1回目，2回目）$=(1, 3)$，$(3, 1)$，$(3, 3)$の3通りあり，Mが5の累乗となる取り出し方，7の累乗となる取り出し方も同様に3通りずつあるので，$15+3×3=24$（通り）

2　（平面図形―三角形の頂角の二等分線と辺の比，面積の比，内接円の半径と面積，証明，長さ）

重要　(1)　点PからACに垂線PHを引くと，$\triangle ABP:\triangle ACP=\dfrac{1}{2}×AB×PB:\dfrac{1}{2}×AC×PH$　角の二等分線上の点は角を作る2辺から等距離にあり，点Pは∠BACの二等分線上の点だからPB＝PH　よって，$\triangle ABP:\triangle ACP=AB:AC$…①　$\triangle ABP$と$\triangle ACP$はBP，CPをそれぞれの底辺と見たときの高さが共通なので，面積の比は底辺の比に等しい。よって，$\triangle ABP:\triangle ACP=BP:CP$…②　①，②から，$AB:AC=BP:CP$

(2) （ i ） PC＝xとすると，AB：AC＝BP：CPなので，$2\sqrt{2}$：AC＝
1：x　　AC＝$2\sqrt{2}x$と表せる。△ABCで三平方の定理を用いると，
$(2\sqrt{2}x)^2＝(2\sqrt{2})^2＋(1＋x)^2$　　$8x^2＝8＋1＋2x＋x^2$　　$7x^2－2x－$
$9＝0$　　2次方程式の解の公式を用いて，$x＝\dfrac{2\pm\sqrt{4＋252}}{14}＝$

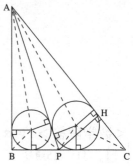

$\dfrac{2\pm\sqrt{256}}{14}＝\dfrac{2\pm16}{14}＝-1,\ \dfrac{9}{7}$　　よって，AC＝$2\sqrt{2}x＝\dfrac{18\sqrt{2}}{7}$，PC＝
$\dfrac{9}{7}$

やや難　（ ii ） △ABPで三平方の定理を用いると，AP＝$\sqrt{AB^2＋BP^2}＝\sqrt{9}＝3$　　接線と接点を通る半径は
垂直に交わるので，三角形の面積を3辺の長さと内接円の半径を用いて表すことができる。△PAB，
△PACの内接円の半径をそれぞれb，cとすると，△PAB：△PAC＝$\left(\dfrac{1}{2}\times2\sqrt{2}b＋\dfrac{1}{2}b＋\dfrac{1}{2}\times3b\right)$：
$\left(\dfrac{1}{2}\times\dfrac{18\sqrt{2}}{7}c＋\dfrac{1}{2}\times\dfrac{9}{7}c＋\dfrac{1}{2}\times3c\right)＝(2＋\sqrt{2})b：\left(\dfrac{15＋9\sqrt{2}}{7}\right)c$　　△PABと△PACの底辺をそれ
ぞれPB，PCとすると高さが共通なので，△PAB：△PAC＝1：$\dfrac{9}{7}＝7：9$　　よって，$(2＋\sqrt{2})b$：
$\left(\dfrac{15＋9\sqrt{2}}{7}\right)c＝7：9$　　$9(2＋\sqrt{2})b＝(15＋9\sqrt{2})c$　　$(6＋3\sqrt{2})b＝(5＋3\sqrt{2})c$　　よって，b：
$c＝(5＋3\sqrt{2})：(6＋3\sqrt{2})$　　比の後項を有理数に直すと，$(5＋3\sqrt{2})(6－3\sqrt{2})：(6＋3\sqrt{2})(6－$
$3\sqrt{2})＝(12＋3\sqrt{2})：18＝(4＋\sqrt{2})：6$

③ （数の性質―数の和と積が等しい自然数，数の大小，説明，証明，方程式，不等式）
(1) （ i ） $x<y$のとき，$\dfrac{1}{x}>\dfrac{1}{y}$　　$\dfrac{1}{x}＋\dfrac{1}{y}＝1$だから，$\dfrac{1}{x}$は$\dfrac{1}{2}$より大きく，$\dfrac{1}{y}$は$\dfrac{1}{2}$より小さい。
よって，$\dfrac{1}{x}>\dfrac{1}{2}$　　よって，$x<2$　　2より小さい自然数は1だけである。$x＝1$のときには$1＋$
$\dfrac{1}{y}＝1$となり，$\dfrac{1}{y}＝0$　　$1\div y＝0$となるyは存在しないので，$n＝2$のときには『すべての数の和
と，すべての数の積が等しい』ことを満たす異なる自然数は存在しない。① ＞，② ＞，ⓐ 1
（ ii ） $x<y<z$のとき，$xy<xz,\ xz<yz$　　よって，$xy<xz<yz$だから，$\dfrac{1}{yz}<\dfrac{1}{xz}<\dfrac{1}{xy}$　　よっ
て，最も大きい$\dfrac{1}{xy}$は$\dfrac{1}{3}$より大きいから$\dfrac{1}{xy}>\dfrac{1}{3}$　　よって，$xy<3$　　$xy＝2$が考えられ，$x＝1$，
$y＝2$　　よって，$\dfrac{1}{2z}＋\dfrac{1}{z}＋\dfrac{1}{2}＝1$　　両辺に$2z$をかけて，$1＋2＋z＝2z$　　$z＝3$　　よって，$(x,$
$y,\ z)＝(1,\ 2,\ 3)$　　ⓑ xy，ⓒ zx，ⓓ yz，ⓔ $\dfrac{1}{yz}$，ⓕ $\dfrac{1}{xz}$，ⓖ $\dfrac{1}{xy}$，ⓗ 1，ⓘ 2，
ⓙ 3　　③ ＞
（ iii ） $1\times2\times(n-1)<n$のとき，$2n-2<n$　　$n<2$　　よって，$n≧4$では成り立たない。ⓚ 2

やや難　(2) n個の異なる自然数を小さいものから$a_1,\ a_2,\ a_3,\ \cdots,\ a_{n-1},\ a_n$とすると，$a_1＋a_2＝a_1\times a_2$の
とき，$\dfrac{a_2}{a_1\times a_2}>\dfrac{1}{2}$　　$a_1＋a_2＋a_3＝a_1\times a_2\times a_3$のとき，$\dfrac{a_3}{a_1\times a_2\times a_3}>\dfrac{1}{3}$
同様に，$\dfrac{(n個の自然数のうち，最大の数)}{(n個の自然数の積)}＝\dfrac{a_n}{a_1\times a_2\times a_3\times\cdots\times a_{n-1}\times a_n}＝\dfrac{1}{a_1\times a_2\times a_3\times\cdots\times a_{n-1}}>$
$\dfrac{1}{n}$　　よって，$a_1\times a_2\times a_3\times\cdots\times a_{n-1}<n$　　ところで，$1\times2\times3\times\cdots\times(n-1)≦a_1\times a_2\times a_3\times$
$\cdots\times a_{n-1}<n$だから，$n≧4$のときは，$1\times2\times(n-1)≦1\times2\times\cdots\times(n-1)≦a_1\times a_2\times\cdots\times a_{n-1}<n$

よって，$1 \times 2 \times (n-1) < n$

4 （空間図形—立方体，三平方の定理，長さ，角度，投影された図の面積）

(1) △ABGで，AB＝2，BGは正方形の対角線なので，BG＝$2\sqrt{2}$，AGは立方体の対角線なので，AG＝$2\sqrt{3}$　△ABGの面積を2通りに表すと，$\dfrac{1}{2} \times AG \times BI = \dfrac{1}{2} \times AB \times BG$　$\sqrt{3}BI = 2\sqrt{2}$　BI＝$\dfrac{2\sqrt{2}}{\sqrt{3}} = \dfrac{2\sqrt{6}}{3}$

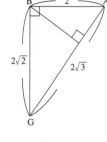

重要 (2) △ABIと△ADIは斜辺と他の1辺がそれぞれ等しい直角三角形なので合同である。よって，BI＝DI＝$\dfrac{2\sqrt{6}}{3}$　△IBDは二等辺三角形なので，IからBDに垂線IMを引けば，△IBM≡△IDMとなり，BM＝DM＝$\sqrt{2}$　△IBMで三平方の定理を用いると，IM＝$\sqrt{IB^2 - BM^2} = \sqrt{\dfrac{24}{9} - 2} = \dfrac{\sqrt{6}}{3}$　したがって，IB：IM：BM＝$\dfrac{2\sqrt{6}}{3} : \dfrac{\sqrt{6}}{3} : \sqrt{2} = \left(\dfrac{2\sqrt{6}}{3} \times \dfrac{3}{\sqrt{6}}\right) : \left(\dfrac{\sqrt{6}}{3} \times \dfrac{3}{\sqrt{6}}\right) : \left(\sqrt{2} \times \dfrac{3}{\sqrt{6}}\right) = 2 : 1 : \sqrt{3}$　よって，△BIMは内角の大きさが30°，60°，90°の直角三角形なので，∠BIM＝60°　∠DIM＝∠BIM　よって，∠BID＝120°

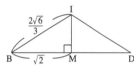

やや難 (3) AI⊥BI，AI⊥DIなので，AIは平面BIDとの交点を通る2本の直線に垂直なので，平面BIDに垂直である。よって，△BIDは平面Pに平行であるので，点Dから平面Pに垂線DXを引くと，△SGX≡△BID　よって，∠SGX＝120°　また，BSとDXは面ACTGについて対称であるので，∠SGT＝∠XGT＝60°　△ACG≡△GBAであるので，点CからAGまでの距離はBIに等しいから，TG＝SG　よって，△SGTは1辺の長さが$\dfrac{2\sqrt{6}}{3}$の正三角形である。点Fから平面Pに垂線FYを引くと，同様にして，△XGU≡△VGU≡△VGY≡△SGY≡△SGX≡△BIDがいえるので，図形STXUVYは1辺の長さが$\dfrac{2\sqrt{6}}{3}$の正六角形である。ところで，等辺の長さがaで頂角が120°の二等辺三角形の面積は1辺の長さがaの正方形の面積と等しく，1辺の長さがaの正方形の面積は$\dfrac{\sqrt{3}}{4}a^2$で求められるから，四角形STUVの面積は，$\dfrac{\sqrt{3}}{4} \times \left(\dfrac{2\sqrt{6}}{3}\right)^2 \times 4 = \dfrac{\sqrt{3}}{4} \times \dfrac{8}{3} \times 4 = \dfrac{8\sqrt{3}}{3}$

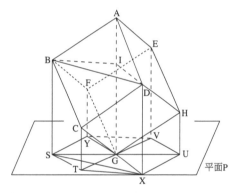
平面P

★ワンポイントアドバイス★

① (1)は$1 \times 2 = 2$などの1のカードを取り出す場合を忘れないように。② 三角形の面積の求め方を工夫する。③ $\dfrac{1}{a} < \dfrac{1}{b}$のとき，$a > b$であることが出発点になる。④ 点D，点Aからも平面Pに垂線を下ろして六角形で考えるとわかりやすい。

$+\alpha$ は弊社HP商品詳細ページ（トビラのQRコードからアクセス可）参照。

＜英語解答＞ 《学校からの正答の発表はありません。》

1 問1 （A）エ　（B）ウ　（C）ウ　問2 （例）解決されないまでもあなたの悩み
　　は和らぐ。　　問3 （2）ア　（4）ウ　問4　be released from his pain
　　問5 （5）2番目 イ　4番目 ア　（7）2番目 ア　4番目 イ
　　問6 （6）ア　（8）イ　問7 イ，オ，ク

2 問1 （1a）カ　（1b）オ　（1c）イ　（1d）エ　（1e）ウ　問2 イ
　　問3 ウ　問4　more complex as they grow older
　　問5 （例）言語の習得が起こるためには，いくつかの条件が満たされる必要がある。
　　問6 ウ　問7 ウ　問8　matter　問9 ウ，カ

3 イ，キ
4 （1）left　（2）found　（3）ring　（4）capital
5 （1）enough to　（2）been dead for　（3）so have　（4）he was, then
6 Part A　1　B　　2　C　　3　D　　4　D
　　Part B　1　B　　2　8　　3　19　　4　D
　　Part C　1　C　　2　D　　3　C　　4　A

○推定配点○
　各2点×50（1問5，5各完答）　　　計100点

＜英語解説＞

1 （長文読解問題・エッセイ：語句の用法，英文和訳，語句解釈，語句整序，語句選択補充，内容
　吟味）

（全訳）　僕は幼かったとき，一緒に遊ぶ特別な友達が持てるように犬が欲しかった。

　僕は大人たちが寄ってたかって僕を不当に扱うとき，特に彼らが僕の思い通りにさせてくれない
ときに僕に同情してくれる誰かが欲しかった。

　ようやく，母は抱きしめ，やさしくなでることをやめられない雑種の子犬を手に入れることを許
してくれた。僕は，グレン（彼の名前）と僕がまるで一体であるかのように彼に話しかけた。僕のま
だ短い人生で初めて，僕は自分自身よりも他者を大切に思うことがどのようなことであるかを経験
した。

　そのころを振り返ると，僕は今でも犬が異なる種の2者の中に作り出すことができる，崇高とも
言える，あの特別な感覚を味わうことができる。どちらも相手と話すことはできない。どちらも自
分の1日について，好きな色は何か，映画や服の好みや政治などについて話すことはできないが，
例えば，気分が落ち込んでいるときに自分の犬がやって来て隣に座ってくれるだけで何かが起こる。
心の中で何かが解放されて，それほど孤独を感じなくなる。まず本能的に，犬の頭や背中をなでて
やる。犬はいつでも応じてくれて，解決されないまでも，悩みは和らげられる。

　ある日，グレンが突然いなくなって (2)僕は取り乱した。母は，彼がとても特別なので他の何百匹
もの犬の中から選ばれて，鉱山の崩落で生き埋めになっていた炭鉱夫たちを救助するのに役立つよ
うに軍隊に訓練を受けているのだと説明した。もちろん，これは事実ではなかった。実はグレンは，
重病化していたジステンパーにかかっていたために殺処分されなくてはならなかったのだ。

　何週間も経つにつれて，僕は少しずつグレンは戻って来ないことを受け入れていったが，そのこ
とは何年も経ってから別の犬を手に入れることによってしか癒されることのない記憶を僕の心の中
に残した。

フリズビーが彼の名前で，彼はビアデッドコリーだった。妻のイゾベルがクリスマスのプレゼントに彼を僕にくれて，彼は明らかにそれまでで最高のプレゼントだった。彼は徐々に，ある不思議な体内時計のために，夜の9時になって，どのような天候でも散歩に連れて行ってもらわなければならない時間であることがわかって，僕が (4)仕方ないと応じて玄関に向かうまで強い決意で僕を見つめる友となっていった。(5)彼は僕の回りを飛び跳ねて，僕たちが分かち合おうとしている冒険の機会に喜んで吠えた。

僕は彼に住処を与え，食事を与え，散歩に連れて行き，フリズビーはそこにいるだけで僕に喜びを与えてくれた。僕が帰宅すると，車のドアから出ないうちに彼の興奮した吠え声が聞こえた。僕が玄関のドアを開けると，彼は少なくとも3回は僕の周りを走って，レスリングごっこをするために僕がひざをつくまで飛び跳ねた。それから，彼は次の遊びのためにかんで引っ張って遊ぶおもちゃを持って来た。それは，イゾベルが僕たちに食事を出してくれる前に最後の抱擁をするときに，彼が前足を僕の肩に乗せて終わるのが常だった。

イゾベルは家に入るときに同じように迎えられたが，彼女はレスリングごっこには興味がなく，フリズビーはくわえて持って戻ることになっている放り投げられたおもちゃで我慢するしかなかった。しかし，彼が知っているあらゆる芸を辛抱強く教えたのはイゾベルだった。

年月が経つにつれて，僕たちの愛しい友が関節炎を患っていて，苦痛から解放されなくてはならないことがはっきりとした。

僕は獣医のところまで彼を車で連れて行き，それが彼が車に乗る最後となった。彼はとても穏かに逝き，僕が彼の暖かさを感じたり，僕の言おうとしていることをわかろうとしているかのように彼の頭が一方に傾くのを見ることは二度とないのだということが，僕の心をひどく悲しませた。僕たちの人生に彼がいたという経験を忘れることは決してないだろう。

グレンとフリズビーは，犬には，どのような物質的な見返りも期待されることなく他の種を大切に思うために必要なものをほとんどの人間の中に生み出す自然の能力があるという証拠を僕に与えてくれた。歴史を通して，人間は残酷で非情なものであるが，犬という友がいなければ，僕たちはさらにどれほどひどいことになることだろうか。

問1　(A)　下線部の so は，「～するために」と目的を表す so (that) ～ can[may, will など]の so。エ「あなたの声が聞こえるようにもっと大きな声で話していただけますか」の so が同じ用法。　ア「私もそう思います」の so は「そう，そのように」の意味の副詞。　イ「私の家はいとこの家ほど広くない」の so は「それほど」の意味の副詞。　ウ「彼は高熱がある，だからパーティーに来ることができない」の so は「だから」の意味の接続詞。　(B)　下線部の to play は形容詞的用法の不定詞で，to play with は直前の a special friend を修飾している。ウ「彼女の父は彼女に中で遊ぶための広い部屋を作った」の to play が a large room を修飾する形容詞的用法。　ア「私は公園で遊ぶことが好きだ」の to play は like の目的語になる名詞的用法。イ「この川は中で遊ぶにはあまりに危険だ」の to play は〈too ～ to ＋動詞の原形〉「～するにはあまりに…，～すぎて…できない」の構文の to。この不定詞は「～するのに」の意味で形容詞・副詞を修飾する副詞的用法。　エ「その子供たちはたくさん遊んでとてもうれしそうだった」の to は感情の原因・理由を表す副詞的用法。　(C)　下線部の like は「～のような」の意味の前置詞。ウ「私はあなたの目が好きだ。それらは星のようだ」の like が同じ用法。　ア「あなたがよければ[好むならば]，私があなたと一緒に行きます」，イ「私は日曜日にジョギングに行くことが好きだ」，エ「子供は好もうが好まなかろうが，学校に行くべきだ」の like はいずれも一般動詞。

問2　下線部の前では，人間と犬は直接話すことはできなくても，気分が落ち込んでいるときなど

に犬が隣に座ってくれるだけで孤独を感じなくなること，本能的に犬をなでてやったりすれば，犬はいつも人間の気持ちに応じてくれることが述べらている。この文脈から，下線部は犬がこちらの気持ちに応じていてくれることで，troubles「悩み」は和らぐ[軽減される]といった内容であることが推測できる。ease は「和らげる」，solve は「解決する」という意味の動詞で，ここでは troubles を主語とした受動態で用いられている。if not は，if your troubles are not solved を省略した形。

問3　(2)　大切なペットであるグレンが突然いなくなってしまったときの筆者の反応なので，アが適切。be beside oneself で「取り乱して，我を忘れて」という意味を表す。　(4)　フリズビーが散歩の時間であることを知って，筆者に散歩に連れて行くように強く求めている場面。下線部の後で，筆者がドアに向かったことが述べられ，さらに次の文でフリズビーが喜んでいることから，筆者はフリズビーの求めに応じて散歩に出るためにドアに向かったと考えられる。この状況に合う意味はウ。relent は「折れる，優しくなる」という意味の動詞。

問4　グレンが軍による訓練のために連れて行かれたという母親の説明に対して，筆者は This was, of course, not true.「もちろん，これは事実ではなかった」と言っている。また，このときグレンがジステンパーにかかっていたという状況から，下線部の put down は「殺処分する」という意味と推測できる。最後の3つの段落では主にフリズビーについて述べており，最後から3つ目の段落では，フリズビーが関節炎にかかっていたことが述べられている。このことを踏まえると，この段落の後半にある be released from his pain「苦痛から解放される」は，最終的に殺処分されることで苦痛から逃れることができると解釈することができる。

やや難 問5　(5)　(… and barked with joy at)the opportunity of the adventure we were both about to share (in.)　at に続くので，at の後には名詞(句)や動名詞がくる。また，悪天候の中でフリズビーを散歩に連れて行こうとしている場面であることから，筆者とフリズビーがともに散歩という「冒険」をする，という内容が考えられる。これらのことから，at の目的語として the opportunity of the adventure「冒険の機会」を続け，the adventure を後ろから修飾する語句として we were both about to share「僕たちが分かち合おうとしている」を続ける。we の前に関係代名詞が省略された形。be about to ～「まさに～しようとしている」。　(7)　(… care for another species) without any material reward being expected.　与えられている語句に前置詞 without があるので，この後には名詞(句)または動名詞がくる。without の直後に名詞句 any material reward「どのような物質的な見返り」を続け，それを説明するように being expected「期待されている」を続ける。この場合の being は現在分詞で，expected と組み合わさって受け身の意味を表している。

問6　(6)　直後の bark を修飾する語として適切な方を選ぶ。excited は「(主語が)興奮している」，exciting は「(主語が他者を)興奮させる」という意味で，ここでは筆者が帰宅したときにフリズビーが興奮している状況が述べられているので，フリズビーの吠える声そのものが興奮している状態のものだったと考えるのが自然。したがって，excited が適切。exciting を入れると，フリズビーの吠える声が人を興奮させるようなものだったということになり，この場面には合わない。　(8)　同じ文の前半で，人間は残酷で非情なものだと述べ，but でつないで「犬がいなければ～」と続く。本文全体の内容から，犬は人間に他者を大切に思う気持ちを起こさせるものであることが読み取れるので，犬がいなければ人間の残酷さや非情さは現状よりもさらにひどくなると考えられる。したがって，比較級の worse が適切。

問7　ア「筆者は幼いころとても良い子だったので，両親に不当に扱われることはなかった」(×)第2段落に筆者が幼いころに大人たちに不当な扱いを受けたことが述べられているが，自分の両

親はそうではなかったという記述は本文中にないので一致しない。　イ「グレンと筆者は互いに自分の1日について話すことはできなくても，筆者はグレンがやって来て隣に座ったときに孤独感が減った」（○）　第4段落第2文の for example 以下，および第3文に述べられている内容と一致する。　ウ「グレンは鉱山の崩落で生き埋めになっていた人々を救助する手伝いをするために筆者のそばから姿を消した」（×）　第5段落第2文で，筆者の母親がいなくなったグレンについて，崩落事故で生き埋めになった人々の救助の手伝いをする犬として選ばれたと言ったことが述べられているが，その直後で筆者はそれを否定し，さらにジステンパーにかかって殺処分されなくてはならなかったと述べているので一致しない。　エ「筆者はグレンを失ってすぐに，たやすく悲しみを克服した」（×）　第6段落第1文から，筆者がグレンの死を受け入れるまで何週間もかかったことが述べられているので一致しない。　オ「フリズビーは毎晩散歩に出かけることを楽しみにしていた」（○）　第9段落第3文に，フリズビーが夜の9時は天候の状況にかかわらず散歩の時間であることを知るようになり，筆者に散歩に連れて行くことを強く求めたことが述べられているので一致する。　カ「筆者は家族全員のためにほとんどいつも食事を作っていた」（×）　第8段落最終文から，筆者の妻イゾベルが，筆者とフリズビーに食事を用意していたことがわかるので一致しない。　キ「フリズビーと筆者とイゾベルはよく一緒にレスリングごっこを楽しんだ」（×）　第9段落第1文にイゾベルはレスリングごっこには興味がなかったことが述べられており，イゾベルも筆者とともにフリズビーとレスリングごっこをしたという記述はないので一致しない。　ク「筆者は犬を飼うことは人が自分以外のものを大切に思う気持ちにさせると信じている」（○）　最終段落第1文で，筆者がグレンとフリズビーが犬には人間を他の種を大切に思わせる能力がある証拠を与えてくれたと述べていることに一致する。

2 （長文読解問題・説明文：語句選択補充，内容吟味，語句整序，英文和訳，指示語，語句補充）

（全訳）　ほとんどすべての子供は努力せずに言語を身につける。世界の多くの地域では子供は2，3の言語を話しながら成長する。そして，幼い子供が知らない国に引っ越してそこの学校に通うと，彼らは信じられないほどたやすくその新しい言語を「獲得する」ように思われる。

言語の習得は，6歳くらいまでの子供にはほとんど保証されているように思われる。彼らは簡単に言語を覚えることができるように思われる。彼らはまた，同じように簡単に言語を忘れてしまう。ほとんど衣服のように異なる言語を身につけたり脱ぎ捨てたりするかのようなのだ！　しかし，この言語習得の容易さは子供が10代に近づくにつれて徐々に目立たなくなり，その後は言語の習得がはるかに難しくなる。

ここで言う習得とは，努力をしているという意識をまったく持たずに一言いかえれば，文法や語いのことを考えたり，ちょっとした言葉がどうなってしまうかを心配したりすることなく言語を「手に入れる」方法のことを言っている。子供が2歳のころに自分の母語で音を出すようになると，私たちは彼らがそれを勉強しているのだとは思わない。私たちはそれが，最初は1語の発話，それから2語の発話レベルへ，そして彼らが成長するにつれて彼らが使う句や文がさらに複雑になるまで，自然に出てくるのを見ているだけだと思っている。

言語の習得が起こるためには，いくつかの条件が満たされる必要がある。まず最初に，子供は言語をたくさん聞く必要がある。そのように言語にさらされることが重要だ。第二に，彼らが聞く言語の種類が重要であることも明確だ。親が自分の子供に話しかけるとき，彼らは意識的にも無意識的にも言うことを単純化する。彼らは複雑な文や専門用語を使わない。彼らは，自分たちが言うことを子供の年齢や状況に合わせるためにざっと声の調子を変えながら，状況に合う言葉を使う。親の言葉は他の特色によっても特徴づけられる。彼らは自分の声が，友人と話しているならそうなるであろうものよりも高く，気持ちがこもって聞こえるように自分が使う抑揚を変えることが多い。

子供である間に，私たちはそのように大量の言葉にさらされる。さらに，私たちが聞く言語のほとんど—特に自分の親から聞く言語は，言語を聞きながら同時にその言語の使われ方も聞こえるように，典型的な社会，感情のやり取りの形で私たちに与えられる。最終的に，子供は食事を与えてもらったり理解してもらうために意思を伝えようとする，動機のある強い欲求を抱く。自分の両親（のちには他の大人たち）とともに，彼らはともに言語を作り上げる。そして彼らはそれを声に出してみて使う。この「声に出してみること」は，子供が単語や句を繰り返したり，独り言を言ったり，たいていは言葉遊びをしたりする形で示される。結局それは，とても (8)重要だと思われる必要なもの，欲しいもの，そして感情を伝えたいという彼らの強い気持ちなのだ。そして，子供時代を通してもその先も，ほとんどの人には自分が習得し続けている言語を使う機会と理由がとても多くある。

したがって，子供がある言語を習得するためには，3つの特徴的な状況が存在する必要があるようである。それにさらされること，それを使って意思を伝えようとする動機，そしてそれを使う機会である。

基本 問1　(1a)　第1段落およびその後の段落でも子供は言語を簡単に習得することについて述べられているので，without effort「努力せずに」とすると文脈に合う。　(1b)　「世界の多くの地域では子供は2, 3の言語を話しながら～」という文。grow up「成長する」と入れると文意が成り立つ。　(1c)　be capable of ～ で「～する能力がある」という意味を表す。ここでは，子供は言語を簡単に覚えることもできるが，簡単に忘れてしまうという特性を述べている。
(1d)・(1e)　子供が言語を簡単に覚えたり忘れたりすることを衣服の着脱に例えている文。put on ～「～を着る，身につける」，take off ～「～を脱ぐ」と対になる表現にするとこの例えに合う内容になる。

問2　下線部は「彼らは信じられないほどたやすくその新しい言語を『獲得する』ように思われる」という意味。この前の部分で，子供が簡単に言語を覚えることを述べていることから，イ「幼い子供は他の言語を覚えるのにほとんど困らない」が適切。　ア「幼い子供は自分の母語を簡単に覚えることができる」は第1段落の内容に合うが，下線部では，子供は他の国に行っても新たにその国の言語を簡単に覚えることを述べているので不適切。　ウ「子供は第2言語を習得するのに大人よりも多くの時間を必要とする」。「第2言語」とは母語以外の言語のことで，「子供は新しい言語も簡単に覚える」という下線部の内容と合わない。　エ「幼い子供は自分で簡単に新しい言語を作り出すことができる」。この内容の記述はない。

問3　下線部を含む文は，「私たちはそれが，最初は1語の発話，それから2語の発話レベルへ，そして彼らが成長するにつれて彼らが使う句や文がさらに複雑になるまで，自然に出てくるのを見ているだけだと思っている」という意味。下線部の them は children「子供たち」，it は their mother tongue「子供たちの母語」を指す。大人は子供たちが母語を勉強しているのだとは思わず，自然に母語が子供たちから言葉となって出てくる(come out)と思っているということを述べている。この内容に合うのはウ「人々は，初めての言語は子供たちによって自然に，そしてあまり考えたり注意したりせずに学ばれるものだということを理解している」。　ア「言語を習得することは難しいので，大人は子供たちが母語を話し始めるのを待たなくてはならない」は，本文で述べられている，「子供は容易に言語を覚える」という内容と矛盾する。　イ「親は，子供は新しい言語を覚えるべきではなく，外に出て遊ぶべきだと感じている」，エ「親は子供に勉強を強いるべきではなく，いつそうし始めるべきであるかを本人に決めさせてやるべきである」は本文で述べられていないし，「子供の言語習得」という本文のテーマにも合わない。

重要 問4　(… until the phrases and sentences they use gradually become) more complex as they grow older.　more complex「より複雑な」は become に続く補語。as は「～するにつれて」

という意味の接続詞。子供が成長するにつれて，子供が使う句や文が複雑になっていくということを述べている。

やや難 問5　〈in order to ＋動詞の原形〉「～するために」の to の前に，不定詞の主語 acquisition「（言語の）習得」が入っている。tale place は「起こる」という意味。met は meet の過去分詞で，この場合の meet は「（条件などを）満たす」という意味。

問6　全訳を参照。最初の They，2番目の they，4番目の they はすべて parents「親たち」を指す。3番目の they は their voices「彼ら（＝親たち）の声」を指している。

問7　下線部を含む文は，「私たちが聞く言語のほとんど―特に自分の親から聞く言語は，言語を聞きながら同時にその言語の使われ方も聞こえるように，典型的な社会，感情のやり取りの形で私たちに与えられる」という意味で，子供が主に親から聞く言語は，その言語の社会での使われ方（＝一般社会の中で，例えばある単語がどのような意味で使われているか，ある文脈の中でどのような表現が使われているか，といったこと）を反映しているということを述べている。この内容に合うのはウ「子供は，何が言われ，それがどのように言われているかの両方に注意を払って意思の伝え方を覚える」。　ア「私たちは，ほとんど子供の感情の表現のし方に注意を傾け，子供たちによって何が言われているかについてはそれほど注意を傾けない」，イ「子供が話すとき，親は自分たちが子供が必要としていることを理解する手助けとして子供の表情を見る」，エ「社会の多くの状況において，子供はするように求められていることを理解するのに困るかもしれない」は，いずれも本文中で述べられていない。

問8　空所の直後の most は the がないので最上級ではなく，「とても」という意味。空所を含む文の主語 their desire は「子供たちの強い気持ち」という意味で，空所を含む文は「それは，とても～だと思われる必要なもの，欲しいもの，そして感情を伝えたいという彼らの強い気持ちである」という内容。「必要なもの，欲しいもの，感情」を修飾することから，子供にとって「重要だと思われる」という意味にすると自然な文意になる。この前の段落の第4文にある matters「重要である」の原形を入れる。

問9　ア「幼い子供は10代になるまで新しい言語を習得するのは難しいことに気づくことが多い」（×）　幼い子供が母語以外の言語を覚えることが難しいことに気づくという記述はない。
イ「語いと文法に注意を傾けることは母語の習得のし方ではないかもしれないが，他の言語を学ぶための最も速い方法である」（×）　母語以外の言語を学ぶ最速の方法が語いや文法を重視することだという記述はない。また，母語以外の言語を学ぶにあたっての学習法についても本文では述べられていない。　ウ「子供は親に自分が必要なものを理解してほしいために話そうとする」（○）　最後から2つ目の段落の最後から2文目，「『（子供が）声に出してみること』は，子供が必要なもの，欲しいもの，感情を伝えたいという彼らの強い気持ちだ」という内容に合う。　エ「親は，子供が気楽になって子供がわかりやすくなるようにしたいために，子供に低い声で話しかける」（×）　第4段落最終文，「彼らは自分の声が，友人と話しているならそうなるであろうものよりも高く，気持ちがこもって聞こえるように自分が使う抑揚を変えることが多い」に合わない。
オ「大人は日常生活で新しい言語を使う機会があまりないので，新しい言語に苦労することが多い」（×）　大人が母語以外の言語を学ぶときの苦労については述べられていない。　カ「子供は6歳になるまではたやすく言語を習得するが，それをあまり聞くことがなければうまく習得できないかもしれない」（○）　第4段落第1，2文で，「言語を習得するのは，まず子供が言語をたくさん聞く必要がある」と述べていることに合う。

重要 ③　（正誤問題：関係代名詞，前置詞，比較，現在完了）
ア　「これが私の知っているすべてだ」I know が everything を修飾する場合，関係代名詞

which または that が適切だが，先行詞に「すべて」の意味が含まれる場合は that を使うのが基本。

イ 「お茶でも飲みながらその問題について話し合おう」 discuss 「〜について話し合う，〜を論議する」は他動詞で前置詞は不要。この場合の over は「〜しながら」の意味で，over a cup of tea で「お茶を飲みながら」の意味になる。正しい英文。

ウ 「東京は世界で最も大きな都市の1つだ」「最も〜な中の1つ」は，〈one of the ＋最上級の形容詞＋名詞の複数形〉で表す。city を複数形 cities にすれば正しい英文になる。

エ 「彼が私の宿題を手伝ってくれたので，私はそれを時間通りに渡すことができた」「(人)の〜を手伝う」は〈help ＋人＋ with 〜〉で表す。He helped me with my homework とすれば正しい英文になる。on time は「時間通りに」の意味。

オ 「私は小学校にいたとき，そこに3回行ったことがある」 when I was 〜 と過去の時点のことを述べるので，現在完了は使えない。have been there を went there とすれば正しい英文になる。

カ 「日本を訪れる観光客の数は最近増えている」 文の動詞 have been increasing に対する主語は The number で単数形なので，have ではなく has が正しい。〈have[has] been ＋動詞の〜ing形〉は現在完了進行形で，ある過去の時点から動作が続いていることを表す。

キ 「A：いくつか質問をしてもいいですか。／B：はい。喜んでお答えします」 mind は「〜を嫌がる」という意味の動詞で，Do you mind if 〜? は相手に依頼する表現になる。mind に対して答えるので，依頼を受ける場合は no(いいえ，嫌ではありません)で答える。

ク 「A：あなたの助けが必要です。いつ都合がよいか知らせてくれませんか。／B：今で大丈夫です。何が必要ですか」 convenient は「場所や物事が都合よい[便利だ]」という意味で，「人」を主語にしては使わない。「あなたの都合がよい」は it is convenient for you と表す。

4 （語句補充問題：語彙）

(1) 上は「次の信号を左に曲がってください」，下は「リチャードはもう学校に向かいましたか」という意味。上の left は「左へ」の意味の副詞。下の left は動詞 leave の過去分詞。

(2) 上は「私はその物語はおもしろいと思う」，下は「彼は会社を設立するためにお金を集めている」という意味。上の found は動詞 find の過去形。〈find ＋目的語＋補語〉で「〜が…だと思う[わかる]」という意味を表す。下の found は「設立する」の意味の動詞の原形。

(3) 上は「あなたには聞こえましたか。私には電話が鳴るのが聞こえたように思います」，下は「私は婚約者に結婚指輪を買うつもりだ」という意味。上の ring は「(電話・ベルなどが)鳴る」の意味の動詞の原形。〈hear ＋目的語＋動詞の原形〉で「〜が…するのが聞こえる」という意味。下の ring は「指輪，輪」の意味の名詞。

(4) 上は「アメリカ合衆国の首都はワシントンD.C.だ」，下は「必ず大文字で文を始めなさい」という意味。上の capital は「首都」の意味の名詞。下の capital は「大文字の」の意味の形容詞。「大文字」は capital letter と表し，この場合の letter は「文字」の意味の名詞。

5 （同意文書きかえ問題：不定詞，現在完了，時制）

(1) 上の文は「彼は親切にも私に道を教えてくれた」という意味。〈It is ＋ to 動詞の原形〉の構文だが，be動詞のあとにくる形容詞が人の性質を表す語の場合，to の前に〈of ＋人〉を入れて不定詞の主語を表す。〈形容詞[副詞] ＋ enough to ＋動詞の原形〉「〜するほど…」を用いて，He was kind enough to show me the way. と書きかえる。

(2) 上の文は「祖父が亡くなってから10年が過ぎた」という意味。pass は「(時間が)過ぎる」という意味の動詞。「死んでいる(状態だ)」という意味の形容詞 dead を用いて，My grandfather

has been dead for ten years. と書きかえる。「死んでいる状態が10年続いている」ということ を表している。

(3) 　上の文は「姉[妹]も私も2人とも何年間もピアノを弾いている」という意味。下の文は「私の 姉[妹]は何年間もピアノを弾いている」に続けて表すので、「私もそうだ」と考えて、so have I と続ける。〈so ＋(助)動詞＋主語〉で「～もそうだ」という意味を表す。ここでは前半が現在完 了の文なので、I の前に have を置く。

(4) 　上の文は「彼は昨日、私に『私は今、数学を勉強しています』と言った」という意味。下の 文では人の発言を直接示さない形で表す。接続詞 that のあとに〈主語＋動詞〉のそろった形を入 れるが、直接「彼」の言葉を引用するのではないので、主語は he にする。また、文全体が過去 の文なので、that 以下も合わせて過去時制にして he was studying とする。上の文の now は、 「今現在」から見て過去のことになるので、then「そのとき」に変える。

6　(リスニング問題)

Part A

A : Hello, Mr. Smith.　I heard you went to Aomori during winter break.

B : Oh, hi, Mr. Suzuki.　Yes, that's right.　Just a short four-day trip, but it was nice.

A : Did you drive up there?

B : I thought about it but decided to take the bus instead.　I'm sure the train's faster, but I wanted to save some money.

A : I see.　I've actually been there once, but I used the airport.

B : Really?　How was that?

A : Really convenient.　And it's faster and cheaper than the shinkansen.

B : You know, I didn't even think about flying there, but it sounds like a good idea.　Maybe I'll do that next time.

A : Next time?　So, you're already planning to go back?

B : Well, yes.　There's actually a lot to do and see.

A : I heard there are a lot of museums.　Did you go to any?

B : Yeah.　On my second day there, I went to the art museum, which was great, and after that, walked to two more museums that were nearby.　Both of those were history museums, and I bought some gifts at the second one.

A : Sounds nice.　What else did you do?

B : Well, the day after that, I rented a car and drove to a temple just outside the city.

A : Oh, the one with the Showa Daibutsu?

B : Yes, that's the one, and I couldn't believe how big it was.　Anyways, after that, and this is kind of embarrassing, but I had planned on going apple picking...

A : Apple picking?　In winter?

B : Yeah, that was the problem.　I was a couple of months too late.

A : Yeah, that's not really a winter activity, is it?

B : Nope.　So that's one reason I'd like to go back.　Anyways, after I realized I couldn't pick apples, I drove back to the city, returned the car, and went to an onsen.　After that, I just returned to the hotel for dinner.

A : I see.　And what about your last day there?

B : That was Thursday, and I checked out early so I could visit a fresh fish market and one more onsen that's near the bus station. And after that, I caught my bus for the ride home.

Part A　A：こんにちは，スミス先生。あなたが冬休み中に青森へ行ったと聞きましたよ。

B：ああ，こんにちは，スズキ先生。はい，その通りです。ほんの4日間の旅行でしたが，よかったですよ。

A：車で行ったのですか。

B：それについては考えたのですが，代わりにバスに乗ることにしました。電車の方が速いのは確かなんですが，お金を節約したかったのです。

A：なるほど。私も実は1度そこに行ったことがあるんですが，私は空港を使いました。

B：本当ですか。どうでしたか。

A：とても便利でしたよ。それに，新幹線よりも速くて安かったです。

B：ええ，飛行機でそこに行くのは考えもしませんでしたが，よい考えですね。次はそうしようかな。

A：次ですか。それでは，すでにまたそこに行く計画を立てているのですか。

B：ええ，はい。実際，したり見たりすることがたくさんありますから。

A：美術館がたくさんあると聞きました。どこか行きましたか。

B：はい。2日目に美術館へ行きましたが，すばらしかったです。そのあと，近くにあるさらに2つの美術館に行きました。それらは両方とも歴史博物館で，2番目のところでお土産を買いました。

A：いいですね。他には何をしたのですか。

B：ええと，その次の日に，車を借りて街を出たところにあるお寺に行きました。

A：ああ，昭和大仏のある寺ですか。

B：はい，それです。私はその大きさが信じられませんでした。とにかく，そのあと，これはちょっとやっかいでしたが，リンゴ摘みに行く計画を立てていました。

A：リンゴ摘みですか。冬に？

B：ええ，それが問題でした。2, 3か月遅かったのです。

A：ええ，実際，冬の活動ではありませんよね？

B：はい。だからそれが戻りたい1つの理由なんです。とにかく，リンゴを摘むことができないことを知ったあと，車で街に戻って，車を返して温泉に行きました。そのあと，ただ夕食をとりにホテルに戻ったのです。

A：わかりました。それで，最終日はどうでしたか。

B：木曜日で，魚市場とバス停近くのもう1つの温泉を訪れるために早い時間にチェックアウトしました。そのあと，家に帰るためにバスに乗りました。

Part A

あなたは冬休みについて話している2人の英語の先生の会話を聞きます。注意深く聞いて次の質問に答えなさい。

1　スミス先生はどのようにして青森へ旅行しましたか。

　　A　彼は車を運転した。　　B　彼はバスに乗った。

　　C　彼は飛行機に乗った。　　D　彼は電車で行った。

2　スミス先生はいくつの美術館を訪れましたか。

　　　A　1つ。　　B　2つ。　　C　3つ。　　D　4つ。

3　スミス先生は水曜日に何をしましたか。

A　彼は車で有名な寺へ行った。　　B　彼はホテルで熱い風呂に入った。

C　彼は土産物店を訪れた。　　D　彼は魚市場へ行った。

4　スミス先生がまた青森を訪れたら，何をすると考えられますか。

A　そこまで飛行機で行くが，別の季節に訪れる。

B　次の冬に行ってもっと温泉を訪れる。

C　新幹線を利用するが，もっと安いホテルに泊まる。

D　都心部以外の場所に泊まり，リンゴ農園に行く。

Part B

So, you're thinking about starting a new club. That's great. You'll need to write a plan with the following information on it, so make sure you take some notes.

First, you'll need the name of your club and the names of the teachers who will advise you, those are the club advisers, and you need two. Many teachers are busy, so please start asking sooner rather than later, without waiting for the last minute.

You'll also need a club president and vice president. These are the two main officers that you need to start a club. Below the officers, make a list of students who want to join your club. You need a total of eight students to start, but that can include the officers. If you already know who those are, then you only need six more students.

Below all that, you just need to write the days and place you hope to meet, and finally, a short comment about why you want to start the club.

Now, there are two important dates to keep in mind. First, the plan needs to be given to me by the third Friday of next month. And if everything's okay, you'll be able to start on the Wednesday after that.

But remember, if the plan is late or has any mistakes, you won't have another chance until October, so double check everything before you hand it in.

Part B

それでは，あなたたちは新しいクラブを始めることを考えているのですね。すばらしいことです。それに関する次の情報について計画を書く必要がありますから，メモを必ずとってください。

まず，あなたたちはクラブの名前とアドバイスをくれる先生方の名前，顧問の先生方で2名必要です。多くの先生は忙しいですから，最後まで待たずに，すぐにでもお願いし始めてください。

クラブの部長と副部長も必要です。この人たちは，クラブを始めるのに必要な2人の主要な役員です。その役員の下に，クラブに入りたい生徒の名簿を作ってください。始めるには全部で8名の生徒が必要ですが，役員を含めてで結構です。すでに役員がわかっていれば，あと6人の生徒が必要なだけです。

それらすべての下に，集まりたい曜日と場所を書くだけで，そして最後に，なぜそのクラブを始めたいかについて簡単に書く必要があります。

さあ，覚えておかなくてはならない重要な2日があります。まず，計画は来月の第3金曜日までに私に提出する必要があります。すべて問題なければ，その次の水曜日から始めることができますよ。

でも，忘れないでください，遅れたり何か間違いがあれば，10月まで次の機会はありませんから，提出する前に二重に確認してください。

Part B

あなたは新しいクラブについて指示をしている先生の話を聞きます。あなたのメモとカレンダーが下にあります。準備するのに20秒あります。さあ，準備を始めてください。

クラブを始めるためのメモ(4月15日)

●「新クラブ」の計画を書く

　✓　クラブ名

　✓　顧問(先生が2名必要！)

　✓　役員(部長と副部長が必要！)

　✓　部員の名簿

　　　―全部で$_A$8人の生徒が必要

　✓　曜日と集合場所

　✓　クラブの意義

●5月$_B$19日までに提出！！

1　先生はクラブの顧問について何を提案していますか。

　A　彼らと計画を共有する。

　B　早く探し始める。

　C　来月また彼らと話しをする。

　D　彼らの名前を最後に書く。

2　解答用紙の[　A　]に適する数字を入れてメモを完成させなさい。

3　解答用紙の[　B　]に適する日にちを入れてメモを完成させなさい。

4　先生はなぜ10月について述べているのですか。

　A　彼はもう一度計画を確かめなくてはならない。

　B　彼はクラブの最新情報が必要になる。

　C　その時期に新しい部員が加わることができる。

　D　クラブを始めるまた別の機会がある。

Part C

Have you heard the word wastewater? Maybe not, but most of us have heard of something called "food waste." Food waste, as you know, is "wasted food". It's the food that people didn't finish eating or the food that a restaurant or supermarket throws out. Basically, food waste is like garbage. Well, wastewater is different. It isn't water that we waste; rather, it's the water that we've used and is now dirty.

For example, in our homes we use water to do things like wash dishes and shower, All of this water becomes dirty with oils, soaps, and human hair among other things. This is what we call wastewater, and it is also produced by industry. In fact, a lot of the pollution in rivers comes from farms and factories that use large amounts of water, like paper factories. Now, the interesting thing about wastewater is that it is collectable, cleanable, and reusable.

Now, the process of cleaning wastewater is called water treatment, and it plays a big role in keeping people and the environment safe and healthy. This is why the United Nations includes wastewater treatment in its Sustainable Development Goals. In 2015, about 30 percent of wastewater was treated globally. However, most of this was done in developed nations like the U.S. and Japan, so the UN is working hard in the developing world to increase treatment. In fact, by 2030, the UN hopes to cut the amount of untreated wastewater from those 2015 numbers by half.

So, our question today is this: How exactly do we treat wastewater to make it clean?

Well, basically, it is a multistep process that uses natural methods and techniques from chemistry, and it is all quite interesting. So, let's start taking a look at the process now.

Part C

　排水という言葉を聞いたことはありますか。ないかもしれませんが，私たちのほとんどは「食品廃棄物」と呼ばれるもののことは聞いたことがありますね。食品廃棄物とは，ご存じの通り，「無駄になった食料」のことです。それは人が食べきれなかった食料，あるいはレストランやスーパーマーケットが捨てる食料です。基本的に，食品廃棄物は生ごみに似ています。さて，排水は違います。それは私たちが無駄にする水ではありません。と言うより，それは私たちが使って汚れた水です。

　例えば，私たちは家庭で皿洗いやシャワーといったことをするのに水を使いますが，こうした水のすべては，とりわけ油や石けんや髪の毛で汚れます。これがいわゆる排水と呼んでいるもので，それは工場からも出されます。実際，川の汚染の多くは，製紙工場のように，大量の水を使う農場や工場から出されます。さて，排水について興味深いのは，それが収集可能で，きれいにすることができ，再利用が可能なことです。

　さて，排水をきれいにする工程は水処理と呼ばれ，人や環境を安全で健康的にしておくうえで大きな役割を果たしています。こういう訳で，国際連合は水処理を持続可能な開発目標に含めているのです。2015年に，排水のおよそ30パーセントが世界で処理されました。しかし，このほとんどは合衆国や日本のような先進国で行われたので，国連は処理を増やすように発展途上国で懸命に働いています。実際，2030年までに，国連は2015年の数字から未処理の排水の量を半分に減らすことを望んでいます。

　ですから，私たちの今日の問題は，排水をきれいにするためにいかに正確にそれを処理するのか，ということです。ええと，基本的に，それは自然の摂理と化学の技術を使う多段階の工程で，まったく興味深いものです。では，今からその工程を見ていきましょう。

Part C

　あなたは発表の出だしを聞きます。注意深く聞いて次の質問に答えなさい。

1　発表者はなぜ「食品廃棄物」について述べているのですか。
　A　環境問題を説明するため。
　B　再生利用の成功例を挙げるため。
　C　排水とは何かを説明するのに役立てるため。
　D　それが排水とどれほど似ているかを示すため。

2　発表者によると，排水に関する1つの良いことは何ですか。
　A　それは紙のような製品を作るために工場によって使われることができる。
　B　それは食品廃棄物よりも環境への被害が少ない。
　C　人々は日常の習慣を変えることによって，家でそれを廃棄する量を減らすことができる。
　D　私たちはそれから汚れを取り除いたあとで再びそれを使うことができる。

3　国連の計画がうまくいったら，2030年にはどれくらいの排水が処理されますか。
　A　30パーセント　　B　50パーセント　　C　65パーセント　　D　70パーセント

4　あなたが聞いたことに基づくと，この発表に最も適する題名は何ですか。
　A　どのようにして汚水をきれいにするか　　B　食品廃棄物と排水を減らす
　C　排水の様々な利用　　D　国連の安全な水の計画

┌─ ★ワンポイントアドバイス★ ─────────────

④の問題では，両方の空所に入る語がわからなくても答えることはできる。いずれか一方の空所に入る語がわからなくても，もう一方の空所に当てはまる語が思いつけば，迷わずその語を答えよう。

<理科解答> 《学校からの正答の発表はありません。》

1　問1　ウ，エ　　問2　あ　青　　い　赤　　う　水　　問3　ウ
　　問4　$2NaHCO_3 \rightarrow Na_2CO_3 + H_2O + CO_2$　　問5　22：9　　問6　1.3g
2　問1　B　　問2　黒雲母　　問3　あ　a　　い　b　　問4　偏西風　　問5　ウ　　問6　ウ
　　問7　キ　　問8　5.7倍　　問9　ウ
3　問1　20.0hPa　　問2　8.00N　　問3　0.0240hPa　　問4　ウ　　問5　4.80N
　　問6　4.0cm　　問7　$1.00kg/m^3$
4　問1　あ　組織　　い　毛細血　　う　リンパ　　問2　ア　　問3　(1)　0.5mm/s
　　(2)　毛細血管　　問4　(1)　エ　　(2)　①　肺胞，肺　　②　柔毛，小腸　　問5　エ

○推定配点○
1　各2点×6(問2完答)　　2　問1〜問6　各1点×6(問3完答)　　他　各2点×3
3　各2点×7　　4　各1点×12　　計50点

<理科解説>
1　(分解―炭酸水素ナトリウムの熱分解)
　問1　石灰水を濁らせた気体は二酸化炭素である。選択肢の操作では，アとイは酸素，ウとエは二酸化炭素，オは水素がそれぞれ発生する。
　問2　塩化コバルト紙は，水の有無を調べる試薬である。水がないときは青色で，水があるときは赤色になる。
　問3　白い固体である物質Xは炭酸ナトリウムである。もとの炭酸水素ナトリウムは，水に少し溶けて弱いアルカリ性を示すが，物質Xである炭酸水素ナトリウムは，水によく溶けて強いアルカリ性を示す。アでは炭酸ナトリウムの方が赤色になる。イではアルカリ性なので青色になる。エではどちらも無臭である。
基本　問4　炭酸水素ナトリウムは$NaHCO_3$であり，加熱によって，炭酸ナトリウムNa_2CO_3と水H_2Oと二酸化炭素CO_2とに分解する。
　問5　表1の質量比をもとにすると，二酸化炭素分子CO_2の質量は$12+16×2=44$，水分子H_2Oの質量は$1×2+16=18$である。よって，求める比は44：18＝22：9となる。
重要　問6　表1の質量比をもとにすると，炭酸水素ナトリウム$NaHCO_3$の質量は$23+1+12+16×3=84$である。また，物質Xである炭酸ナトリウムNa_2CO_3の質量は$23×2+12+16×3=106$である。化学反応式によると，2個の$NaHCO_3$から1個のNa_2CO_3ができるので，分解したときの質量比は，84×2：106＝84：53である。この比から，炭酸水素ナトリウムが2.0gのときに生じる物質Xの質量は，$84：53=2：x$ より，$x=1.26\cdots$で，四捨五入により1.3gとなる。
2　(火山，太陽系―火山灰の鉱物，金星の見え方)
基本　問1・問2　鉱物Aは，純粋なものは無色の石英である。鉱物Bは，白色やうす桃色の長石である。

鉱物Cは，黒色で板状の結晶であり，うすくはがれやすい黒雲母である。鉱物Dは暗い色で短柱状の輝石である。鉱物Eは黄緑色の結晶のかんらん石である。

重要 問3 火山灰aは，石英や黒雲母を含んでおり，SiO₂の割合の大きい流紋岩質のマグマによる火山活動で生じている。マグマの粘り気が大きく，山体の傾斜は急で，爆発的な噴火をしやすい。一方，火山灰bは，輝石やかんらん石を含んでおり，SiO_2の割合の小さい玄武岩質のマグマによる火山活動で生じている。マグマの粘り気が小さく，山体の傾斜は緩やかで，大量の溶岩をおだやかに流し出す噴火をしたと考えられる。

問4 日本など中緯度の上空にはつねに西から東へ偏西風が吹いている。そのため，規模の大きい火山の噴火によって，高いところまで火山灰が達すると，火山灰は東の方へ多く流される。

問5 火山灰には，鉱物本来の形をした結晶の他に，細かい泥などの粒子が混ざっている。そこで，蒸発皿に取って水を加え，指の柔らかい部分で押すように洗う操作を何度か繰り返し，細かい粒子を除去して，目的の結晶だけ残す。

問6 肉眼の向きに直したとき，金星の左下側が光っていたのだから，太陽は金星の左下側にある。この位置関係になるのは，早朝，日の出の直前の東の空である。

問7 早朝，日の出の直前の東の空に見える月なので，金星と同様に左下側が細く輝いている。南の空での向きに直すと，下弦（オ）と新月（ク）の間のキがあてはまる。

問8 地球と金星の距離が近いほど，見かけの直径は大きく見える。地球と金星の距離が最小となるのは，太陽・金星・地球がこの順で一直線に並んだときであり，その距離は，地球の軌道半径を基準にすると$1-0.70＝0.30$である。一方，地球と金星の距離が最大となるのは，金星・太陽・地球がこの順で一直線に並んだときであり，その距離は$0.70＋1＝1.70$である。これらの距離の比は$0.30：1.70$である。見かけの直径は距離に反比例するので，見かけの直径の比は$1.70：0.30$となり，求める値は$1.70÷0.30＝5.66…$で，四捨五入により5.7倍となる。なお，地球から見て太陽と金星が重なっている場合には，観察することができないので，実際には5.6倍よりもやや小さい。

問9 地球から見た金星は，太陽光の0.8倍を反射して光って見える。太陽光に対する金星の反射率が0.8から0.3に低下すると，地球から見える金星は，現在よりも暗く見える。一方，金星の大気や表面が太陽光を吸収する割合は，0.2から0.7に上昇するので，金星の表面温度はさらに上昇する。

③ （力のはたらき―水圧の大きさ）

問1 水の深さ20.0cmで，水面に平行な1m²の面を考えると，その上にある水の体積は$20.0×100×100＝200000（cm^3）$である。水の密度が$1.00g/cm^3$なので，質量は200000gであり，この水にはたらく重力は2000Nである。よって，求める圧力は2000N/m²である。単位は$Pa＝N/m^2$であり，$1hPa＝100Pa$なので，$2000N/m^2＝20.0hPa$である。

問2 円板の下面の面積は$40.0cm^2＝0.004m^2$だから，下面が受ける力は，$2000×0.004＝8.00（N）$となる。

やや難 問3 圧力どうしを比較するので，断面積はいくらでも構わない。そこで，断面積1m²，厚さ20cmの円筒の中にある空気を考える。空気の体積は$0.200×1＝0.200（m^3）$である。空気の密度が$1.20kg/m^3$なので，質量は$1.20×0.200＝0.240（kg）$であり，この空気にはたらく重力は2.40Nである。よって，求める圧力は$2.40N/m^2＝2.40Pa＝0.0240hPa$である。

問4 水面で測定した気圧の1013hPaは，十の位以上は測定されたそのままの値，一の位は小数第1位を四捨五入した値であり，小数第1位以下の値は測定されていない。つまり，1013hPaという値そのものに±0.5Pa程度の誤差が含まれる。そこに，問3の0.024hPaを足し算して，1013.024hPaと求めても意味がない。よって，問題の実験で0.024hPaの差は充分に小さく，無視しても構わない。

なお，アは正しい内容だが設問の理由にはならない。イは水の密度の方がはるかに大きい。

やや難 問5　円筒そのものは手で支えているので，円筒の質量は考慮しなくてよい。また，問3と問4でみたように，大気圧の差も無視できる。この条件で，円盤にはたらく力のつり合いを考える。水から円盤の下面に上向きにはたらく力は，問2で求めた8.00Nである。また，円板の上面は40.0－30.0＝10.0（cm²）＝0.001（m²）が水と接しているから，水から円盤の上面に下向きにはたらく力を問2と同様に求めると，2000×0.001＝2.00（N）となる。さらに，円板の質量が120gだから，下向きにはたらく重力は1.20Nである。以上より，円筒が円板を下向きに押す力をF〔N〕とすると，力のつり合いは，8.00＝2.00＋1.20＋F　より，F＝4.80Nとなる。

問6　水圧は深さに比例し，問1で，深さ20.0cmでの水圧が20.0hPaと求まっている。求める深さをd（cm）とすると，そこでの水圧は，d（hPa）＝100d（Pa）と表せる。このとき，水から円盤の下面に上向きにはたらく力は，100d×0.004＝0.4d〔N〕，水から円盤の上面に下向きにはたらく力は，100d×0.001＝0.1d（N），円板にはたらく下向きの重力が1.20Nである。円板が円筒から離れる瞬間に，円筒が円板をおす力は0になるので，力のつり合いは，0.4d＝0.1d＋1.20　より，d＝4.00cmとなる。

問7　標高差3000mでの気圧差が1013－713＝300（hPa）＝30000（Pa）である。これは，底面積が1m²で高さ3000mの空気柱の重さが30000Nであること示す。その30000Nの重さを生じる空気の質量は3000kgである。また，空気柱の体積は1×3000＝3000（m³）である。よって，求める密度は，3000÷3000＝1（kg/m³）となる。

4　（ヒトのからだ―血液の循環）

問1　組織液は，血液の液体成分である血しょうが毛細血管の外にしみ出し，細胞の周囲を満たしている液である。組織液は，再び毛細血管に戻ったり，一部はリンパ管に入ったりする。

問2　組織液は，血しょうがしみ出した液なので，血球は含まない。組織液は，毛細血管から細胞へ酸素や栄養分を渡し，細胞から毛細血管へ二酸化炭素や不要物を回収する。そのため，これらの成分は含んでいる。

重要 問3　（1）各地点の平均の血流速度は，血管の断面積の合計に反比例する。よって，平均の血流速度が最も遅いのは，血管の断面積の合計が最も大きいCである。AとCの血管の断面積の合計の比が，5：600だから，平均の血流速度は600：5＝60：0.5となり，求める値は0.5mm/sとなる。
（2）Cは，直径0.008mmの血管が12億本もあり，血管が分岐してから合流するまでの部分なので，毛細血管である。

問4　（1）細い血管に分かれることで，各部分の細胞に血液を行きわたらせやすい。また，表面積が増えるので，物質の受け渡しの効率がよい。ただし，血球の大きさに対して1本1本の血管が細いため，摩擦は大きく，血液は速やかには流れにくい。
（2）酸素を取り入れる肺は，小さい肺胞が多数集まった構造である。ブドウ糖を取り入れる小腸の壁には，小さい柔毛が多数ある。いずれも毛細血管に物質を吸収する効率がよい。

問5　ア：誤り。弁は，血液の流れの力が弱く，逆流しやすい静脈に主に存在する。
イ：誤り。多くの臓器では文の通りだが，肺については，心臓からくる肺動脈よりも，心臓へ向かう肺静脈の方が，血液の酸素濃度が高い。
ウ：誤り。心臓には，心臓自身に酸素や栄養分を供給する冠動脈から分かれた毛細血管がある。肺には，肺胞の一つ一つに毛細血管が張りめぐらされ，酸素と二酸化炭素の交換をしている。
エ：正しい。心臓から出る動脈は，壁が厚く弾力があり丈夫である。

★ワンポイントアドバイス★

基礎基本に忠実に解き進めよう。ただし，問題文で与えられた条件などはよく把握し，上手に活用しよう

＜社会解答＞　《学校からの正答の発表はありません。》

1　問1　1　源頼家　　2　侍所　　3　浦賀　　4　東郷平八郎　　問2　江田船山古墳
　　問3　古事記　　問4　イ　　問5　カ　　問6　富士　　問7　北条泰時　　問8　ウ
　　問9　イ　　問10　大分(県)　　問11　(例)　鯨油を得るために，くじらを捕らえていた。
　　問12　イ　　問13　与謝野晶子　　問14　エ

2　問1　(1)　A　秋田(県)　　B　青森(県)　　(2)　イ　　問2　(1)　(例)　瀬戸内の気候に
　　属し，年間を通して降水量が少ないため，農業用水を確保するためにつくられた。
　　(2)　ウ　　(3)　(例)　うどんの主原料である小麦は，米との二毛作で栽培されている。
　　問3　(1)　浜名湖　　(2)　ア　　(3)　東海道　　(4)　ア　　問4　ウ
　　問5　バイカル湖　　問6　イ　　問7　ロシア　　問8　(1)　(ⅰ)　水鳥　　(ⅱ)　湿地
　　(2)　イ

3　問1　ア　　問2　イ　　問3　イ　　問4　生存　　問5　生活保護
　　問6　厚生労働　　問7　(1)　イ　　(2)　終身雇用　　問8　ウ
　　問9　ウ(と)カ　　問10　(1)　A　ジェンダー　　B　女子差別撤廃
　　C　政治　　(2)　イ　　問11　右図

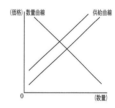

○推定配点○

1　各1点×17　　2　各1点×17　　3　問11　2点　　他　各1点×14　　計50点

＜社会解説＞

1　(日本と世界の歴史―三浦半島を題材にした歴史)

基本　問1　1　源頼家は，鎌倉幕府2代将軍(在職1202～1203年)。頼朝の長子。母は北条政子。北条氏に強請されて将軍職を弟実朝に譲り，比企能員と結んで北条氏を除こうとしたが，伊豆の修善寺に幽閉され，北条時政らに殺害された。　　2　侍所は，1180年，源頼朝が御家人統制を主な目的に設置した政治機関。初代長官(別当)は和田義盛。1213年和田氏滅亡後は，執権北条氏が別当を独占した。　　3　浦賀は，神奈川県三浦半島の東端，江戸湾口の要港として発展した港町。現在，横須賀市に属する。1720年，江戸幕府はこの地に浦賀奉行を置き，江戸湾出入りの船を監視させた。1853年ペリーが来航し，幕府に開国を迫った地として著名である。　　4　東郷平八郎は，明治～昭和前期の海軍軍人。薩摩藩出身。戊辰戦争に従軍し，1871～78年，海軍士官となりイギリスに留学。日清戦争のとき浪速艦長として活躍。日露戦争では連合艦隊司令官として日本海海戦でロシアのバルチック艦隊を撃滅した。のちに元帥となる。

問2　江田船山古墳は熊本県玉名郡和水町(なごみまち)にある5世紀後半の前方後円墳。1873年に出土した鉄刀の75文字の銀象嵌(ぎんぞうがん)による銘にワカタケル大王と推定できる人名が確認できる。

問3　古事記は，現存する日本最古の歴史書。稗田阿礼が暗唱した帝紀および先代の旧辞を，太安万侶が元明天皇の命により編集して712年に献上したもの。神代から推古天皇までを内容とし，

天皇の支配による国家の建設という意図により構成されている。

問4　防人は，古代，北九州防備のために設置された兵士。663年の白村江の戦いで，唐・新羅の連合軍に敗れた後，防備を強化するため，大宰府を中心に壱岐，対馬などに強健な東国出身の兵士をあてた。アー口分田は，男女ともに与えられた。ウー多賀城ではなく，大宰府。多賀城は蝦夷経営の拠点として現在の宮城県に置かれた。エー聖武天皇が建立を命じたのは国分寺，国分尼寺や東大寺。平等院鳳凰堂を建立したのは藤原頼通。

問5　c（939～941年）→b（1051～62年）→a（1156年）。

基本　問6　富士川は，山梨県および静岡県中央部を南流し，駿河湾に注ぐ川。赤石山脈に発する釜無川と関東山地に発する笛吹川が甲府盆地で合流して，富士川となる。1180年10月，源頼朝軍と平維盛・忠度・知度などの軍が富士川を挟んで対した合戦（富士川の戦い）が有名。

問7　北条泰時は，鎌倉幕府3代執権。義時の長子。1221年，承久の乱に際し，幕府軍の大将として上洛し，叔父時房とともに初代六波羅探題となる。1232年，最初の武家法である御成敗式目を制定し，北条氏の執権政治を強化した。

やや難　問8　朝倉氏は，越前（福井県）の戦国大名。応仁の乱に際し，斯波家の内紛に乗じて，朝倉孝景は越前国を横領して守護に任じられ，一乗谷に城を構え，領国支配を固めた。しかし，織田信長に対抗し，1573年滅亡した。

やや難　問9　名誉革命は，1688年，イギリスで，王政復古後のジェームズ2世の専制政治を倒し，議会制民主主義を確立した市民革命。1689年に「権利の宣言」，それを法制化した「権利の章典」が定められ，「王は君臨すれども統治せず」という伝統に基づく，議会中心の立憲君主制が確立された。アーアヘン戦争は1840～42年。ウー十字軍が派遣されたのは11～13世紀。エークロムウェルがイギリス国王チャールズ1世を処刑したのは1649年。

問10　豊後は旧国名の一つで，現在の大分県の中部・南部に相当する。1600年，オランダ船リーフデ号は，豊後国の臼杵湾に漂着した。

重要　問11　鯨油は，くじらの脂肪組織からとった油脂で，かつては灯油，マーガリン，石鹸などの原料として用いられた。産業革命期にあったアメリカ合衆国では，夜間，工場を操業するために，灯油用の鯨油の需要が高かったといわれる。

問12　ルイ14世は，フランス王（在位1643～1715年）。ブルボン朝の最盛期を築き「太陽王」とよばれた。ヴェルサイユ宮殿の主要部は，ルイ14世時代につくられ，数次にわたり増改築が繰り返された。アーフランスではなく，ドイツ。ウー革命当初は立憲君主制，その後，共和制が宣言された。エーピョートル1世ではなく，アレクサンドル1世。

問13　与謝野晶子は，明治期から昭和期の浪漫派の歌人。与謝野鉄幹を慕って1900年に新詩社に入り，翌年結婚。歌風は情熱的で華麗。日露戦争を批判する長歌を雑誌『明星』に発表した。代表作は歌集『みだれ髪』。

問14　b（1950年）→c（1955年）→a（1962年）。

[2]　（地理―湖をテーマにした日本，世界の地理）

重要　問1　(1)　図1は十和田湖。十和田湖は，青森県十和田市と秋田県鹿角郡小坂町にまたがる湖で，江戸時代より境界が不明確で，明治維新後も十和田湖の湖面の境界線は長く決まっていなかった。2008年に青森市で開かれた北海道・北東北知事サミットにおいて，湖面の境界線を青森県6：秋田県4という割合で県境を画定することで最終合意した。　(2)　十和田湖は，典型的なカルデラ湖。八甲田火山群の初期の活動による陥没で湖の輪郭が形成され，中央火口丘成立後2度目の陥没で中海（十和田湖の中南部の2つの半島に挟まれた特に深い部分）が形成された。洞爺湖も同様に典型的なカルデラ湖である。なお，琵琶湖は典型的な断層湖（E）。中禅寺湖は典型的な堰き止

め湖（D）。

基本 問2　(1)　図2は満濃池。満濃池は香川県まんのう町にある全国有数の農業用のため池で，讃岐平野の干ばつを防ぐために建設されたとされる。　(2)　満濃池は大宝年間（701〜704年）に築かれ，821年から3年かけて空海らが修築したと伝えられる。　(3)　二毛作は，1年に同一の耕地に2回，別の作物を作付けすること。讃岐平野では，稲を表作，小麦を裏作とする二毛作が盛んである。なお，二期作は，同じ耕地に1年2回同じ作物（主に稲）を栽培し，収穫することをいう。

問3　(1)　浜名湖は，静岡県南西部に位置する汽水湖。1498年の津波で遠州灘への開口部（「今切」）を生じた。湖岸線は屈曲に富み，魚介類も豊かである。　(2)　霞ヶ浦は淡水湖に分類される。(3)　東海道は，江戸時代の五街道の一つで，江戸日本橋から沿海諸国を経て京都に至る。「今切」では，江戸時代，東海道の渡船が通い，「今切の渡」とよばれた。また，今切の西には，新居の関所が置かれた。　(4)　浜名湖の周辺には，自動車，電気機械，楽器などの工業が発達しているが，製紙工場のめだった立地は見られない。静岡県で製紙工場が集積しているのは富士市，富士宮市付近である。

やや難 問4　湖Xはカスピ海。カスピ海の面積は37.4万km²，日本の面積は37.8万km²。

問5　湖Yはバイカル湖。バイカル湖はロシア中東部，東シベリア南部にある湖で，世界最深の湖として知られる。断層で生じた凹地に水がたまってできた典型的な断層湖である。

問6・問7　湖X（カスピ海）は，ロシア，カザフスタン，トルクメニスタン，イラン，アゼルバイジャンの5か国が沿岸国。一方，バイカル湖の沿岸国はロシアのみである。

問8　ラムサール条約は，1971年，イランのラムサールで開催された会議で採択された条約。水鳥の生息地として国際的に重要な湿地とその動植物の保全を目的とする。日本では，2021年現在，釧路湿原，琵琶湖など53か所が登録されているが，同年，長野県には登録地はない。なお，鹿児島県は，藺牟田池，出水ツルの越冬地，屋久島永田浜，千葉県は谷津干潟が登録されている。

③　（公民―日本，世界の政治，経済，時事問題など）

やや難 問1　ODA（政府開発援助），OECD（経済協力開発機構），SDGs（持続可能な開発目標）の「D」は，いずれも「Development」（開発）の頭文字の「D」である。一方，GDP（国内総生産）の「D」は，「Domestic」（国内）の頭文字の「D」である。

問2　東西ドイツの統一は1990年。なお，ベルリンの壁が開放されたのは1989年。ア―2001年，ウ―1999年，エ―2003年。

やや難 問3　「性的マイノリティが様々な行政サービスや社会的配慮を受けやすくする，パートナーシップ制度を導入する」ことは，「人間が自らの意思に基づいて自分の人生の選択と機会の幅を拡大させること」に直結する政策である。

基本 問4　生存権は，社会権の中核的権利で，人たるに値する生活を営むための諸条件の確保を，国家に要求する権利。日本国憲法も第25条で，この権利を保障している。

問5　生活保護は，生活に困窮するすべての国民に対し，その最低限の生活を保障するために，その困窮の程度に応じて国が行う保護。1960年改正の生活保護法によって，生活扶助，教育扶助，住宅扶助，医療扶助，介護扶助，出産扶助，生業扶助，葬祭扶助の8種の扶助からなる。

問6　厚生労働省は，社会福祉・社会保障・公衆衛生・労働条件などを担当する中央行政機関。2001年に厚生省と労働省を統合して設置された。

やや難 問7　(1)　建設業は，3K（きつい・汚い・危険）のイメージが強く，積極的に働きたいと考える若年層は少なくなっている。そのため，就労者は減少傾向にある。なお，アは「情報通信業」，ウは「宿泊業・飲食サービス業」，エは「医療，福祉」である。　(2)　終身雇用は，企業が新規学卒者を正規の従業員として雇い，特別の事情がない限り定年まで雇用する慣行。高度経済成長期以

降，長期雇用を見直すべきだとの声もあり，多様な雇用形態もみられるようになった。

重要 問8　Aー国連環境開発会議は，1972年の国連人間環境会議から20周年を記念して，1992年，ブラジルのリオデジャネイロで開かれた20世紀最大規模の国連会議。持続可能な開発を共通理念に，リオ宣言，気候変動枠組条約，生物多様性条約などが採択された。Bー気候変動に関する政府間パネル(IPCC)は，国連環境計画，世界気象機関が地球温暖化での科学的調査や社会的影響の研究を各国の政府に呼びかけて設立された機関。世界の専門家が参加し，ほぼ5年ごとに温暖化に関する報告書を発表している。Cー気候変動枠組条約第21回締結国会議(COP21)は，2015年12月にフランスで開かれた国際会議。この会議で，2020年以降の地球温暖化防止対策の新しい法的枠組みであるパリ協定が採択された。

問9　中東戦争は，イスラエル国家建設以来，イスラエルとエジプトを中心とするアラブ諸国の間で起こった4回にわたる戦争の総称。第四次中東戦争では，アラブ諸国がいわゆる石油戦略をとり，世界的な経済混乱を引き起こした(石油危機)。

やや難 問10　(1)　A　ジェンダーは，歴史的・文化的・社会的につくられる男女の差異。男らしさ，女らしさなど。　B　女子差別撤廃条約は，女子に対するあらゆる形態の差別を撤廃するために，すべての適切な措置をとることを義務付けた国際条約。1979年に国連総会で採択され，1981年に発効。日本は1985年に批准している。　C　政治分野における男女共同参画推進法は，選挙での男女の候補数を「できるかぎり均等」にするよう，政党や政治団体に対して求めた法律。世界的におくれている女性の政治参加を推進するために，女性議員を増やすことをねらいとしているが，罰則規定はない。　(2)　「一票の格差」是正のため，選挙区の定数を変更する際には，議員一人当たりの有権者数が多い選挙区では定数を増やし，少ない選挙区では定数を減らす。

問11　一般に，商品の供給が減少すると，供給曲線は左に移動し，価格は上昇する。

―★ワンポイントアドバイス★―

問題数がかなり多いので，手際よく問題を解く必要がある。地理，歴史，公民を解く順番を工夫する必要があるかもしれない。

＜国語解答＞　《学校からの正答の発表はありません。》

一　問一　a　妊娠　b　途方　c　随分　d　惑　e　潜　問二　(例)　周りの人に甘えてケアされるだけという他者との固定された関係に甘んじ，弱者として死までの時間をやり過ごしたいという気持ち。　問三　(例)　自分が決めたことの責任は自分にあるのだから，自身が一人でその責任を負うべきだ。　問四　(例)　お互いが誠実に向き合うことでそれぞれが変化し，自己を生み出すような関係を結びながら生きること。

二　問一　(例)　訪問客は筆者の心を疲れさせ，静かな生活を乱す有り難くないものであったから。　問二　(例)　見慣れた四季の変遷とともに新鮮な食材を味わい，他人に煩わされることなく静かに過ごせる日。

三　問一　(例)　翁が瓜を一つ食べさせてほしいと頼んだのに，下衆どもに断られたこと。

問二　(例)　翁が瓜の種を拾って植えると，みるみる二葉が生えてきたから。

問三　(例)　翁が自分たちの目をくらませ，運んでいた瓜を全部食べてしまったから。

○推定配点○

一　問一　各2点×5　他　各10点×3　二　各15点×2　三　各10点×3　計100点

＜国語解説＞

一 （随筆―情景・心情，内容吟味，漢字の読み書き）

問一　a　女性が身ごもること。「妊」を使った熟語には，他に「懐妊」などがある。　b　「トホウもない」で，道理に合わない，とんでもないという意味になる。　c　思った以上に程度がはなはだしい様子。「随」を使った熟語は，他に「随筆」「付随」などがある。　d　音読みは「ワク」で，「疑惑」「誘惑」などの熟語がある。　e　他の訓読みは「もぐ（る）」。

問二　傍線部①について，一つ後の段落で「圧倒的非対称性のなかで，私がケアされるだけの弱者になってしまえば，みんな優しくしてくれるでしょう。ケアされるだけの弱者が，辛い辛いと自分に立てこもって，周りの人の優しさに甘えたとしても，周りのケアする人間は健康の強者なのだから，多少は許してくれるでしょう？そこには『ケアするもの―されるもの』の固定的なフォーマットがあり，そのマニュアル通りにやれば，とりあえず時間をやり過ごすことはできる」と説明しており，この内容を簡潔にまとめたものを解答の軸とする。さらに，「この『出会い』とは」で始まる段落に「出会う私もあなたも，この偶然の出会いによって変わってしまった二人のはず……出会った他者を通じて，自己を生み出す」とあるように，宮野にとって「圧倒的非対称性」や「『ケアするもの―されるもの』の固定的なフォーマット」を受け入れることは，相手も自分も変わることがなく自己を生み出すことができない，つまり「一〇〇パーセント自分を手放」すことである。この内容を，固定された他者との関係に甘んじ，などと言い換えて加える。

問三　直後の文で「『あなたが決めた』ことはあなた自身の責任で，一人で背負うべきものだという考え方です」と説明しており，この内容を簡潔にまとめる。一つ後の文に「ここにいる自分は」とあるので，「あなた」を「自分」という語に置き換える。

やや難 問四　「では，その情熱」で始まる段落に，「連結器と化すことに抵抗をしながら，その中で出会う人々と誠実に向き合い，ともに踏み跡を刻んで生きることを覚悟する勇気」と，傍線部③と同じ表現がある。この「連結器と化すことに抵抗をしながら，その中で出会う人々と誠実に向き合い」が意味するところを読み解く。「連結器と化す」は，「圧倒的非対称性」で始まる段落にあるように，他者との関係が一方的で固定されることを意味している。宮野は，「連結器」のような関係ではなく，「出会った他者を通じて，自己を生み出す」と述べていることから考えていく。偶然出会った他者と誠実に向き合うことで，それぞれの自己を生み出すような関係を結びながら生きることを，「共に踏み跡を刻んで生きる」と表現している。

二 （論説文―主題・表題，文脈把握）

問一　「訪問客があった」日が「吉日」であることは「滅多になかった」とあるように，筆者は「訪問客」を歓迎していない。一つ前の文の「訪問客の来たらしい気配がすると，私は，静かな水に小石でも投げられたような波動を胸に感じる」や，直前の文の「静坐の行が乱される」から，筆者にとって「訪問客」は静かな生活を乱す有り難くないものであったとわかり，この内容を理由とする。さらに，同じ段落の「文学青年」や「雑誌記者」，「電報」を届ける配達員，直後の段落の「興行者からの使者」の例から，筆者が「訪問客」にどのような気持ちにさせられるのかを付け加えてまとめる。

問二　「吉日」について，「風が静かで」で始まる段落に「風が静かで温かで，腹加減がよくって，いやな来客に妨げられないで，快く午睡でもした日が，まあ吉日といえばいわれた」とある。この一文を，続く「……この土地に静かに住んでいると，四季の変遷が，実によく心に映って行く……こういういい気持を感じながら，思う存分温かい汐風に浸って，脳裏の塵埃を拭って，胃の働きもよくして，家へ帰って午餐の膳に向って，新鮮な魚介や蔬菜を味う時は，十人並に，生きとし生けるものの刹那の幸福が感ぜられるのであった」という具体的な内容をふまえて，わかり

やすく言い換えて説明する。

三 （古文─内容吟味，文脈把握）

〈口語訳〉　しばらくの間じっと見つめて，翁が言うには，「その瓜を一つ私にも食べさせてください。喉が渇いてどうしようもない」と。瓜を持っていた下衆たちが言うには，「この瓜はみんな自分たちの私物ではないのだ。かわいそうだから一つ差し上げるべきだが，人（に頼まれて）京にやる者なので，食べられないのだ」と。翁が言うには，「情けをお持ちでなかった方々だなあ。（けれども）年老いた者を「哀れだ」と言うのは良いことだ。それならば翁が，瓜を作って食べよう」と言ったので，この下衆たちは，ふざけたことを言うようだと，おもしろく思って笑い合っていたところ，翁は，傍に木切れがあるのを取って，居た所の地面を掘り続けて，畑のようにした。その後でこの下衆たちは，「何事をしているのだ」と見ていると，（翁は）この食い散らかした瓜の種を拾い集めて，この耕してならした地面に植えた。その後，間もなく，その瓜の種から，双葉が生えてきた。この下衆たちは，これを見て，驚き見ているうちに，その双葉の売りは，ひたすら伸びに伸びて這えのびた。ただ葉も繁りに繁って，花が咲いて瓜がなった。その瓜は，ひたすら大きくなって，みなすばらしい瓜に熟した。

　その時，この下衆たちもこれを見て，「これは神など（の仕業）ではないか」と怖れて思っていると，翁は，この瓜を取って食べて，この下衆たちに言うには，「お前たちが食べさせなかった瓜は，このように瓜を作り出して食べるのだ」と言って，下衆たちにも皆食べさせた。瓜は多くあったので，道行く者たちも呼んで食べさせたので，（皆は）喜んで食べた。食べ終わったところ，翁は，「それでは失礼しよう」と言って立ち去った。行方はわからない。

　その後，下衆たちは，「馬に瓜を背負わせて出発しよう」と見ると，籠はあるが，その中に瓜は一つもない。その時，下衆たちは手を打って驚くことには限りがない。「翁が籠の瓜を取り出したのを，私たちの目をくらませて見せなかったのだ」と知って，悔しがったが，翁の行き先も知らないので，まったくむだで，みな大和に帰ったということだ。

問一　翁が，情けをお持ちでないと言っているのは，どのようなことに対してか。直前で，翁は「その瓜一つ我に食はせ給へ」と頼んだが，下衆どもは「この瓜は皆己れらが私物にはあらず……え食ふまじきなり」と断っている。この内容を簡潔にまとめて説明する。

問二　「奇異し」は，予期しないことに対して驚く様子を言う。前の「これ」が指示する内容を明らかにして理由とする。直前の「翁……この食ひ散らしたる瓜の核どもを取り集めて，このならしたる地に植ゑつ。その後，ほどもなく，その種瓜にて，二葉にて生ひ出でたり」という様子を指示しており，この内容を簡潔に述べ，「〜から。」で結ぶ。

 問三　直前の「翁の籠の瓜を取り出しけるを，我らが目を暗まして見せざりけるなりけり」と知ったからである。「下衆ども」が運んでいた瓜は，結局どうなったのかを加えて説明する。

─★ワンポイントアドバイス★─

設問で問われていることをしっかりと確認した上で解答しよう。設問を確認することで，解答の主語や文末など基本の形を決定することができる。

2022年度

★★★★★★★★★★★★★★★★★★★★★★

入 試 問 題

2022
年度

2022年度

開成高等学校入試問題

【**数　学**】（60分）　　＜満点：100点＞

【**注意**】　答案は指定された場所にかき，考え方や計算の過程がはっきりとわかるように心がけること（特に指示がある場合を除く）。

1．解答する際に利用した図はなるべくていねいにかくこと。

2．問題文中に特に断りのない限り，答えの根号の中はできるだけ簡単な数にし，分母に根号がない形で表すこと。

3．円周率は π を用いること。

4．試験中，机の上に置けるのは次のものだけです。これ以外の物品を置いてはいけません。

・黒しんの鉛筆またはシャープペンシル　　・消しゴム　　・コンパス　　・直定規

・三角定規一組（10cm程度の目盛り付き）　　・時計　　・メガネ

筆箱も机の上には置けませんので，カバンの中にしまってください。

1　以下の問いに答えよ。

(1)　2次方程式 $7x^2 - 4\sqrt{2}x + 1 = 0$ を考える。

　(i)　2つの解を求めよ。

　(ii)　(i)で求めた2つの解のうち $\dfrac{2}{5}$ に近い方を，小数第4位を四捨五入して，小数第3位まで求めよ。なお，$\sqrt{2}$ の近似値として1.414を用いてよい。

(2)　右の図のマスを，上下左右に1回あたり1マス移動する駒を考える。周囲の枠の外と塗られた部分に移動することはできないが，それ以外は自由に移動できる。この条件のもとで，以下の問いに答えよ。

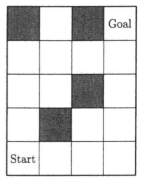

　(i)　Startと書かれた位置にある駒が，7回の移動でGoalと書かれたマスに到着する場合の数を求めよ。

　(ii)　Startと書かれた位置にある駒が，ちょうど9回目の移動ではじめてGoalと書かれたマスに到着する場合の数を求めよ。

2　文字式 A，B に対する，次の操作1，2を考える。

操作1　A を $\dfrac{B^2+1}{A}$ で置き換え，B はそのままにする。

操作2　B を $\dfrac{A+1}{B}$ で置き換え，A はそのままにする。

　以下では，分母は常に0でないと仮定してよい。いま，$A = x$，$B = y$ の状態から出発して，操作1，2を交互に繰り返すことを考える。まず操作1を行うと，B は y のままで A が

$$\frac{B^2+1}{A} = \frac{y^2+1}{x}$$

に置き換わる。続けて操作2を行うと、今度はAが$\dfrac{y^2+1}{x}$のまま、Bが

$$\frac{A+1}{B}=\frac{\dfrac{y^2+1}{x}+1}{y}=\left(\frac{y^2+1}{x}+1\right)\times\frac{1}{y}=\frac{y^2+1+x}{xy}$$

に置き換わる。

　なお、文字式で作られる分数に対しても、分子・分母に同じ式がかけられたものは同一とみなす。たとえば

$$\frac{xy-y^2}{x^2-y^2}=\frac{y(x-y)}{(x+y)(x-y)}=\frac{y}{x+y}$$

という具合である。

　以下の問いに答えよ。

(1)　$A=\dfrac{y^2+1}{x}$，$B=\dfrac{y^2+1+x}{xy}$ の状態から操作1を行った後のAを求めよ。なお分母が xy^2 に、分子が多項式になる形で解答すること。

(2)　(1)が終わった状態から操作2を行った後のBを求めよ。(1)と同様、分母が単項式に、分子が多項式になる形で解答すること。

(3)　(2)が終わった状態から操作1を行った後のAを求めよ。

(4)　(3)が終わった状態から操作2を行った後のBを求めよ。

3　1辺の長さが4の立方体を考える。この中に、次の条件を満たす正多面体Xを考える。
- 正多面体Xの各頂点には、5つの合同な正三角形が集まっている。
- 立方体の6つの面が、正多面体Xのいずれかの辺を含む。

また図のように、立方体の面に含まれる正多面体Xの1つの辺をQRとし、さらに△PQRが正多面体Xの面をなすよう、点Pをとる。

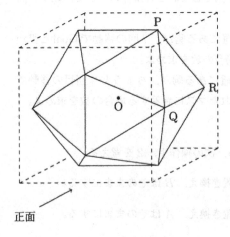

正面

この正多面体Xの体積を計算しよう。以下、辺QRの中点をSとする。

(1)正多面体Xの立面図（正面から眺めた図）を、解答欄に記入せよ。長さは必ずしも正確でなくてよい。ここで、解答欄に点線で描かれた正方形は、立方体を正面から見た図を表す。

以下の問題を解くにあたっては、解答欄(1)の図に考察をかき加えてよい。

(2) 正多面体 X の 1 辺の長さを 2ℓ とおく。

  (i)   PSの長さを，ℓ を用いて表せ。

  (ii)   三平方の定理を用いて，ℓ が満たす 2 次方程式を 1 つ作れ。方程式の右辺が 0 になり，かつ ℓ^2 の係数が 1 になる形で解答すること。

  (iii) ℓ を求めよ。

(3) 立方体の対称の中心をOとする。正多面体 X の全ての面は，点Oから等距離にある。この距離を h とする。

  (i)   △OPSの面積を求めよ。

  (ii) h を求めよ。解答にあたっては，分母の有理化を行うこと。

(4) この正多面体 X の体積を求めよ。

4   次の，先生と生徒「勉(つとむ)」君の会話を読んで以下の問いに答えよ。

> 先生：勉君は，「円に内接している四角形の性質」と「四角形が円に内接する条件」は知っているかな？
>
> 勉：前回の授業で先生に習ったので大丈夫です。
>
> 先生：では，今日はいきなり応用の難問に挑戦してみるよ。次の問題を考えてみよう。
>
> > 　点Oを共有する 3 つの円 C_1，C_2，C_3 を考える。
> >
> > 　C_1 と C_2 のO以外の交点をP，C_2 と C_3 のO以外の交点をQ，C_3 と C_1 のO以外の交点をRとする。ただしP，Q，Rは相異なる点とする。
> >
> > 　円 C_1 上に弧$\overset{\frown}{POR}$上にない点Aをとる。直線APと円 C_2 の交点をB，直線BQと円 C_3 の交点をDとする。ただし，BとQは異なる点とする。
> >
> > 　このとき，3 点A，R，Dは一直線上にあることを示せ。
>
> 勉：先生，いきなり難しすぎてどこから手を付けてよいかわかりません。
>
> 先生：では，私が図を描いてみるね。この図の場合に証明してごらん。ただし，どんな定理や性質を使ったかは明記してね。

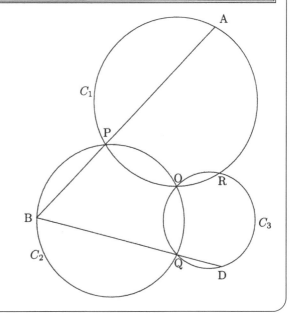

> 勉：こんな証明でどうでしょう？
>
> 　　　┌───┐
> 　　　│　　　　　　　　　　　　　　　　　　　　　　　　　　　　　│
> 　　　│　　　　　　　　　　　　　　**ア**　　　　　　　　　　　　　│
> 　　　│　　　　　　　　　　　　　　　　　　　　　　　　　　　　　│
> 　　　└───┘
>
> 先生：OKだ。でも，これだけでは元の問題を完全に証明したことにはならないよ。
>
> 勉：え？どうしてですか？
>
> 先生：君の書いた証明・説明が通用しないような場合イが考えられるんだ。そのような図を1
> 　　　つでいいから描いてみてごらん。
>
> 勉：なるほど，こんな図の場合は，僕の書いた証明ではダメなんてすね。
>
> 先生：この問題のように，幾何の問題は一般的に証明することはとても難しいんだ。他の図の
> 　　　場合などでどのようになるかなど，引き続き考えてみよう。

(1)　空欄アに入る証明を述べよ。

(2)　下線部イの「証明・説明が通用しないような場合」は，どのような場合か。解答用紙の図にか
　　き加える形で，1つ示せ。ただし円 C_1 の中心が，円 C_2，C_3 の中心を通る直線より上で，かつ直
　　線OQより左側になるようにすること。

(3)　(2)の図の場合にも，3点A，R，Dが一直線上にあることを証明せよ。なお，解答欄(2)の図に
　　考察をかき加えてよい。

【英　語】　(50分)　　＜満点：100点＞　　　※リスニングテストの音声は弊社HPにアクセスの上，
　　　　　　　　　　　　　　　　　　　　　　　　　音声データをダウンロードしてご利用ください。

【注意】　1．試験開始後約20分経過してから，聴き取り問題（約14分間）を実施します。
　　　　　2．短縮形は1語と数えるものとします。[例：I am（2語）I'm（1語）]

1　次の英文を読み，後の問いに答えなさい。

I wake up.

(1)Immediately I have to figure out who I am.　It's not just the body—opening my eyes and discovering whether the skin on my arm is light or dark, whether my hair is long or short, whether I'm fat or thin, boy or girl, scarred* or smooth.　The body is the easiest thing to adjust* to, if you're used to waking up in a new one each morning.　It's the life, the context of the body, that can be hard to grasp*.

Every day I am someone else.　I am myself — I know I am myself — but I am also someone else.

It has always been like this.

The information is there.　I wake up, open my eyes, understand that it is a new morning, a new place.　(2)The biography kicks in, a welcome gift from the not-me part of the mind.　Today I am Justin.　Somehow I know this—my name is Justin—and at the same time I know that I'm not really Justin, I'm only borrowing his life for a day.　I look around and know that this is his room.　This is his home.　The alarm will go off in seven minutes.

I'm never the same person twice, but I've certainly been this type before.　Clothes everywhere.　Far more video games than books.　Sleeps in his boxers*.　From the taste of his mouth, a smoker.　But not so addicted* that he needs one as soon as he wakes up.

"Good morning, Justin," I say.　Checking out his voice.　Low.　The voice in my head is always different.

(3)Justin doesn't take care of himself.　His scalp* itches*.　His eyes don't want to open.　He hasn't gotten much sleep.

Already I know I'm not going to like today.

It's hard being in the body of someone you don't like, because you still have to respect it.　I've harmed people's lives in the past, and I've found that every time I slip up*, (4)it haunts* me. So I try to be careful.

(5)From what I can tell, every person I inhabit* is the same age as me.　I don't hop from being sixteen to being sixty.　Right now, it's only sixteen.　I don't know how this works. Or why. I stopped trying to figure it out a long time ago. I'm never going to figure it out, any more than a normal person will figure out his or her own existence*. After a while, you have to be at peace with the fact that you simply *are*. There is no way to know why. You can have theories*, but there will never be proof.

6   I know this is Justin's room, but I have no idea if he likes it or not. Does he hate his parents in the next room? Or would he be lost without his mother coming in to make sure he's awake? It's impossible to tell. It's as if that part of me replaces the same part of whatever person I'm in. And while I'm glad to be thinking like myself, a hint every now and then of how the other person thinks would be helpful. We all contain mysteries, especially when seen from the inside.

    The alarm goes off. I reach for a shirt and some jeans, but (7)[lets / me / see / something / that] it's the same shirt he wore yesterday. I pick a different shirt. I take the clothes with me to the bathroom, dress after showering. His parents are in the kitchen now. They have no idea that anything is different.

    (8) Sixteen years is a lot of time to practice. I don't usually make mistakes. Not anymore.

(注) scarred （肌の）ざらついた   adjust 適応する   grasp 理解する   boxers ボクサーパンツ
addicted 中毒の   scalp 頭皮   itch かゆい   slip up＝make a mistake
haunt＝stay with   inhabit＝go into   existence 存在   theory 仮説

問1　下線部(1)の理由として，最も適切なものを1つ選び，記号で答えなさい。
　ア　The main character suffers from memory loss.
　イ　The main character often forgets many things.
　ウ　The main character always dreams of becoming someone special.
　エ　The main character wakes up in another person's body every morning.
　オ　The main character usually worries very little about his or her appearance.

問2　下線部(2)はどういうことか，最も適切なものを1つ選び，記号で答えなさい。
　ア　The main character is given a book about the person he or she is in.
　イ　The main character gets access to the basic information about the person he
　　　or she is in.
　ウ　The main character starts writing in a notebook to record what is happening
　　　around him or her.
　エ　The main character starts searching the room for something which helps him
　　　or her to understand the situation.
　オ　The main character tries to understand the person whose body he or she is
　　　borrowing by reading that person's diary.

問3　下線部(3)を文脈に合うように和訳しなさい。

問4　下線部(4)の指す内容として，最も適切なものを１つ選び，記号で答えなさい。
　ア　人に迷惑をかけてしまったこと。
　イ　人の人生をうらやましく思ったこと。
　ウ　自分が好きではない人と過ごしたこと。
　エ　自分が尊敬できない人になりきったこと。
　オ　好きでもない人のことを敬わなくてはならなかったこと。
問5　下線部(5)の意味に近いものとして，最も適切なものを１つ選び，記号で答えなさい。
　ア　In my opinion　　　　イ　Generally speaking　　　ウ　To tell you the truth
　エ　From my experience　　オ　Between you and me
問6　空所　6　に入る最も適切なものを１つ選び，記号で答えなさい。
　ア　I can access facts, not feelings.
　イ　I can access feelings, not facts.
　ウ　Facts are more important than feelings.
　エ　Feelings are more important than facts.
　オ　I can't decide which is more important, facts or feelings.
問7　下線部(7)の　[　]　内の語を並べ替え，最も適切な表現を完成させなさい。
問8　下線部(8)の後に補えるものとして，最も適切なものを１つ選び，記号で答えなさい。
　ア　living another person's life
　イ　playing a new role on stage
　ウ　being honest with my own feelings
　エ　concentrating on what I want to do
　オ　learning to be independent of my parents
問9　本文の内容と一致するものとして，最も適切なものを１つ選び，記号で答えなさい。
　ア　For the main character, understanding how another person has lived his or her life is more difficult than adjusting to that person's body.
　イ　The main character often returns to the same person to live his or her life again.
　ウ　The main character believes you can understand the reason for your existence if you spend enough time thinking about it.
　エ　People around the person the main character is in this time notice that something is different.
　オ　The main character seems to have difficulty in understanding what is happening and gets upset every morning.

2　次の英文を読み，後の問いに答えなさい。

Megan entered my therapy* office looking for help because she was feeling stressed out and overwhelmed*. She said there weren't enough hours in the day to accomplish everything she needed to do.

At age thirty-five, she was married and had two young children. She worked a part-time job, taught Sunday school, and was the Girl Scout troop leader. She strived* to be a good wife and (1), but she felt like she just wasn't doing a good enough job. She was often irritable* and grumpy* toward her family and she wasn't sure why.

The more Megan talked, the clearer it became that she was a woman who couldn't say (あ). Church members frequently called her on Saturday nights, asking her to bake muffins for Sunday morning's church service. Parents of her Girl Scout troop sometimes relied on her to drive their children home if they were stuck at work.

Megan also frequently babysat for her sister's kids, so her sister wouldn't have to spend money on a sitter. She also had a cousin who sought favors and always seemed to have some sort of last-minute problem, ranging from being short on cash to needing help with a home improvement project. Lately, Megan had stopped answering her cousin's phone calls because (2a)she knew that every time (2b)she called (2c)she needed something.

Megan said to me that her number one rule was to never say (い) to family. So each time her cousin asked for a favor or her sister asked her to babysit, she automatically said (う). When I asked her what impact that had on her husband and children, she told me that sometimes it meant (3)[dinner / for / home / in / she / time / wasn't] or to put the kids to bed. Just admitting that out loud helped Megan begin to realize why saying (え) to extended family* meant she was saying (お) to her immediate family*. Although she valued her extended family, her husband and her children were her top priorities, and she decided she needed to start treating them accordingly.

We also reviewed her desire to be liked by everyone. Her biggest fear was that other people would think she was selfish. However, after a few therapy sessions she began to recognize that her need to always be liked was actually much more selfish than saying (か) to someone. (4) Helping others really wasn't about improving their lives; she was mostly giving of herself* because she wanted to be held in higher regard*. Once she changed the way she thought about people pleasing, she was able to begin changing her behavior.

It took some practice for Megan to begin saying (き) to people. In fact, she wasn't even sure how to say (く). She thought she needed an excuse but she didn't want to lie. But I encouraged her to simply say something like "No, I'm not able to do that," without providing a lengthy reason why. She began practicing saying (け) and she found that the more she did it, the easier it became. Although she had imagined people would become angry with her, she quickly noticed that 5 . The more time she spent with her family, the less irritable she felt. Her stress level also decreased andafter saying (こ) a few times, she felt less pressured to （ 6 ） others.

(注) therapy 療法   overwhelm 精神的に参らせる   strive＝try hard   irritable 怒りっぽい
grumpy 不機嫌な   extended family＝family that includes grandparents, aunts, uncles, etc.
immediate family＝family such as your parents, children, husband, or wife
give of oneself 人のために尽力する   regard 尊敬

問1 空所（1）に入る最も適切な1語を答えなさい。

問2 下線部（2a）〜（2c）が指すものとして，最も適切なものを1つずつ選び，記号で答えなさい。ただし，同じ記号を2回以上使ってもかまわない。

　ア Megan　　イ Megan's sister　　ウ Megan's cousin

問3 下線部(3)の [ ] 内の語を並べ替え，最も適切な表現を完成させなさい。

問4 下線部(4)を和訳しなさい。

問5 空所 5 に入る最も適切なものを1つ選び，記号で答えなさい。

　ア they didn't really seem to mind

　イ they were going to ask her for another favor

　ウ they didn't actually have good feelings about her

　エ they were very grateful for what she had done so far

　オ they had the attitude that they would never ask her for a favor again

問6 空所（6）に，直前の段落で使われている語を文脈に合う形にして入れるとき，空所に入る最も適切な1語を答えなさい。

問7 空所（あ）〜（こ）のうち，2つには yes が入り，それ以外には no が入る。yes が入る空所として，最も適切なものを2つ選び，記号で答えなさい。

3　次の各組の英文の空所には，発音は同じだがつづりが異なる語が入る。（ア）〜（コ）に入る最も適切な1語を答えなさい。

(1) { It's not （ ア ） to ask him to do everything. We should help.
　　 How much is the bus （ イ ） from here to the station?

(2) { He was kind enough to help me when my car fell into a （ ウ ） in the road.
　　 The （ エ ） class stopped talking as the teacher started the lecture.

(3) { Kyoto has a lot of （ オ ） to visit.
　　 This is going to be one of the （ カ ） for the new school buildings.

(4) { She said something important, but at that time I had nothing to （ キ ） it on.
　　 It's not always （ ク ） to ask children to study for long hours.

(5) { How long do I have to （ ケ ） for you? I'm in a hurry.
　　 Our boss puts too much （ コ ） on his past successful experiences.

4　日本文の意味になるように，不足する1語を補い，[ ] 内の語を並べ替え，最も適切な表現を完成させなさい。ただし，文頭に来る語の語頭も小文字にしてある。

(1) 充電できるときに充電しておかないと，こうなるんですよ。

　　 [battery / charge / don't / happen / things / this / when / you / your] when you can.

(2) あなたはうそをつかれているってどうしてわかったのですか。

[did / how / know / lied / were / you / you]?

(3) このガソリンスタンドに寄っておきましょう。ここから先はしばらく見つけられないかもしれませんから。

Let's stop by this gas station. [a / able / be / find / for / from / here / might / not / to / we / while].

(4) 試験が終わったら，何をするのが楽しみですか。

[after / are / exam / forward / is / looking / the / to / what / you] over?

(5) 私たちはその国の人口がいかに多いのかに驚きました。

[at / country's / how / population / surprised / the / was / we / were].

5 (聴き取り問題)

Part A

Listen to the conversation and answer the three questions on the following page. You will hear the conversation twice. You will have 30 seconds before the conversation starts. Start reading the situation and advertisement below now.

Situation: A child is showing his father an advertisement for a swimming school.

ABC Swimming School
—Summer Classes—

◆ Sign up for one week or more!

Week 1: 8/03~8/07　　Week 2: 8/10~8/14

Week 3: 8/17~8/21　　Week 4: 8/24~8/28

◆ Choose a class!

JELLYFISH	DOLPHINS
Swim safely and have fun! This is the perfect class for beginners who want to learn the basics.	Swim faster and longer! This class is for experienced swimmers who want to improve their skills and techniques.
POOL SPORTS & GAMES	**POOL FITNESS**
Looking for some fun in the sun? If so, join this class for activities like water polo and pool volleyball.	Want to get slim or build some muscle? Then you'll enjoy this class for exercise and health.

◆ Select a time!

A.M. classes	Early birds:	7:00~8:00
	Mid-morning:	9:00~11:30
P.M. classes	Afternoon:	14:00~16:00
	Early evening:	17:00~18:30

For more information, visit: www.abcswimmingschool.com

(1) When will the boy most likely attend the swimming school?

A From the 3rd.   B From the 10th.

C From the 17th.   D From the 24th.

(2) Which class will the boy most likely take?

A JELLYFISH.   B DOLPHINS.

C POOL SPORTS & GAMES.   D POOL FITNESS.

(3) How many hours a day will the boy most likely attend the swimming class?

A One hour.   B One and a half hours.

C Two hours.   D Two and a half hours.

Part B

Imagine you are doing a study abroad in the U.S. On the first day of school, a 10th grade student is telling you about the 9th grade teachers on your class schedule. Listen carefully and answer the following three questions. You will hear the speaker twice.

(1) Which subject does each teacher teach? Fill in （Ⅰ）～（Ⅳ） with the letter of the subject from the list below. You can only use each subject once.

A Biology   B Chemistry

C English   D History

E Home economics   F Math

G P.E.   H Performing arts

Teacher	Subject
Mr. Sanchez	（Ⅰ）
Mrs. Tanaka	（Ⅱ）
Ms. Miller	（Ⅲ）
Mr. Smith	（Ⅳ）

(2) Of the four teachers, whose class do 9th grade students tend to enjoy the most?

A Mr. Sanchez.   B Mrs. Tanaka.   C Ms. Miller.   D Mr. Smith.

(3) Of the four teachers, who gives the second most homework?

A Mr. Sanchez.   B Mrs. Tanaka.   C Ms. Miller.   D Mr. Smith.

Part C

Listen to the teacher starting his lecture and answer the four questions below. You will hear the teacher twice.

(1) What will the topic of this lecture be?

    A How the economy has changed farming.

    B How more farming is being done in cities.

    C Why farmers are starting to use factories.

    D Why fewer people in the countryside are farming.

(2) According to the speaker, how has the number of farmers changed compared to the past?

    A The number of farmers has dropped by half.

    B The number of farmers has decreased by 70 percent.

    C Today the number of farmers is a little lower than it was 150 years ago.

    D Today the number of farmers is only 10 percent of what it was 100 years ago.

(3) What is NOT one of the benefits of the types of farms the speaker is introducing?

    A They make fresh foods available.

    B They increase pay for jobs in the city.

    C They create stronger community ties.

    D They can help make the natural environment healthier.

(4) What will the speaker most likely talk about next?

    A Farms in cities.

    B Farms on community land.

    C Farms in factories.

    D Farms on rooftops.

【理　科】（40分）　　＜満点：50点＞

1　棒磁石を600回巻きのコイルに近づけたり遠ざけたりしたところ，検流計の針が振れた。回路に電流が流れることから，コイルに電圧が発生したと考え，その電圧をオシロスコープで観測することを考えた。まず図1のように，オシロスコープのプローブに乾電池をつないで観測したところ，図2(a)のような波形が得られた。次に，図1とプローブの陽極と陰極を入れ替えて乾電池につなぐと，図2(b)のような波形が得られた。

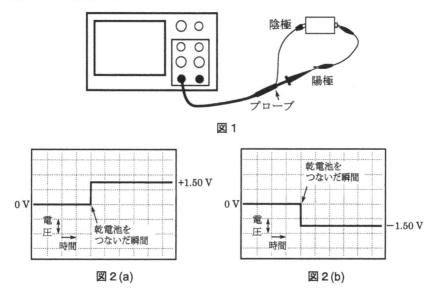

図1

図2(a)　　　　　　　　　　　　図2(b)

　続けて図1の乾電池をコイルに交換した。棒磁石を動かす速さだけを変えて，コイルに棒磁石を速く近づけた場合とゆっくり近づけた場合をオシロスコープで観測した。その結果，図3(a)，(b)のような波形が得られた。この電圧はコイルの中の磁界の変化をさまたげる向きに誘導電流を発生させていた。以下の各問いに答えよ。

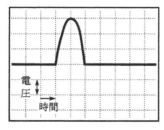

図3(a)　速く近づけた

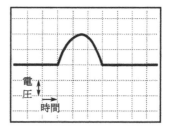

図3(b)　ゆっくり近づけた

　図4のようにプローブと600回巻きのコイルをつなぎ，コイルの上から棒磁石のN極をコイルに近づけてからすぐに遠ざけた。ただし，選択肢の1目盛りの大きさは図2(a)，(b)や図3(a)，(b)のものとは異なるものとする。

図4

問1　オシロスコープで観測される波形として，最も適当なものを以下の①～⑧から1つ選び，番号で答えよ。

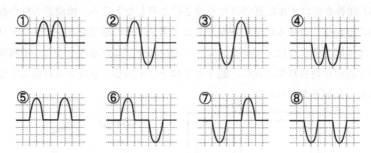

問2　前のページの図4のコイルの下から棒磁石のN極を近づけてからすぐに遠ざけた。オシロスコープで観測される波形として，最も適当なものを問1の①～⑧から1つ選び，番号で答えよ。

問3　図4のコイルの上から棒磁石のS極を近づけ，一瞬，間をおいてから遠ざけた。オシロスコープで観測される波形として，最も適当なものを問1の①～⑧から1つ選び，番号で答えよ。

図5のように　コイルの中心とプラスチックのパイプの中心が一致するように設置した。パイプの上端でN極を下にして棒磁石を静かにはなしたところ，棒磁石が落下してコイルに電圧が発生した。ただし，コイルの長さは棒磁石の長さに比べて十分短いものとする。

図5

問4　図5のコイルとプローブを図4と同じようにつないだとき，オシロスコープで観測される波形として，最も適当なものを以下の①～⑧から1つ選び，番号で答えよ。ただし，選択肢の1目盛りの大きさは図2(a)，(b)や図3(a)，(b)のものとは異なるものとする。

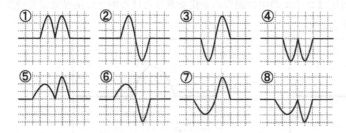

問5　コイルの巻き数を変えて図5と同様の実験を行ったとき，巻き数と電圧の最大値の関係は表1のようになった。コイルの巻き数が2200回のとき，電圧の最大値を求め，小数第2位まで答えよ。ただし電圧の最大値は正負の符号を考えないものとする。

表1

コイルの巻き数 [回]	600	1200	1800
電圧の最大値 [V]	0.40	0.80	1.20

コイルを3つ用意し，それぞれのコイルをA，B，Cとした。図6のように，すべてのコイルを重ねた状態でプラスチックのパイプに通し，コイルの中心とパイプの中心が一致するよう設置した。その後，パイプの上端で棒磁石を静かに落下させた。ただし，重ねたコイル全体の長さは棒磁石の長さに比べて十分短いものとする。

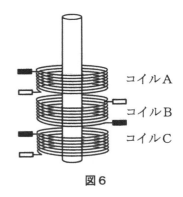

図6

問6　コイルA，　B，　Cと豆電球をつないで回路を作ったとき，豆電球が最も明るく光る回路として，最も適当なものを以下の①～⑧から1つ選び，番号で答えよ。ただし，コイルは ⌐‿⌐ で省略している。

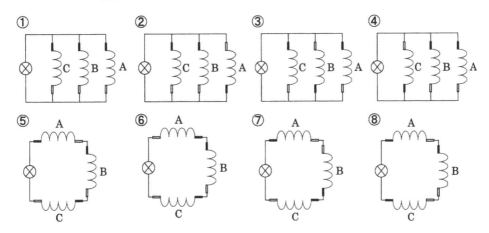

2　次の文章を読み，後の各問いに答えよ。

　　群馬県の草津温泉は，古くから多くの湯治客や観光客に親しまれてきた。しかし温泉の下流の河川では，その温泉水のためにほとんど生物がすむことができず，建造物もたてられないため不都合が多かった。そのため草津地域を流れる河川では，水質改善事業がおこなわれている。

　　この地域には草津温泉の源泉から流れる「湯川」と，その北側にある源泉から流れ出る　「谷沢川」と「大沢川」があり，どの河川の水質も源泉付近では酸性が強く，ほぼ同じpHを示していた。そのため1960年代に湯川と谷沢川の水質改善計画がたてられ，中和工場をつくり中和剤の投入がはじまった。ただ大沢川は地形が険しいなどの条件により当初の計画からは外されていた。現在は大沢川にも中和剤の投入がおこなわれている。

問1　下線部に関して，河川の中に鉄筋やコンクリートでできた建造物をたてることができなかったのはなぜか。最も適当なものをア～エから1つ選び，記号で答えよ。

ア　渓谷の水の流れが速く，川底の砂や石がまきあがり建造物を壊してしまうから。

イ　温泉水の熱によって金属やコンクリートが融けてしまうから。

ウ　温泉水に含まれるイオンにより生成した食塩が金属やコンクリートを溶かしてしまうから。

エ　酸性の水質により金属やコンクリートが反応して溶けてしまうから。

問2　次のページの表1は草津温泉の水質を示している。この表をもとに，あとの(1)，(2)に答えよ。

表1　草津温泉の水質　　　　　　　　[mg/L]

Na$^+$	K$^+$	Ca^{2+}	Mg^{2+}	Fe^{2+}	Fe^{3+}	Al^{3+}	Cl$^-$	SO$_4^{2-}$
37.1	11.5	86.6	34.3	16.9	0.00	70.1	420	926

小坂丈予　Gypsum & Lime No.234 (1991) をもとに作成

⑴　草津温泉の水に含まれる酸として考えられるものを，以下の**ア～オ**から**すべて**選び，記号で答えよ。

　　ア　塩酸　　**イ**　硫酸　　**ウ**　硝酸　　**エ**　水酸化ナトリウム　　**オ**　塩化ナトリウム

⑵　草津温泉の水のpHの値として最も適当なものを次の**ア～ウ**から１つ選び，記号で答えよ。

　　ア　2～3　　**イ**　7～8　　**ウ**　12～13

問3　水質改善計画をはじめるために湯川の水を採取して中和実験がおこなわれた。投入される中和剤は，価格などから石灰石（炭酸カルシウム）と消石灰（水酸化カルシウム）が考えられた。河川の水量や水質は日々変化するため，投入量が過剰になった場合でも水質への影響が小さい石灰石が使われることになった。下のグラフ※の①と②は石灰石または消石灰を用いた中和実験の結果を表している。石灰石のグラフは①と②のどちらか，番号で答えよ。ただしグラフの左の縦軸はイオン濃度を表し，右の縦軸はpHを表している。[mEq/L]はイオン濃度を表す単位の一種である。またグラフ①と②の横軸の１目盛りは，同じ投入量を表している。

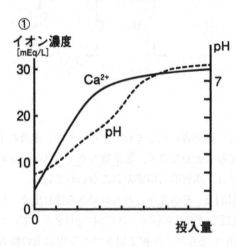
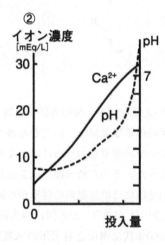

問4　近年，湯川にある中和工場では粉末にした石灰石（炭酸カルシウム）を１日55トン投入している。ただし，投入されたすべての石灰石がその場ですぐに中和するわけではなく，未反応のまま流れ下る量も多い。もし55トンの石灰石が酸と完全に中和したとすると，その酸は何トンになるか求め，整数で答えよ。なお，このとき酸と石灰石は73：100の質量比で完全に中和する。

問5　水質改善計画では，未反応のまま流れ下った石灰石を反応させたり，中和による生成物を沈殿させる目的で「品木ダム貯水池」がつくられた。1960年代の計画で石灰石を投入しなかった大沢川の水は，貯水池で他の川の水と混ぜて中和する計画だった。

　　事業がはじまってしばらくたって，貯水池に流れ込む直前の水質をそれぞれの川で測定した。次のページの図１のA，B点ではほぼ中性になり，C点では酸性のままだった。なおA，B点での水温は石灰石の投入などで十分冷めており，C点での水温はA，B点より高いとする。また，

その温度差は冬では小さく，夏では大きいとする。

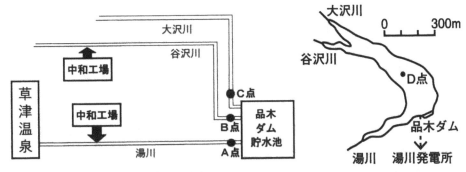

図1　1960年代の湯川水系の見取り図　　　図2※　品木ダム貯水池平面図

　品木ダム貯水池のpHを図2のD点で夏と冬に測定したところ，季節によっては十分に中和されていないことがわかった。下のグラフ※はD点の測定結果をもとに，夏と冬のD点の水深によるpHの変化を示したものである。夏のグラフは①と②のどちらか，番号で答えよ。また，その理由を10字以内で答えよ。ただし，貯水池に流入する川の水の成分は四季を通じて変化しないものとし，雨水など他から流入するものの影響も考えないものとする。またグラフ①と②の横軸の1目盛りの大きさは，どちらも同じである。

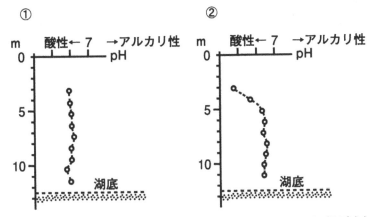

※：小坂丈予　Gypsum & Lime No.234（1991）をもとに作成

3　メンデルはエンドウを材料として7つの形質の伝わり方を研究した。例えば A 種子の形という形質については，「丸形」と「しわ形」の2種類がある。丸形の純系個体としわ形の純系個体をかけ合わせると，どちらが母方であっても B 子はすべて丸形になった。これを自家受粉させると，C 孫世代は丸形が5474個体，しわ形が1850個体できた。このことから，しわ形の遺伝子は消えてなくなったわけではなく，子世代の個体の中に残っていたと考えられる。

　D さやの色という形質については，「緑色」と「黄色」の2種類がある。緑色の純系個体と黄色の純系個体をかけ合わせると，どちらが母方であっても子はすべて緑色になった。これを自家受粉させると，E 孫世代は緑色が428個体，黄色が152個体できた。

　以上より，対立形質の純系同士をかけ合わせてできた子世代を自家受粉させると，孫世代は顕性

（優性）形質：潜性（劣性）形質＝（　①　）となることがわかる。これは，形質をつかさどる遺伝子が染色体に乗っていると考えると理解できる。生殖細胞ができるときには，染色体の数が元の細胞の半分になる（　②　）と呼ばれる分裂を行う。染色体の数が半分になった卵細胞と精細胞の受精によって，子の細胞は親と同じ数の染色体をもつことになる。つまり子は，ある対立形質の遺伝子について，母方からのものと父方からのものをそれぞれ1つずつもっている。先のかけ合わせの例では，子世代に潜性（劣性）の遺伝子も残っているので，孫世代にはその形質が現れることになる。

　遺伝子の本体は（　③　）という物質であることが明らかになっている。遺伝子は情報であり，（　③　）は遺伝情報を記録するための媒体に相当する。

問1　文章中の空欄（①）～（③）にあてはまる最も簡単な整数比，語句を答えよ。

問2　下線部Aの種子・下線部Dのさやは，それぞれめしべの何という構造が変化したものか。それぞれの名称を答えよ。

問3　下線部B，下線部Cに関連して，次の(1)～(3)の丸形としわ形の個体数の比を最も簡単な整数比で答えよ。

(1)　下線部Bの丸形個体としわ形の純系個体をかけ合わせてできた個体

(2)　下線部Bの丸形個体同士を他家受粉でかけ合わせてできた個体

(3)　下線部Cの孫世代をすべて自家受粉させたときの曾孫世代の個体

問4　下線部Eに関連して，さやの色に関する結果は，畑の面積・時間・人手が有限であるため，種子の形に関する結果に比べてどうしても少なくなる。畑の面積・時間・人手が有限だと，なぜ，さやの色の結果が少なくなるのか。「さやの色を知るためには」に続けて20字以内で説明せよ。

問5　種子の形が丸形でさやの色が黄色の純系個体のめしべに，種子の形がしわ形でさやの色が緑色の純系個体の花粉を受粉させた。このとき，次の(1)～(3)はどうなるか。最も適当なものを下のア～エからそれぞれ1つずつ選び，記号で答えよ。ただし，種子の形の遺伝子とさやの色の遺伝子は異なる染色体上にある。

(1)　受粉によりできたさやの色と，その中にある種子の形

　ア　すべて黄色で丸形　　　　イ　すべて黄色でしわ形

　ウ　すべて緑色で丸形　　　　エ　すべて緑色でしわ形

(2)　受粉によりできた種子を育てて自家受粉させてできたさやの色

　ア　すべて黄色　　　　　　　イ　黄色：緑色＝1：1

　ウ　黄色：緑色＝1：3　　　　エ　すべて緑色

(3)　受粉によりできた種子を育てて自家受粉させてできた種子の形

　ア　すべて丸形　　　　　　　イ　丸形：しわ形＝1：1

　ウ　丸形：しわ形＝3：1　　　エ　すべてしわ形

4　SとKの二人が日本とハワイ島の火山について話をしている。後の各問いに答えよ。マウナロアとマウナケアはハワイ島にある火山で，いずれも海面からの高さが約4000mである。

S：炭酸水飲む？

K：ありがとう。（プシュ）あ，泡が吹き出しちゃった。振ってあったのかなぁ。

S：あわてちゃったね。それで，日本とハワイ島の火山の話だったよね。

K：そう。昭和新山とハワイ島にあるマウナロアは，例えるならマヨネーズタイプとソースタイプという違いだね。

S：どういうこと？

K：山をつくった①マグマの性質の違いのことだよ。実際には，これらの間の性質をもつマグマもあるけどね。三原山は，どちらかというとマウナロアと同じタイプかな。

S：なるほど。でもどれもマグマが噴出してできたときの②岩石の組織は同じになるよね。

K：そうだね。ハワイ島にはマウナロアと同じタイプのマグマからなるマウナケアという山もあるよ。スコリア丘がたくさんあった。

S：スコリア？

K：そう。スコリアは，スポンジみたいに小さな穴がたくさんあいた石で，噴火口を中心に丘をつくっていた。同じ特徴を持っていてマヨネーズタイプのマグマでできるのが軽石だね。

S：軽石なら知ってる。特徴が同じということは，スコリアもマグマが地表に噴出するときに発泡しているということか。だいたいはマグマに溶けている水の影響だね。ハワイ島の白い砂浜もマヨネーズタイプのマグマ由来なのかな。

K：ハワイ島の白い砂浜はサンゴ由来だと思うよ。マグマ由来との違いは，塩酸を使えば見当がつくね。そういえば，ハワイ島の海岸には黒い砂浜もあったよ。

S：そうなんだ。ハワイ島に行ったことあるの？

K：マウナケアの山頂にあるすばる望遠鏡を見学したことがあるよ。

S：すばる望遠鏡は，どうして富士山ではなくマウナケアにつくられたんだろう。

K：③ハワイ島の年間300日を超える晴天率は当然だけど，ほかにも理由があるよ。

S：そうなんだ。ハワイ島に行ったら④スキューバダイビングもしたいし，やっぱりすばる望遠鏡も見たいね。

問1　下線部①について，Kの言うマグマの性質とはどのような性質を指すと考えられるか。最も適当なものを次のア～エから1つ選び，記号で答えよ。

　ア　マグマが噴出したときの火口からの高さと冷えてできる岩石の硬さ

　イ　マグマが噴出したときの火口からの高さと冷えてできる岩石の色

　ウ　マグマが噴出したときの粘り気と冷えてできる岩石の硬さ

　エ　マグマが噴出したときの粘り気と冷えてできる岩石の色

問2　下線部②について，岩石の組織とは具体的にどういうものか。最も適当なものを次のア～エから1つ選び，記号で答えよ。

　ア　マグマだまりなどで成長した結晶を含み，その結晶の周りを細かな結晶などが取り囲んでいる。

　イ　マグマだまりなどで成長した結晶を含み，その結晶の周りを大きな結晶などが取り囲んでいる。

　ウ　火口付近などで成長した結晶を含み，その結晶の周りを細かな結晶などが取り囲んでいる。

　エ　火口付近などで成長した結晶を含み，その結晶の周りを大きな結晶などが取り囲んでいる。

問3　火山地形としてのマウナロアと富士山の大きさを比較する。マウナロアは，海底火山なので海面上と海面下の部分をあわせて，高さ9000mの火山噴出物からなる円すいの地形として考える。富士山は，海面からの高さ776mの台の上に乗っている，高さ3000mの火山噴出物からなる円

すいの地形として考える。マウナロアをつくる火山噴出物の体積を富士山の189倍とするとき，マウナロアの円すいの底面の直径は，富士山のそれの何倍か。最も近いものを次の**ア～カ**から1つ選び，記号で答えよ。

ア 2倍　**イ** 5倍　**ウ** 8倍　**エ** 14倍　**オ** 24倍　**カ** 64倍

問4　マウナケアは，マウナロアと同じタイプのマグマからできているが，富士山には異なるタイプのマグマが含まれている。すばる望遠鏡に使用されている直径8.2mの巨大な反射鏡を車で山頂まで運搬することを踏まえると，マウナケアは，富士山に対して地形的にどのような利点があると考えられるか。10字以内で答えよ。

問5　下線部③について，地上から宇宙を観測する場合は，大気の流れが天体の像をみだすことがあるので，その間にある大気がより少ないことが重要である。また，観測できる天球上の範囲が異なるという点でも，観測する位置が重要である。下の**X～Z**はすばる望遠鏡を富士山ではなくマウナケアにつくるほうが有利である理由を述べたものである。それぞれ正しいものには○を，誤っているものには×を答えよ。なお，富士山の山頂は北緯35°，マウナケアの山頂は北緯20°である。

X　海面と同じ高さの気圧は1気圧とし，高さによる気圧の変化は日本でもハワイでも同じとすると，富士山の山頂よりマウナケアの山頂のほうが空気は薄い。

Y　ハワイ島は年間を通して気圧が高く，上昇気流が生じやすい地域となっている。

Z　北緯35°の地表（海面と同じ高さ）よりも北緯20°の地表のほうが，1年を通して考えると，天球上のより広い範囲を観測できる。

問6　下線部④について，スキューバダイビングとすばる望遠鏡の見学を組み合わせる場合，潜水病の恐れがあるのでその順番に気を付けなければいけない。

ダイバーが背負うタンクには，水中で呼吸するための圧縮された空気が入っている。タンクからホースを通じてダイバーに空気が供給される際，空気の圧力は潜っている深さの水圧と等しくなるように調整されている。このため，ダイバーが水中で呼吸すると，より多くの窒素が血液中に溶け込んでしまう。潜水病とは，血液中に溶け込んだ窒素が発泡することによって生じる病気である。潜水病を避けるために，ダイバーは水中ではゆっくりと浮上することが原則である。

潜水病がおこる原因と関係のない現象を**A**の**ア～ウ**から，潜水病になりにくい順番として適当なものを**B**の**エ・オ**から，それぞれ1つずつ選び，記号で答えよ。

A　**ア**　炭酸飲料のふたをあけると発泡する。

　　イ　マグマが噴出してスコリアや軽石をつくる。

　　ウ　ハワイ島の白い砂に塩酸をかけると発泡する。

B　**エ**　午前にスキューバダイビングをし，同日の午後にすばる望遠鏡を見学する。

　　オ　午前にすばる望遠鏡を見学し，同日の午後にスキューバダイビングをする。

【**社　会**】（40分）　＜満点：50点＞

1　次の文章は，中学３年生のツトム君とカナエさんの会話文です。これを読んであとの問いに答えなさい。

ツトム：2021年の夏は①オリンピックがあったね。僕たちが生まれてからの夏季オリンピックの開催都市について何か知っている？

カナエ：〔　Ⅰ　〕なら知っているよ。この都市は，港のある都市だから，標高の低い場所もあるね。また，起伏に富んだ地形で丘の上からの景色が有名だね。

ツトム：1960年にこの都市から首都機能は移転したけれど，いまも経済的な中心地となっているね。

カナエ：オリンピック発祥の地であるギリシャのアテネと〔　Ⅰ　〕との標準時の時差は，サマータイムを考えない場合，アテネの方が５時間早いね。

ツトム：2024年大会に決定したパリについても何か知っているかな？

カナエ：パリはエッフェル塔が有名だね。それと，②パリ協定が採択された都市だよね。

ツトム：同じ国でも，フランス領③ポリネシアはパリとはずいぶん違った自然環境だ。

カナエ：フランス領ポリネシアには，サンゴ礁があってきれいなイメージがあるよ。

ツトム：サンゴ礁でできた標高の低い島は，④地球温暖化による海面上昇の影響で⑤災害が起こりやすくなると懸念されているよね。

問１　文中の空欄〔Ⅰ〕に当てはまる都市名を答えなさい。

問２　文中の下線部①に関連して，次の**図１**中の**a〜c**は，過去にオリンピックが開催されたアテネ・パリ・ヘルシンキのいずれかの雨温図である。また，次ページの**x・y**のどちらかは，パリ周辺の自然環境について述べたものである。パリの雨温図とパリ周辺の自然環境の組合せとして正しいものを，あとの**ア〜カ**から一つ選び，記号で答えなさい。

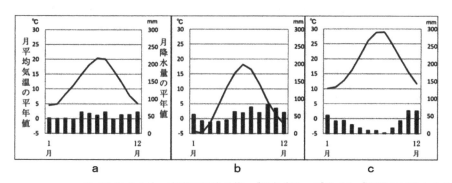

※パリはオルリー空港における値。（気象庁ウェブサイト「世界の気候」より）

図１

x　アルプス山脈やピレネー山脈に近く，地震が頻発する。

y　小麦などの穀物の生産に適した，湿潤な気候である。

	ア	イ	ウ	エ	オ	カ
パリの雨温図	a	a	b	b	c	c
パリ周辺の自然環境	x	y	x	y	x	y

問3　文中の下線部②に関連して，2015年にパリ協定を採択した会議は，ある条約に基づいて開催
　　されている。この条約の名称を答えなさい。

問4　文中の下線部③に関連して，次の図2はフランス領ポリネシアのタヒチ付近を通る経線を中
　　央にした世界地図で，緯線・経線が等間隔になるように描かれている。これを見てあとの問いに
　　答えなさい。

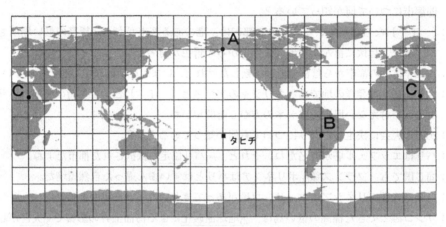

※緯線・経線とも0度を基準として等間隔に描かれている。

図2

(1)　地点Aの緯度と経度を答えなさい。

(2)　図2中の地点A～Cおよびタヒチについて述べた文として正しいものを，次のア～エから一
　　つ選び，記号で答えなさい。

　　ア　地点Aでは，一年を通じてタヒチと同時刻に太陽が沈む。
　　イ　地点Bでは，図中の地点A・Cおよびタヒチよりも早く新しい日付になる。
　　ウ　地点Cでは，夏季（高日季）に太陽の沈まない白夜という現象がみられる。
　　エ　タヒチの昼の長さは，6月よりも12月の方が長い。

(3)　次のd～fの文は，図2について述べたものである。d～fの正誤の組合せとして正しいも
　　のを，あとのア～クから一つ選び，記号で答えなさい。

　　d　地点Aとタヒチとの最短距離はおよそ17,000kmである。
　　e　タヒチから見て真東の方位に進むと，地点Bに到達する。
　　f　地点Cはタヒチの対蹠点にあたる。

	ア	イ	ウ	エ	オ	カ	キ	ク
d	正	正	正	正	誤	誤	誤	誤
e	正	正	誤	誤	正	正	誤	誤
f	正	誤	正	誤	正	誤	正	誤

問5　文中の下線部④に関連して，次の問いに答えなさい。

(1)　地球温暖化について述べた文として誤っているものを，あとのア～エから一つ選び，記号で
　　答えなさい。

　　ア　永久凍土中に固定されていたメタンなどの温室効果ガスの放出が，凍土の融解により進む

　　と懸念されている。

イ　北極海の夏の海氷の縮小によって，アジア－ヨーロッパ間を結ぶ北極海航路の活用が期待されている。

ウ　パリ協定では，20世紀末と比べて気温上昇を3℃未満に抑制するために，加盟国の温室効果ガスの排出削減を求めている。

エ　ヨーロッパを中心に，ガソリン車の新車販売規制が進められ，温室効果ガスを直接排出しない自動車が普及し始めている。

⑵　地球温暖化の原因となる温室効果ガスを排出しない持続的な発電方法として，再生可能エネルギーの活用が注目されている。2018年時点の日本における発電方法のうち，最も発電量の多い再生可能エネルギーの名称を答えなさい。

⑶　国際社会では，二酸化炭素をはじめとする温室効果ガスの排出削減が進められているが，すべての排出をゼロにすることはできない。温室効果ガスを吸収する活動などによって，社会全体の温室効果ガスの排出量と，吸収量のバランスが取れている状態を何と呼ぶか，**カタカナ**で答えなさい。

問6　文中の下線部⑤に関連して，次の**図3**は，平泉町周辺の地図（一部改変）であり，下の枠内の文章は，この地域の土地利用について述べたものである。これを見てあとの問いに答えなさい。

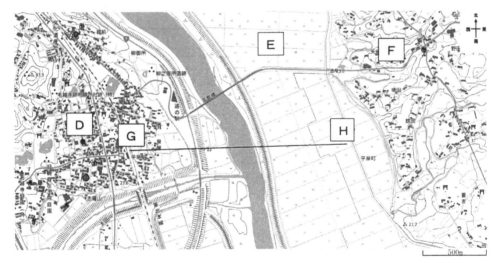

※図中の河川は北から南へ流下している。

（国土地理院ウェブサイトより）

図3

　　この地域は〔　Ⅱ　〕川による洪水の被害にたびたび見舞われ，特に⑥<u>1947年と1948年の2つの台風</u>では，周辺地域も含めて多くの被害が出た。この時の教訓から⑦<u>大規模な水害対策</u>を講じるようになった。また，低地では洪水が多かったことから，集落が発達しにくく，山麓を利用した農村が形成されてきた。

⑴　枠内の空欄〔Ⅱ〕に当てはまる河川の名称を**漢字**で答えなさい。

⑵　枠内の下線部⑥に関連して，1947年に関東地方と東北地方に大規模な被害を与えた台風の名

称を，次のア〜オから一つ選び，記号で答えなさい。

ア　伊勢湾　　イ　室戸　　ウ　カスリーン　　エ　カトリーナ　　オ　ウィルマ

(3)　次の**g**〜**i**の文は，**図3**中の**D**〜**F**のいずれかの地点周辺の景観について述べたものである。**g**〜**i**と**D**〜**F**の組合せとして正しいものを，あとの**ア**〜**カ**から一つ選び，記号で答えなさい。

g　山麓の傾斜地には，田畑や果樹園など多様な農地が広がっている。

h　台地や自然堤防の上に史跡や寺社が見られる。

i　低地を利用した大規模な田が広がっている。

	ア	イ	ウ	エ	オ	カ
D	g	g	h	h	i	i
E	h	i	g	i	g	h
F	i	h	i	g	h	g

(4)　枠内の下線部⑦に関連して，右の**図4**は，**図3**中の線分**G−H**の断面を示したものである。この断面図から読み取れる堤防の特徴と，河川左岸の地区が，増水の際に果たす役割を説明しなさい。

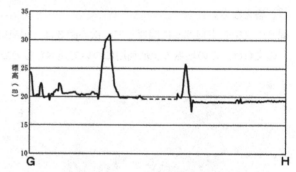

※水面部分は点線で示した。また、高さ方向は強調している。

（国土地理院ウェブサイトより）

図4

2　東北・北海道地方に関する次の**年表**（次ページに続く）を参考にして，あとの問いに答えなさい。

年表

年代・西暦	主　な　出　来　事
約5900〜4200年前	①現在の青森市に大規模な拠点集落が営まれる
805年	②桓武天皇のもとで徳政相論が起こる
1051年	③前九年合戦が起こる
1124年	④藤原清衡が平泉に中尊寺金色堂を創建する
1170年	⑤藤原秀衡が鎮守府将軍に任命される
1189年	源　頼　朝が奥州を平定する
1284年	I
⑥14世紀半ば	津軽の豪族である安藤（安東）氏が本拠地を十三湊に移す

1457年	Ⅱ
1590年	豊臣秀吉が奥州を支配下におき、全国を統一する
1604年	徳川家康がアイヌとの交易独占権を松前氏に認める
1669年	Ⅲ
1786年	⑦田沼意次により蝦夷地に派遣された最上徳内が得撫島に至る
1855年	日米和親条約により箱館を開港する
1868年	奥羽越列藩同盟が成立する
1869年	⑧五稜郭に立てこもっていた榎本武揚が新政府軍に降伏し、戊辰戦争が終結する
1875年	樺太・千島交換条約が結ばれる
1891年	日本鉄道会社により上野ー青森間が全通する
1899年	Ⅳ　　　　　が成立する
1918年	⑨旧盛岡藩出身の原 敬が内閣総理大臣に就任する

問1　下線部①に関連して，次の問いに答えなさい。

⑴　2021年7月に，この遺跡を含む北海道・北東北の縄文遺跡群が世界文化遺産に登録された。図1の写真にみられるこの遺跡の名称を答えなさい。

図1

⑵　この時代の日本列島の様子を述べた文として正しいものを，次のア～エから一つ選び，記号で答えなさい。

ア　動きの素早い動物を狩猟するために，弓矢が使用されていた。

イ　始皇帝によって統一された中国と交易を行い，長期にわたり繁栄が続いた。

ウ　鉄器に先駆けて青銅器が作られるようになり，採集のみならず栽培も行われた。

エ　打製石器の改良が進められるとともに，赤褐色で薄手の土器が使われた。

(3) この遺跡では，図2のような石器が発掘された。その産地を調べたところ，北海道の白滝や長野県の和田峠でとれたガラス質の火山岩であった。この石を何と呼ぶか，**漢字**で答えなさい。

（「世界遺産　北海道・北東北の縄文遺跡群」ウェブサイトより）

図2

問2　下線部②に関連して，徳政相論について述べた次の史料を読み，波線部の「軍事と造作」とは何か，10〜15字で答えなさい。

> 『日本後紀』延暦24年12月壬寅条
>
> 　　この日，中納言・近衛大将で従三位の藤原朝臣内麻呂が，宮殿にひかえていた。天皇の命令があり，参議・右衛士督で従四位下藤原朝臣緒嗣と，参議・左大弁で正四位下の菅野朝臣真道とで，天下の善い政治について議論させた。緒嗣は「現在，天下の苦しむところは，軍事と造作である。この両事を停止すれば百姓が安んぜられる」と言った。それに対して真道は異議をとなえて自分の意見にこだわり，緒嗣の意見をあえて聴くことをしなかった。帝は，緒嗣の意見を善しとし，軍事と造作を停廃することに従った。

問3　下線部③に関連して，日本の「武士」がどのような者によって形づくられたのかについて述べた文として**誤っているもの**を，次の**ア〜エ**から一つ選び，記号で答えなさい。

ア　各国の国分寺を拠点に，袈裟を着して覆面をし，薙刀などを持って武装した者。

イ　京都の中・下級貴族のうち，武芸に優れた者。

ウ　地方にとどまった国司の子孫など，その土地に定着した者。

エ　地方の豪族や有力農民で，自分の土地を守るために武装した者。

問4　下線部④に関連して，奥州藤原氏と中尊寺金色堂について述べた文として**誤っているもの**を，次の**ア〜エ**から一つ選び，記号で答えなさい。

ア　奥州藤原氏は，金や馬などの産物と北方との交易によって栄えた。

イ　中尊寺金色堂は，大陸からもたらされた禅宗の影響を受けている。

ウ　中尊寺金色堂の内部には，清衡・基衡・秀衡三代の遺体が安置されている。

エ　源頼朝は，みずから御家人を率いて奥州藤原氏を攻め滅ぼした。

問5　下線部⑤に関連して，次のページの図3は藤原秀衡によって造られた無量光院の復元図である。これは京都のある寺院を模して建立されているが，その寺院の名称を**漢字3字**で答えなさい。

（菅野成寛編『中尊寺と平泉をめぐる』より）

図3

問6　年表中の空欄Ⅰ・Ⅱ・Ⅲに入る適語の組合せとして正しいものを，次のア～カから一つ選び，記号で答えなさい。

ア　Ⅰ　コシャマインの戦い　　Ⅱ　シャクシャインの戦い　　Ⅲ　元軍のアイヌ攻撃

イ　Ⅰ　コシャマインの戦い　　Ⅱ　元軍のアイヌ攻撃　　Ⅲ　シャクシャインの戦い

ウ　Ⅰ　シャクシャインの戦い　Ⅱ　コシャマインの戦い　　Ⅲ　元軍のアイヌ攻撃

エ　Ⅰ　シャクシャインの戦い　Ⅱ　元軍のアイヌ攻撃　　Ⅲ　コシャマインの戦い

オ　Ⅰ　元軍のアイヌ攻撃　　Ⅱ　コシャマインの戦い　　Ⅲ　シャクシャインの戦い

カ　Ⅰ　元軍のアイヌ攻撃　　Ⅱ　シャクシャインの戦い　Ⅲ　コシャマインの戦い

問7　下線部⑥に関連して，14世紀の間に起きた出来事として**誤っているもの**を，次のア～エから一つ選び，記号で答えなさい。

ア　鎌倉幕府が滅亡し，室町幕府が成立した。

イ　朱元璋が明王朝を成立させた。

ウ　高麗王朝が滅亡し，朝鮮王朝が成立した。

エ　尚巴志が琉球王国を成立させた。

問8　下線部⑦に関連して，次の問いに答えなさい。

(1)　この時期の北方地域について述べた次の文章の空欄〔a〕～〔d〕に，当てはまる人名の組合せとして正しいものを，あとのア～エから一つ選び，記号で答えなさい。

> 　最上徳内が得撫島でロシア人と接触した後，幕府は〔　a　〕に択捉島の開発を，そして〔　b　〕に樺太の調査を命じた。1792年には，アリューシャン列島に漂着した後にロシア人に助けられた〔　c　〕が根室に送還された。その後，〔　d　〕による長崎での貿易交渉が不調に終わると，彼の部下が樺太や択捉島を襲撃する事件が起きた。

ア　a－近藤重蔵　　b－間宮林蔵　　c－高田屋嘉兵衛　　d－ラクスマン

イ　a－近藤重蔵　　b－間宮林蔵　　c－大黒屋光太夫　　d－レザノフ

ウ　a－間宮林蔵　　b－近藤重蔵　　c－高田屋嘉兵衛　　d－ラクスマン

エ　a－間宮林蔵　　b－近藤重蔵　　c－大黒屋光太夫　　d－レザノフ

(2)　田沼意次の政策を述べた文として正しいものを，次のページのア～エから一つ選び，記号で

答えなさい。

ア 困窮する旗本や御家人を救済するために，金を貸し付けていた札差（ふださし）に対する借金を帳消しにする政策を行った。

イ 参勤交代で大名が江戸にいる期間を短くするかわりに，1万石につき100石の米を幕府に納めさせた。

ウ 銅の専売制を実施し，俵物の増産をはかることで長崎貿易を活発にしようとした。

エ 物価の上昇を抑えるため，営業を独占している株仲間に解散を命じた。

問9 下線部⑧に関連して，この戦いの後に設置された，北海道で農地の開墾，鉄道・道路の建設などを行った政府機関を**漢字3字**で答えなさい。

問10 年表中の空欄Ⅳに関連して，次の問いに答えなさい。

(1) 空欄Ⅳは，明治政府によって行われた同化政策の延長線上にある法律で，アイヌに対して土地を給与して農業の奨励をしたり，公教育の保障などを目指したりした。この法律を答えなさい。

(2) 近年の日本のアイヌ政策を述べた次のa～cの文について，年代の古い順に正しく並べ替えたものを，あとのア～カから一つ選び，記号で答えなさい。

a 国立アイヌ民族博物館などを主要施設とする，民族共生象徴空間「ウポポイ」が一般公開された。

b アイヌが「先住民族」であることがはじめて明記され，差別の禁止やアイヌの人々の誇りが尊重されることなどを記した法律が公布された。

c アイヌが「固有の民族」としてはじめて位置付けられ，さらには国民に対する知識の普及・啓発を図ることを目指す法律が公布された。

ア a→b→c　**イ** a→c→b　**ウ** b→a→c

エ b→c→a　**オ** c→a→b　**カ** c→b→a

問11 下線部⑨に関連して，原敬やその内閣について述べた文として正しいものを，次のア～エから一つ選び，記号で答えなさい。

ア 閣僚すべてが立憲政友会の党員で構成された，本格的な政党内閣であった。

イ 国民は平民宰相と呼んで歓迎し，男子普通選挙制度が成立した。

ウ 党員による汚職事件などで政治不信を招き，東京駅で暗殺された。

エ 前政権が行ったシベリアへの出兵を取りやめ，ソ連との国交回復に努めた。

3 次の文章を読んで，あとの問いに答えなさい。

昨年，2021年も話題の多い年となった。

まず，2年連続で①首相が交代した。9月，当時の首相は②新型コロナウイルス感染症対策に専念することを理由に事実上の辞任表明をし，10月に開かれた〔 ③ 〕で新しい首相が指名された。新首相は，明治期から合わせて④第100代の首相となった。世界に目を向けると2021年は，⑤ドイツでも首相が辞任を表明したほか，⑥アメリカ合衆国の大統領も交代した。経済大国で首相や大統領が交代した年だった。

また，新型コロナウイルス感染症のため1年延期されていた，⑦東京オリンピックも開催された。大会ビジョンの一つとして「多様性と調和」が掲げられ，勝ち負けを競うのみの場ではなく，⑧共

<u>生社会をはぐくむ場としての大会が目指された。</u>

問1 下線部①に関連して，次の文章を読んで，〔a〕～〔d〕に当てはまる人名を，あとのア～カからそれぞれ選び，記号で答えなさい。同じ記号を複数回選んでもよい。

> 2021年9月3日，当時の首相の〔 a 〕が，9月29日開票の自民党総裁選に立候補しないことを表明した。この結果，10月初頭に首相が交代することも実質的に決まり，総裁選をめぐるニュースがメディアをにぎわせた。
>
> 9月29日，自民党新総裁に〔 b 〕が選ばれた。決選投票で〔 c 〕を破っての当選だった。そして10月4日に国会が開かれて新しい首相が選ばれた。衆議院・参議院ともに，得票数2位の候補は〔 d 〕だった。

ア　安倍晋三　　イ　枝野幸男　　ウ　岸田文雄
エ　小池百合子　オ　河野太郎　　カ　菅義偉

問2 下線部②に関連して，新型コロナウイルス感染症対策関連の，さまざまな法令が運用されてきた。次のア～ウから，国会の議決で成立した法令を**すべて**選び，記号で答えなさい。

ア　新型インフルエンザ等対策特別措置法（2012年5月公布）

イ　新型コロナウイルス感染症を指定感染症として定める等の政令（2020年1月公布）

ウ　新型コロナウイルス感染症を検疫法第三十四条の感染症の種類として指定する等の政令第三条の規定により検疫法施行規則の規定を準用する場合の読替えに関する省令（2020年2月公布）

問3 〔③〕に関連して，10月4日に開かれた国会を，次のア～エから一つ選び，記号で答えなさい。

ア　緊急集会　　イ　通常国会　　ウ　特別国会　　エ　臨時国会

問4 下線部④に関連して，次の表は日本の歴代首相のうち，初代・第20代・第40代・第60代・第80代の人物を示したものである。X・Y・Zに当てはまる人名の正しい組合せを，あとのア～カから一つ選び，記号で答えなさい。

代	首相名	在任期間	他の代での首相就任
初代	伊藤博文	1885～1888年	第5・7・10代首相
第20代	X	1921～1922年	なし
第40代	Y	1941～1944年	なし
第60代	Z	1963～1964年	第58・59代首相
第80代	羽田孜	1994年	なし

ア　X　池田勇人　Y　高橋是清　Z　東条英機
イ　X　池田勇人　Y　東条英機　Z　高橋是清
ウ　X　高橋是清　Y　池田勇人　Z　東条英機
エ　X　高橋是清　Y　東条英機　Z　池田勇人
オ　X　東条英機　Y　池田勇人　Z　高橋是清
カ　X　東条英機　Y　高橋是清　Z　池田勇人

問5 下線部⑤に関連して，次のページの条文は，ドイツで1919年に制定されたワイマール憲法の第115条である。この条文が保障している人権として最も適切なものを，あとのア～エから一つ選び，記号で答えなさい。

> 各ドイツ人の住居は，各人にとって安息の場所（Freistätte 避難所）であり，これを侵しては
> ならない。これに対する例外は，法律の根拠に基づいてのみ許される。

　ア　参政権　　イ　社会権　　ウ　自由権　　エ　平等権

問6　下線部⑥に関連して，次の問いに答えなさい。

⑴　次の文は，現在もアメリカ政治の根本をなすとされる，独立宣言（1776年）の一部である。
　〔 e 〕に当てはまる言葉を**漢字**で答えなさい。

> われわれは，自明の真理として，すべての人は平等に造られ，造物主によって，一定の奪
> いがたい天賦の権利を付与され，そのなかに生命，自由および〔　e　〕の追求の含まれ
> ることを信ずる。

⑵　アメリカ合衆国の現在の二大政党のうち，2021年1月に就任したアメリカ合衆国大統領の所
　属政党を，**漢字**で答えなさい。

問7　下線部⑦に関連して，次の問いに答えなさい。

⑴　「東京オリンピック」とまとめて呼ばれることも多いが，この大会は7月23日から8月8日ま
　でのオリンピックと，8月24日から9月5日までの障がい者スポーツの大会に分かれていた。
　後者を何と呼ぶか，**カタカナ7字**で答えなさい。

⑵　次の**図1**は，オリンピックの競技の一部を表したものであり，左から順に，「障害馬術」「フェ
　ンシング」「サッカー」である。1964年の東京オリンピックからこのような表現を導入するよ
　うになったことが，昨年のオリンピックの開会式パフォーマンスで示されて話題になった。こ
　のような図記号を何と呼ぶか，**カタカナ6字**で答えなさい。

（読売新聞ウェブサイトより）

図1

問8　下線部⑧に関連して，次の文章は，渡辺一史『なぜ人と人は支え合うのか』の一部である。
これを読んで，あとの問いに答えなさい。

　障害の［重い・軽い］は，その人が暮らしている社会や環境しだいで，大きく変わりうるもの
であり，場合によっては，障害が「障害」でなくなってしまう可能性もあるのです。

　つまり，障害者に「障害」をもたらしているのは，その人がもっている病気やケガなどのせい
というよりは，それを考慮することなく営まれている社会のせいともいえるわけであり，こうし
た障害のとらえ方を「障害の社会モデル」といいます。

　従来の医学モデルにおいては，障害とはあくまで障害者個人に付随する特質（インペアメント
といいます）と考えがちですが，社会モデルにおいては，人と社会との相互作用によって生じる
のが障害（ディスアビリティといいます）であるという考え方をとります。

　また，〔　ア　〕においては，個々の障害者の側が，できるだけその障害を治療やリハビリな

どによって乗り越え，社会に適合できるように努力すべきだ，という方向でものごとを考えがちなのに対して，〔　イ　〕においては，まず社会の側が，障害者にハンディキャップをもたらす要素を積極的に取引除いていくべきだ，という真逆の発想につながっていきます。

　〔　ウ　〕の何がすぐれているのかというと，障害という問題を，単に個人の問題だけに押し込めるのではなく，社会全体で問題を受け止め，解決していこうという発想につながる点です。また，それによって，たとえば，車いすの障害者のために設置されたエレベーターが，高齢者やベビーカーを押す人，あるいは，キャリーバッグを引く健常者たちにも大きな利便性をもたらすといったように，さまざまな生の条件を背負った人たちを許容する社会へと大きく広がる可能性を秘めていることです。

　障害を，その人個人の責任とみるか，社会の責任とみるか，発想ひとつで，乗り越えるべきテーマや変革すべき社会のイメージも大きく変わってくることになります。

　もちろん，すべてを社会のせいにして，社会を変革すればそれで万事，問題が解決するというわけではありませんが，これまでの福祉観や障害観というのが，あまりに〔　エ　〕偏重で考えられすぎてきたのは確かです。思えば，「かわいそうな障害者」像や「けなげな障害者」像というものも，その根底には，障害者が努力して障害を克服しようとする姿に感動を覚え，賞讚（しょうさん）するという，〔　オ　〕的な障害観がひそんでいます。

　そうではなくて，努力して障害を克服すべきなのは，障害者本人というよりは，まずは社会の側である，という視点でものごとを考えてみることが大切です。

※「障害者」は，「害」の字を避けるために「障碍者」「障がい者」などと表記される場合もあるが，ここでは著者の用いている表記をそのまま掲載する。

(1)　文章中の〔ア〕～〔オ〕には，「医学モデル」か「社会モデル」のいずれかの語が入る。「社会モデル」が入るものを**すべて**選び，記号で答えなさい。

(2)　文章中の下線部について，前のページの**図1**の図記号も，下線部の内容と深く関連する。たとえば日本では非常口の位置を，**図2**の世界共通の図記号によって示しているが，それは社会の責任を果たす試みの一つと言える。

　　図2の図記号を用いることで，個人に責任を負わせることを回避できるとなぜ言えるのか。「個人の責任」という言葉を必ず用いて説明しなさい。なお，この問いにおける「障害」は，身体のハンディキャップに限定されず，生活における何らかの不自由さ全般を指すこととする。

（一般社団法人日本標識工業会ウェブサイトより）

図2

べくもあらず覚えけるに、丈羽が家のおとな(=使用人の長)なるもの来りて言ふ、①「そのもの今宵はまゐるべからず、このあかつき藪下といふところにて、里人、狸の老いたるをうち得たり。思ふに、このほど悪しくおどろかし奉りたるは、うたがふべくもなくシャツ(=そいつ)が所為なり。こよひは寝をやすくおはせ」など語る。はたしてその夜より音なくなりけり。憎しとこそ思へ、このほど旅のわび寝のさびしきを訪ひよりたる、かれが心のいとあはれに、かりそめならぬ契りにやなど、うち嘆かる。されば(注2)善空坊といへる道心者を語らひ(=に依頼して)、布施(=僧への謝礼)とらせつ、②ひと夜念仏してかれが菩提をとぶらひ侍りぬ。

　秋の暮仏に化ける狸かな

(注)　1　「結城の丈羽」……結城は現在の茨城県にある城下町、丈羽はそこで俳諧をたしなんでいた人物。

　　　2　「善空坊といへる道心者」……道心者とは正式ではない僧侶、善空坊はその人物の名。

問一　傍線部①「そのもの今宵はまゐるべからず」とあるが、なぜそのように判断したのか。簡潔に説明せよ。

問二　傍線部②「ひと夜念仏してかれが菩提をとぶらひ侍りぬ」とあるが、なぜそのような行動をとったのか。説明せよ。

問三　「秋の暮仏に化ける狸かな」の句に込められた作者の心情を、季語の「秋の暮」に触れつつ説明せよ。

である。でも、ぜんぜん楽しくないと思う。まるで生きている甲斐（かい）がない。

じゃあ、どういう世界が楽しいのか？　地球上に私以外にたくさんの人がいて、いろいろな仕方で私の自由な運動や自己実現を妨害しているのだけれども、私が適切に対処すると、その「敵性」が解除されて、彼らはむしろ私の「支援者・協働者」に変わり、彼らがいるおかげで私単独ではできないことができるようになる……というスキーム（＝仕組み）がたぶん一番楽しいと思う。

生物の本性として、私たちは「より複雑な生き物」になることを宿命づけられている。生物の本性だから、逆らうわけにはゆかない。そして、複雑化するために、簡単にはコントロールできない環境に投じられて、自分自身を「前とは違うもの」に書き換えることで環境に適応するというプロセスを繰り返す。それが生物学的な意味での「進化」ということだと思う。そして、③それがそのまま「天下無敵」ということの意味だと私は思っている。

（内田樹『武道論』より）

問一　二重傍線部A〜Eのカタカナの部分を、漢字に改めよ。

問二　傍線部①・傍線部②「『無敵』に至るには……逆説的に聞こえると思うが、できる限り『敵』概念を拡大することである」とあるが、このような逆説が成り立つのはなぜか。八十字以上百字以内で説明せよ（句読点も一字と数える）。

問三　傍線部③「それがそのまま『天下無敵』ということの意味だ」とはどういうことか。八十字以上百字以内で説明せよ（句読点も一字と数える）。

【三】　次の文章は、与謝蕪村の『新花摘』の一節である。これを読んで、後の問いに答えよ。なお、文章中の（＝　）はその直前の部分の現代語訳である。

（注1）結城の丈羽、別業（＝別宅）を構へて、ひとりの老翁をしてつねに守らせけり。市中ながらも樹おひかみ草しげりて、いささか世塵（せぢん）を避くる便りよければ、余（＝私）もしばらくその所に宿りしにけり。

翁は洒掃（＝掃除）のほかなすわざもなければ、孤灯のもとに念珠つまぐりて（＝数珠を爪で繰って）秋の夜の長さをかこち（＝嘆き）、余は奥の一間にありて句をねり詩をうめきするほどに、やがてこうじにたれば（＝疲れて）、ふとん引きかぶりてとろとろと眠らんとするほどに、広縁のかたの雨戸をどしどしどしとたたく。約するに（＝およそ）二三十ばかり連ね打つ音。いとあやしく胸とどめきけれど、むくと起き出でて、やをら戸を開き見るに、目にさへぎるものなし。又ふしど（＝寝床）に入りて眠らんとするに、はじめのごとくどしどしとたたく。又起き出でて見るにものの影だになし。いとおどろおどろしけれ（＝気味悪かったので）、翁に告げて、「いかがはせん」などはかりけるに、翁いはく、「こざめれ（＝よし来た）、狸の所為なり。又来り打つ時、そこ（＝あなた）は、すみやかに戸を開きて逐ひうつべし。翁は背戸（＝裏口）のかたより廻りて、くね垣（＝垣根）のもとにかくれ居て待つべし」と、しもと（＝むち）引きそばめつつうかがひゐたり。余も狸寝いりして待つほどに、どしとたたく。「あはや」と戸を開けば、翁も「やや」と声かけて出でて、合ひけるに、すべてものなければ、翁うちはらだちて、くまぐま（＝すみずみを）残るかたなく狩りもとむるに影だに見えず。

かくすること、連夜五日ばかりに及びければ、心つかれて今は住まふ

こと自体が刻一刻と自分の生命力を削ってゆく過程なのである。

実際に、世界的なプロのアスリートたちはコーチ、医師、カウンセラー、フードコンサルタント、広報マン、弁護士などを引き連れてワールドツアーをする。それは技術的な欠点だけでなく、疾病も、メンタルストレスも、体重管理も、メディアでの評価も、離婚ｃ【ソショウ】も、すべてがアリーナで向き合うライバルと同じように（場合によってはそれ以上に）アスリートのパフォーマンスを低下させることを彼らは知っているからである。つまり、アスリートの場合について言えば、「敵」のカテゴリーに繰り込むものが増えれば増えるほど、その人はパフォーマンス低下のリスクを減らすことができる。リストアップできる「敵」の数と種類が多いほど、「負ける」リスクは逓減するのである。この理路が呑み込めたら、とりあえず修業の旅程も「熱海（あたみ）」あたりまでたどりついたことになる。「天下無敵」への道の第一歩は「そんなことを言ったら、世の中はほとんどが敵だらけじゃないか」と言ってあきれ返ることである。

実際、その通りなのである。世の中ほとんど敵だらけなのである。眼の前にドアがあっても壁があっても、それは私の動線をふさぎ、私の可動域を限定し、私の自由を損なう「敵」である。でも、私たちはふつうそういうものを「敵」だとは見なさない。だって、ドアはノブを回せば開くし、壁は迂回（うかい）すれば向こう側に行けるからである。そういう気づかいを求める。私の自由を損なっているという点では家族は私の「敵」である。でも、こちらがきちんと適切な関係を保っていれば、私を彼らが私の自己実現を支援し、私の負荷を代わりに担（にな）ってくれて、私を

気づかってくれることだってある。

つまり、「敵」のほとんどは「斃す」ことなく、その「敵性」を解除することができるのである。

あまり病気をしないように心がけ、暴飲暴食をせず、家族や友だちに親切に接し、隠さなければならないような醜聞はそもそも起こさないように配慮し、加齢によって身体能力が劣化してきたら「まあ、人間というのはそういうものだ」と涼しく受け入れ、最期は「みなさん、どうもありがとうございました。お世話になりました」と言って笑顔で死出の旅に発（た）てることを人生の目標にして日々生きていれば、「敵」の敵性はかなりのところまでは消失する。

私の可動域を制約し、私の自由を損ない、私の動線を塞ぐものをことごとく「敵」と再定義するならば、そこにはフィールド上で向き合うライバルだけでなく、インフルエンザウイルスも、扶養家族（＝自分の収入で養っている家族）も含まれる。そして、それらの多くは工夫次第で「敵性解除」できる。

私の運動の自由を制約するものが何もない状態を「理想」とするなら、私以外にこの世界に人間がいるということ自体が「よくない」ことになる。つまり、地球上に誰ひとり人間がいない状態が「理想」だということになる。でも、そんなはずがない。それでは寂しいからというのでで、「地球上に私の他にも人間はいるのだが、彼らは私の自由をｅ【ソガイ】することがない」という状況に設定変更したらどうか。私が歩くとみんなが道を開けてくれる。私が頼んだことはすぐに実現する。私が意見を述べるとみんなが激しく頷いて「その通りです」と言ってくれる。そんな世界がみんなが楽しいだろうか？ たしかにこれもある意味では「天下無敵」

ルの左の脚が動いてバランスが崩れ、キャンバスの滝がぐらり、と大きく揺れた。私は倒れ込もうとする滝へ駆け寄った。両手でキャンバスの両端を支えて持ち上げると、イーゼルだけが鋭い音を響かせて床へ倒れた。

吹奏楽部の金管楽器が、ぱほおー、と、さっきから同じ音ばかりを出している。それがそういう練習だと知っていても、間抜けなものだった。夕方の美術室にひとりきり、③私は私の滝を抱きしめていた。

問一　傍線部①「それが涙声になっているのが分かって、お手洗いへ駆け込んで泣いた」とあるが、このときの伊智花の心情を説明せよ。

問二　傍線部②「やっぱ絵じゃないんだ。と思った」とあるが、このときの伊智花は審査員の姿勢に対してどのように感じているか。説明せよ。

問三　傍線部③「私は私の滝を抱きしめていた」とあるが、このときの伊智花の心情を説明せよ。

二　次の文章を読んで、後の問いに答えよ。なお、文章中の（＝　）はその直前の部分の注釈である。

武道修業は万人にとって有用であり、万人に開かれているものでなければならない。私はそう信じている。だから、それは「敵を斃す」技術の会得（えとく）ではない。では、「敵を斃す」ことではない「天下無敵」とは何を意味するのか。

「天下無敵」とは「天下に敵なし」ということである。「敵がいない」というのは「いたけれど、排除した」ということではない。「そもそも、敵」と呼ばれるいない」ということである。世界を見渡したときに、「敵」と呼ばれる

ようなものが存在しないという広々とした、穏やかな境位に至ること、それが武道修業の目的である。私はそう考えている。

もちろんいきなりそんなところにA トウタツできるはずがない。「天下無敵」はあくまで無限消失点（＝遠近法で絵を描く際に設定する点。果てしなく遠くにあるため本来は視認できない）である。私たちはそこをめざし修業し、そこに至ることなく命数尽きて生涯を終える。でも、めざしている方向が正しければ、修業者としてはやるべきことはやったと言ってよい。

①「無敵」に至るには前段がある。それは「敵」という概念の改鋳である。「敵」を再定義する。まずはそこから話が始まる。

②「敵」概念を改鋳するとは、逆説的に聞こえると思うが、できる限り「敵」概念を拡大することである。

敵というのは目の前にいて自分を殺傷しようとしている人間だけには限定されない（ふつうの人はそういう機会にあまり遭遇しない）。試合とか競争における「ライバル」も「敵」にカウントされる（というかスポーツの場合は、「敵」という語にはそういう意味しかない）。もっと広い意味では「自分の生命力を殺ぐ人間」も「敵」にカウントできる。強圧的な上司とか、無能で無責任なB ドウリョウとか、DV夫とか、反抗的な子どもとか、不愉快な隣人とか、電車の中の痴漢とか……そういう人間がいるせいで、生きる気力が萎えて、気鬱になり、夜も眠れず、食も進まないということであれば、彼らもまた立派な「敵」である。生命力が低下するという効果だけを言うなら、排気ガスも「敵」だし、花粉も「敵」だし、インフルエンザウイルスも「敵」である。そもそも加齢こそが全人類にとって最強の「敵」である。いま生きて、呼吸している

てその感動を評価に加点するならば「特別震災復興賞」という賞でも新設すればよかったのに、とすら思った。

「あのお、本当に、こういった、ね、たいへんな、未曾有（みぞう）の、あのお、そういう、事が起きたわけです。こういった状況の中で、えー、筆を持つことを、うん。あきらめなかった彼女に、審査員一同、希望のひかり、そして絵の持つ力を再認識しました」

と、審査員のひとりは言った。その審査員は東京の高校の美術教師だった。震災のことを「あのお、そういう、事が起きた」としか言えないような人が言う「希望のひかり」って、いったい何なのだろう。

無冠の絵となってしまったものの、私は滝の絵をとても気に入っていた。返却された絵を改めて美術室に運び入れ、イーゼルの上にのせる。水面に向かって茂っている深緑色の木々。その闇を分かつような白い滝。目を閉じれば音が聞こえてくるような水しぶき。その絵の上流から下流まで目で三度なぞり、二歩下がってもう一度眺めた。いい絵だ、と思った。どうしてこれがあの絵に負けてしまったのか、本当はまだ納得がいかなかった。

お手洗いから戻ると、下校確認の巡回をしていた世界史の、たしか榊という名の教師がノックもせずに美術室に入ってきて、私の絵を見た。

「CGみてえな絵だな、これ、リアリティがよ。部員が描いたのか？」

私は自分の絵だというのが気恥ずかしくて「そうみたいです」と答えた。

「立派な絵だよな。ちょっと、今このご時世で水がドーンっと押し寄せてきて、おまけにタイトルが『怒濤』ってのは、ちょっときつすぎるけ

ど、俺は意外とこういう絵がすきなんだよ」

榊はキャンバスの下につけていたキャプション（＝絵の題名などの情報）の紙の「怒濤」という文字を、人差し指でちろちろと弄んでから、

イオッシ！　早く帰れよな、と言って、次の見回りへ行った。

榊が出て行ったあと、私はしばらくこの絵に近づくことができなかった。五歩くらい離れた場所から絵を睨（にら）んでは、さっき榊が言っていた言葉を何度も頭の中で繰り返した。右足が自然に浮いて、地面について、それを繰り返す。大きな貧乏ゆすりをしている自分がいた。何度も足をあげ、おろす、あげ、おろす。指定靴のスニーカーの底の白いゴムが床につくたびに、きょ、きょ、きょ、と間抜けな音がした。なるほど。だから、だから私の滝の絵は賞を獲れなかったってことね。私から私が剥（は）がれていく感覚がした。あーあ、そういうことだった。だった。でしょ。はい。なるほどね。なるほど、なの？　黙ってニセアカシアの絵を描けばよかったんだろうか。心が安らぐような、夢を抱けるような、希望や絆があって前向きなもの。鳥や、花や、空を、描けば。

「この絵を見て元気が湧いたり、明るい気持ちになって、頑張ろうって思ってもらえたらうれしいです」

と、小さく声に出して言う。言って、左足を下げて、助走をつけて絵に向かって走る。迫力のある滝のしぶきに私が近づいていく。蹴とばそう、と思った。こんなもの、こんなもの、こんなもの！　私は思い切り右足を後ろに振り上げて、その反動を使って勢いよく蹴った。いや、蹴ろうとした。「んら！」と、声が出た。しかし私は絵を蹴ることができなかった。咄嗟（とっさ）に的をずらし、イーゼルを蹴った。蹴り上げられたイーゼ

①それが涙声になっているのが分かって、お手洗いへ駆け込んで泣いた。悔しいよりも、うれしいが来た。私はこの絵を見た人に、そう言われたかったのだ。

それからの一ヵ月間、私は不動の滝の絵を力いっぱい描いた。同級生や親戚から「新聞見たよ」と連絡が来て、そのたびに私は滝の絵に没頭した。

〈この絵を見て元気が湧いたり、明るい気持ちになって、頑張ろうって思ってもらえたらうれしいです。〉と、加藤伊智花(いちか)さん(盛岡大鵬高等学校三年)は笑顔を見せた。〉

と、その記事には書かれていた。ニセアカシアの絵のことを考えると、私は滝の絵に没頭した。光をはらんだ水しぶきに筆を重ねるごとに、それはほとばしる怒りであるような心地がした。流れろ。流れろ。流れろ。念じるように水の動きを描き加える。この心につかえる黒い靄(もや)をすべて押し流すように、真っ白な光を、水を、描き足した。亡くなった祖母のことや賞のことは、もはや頭になかった。私は気持ちを真っ白に塗りなおすように、絵の前に向かった。

描き終えて、キャンバスの前に仁王立ちする。深緑の森を真っ二つに割るように、強く美しい不動の滝が、目の前に現れていた。滝だった。私が今までに描いたすべての絵の中でいちばん力強い絵だった。「怒濤」と名付けて、出展した。

高校生活最後のコンクールは昨年の優秀賞よりもワンランク下がって、優良賞だった。私よりもどう見ても画力のある他校の一年生の描い

た校舎の窓の絵や、着実に技術を伸ばした同学年の猫の絵が、上位に食い込んでいた。最優秀賞は、私と同じ岩手県の沿岸、大船渡市(おおふなと)の女子生徒のものだった。ごみごみとしてどす黒いがれきの下で、双葉が朝露(おか)を湛えて芽吹く絵だった。あまりにも作為的で、写実的とは言いにくいモチーフだった。色使いも、陰影と角材の黒の塗り分けが曖昧で、朝露の水滴の光り方もかなり不自然。これが最優秀賞。そんなの可笑しいだろうと思った。最優秀賞を受賞した生徒は高い位置にポニーテールをして、肌がこんがり焼けていて、明るそうな人だった。東京で行われた授賞式で、私は初めてその人の顔を見た。

「わたしはあの日、家と母を亡くしました。避難所でしばらく暮らしていて思ったのは『絵を描きたい』という強い思いでした。いまはテニス部だし、しばらく描くことから離れていました。そんなわたしでも、絵を描いている間、わたしはわたしの内側にあるきもちと対話をすることができました。暗いがれきの中で泣いて、怒って、悲しんでいたはずの、どこに向かえばよいかわからなくなっていたわたしは、それでも最後にこの双葉を、気が付いたら、描いていました。こんな栄誉ある賞をいただき、どうしていいのか……」

と、彼女は手元のメモをちらちら見ながら、押し出すようにとぎれとぎれに言った。審査員席に並んでいる六十代くらいの女性は、ハンカチで目元を押さえていた。私も喉の奥がぐっとせりあがってきて、熱くて苦しかった。彼女の言葉には不動の滝を描いていた時の自分とどこか重なるものがある。それなのに、私は、それでも。ああ。②やっぱ絵じゃないんだ。と思った。審査されているのは純粋にこの作品ではなく、作品と作者の不遇を紐づけて、

「この作品を描いた高校生」なのではないか。

「描いた方が、いろいろと、いいと思う、かな」

それから私は不動の滝の絵を描きながら、《心が安らぐような、夢を抱けるような、希望や絆があって前向きなもの》のことを考えた。虹や、双葉が芽吹くようなものは、いくらなんでも「希望っぽすぎる」と思ってやめた。そもそも、内陸でほとんど被害を受けていない私が何を描くのもとても失礼な気がした。考えて、考えて、結局締切ぎりぎりになって、一、通学の道中にあるニセアカシアの白い花が降る絵を描いた。その大樹のニセアカシアは、毎年本当に雪のように降る。あまりの花の多さに、花が降るたびに顔をあげてしまう。顔をあげるから前向きな絵、と思ったが、花が散るのは不謹慎だろうか、と描きながら、まぶしい光の線を描き足し、タイトルを「顔をあげて」とした。私の絵は集められた絵「これは、すごいわ」と言ってその絵を出展した。みかちゃんは「顔をあげて」このタイトルに込めた思いはなんですか?」

と、若い女性の記者はまぶしい笑顔で言う。あ。絵じゃないんだ。と思った。枝葉のディテール（＝細かい部分）や、影の描き方や、見上げるような構図のことじゃないんだ。時間がない中で、結構頑張って描いたのにな。取材に緊張してこわばるからだから、力がすいっと抜けていく感覚がした。この人たちは、絵ではなくて、被災地に向けてメッセージを届けようとする高校生によろこんでいるんだ。そう思ったら胃の底がぐっと低くなって、からだにずっしりとした重力がかかっているような気がしてきた。記者はいますぐ走り書きができるようにペンを構えて、期待を湛えてこちらを見ている。

「申し訳ない、というきもちです。わたしはすこしライフラインが止まったくらいで、たくさんのものを失った人に対して、絆なんて、がんばろうなんて、言えないです」

記者は「ンなるほど」と言ってから、しばらくペンを親指の腹と人差し指の腹でくにくに触り、それから表紙の絵を掲げるようにして見て、言った。

「うーん。でも、この絵を見ると元気が湧いてきて、明るい気持ちになって、頑張ろうって思えると思うんですよ。この絵を見た人にどんな思いを届けたいですか?」

「そういうふうに、思ってもらえたら、うれしいですけど」

私は、早く終わってほしい、と、そればかり考えていた。描かなければよかったと、そう思った。そのあと、沿岸での思い出はあるか、将来は画家になりたいのかどうかなど聞かれて、私はそのほとんどを「いえ、とくに」と答えた。そばにいたみかちゃんは手元のファイルに目線を落として、私のほうを見ようとしなかった。記者が来週までには掲載されますので、と言いながら帰って行って、私は、みかちゃんとふたりになった。深く息を吐き、吸い、「描かなければよかったです」と、まさに言おうとしたそのとき、

「このさ、見上げるような構図。木のてっぺんから地面まで平等に、花が降っているところがすごい迫力なんだよね。光の線も、やりすぎじゃないのにちゃんと光として見える、控えめなのに力強くてさ。伊智花の絵はすごいよ。すごい」

と、みかちゃんはしみじみ言った。

「そう、なんですよ。がんばりました」

【国語】 (五〇分) 〈満点：一〇〇点〉

一 次の文章は、くどうれいん『氷柱の声』の一節である。高校生の伊智花は昨年の夏に祖母を亡くしてから、祖母が好きだった「不動の滝」の絵の制作に熱心に取り組んでいる。そんな中、高校三年生への進級を目前にして東日本大震災が起こる。これを読んで、後の問いに答えよ。なお、文章中の（＝　）はその直前の部分の注釈である。

四月末、新学期がようやく始まった。制服の学年章を三年生のものに付け替えて、新しい教室に足を踏み入れた。新しいクラスのうち、ふたりが欠席していた。実家が沿岸で、片付けなどの手伝いをしていると担任は言った。私は美術室に通う毎日を再開した。美術部は幽霊部員がほとんどで、コンクール四ヵ月前の部室でキャンバスに向かう部員は私だけだ。木の匂いと、すこしだけニスの匂いがする美術室にいると、気持ちが研ぎ澄まされていくのがわかった。使い古されたイーゼル（＝キャンバスを載せる台）を立たせて、両腕をいっぱい伸ばしてキャンバスを置く。

私は改めて、集大成の滝を描こうと思った。不動の滝の写真を携帯に表示して、じっと眺めて、閉じる。大きく息を吸って、アタリ（＝絵のバランスをとるための下描き）の線を描き始める。自分のからだのなかに一本の太い滝を流すような、絵のなかの音を描きだすような、豪快で、繊細な不動の滝で、必ず賞を獲りたい。獲る。描きたすほどに、今までの中でいちばん立体的な滝になっていく。

七月のある日、顧問のみかちゃんが一枚のプリントを持ってきた。

「やる気、ある？」

みかちゃんは、懇願のような謝罪のような何とも複雑な表情をしていた。そのプリントには〈♧絵画で被災地に届けよう、絆のメッセージ♧　〜がんばろう岩手〜〉と書いてある。

「これは」

「教育委員会がらみの連盟のほうでそういう取り組みがあるみたいで、高校生や中学生の油絵描く子たちに声かけてるんだって。伊智花、中学の時に賞獲ってるでしょう。その時審査員だった連盟の人が、伊智花に名指しでぜひ描かないかって学校に連絡があって」

「はあ」

「県民会館で飾って貰えるらしいし、画集にして被災地にも送るんだって」

「被災地に、絵を？」

「そう」

「絆って、なんなんですかね。テレビもそればっかりじゃないですか」

「支え合うってこと、っていうか」

「本当に大変な思いをした人に、ちょっと電気が止まったくらいのわたしが『応援』なんて、なにをすればいいのかわかんないですよ」

「そうだね、むずかしい。でも絵を描ける伊智花だからこそ、絵の力を信じている伊智花だからこそできることでもあるんじゃないか、って、わたしは思ったりもするのよ」

「じゃあ、何を描けば」

「鳥とか、空とか、花とか、心が安らぐような、夢を抱けるような、希望や絆があって前向きなもの、って、連盟の人は言ってた」

「……描いた方がいいですか」

大切なことはメモしておこうネ!

2022年度

解 答 と 解 説

《2022年度の配点は解答欄に掲載してあります。》

< 数学解答 > 《学校からの正答の発表はありません。》

1 (1) （ i ） $\dfrac{2\sqrt{2}\pm1}{7}$ 　（ ii ） 0.261 　(2) （ i ） 4 　（ ii ） 42

2 (1) $\dfrac{y^2+1+2x+x^2}{xy^2}$ 　(2) $\dfrac{x+1}{y}$ 　(3) x 　(4) y

3 (1) 解説参照 　(2) （ i ） $\sqrt{3}\ell$ 　（ ii ） $\ell^2+2\ell-4=0$ 　（ iii ） $-1+\sqrt{5}$

　(3) （ i ） 2 　（ ii ） $\dfrac{\sqrt{15}+\sqrt{3}}{3}$ 　(4) $\dfrac{80\sqrt{5}-80}{3}$

4 (1) 解説参照 　(2) 解説参照 　(3) 解説参照

○推定配点○

1 (2)（ ii ） 8点 　他 各5点×3 　2 各6点×4 　3 (1) 6点 　(4) 5点
他 各3点×5 　4 各9点×3 　計100点

< 数学解説 >

1 （二次方程式，平方根，場合の数）

(1) （ i ） $7x^2-4\sqrt{2}\,x+1=0$を解の公式を用いて解くと，$x=\dfrac{4\sqrt{2}\pm\sqrt{32-28}}{14}=\dfrac{2\sqrt{2}\pm1}{7}$

（ ii ） $\sqrt{2}=1.414$とすると，$\dfrac{2\sqrt{2}+1}{7}=\dfrac{3.828}{7}=0.54685\cdots$　　$\dfrac{2\sqrt{2}-1}{7}=\dfrac{1.828}{7}=0.26114\cdots$　　そ

れぞれ0.5469，0.2611として$\dfrac{2}{5}=0.4$との差を求めると，$0.5469-0.4=0.1469$，$0.4-0.2611=0.1389$

よって，$\dfrac{2}{5}$に近い方を四捨五入して小数第3位まで求めると0.261

(2) （ i ） 右図のようにそれぞれのマスを$a\sim n$とする。7回の移動でGoalに
移動する仕方は以下の4通りある。

・Start→c→b→a→e→h→k→Goal　　・Start→c→b→f→e→h→k→Goal

・Start→g→j→i→m→l→k→Goal　　・Start→g→j→n→m→l→k→Goal

（ ii ） 9回目の移動でGoalに到着するには，7回目の移動のどこかに他の場
所に行って戻るという移動を加えればよい。・Start→c→b→a→e→h→k→
Goalの移動の場合，Start→c→Start→cと前のマスに戻る場合が6通りあり，
他の方向に行って戻る場合が，Start→g→Start，b→f→b，e→d→e，e→f→e，k→l→kの5通り
あるから11通り…①　　・Start→c→b→f→e→h→k→Goalの場合は，前のマスに戻る6通りと，
Start→g→Start，b→a→b，e→d→e，e→a→e，k→l→kの5通りあるから11通り…②　　・Start→
g→j→i→m→l→k→Goalの場合，前のマスに戻る6通りと，Start→c→Start，j→n→j，m→n→m，
k→h→kの4通りあるから10通り…③　　・Start→g→j→n→m→l→k→Goalの場合，前のマスに戻
る6通りと，Start→c→Start，j→i→j，m→i→m，k→h→kの4通りあるから10通り…④　　①〜④
から42通りある。

$\boxed{2}$ （規則性，置き換え，文字式の計算，因数分解）

重要 (1) $A=\dfrac{y^2+1}{x}$, $B=\dfrac{y^2+1+x}{xy}$ に操作1を行うと，$A=\dfrac{B^2+1}{A}=\left\{\left(\dfrac{y^2+1+x}{xy}\right)^2+1\right\}\div\dfrac{y^2+1}{x}$

$\left(\dfrac{y^2+1+x}{xy}\right)^2+1=\dfrac{\{(y^2+1)+x\}^2+x^2y^2+1+x}{\dfrac{xyy^2}{x^2y^2}}=\dfrac{(y^2+1)^2+2x(y^2+1)+x^2+x^2y^2}{x^2y^2}=$

$\dfrac{(y^2+1)^2+2x(y^2+1)+x^2+x^2y^2}{x^2y^2}=\dfrac{(y^2+1)^2+2x(y^2+1)+x^2(y^2+1)}{x^2y^2}=\dfrac{(y^2+1)(y^2+1+2x+x^2)}{x^2y^2}$

よって，$\dfrac{(y^2+1)(y^2+1+2x+x^2)}{x^2y^2}\div\dfrac{y^2+1}{x}=\dfrac{y^2+1+2x+x^2}{xy^2}$

(2) $B=\dfrac{A+1}{B}=\left(\dfrac{y^2+1+2x+x^2}{xy^2}+1\right)\div\dfrac{y^2+1+x}{xy}=\dfrac{y^2+1+2x+x^2+xy^2}{xy^2}\div\dfrac{y^2+1+x}{xy}=$

$\dfrac{y^2(1+x)+(1+x)^2}{xy^2}\div\dfrac{y^2+1+x}{xy}=\dfrac{(1+x)(y^2+1+x)}{xy^2}\div\dfrac{y^2+1+x}{xy}=\dfrac{x+1}{y}$

(3) $A=\left\{\left(\dfrac{1+x}{y}\right)^2+1\right\}\div\dfrac{y^2+1+2x+x^2}{xy^2}=\dfrac{y^2+1+2x+x^2}{y^2}\div\dfrac{y^2+1+2x+x^2}{xy^2}=x$

(4) $B=(x+1)\div\dfrac{1+x}{y}=y$

$\boxed{3}$ （空間図形―正二十面体，立面図，三平方の定理，2次方程式，面積，平方根の計算，体積）

(1) 各頂点に5つの合同な三角形が集まっている立体なので，正多面体Xは正二十面体である。正面から見た立面図は図1のようになる。

(2) （ⅰ） 図2で，直線IPはBCと垂直に交わる。点Sは正三角形PQR の辺QRの中点なので，△PQS≡△PRSであり，PQ：QS：PS＝2：1：$\sqrt3$ となる。よって，PS＝$\sqrt3\ell$

（ⅱ） ① 図2のように点Iをおくと，IPとPSは同一平面上にある。また，直線IPはBCと垂直に交わる。直線IPとBCとの交点をMとすると，△PMSは直角三角形となる。PM＝$(4-2\ell)\div2=2-\ell$ MSは立方体の一辺の長さの半分なので2 △PMSで三平方の定理を用いると，$(\sqrt3\ell)^2=(2-\ell)^2+2^2$ $3\ell^2=4-4\ell+\ell^2+4$ $2\ell^2+4\ell-8=0$ $\ell^2+2\ell-4=0$

（ⅲ） $\ell^2+2\ell+1=5$ $(\ell+1)^2=5$ $\ell+1=\pm\sqrt5$ $\ell=-1\pm\sqrt5$ $\ell>0$から$\ell=-1+\sqrt5$

重要 (3) （ⅰ） △OPSの底辺をOS＝2とみると，点PからOSまでの距離は立方体の一辺の長さの半分の2 よって，面積は $\dfrac12\times2\times2=2$

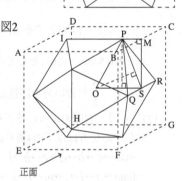
図1
図2

（ⅱ） △OPSの底辺をPSとみると高さがhとなる。$\dfrac12\times\sqrt3\ell\times h=2$ $h=\dfrac{4}{\sqrt3\ell}=\dfrac{4\sqrt3}{3\ell}$ $\ell=-1+\sqrt5$なので，$h=\dfrac{4\sqrt3}{3(-1+\sqrt5)}=\dfrac{4\sqrt3(\sqrt5+1)}{3(\sqrt5+1)(\sqrt5-1)}=\dfrac{\sqrt3(\sqrt5+1)}{3}=\dfrac{\sqrt{15}+\sqrt3}{3}$

(4) 正多面体Xは三角錐O－PQRと合同な三角錐20個でできている。△PQRの面積は$\dfrac12\times2\ell\times\sqrt3\ell=\sqrt3\ell^2=\sqrt3\times(-1+\sqrt5)^2=\sqrt3\times(6-2\sqrt5)=6\sqrt3-2\sqrt{15}$ よって，正多面体Xの体積は$\dfrac13\times(6\sqrt3-2\sqrt{15})\times\dfrac{\sqrt{15}+\sqrt3}{3}\times20=\dfrac{18\sqrt5+18-30-6\sqrt5}{9}\times20=\dfrac{80\sqrt5-80}{3}$

＋α **4** （平面図形―交わる円，証明，作図，円に内接する四角形，円の性質）

重要 (1) 図1で示すように，円に内接する四角形は向かい合う角の和が 図1
180°であり，1つの外角はそのとなりの内角に向かい合う内角（内対
角）と等しい。図2で，四角形APORでは，∠ARO＝∠BPO 四角形
DROQでは，∠DRO＝∠BQO 四角形BQOPで∠BPO＋∠BQO＝
180°だから，∠ARO＋∠DRO＝180° したがって，3点A，R，D
は一直線上にある。

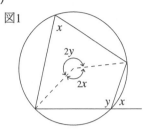

やや難 (2)，(3) 例として2通りの図とそれぞれの証明をあげておく。
なお，3点A，R，Dは一直線上にあることを証明するのだから，
ARとRDは同じ直線上にはないものとして証明することに注意
する。

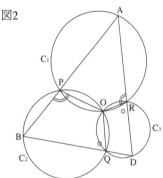

図2

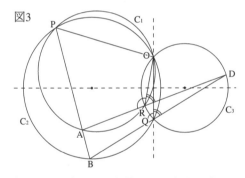

図3

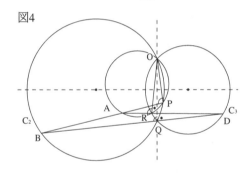

図4

〈図3の場合〉 円に内接する四角形の向かい合う角の和は180°なので，円C₁において，∠ORA＋
∠OPA＝180° 円C₂において，∠OQB＋∠OPB＝∠OQB＋∠OPA＝180° よって，∠ORA＝
∠OQB 円C₃において，弧ODに対する円周角なので，∠ORD＝∠OQD よって，∠ORA＋
∠ORD＝∠OQB＋∠OQD＝180° したがって，3点A，R，Dは一直線上にある。

〈図4の場合〉 円C₁について，弧OAに対する円周角なので，∠ARO＝∠APO 円C₂について，
弧OBに対する円周角なので，∠BPO＝∠APO＝∠BQO よって，∠ARO＝∠BQO 円C₃につ
いて，弧ODに対する円周角なので，∠ORD＝∠OQD よって，∠ARO＋∠ORD＝∠BQO＋
∠OQD＝180° したがって，3点A，R，Dは一直線上にある。

── ★ワンポイントアドバイス★ ──

1の(2)の(ⅱ)は，9回目の移動で「はじめて」Goalに到着する場合と，動き始め
てすぐStartに戻る場合が2通りあることに注意。2は，(1)で間違えると後もすべて
間違いになる。3は正多面体Xが面対称になっていることに着目して，設問の指示
通りに進める。4の(2)，(3)は，円周角の性質を使うことを考える。

＋α は弊社HP商品詳細ページ（トビラのQRコードからアクセス可）参照。

＜英語解答＞ 《学校からの正答の発表はありません。》

1 問1 エ 問2 イ 問3 （例）ジャスティンは自分の体を大切にしない。 問4 ア
問5 エ 問6 ア 問7 something lets me see that 問8 ア 問9 ア

2 問1 mother 問2 (2a) ア (2b) ウ (2c) ウ
問3 she wasn't home in time for dinner 問4 （例）他人を助けることは，実はその
人たちの人生をよりよくすることとは関係ない。 問5 ア 問6 please
問7 （う），（え）

3 (1) ア fair イ fare (2) ウ hole エ whole
(3) オ sights カ sites (4) キ write ク right
(5) ケ wait コ weight

4 (1) Things like this happen when you don't charge your battery
(2) How did you know you were lied to
(3) We might not be able to find one for a while from here
(4) What are you looking forward to doing after the exam is
(5) We were surprised at how large the country's population was

5 Part A (1) C (2) C (3) D
Part B (1) （Ⅰ）G （Ⅱ）D （Ⅲ）C （Ⅳ）A (2) D (3) C
Part C (1) B (2) D (3) B (4) C

○推定配点○
1問1，問2，問4〜問6，問8，問9・2問1，問2，問5〜問7 各2点×14
1問3・2問4 各4点×2 1問7・2問3・3・4 各3点×17 5 各1点×13
計100点

＜英語解説＞

1 （長文読解問題・物語文：内容吟味，語句解釈，英文和訳，指示語，文選択補充，語句整序，語
句選択補充）

（全訳） 私は目覚める。

すぐに私は自分がだれなのかを理解しなくてはならない。体だけではない—腕の肌は白いのか黒
いのか，髪は長いのか短いのか，自分は太っているのかやせているのか，男子なのか女子なのか，
肌はざらついているのかなめらかなのかを目を開けて知る。毎朝新しい体の中で目覚めることに慣
れていれば，体は最も適応しやすいものだ。理解しにくいのは人生，体の置かれている状況だ。

毎日，私はだれか他の者である。私は自分自身—自分が自分自身であることはわかっているが—
私はまた他のだれかでもあるのだ。

ずっといつもこんな風である。

そこには情報がある。私は目覚め，目を開け，新たな1日の朝，新たな場所であることを理解す
る。伝記が効力を発揮する，心の自分ではない部分からの歓迎の贈り物だ。今日，私はジャスティ
ンだ。ともかく私はこのこと—私の名前がジャスティンであることを知っていて，同時に自分が本
当はジャスティンではないことを，私がただ，1日の間彼の人生を借りているだけであることを知っ
ている。私は周りを見てここが彼の部屋であることを知る。ここは彼の家だ。目覚まし時計があ
と7分で鳴るだろう。

私は2度同じ人物であることは決してないが，以前確かにこのようなタイプであったことがある。

周りじゅうに服がある。本よりもはるかに多くのテレビゲーム。ボクサーパンツをはいての睡眠。口の中の感じから喫煙者だ。しかし，目覚めてすぐに1本が必要なほど中毒ではない。

「おはよう，ジャスティン」と私は言う。彼の声を確認する。低い声だ。私の頭の中の声はいつも違う。

ジャスティンは自分の体を大切にしない。彼の頭皮はかゆい。彼の眼は開きたがらない。彼はあまり睡眠をとっていない。

すでに私は今日を好きになることはないことがわかっている。

自分が好きではない人の体の中にいることは大変なことだ。それでもそれを尊重しなくてはならないからだ。私は過去に人々の人生に害を与えたことがあり，間違いを犯すたびにそれが私から離れないことを知っている。だから私は気をつけるようにしている。

私にわかることからすると，私が入っていくどの人も私と同じ年だ。16歳から60歳まで飛び移ることはない。まさに今，ほんの16なのだ。どうしてこのようになるのかわからない。あるいはなぜなのか，わからない。私はずっと前にそれを理解しようとすることをやめた。私は普通の人が自分自身の存在を理解しようとしないのと同じように，決してそれを理解しようとはしないだろう。しばらくすると，自分はただ存在しているに過ぎないのだという事実に心穏やかにならなくてはならない。なぜなのかを知る手立てはない。仮説を立てることはできるが，決して証明はできないだろう。

₆私は事実に近づくことはできるが，感情に近づくことはできない。私はここがジャスティンの部屋であることを知っているが，彼がそこを気に入っているのかどうかはわからない。彼は隣の部屋にいる両親を憎んでいるのだろうか。あるいは，彼は母親が自分が目覚めているか確かめに入ってこなかったら途方に暮れるだろうか。それはわからない。まるで，私のその部分が，それがだれであれ私が中にいる人物の同じ部分に取って代わるかのようだ。そして，私が自分らしく考えていてうれしく思っているのに，もう1人の人物がどう考えているかについてときどき得られる手がかりが役に立ったものだった。特に内側から見ると，私たち皆の中に謎が秘められている。

目覚まし時計が鳴る。私はシャツとジーンズを取ろうと手を伸ばすが，₍₇₎何かが私にそれが彼が昨日着たのと同じシャツであることをわからせてくれる。私は違うシャツを選ぶ。私は服を持って風呂場へ行き，シャワーをして服を着る。彼の両親はもう台所にいる。彼らには何かが違っていることはわからない。

16年間は練習するには長い時間だ。私は普段は間違いを犯さない。もうこれ以上は。

問1 　主人公は自分自身あるいは自己を持つが，自身の体や名前はなく，毎日他人の体に入ってその人物の人生を過ごすという設定が読み取れるかが本文理解のポイント。第2段落第3文に「毎朝新しい体の中で目覚めることに慣れていれば，体は最も適応しやすいものだ」とあること，また，第5段落では自分が入った人物に関する情報を得ていく様子が述べられていることから，主人公が毎朝だれか他の人物の体の中で目覚め，そこから自分が入った人物がどのような人物なのかを理解していくことがわかる。したがって，エ「主人公は毎朝ある別の人物の体の中で目覚める」が適切。第3文の be used to ～ は「～に慣れている」という意味。in a new one の one は第3文の主語 body を指している。アは「主人公は記憶喪失にかかっている」，イは「主人公はしばしば多くのことを忘れる」，ウは「主人公はいつもある特別な人物になることを夢見ている」，オは「主人公は普段は自分の外見についてほとんど気にかけていない」という意味。

問2 　下線部の biography は「伝記」，kick in はここでは「効果を発揮する」という意味。ここでの「伝記」は，主人公が姿を借りている人物がこれまでにしてきたこと，すなわちその人物の経

歴を例えて述べたもので，その人物の伝記（＝過去から形成されてきたその人物の現実の状況）が効果を発揮するということは，筆者がその人物について具体的なことを理解することにつながるので，イ「主人公は自分が中にいる人物についての基本情報を得る」が適切。アは「主人公は自分が中にいる人物についての本を与えられる」，ウは「主人公は自分の周りで起こっていることを記録するためにメモに記入し始める」，エは「主人公は自分が状況を理解する手助けとなるものを求めて部屋を探し始める」，オは「主人公は自分が体を借りている人物を，その人物の日記を読むことによって理解しようとする」という意味。ここでは biography という語が，書物としての伝記ではなく，主人公が入る人物の現状を表す比喩として用いられていることに注意。

問3　下線部の直後の「頭皮がかゆい」，「あまり眠っていない」などから，ジャスティンが自分の体を大切にしていない，あるいはしっかり手入れしていないことをつかむ。自分が入ったジャスティンという男性について得た情報から，ジャスティンの1つの特徴を述べている。

問4　下線部に対する動詞 haunt（＝ stay with）は，「～とともにとどまる（＝から離れない）」という意味。下線部を含む文の「人の人生に害を与えたことがある」，「間違いを犯すたびに～が自分から離れない」というつながりから，アが適切。人に迷惑をかけると，そのことが頭から離れなくなるのでそうならないように注意していると述べている。

問5　下線部の what は「もの・こと」の意味の先行詞を含む関係代名詞。can tell はここでは「わかる」という意味。下線部直後の「私が入っていくどの人も私と同じ年だ」は，自分が毎日他の人物に入っていくという経験からわかることなので，エ「自分の経験から」が適切。ア「私の考えでは」，イ「一般的に言えば」，ウ「実を言うと」，オ「ここだけの話だが（←あなたと私の間で）」。

問6　下線部に続く，「私はここがジャスティンの部屋であることを知っているが，彼がそこを気に入っているのかどうかはわからない。彼は隣の部屋にいる両親を憎んでいるのだろうか。あるいは，彼は母親が自分が目覚めているか確かめに入ってこなかったら途方に暮れるだろうか。それはわからない」という記述から考える。「私はわかる」という「ここはジャスティンの部屋だ」は客観的な事実だが，「私にはわからない」という「彼がその部屋を気に入っているか」，「彼が両親を憎んでいるか」，「彼は母親が自分が目覚めているか確かめに入ってこなかったら途方に暮れるか」はすべてジャスティンという人物の感情に関することである。したがって，ア「私は事実に近づくことはできるが，感情に近づくことはできない」が適切。自分が入った人物に関する客観的な事実をつかむことは簡単だが，その人物の感情について正しく理解することは難しいということを述べている。イは「私は感情に近づくことはできるが，事実に近づくことはできない」，ウは「事実は感情よりも重要だ」，エは「感情は事実よりも重要だ」，オは「私は事実と感情のどちらの方が重要なのだか決められない」という意味。

重要 問7　(… but) something lets me see that (it's the same shirt he wore yesterday.)　〈let ＋目的語＋動詞の原形〉「～に…させてやる」の形を用いた文。ここでの see は「わかる」という意味で，そのあとに接続詞 that が続く。自分が入り込んだジャスティンの周囲の状況などから，手に取ろうとしたシャツが昨日も着たものと同じであることがわかる，ということを表している。

問8　下線部の直後で，主人公は「私は普段は間違いを犯さない。もうこれ以上は」と述べている。この発言に関連するのが第9段落第2文「私は過去に人々の人生に害を与えたことがあり，間違いを犯すたびにそれが私から離れないことがわかっている。だから私は気をつけるようにしている」で，このことから，主人公は他の人物に入ることでその人物に害を与えたことがあるが，今はそうしたことのないよう注意していることがわかる。practice「練習する」の目的語として，ア「他の人物の人生を生きること」と続けると，他人の人生を過ごしてきた中での失敗を反省し，現在

に生かしているという現状に合う。イは「舞台で新しい役を演じること」，ウは「自分自身の感情に正直になること」，エは「自分がしたいことに集中すること」，オは「自分の両親から独立できるようになること」という意味。イ，ウ，エはいずれも主人公の願望にかなう行動をとることになるので，自分が入った人物に迷惑をかけたり害を与えたりするきっかけになる可能性があるので不適切。

やや難 問9　ア「主人公にとって，他の人物がどのように自分の人生を送ってきたかを理解することは，その人物の体に適応することよりも難しい」（○）　主人公は，第2段落で他の人物の体に適応することは簡単だが，その人物の人生をつかむことは難しいと述べているので一致する。　イ「主人公は再びその人物の人生を送るためにしばしば同じ人物のところへ戻る」（×）　第6段落第1文で「私は2度同じ人物であることは決してない」と述べているので一致しない。　ウ「主人公は，考える時間が十分にあれば自分が存在する理由を理解できると信じている」（×）　「時間が十分にある」という内容に関連することを述べているのは，最終段落第1文の「16年間は練習するには長い時間だ」だが，これは主人公にとって16年という年月が十分であるということなので一致しない。　エ「主人公が現時点で中にいる人物の周りにいる人々は，何かが違うことに気づく」（×）　最後から2つ目の段落の最終文を参照。この文の主語 They はこのとき自分が入っているジャスティンという人物の両親を指す。その両親には自分が息子のジャスティンの中に入っても「何かが違っていることはわからない」と述べているので一致しない。　オ「主人公は何が起こっているのか理解するのに苦労していて，毎朝混乱する」（×）　最初の8段落で主人公が他の人物の中に入ってから徐々にその人物に関する情報を得てその人物について理解していく様子が述べられているが，その過程で特に苦労したり混乱したりする様子は述べられていない。

2　（長文読解問題・説明文：語句補充，指示語，語句整序，英文和訳，文選択補充）

（全訳）　ミーガンはストレスでいらいらして精神的に参っていたので，助けを求めて私の診療所に入った。彼女は，しなくてはならないすべてのことをやりきる時間が1日の中で十分にないと言った。

35歳のとき，彼女は結婚して2人の幼い子供がいた。彼女はパートで働き，日曜教室で教え，ガール・スカウト団のリーダーだった。彼女は良き妻であり(1)母親であろうと奮闘したが，十分に良い仕事をしていないように感じていた。彼女は家族に対して怒りっぽく不機嫌なことがよくあり，自分でもなぜなのかわかっていなかった。

ミーガンが話せば話すほど，彼女が(あ)「いいえ」と言えない女性であることがますますはっきりした。教会員たちが土曜日の夜に頻繁に彼女に電話をかけてきて，日曜日の朝のサービス用のマフィンを焼くように頼んだ。ガール・スカウト団の親たちは，仕事で身動きが取れなければときどき彼女に頼って子供たちを車で家まで連れて帰らせた。

ミーガンはまた，頻繁に妹の子供のために留守番をして子守りをしていたので，彼女の妹は子守りにお金を使う必要がなかった。彼女にはまた好意に甘え，お金が足りないといったことから家の改修計画のことで助けが必要だといったことまで，いつもある種の土壇場の問題を抱えているように思われるいとこもいた。最近，(2a)彼女（＝ミーガン）は，(2b)彼女（＝そのいとこ）が電話をしてくるたびごとに(2c)彼女（＝そのいとこ）は何かを必要としていることがわかったので，彼女からの電話に出るのをやめた。

ミーガンは私に，自分の第一のルールは家族に対して決して(い)「いいえ」と言わないことだと言った。だから，彼女のいとこが頼み事をしたり妹が子守りを頼んだりしてくるたびに，彼女は機械的に(う)「はい」と言った。彼女に夫や子供たちに与えたどのような影響があったか尋ねると，自分が夕食の時間や子供たちを寝かしつける時間に家に戻れないことがあるということだと言った。声

に出してそのことを認めただけで，ミーガンが拡大家族に対して (え)「はい」と言うことがなぜもっと近い家族に対して (お)「いいえ」と言うことになるのかを理解し始めるのに役立った。彼女は自分の拡大家族を大切にしていたが，彼女の夫や子供たちは彼女の最優先すべき家族で，彼女は彼らを相応に扱うようにする必要があると判断した。

　私たちはまた，だれにも好かれたいという彼女の願望も再検討した。彼女の最大の恐怖は他人が自分を利己的だと思うことだった。しかし，少しのセラピーセッションののちに，常に好かれる必要は，実は人に (か)「いいえ」と言うよりもはるかに利己的であることだと彼女は理解し始めた。(4)他人を助けることは，実はその人たちの人生をよりよくすることとは関係ない。彼女は多くの場合，より尊敬されていたいために他人のために尽力していたのだ。人を喜ばせることについての考え方を変えると，彼女はふるまいを変え始めることができた。

　ミーガンが人に (き)「いいえ」と言えるようになるにはいくらかの練習が必要だった。実際のところ，彼女は (く)「いいえ」の言い方も知らなかった。彼女は言い訳が必要だと思ったが，うそはつきたくなかった。しかし，私は長ったらしい理由を言わずに，単に「いいえ，それはできません」といったことを言うよう彼女を促した。彼女は (け)「いいえ」と言う練習を始め，そう言えば言うほどますます楽に言えるようになることがわかった。彼女は人は彼女に腹を立てるだろうと想像していたが，彼女はすぐに₅彼らは実際には気にしていないようであることに気づいた。彼女が家族とともに過ごす時間が増えるほど，彼女は怒りっぽくなくなっていった。彼女のストレスの度合いも減り，数回 (こ)「いいえ」と言ってから，彼女は他人を助けるためにプレッシャーを感じることが減った。

問1　第2段落第1文から，ミーガンは2人の子供を持つ女性であることがわかる。また，空所に入る語は空所の直前の and でつながれて a wife と並列されていることから，「彼女は良き妻であり母親であろうと奮闘した」という文にすると，あとの but 以下に続く「十分に良い仕事をしていないように感じていて，家族に対して怒りっぽく不機嫌なことがよくあった」という内容とのつながりも自然になる。

基本 問2　下線部を含む文の前半に，「ミーガンは彼女のいとこからの電話に出るのをやめた」とあり，その理由が because 以下で述べられている。電話をかけてくるのはミーガンのいとこなので，(2b)の she はミーガンのいとこである。そのいとこが電話をかけてくるたびに何かを必要としているのはミーガン自身なので(2c)の she はミーガンのいとこを指す。いとこの電話で手間がかかることがわかったのでいとこからの電話に出ないことにしたのはミーガンなので，knew に対する主語(2a)の she はミーガンである。

重要 問3　(it meant) she wasn't home in time for dinner (or to put the kids to bed.)　医師である著者が，ミーガンに彼女の精神的な不調が家族に及ぼす影響について尋ねたのに対するミーガンの返答内容を述べている部分。ガールスカウト団の活動，妹の子供の子守りなど，他人から頼まれると断れず常に多忙でいるミーガンが自分の家族に及ぼす影響なので，夫や子供にとっては不都合な内容を表す文になることを押さえる。in time for ～ は「～に間に合って」という意味で，for dinner「夕食のための」と to put the kids to bed「子供たちを寝かしつけるための」がいずれも time を修飾している。

問4　Helping others「他人を助けること」が主語。about improving their lives「彼ら（＝他人）の人生をよりよくすること」が否定されているので，「他人を助けること」は「他人の人生をよりよくすること」とは関係のないことだという文意になる。

問5　空所を含む文の前半は，ミーガンが他人の依頼を断れば相手は怒るだろと考えていたという内容だが，Although「～だけれども」でつながれているので，後半は前半と対照的な内容にな

る。したがって，ア「彼らは実際には気にしていない（＝依頼を断っても気にしていない）ようだった」が適切。イは「彼らは別の頼み事を求めるつもりだった」，ウは「彼らは実は彼女によい感情を持っていなかった」，エは「彼らは彼女がこれまでしてきたことにとても感謝していた」，オは「彼らは二度と彼女に頼み事をするつもりはないという態度をとった」という意味で，いずれも文前半と対照的な内容にならない。

問6　最終段落では，練習によってミーガンの精神的な状態が改善されていったことが述べられている。最終文の felt less pressured は「プレッシャーが減った」ということを表しており，また，直前の段落では，ミーガンは他人に好かれたいために他人のために力を尽くしていたが，人を喜ばせることについての考え方を変えると，彼女はふるまいを変え始めることができたことが述べられている。それまで人を喜ばせようとすることで自身がプレッシャーを感じていたという状況が改善されたということなので，直前の段落の pleasing の原形 please にして入れて，she felt less pressured to please others「彼女は他人を喜ばせるためにプレッシャーを感じることが減った」という内容にすると文脈に合う。

やや難　問7　（あ）　空所を含む文の直後に，教会員たちやガール・スカウト団の親たちが，ミーガンに次々に頼み事をして，ミーガンはその都度それらを引き受けていることが述べられていることから，no を入れて「彼女が「いいえ」と言えない（＝頼み事を断れない）女性であることがますますはっきりした」という文にするのが適切。　（い）　ミーガンが医師に自分で決めている第一のルールについて述べた場面。他人からの頼み事を断れない性格であることから，no を入れて「ミーガンは私に，自分の第一のルールは家族に対して決して「いいえ」と言わないことだと言った」という文にする。　（う）　空所（い）を含む文に続いて So「だから」で始まっているので，彼女のいとこや妹が頼み事をしてくるたびに，彼女が機械的に言うのは yes である。

（え）・（お）　医師に言われて，ミーガンが声に出して夫と子供に与えている迷惑を言った場面。いとこや妹といった生活を共にしていない家族の頼みを聞くことによって，夫と子供というもっと近しい家族の要求に応えられない状況にあるので，（え）に yes，（お）に no を入れる。

（か）　第6段落第1, 2文では，だれにでも好かれたいというミーガンの願望と，彼女が他人に利己的だと思われるのを恐れていることについて述べられているが，第3文では However「しかし」で始まって，セラピーセッションの結果ミーガンが悟ったことが述べられている。他人の頼み事を断ることが利己的なことではないという文脈になるので，her need to always be liked「常に好かれる必要」は saying no to someone「人に「いいえ」と言うこと」よりも much more selfish「はるかに利己的」という内容にすると文脈に合う。　（き）・（く）　ミーガンは他人の頼み事に対して no と言えない性格だったのだから，練習としてすることは人に対して no と言うことであり，no の言い方さえも知らなかったという内容にする。　（け）　（き）と同様に，ミーガンが練習するのは no と言うことである。　（こ）　空所に入る言葉を言ったあとでストレスが減ったのだから，ミーガンが苦手であった no が入る。

③　（語句補充問題）

(1)　（ア）に fair「公平な」，（イ）に fare「運賃」を入れると，上の英文は「彼に何でもするように頼むのは公平ではない。私たちは手伝うべきだ」，下の英文は「ここから駅までのバスの運賃はいくらですか」という意味になる。

(2)　（ウ）に hole「穴」，（エ）に whole「全体の」を入れると，上の英文は「私の車が道路の穴に落ちたとき，彼は親切にも手伝ってくれた」，下の英文は「先生の講義が始まると，クラス全体がおしゃべりをするのをやめた」という意味になる。

(3)　（オ）に sights「名所」，（カ）に sites「用地」を入れると，上の英文は「京都には訪れるべき

名所がたくさんある」，下の英文は「ここは新しい学校のための用地の1つになる予定だ」という意味になる。(オ)は a lot of「たくさんの」のあと，(カ)は one of the「〜の中の1つ」に続くので複数形にすることに注意。

(4) (キ)に write「書く」，(ク)に right「正しい」を入れると，上の英文は「彼女は重要なことを言ったが，そのとき私は書きつけるものを持っていなかった」，下の英文は「子供たちに長時間勉強するように言うことは常に正しいとは限らない」という意味になる。

(5) (ケ)に wait「待つ」，(コ)に weight「重さ」を入れると，上の英文は「私はどれくらいあなたを待たなくてはならないのですか。私は急いでいるのです」，下の英文は「私たちの上司は自分の過去の成功経験を重視しすぎる」という意味になる。put weight on ～ で「～を重視する」という意味を表す。

重要 ④ (語句整序問題：接続詞，前置詞，受動態，助動詞，代名詞，動名詞，間接疑問文)

(1) Things <u>like</u> this happen when you don't charge your battery (when you can.) 「充電する」という動詞は charge で，これに対する主語は you。happen「起こる」という動詞に対する主語を things と考え，「こうなる」を「このようなことが起こる」と言いかえて，like「〜のような」を補って Things like this happen とする。

(2) How did you know you were lied <u>to</u>? 「(人)にうそをつく」は〈lie to ＋人〉で表すので，to を補う。know のあと接続詞 that が省略されている。that 以下は to you の you が受動態で主語となって前に出ている形。

(3) (Let's stop by this gas station.) We might not be able to find <u>one</u> for a while from here. 「〜できないかもしれない」は助動詞 might のあとに〈be able to ＋動詞の原形〉を続けて表す。「ここから先は」は from here，「しばらく」は for a while で表す。find の目的語として「ガソリンスタンド」を指す代名詞 one が必要。

(4) What are you looking forward to <u>doing</u> after the exam is (over?) what で始まる疑問文で look forward to ～「〜を楽しみにする」を用いる。この to は不定詞を作る to ではなく普通の前置詞なので，あとに「〜すること」の意味の目的語を続けるときは動名詞にする。したがって，動詞 do「する」の動名詞 doing を補う。

(5) We were surprised at how <u>large</u> the country's population was. be surprised at ～「〜に驚く」のあとに「その国の人口がいかに多いのか」を続けて間接疑問文で表す。人口の大小は large，small で表すので，how のあとに large を補う。

⑤ (リスニング問題)

(全訳) Part A

A：Dad, can I go to this swimming school in the summer?

B：Swimming school? Sure, that sounds fun. When is it?

A：It's in August, but there are four different weeks. You have to sign up for one. Here's the paper.

B：Ah, I see. Well, remember that we're going to be at your grandparents' that first week. And last year, you didn't finish your summer homework before school started, so I think you should keep that final week open so you can finish everything on time this year.

A：Okay. So, one of these two weeks?

B：Yes, but I think this one would be better because you'll be tired after visiting grandma and grandpa. They need your help cleaning up their house and yard this summer.

A：Ah, that's right. Okay, so this week will be best then, right?

B：I think so. And which of these classes were you thinking of taking? One for skills and techniques might be good.

A：Well, I just want to have fun in the pool, so I was hoping to take this one.

B：Well, if you're sure, I guess that's okay. But I really think you should start from the basics because you really don't swim all that often.

A：I know how to swim, Dad. Those classes would be too boring.

B：Okay, well, if that's what you want. So, now you just need to pick a time. Afternoons and evenings may not work because your mom wants to save those for family time this summer.

A：Okay. I don't mind getting up early but this one is only an hour, and I want to swim for more than that. Can I do this one here?

B：Sure, sounds like a plan.

Part A　A：お父さん，夏に水泳教室に行ってもいい？

B：水泳教室？　もちろん，楽しそうだね。いつあるんだい？

A：8月にあるんだけど，違う週に4回あるんだ。1つに参加しなくてはならないんだよ。これが書類だよ。

B：ああ，わかった。ええと，最初の週には祖父母のところに行く予定なのを覚えておいてね。去年，お前は学校が始まる前に夏の宿題を終えていなかったから，今年はすべて時間通りに終えられるように最後の週は取っておくべきだよ。

A：わかった。それじゃあ，この2つの週のうちの1つだね？

B：そう，でもおばあちゃんとおじいちゃんを訪ねたあとでお前は疲れているだろうから，こちらの週の方がいいと思うよ。今年の夏，彼らには家と庭を掃除するのにお前の助けが必要なんだ。

A：ああ，そのとおりだね。よし，それじゃあこの週がいちばんいいね？

B：そう思うよ。それで，これらのクラスのどれを受けようと思っていたの？　技能と技術のクラスがいいかもしれないね。

A：うーん，ぼくはただプールで楽しみたいだけだから，このクラスを受けたかったんだよ。

B：うん，はっきりそう思っているならそれでいいと思うよ。でも，お前は実際のところそうしょっちゅう泳がないから，基礎から始めた方がいいと本当に思うな。

A：泳ぎ方は知っているよ，お父さん。それらのクラスは退屈すぎるよ。

B：わかった，よし，それが望みなら。それじゃあ，もう時間を選べばいいだけだね。今年の夏はお母さんが家族のために取っておきたがっているから，午後と夕方は都合よくないな。

A：わかったよ。早起きするのは構わないけれど，このクラスは1時間だけで，ぼくはそれよりも長く泳ぎたいんだ。ここにあるこのクラスにできるかな？

B：もちろん，いいね。

Part A

　会話を聞いて次のページの3つの質問に答えなさい。会話は2度流れます。会話が始まるまで30秒あります。まず場面と下の広告を読み始めなさい。

　場面：子供が父親に水泳教室の広告を見せている。

ABC水泳教室

◆1週以上にご参加ください！

第1週：8/3～8/7　　第2週：8/10～8/14

第3週：8/17～8/21　　第4週：8/24～8/28

◆クラスをお選びください！

クラゲ　安全に泳いで楽しくやります！　これは基礎を学びたい初心者にもってこいのクラスです。

イルカ　さらに速く長く泳ぎます！　このクラスは技能と技術を上達させたい経験者向けです。

プールでのスポーツとゲーム　太陽の下で楽しいことを探していますか？　もしそうなら，ウォーターポロやプールバレーのような活動のためのこのクラスにご参加ください。

プールでフィットネス　やせたり筋肉をつけたりしたいですか？　それなら運動と健康のためのこのクラスが楽しいでしょう。

◆時間をお選びください！

午前のクラス　早朝：7:00〜8:00

午前半ば：9:00〜11:30

午後のクラス　午後：14:00〜16:00

夕方：17:00〜18:30

詳しくはこちらへ：www.abcswimmingschool.com

(1)　少年はいつ水泳教室に参加する可能性が最も高いですか。

A　3日から。　　B　10日から。　　C　17日から。　　D　24日から。

(2)　少年はどのクラスを受ける可能性が最も高いですか。

A　クラゲ。　　B　イルカ。　　C　プールでのスポーツとゲーム。

D　プールでフィットネス。

(3)　少年は1日に何時間水泳教室に参加する可能性が最も高いですか。

A　1時間。　　B　1時間半。　　C　2時間。　　D　2時間半。

Part B　So, you have Mr. Sanchez 1st period. He makes you run a lot in class, and he gives homework, so some students don't like him. The homework will be things like doing morning stretches or something like that. But he usually gives it just once a week, so it's not too bad.

For 2nd period, you have Mrs. Tanaka. She gives a lot of homework, mostly reading, so you'll be busy. That's why many students say it's the toughest 9th grade class. There's a final report, too. Mine was on Asian explorers in the 15th century, and I got an A on it.

Next you have Ms. Miller. She's really kind, maybe the kindest teacher at the school. She does give a lot of homework, but less than Mrs. Tanaka does. And you'll have to read novels, write book reports, and there's a poetry project. You have to write original poems for that. She doesn't accept late projects, though. That's the only thing she's strict about.

For 4th, you have Mr. Smith. His class is fun because there's lots of lab work. He also brings in small animals and plants for students to look at. His class is usually the most popular one in the 9th grade, and the best thing is he doesn't give homework.

Part B　それでは，1時間目はサンチェス先生です。彼は授業で皆さんをたくさん走らせますし，宿題を出しますから，彼が好きでない生徒もいます。宿題は朝にストレッチをするとかいったものです。でも，彼は普段は週に1回しか出しませんからそうつらくはありません。

2時間目はタナカ先生です。彼女はたくさんの宿題を出しますが，たいていは読書ですから皆さんは忙しいでしょう。だから多くの生徒はそれが9年生のいちばん大変な授業だと言っています。最終のレポートもあります。私のは15世紀のアジアの冒険家たちについてのもので，それでAを取りました。

次はミラー先生です。彼女はとても優しく，たぶん学校でいちばん優しい先生です。彼女はたくさんの宿題を出しますが，タナカ先生ほどではありません。皆さんは小説を読んで読書感想文を書かなくてはならず，詩の課題もあります。そのために皆さんは自作の詩を書かなくてはなりません。でも彼女は遅れて提出したものは受け取りません。それが彼女が厳しい唯一のことです。

4時間目はスミス先生です。彼の授業は実験室での作業が多いので楽しいです。彼はたいてい小さな動物や植物を連れてきて生徒が見るためにそれを置いておきます。彼の授業はたいてい9学年でいちばん人気があり，いちばんよいのは宿題を出さないことです。

Part B

あなたは合衆国に留学していると想像しなさい。学校の初日に，10学年の生徒があなたたちに時間割に出ている9学年の先生たちについて話しています。注意深く聞いてあとの3つの質問に答えなさい。話者の話は2度流れます。

(1) それぞれの先生は何の教科を教えていますか。下の一覧にある教科の文字を（Ⅰ）～（Ⅳ）に入れなさい。それぞれの教科は1度だけ使えます。

サンチェス先生（Ⅰ）　　タナカ先生（Ⅱ）　　ミラー先生（Ⅲ）　　スミス先生（Ⅳ）

A　生物　　　B　化学　　　C　英語　　　D　歴史

E　家庭科　　F　数学　　　G　体育　　　H　舞台芸術

(2) 4人の先生たちの中で，9学年の生徒たちはだれの授業を最も楽しみそうですか。

A　サンチェス先生。　　B　タナカ先生。　　C　ミラー先生。　　D　スミス先生。

(3) 4人の先生たちの中で，だれが2番目に多く宿題を出しますか。

A　サンチェス先生。　　B　タナカ先生。　　C　ミラー先生。　　D　スミス先生。

Part C　Okay, class. Let's get started on today's lesson. As you know, we're been discussing recent trends in farming, particularly, we learned how there has been a great decrease in the number of people working on farms over the last 150 years or so. And if you can remember, we saw that today there are 90 percent fewer farmers than there were a century ago. Do you remember how much of the population worked on farms back then? That's right, nearly half. This is mostly true for the developed world. Basically, as technology and society developed, people moved from farming into other industries, and this was mostly for economic reasons.

Today, however, we're going to discuss something that is on the increase. Now, when we talk of farming, we usually think of the countryside, you know, some place away from the hustle and bustle of the city. But interestingly enough, we are seeing more and more farms being built within cities. Sometimes these farms are on shared community land, where people living in the area can grow some vegetables for themselves. Sometimes these farms are in factories that grow vegetables or fruit for local markets. And sometimes these are on rooftops. Have you heard of these before? They are farms built on the unused tops of city roofs. Isn't that interesting? Now, in addition to bringing fresh fruits and vegetables to city populations, all three of these kinds of farms also provide jobs, a sense of community, and often improve the environment.

Anyways, we're going to talk about all three of these types of city farms today, but first, I want to focus on the second one that I mentioned and then after that, get to the community and rooftop ones.

Part C　よろしい，皆さん。今日の授業を始めましょう。ご存知のとおり，私たちは農業における

最近の流れについて話し合ってきて，特に，この150年ほどにわたって農場で働く人々の数が大きく減っていることを学びました。覚えているでしょうか，今日では1世紀前よりも90パーセント農業従事者が少ないことを知りました。その当時には人口のどれくらいが農場で働いていたか覚えていますか。そう，ほぼ半分です。これはほとんど先進国世界について言えることです。基本的に，科学技術と社会が発展するにつれて人々は農業から他の産業へと移動しますが，これはほとんどが経済的理由のためです。

しかし今日は増加していることについて話し合います。さて，農業と言えば普通は田舎，つまり都会の押し合いと慌ただしさから離れた場所のことを考えます。しかし，とても興味深いことに，都市部内でますます多くの農場が作られているのが見られます。これらの農場は共同体の共有地にあることもあり，そこではその地域に住んでいる人々が自力で野菜を栽培することができます。これらの農場が地域の市場のために野菜や果物を栽培する工場にあることもあります。そして，これらが屋根の上にあることもあります。これらについて聞いたことはありますか。それらは都市部の使用されていない屋根の上に作られます。それは興味深くありませんか。今日，新鮮な果物や野菜を都市の住民にもたらすことに加えて，これら3種類の農場が仕事，共同体意識を与えてくれ，しばしば環境を改善させています。

とにかく，今日はこれら3つすべての都市型農場について話し合いますが，まず，私は私が言った2つ目のものに焦点を当て，その次に共同体と屋根の上のものに移りたいと思います。

Part C　先生が講義を始めるのを聞いて，下の4つの質問に答えなさい。先生の話は2度流れます。

(1)　この講義の主題は何ですか。

A　経済がどのように農業を変えたか。

B　都市部ではさらに多くの農業がどのように行われているか。

C　農業従事者はなぜ工場を使い始めているか。

D　なぜ農業をする田舎の人が減っているか。

(2)　話者によると，過去に比べて農業従事者の数はどのように変わりましたか。

A　農業従事者の数が半分減った。

B　農業従事者の数が70パーセント減った。

C　今日では，農業従事者の数は150年前よりも少し少ない。

D　今日では，農業従事者の数100年前の10パーセントだけである。

(3)　話者が紹介している型の農場の利点の1つでないものは何ですか。

A　それらは新鮮な食料を入手できるようにする。

B　それらは都市での仕事への報酬を増やす。

C　それらは共同体の結束を強める。

D　それらは自然環境を体によいものにするのに役立つ。

(4)　話者は次に何について話す可能性が最も高いですか。

A　都市部での農場。　　　　B　共同体の土地にある農場。

C　工場内にある農場。　　　D　屋根の上にある農場。

★ワンポイントアドバイス★

②の問7のような問題は，本文を一通り読んでからではなく，読み進めながら答えを出していこう。本文の内容を理解するうえで大きなヒントになり，本文の内容を正しく理解しやすくなる。

＜理科解答＞ 《学校からの正答の発表はありません。》

1 問1 ③ 問2 ② 問3 ⑥ 問4 ⑦ 問5 1.47V 問6 ⑦

2 問1 エ 問2 （1） ア，イ （2） ア 問3 ① 問4 40トン
　問5 ②，高温の水は軽いから。

3 問1 ① 3：1 ② 減数分裂 ③ デオキシリボ核酸[DNA]
　問2 A 胚珠 D 子房 問3 （1） 1：1 （2） 3：1 （3） 5：3
　問4 次の世代まで育てる必要があるから。 問5 （1） ア （2） エ （3） ウ

4 問1 エ 問2 ア 問3 ウ 問4 傾斜が緩やかである。
　問5 X ○ Y × Z ○ 問6 A ウ B オ

○推定配点○
1 各2点×6 2 問5 3点(完答) 他 各2点×5 3 各1点×12
4 問1～問4 各2点×4 他 各1点×5 計50点

＜理科解説＞

1 （磁界―電磁誘導で生じる電圧）

　問1 図4で，コイルの上から棒磁石のN極を近づけた場合，コイルの上端がN極になるように誘導電流が流れる。この誘導電流の向きは，プローブの陰極から流れこむ向きであり，オシロスコープにはマイナスの向きに電圧が描かれる。すぐにN極を遠ざけた場合，今度はコイルの上端がS極になるように誘導電流が流れる。この誘導電流により，オシロスコープにはプラスの向きに電圧が描かれる。

　問2 図4で，コイルの下から棒磁石のN極を近づけ，すぐに遠ざけた場合，いずれも問1とは逆向きに電流が流れる。

　問3 図4で，コイルの上から棒磁石のS極を近づけ，その後遠ざけた場合，いずれも問1とは逆向きに電流が流れる。その間に棒磁石を止めているので，その間は誘導電流が流れず，オシロスコープに描かれる電圧は0を示す。

重要 問4 コイルの向きは，図5と図4で同じである。棒磁石を落下させると，上端に棒磁石のN極が近づく場合には，問1と同様の向きに，オシロスコープにはマイナスの電圧が描かれる。また，下端からS極が遠ざかる場合には，プラスの電圧が描かれる。ただし，棒磁石は落下運動によって速度が速くなっていくので，後になるほどコイルを貫く磁界の変化が大きい。よって，マイナスの波形よりもプラスの波形の方が，時間が短く，電圧は大きくなる。

　問5 表1より，コイルの巻き数と電圧の最大値の間には比例関係がある。よって，求める電圧の最大値をx[V]とすると，$1800：1.20＝2200：x$ より，$x＝1.466…$で，1.47Vとなる。

　問6 図6では，コイルAとCには同じ向きの電圧が生じ，これらとコイルBでは逆向きの電圧が生じる。よって，コイルA，B，Cを直列に接続するが，Bのみを逆向きにすれば，最大の電圧が生じる。

2 （酸・アルカリ・中和―草津温泉の河川水の中和）

　問1 鉄などの金属は，酸と反応して水素を発生しながら溶ける。また，コンクリートに含まれる炭酸カルシウムは，酸と反応して二酸化炭素を発生しながら溶ける。

　問2 （1） 表1で，塩化物イオンCl^-が多いことから塩酸HClが，また，硫酸イオンSO_4^{2-}が多いことから硫酸H_2SO_4が含まれている。硝酸イオンNO_3^-は表1では判断できない。また，エ，オは酸ではない。 （2） pHは，7が中性で，7より小さい場合が酸性，7より大きい場合がアルカリ性である。草津温泉の水は，pHが2〜3の強い酸性である。

問3　①と②で横軸の1目盛りの幅が異なることに気を付ける。①は，多量に投入しても，pHが7〜8程度であまり変化しなくなる。一方，②は少量の投入でもpHの変化が大きく，7を超えてアルカリ性になる。よって，①が石灰石（炭酸カルシウムCaCO₃），②が消石灰（水酸化カルシウムCa(OH)₂）である。中和が完了しても過剰に投入した場合，①は余った石灰石が沈殿するだけだが，②ではアルカリが増加していくために，水質への影響が大きい。

問4　求める酸の質量をx〔t〕とすると，酸と石灰石の質量比から，$73：100＝x：55$　より，$x＝40.15$で，40tとなる。

問5　大沢川が流入するC点の水温は高く，密度が小さい。そのため，品木ダムでは，水面近くに大沢川の水が，その深部に矢沢川の水が，層をなすと推定される。冬は温度差が小さいので，密度差も小さく，混合されやすいが，夏は温度差が大きいうえに，日射によって表面付近はさらに温められるため，密度差が大きく，ますます混ざりにくくなる。よって，水面付近の酸性の度合いが強い②が夏と考えられる。

3 （遺伝―メンデルの遺伝の法則）

問1　①　下線部Cの結果は5474：1850＝2.96：1，下線部Eの結果は428：152＝2.82：1である。いずれも，おおむね3：1程度である。　②　体細胞では1種類の染色体が2本ずつあるが，生殖細胞では1本ずつになる。　③　遺伝子の本体はデオキシリボ核酸（DNA）である。

問2　受粉，受精を経て，めしべの子房は果実となり，エンドウの場合はさやとよばれる。子房の内側にある胚珠が種子となり，胚珠の中にある卵細胞が，種子の中の胚になる。

重要 問3　顕性である丸形の遺伝子をA，潜性であるしわ型の遺伝子をaとする。

（1）　下線部Bの丸形個体の遺伝子型はAa，しわ形の純系個体の遺伝子型はaaだから，掛け合わせてできる子の遺伝子型は，Aa：aa＝1：1であり，丸形；しわ形＝1：1となる。

（2）　下線部Bの丸形個体の遺伝子型はすべてAaだから，他家受粉であっても，自家受粉と同じ結果となる。子の遺伝子型は，AA：Aa：aa＝1：2：1となり，丸形：しわ形＝（1＋2）：1＝3：1となる。

（3）　下線部Cの孫世代の遺伝子型は，AA：Aa：aa＝1：2：1の数比である。それぞれを自家受粉した結果を，それぞれの合計の数比が1：2：1になるようにすると，次の通りになる。

AAの個体　…　曾孫はAA：Aa：aa＝1：0：0＝2：0：0　（合計2）
Aaの個体　…　曾孫はAA：Aa：aa＝1：2：1＝1：2：1　（合計4）
aaの個体　…　曾孫はAA：Aa：aa＝0：0：1＝0：0：2　（合計2）

全ての合計は，AA：Aa：aa＝（2＋1＋0）：（0＋2＋0）：（0＋1＋2）＝3：2：3となる。よって，丸形：しわ形＝（3＋2）：3となる。

やや難 問4　一つの原因は，エンドウのさやの中には複数の種子ができるため，採取できる種子の数よりさやの数が少ないということである。しかし，問題文から察して，これが解答ではない。さやを計数すること自体が手間を要する原因を答えなければならない。

親の受粉，受精後に，子房からできるさやは，親のからだの一部であって，親の遺伝子を持っている。一方，さやの中にできる種子は，子の遺伝子を持っている。そのため，遺伝によって生じるさやの色を知るためには，できた種子を畑にまいて，孫ができるのを待たなければならない。孫である種子を包んでいるさやが，子のさやである。

問5　顕性である丸形の遺伝子をA，潜性であるしわ型の遺伝子をaとする。また，さやの色が顕性である緑色の遺伝子をB，潜性である黄色の遺伝子をbとする。本問では，AAbbの個体のめしべに，aaBBの個体の花粉をつけた。ここで両組の遺伝子は，互いに他方の遺伝子に影響を受けず，独立に伝わる。

（1） 受粉後のさやは，母型の体細胞と同じAAbbの遺伝子を持つので，すべて黄色である。中の種子は子の遺伝子型を持つ。これはすべてAaBbで，すべて丸形である。

（2） AaBbの種子を育ててできるさやもAaBbだから，すべて緑色である。

（3） AaBbの自家受粉によってできる子の遺伝子を考えればよい。Bかbかにかかわらず，AA：Aa：aa＝1：2：1となるので，丸形：しわ形＝3：1となる。

4 （地学総合―ハワイの火山）

問1 火山活動のようすや，火山体の形に影響が大きいのは，マグマの粘り気である。マウナロアは玄武岩質のマグマによってできており，粘り気が小さく流動性が高い。ガス成分が少なく，おだやかに大量の溶岩を流し出し，黒っぽい岩石となる。昭和新山は流紋岩質のマグマによってできており，粘り気が大きく流動性が乏しい。白っぽい岩石となる。

問2 マグマが地表に噴出しているので，急に冷却して斑状組織となる。斑状組織のうち斑晶は，マグマだまりにあった段階から早期に成長し始めていた鉱物の結晶である。石基は，地表付近で急冷したときにできた微結晶の鉱物や，非結晶のガラスからなる。

問3 富士山に比べ，マウナロアの体積は189倍で，高さは9000÷3000＝3倍である。よって，底面積は189÷3＝63倍である。底面の直径は$\sqrt{63}$倍，つまり，およそ8倍である。

問4 問3で，富士山に比べ，マウナロアの高さは3倍で，直径が8倍なので，傾斜が緩やかである。これは，マウナロアが粘性の小さなマグマからなる盾状火山だからである。よって，マウナロアでは巨大な反射鏡のような重量物でも山頂へ運搬しやすい。また，山頂付近に設置できるような，比較的平らな場所が確保しやすい。富士山の山頂に同様のものを運搬するのはかなり困難であり，設置できる面積もない。

重要 問5 X：正しい。問題文から，富士山の標高は3776m，マウナケアの標高は4000mだから，マウナケアの方が標高がやや高く，気圧がやや低い。

Y：誤り。年間を通じて気圧が高いので，下降気流が生じやすい。

Z：赤道では，天の北極から天の南極まですべての空の範囲が地平線上にのぼることがある。一方，北極では北半球側の天体しか見えない。このことから，赤道に近いほど，見える範囲は広いといえる。

問6 A…潜水病の原因は，圧力が高いときに血液中に溶けていた気体が，圧力が下がると泡となって出てくることである。アは炭酸飲料に含まれていた二酸化炭素が，イはマグマに含まれていた水蒸気が出てくる。一方，ウは化学反応で二酸化炭素が発生するので，本問と関係ない。

B…水中から高山へ向かうと，からだにかかる圧力がどんどん下がっていくので，潜水病のおそれが高い。そのため，スキューバダイビングの直後は，高山へ移動したり，航空機に搭乗したりするのはよくない。

★ワンポイントアドバイス★

問題文に説明される現象から，どのような基本事項がもとになっているのかを抽出し，その基本事項にしたがって解き進めよう。

＜社会解答＞ 《学校からの正答の発表はありません。》

1 問1 リオデジャネイロ　問2 イ　問3 気候変動枠組(条約)
　　問4 (1) 北(緯)60(度)，西(経)150(度)　(2) エ　(3) キ
　　問5 (1) ウ　(2) 水力(エネルギー)　(3) カーボンニュートラル
　　問6 (1) 北上(川)　(2) ウ　(3) エ　(4) (例) 右岸の堤防よりも左岸の堤防
　　が低く，増水時には左岸側に水があふれ，左岸に広がる田が遊水池の役割を果たすようにな
　　っている。

2 問1 (1) 三内丸山(遺跡)　(2) ア　(3) 黒曜石　問2 (例) 蝦夷の征服と平安
　　京の造営。　問3 ア　問4 イ　問5 平等院　問6 オ　問7 エ
　　問8 (1) イ　(2) ウ　問9 開拓使　問10 (1) 北海道旧土人保護法
　　(2) カ　問11 ウ

3 問1 a カ　b ウ　c オ　d イ　問2 ア　問3 エ　問4 エ
　　問5 ウ　問6 (1) 幸福　(2) 民主党　問7 (1) パラリンピック
　　(2) ピクトグラム　問8 (1) イ，ウ　(2) (例) 非常口の位置を理解することを，
　　文字が読めるか，読めないか，あるいは日本語がわかるか，わからないかなどといった個人
　　の責任に負わせることを避けることができるから。

○推定配点○
1 問6(4) 4点　他 各1点×12(問4(1)完答)　2 問2 3点　他 各1点×14
3 問8(2) 4点　他 各1点×13(問8(1)完答)　計50点

＜社会解説＞

1 (地理―世界の自然，環境問題，地形図の読み取りなど)

基本 問1　リオデジャネイロは，ブラジル南東部に位置する商工業都市。1960年にブラジリアに遷都す
　　るまで，同国の首都であった。世界三大美港の一つに数えられ，美しい自然環境から観光産業も
　　発達している。カーニバルは世界的に著名。

問2　パリは西岸海洋性気候が卓越し，気候は温和で年中平均的に適度な降水がみられる。また，
　　パリ周辺は安定陸塊に属し，地震は少ない。なお，bはヘルシンキ，cはアテネである。

やや難 問3　パリ協定は，2015年12月にフランスのパリで開かれた気候変動枠組条約第21回締約国会議
　　(COP21)で採択された，2020年以降の地球温暖化防止対策の新しい法的枠組みである。

重要 問4　(1)　図2の右下に，「緯線・経線とも0度を基準として等間隔に引かれている。」とある。よっ
　　て，緯線，経線とも15度間隔で引かれていることになる。　(2)　タヒチは南半球に位置してい
　　るので，6月が冬，12月が夏。よって，6月よりも12月の方が昼が長い。　(3)　d：地点Aは北緯
　　60度，タヒチは南緯15度に位置。よって，両地点の緯度差は75度。また，両地点は同一経線上に
　　位置しているので，両地点間の最短距離は，111(km)×75＝8325(km)。e：タヒチからみて真東
　　に進むと，地点Bではなく，ペルー付近に到達する。f：地点Cは，北緯15度，東経30度に位置。
　　よって，南緯15度，西経150度に位置するタヒチの対蹠点にあたる。

問5　(1)　パリ協定では，「産業革命前」に比べて気温上昇を2℃未満に抑制することを目指してい
　　る。　(2)　2018年時点で，日本における発電方式のうち，最も発電量の多い再生可能エネルギ
　　ーは水力で，発電電力量は87,398百万kWh。これに太陽光(18,478百万kWh)，風力(6,493百万
　　kWh)，地熱(2,113百万kWh)が次いでいる。　(3)　カーボンニュートラルは，二酸化炭素などの
　　温室効果ガスの排出量と吸収量を均衡させ，排出量を実質ゼロに抑えるという概念。もともとは

生化学や環境生物学の用語で，人類が生きていくには温室効果ガス排出は避けることができないので，排出を吸収で相殺し，地球温暖化への影響を軽微にしようとの考え方に基づいている。

問6　(1)　北上川は，岩手県北部の七時雨山付近に発し，奥羽山脈と北上高地の間を南流し，岩手県中央部，宮城県北東部を貫流して追波湾に注ぐ川。長さ249kmの東北地方第一の長流である。(2)　カスリーン台風は，1947年9月に日本に接近し，関東地方や東北地方に甚大な浸水被害をもたらした台風。関東南部では利根川と荒川が決壊し，埼玉県東部から東京で多くの家屋が浸水した。東北地方では北上川が氾濫して岩手県一関市で大きな被害が発生した。　(3)　D：付近に史跡・名勝・天然記念物を表す地図記号(.∴.)があることに注目する。E：周辺に田を表す地図記号(||)があることに注目する。F：付近に畑を表す地図記号(∨)などが点在していることに注目する。　(4)　河川が流れていく方向に向って，右側が右岸，左側が左岸。図3中を流れる北上川は，右岸の堤防よりも左岸の堤防が低くなっている。

2　(日本の歴史―東北・北海道に関する年表を題材にした日本の通史)

基本 問1　(1)　三内丸山遺跡は，青森市にある縄文前期～中期の大規模集落跡。紀元前3500年頃から約1500年間も存在した。竪穴住居，大型掘立柱建物，土偶などが出土。クリ林管理などの原始農耕の存在も考えられている。　(2)　縄文時代は，鳥，鹿，いのししなどの動物が豊かで，これらの動きの速い動物を狩猟するために，主に弓矢が使用された。イ－始皇帝が中国を統一したのは紀元前221年。日本では，弥生時代の前期にあたる。ウ－鉄器，青銅器などの金属器が使用されるようになったのは弥生時代。縄文時代，金属器はまだ使用されてない。エ－赤褐色で薄手の土器は弥生土器。縄文土器は黒褐色で厚手。　(3)　黒曜石は，黒色でガラス質の火成岩。日本では，大分県姫島，島根県隠岐諸島，長野県和田峠，静岡県天城山，北海道白滝・十勝岳などに限定して産出する。産地が限定され，また産地によって岩質に違いがあるので，その分布状況から当時の交易や交通の事情を知ることができる。

やや難 問2　徳政相論は，805年，宮中で行われた蝦夷征討と平安京造営の二大政策(軍事と造作)に関する論争。二大政策継続を主張する菅野真道に反対した藤原緒継の意見を桓武天皇が採用し，二大政策は打ち切りとなった。蝦夷は，東北地方の先住民に対する朝廷側の蔑称。

問3　裟裟を着して覆面をし，薙刀などを持って武装した者は，僧兵とよばれ，東大寺，延暦寺，園城寺などのものが有名。国分寺が僧兵の拠点になったという事実はない。

問4　中尊寺は天台宗の寺院。禅宗(臨済宗や曹洞宗)が大陸からもたらされたのは鎌倉時代以降である。

問5　平等院は，京都府宇治市にある寺院。藤原頼通が，末法初年にあたる1052年，宇治川のほとりにあった自分の別荘を寺にしたもの。鳳凰堂(阿弥陀堂)は極楽浄土にあるとされる建物を模したものといわれ，定朝作の阿弥陀如来像をまつる。

問6　Ⅰ　1264年，元に支配され，服従していたサハリン(樺太)のニブフ(サハリンの先住民であるギリヤーク人)が「アイヌ民族が毎年この地にやってきて境界をおかす」と元に訴えた。これを受け，元はニブフを支援するために，元軍を派遣し，アイヌ民族を攻撃した。　Ⅱ　コシャマインは，室町時代中期のアイヌ民族の首長。1457年，渡島半島南部に定住し始めた和人の圧迫に抗して戦い，敗れた。　Ⅲ　シャクシャインは，江戸時代前期のアイヌ民族の首長。1669年，松前藩の交易独占強化に反対するアイヌ民族を率いて北海道各地で商船を襲い，さらに松前を攻めようとして謀殺された。

やや難 問7　尚巴志が，北山，中山，南山の三山を統一し，琉球王朝を成立させたのは1429年。15世紀前半のことである。ア－鎌倉幕府の滅亡は1333年，室町幕府の成立は1338年。イ－明王朝の成立は1368年。ウ－高麗の滅亡，朝鮮王朝の成立は1392年。

重要 問8 (1) a：近藤重蔵は，1798年，蝦夷地御用を命じられて国後島，択捉島を探検。択捉島に「大日本恵登呂府」の標柱を建てた。b：間宮林蔵は，1808年，樺太から海峡を渡って黒竜江下流を踏破し，樺太が島であることを確認した。c：大黒光太夫は伊勢出身の船頭。1783年米を江戸に廻漕中に遭難。1792年，ロシア人ラクスマンに伴われて帰国した。d：レザノフは，1804年，ラクスマンが得た長崎入港許可証を携え，日本人漂流民を伴って長崎に来航。幕府に通商を要求したが，拒絶されたため，2回にわたって部下に樺太，択捉を襲撃させた。 (2) 田沼意次は，商品経済の発達に積極的に対応し，株仲間の設立を奨励し，とくに銅，鉄，真鍮などの座を組織させて幕府の統制を強めた。また，長崎貿易では，銅座や俵物会所を設けて輸出を奨励し，交易の活発化を図った。俵物は，中華料理の高級食材となる，いりこ，ほしあわび，ふかひれの総称。ア－寛政の改革(松平定信)，イ－享保の改革(徳川吉宗)，エ－天保の改革(水野忠邦)。

問9 開拓使は，明治初期，北海道開拓事業を担当した政府機関。1869年設置。開拓次官(のちに長官)の黒田清隆の指導のもと，アメリカ農務局長ケプロンを顧問に迎え，移民，屯田兵の奨励，道路・港湾・炭田の開発，札幌農学校の創設などにつとめた。1882年に廃止され，札幌・函館・根室の3県が置かれた。

やや難 問10 (1) 北海道旧土人保護法は，旧土人とよばれたアイヌ民族の保護を名目に，1899年に制定された法律。しかし，実際は，開拓使以来の同化政策上にあったため，新しい法律の制定が求められた。 (2) c：アイヌ文化振興法(1997年公布)→b：アイヌ施策推進法(2019年公布)→a：「ウポポイ」の一般公開開始(2020年)。

問11 原敬内閣の強引な党勢拡張と利権政治はしだいに反発を強め，東京市疑獄事件などの汚職も相次ぎ，これに激怒した1青年によって，1921年，原敬は東京駅で暗殺された。ア－閣僚の大半は立憲政友会の党員であったが，外務，海軍，陸軍の3大臣は党員ではなかった。イ－男子普通選挙制度が確立したのは加藤高明内閣のとき(1925年)。エ－シベリアからの日本軍の撤兵が完了したのは1922年。また，日本・ソ連間の国交が樹立したのは1925年の日ソ基本条約の締結による。

③ (公民―基本的人権，政治のしくみ，時事問題など)

問1 a：菅義偉は，秋田県出身の政治家。2012年から20年まで安倍晋三内閣の官房長官として約8年，首相を支えた。安倍首相の辞任により，2020年9月に行われた自由民主党総裁選で当選し，国会での指名を経て第99代内閣総理大臣となった。2021年9月に党総裁選への不出馬を表明し，任期満了をもって退任した。b・c：岸田文雄は，広島県出身の政治家。外務大臣，党政務調査会長などを歴任。2021年9月，菅義偉首相の党総裁任期切れに伴う自由民主党総裁選で，河野太郎らを破って党総裁に選出され，10月，国会において第100代内閣総理大臣に指名された。d：枝野幸男は，栃木県出身の政治家。1998年，民主党結成に参加。2011年，菅直人内閣で官房長官に就任。2017年，立憲民主党を立ち上げ，代表に就任。2021年10月に行われた衆議院議員選挙での敗北の責任をとり，11月に代表を辞任した。

問2 国会の議決で成立する法令は，法律。なお，政令は内閣，省令は省庁が発する法令である。

基本 問3 臨時国会(臨時会)は，必要がある場合に臨時に召集される国会。内閣が必要と認めたとき，またはいずれかの議院の総議員の4分の1以上の要求があったときに召集される。主な議題は，国政上緊急を要する問題や，予算・外交問題などである。

問4 X：高橋是清内閣(1921年11月～22年6月)は，原敬暗殺後，高橋是清が首相兼蔵相，他の前閣僚が留任して成立。Y：東条英機内閣(1941年10月～44年7月)は，第3次近衛文麿内閣の総辞職後に成立。12月に太平洋戦争に突入。サイパン島陥落の責任により総辞職。Z：池田勇人内閣(第1次・1960年7月～12月)(第2次・1960年12月～63年12月)(第3次：1963年12月～64年11月)は，「寛容と忍耐」を唱え，岸信介内閣時の政治的対立の克服を目指した。また，国民所得倍増計画

を掲げて，高度経済成長政策を推進した。

問5　ドイツのワイマール憲法第115条は，住居の不可侵を定めたもので，人身の自由（身体の自由）に関わりがある。なお，日本国憲法第35条も，住居の不可侵を定めている。

問6　(1)　独立宣言は，アメリカの独立に際し，ジェファーソンが起草した宣言で，ロックの自然法思想に立脚して，自由・平等・幸福の追求を天賦の人権として主張した。　(2)　民主党は，共和党と相対峙するアメリカ合衆国の二大政党の一つ。州権尊重，大衆志向の傾向が強く，1930年代にフランクリン・ルーズベルトの下で強固な支持基盤を確立した。

問7　(1)　パラリンピックは，国際身体障害者スポーツ大会。4年に1回，オリンピック開催地で行う。1960年脊椎損傷者だけが参加し，第1回が開催され，近年は肢体不自由・視覚障害者なども参加している。夏季と冬季の両方がある。　(2)　ピクトグラムは，絵文字，絵言葉のこと。表現対象である事物や情報から視角イメージを抽出，抽象化し，文字以外のシンプルな図記号によって表したもの。日本では，1964年の東京オリンピックを契機に導入された。

問8　(1)　文章中の「社会モデルにおいては，人と社会の相互作用によって生じるのが障害（ディスアビリティといいます）であるという考え方をとります。」に注目して考える。　(2)　文字や会話によるコミュニケーションが困難な人，現地の言葉が理解できない外国人も，ピクトグラムであれば，正しく理解することができる。つまり，理解できないことを，個人の責任に負わせることを回避することが可能となる。このため，ピクトグラムは，基本的な使いやすさと，高齢者や障害者への配慮にかなったユニバーサルデザインとして，食品や薬品などへ表示する取り組みも浸透しつつある。

★ワンポイントアドバイス★

最後に長文を読解する必要がある小問が出題されている。このことを考えると，時間的な余裕はほとんどないと思われる。手際よく問題を解く必要がある。

＜国語解答＞　《学校からの正答の発表はありません。》

一　問一　（例）　絵ではなく「この作品を描いた高校生」として評価されたことに傷ついていたが，みかちゃんから純粋に絵を賞賛され，うれしさがこみ上げている。
問二　（例）　作品の純粋な評価ではなく，作品と作者の不遇を紐づけてその感動を加えて評価する審査員の姿勢に疑問と不満を持っている。
問三　（例）　渾身の力をこめて描いた滝の絵は伊智花にとって満足のいくもので，他者の評価とは関係なく自分の絵として受容しようとている。

二　問一　A　到達　　B　同僚　　C　訴訟　　D　配偶者　　E　阻害
問二　（例）　「無敵」に至るには一般的には「敵」を少なくしていくことが必要だと考えられるが，実は「敵」だと思われるものをできるだけ多く設定し，その「敵」の「敵性」を解除することで，「無敵」に近づくことができるから。
問三　（例）　「天下無敵」とは自分の自由を阻害する「敵」がいないという意味ではなく，たくさんの「敵」に適切に対処して自分自身が成長するというプロセスを繰り返すことが「天下無敵」の本当の意味だということ。

三　問一　（例）　夜中に雨戸を叩き作者を驚かせていたと思われる狸が退治されたから。

問二　（例）　狸は旅の独り寝の寂しさを気の毒がって訪れてくれていたのかと思い，自分との深い因縁を感じたから。

問三　（例）　「秋の暮」は長くより孤独を感じさせるが，孤独な自分を訪れていた狸もまた孤独であったのではないかと哀れに思い，その死を悼む心情。

○推定配点○

□　各10点×3　　□　問一　各2点×5　　他　各15点×2　　□　各10点×3　　　　計100点

＜国語解説＞

□　（小説─情景・心情）

問一　直後の文「悔しいよりも，うれしいが来た。私はこの絵を見た人に，そう言われたかったのだ」に着目する。この「うれしい」という心情が何によるものかを述べて説明する。「そう言われたかったのだ」の「そう」は，前の「このさ，見上げるような構図。木のてっぺんから地面まで平等に，花が降っているところがすごい迫力なんだよね……控えめなのに力強くてさ，伊智花の絵はすごいよ。すごい」というみかちゃんの言葉を指し示している。みかちゃんの言葉は，純粋に伊智花の絵を評価して賞賛するもので，これが「うれしい」という心情につながることを説明する。「悔しい」という心情が，伊智花の絵ではなく「この作品を描いた高校生」として評価されていたことによることもつけ加えると，「うれしい」という心情の説得力につながる。

問二　直後の文「審査されているのは純粋にこの作品ではなく，『この作品を描いた高校生』なのではないか。作品と作者の不遇を紐づけてその感動を評価に加点するならば『特別震災復興賞』という賞でも新設すればよかったのに，とすら思った」からは，伊智花が審査員の姿勢に対して疑問や不満を感じていることが読み取れる。この「審査されているのは純粋にこの作品ではなく，『この作品を描いた高校生』なのではないか。作品と作者の不遇を紐づけてその感動を評価に加点する」という表現を用いて，伊智花が審査員のどのような姿勢に対して不満を持っているのかを具体的に述べてまとめる。

重要　問三　衝動的に「滝の絵」を蹴ろうとして思いとどまり，「滝の絵」を「抱きしめていた」という伊智花の行動から，心情を想像する。「滝の絵」を描く場面で「流れろ。流れろ。流れろ……亡くなった祖母のことや賞のことは，もはや頭になかった。私は気持ちを真っ白に塗りなおすように，絵の前に向かった」とあるように，伊智花にとって「滝の絵」は「ニセアカシアの絵」によってもたらされた怒りや欺瞞を忘れるためのものであったが，「無冠の絵と」で始まる段落に「いい絵だ，と思った。どうしてこれがあの絵に負けてしまったのか，本当はまだ納得がいかなかった」とあるように，伊智花は依然として審査に対する不満や怒りが拭い切れないでいる。次の場面の「榊という名の教師」の「立派な絵だよな……ちょっときつすぎるけど，俺は意外とこういう絵がすきなんだよ」という素直な言葉を聞き，いったんは審査という他者の評価に振り回された「滝の絵」を蹴ろうとしたが，他者の評価とは関係なく自分の絵は自分が認めればいいと気づいたことを「私は私の滝を抱きしめていた」と表現している。他者の評価に関係なく，自分が自分の絵を認め受け容れようとする心情などと，自分の言葉を補って述べる。

□　（論説文─大意・要旨，文脈把握，漢字の読み書き）

問一　A　ある状態に行きつくこと。「到」を使った熟語には，他に「周到」「殺到」などがある。B　同じ職場で，地位などが同程度である人。「僚」を使った熟語には，他に「閣僚」「官僚」などがある。　C　裁判を請求すること。「訴」の訓読みは「うった（える）」。　D　夫婦の一方から見た他方。　E　邪魔をすること。「阻」の訓読みは「はば（む）」。

問二　「逆説」というのであるから、一般的に思われていることに対して実は相反することが成り立つとしているのは、どのようなことなのかを読み取る。まず、傍線部①の「『敵』という概念の改鋳」は、直後の文で「『敵』を再定義する」と言い換えられており、筆者はどのように「敵」を再定義すべきだと言っているのかを読み取ることから始める。ここでは「無敵」について述べており、「無敵」に至るには一般的にどうすることが必要だと考えられるだろうか。「無敵」に至るには、一般的に「敵」だと定義するものを少なくしていくことが必要だと考えられるが、筆者は「敵」だと思われるものをできるだけ多く定義することが必要だと言っており、これが「逆説的」に相当する。この内容を簡潔にまとめた上で、改めて「無敵」に近づくためにどうするのかを加えて理由とする。「つまり」で始まる段落の「『敵』のほとんどは『斃す』ことなく、その『敵性』を解除することができる」などの表現を用いて、まとめるとよい。

やや難　問三　まず、傍線部③の「それ」は、同じ段落の「私たちは……複雑化するために、簡単にはコントロールできない環境に投じられて、自分自身を『前とは違うもの』に書き換えることで環境に適応するというプロセスを繰り返す」ことを指示している。ただし、この内容は生物的な観点から述べられているので、本文の中心テーマである「私」という個人にとっての「『天下無敵』という意味」にふさわしくなるように、より具体的な内容に置き換えて表現する必要がある。筆者が理想とする世界について述べている「じゃあ、どういう世界が楽しいのか？」で始まる段落に着目する。「地球上に私以外にたくさんの人がいて、いろいろな仕方で私の自由な運動や自己実現を妨害しているのだけれども、私が適切に対処すると、その『敵性』が解除されて、彼らはむしろ私の『支援者・協働者』に変わり、彼らがいるおかげで私単独ではできないことができるようになる」という表現を、たくさんの「敵」に適切に対処していくことで自分自身が成長する、などの簡潔な表現に置き換え、これが「天下無敵」の本当の意味だということ、などとまとめる。

三　（古文―情景・心情、文脈把握、表現技法）

〈口語訳〉　結城の丈羽という人が、別宅を構えて、一人の老いた翁にいつも守らせていた。町中でありながらも木々が立ち並び草も茂って、ちょっと世間の雑事を避けるのに便利なので、私もしばらくその場所に泊まることにしたのだった。

翁は掃除の他にすべき仕事もなかったので、たった一つの灯火の下で数珠を爪で繰って秋の夜の長いのを嘆き、私は奥の部屋にいて句をひねり苦労して詩を詠んでいたが、すぐに疲れたので、布団をひきかぶってとろとろと眠ろうとするうちに、広縁の方の雨戸をどしどしどしどしとたたく（音がする）。およそ二、三十ばかり続いて打つ音がする。たいそう不思議でどきどきしたけれども、むくりと起き上がって、そっと戸を開けて見ると、目の前には何もない。また寝床に入って眠ろうとすると、はじめのようにどしどしとたたく（音がする）。また起き上がって見ても物の影さえもない。とてもとても気味悪かったので、翁に知らせて、「どうしよう」などと相談したところ、翁が言うには、「よし来た、（それは）狸の仕業です。また来て（音を）打つ時、あなたはすばやく戸を開けて追いかけてやっつけるとよいでしょう。私（翁）は裏口の方から廻って、垣根のそばで隠れていて待ちましょう」と、むちを引きそばによせて様子を伺っている。私も狸寝入りをして待っているうちに、またどしどしとたたく（音がする）。「それっ」と戸を開けて、翁も「ええい」と声をかけて立ち向かったところ、まったく何もないので、翁は腹を立てて、すみずみを残すところなく狩り探し求めるが影さえも見えない。

このようにすることが、連夜五日ほどに及んだので、心も疲れて今となっては住み続ける必要もないと思っていたところ、丈羽の家の使用人の長というものが来て言う、「そのものは今夜は来るはずがありません。今日の夜明け前に藪下という所で、そこに住んでいる人が、狸で老いたのを退治しました。思うに、この頃荒々しく驚かせ申し上げていたのは、間違いなくそいつの仕業です。

今夜は安心してお休みください」などと語る。思った通りその夜から音はしなくなったのだ。憎いとは思っていたが、このたびの旅の寂しい独り寝を訪れてくれた、狸の心がたいそう哀れで、少なからぬ因縁であろうかなどと、嘆かれることであった。それゆえ、善空坊という僧侶に依頼して、謝礼を渡して、一晩念仏を唱えて狸の供養をしたのでした。

　秋の暮仏に化ける狸かな（寂しい秋の暮れに仏に化けた狸であったことだなあ）

問一　「丈羽が家のおとな」が、「そのもの」が今宵はこないだろうと判断した理由を読み取る。傍線部①の直後「このあかつき藪下といふところにて、里人、狸の老いたるをうち得たり。思ふに、このほど悪しくおどろかし奉りたるは、うたがふべくもなくシヤツが所為なり。」という「丈羽が家のおとな」の言葉に着目する。ここから、傍線部①の「そのもの」が指示するのは、作者と翁を驚かせていた老いた狸だとわかる。その狸が「このあかつき藪下といふところにて、里人」によって退治されたので、狸が今宵はこないだろうと判断している。文末を「〜から。」で結んで簡潔にまとめる。

問二　「丈羽が家のおとな」が「里人、狸の老いたるをうち得たり」と言うのを聞いて、一晩念仏を唱えて供養したというのであるから、傍線部②の「かれ」が指示しているのは、「老いたる」狸だとわかる。傍線部②の冒頭の「されば」は前を受けて当然の帰結を述べるという意味なので、直前の文「憎しとこそ思へ、このほど旅のわび寝のさびしきを訪ひよりたる、かれが心のいとあはれに、かりそめならぬ契りにやなど、うち嘆かる」が、作者が狸を供養した理由となる。作者の「旅のわび寝のさびしき」を気の毒に思って狸が訪れていたのではないかと、狸に「かりそめならぬ契り」を感じたから、などとまとめる。「かりそめ」は一時的、ちょっとした、「契り」は約束や因縁という意味なので、「かりそめならぬ因縁」を少なからぬ因縁、などと訳す。

 重要 問三　連夜自分を驚かせていた狸が退治されたと聞き、哀れに思った作者が供養をし、詠んだ句である。亡くなった狸を「仏に化ける」と表現して、狸の死を悼んでいることを読み取る。「秋の暮」は秋の夜長という語があるように、秋の夜は長く一人でいると一層孤独が感じられるものである。作者は孤独であるが、老いたる狸もまた孤独で、作者の寂しい「わび寝」を気の毒に思って訪れたのではないかと、あらためて狸の死を悼む心情を読み取りたい。

───★ワンポイントアドバイス★───
古文の読解問題では、句に込められた作者の心情が問われている。句は短いので句の表現から読み取れる情景や心情だけを述べるのでは物足りない。句の背景を想像することで、句の世界が広がり、そこから感じられる心情を述べてまとめたい。

2021年度

★★★★★★★★★★★★★★★★★★★★

入 試 問 題

2021年度

入試問題

2021年度

開成高等学校入試問題

【**数　学**】（60分）　　＜満点：100点＞

【**注意**】　答案は指定された場所にかき，考え方や計算の過程がはっきりとわかるように心がけること（とくに指示がある場合を除く）。

1．解答する際に利用した図はなるべくていねいにかくこと。

2．問題文中に特に断りのない限り，答えの根号の中はできるだけ簡単な数にし，分母に根号がない形で表すこと。

3．円周率は π を用いること。

4．試験中，机の上に置けるのは，次のものだけです。これ以外の物品を置いてはいけません。

・黒しんの鉛筆またはシャープペンシル　　・消しゴム　　・コンパス　　・直定規

・三角定規一組（10cm程度の目盛り付き）　　・時計　　・メガネ

筆箱も机の上には置けませんので，カバンの中にしまってください。

1　Oを原点とする xy 平面において，関数 $y = x^2$ のグラフを G とし，グラフ G 上の x 座標が -1 である点をAとする。Aを通って傾きが1である直線とグラフ G との交点のうちAでないものをBとし，Bを通って傾きが $-\dfrac{1}{2}$ である直線とグラフ G との交点のうちBでないものをCとする。

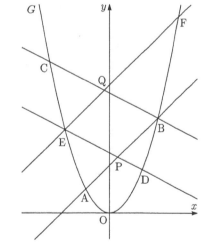

またtを，その値がCの x 座標の値より大きく -1 より小さい定数とし，グラフ G 上の x 座標が t である点をEとする。Eを通って傾きが $-\dfrac{1}{2}$ である直線とグラフGとの交点のうちEでないものをDとし，Eを通って傾きが1である直線とグラフ G との交点のうちEでないものをFとする。

(1)　点Cの x 座標を求めよ。また，点Fの x 座標を t を用いて表せ。

(2)　直線AD，CFの傾きをそれぞれ t を用いて表せ。

(3)　2直線ABとDEの交点をP，2直線BCとEFの交点をQとする。三角形PAD，三角形QFCの面積をそれぞれ S_1，S_2 とするとき，$S_1 : S_2 = 1 : 5$ となる t の値を求めよ。

2　正の整数 x，n に対し，次のような条件を考える。

【条件】 $\dfrac{x}{n}$ を小数で表したとき，ちょうど小数第3位で終わる

ただし，「$\dfrac{x}{n}$ を小数で表したとき，ちょうど小数第3位で終わる」とは，「$\dfrac{x}{n} \times 1000$ が整数となり，かつ $\dfrac{x}{n} \times 100$ が整数とならない」ことである。

(1) $x = 75$ のとき，上の【条件】を満たす n の個数を求めよ。

(2) 上の【条件】を満たす正の整数 n の個数が20個であるような2桁の正の整数 x を求めるために，以下の枠内のように考えた。

---

 k, l を0以上の整数として，$x = 2^k \times 5^l \times$ A と表されたとする。ただし，$2^0 = 5^0 = 1$ とし，A は2，5を約数に持たない正の整数である。

 このとき，A の正の約数の個数を m とすると，$1000x$ の正の約数の個数は（ ア ）$\times m$ となり，$100x$ の正の約数の個数は（ イ ）$\times m$ となる。したがって，上の【条件】を満たす n の個数は（ ウ ）$\times m$ と表される。これが20に等しいことと，x が2桁の整数であることから m の値が1つに決まり，k, l の間に関係式 ［ エ ］ が成り立つ。このとき，x の2，5以外の素因数は1つだけであることもわかり，この素因数を p とすると $x = 2^k \times 5^l \times p$ となる。

 以上を利用すると，x が2桁の正の整数であることから，$k = $ ［ オ ］ または $k = $ ［ カ ］ とわかり，求める数は $x = $ ［ キ ］ となる。

---

① ［ ア ］ ～ ［ キ ］ に最も適切に当てはまる数または式を答えよ。ただし，［ キ ］ については当てはまる正の整数をすべて答えること。

② 枠内の下線部について，m の値が1つに決まる理由を述べ，その m の値を答えよ。

③ 赤球，白球，青球のどの色の球もたくさん入っている袋がある。この袋から1個ずつ球を取り出し左から順に一列に並べる。以下では，連続した3個に赤，白，青の3色の球が並ぶところができる（この3色の並びはどのような順番でもよい）ことを，「異なる3色の並び」ができるということにする。

(1) 4個の球を並べるとき，「異なる3色の並び」ができる並べ方の総数は何通りか。

(2) 4個の球を並べるとき，「異なる3色の並び」ができない並べ方のうち，次の①，②の条件を満たす並べ方はそれぞれ何通りか。

 ①左から3個目と4個目が同じ色である。

 ②左から3個目と4個目が異なる色である。

(3) 5個の球を並べるとき，左から3個目，4個目，5個目に「異なる3色の並び」ができ，他には「異なる3色の並び」ができない並べ方は何通りか。

(4) 5個の球を並べるとき，「異なる3色の並び」ができる並べ方の総数は何通りか。

(5) 6個の球を並べるとき，「異なる3色の並び」ができる並べ方の総数は何通りか。

④ 次のページの図1のように，底面の半径が5，高さが10の円すいを考える。円すいの底面の円を S とし，円 S を含む平面を p とする。円すいの頂点 A から平面 p に引いた垂線は，円 S の中心 O を通る。線分BCを円 S の直径とし，線分AC上に点Dをとる。平面 p において，点Bにおける円 S の接線を l とする。さらに，直線 l と点Dとを含む平面を q とすると，平面 q による円すいの切り口は図1の影の部分のようになった。

 次のページの図2はこの円すいの立面図（横から見た図）と平面図（上から見た図）である。点Dから平面 p に引いた垂線と平面 p との交点をHとする。また，線分BDの中点をMとし，点Mか

ら平面 p に引いた垂線と平面 p との交点を E，点 M を通って直線 l に平行な直線と円すいの側面との交点の一方を F，点 F から平面 p に引いた垂線と平面 p との交点を G とする。

(1) DH＝x とするとき，線分 OG の長さを x を用いて表せ。

(2) MF＝BM となるとき，線分 DH の長さを求めよ。

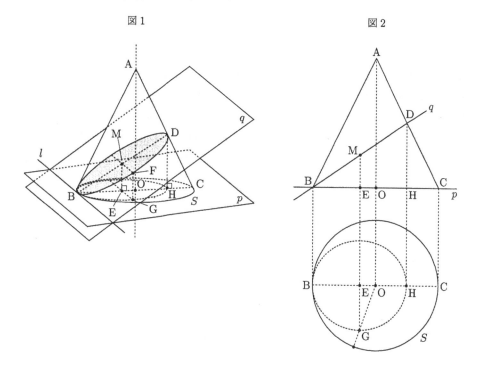

図1　　　　　　　　　　　　　図2

【英　語】（50分）　＜満点：100点＞　　※リスニングテストの音声は弊社HPにアクセスの上，
音声データをダウンロードしてご利用ください。

【注意】　1．試験開始後約20分経過してから，聴き取り問題（約14分間）を実施します。
　　　　　2．短縮形は1語と数えるものとします。［例：I am（2語）　I'm（1語）］

1　次の英文を読み，後の問いに答えなさい。

Once upon a time the Bear Tsarina, the strongest and gentlest creature in The Snow Forest, was asked to take care of a newborn cub.

The Bear Tsarina's heart was filled with love and she promised to raise the cub as her own.　Every day, the Bear Tsarina carried the cub on her back and showed (A) her all the wonders of The Snow Forest, from the sunlight shining through the trees to the moonlight dancing on the streams.　She showed her how to catch delicious fish and find the sweetest, juiciest berries; how to dig holes among roots and make leafy beds that smelled of autumn all through the icy winter.

The cub loved all these things, but what she loved more was (1)[ア in ／ イ the forest ／ ウ the humans ／ エ to ／ オ visited ／ カ watch ／ キ who]—the woodcutters, the trappers, the fishermen and the gatherers of healing herbs.　The cub was pulled towards humans as the river is pulled downstream.

No matter how much sunlight shone through the trees or how much moonlight danced on the streams, no matter how delicious the fish or how sweet the berries, the cub always wandered* away, attracted to the sound of boots on the forest floor or the humming from a human throat.

Seasons passed, and the cub began to look and (2) act like a human, too.　She stood on two paws, laughed like a woodpecker*, and sang strangely as a human baby would.　The Bear Tsarina's heart sank, because she feared she'd lose the cub to the human world altogether.　This was because (B) she had lost her own cub, many years before.

The Bear Tsarina watched from a distance, shifting weight from one great paw to the other, not knowing how to keep the cub, or how to say goodbye.

Sometimes the cub would roll in pine needles* or talk to a bird and (3) the Bear Tsarina's heart would jump at the thought she might stay.　But these moments grew fewer and fewer, and then the Bear Tsarina realized it was too late.　Winter was coming, yet the cub was losing her fur*.

Cold wet leaves gathered together into small mountains and strong feelings of worry came to rest on the Bear Tsarina.　How could (c) she prepare the cub to live in (4) a world she didn't understand?

Then, with the first deep snow, a lady came into The Snow Forest, collecting frosted berries.　The Bear Tsarina read the lady's soul and learned the lady had a kind heart and endless love to give. The cub's eyes lit up at the sight of the lady and the Bear Tsarina knew it was time to say goodbye.

When the lady wandered close to the bear cave, the Bear Tsarina whispered into the cub's ear, "(5) This is your mother. She'll take care of you now," and (D) she gently pushed the cub out into the snow.

Though the Bear Tsarina knew the lady would take care of the cub and help (E) her live in the human world, (6) her heart was pulled in two directions. (F) She rolled over, closed her eyes against the pain and pretended to sleep, as the cub stood on her back paws and walked away.

The last of the cub's fur fell and a smile warmed her cheeks as she looked up into the gentle face of the lady. Their souls came together. The cub-child lifted her hands into the air (7) as she wanted to be held by the lady more than anything else. The lady picked her up and the child fitted perfectly into (G) her arms.

A tear rolled into the fur of the Bear Tsarina's cheek as the smell of the cub floated away. (H) She didn't know if she'd ever see the cub again. But as the Bear Tsarina sank into the deep sleep of winter, she heard echoes of the cub's laughter and she smiled, because then she knew that though the cub was gone, something of their souls would always be joined together.

（注）wander ぶらつく woodpecker キツツキ pine needles 松葉 fur 体毛

問1 下線部(1)の［　］内を並べ替え，文脈に沿った最も適切な表現を完成させるとき，1番目・3番目・6番目に来る語（句）の記号を答えなさい。ただし不要なものが1つ入っている。

問2 下線部(2)はどういうことか，本文から具体例を抜き出し，句読点を含め30字以上40字以内の日本語でまとめなさい。

問3 下線部(3)の気持ちを表すものとして，最も適切なものを1つ選び記号で答えなさい。

　　ア　もしかしたら，この子はこのまま眠ってしまうのではないか

　　イ　もしかしたら，この子はこのまま大きくならないのではないか

　　ウ　もしかしたら，この子は跳びついて私を驚かせるのではないか

　　エ　もしかしたら，この子はこのまま自分のそばにいてくれるのではないか

　　オ　もしかしたら，この子は私が考えているよりずっと大きく跳べるようになったのではないか

問4 この文章において下線部(4)と同じものを指す別の英語表現（3語）を抜き出して答えなさい。

問5 下線部(5)についてなぜこのように言ったのか。その理由となるものを1つ選び記号で答えなさい。

　　ア　The Bear Tsarina didn't want to be with the cub any longer, so she told a lie.

　　イ　The Bear Tsarina knew that the cub had met the lady before, so she gave up being with the cub.

　　ウ　The Bear Tsarina knew that the lady was the real mother of the cub, so she invited her into the forest.

　　エ　The Bear Tsarina had known the lady for a long time, and learned that　she was kind enough to take care of the cub.

オ　The Bear Tsarina was sure that the lady would become a kind mother of the cub and help the cub to live in the new world.

問6　下線部(6)はどういうことか，その説明となるものを1つ選び記号で答えなさい。

ア　Although the Bear Tsarina knew the cub had grown so much, she still felt it was just a young cub.

イ　Although the Bear Tsarina wanted to be the cub's mother, she also wanted to be alone again.

ウ　Although the Bear Tsarina felt glad that the cub went to the lady, she also felt sad about saying goodbye.

エ　Although the Bear Tsarina was sorry about leaving the cub, she knew she would meet it again sometime soon.

オ　Although the Bear Tsarina felt that the lady would be a better mother for the cub, she still was not sure that that was true.

問7　下線部(7)を和訳しなさい。

問8　下線部A～Hはそれぞれ誰を指しているか，記号で答えなさい。

ア　the Bear Tsarina　イ　the cub　ウ　the lady

問9　本文の内容と一致するものを2つ選び記号で答えなさい。

ア　The Bear Tsarina had never been a mother before but was asked to raise a cub.

イ　The cub the Bear Tsarina was asked to raise learned how to live in The Snow Forest from her.

ウ　The Bear Tsarina was friends with humans who worked in the forest such as woodcutters and trappers.

エ　One day a lady came to The Snow Forest to look for the cub.

オ　The Bear Tsarina was filled with sorrow and felt bad for what she had done when the cub left her.

カ　The Bear Tsarina wanted the cub to stay with her, but she knew it was impossible.

2　次の英文を読み，後の問いに答えなさい。

The Slowing Down of Time

Let's begin with a simple fact: time passes faster in the mountains than it does at sea level.

The difference is small, but it can be measured with today's best clocks. With practice, anyone can view the slowing down of time. In fact, it can be measured between levels just a few centimeters apart. （ I ）

It is not just the clocks that slow down: lower down, all processes are slower. Let's think of a situation in which two brothers move away from home, with one of them living near the sea and the other going to live in the mountains. They meet again years later: the one who has stayed lower has lived less, aged less. His internal clock has run slower. He has had less time to do things, his plants have grown less and his thoughts have developed less. Lower down, there is simply less time than higher up. Is this surprising? Perhaps it is. (Ⅱ) Time passes more slowly in some places, more rapidly in others.

The surprising thing is that someone understood this slowing down of time a century before we had clocks that could measure it. His name, of course, was Albert Einstein.

(1) [ア before / イ is / ウ it / エ observed / オ something / カ the ability / キ to / ク understand] is at the heart of scientific thinking. In ancient times, (2) Anaximander* understood that the sky continues below our feet long before ships had sailed around the Earth. In more recent times, Copernicus* understood that the Earth turns long before astronauts had seen (3) it do so from the moon. In a similar way, Einstein understood that (4) time does not pass uniformly everywhere *before* clocks exact enough to measure the different speeds at which it passes were developed.

In the course of making such progress, (5) we learn that some things which seemed to be facts to us were really no more than misunderstandings. It seemed obvious that the sky was above us and not below; otherwise, the Earth would fall down. It seemed true that the Earth did not move; otherwise, it would cause everything to crash. (Ⅲ) Children grow up and discover that the world is not as it seemed from within the four walls of their homes. The human species as a whole does the same.

Einstein asked himself a question which has perhaps made many of us wonder when studying the force of gravity*: how can the sun and the Earth 'attract' each other without touching and without using anything between them?

He looked for a possible explanation and found one by imagining that the sun and the Earth do not attract each other directly but that each of the two slowly acts on what is between them. And, since what lies between them is only space and time, he imagined that the sun and the Earth each changed the space and time that surrounded them, just as (あ). This structural* change of time influences in turn the movement of planets and stars, causing them to 'fall' toward each other.

What does it mean, this "structural change of time"? It means precisely the slowing down of time described above: a physical object slows down time around itself. The Earth is a large mass* and slows down time around it. (Ⅳ) This is why the brother who stays at sea level ages more slowly, which is something Einstein imagined long ago and today's technology can prove.

(注)　Anaximander　アナクシマンドロス。古代ギリシアの哲学者

　　　Copernicus　コペルニクス。ポーランド出身の天文学者

　　　the force of gravity　重力　structural　構造上の　mass　質量（を持つ物体）

問1　下線部(1)の［　］内を並べ替え，文脈に沿った最も適切な表現を完成させるとき，1番目・3番目・7番目に来る語（句）の記号を答えなさい。ただし作問の都合上，選択肢の語（句）の最初の文字はすべて小文字にしてある。

問2　下線部(2)が表す内容を次のように言い換えたとき，空所に入る語を答えなさい。

　　= Anaximander understood that the Earth （　　　）（　　　）

問3　下線部(3)が指す内容を10字以内の日本語で解答欄にあてはまるように答えなさい。

問4　下線部(4)を和訳しなさい。

問5　下線部(5)の和訳として最も適切なものを1つ選び記号で答えなさい。

　ア　私たちには事実だと見えた事柄が，本当は存在しないことを知るのだ

　イ　私たちには事実だと見えた事柄が，実際はわずかばかりの誤解があることを知るのだ

　ウ　私たちには事実だと思われた事柄が，実は誤解に過ぎなかったということを知るのだ

　エ　私たちには事実だと思われた事柄を完全に理解することは，不可能であることを知るのだ

問6　空所（あ）に入る最も適切なものを1つ選び，記号で答えなさい。

　ア　the Earth's climate has changed over time

　イ　clocks in different places run at different speeds

　ウ　a ball placed into water pushes that water away

　エ　astronauts in space can see the oceans more clearly

問7　空所（Ⅰ）～（Ⅳ）に入る最も適切なものをそれぞれ1つ選び，記号で答えなさい。それぞれの記号は一度のみ使えるものとする。

　ア　But this is how the world works.

　イ　That time passed at the same speed everywhere seemed equally clear to us.

　ウ　For example, a clock placed on the floor runs a little slower than one on a table.

　エ　It does so more at sea level and less in the mountains, because the sea is closer to it.

3　次の各組の英文の空所に入る同じつづりの1語を書きなさい。

(1)　{ The boy always （　　　） his pants when he plays outside.

　　　 The small child was crying, so her father wiped away her （　　　）.

(2)　{ The （　　　） of the essay is good, but there are too many grammatical mistakes.

　　　 The student was quite （　　　） with the average score he got on his test.

(3)　{ There were 30 people （　　　） at the meeting.

　　　 The tie was a （　　　） from my sister.

(4)　{ Can you wait just a （　　　）? I'm almost finished.

　　　 At this year's school marathon, he did very well and came in （　　　） place.

(5) {
Why did you kick your sister? Did she do something (　　) to you?

Being alone doesn't always (　　) you feel lonely. Some people like to be on their own.
}

(6) {
I have to (　　) in this paperwork to the office by tomorrow.

Could you give me a (　　) with my homework?
}

(7) {
If you borrow money from the bank, you have to pay (　　) on it.

Do you have any (　　) in old Japanese castles?
}

4　以下の Part A，B，C の問題に答えなさい。

Part A　文法的，または語法的な間違いを含むものを 2 つ選び，記号で答えなさい。

ア　Last night I was spoken by a stranger on my way home.

イ　My hometown has changed a lot. It's not what it used to be.

ウ　No matter how cold it is outside, he always goes out without a jacket on.

エ　My brother isn't at home. He has been to the station to see his friend off.

オ　You had better not go out tonight. It's still stormy and rainy outside.

カ　"I'm hungry. May I have one of these two sandwiches?" "Sure. Help yourself to either one."

Part B　空所に入る最も適切なものを 1 つ選び，記号で答えなさい。

(1) I know she helps all the time, but it really is kind (　　) her. She's just a great person.

　　ア　for　　　　イ　in　　　　ウ　of　　　　　　エ　with

(2) This bag is too big. Could you show me (　　)?

　　ア　another　　イ　one　　　ウ　one another　　エ　other

(3) Let's run. We'll miss the last train (　　) we do.

　　ア　because　　イ　if　　　　ウ　so　　　　　エ　unless

(4) Can you finish the work (　　) tomorrow morning?

　　ア　by　　　　イ　in　　　　ウ　on　　　　　エ　until

Part C　次の各組の英文がほぼ同じ内容になるように，空所に入る殻も適切な 1 語をそれぞれ答えなさい。

(1) {
I always remember my grandmother when I eat pasta.

Pasta always (　　) me (　　) my grandmother.
}

(2) {
This is the largest classroom at this school.

(　　)(　　) classroom at this school is as large as this one.
}

(3) {
As the dog is old, it can't learn new tricks.

If the dog were (　　), it (　　) learn new tricks.
}

(4) {
She said to me, "Will you go on a picnic tomorrow?"

She asked me (　　)(　　)(　　) go on a picnic the next day.
}

(5) {
My sister started to watch TV two hours ago, and she's still watching it.

My sister (　　)(　　)(　　) TV (　　) two hours.
}

5　(聴き取り問題) 放送回数は Part A のみ 1 回，Part B，Part C は 2 回です。

Part A　Listen to the following conversations.　They will only be played once.　Choose the correct answer for each question.

1．What color is the man's shirt?
　　A　Black.　　B　Blue.　　C　Orange.　　D　Pink.

2．When will the man see the doctor?
　　A　Around February 13th.　　B　By the end of this month.
　　C　Next month.　　　　　　　D　On February 21st.

3．When will John start helping his mother?
　　A　After getting coffee at SuperStar Coffee in the morning.
　　B　Around two o'clock.
　　C　In the afternoon.
　　D　Sometime around 10:00 a.m.

4．At least how many tables will the lady need for her party?
　　A　Two.　　B　Three.　　C　Six.　　D　Nine.

Part B　Listen to the following announcement from the School Trip Committee.　Take notes on what you hear and then complete the chart.　Write the numbers (算用数字) for (A) and (C) and the name of the location for (B) in English on your answer sheet.　You will hear the announcement twice.　You have 10 seconds to prepare.

School Trip Survey Total responses: 356 out of (A) students	
Location	Number of votes
Okinawa	112
(B)	83
Aomori & Akita	( )
Fukuoka	(C)
( )	37

Part C　Listen to the following lecture and answer the four questions.　You will hear the lecture twice.　Choose the correct answer for each question.

Cane toad

Zebra mussel

1. Based on the lecture, which is NOT an example of an invasive species?

   A Crabs that arrive in the United States and spread diseases to local crabs.

   B Wild pigs that destroy farmland after being introduced into a new area by people.

   C A large butterfly that flies thousands of miles from Central America to lay its eggs in North America.

   D A rose that is brought to a new country and spreads so quickly that local plants have a hard time growing.

2. What is the reason why cane toads were a failure?

   A They were not able to reach the beetles in order to catch them.

   B They had a hard time finding food when there were not enough beetles to eat.

   C There just were not enough of them to eat all of the cane beetles in Queensland.

   D Because of their large size, other animals had an easy time hunting them for food.

3. Which of the following is NOT an example of why zebra mussels were a problem in North America?

   A They ate so much plankton that other sea animals in the area had less food.

   B The damage they caused to beaches meant that local businesses lost money.

   C They easily increased in number and animals that ate them died from their poison.

   D They grew on the bottom of boats and broke water pipes along the edges of the lakes.

4. What is the topic of this lecture?

   A The positive and negative effects of bringing cane toads to Australia.

   B How a species can cause problems when it is brought to or arrives in a new place.

   C How introducing a new species into an environment can help solve some problems.

   D The use of invasive species to change the environment along the coast and beach areas.

【理　科】（40分）　＜満点：50点＞

1　以下の各問いに答えよ。ただし，1.0kgに働く重力の大きさを9.8Nとする。

I　仕事やエネルギーについて考えよう。

問1　次の文章中の空欄に入る適切な数値を答えよ。ただし，滑車やロープの質量は無視できるほど軽く，ロープは鉛直に張られており，滑車の摩擦や空気抵抗は考えないものとする。

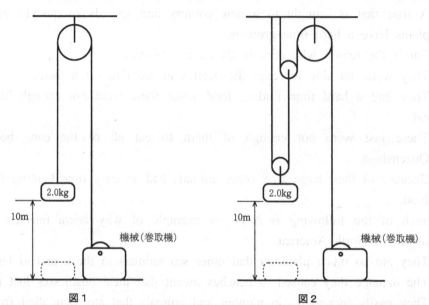

図1のように，定滑車のみを用いて2.0kgの物体を10mの高さまでゆっくりと持ち上げるとき，機械がロープを引く力は　ア　N必要である。また図2のように，定滑車に加え動滑車2つを用いて2.0kgの物体を10mの高さまでゆっくりと持ち上げるとき，ロープを引く力は　イ　N必要となり，その間にロープを引く機械がする仕事は　ウ　Jとなる。

ところで，物体が高い位置にあるとき「位置エネルギーを持つ」と言うが，この高さによる位置エネルギーは「『重力に逆らって物体を持ち上げる仕事』に相当するエネルギーが蓄えられたもの」と表現できる。このように考えると，図2において，はじめの位置より10m高い位置まで持ち上げられた2.0kgの物体は，位置エネルギーが　エ　J増えたと考えることができる。

II　物体が落下する際の運動の様子を考えよう。ただし机の上面は水平で，簡単のため，摩擦や空気抵抗，テープ・糸・滑車の質量は無視できるほど小さいと考えてよい。

次のページの図3のように，質量1.0kgの球を静止させた状態からはなし，1.0m自由落下させ，その様子を記録タイマーで調べる。これを実験1とする。記録タイマーは，1/50秒（0.02秒）ごとに打点するタイプで，記録テープのはじめの打点が重なっている部分は用いない。0.10秒ごと（5打点間隔）にテープを切り，長さを測定し，短い方から順に台紙に貼ったものが次のページの図4である。

問2　実験1（図3，図4）において，球の落下速度がだんだん速くなっていることが分かる。実験1のとき，球の速さが増加する割合は1秒間あたり何m／sか。

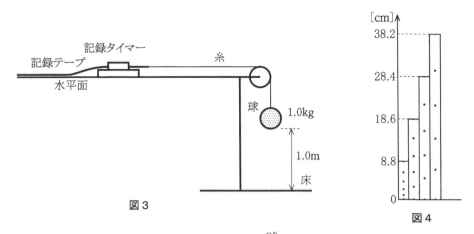

図3

図4

　図5のように，質量1.0kgの球に質量1.0kgの台車を繋ぎ，糸がたるまないように台車を静止させた。この状態から台車を静かにはなして球を1.0m落下させ，その様子を記録タイマーで調べる。これを**実験2**とする。なお，台車と滑車の間の糸は水平である。

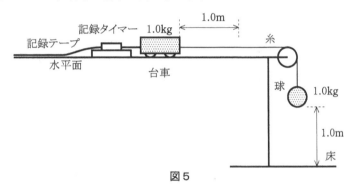

図5

問3　実験2（図5）において1.0kgの球の持つ位置エネルギーはどのように変化すると考えられるか。横軸に球をはなしてからの時間，縦軸にエネルギーをとったグラフの概形を解答欄に描け。ただし，球をはなした時刻を0s，球が床に到達した時刻を T_0 [s] とする。また，球が1.0m落下した地点（床面）での球の位置エネルギーの値を0Jとし，時刻0sのときの球の位置エネルギーの値を縦軸に記入すること。なお，時刻0sのときにグラフの点「・」を通るように描くこと。

問4　実験2（図5）において，1.0kgの球の持つ運動エネルギーは時間とともにどのように変化すると考えられるか。前問の解答欄のグラフに，重ねて描け。

2　あとの各問いに答えよ。

I　ある日のオンライン授業で，「今自分がいるところの天気を教えて」という先生の問いかけに対し，A～Eの5人が以下のように答えた。なお，5人は図1のア～オの別々の場所にいたとする。また，このとき低気圧と前線a，bが図1のようになっていた。

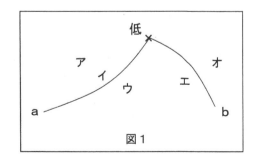

図1

A：雨です。結構激しい。

B：昨日から降っているけど，すごくはないかな。

C：昨日から降っていた雨が，ようやく上がりました。

D：今は晴れてる。少し前に激しい雨が降ったけど。

E：晴れてます。

問1 2種類の前線 a，b それぞれについて，以下の例に示すような前線記号を解答欄の図に書き込め。

　　　前線記号の例　　━━●━━●━━⌒━━⌒━━

問2 A，B，Cはそれぞれ図1のどこにいると考えられるか。それぞれア～オの中から1つ選び，記号で答えよ。

問3 太郎君がマスクをかけるとメガネのレンズが曇った。これはマスクをかけることで，自分の吐き出した空気がメガネのレンズにあたるようになるからである。このことに関する文として**誤っているもの**を次のア～エの中から1つ選び，記号で答えよ。

ア メガネが曇ったのはレンズの表面に小さな水滴がたくさんついたからである。

イ マスクをかける前にメガネが曇らなかったのは，レンズの温度が周囲の空気の露点より高かったからである。

ウ メガネが曇ったのは，吐き出された空気の露点よりレンズの温度が低かったからである。

エ メガネが曇ったのは，レンズに接することで，吐き出された空気の露点が下がったからである。

Ⅱ　地震が発生した時に，地表に直線的な段差ができることがある。このような土地の食い違いは断層と呼ばれる。図2はある盆地内の広範囲に堆積しているA，B，C，Dの地層が断層でずれている様子を表した断面図である。図中の左右の数値は地表面から地層境界までの深さを示している。A～Dの地層は，この盆地内で洪水が起こった時に短時間で堆積し，堆積した直後はその表面は平らになっ

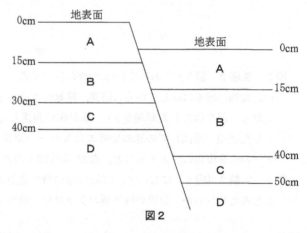

図2

ていたとする。また，断層がずれるときは断層に沿って地表面やすべての地層が同じようにずれたとして，以下の問いに答えよ。なお，この場所では地表面の段差は断層以外ではできないものとし，侵食等で段差が無くなることもないものとする。

問4 現在（図2）の状態で洪水が起こり十分な厚さの地層が堆積すると，次のページの図3のようにP層が堆積すると考えられる。それでは，A層が堆積した直後はどのようになっていたか。解答欄に断層や断層の右側の地層を記入し，断面図を完成させよ。ただし図3を参考にして，地層の名称（A～D）を記入し，地層の厚さや，断層のずれている範囲とずれの量はなるべく正確に書くこと。

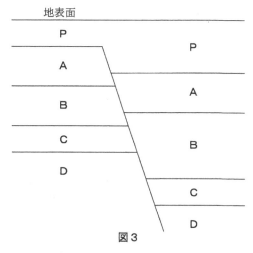

図3

問5　断層は同じ場所で繰り返しずれることがある。図2では地表面がずれていることから，A層堆積後に断層が活動したことがわかるが，地層の様子から，それ以外にもこの断層が活動したことがあったと読み取れる。次のア〜エの時期のうち，断層の活動があったことが図2から読み取れるものを**すべて**選び，記号で答えよ。なお，同じ断層が繰り返しずれる場合は同じ方向にずれるものとする。

　　ア　B層堆積後A層堆積前　　　イ　C層堆積後B層堆積前

　　ウ　D層堆積後C層堆積前　　　エ　D層堆積前

問6　以下のa，bの文の正誤の組合せとして適当なものをア〜エの中から1つ選び，記号で答えよ。

　　a　図2の状態で厚さ15cmの火山灰が降り積もった場合，図3のP層と同じように地表面が平らになる。

　　b　図2の断層は，図2の左右の方向に引き伸ばす力が働いてできた逆断層である。

	ア	イ	ウ	エ
a	正	正	誤	誤
b	正	誤	正	誤

③　図1のように，500mLのポリエチレン製容器の中に炭酸カルシウムを入れ，つぎに塩酸の入った試験管を入れ，しっかりとフタをした。

　　以下の各問いに答えよ。

図1

問1　容器を傾けて中の物質を反応させたときに発生する気体は何か。(1)漢字　(2)化学式で答えよ。大文字，小文字などは，明確に区別して書くこと。

問2　次のア〜オのうち，発生する気体に問1と同じ気体が**含まれていない**ものはどれか。**すべて**選び，記号で答えよ。

　　ア　炭が完全燃焼したときに発生する気体

　　イ　硫化鉄と塩酸を反応させたときに発生する気体

　　ウ　塩酸と鉄を反応させたときに発生する気体

エ　重曹を加熱したときに発生する気体

オ　血液とオキシドール（過酸化水素水）が反応したときに発生する気体

　　図2のように，反応前の容器の重さを電子てんびんで測定すると130.56gであった。その後，容器を傾けて反応させた。

問3　反応後に栓が抜けたり，容器が壊れたり，変形したりしないとしたとき，反応前に比べて反応後の重さはどうなるか。次のa〜cの中から1つ選び，記号で答えよ。

図2

　　a　軽くなる　　　b　重くなる　　　c　変わらない

問4　問3の反応後，栓をはずして中に空気を送り，容器の中の気体を置き換え，再び栓をした。このとき，下線部の操作前に比べて操作後の重さはどうなっているか。問3のa〜cの中から1つ選び，記号で答えよ。

問5　図3のように栓の代わりに風船をはずれないようにしっかりとつけた。この風船は，実験操作中に割れたりしない丈夫なもので，はずれたりしないようにしっかりとつけられている。この容器を用いて，問3と同じように，反応させる前の容器全体の重さを測定した。その後，容器を傾けて反応させると，反応後には風船の容積が約500mLになるまで図4のように膨らんだ。この状態の重さを測定すると，電子てんびんは反応前の重さと異なる数値を示した。変化の仕方のどちらかに○をつけ，そうなった理由を解答欄に簡潔に書け。なお，空気の密度は1.2 g / L程度である。

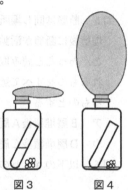

図3　　　　図4

問6　問5で反応させた後，容器に残った液体の色は無色透明であった。この液体にフェノールフタレイン溶液を2，3滴入れるとどうなるか。フェノールフタレイン溶液を入れた後の液体の色を答えよ。

4　以下の各問いに答えよ。

Ⅰ　生物の進化と分類について考えよう。

問1　次の(1)〜(3)の特徴をもつ植物を，それぞれア〜ウの中からすべて選び，記号で答えよ。

(1)　胞子で増える。

(2)　根から水分を吸収する。

(3)　葉には葉脈が見られる。

ア　種子植物　　イ　シダ植物　　ウ　コケ植物

問2　次の(1)〜(3)はある動物の特徴を示している。これらは以下のア〜オのどのグループに属するか。それぞれ1つずつ選び，記号で答えよ。あわせて，そのグループに属する動物をカ〜コの中からそれぞれ1つずつ選べ。

(1)　水中で子をうみ，母乳で育てる。体表に毛・羽毛・うろこはない。

(2)　水中を高速で泳いでエサをとる。卵は陸上にうむ。羽毛が生えている。

(3)　卵を水中にうむ。肺で呼吸する。体表にうろこがある。丈夫なひれがある。

<グループ>
 ア　ほ乳類　　イ　鳥類　　ウ　は虫類　　エ　両生類　　オ　魚類

<動物>
 カ　ハイギョ　　キ　ペンギン　　ク　ウミガメ　　ケ　クジラ　　コ　サンショウウオ

問3　次の**ア～オ**の動物を，地球上に出現した順に並べよ。いちばん古い化石を比較すること。
 ア　ほ乳類　　イ　鳥類　　ウ　は虫類　　エ　両生類　　オ　魚類

問4　生物の相同器官の例として適当なものを次の**ア～エ**の中から**すべて**選び，記号で答えよ。
 ア　アサガオの葉とサボテンのとげ
 イ　トビウオの胸びれとハトのつばさ
 ウ　コウモリのつばさとトンボのはね
 エ　イカのろうと（水を出すところ）とアリクイの口

Ⅱ　次の**実験1**，**実験2**の手順について考えよう。ただし，使用する染色液は酢酸オルセインとする。

実験1　発根したばかりのタマネギの根を用いて細胞のようすを顕微鏡を用いて観察する。細胞を染色するときは，{**A**　染色液を加えたらすぐに，**B**　染色液を加えたあと数分間おいてから} カバーガラスをかける。

実験2　オオカナダモの葉を用いて原形質流動（細胞内部の構造が細胞内を移動する現象）を顕微鏡を用いて観察する。細胞内部の構造が動く様子を見るために {**A**　染色液は加えずに水だけを加えて，**B**　染色液を加えて} カバーガラスをかける。

問5　**実験1**，**実験2**の { } 内について，正しい手順の組合せを次の**ア～エ**の中から1つ選び，記号で答えよ。

	ア	イ	ウ	エ
実験1	A	A	B	B
実験2	A	B	A	B

問6　**実験2**について，問5で答えた手順で行う理由を簡潔に述べよ。

問7　**実験2**で，オオカナダモの葉の細胞を観察したときに，細胞内で動いて見える緑色の粒は何か。その名称を答えよ。

【社　会】（40分）　＜満点：50点＞

1　次の文章＜Ａ＞～＜Ｅ＞は，それぞれある「世紀」について説明したものです。これを読んで，あとの問いに答えなさい。

＜Ａ＞　紀元後の（　ａ　）世紀，ユーラシア大陸の東西には，それぞれ大帝国が繁栄していた。西方のローマ帝国（帝政ローマ）と，東方の漢（後漢）である。ローマ帝国は地中海世界の統一に成功し，五賢帝による「パクス＝ロマーナ（ローマの平和）」のもと，その最盛期を謳歌していた。また後漢も周辺諸国を従え，東アジア世界の盟主として，その領土を広げていた。そして両大国の間には，イラン高原にパルティア，インド北西部にクシャーナ朝などの国家が並び立ち，それらの国家は①シルクロード（絹の道・オアシスの道）を通じて結ばれ，歴史上初めて，ユーラシア大陸を舞台とした本格的な東西交渉が行われることとなった。

また，この時期には海路（いわゆる「海の道」）による東西交渉も本格化した。（　ａ　）世紀中頃には大秦国王安敦（ローマ皇帝マルクス＝アウレリウス＝アントニヌス）が後漢に使者を遣わし，海路で日南郡（現在のベトナム中部）に至ったとの，中国側の記録もある。

（　ａ　）世紀の日本について書かれた史料は決して多くないが，②『後漢書』の中には，倭の国王である帥升らが，後漢の安帝に生口（奴隷）160人を献上したとの記録がある。この頃の倭はまだいくつかのクニに分かれて戦乱を繰り返している状態で，それらがひとつにまとまるには，まだ時間を必要としている段階である。

＜Ｂ＞　（　ｂ　）世紀，世界には大きく3つの文化圏が成立していた。東方の唐を中心とする東アジア文化圏，西方のフランク王国とビザンツ帝国を中心とするキリスト教文化圏，そして中東に存在したウマイヤ朝・アッバース朝を中心とするイスラーム文化圏である。

この3つの文化圏はそれぞれが高度な文明を築き，時に軍事的衝突を起こすこともあったが，それらも含め，様々な形で接触・交流が行われていた。そして，ある文化圏の技術や情報がもう一方の文化圏にもたらされるなど，相互に影響を与えていた。一例を挙げれば，中国の製紙法は（　ｂ　）世紀に唐からイスラーム世界へと伝わったものである。後にヨーロッパで宗教改革が起こったことには，イスラーム世界からヨーロッパに伝わった製紙法が活版印刷術と結びつき，（　③　）の大量印刷が可能になった，という背景がある。

（　ｂ　）世紀の日本はおもに奈良時代，そして平安時代の初めで，④遣唐使を派遣して，進んだ唐の制度や文化を摂取しようと努めていた。唐を中心とする東アジア文化圏の中で，国の基盤を確立し，その国際的な地位を高めようとしていたのが，世界史的な視点で俯瞰した，当時の日本の姿である。

＜Ｃ＞　「（　ｃ　）世紀はモンゴルの世紀」と言われる通り，世界史上最大の国は，同世紀のモンゴル帝国である。ユーラシア大陸の大部分を単一の国家が統治した例は後にも先にもなく，（　ｃ　）世紀のモンゴル帝国こそが，まぎれもなく人類史上最大の帝国である。

そしてユーラシア大陸の大半が単一の帝国の支配下に入ったため，「パクス＝タタリカ（モンゴルの平和）」のもとで東西交流が盛んになり，人物の往来も活発になった。その中で代表的な人物を一人挙げるとすれば，（　⑤　）だろう。彼は（　ｃ　）世紀後半，元の都である大都（現在の北京）でフビライ＝ハンに謁見し，17年間元朝に仕えた。そしてその時の見聞記録である『世界の記述』（いわゆる「東方見聞録」）の中の「黄金の国ジパング」についての記述が，当時のヨーロッパの

人々のアジアへの興味をかきたて，時代を大航海時代へと向かわせる，大きなインセンティブのひとつとなったのである。

（　c　）世紀の日本は鎌倉時代である。⑥二度のモンゴル襲来について，モンゴル帝国（元）が高麗・金・南宋などの周辺諸国を次々と服属させた強大な国家だったことを考えると，この戦いの勝利が日本の歴史における大きな分岐点であったことが，改めて実感される。

＜D＞　レコンキスタ（キリスト教徒による，イスラム教徒からのイベリア半島奪還運動）を成し遂げたスペインは，（　d　）世紀に入るとポルトガルとともに，本格的に海外進出に乗り出した。⑦大航海時代の幕開けである。

　スペインはコロンブスの航海後に新大陸への進出を強化し，中南米に存在したアステカ王国・インカ帝国などの先住民の高度な文明を滅ぼし，鉱山を開発して金銀を独占し莫大な富を得た。ポルトガルもヴァスコ＝ダ＝ガマによるインド航路開発後にアジアへの進出を本格化させ，香辛料の直接取引で莫大な利益を上げた。ポルトガルを併合したスペインは広大なアジアの植民地もその支配下に組み込み，ハプスブルク家のフェリペ２世のもと，（　d　）世紀後半には文字通りの「太陽のしずまぬ国」と呼ばれる全盛期を迎える。また，オランダはスペインの支配に抵抗して独立戦争を戦い抜き，イギリスでは同世紀最後の年に，晩年の女王エリザベス１世のもとで東インド会社が設立された。このように，次世紀以降の主役となるオランダ・イギリス・フランスなどの国々は，海外進出にむけて，着々とその力を蓄えていた。

　（　d　）世紀の日本は，戦国時代から⑧織田信長・豊臣秀吉にかけての時代である。世界史的な観点では，同世紀中頃に中国の商人（倭寇）の船に乗ってポルトガル人が日本の（　⑨　）島に来航したのは，先述のヴァスコ＝ダ＝ガマによるインド航路開拓の延長線上の出来事である。また，イエズス会宣教師の（　⑩　）が来日してキリスト教を伝えたのは，カトリック側による対抗（反）宗教改革の一環と見ることができる。このように，ヨーロッパを中心とした世界の一体化は，同世紀の日本の歴史にも大きな影響を及ぼしているのである。

＜E＞　（　e　）世紀の後半を「革命の時代」と呼んだのは，イギリスの歴史家ホブズボームである。同世紀後半に⑪イギリスでは産業革命が始まり，アメリカでは独立革命が起こり，フランスでは市民革命が勃発する。それまでの絶対王政の時代が終わり，新しい市民社会の時代が到来する，大きな転換点である。

　またアジアに目を移すと，中国には清，インドにはムガル朝，中東にはオスマン帝国という，３つの大国が並び立っていた。清は康熙帝・雍正帝・乾隆帝の三皇帝の治世に最盛期を迎え，政治が安定して人口が急増した。しかしムガル朝とオスマン帝国は繁栄にかげりが見え始め，衰退が始まっていた。

　そしてアジアや南北アメリカを舞台として，ヨーロッパ諸国による激しい植民地争奪戦が繰り広げられ，最終的にイギリスが勝利し，一大植民地帝国を築きあげていく。産業革命が始まり，ヨーロッパ諸国との植民地争奪戦に勝利したこの（　e　）世紀に，後のイギリスの全盛期「パクス＝ブリタニカ」の基盤が形作られたのである。

　（　e　）世紀の日本は⑫江戸時代の中期で鎖国のただ中にあり，幕府は外国との交流を厳しく統制していた。しかし長崎における清・オランダとの貿易，対馬を通じての朝鮮との関係，薩摩を通じての琉球との関係など，隣接諸国やオランダとの交流は，鎖国下でも絶えることなく続いていた。激動する世界情勢について，幕府はオランダ商館長に「オランダ風説書」を提出させるなど，情報

収集をおこたらなかった。鎖国下の日本も，激動する世界情勢に決して無関心ではいられなかったのである。

問1 下線部①に関して，シルクロードについて述べた文として**誤っているもの**を，次の**ア〜エ**から1つ選び，記号で答えなさい。

ア 中国の生糸や絹が西方に伝えられたため，このように呼ばれた。

イ この道を通って，仏教が中国からインドへ伝えられた。

ウ 物資の運搬に活躍したのは，「砂漠の船」と呼ばれたラクダであった。

エ 西方の宝物がおさめられた正倉院は，「シルクロードの終着点」と言われた。

問2 下線部②に関して，『後漢書』には，現在の福岡平野にあった倭の「ある国」の王が，後漢に使いを送り，皇帝から金印を授けられたと書かれています。この「ある国」の名称を，**漢字2文字**で答えなさい。

問3 文章中の空欄（③）にあてはまる言葉を，**漢字2文字**で答えなさい。

問4 下線部④に関して，遣唐使について述べた文として**誤っているもの**を，次の**ア〜エ**から1つ選び，記号で答えなさい。

ア 吉備真備や玄昉など，多くの留学生や留学僧が海を渡った。

イ 阿倍仲麻呂は唐に渡って位の高い役人になり，帰国後唐の文化を日本に伝えた。

ウ 当時の航海は大変な危険を伴うもので，多くの人々が往来の途上で命を落とした。

エ 遣唐使により，奈良時代には仏教と唐の文化の影響を強く受けた文化が栄えた。

問5 文章中の空欄（⑤）にあてはまる人物名を答えなさい。

問6 下線部⑥に関して，モンゴル襲来について述べた文として**誤っているもの**を，次の**ア〜エ**から1つ選び，記号で答えなさい。

ア フビライは日本を従えようと国書を送ったが，執権の北条時宗はこれを無視した。

イ 最初の襲来で，元軍は集団戦法と火薬を使った武器で幕府軍を苦しめた。

ウ 二度目の襲来で元軍は，幕府が海岸に築いた石の防壁を突破して，九州に上陸した。

エ 元は三度目の日本への遠征を計画したが，実際には行われなかった。

問7 下線部⑦に関して，大航海時代に関して述べた文として**正しいもの**を，次の**ア〜エ**から1つ選び，記号で答えなさい。

ア ヴァスコ＝ダ＝ガマは，ヨーロッパ人として初めて喜望峰に到達した。

イ コロンブスは，自身が到達した地を，インドではなく未知の大陸であると考えた。

ウ ジャガイモやトマトなどの農作物が，ヨーロッパからアメリカ大陸にもたらされた。

エ マゼランの艦隊は，初めて世界一周を成し遂げ，地球球体説を証明した。

問8 下線部⑧に関して，この時代について述べた文として**誤っているもの**を，次の**ア〜エ**から1つ選び，記号で答えなさい。

ア 信長は，楽市・楽座の政策を行い，自由な商工業の発展を図った。

イ 全国統一を目指した信長は，家臣の明智光秀の謀反にあい，本能寺で自害した。

ウ 信長の後継者争いに勝利した秀吉は，朝廷から関白に任命され豊臣姓を与えられた。

エ 秀吉は，二度の朝鮮出兵が失敗に終わった後，三度目の出兵を計画・準備していた。

問9 文章中の空欄（⑨）にあてはまる言葉を，**漢字2文字**で答えなさい。

問10 文章中の空欄（⑩）にあてはまる人物名を答えなさい。

問11　下線部⑪に関して，これらの出来事について述べた文として**誤っているもの**を，次の**ア～エ**から1つ選び，記号で答えなさい。

ア　イギリスでは蒸気機関で動く機械が使われ，工場で大量の綿織物が生産された。

イ　アメリカは独立戦争に勝利し，司令官だったワシントンを初代大統領に選んだ。

ウ　絶対王政の象徴であったベルサイユ宮殿を民衆が襲撃し，フランス革命が始まった。

エ　フランス革命により不安定な政治が続くなかで，軍人のナポレオンが権力を握った。

問12　下線部⑫に関して，この時期に起きた次の**ア～エ**の出来事を，年代の古い順に並べ替えて記号で答えなさい。

ア　田沼意次（たぬまおきつぐ）が老中に就任した。　　**イ**　松平定信が寛政の改革を始めた。

ウ　天明の飢饉（ききん）が起こった。　　　　　　　　**エ**　徳川吉宗が享保（きょうほう）の改革を始めた。

問13　文章中の空欄（a）～（e）にあてはまる数字を，それぞれ**算用数字**で答えなさい。

2　次の問いに答えなさい。

問1　世界を，島々を含めていくつかの地域に分けるとき，6つの州（大州）に区分する方法があります。次の**表1**は，ひとつの国のなかに州の境界がある例を示したものです。空欄（A）～（D）にあてはまる地名・国名を，それぞれ答えなさい。

表1

2つの州	国	境界
北アメリカ州－南アメリカ州	パナマ	パナマ運河（パナマ地峡）
アジア州－（A）州	（B）	ボスポラス海峡
アジア州－アフリカ州	エジプト	（C）運河
アジア州－ヨーロッパ州	ロシア	（D）山脈

問2　次の**表2**は，ヨーロッパの4つの国における，おもな言語で「おはよう」を表す言葉を示しています。表中の**F～H**は，それぞれイタリア・デンマーク・ロシアのいずれかです。これについて，あとの(1)～(3)に答えなさい。

表2

国	「おはよう」を表す言葉
フランス	Bonjour
F	Доброе утро
G	Buon giorno
H	God morgen

(1)　次の枠内の文は，**F～H**のいずれかの国について説明したものです。この国にあたるものを**F～H**から1つ選び，記号で答えなさい。

この国では医療や教育が無料であり，育児休業や保育施設なども充実している。しかし国民が高い税金を負担する必要があり，若者が減少している近年は，福祉と税負担のバランスの見直しが課題となっている。

(2)　次の枠内の文は，F〜Hのいずれかの国について，同じ地域連合に加盟する国との関係を示したものです。この国にあたるものをF〜Hから1つ選び，記号で答えなさい。

> ・隣接国との国境を自由に通過できる。
> ・仕事の資格が共通で，他国でも働くことができる。
> ・他国の大学の授業を受けても，卒業資格や単位を取得できる。
> ・同じ通貨の導入国どうしで，両替をせずに買い物ができる。

(3)　次の図1中のⅠ〜Ⅲは，それぞれF〜Hのいずれかの首都における，降水量の月別平年値を表したグラフです。Ⅲにあたる首都がある国をF〜Hから1つ選び，記号で答えなさい。

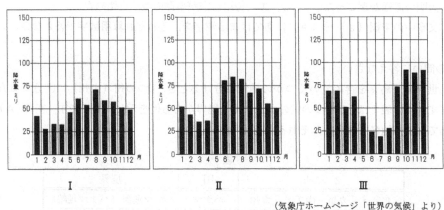

（気象庁ホームページ「世界の気候」より）

図1

問3　環境問題に対する取り組みや，より良い社会の実現に向けた取り組みについて，次の(1)〜(3)に答えなさい。

(1)　気候変動枠組条約に関して，京都議定書の後継となる協定が2016年に発効し，参加国は目標の策定と，目標達成に向けた対策を行っています。この協定の名称を答えなさい。

(2)　2015年の国連サミットで採択された，持続可能でより良い社会を実現するための17の国際目標を何と言うか，略称を**アルファベット**で答えなさい。

(3)　近年は，政府や企業が果たす社会的責任だけでなく，投資家によるＥＳＧ投資が求められています。これは Environment（環境），Social（社会），Governance（企業統治）の観点から，持続可能性や将来性を評価して投資先を選定するものです。ESG投資の事例として**適切でない**ものを，次のア〜オから1つ選び，記号で答えなさい。

　ア　石油や天然ガスよりも可採年数の長い石炭を用いた火力発電事業への投資

　イ　育児勤務制度の充実など，ワークライフバランスの実現を目指す企業への投資

　ウ　紙やプラスチックの代替素材となる，新素材を開発する事業への投資

　エ　農業の6次産業化推進などを通じて，地方創生課題に取り組む企業への投資

　オ　外国の関連業者にも賃金水準と労働環境の適正化を促すグローバル企業への投資

問4　地図には多くの図法や表現方法があり，使う目的に応じて色々な地図が作られてきました。次のページの図2・図3を見て，あとの(1)・(2)に答えなさい。

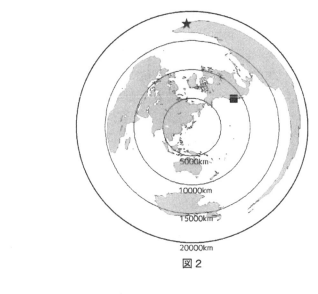

図2

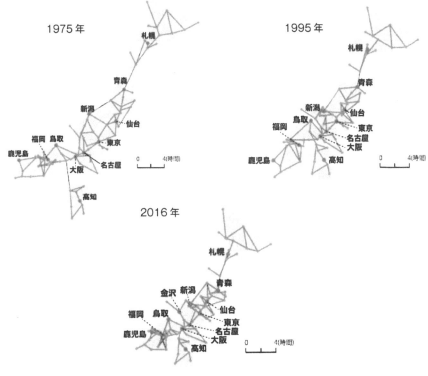

（日本経済新聞web版より）

図3

⑴ 図2は東京を中心に描かれた地図です。この図について述べた文として**誤っているもの**を，次の**ア～オ**から1つ選び，記号で答えなさい。

ア 地点★は，東京から見て北の方位にある。

イ 地点★と東京の距離は，およそ18,000kmである。

ウ 地点■から見た東京の方位は，およそ南西である。

エ 地点■と東京を結んだ直線は，両地点間の最短コースを表している。

オ 最も外側の円は，東京の対せき点（地球の反対側にある地点）を表している。

(2) **図3**は1975年・1995年・2016年における，ある数値に基づいて作成されたカルトグラム（変形地図）です。どのような数値に基づいて作成された地図で，時代とともになぜ変化したか，説明しなさい。

問5 次の**表3**は，小学校の学校数・教員数・児童数（2019年5月1日現在）を示したものです。表中では，都道府県別の学校数において上位5つを「上位グループ」，下位5つを「下位グループ」としている。これを見て，あとの(1)・(2)に答えなさい。

表3

	都道府県	学校数	教員数	児童数
上位グループ	東京都	1,331	35,103	614,873
	X	1,027	19,145	239,792
	大阪府	999	28,319	433,013
	愛知県	974	24,435	414,038
	神奈川県	889	25,889	459,003
下位グループ	富山県	188	3,574	49,847
	山梨県	178	3,123	39,951
	佐賀県	164	3,376	45,085
	香川県	162	3,552	50,707
	鳥取県	122	2,444	28,569

（『日本国勢図会2020/21年版』より）

(1) 表中の**X**にあたる都道府県名を答えなさい。

(2) 次の枠内の文章は表に関して述べたものです。文章中の下線部(ア)〜(エ)のうち，正しいものを1つ選び，記号で答えなさい。

> 都道府県別人口の順位において，上位グループは(ア)すべて上位5位までに入っており，下位グループは(イ)すべて下位5位までに入っている。学校一校あたり児童数，ならびに教員一人あたり児童数は，(ウ)どちらにおいても下位グループは，**X**を除いた上位グループに比べて多い。一方，学校一校あたり教員数は(エ)**X**を除いた上位グループは，下位グループに比べて多い。

3 近年の世界および日本の動きについて，次の問いに答えなさい。

問1 2015年7月，中東のある国がウラン濃縮などの核開発を制限する代わりに，米英仏独中ロが経済制裁を緩和するという合意が7か国の間でなされました。しかし2018年5月，アメリカはこの合意からの離脱を表明し，制裁を再開しました。これに反発した中東の当該国は核開発を一部再開するなど，先行きは不透明です。この中東のある国にあたるものを，次の**ア〜エ**から1つ選び，記号で答えなさい。

ア アフガニスタン　　**イ** イラク　　**ウ** イラン　　**エ** ウクライナ

問2　2019年8月，中距離核戦力（INF）全廃条約が失効しました。国際社会における核不拡散や軍縮のための条約について述べた文として正しいものを，次の**ア～エ**から1つ選び，記号で答えなさい。

　ア　1968年に国連で採択された核拡散防止条約（NPT）では，核兵器保有国が米英仏独中ソ（ロ）の6か国に限定された。それ以外の加盟国は国際原子力機関（IAEA）による査察受け入れを条件に原子力の平和的利用が認められた。

　イ　1987年に米ソ間で調印された中距離核戦力（INF）全廃条約は，米ソ間で核戦力の削減が合意された初めての条約であった。

　ウ　1996年に国連で採択された部分的核実験禁止条約（PTBT）は，爆発を伴うすべての核実験を禁止したものであるが，臨界前の核実験は禁止の対象外となっている。また，批准していない核保有国もあり，発効の見通しは立っていない。

　エ　2010年に米ロ間で調印され，2011年に発効した戦略攻撃能力削減条約（SORT）では，戦略核弾頭や大陸間弾道ミサイルなどの削減が定められた。

問3　2020年の1月から2月にかけて，トランプ米大統領に対する弾劾裁判が行われました。アメリカの弾劾裁判は（　**A**　）機関が（　**B**　）機関に対して行うものです。一方，日本の弾劾裁判は（　**C**　）権による（　**D**　）権への抑制手段です。

　空欄（**A**）～（**D**）に入る言葉の組み合わせとして正しいものを，次の**ア～カ**から1つ選び，記号で答えなさい。

　ア　A―立法　　B―行政　　C―立法　　D―司法
　イ　A―立法　　B―司法　　C―司法　　D―立法
　ウ　A―行政　　B―立法　　C―立法　　D―司法
　エ　A―行政　　B―司法　　C―司法　　D―立法
　オ　A―司法　　B―立法　　C―立法　　D―司法
　カ　A―司法　　B―行政　　C―司法　　D―立法

問4　次の**ア～エ**の機関とその代表者の名前（2020年7月現在）の組み合わせとして正しいものを，次の**ア～エ**から1つ選び，記号で答えなさい。

　ア　連邦準備制度理事会（FRB）　――――　グテーレス事務総長
　イ　欧州理事会　　　　　　　　　――――　シャルル・ミシェル常任議長
　ウ　世界保健機関（WHO）　　　　――――　パウエル議長
　エ　国際連合事務局　　　　　　　――――　テドロス事務局長

問5　新型コロナウイルスの感染拡大を抑えることを目的として，いくつかの国は製薬会社に対してワクチン開発の支援を行っています。他方で，そのワクチンを自国で独占するような動きも指摘され，こうした動きは「ワクチン・（　**A**　）」と呼ばれました。

　また，先進国の多国籍企業に自国資源の開発・生産・輸出などの権利をおさえられてきた資源保有国は，1960年代から70年代にかけて，自国の天然資源によって得られる利益を自国のものとして確保しようとする動きを強めました。こうした動きも「資源（　**A**　）」と呼ばれました。

　空欄（**A**）に入る言葉として適切なものを，**カタカナ7文字**で答えなさい。

問6　2020年2月末以降，新型コロナウイルスの感染拡大を防ぐため，裁判員裁判の多くが延期されました。これに関して，次の(1)・(2)に答えなさい。

(1) 刑事裁判が延期されることによって被告人に生じる問題と最も関連が深いものを，次のア〜エから1つ選び，記号で答えなさい。

　ア　生命・身体の自由　　イ　精神の自由　　ウ　生存権　　エ　財産権

(2) 裁判員裁判について述べた文として正しいものを，次のア〜エから1つ選び，記号で答えなさい。

　ア　裁判員は20歳以上の有権者の中から選ばれる。

　イ　原則として裁判員7名，裁判官3名の合議体で行われる。

　ウ　裁判員は有罪か無罪かの決定にのみ関わることができる。

　エ　評決は裁判員と裁判官により行われ，裁判員のみの賛成で有罪判決を下せる。

問7　2020年3月，令和2年度の当初予算が成立しました。次の表は，そのうち一般会計における歳出・歳入の内訳を示したものです。この表を見て，基礎的財政収支（プライマリー・バランス）の額として正しいものを，あとのア〜エから1つ選び，記号で答えなさい。

一般会計歳出（億円）	
社会保障関係費	358,608
地方交付税交付金等	158,093
公共事業関係費	68,571
文教及び科学振興費	55,055
防衛関係費	53,133
その他	99,605
国債費	233,515
総額	1,026,580

一般会計歳入（億円）		
租税及び印紙収入		635,130
	所得税	195,290
	法人税	120,650
	消費税	217,190
	その他	102,000
その他 収入		65,888
公債金		325,562
	建設公債	71,100
	特例公債	254,462
総額		1,026,580

（財務省ホームページ「令和2年度予算のポイント」より）

　ア　約7600億円の黒字　　　イ　約5兆8000億円の赤字

　ウ　約9兆2000億円の赤字　　エ　約15兆8000億円の赤字

問8　2020年6月，「ふるさと納税」制度の運用に関して最高裁判決が下されました。地方自治に関して，次の(1)〜(4)に答えなさい。

(1) 日本国憲法第92条には「地方公共団体の組織及び運営に関する事項は，地方自治の（　　）に基づいて，法律でこれを定める」とあります。空欄（　）にあてはまる言葉を，**漢字2文字**で答えなさい。

(2) 国政と地方自治との関係について述べた文として最も適切なものを，次のア〜エから1つ選び，記号で答えなさい。

　ア　イギリスのブライスによる「地方自治は民主主義の学校」との言葉は，地方自治は人々が身近な問題への取り組みを通して国政の運営に必要とされる能力を養う場であることを表したものと捉えることができる。

　イ　地方自治の基本的な考え方として，地方公共団体は国から独立して政治を行うという住民

自治が挙げられる。

ウ　1999年に制定された地方分権一括法では，法定受託事務が廃止されて自治事務と機関委任事務に再編され，岡と地方公共団体との関係を上下関係から対等・協力関係へと変えていくことが目指された。

エ　国会で特別法が制定される際には，適用対象となる地方公共団体で住民投票が行われるが，その結果に法的拘束力は認められていない。

(3)　地方公共団体に対する国の関与をめぐって両者間に争いが生じた場合，地方公共団体からの申し立てを受け，公平・中立な立場から相互の調整を図る第三者機関が，総務省に設置されています。この機関名は「国地方（　　　）処理委員会」です。空欄（　）にあてはまる言葉を，**漢字2文字**で答えなさい。

(4)　地方公共団体の財源構成のうち，地方が自ら調達する自主財源であり，かつ使途があらかじめ指定されていない一般財源でもある項目として正しいものを，次のア～エから1つ選び，記号で答えなさい。

ア　国庫支出金　　イ　地方交付税交付金　　ウ　地方債　　エ　地方税

問9　2020年7月には東京都知事選が行われました。地方公共団体の首長に関して述べた文として正しいものを，次のア～エから1つ選び，記号で答えなさい。

ア　地方公共団体の首長の被選挙権が得られる年齢は，都道府県知事であっても市区町村長であっても，満30歳である。また，いずれも任期は4年である。

イ　首長は，議会の議決した条例について異議のあるときは，その条例の送付を受けた日から10日以内であれば，議会に対して再議を求めることができる。しかし議会で出席議員の過半数の賛成によって再可決されれば，その条例は成立する。

ウ　議会は総議員の3分の2以上の出席と出席議員の4分の3以上の賛成で首長に対する不信任を決議することができるが，その通知を受けた日から10日以内であれば，首長は議会を解散することができる。

エ　住民が首長の解職請求を行う場合，その地域における有権者の署名を必要数集め，それを議会に提出する。その後，住民投票にかけて3分の1以上の同意があれば，首長は解職される。

問10　2020年7月，内閣府の景気動向指数研究会は，「景気の山」が2018年10月であったと暫定的に認定しました。これに関して，次の(1)・(2)に答えなさい。

(1)　高度経済成長期であった1950年代から60年代における景気拡大期を時代順に並べ替えたとき，**3番目にあたるもの**を，次のア～エから1つ選び，記号で答えなさい。

ア　いざなぎ景気　　イ　岩戸景気　　ウ　オリンピック景気　　エ　神武景気

(2)　この景気は2012年12月から2018年10月までの71か月間続きましたが，戦後最長の景気回復とはなりませんでした。戦後最長とされるのは2002年2月から2008年2月までの73か月間続いた景気です。この期間において内閣総理大臣を務めた人物の一人を，次のア～エから1つ選び，記号で答えなさい。

ア　小泉純一郎　　イ　中曽根康弘　　ウ　鳩山由紀夫　　エ　細川護熙

きければ、鬼も怖ぢをののきて、「これはただ者ならず。ただ地獄に乱
（＝反乱）こそ出で来たれ。ただ逃げよ」と言ふままに、打出の小槌、杖、
しもつ（＝細い木の枝で作った鞭）、何に至るまでうち捨てて、極楽浄土の
乾（＝西北の方向）の、いかにも暗き所へ、やうやう逃げにけり。さて、
一寸法師は、これを見て、まづ打出の小槌を濫妨（＝略奪）し、「われが
背を、大きになれ」とぞ、どうど⁵打ち候へば、ほどなく背大きになり、
さて、このほど疲れに⁶のぞみたることなれば、まづまづ飯を打ち出し、
いかにもうまさうなる飯、いづくともなく出でにけり。不思議なるしあ
はせとなりにけり。

＊文章中の「給ふ」はその前の語を尊敬語にする語。「おはす」も尊敬語で、
「いらっしゃる」という意味。

＊文章中の「候ふ（さうら）」は丁寧語で、現代語の「です・ます」にあたる。

＊文章中の「ばや」は「〜したい」と訳す。

＊Ｂの終わりから二行目「給へかし」の「かし」は、「給へ」を強める意を表す。

問一　Ｂで、一寸法師が家を出たのは、どのような理由によるものか。
四〇字以内にまとめて説明せよ。

問二　Ｂの傍線1「ただ夢の心地して、あきれはててぞおはしける」と
あるが、そうなったわけを、次の文の【　】ア〜ウを補って説明を完成
させよ。なお、アとイは三〇字以内で、ウは二〇字以内で答えること。

　　姫君を妻にしたいと思って一寸法師が立てた【　ア　】という計画に
よって、宰相殿は【　イ　】という決断を下したが、その決断を一寸
法師から知らされた姫君は【　ウ　】から。

問三　Ｂの傍線2「あらいたはしや」は、登場人物の心情を表したもの
ではなく、語り手の感想と考えられるものである。これと同様の表現

を　Ａから一〇字以内で抜き出せ。

問四　Ｃの文章中の傍線3〜6の部分は、すべて「……ば」の形になっ
ているが、この中で、現代語に訳そうとすると、一つだけ訳し方の異
なるものがある。その番号を答えよ。

問五　Ｂ・Ｃの文章の内容と一致するものを次から一つ選んで、番号で
答えよ。

①　一寸法師が針の刀で鬼の目や口を突いて回ったことで、鬼が逃げ
出してしまった。

②　姫君が逃げ出さないようにするために、一寸法師は、自分の前方
に姫君を歩かせた。

③　鬼は地獄に反乱が起きたのをいいことに、極楽に行くチャンスだ
と思い、極楽に逃げて行った。

④　宰相殿は一寸法師の話を聞いて、姫君に対する処遇を決めたが、
後になってそのことを悔やんだ。

⑤　継母や女房は姫君を嫌っていたので、一寸法師に連れていかれる
姫君を見て、内心喜んで送り出した。

四十歳になるまで子どもができず、住吉神社に子を授けてくださいとお願いしていた。その願いがかなったのか、四十一歳でかわいらしい男の子を授かるが、その子は背丈が一寸（約三センチメートル）だったので「一寸法師」と名づけられた。よく読んで後の問に答えよ。なお、文中の（＝　）はその直前の語句の説明、または、現代語訳である。

A　年月経るほどに、はや十二三になるまで育てぬれども、背も人ならず、つくづくと思ひけるは、ただ者にてはあらざれ、ただ化け物風情にてこそ候へ。われら、いかなる罪の報いにて、かやうの者をば、住吉よりたまはりたるぞや。あさましさよと、見る目も不便なり。夫婦思ひけるやうは、あの一寸法師めを、いづかたへもやらばやと思ひけると申せば、やがて、一寸法師、このよし承り、親にもかやうに思はるるも口惜しき次第かな、いづかたへも行かばやと思ひ、刀なくてはいかがと思ひ、針を一つ、うば（＝老母）に請ひ給へば、取り出だしたびにける（＝お与えになった）。すなはち、麦藁をこしらへ、柄鞘をこしらへ、都へ上らばやと思ひしが、自然（＝万が一）舟なくてはいかがあるべきとて、またうばに、「御器（＝お椀）と箸とたべ（＝ください）」と申しうけ、立ち出でにけり。

住吉の浦より、御器を舟としてうち乗りて、都へぞ上りける。

～都に出た一寸法師は、三条の宰相殿という人の所で養われることになる～

B　かくて、年月送るほどに、一寸法師十六になり、背はもとのままなり。さるほどに、宰相殿に、十三になり給ふ姫君おはします。御かたちすぐれ候へば、一寸法師、姫君を見奉りしより、思ひとなり、いかにもして案をめぐらし、わが女房（＝妻）にせばやと思ひ、ある時、打撒（＝

神前に供える米）取り、茶袋に入れ、姫君の臥（ふ）しておはしけるに、はかりことをめぐらし、姫君の御口にぬり、さて、茶袋ばかり持ちて泣きゐたり。宰相殿御覧じて、御尋ねありければ、「姫君の、わらは（＝わたし）がこのほど取り集めて置き候ふ打撒を、取り給ひ御参り（＝召し上がり）候ふ」と申せば、宰相殿おほきに怒り給ひければ、案のごとく（＝なるほど）、姫君の御口に付きてあり。まことに偽りならず。かかる者を都に置きて何かせん（＝殺す・追放する）べしとて、一寸法師に仰せつけらるる。一寸法師申しけるは、「わらはがものを取り給ひて候ふほどに、とにもかくにもはからひ候へとありける」とて、心の中に嬉しく思ふこと限りなし。姫君は、1ただ夢の心地して、あきれはててぞおはしける。一寸法師、「とくとく（＝はやくはやく）」とすすめ申せば、闇へ遠く行く風情にて、都を出でて、足に任せて歩み給ふ。御心の中、推しはからひてこそ候へ。2あらいたはしや。一寸法師は、姫君を先に立てて出でにけり。宰相殿は、あはれ、このことをとどめ給へかしとおぼしけれども、継母（＝血のつながりのない母）のことなれば、さしてとどめ給はず。女房（＝貴人の家に仕える女）たちも付き添ひ給はず。

～二人は船に乗って出てゆくが、風に流されて、人が住んでいそうもない島にたどり着いた～

C　舟より上がり、一寸法師は、ここかしこと3見めぐれば、いづくともなく、鬼二人来りて、一人は打出の小槌を持ち、いま一人が申すやうは、「呑みて、あの女房取り候はん」と申す。口より4呑み候へば、目の内より出でにけり。鬼申すやうは、「これはくせものかな。口をふさげば、目より出づる」。一寸法師は、鬼に呑まれては、目より出でて飛び歩

それにしても、学生たちの考える自由の条件はというと、ちょっと変わっている。

自由を実現するために必要なことを問うと、こんな答えが返ってくる。

「スクールバスの本数を増やしてほしい」

「休憩を増やしてほしい」

「授業を減らしてほしい」

何もかもが、「ほしい」なのである。

どうやら、「他者が、誰かが自分に自由を与えてくれる」と、学生たちは誤解しているようだ。大学という場は、どうすれば自由を手に入れられるかということを、自分の価値観で判断して行動する場であるはずなのに。

個人が中心になる時代には、個人が尊重されると同時に、自由だって個人で獲得しなければならない。それは、集団の戦いよりもある意味で難しく、誰かが与えてくれるものではないはずなのに、なぜか期待して待っている。

「誰か私を自由にして」って、なんでやねん!

自由が必要であれば、自分で獲得するしかなく、自分自身の意識で自由にするしかない。

日本に来た当初の私は、この国で外国人として暮らすのはとても不自由だと感じていた。自分を自由にするにはどうすればいいか、自分で考えた。そして、外国人を支援する組織を立ち上げ、「ワールドフェスティバル」を開催して外国人とつながった。

自ら、不自由を自由に変える努力をした。

自由というのは、もらうものではなく、誰かが与えるものでもなく、自分で手に入れるものである。さらにそれに伴う責任を負う。自由には自治が伴うということである。それが、精華が掲げる「自由自治」である。

問一　Aの文章において筆者が考える「自由」の意味をまとめて説明している文を二つ、▼より前から探し、それぞれその初めと終わりの四字を抜き出して示せ。

問二　傍線1「東洋的「自由」」とあるが、筆者の言う「東洋的自由」とはどのようなものか。文章全体をふまえ、できる限り自分の言葉で三〇字以内で説明せよ。

問三　Bの文章において筆者が否定的に捉えている自由について、三点、それぞれ二五字以内で説明せよ。ただし、文末を「自由。」にすること。

問四　AとBでは「自由」についての考え方に相違がある。

①　Aの考え方からBの「自由」に対する反論を、論点をしぼって簡潔に述べよ。

②　Bの考え方からAの「自由」に対する反論を、論点をしぼって簡潔に述べよ。

問五　傍線2〜4を漢字にせよ。楷書で一画ずつ丁寧に書くこと。

二　次の文章は、御伽草子の中の「一寸法師」という話の一部（一部からなづかい・表記などを改めたところがある）である。摂津の国（今の大阪）の難波の里に、おじいさんとおばあさんが住んでいた。おばあさんは

戯でしかないのだ。何らの努力もなければ、何らの目的も意識せられぬ。ただ④キョウの動くにまかせ、そのままに飛躍跳動したにすぎないのである。当面の子供から見れば、何もしていないのだ。春の野に鳥が啼いたり、若駒が駆けまわるのと、何も変わらぬ。何らの目的をも意識していない。こうすれば、こうなるものとも、考えていない。やむにやまれぬ大和心さえも、ないのである。これを仏教者は、ことに他力宗徒は「修羅の琴のひきてなしに、自ら鳴る」ようだという。誠にその通りである。老子の「無為」であり、東洋人のよくいう「無心無為」である。

ここに「自由」の真面目が活躍する。

※　任運＝運命に任せること。

※　騰騰＝くよくよせず意気高らかに生きること。

※　浅原才市＝浄土真宗の篤信者（妙好人）で信心を詠んだ詩で知られる。一八五〇〜一九三二年。

B

「自由」とは何か。

これは、私が最も大事だと考えている問いの一つである。

学長になって、新しく「自由論」という科目が共通教育としてつくられ、私が担当している。「自由とは」という問いに対して、学生たちが考える時間だ。この授業を担当した背景には、京都精華大学が語ってきた「自由自治」を理解し、自由を捉え直す機会の一つにしたいという思いがあった。

京都精華大学全体が、徐々に徐々に「自由＝無責任」にシフトしていないか。「ここでは好きなことができるんだ」「好き勝手にしていい」「何でもええやん」と。

それが、精華の自由なのか？そこが誤解されたままで、精華のよさを維持することはできないのではないかと、私は思っていた。

大学ができた一九六〇年代は、「集団的自由」が追求された時代だった。

集団的自由とは何かというと、「学生」の自由であり、「黒人」の自由や「マイノリティ」の自由。いわゆる「マス」の自由である。誰かが誰かの自由を奪っている、という現状に対して、自分自身は考えなくても、「みんなで自由を求めるぞ」と団結していればよかった。

つまり、集団がパッケージで自由を獲得し、その集団の中に入りさえすれば、自分は考えなくても戦えるし、「何かやっている」という気になれた。

今はグローバル化の波の中で、集団よりも個が中心になっていく時代へと変化している。個人が主体になってきた時代の中で、自由や解放というものが、全て自分自身に依存する社会になってきている。強者や支配者がいて、支配者に対して運動を起こせば自由になった時代と、今は違うはず。自分を自由にするのも、不自由にするのも、全て自分。自由の位置づけは、変わってきている。

「自由論」の授業では、自由のために戦ってきた人もいれば、自由を求めて運動してきた人たちもいるという歴史的事実を共有する。その後ワークショップをして、みんなで考える。

「自由」に、私は答えを持っていない。

【国　語】　（五〇分）〈満点：一〇〇点〉

★□□とも、句読点・記号も一字として数え、マス目のある解答欄については、一マスに一字しか書かないこと。

一　次の二つの文章A・Bを読んで後の問に答えよ。Aは禅を世界に広めた鈴木大拙の『「自由」の意味』（一九六二年「読売新聞」掲載）の一部、Bはマリ共和国出身のウスビ・サコ京都精華大学学長の『アフリカ出身サコ学長、日本を語る』（二〇二〇年）中の「「自由」を問い直す」の全文である。（Aの▼は、出題上の記号である。）

A

近ごろ自分は「自由」という言葉の本来の意味について、あちこちで随分しゃべったり書いたりする。機会あるごとに、これからも、いくらでも「自由」の宣伝をやりたいと思う。それは「自然」と同じく「自由」には、東洋伝来の思想系統が、深く根をおろしているからである。

「自然」と同じく「自由」の、自の字の意味を、はっきり知っておかなくてはならぬ。この自には自他対立の意義を含まないで、ただ一面の自である、すなわち絶対性を持つ自であることを心得ておくべきだ。「自由」は、この絶対の自がそれ自らのはたらきで作用するのをいうのである。それゆえ、ここには拘束とか羈絆とか束縛などという思想は微塵もない。すなわち「自由」は、積極的に、独自の立場で、本奥心理の全面が、何らの飾りもいつわりもなしに、赤裸々底に出ている。子供は、とんだり、はねたり、種種様々の遊びをやって大人から見ると、子供は、とんだり、はねたり、種種様々の遊びをやってたにきまっている。「何もしない」は、客観的に見ると、大いなる虚誕から離れるとか、脱するなどということはない。漢文的にいうと、任運である。ところが、子供の主観から見ると、百般の活動態はいずれも遊

▼

先年アメリカで出た小説みたいな本に、子供の生活を描いたのがあって、それが一時は、ベスト・セラーになった。その中に、次のような会話がある。子供がしばらく留守し、帰って来たので、家のものが尋ねた。

「お前どこへ行っていたの？」　[where did You Go?]
「外にいた。」　[Out.]
「何していたの？」　[What Did You Do?]
「何もしていないの。」　[Nothing.]

これだけの会話だが、自分はこれを読んで「ここに[1]東洋的「自由」の真理が、いかにも脱洒自在に挙揚せられている。実に菩薩の[2]キョウチだ」と感心した。子供の「外にいた」は、英語の「アウト」の訳のつもりだが、「アウト」を日本語で、どう[3]タンテキにいいかえるべきか。「外にいた」では少し長すぎる。「外」という、日本語では、ちょっとぶっきら棒にきこえるようだ。子供が、「どこにいたの？」に対して、何の屈託もなく「アウト」と答えるとき、内も外も余り変わりのないような、子供の気持ちがほの見える。

それから、次の「何もしていないの」には、無限の妙味がある。子供心理の全面が、何らの飾りもいつわりもなしに、赤裸々底に出ている。子供は、とんだり、はねたり、種種様々の遊びをやって大人から見ると、子供は、とんだり、はねたり、種種様々の遊びをやってたにきまっている。「何もしない」は、客観的に見ると、大いなる虚誕

※騰騰（とうとう）、騰騰任運、また妙好人　※浅原才市翁（あさはらさいちおう）の方言まじりの表現を借りると「……どんぐり、へんぐりしているよ、今日もくる日も、やあい、やあい」である。何ともかともかとも、とらえどころのないところから出て来るはたらきは、遊戯自在というよりほかない。

B

「自由」は、今時西洋の言葉であるフリーダムやリバティのごとき消極的・受身的なものではない。はじめから縛られていないのだから、それから離れるとか、脱するなどということはない。漢文的にいうと、任運である。ところが、子供の主観から見ると、百般の活動態はいずれも遊

「自由」は、積極的に、独自の立場で、本奥心理の全面が、何らの飾りもいつわりもなしに、赤裸々底に出ている。子供は、遊戯三昧の義を持っている。「自由」は、今時西洋の言葉であるフリーダムやリバティのごとき消極的・受身的なものではない。

2021年度

解 答 と 解 説

《2021年度の配点は解答欄に掲載してあります。》

＜数学解答＞ 《学校からの正答の発表はありません。》

1 (1) Cのx座標 $-\dfrac{5}{2}$　　Fのx座標 $-t+1$

(2) ADの傾き $-t-\dfrac{3}{2}$　　CFの傾き $-t-\dfrac{3}{2}$　　(3) $t=\dfrac{-1-3\sqrt{5}}{4}$

2 (1) 18個　　(2) ① ア $k\ell+4k+4\ell+16$　　イ $k\ell+3k+3\ell+9$　　ウ $k+\ell+7$

エ $k+\ell=3$　　オ $2[3]$　　カ $3[2]$　　キ $24,\ 56,\ 60,\ 88$

② （理由） 解説参照　　$m=2$

3 (1) 30通り　　(2) ① 21通り　　② 30通り　　(3) 30通り　　(4) 120通り

(5) 432通り

4 (1) $OG=5-\dfrac{1}{4}x$　　(2) $DH=-12+8\sqrt{6}$

〇推定配点〇
1 (1) 各4点×2　　(2) 各4点×2　　(3) 6点
2 (1) 4点　　(2) ① ア～カ 各2点×6　　キ 4点　　② 理由 6点　　m 4点
3 (1) 5点　　(2) 各4点×2　　(3)～(5) 各5点×3
4 (1) 10点　　(2) 10点　　　　計100点

＜数学解説＞

1 （関数・グラフと図形―座標，直線の式，交点，二次方程式，面積の比）

(1) 点Aのx座標が-1だからy座標は$(-1)^2=1$　　直線ABの傾きが1なので，$y=x+b$とおいて$(-1,\ 1)$を代入すると，$b=2$　　直線ABの式は$y=x+2$だから，点Bのx座標は$x^2=x+2$の解である。$x^2-x-2=0$　　$(x+1)(x-2)=0$から，$x=2$　　$B(2,\ 4)$　　直線BDの傾きが$-\dfrac{1}{2}$だから，$y=-\dfrac{1}{2}x+c$とおいて$(2,\ 4)$を代入すると，$c=5$　　直線BDの式は$y=-\dfrac{1}{2}x+5$　　方程式$x^2=-\dfrac{1}{2}x+5$を立てて点Cのx座標を求めると，$2x^2+x-10=0$　　$(2x+5)(x-2)=0$　　$x=-\dfrac{5}{2}$

点Cのx座標は$-\dfrac{5}{2}$である。

点$E(t,\ t^2)$　　直線EFの式を$y=x+f$とおいて$(t,\ t^2)$を代入すると，$t^2=t+f$　　$f=t^2-t$　　直線EFの式は$y=x+t^2-t$　　点Fのx座標は方程式$x^2=x+t^2-t$の解である。$x^2-x-t^2+t=0$　　$(x+t)(x-t)-(x-t)=0$　　$(x-t)(x+t-1)=0$　　よって，点Fのx座標は$-t+1$と表される。

(2) 直線EDの傾きは$-\dfrac{1}{2}$なので，$y=-\dfrac{1}{2}x+d$とおいて$(t,\ t^2)$を代入して，$d=t^2+\dfrac{1}{2}t$　　点Dのx座標は，$x^2=-\dfrac{1}{2}x+t^2+\dfrac{1}{2}t$　　$2x^2+x-2t^2-t=0$　　$2(x+t)(x-t)+(x-t)=0$　　$(x-t)(2x+2t+1)=0$　　$2x+2t+1=0$　　$x=-t-\dfrac{1}{2}$　　ところで，$y=ax^2$に関して，xの値がpからqまで

増えるときの変化の割合は，$\dfrac{aq^2-ap^2}{q-p}=\dfrac{a(q+a)(q-p)}{q-p}=a(q+p)$　　これを用いると，直線AD

の傾きは，$-1-t-\dfrac{1}{2}=-t-\dfrac{3}{2}$　　　直線CFの傾きは，$-\dfrac{5}{2}-t+1=-t-\dfrac{3}{2}$

(3)　右図は3組の直線がそれぞれ平行であるときに，同位角や錯角が

等しいことから相似な三角形ができることを示したものである。(2)

の結果から直線ABと直線DEは傾きが等しいので平行である。また，

AB//EF，ED//CBなので，△APD∽△FQCである。対応する辺ADとFC

の長さの比は，線分の両端のx座標の差を利用して求めることができ

るから，AD：FC$=\left\{-t-\dfrac{1}{2}-(-1)\right\}:\left\{-t+1-\left(-\dfrac{5}{2}\right)\right\}=\left(-t+\right.$

$\left.\dfrac{1}{2}\right):\left(-t+\dfrac{7}{2}\right)$　　相似な図形の面積の比は相似比の2乗に等しい

から，$\left(-t+\dfrac{1}{2}\right)^2:\left(-t+\dfrac{7}{2}\right)^2=1:5$　　これを解くと，$5t^2-5t+\dfrac{5}{4}=t^2-7t+\dfrac{49}{4}$　　$4t^2+2t-$

$11=0$　　2次方程式の解の公式を用いると，$t=\dfrac{-2\pm\sqrt{4+176}}{8}=\dfrac{-2\pm6\sqrt{5}}{8}=\dfrac{-1\pm3\sqrt{5}}{4}$　　$-\dfrac{5}{2}<$

$t<-1$だから，$t=\dfrac{-1-3\sqrt{5}}{4}$

$\boxed{+\alpha}$ $\boxed{2}$　（数の性質―約数の個数，説明）

重要　(1)　$x=75$のとき，$\dfrac{75}{n}$を小数で表したときにちょうど小数第3位で終わるのは，小数第3位までに終

わるすべての場合から，小数第2位までに終わるすべての場合を除いたものであると考えること

ができる。つまり，$\dfrac{75}{n}\times1000$が整数になるすべての場合から，$\dfrac{75}{n}\times100$が整数になるすべての場

合を除けばよい。nが75×1000の約数であるとき$\dfrac{75}{n}\times1000$は整数になる。よって，75×1000の約

数の個数から75×100の約数の個数を引けば，条件を満たすnの個数が求められる。$75\times100=3\times$

$2^2\times5^4$だから，素因数として3だけを持つ約数は3^0，3^1の2個である。素因数として2または3をもつ

約数は，$3^0\times2^0$，$3^0\times2^1$，$3^0\times2^2$，$3^1\times2^0$，$3^1\times2^1$，$3^1\times2^2$の6個ある。これらにそれぞれ5^0，5^1，5^2，

5^3，5^4をかけて得られる数が75×100の約数であり，その個数は，75×100を素因数分解したとき

の素因数の指数に1を加えたものをかけて求められる。つまり，$(1+1)\times(2+1)\times(4+1)=30$（個）

$75\times1000=3\times2^3\times5^5$だから，$75\times1000$の約数の個数は，$(1+1)\times(3+1)\times(5+1)=48$（個）　　し

たがって，$\dfrac{75}{n}$を小数で表したときにちょうど小数第3位で終わるnの個数は，$48-30=18$（個）

(2)　①　(1)で説明したように，正の整数が$a^p\times b^q\times c^r\times\cdots$と素因数分解されるとき，その整数の

約数の個数は$(p+1)\times(q+1)\times(r+1)\times\cdots$で求めることができる。$1000x=2k\times5\ell\times A\times2^3\times5^3=$

$2^{k+3}\times5^{\ell+3}\times A$　　ところで，例えば$B=3^4$のとき，Bの約数の個数は$4+1=5$であり，$C=3^2\times7^3$の

とき，Cの約数の個数は$(2+1)\times(3+1)=12$　　本問題ではAの正の約数がm個と示されているか

ら，$1000x$の正の約数の個数は，$(k+4)(\ell+4)\times m=(k\ell+4k+4\ell+16)\times m$である。同様に，

$100x=2^k\times5^\ell\times A\times2^2\times5^2=2^{k+2}\times5^{\ell+2}\times A$　　$100x$の正の約数の個数は，$(k+3)(\ell+3)\times m=$

$(k\ell+3k+3\ell+9)\times m$である。よって，$\dfrac{x}{n}$を小数で表したときにちょうど小数第3位で終わる$n$の

個数は，$(k\ell+4k+4\ell+16)\times m-(k\ell+3k+3\ell+9)\times m=(k+\ell+7)\times m$と表される。これが

20に等しいことから，$(k+\ell+7)\times m=20\cdots$①　　また，$x$が2桁の数であることと，$2^7=128$，$5^3=$

125であることから，$k<7$，$\ell<3\cdots$②　　①から$(k+\ell+7)$は20の約数であり，$k+\ell+7\geqq7$と②

から$k+\ell+7=10$である。よって，$k+\ell=3$　　$k+\ell+7=10$から，$m=2$　　約数を2個だけ持つ正の整数は素数だから，xの2，5以外の素因数は1つだけである。その素因数をpとすると，pは2，5以外の素因数なので，3，7，11，13などが考えられる。$x=2^k\times5^\ell\times p$と表されるから$k=0$のとき$\ell=3$となって不適当。$k=1$のとき$\ell=2$であり，$x=2\times5^2\times p$　　$p\geqq3$なのでxは2桁の数ではないから不適当。$k=2$のとき$\ell=1$だから，$x=2^2\times5^1\times p$　　$p=3$のとき$x=60$　　$k=3$のとき$\ell=0$だから，$x=2^3\times5^0\times p$　　$p=3$のとき$x=24$，$p=7$のとき$x=56$，$p=11$のとき$x=88$　　したがって，ア…$k\ell+4k+4\ell+16$　　イ…$k\ell+3k+3\ell+9$　　ウ…$k+\ell+7$　　エ…$k+\ell=3$　　オ…2　　カ…3(オとカは逆でもよい)　　キ…24，56，60，88

②　$(k+\ell+7)\times m=20$であり，$(k+\ell+7)$は7以上の正の整数だから，$k+\ell+7=10$，または，$k+\ell+7=20$　　ところで，$2^7=128$，$5^3=125$であり，xは2桁の整数だから，$0\leqq k<7$，$0\leqq\ell<3$　　よって，$7\leqq k+\ell+7<20$　　したがって，$k+\ell+7=10$，$m=2$と決まる。

|3| **（数の性質―自然数の組，倍数）**

赤球，白球，青球をそれぞれR，W，Bとし，左から何番目であるかを①，②，③，④，⑤，⑥を使って説明する。

(1)　異なる3色が並ぶ場合を考えると，最初にR，W，Bのどれかが来るので3通りあり，そのそれぞれに対して2番目に2通りずつの来かたがあり，最後にはそれぞれ残りの1個が来るから，異なる3色の並び方は$3\times2\times1=6$(通り)　　①，②，③に異なる3色が並ぶ場合，④には3通りの色が来るので，$6\times3=18$(通り)…(ア)　　②，③，④に異なる3色が並ぶ場合，①には3通りの色が来るので，$6\times3=18$(通り)…(イ)　　ところで，R，W，B，Rのように，①と④に同じ色が入るものは(ア)でも(イ)でも数えられていて，6通りの「異なる3色の並び」に1通りずつあるから，「異なる3色の並び」の総数は，$18+18-6=30$(通り)

(2)　①　③，④に同じ色が並ぶとき，その並び方は3通りある。…(ウ)　　①，②の色の並び方は$3\times3=9$(通り)あるが，例えば，③，④の同じ色がR，Rのときに，①，②の色がW，B，または，B，Wのときには「異なる3色の並び」ができてしまうので不適当である。よって，(ウ)の3通りに対して7通りずつがあるので，「異なる3色の並び」ができないのは，$3\times7=21$(通り)

②　③，④に異なる色が並ぶとき，その並び方の数は$3\times2=6$(通り)である。…(エ)　　例えば，③，④にR，Wが並ぶとき，①，②に並ぶ9通りの中で$\langle$R，B$\rangle$，$\langle$W，B$\rangle$，$\langle$B，B$\rangle$，$\langle$B，W$\rangle$は「異なる3色の並び」ができる並び方である。よって，「異なる3色の並び」ができないのは，$6\times(9-4)=30$(通り)

(3)　③，④，⑤に異なる3色が並ぶ場合，例えば，③，④，⑤にR，W，Bと並ぶ場合，①，②に並ぶ9通りの中で，$\langle$R，B$\rangle$，$\langle$W，B$\rangle$，$\langle$B，B$\rangle$，$\langle$B，W$\rangle$は①，②，③，または，②，③，④に「異なる3色の並び」ができてしまう。よって，③，④，⑤の他にできない並び方は，$6\times(9-4)=30$(通り)である。

(4)　5個の球を並べるとき，どこに「異なる3色の並び」ができるかを整理すると，①，②，③だけに並ぶとき…(オ)，②，③，④にだけに並ぶとき…(カ)，③，④，⑤だけに並ぶとき…(キ)，①，②，③と②，③，④にだけに並ぶとき…(ク)，①，②，③と③，④，⑤にだけに並ぶとき…(ケ)，②，③，④と③，④，⑤にだけに並ぶとき…(コ)，①，②，③と②，③，④と③，④，⑤に並ぶとき…(サ)がある。(オ)と(キ)は(3)で求めたようにそれぞれ30通りずつある。(カ)の場合は，例えば，②，③，④にR，W，Bと並ぶとき，①にはRかW，⑤にはWかBがくればよいから，①，⑤の並び方は$2\times2=4$(通り)あり，他の場合も同様なので，$4\times6=24$(通り)ある。(ク)の場合は，例えば，R，W，B，Rとなり，⑤にはRかBがくればよい。他の色についても同様なので，$6\times2=12$(通り)ある。(ケ)の場合は，例えば，①，②，③にR，W，Bと並ぶとき，④，⑤に

来るのはW，Rだけであり，他の場合も同様だから6通り。(コ)の場合は(ク)の場合と同様に12通り。(サ)の場合は，例えば，①，②，③にR，W，Bと並ぶときはR，W，B，R，Wとなり，他の場合も同様だから6通りある。よって，30×2＋24＋12×2＋6×2＝120(通り)

(5) (4)で求めた120通りについては，⑥として3通りずつの色を加えて「異なる3色の並び」を含むものを作ることができるから，120×3(通り)ある。また，5個の並びの中で「異なる3色の並び」を含まないものの中から，⑥を加えることで「異なる3色の並び」を作ることができる。例えば，⑥にRを加える場合，④，⑤がW，BまたはB，Wになっていれば「異なる3色の並び」ができる。④，⑤がW，Bのとき，5個の球を並べて「異なる3色の並び」ができない①，②，③は，〈R，R，W〉，〈R，W，W〉，〈W，R，W〉，〈W，W，W〉，〈W，B，W〉，〈B，W，W〉，〈B，B，W〉，〈R，B，B〉，〈W，W，B〉，〈W，B，B〉，〈B，W，B〉，〈B，B，B〉の12通りある。④，⑤がW，Bのときも12通りあり，⑥にWを加える場合，⑥にBを加える場合も⑥にRを加える場合と同様だから，12×2×3＝72(通り)　　したがって，360＋72＝432(通り)

4 (空間図形—円すい，切断，平行線と線分の比，三平方の定理，長さ)

基本 (1) AFの延長線と底面Sとの交点をPとすると，FG//AOなので，点FはOGと円Sとの交点でもある。

ME//DHだから，ME：DH＝BM：BD＝1：2　　DH＝xとすると，ME＝$\frac{1}{2}x$　　FG＝ME＝$\frac{1}{2}x$

PG：PO＝FG：AO　　PG：5＝$\frac{1}{2}x$：10　　よって，PG＝$\frac{1}{4}x$　　したがって，OG＝$5-\frac{1}{4}x$

(2) DH//AOなので，CH：CO＝DH：OH　　CH：5＝x：10　　CH＝$\frac{1}{2}x$　　よって，BH＝$10-\frac{1}{2}x$　　BE＝$\frac{1}{2}$BH＝$5-\frac{1}{4}x$　　ME＝$\frac{1}{2}x$なので，BM^2＝BE^2＋ME^2＝$\left(5-\frac{1}{4}x\right)^2+\left(\frac{1}{2}x\right)^2$…①

OE＝5－BE＝$5-\left(5-\frac{1}{4}x\right)=\frac{1}{4}x$　　MF^2＝EG^2＝OG^2－OE^2＝$\left(5-\frac{1}{4}x\right)^2-\left(\frac{1}{4}x\right)^2$…②　　MF＝$\frac{1}{2}$BMのとき，2MF＝BM　　(2MF)^2＝BM^2　　4MF^2＝BM^2　　よって，②×4＝①から，$4\left(5-\frac{1}{4}x\right)^2-4\left(\frac{1}{4}x\right)^2=\left(5-\frac{1}{4}x\right)^2+\left(\frac{1}{2}x\right)^2$　　$\frac{1}{4}x$＝Xとおくと，$100-40X+4X^2-4X^2=25-10X+X^2+4X^2$　　$5X^2+30X-75=0$　　両辺を5で割って，$X^2+6X-15=0$　　$X^2+6X=15$　　$X^2+6X+9=24$　　$(X+3)^2=24$　　$X+3=\pm2\sqrt{6}$　　$X=\frac{1}{4}x=-3\pm2\sqrt{6}$　　$x>0$なので，$x=-12+8\sqrt{6}$

★ワンポイントアドバイス★

①は(3)を解くために(1)，(2)を正しく求めていく必要がある。②は，約数の個数を求める計算方法と，指数の扱いがポイント。③は様々な解法があるが，いずれにしろ丁寧な書き出しが重要。④は三平方の定理が使える図形を探していく。

＋α は弊社HP商品詳細ページ(トビラのQRコードからアクセス可)参照。

＜英語解答＞　《学校からの正答の発表はありません。》

1 問1　1番目　エ　　3番目　ウ　　6番目　イ　　問2　（例）　後ろ足で立ったり，笑ったり，歌ったりするなど，人間と同じように行動すること。　　問3　エ
問4　the human world　　問5　オ　　問6　ウ　　問7　（例）　他の何よりもその女性に抱きしめられたかったので　　問8　（A）イ　　（B）ア　　（C）ア　　（D）ア
（E）イ　　（F）ア　　（G）ウ　　（H）ア　　問9　イ，カ

2 問1　1番目　カ　　3番目　ク　　7番目　イ　　問2　is round　　問3　地球は回っている（こと）　　問4　（例）　時間がどこでも均一に過ぎているわけではない　　問5　ウ
問6　ウ　　問7　（Ⅰ）ウ　　（Ⅱ）ア　　（Ⅲ）イ　　（Ⅳ）エ

3 (1)　tears　　(2)　content　　(3)　present　　(4)　second　　(5)　mean
(6)　hand　　(7)　interest

4 Part A　ア，エ　　Part B　(1)　ウ　　(2)　ア　　(3)　エ　　(4)　ア
Part C　(1)　reminds, of　　(2)　No, other　　(3)　young, could
(4)　whether ［if］ I would　　(5)　has been watching, for

5 Part A　1　D　　2　C　　3　D　　4　B
Part B　(A)　398　　(B)　Hokkaido　　(C)　48
Part C　1　C　　2　A　　3　C　　4　B

○推定配点○
1問8，5　各1点×19
1問1，問3～問6，問9・2問1，問3，問5～問7・3・4　各2点×33　　1問2　3点
1問7・2問2，問4　各4点×3　　　計100点

＜英語解説＞

1 （長文読解問題・物語文：語句整序，内容吟味，英文和訳，指示語）

（全訳）　昔，雪の森で最も強くて最も優しいクマのトゥサリナが，新たに生まれたばかりの獣の赤ちゃんの世話をしてくれるように頼まれた。

クマのトゥサリナの心は愛情がいっぱいで，彼女はその獣の赤ちゃんを自分の赤ちゃんとして育てると約束した。クマのトゥサリナは毎日赤ちゃんを背負って，木々の合間に輝く陽の光から小川で踊るような月明かりまで，彼女に雪の森の驚異をすべて見せてやった。彼女はおいしい魚の捕まえ方と一番甘くて汁の多いベリーの見つけ方，根の間に穴を掘ってひどく寒い冬を通して秋の香りがする葉がたくさんの寝床を作る方法を彼女に教えてやった。

赤ちゃんはこれらすべてのものをとても気に入ったが，彼女がもっと気に入っていたのは，森を訪れる人間たち―きこりたち，わなを仕掛ける猟師たち，釣り人たち，薬草を集める人たち―を見ることだった。赤ちゃんは，川が下流へと引かれるように，人間たちに引かれた。

木々の間にどれほど陽の光が輝こうと，小川でどれほど月明かりが踊ろうと，魚がどれほどおいしかろうと，ベリーがどれほど甘かろうと，赤ちゃんはいつも，森の床に聞こえる長靴の音や人間ののどから聞こえる鼻歌に引かれてぶらついた。

季節が去って，赤ちゃんは人間のように見え，行動するようにもなっていった。彼女は後ろ足で立ち上がり，キツツキのように笑い，人間の赤ちゃんがそうするようにおかしな歌い方をした。クマのトゥサリナは赤ちゃんが完全に人間の世界へ行ってしまって赤ちゃんを失ってしまうことを恐れていたので，彼女の心は沈んだ。これは，彼女が何年も前に自分の赤ちゃんを失っていたからで

あった。

　クマのトゥサリナはどのようにして赤ちゃんをとどめておくか，あるいはどのようにしてさようならを言えばよいかもわからずに，大きな足からもう一方への足へと体重をかけながら遠くから見守った。

　赤ちゃんはときどき松葉の中で転がったり鳥に話しかけることがあり，彼女がとどまってくれるかもしれないと思うとクマのトゥサリナの心は躍ったものだった。しかし，こうした瞬間はだんだん少なくなっていき，クマのトゥサリナはもう手遅れであることを悟った。冬が近づいてきていたが，赤ちゃんは体毛を失ってきていた。

　冷たくて湿った葉が小さな山々に集まり，大きな不安がクマのトゥサリナに宿るようになった。どうやって赤ちゃんに自分が理解していない世界で生きていく準備をさせたらよいのだろうか。

　それから最初の深雪とともに，1人の女性が凍ったベリーを集めながら雪の森にやってきた。クマのトゥサリナはその女性の魂を読み取ってその女性は優しい心と惜しみない愛情を持っていることを知った。その女性を見て赤ちゃんの目は輝き，クマのトゥサリナは別れを告げる時がきたことを知った。

　その女性がぶらついてクマのほら穴に近づいてきたとき，クマのトゥサリナは赤ちゃんの耳元で「この人がお前のお母さんだよ。これからは彼女がお前の世話をしてくれるのよ」とささやき，赤ちゃんをそっと雪の中へと押し出した。

　クマのトゥサリナはその女性が赤ちゃんの世話をして彼女が人間の世界で生きていく手助けをしてくれることを知っていたが，彼女の心は2つの方向へと引っ張られた。赤ちゃんが後ろ足で立って歩いて去っていくと，彼女は寝転がって苦痛に対して目を閉じて眠っているふりをした。

　女性のやさしい顔を見上げると，赤ちゃんの最後の体毛が落ちて笑顔が彼女のほほを暖めた。彼女たちの魂は1つになった。赤ちゃんの子供は，(7)他の何よりもその女性に抱きしめられたかったので，両手を宙にあげた。女性は彼女を抱き上げ，子供は彼女の腕にぴったり収まった。

　赤ちゃんのにおいが流れ去ると，クマのトゥサリナのほほの体毛に一筋の涙が流れ込んだ。再び赤ちゃんに会うことがあるかどうか，彼女にはわからなかった。しかし，クマのトゥサリナが冬の深い眠りに陥ると，赤ちゃんの笑い声のこだまが聞こえて彼女はほほえんだ。そのとき彼女は赤ちゃんは行ってしまったけれども，彼女たちの魂の一部はいつでも1つにつながっていることがわかったからだ

重要　問1　（…, but what she loved more was）to watch the humans who visited the forest　what she loved more was ～「彼女がもっと気に入っていたのは～だった」という文の補語の部分を組み立てる。to watch は名詞的用法の不定詞，the humans は watch の目的語。関係代名詞 who 以下が the humans を修飾する形。直後の the woodcutters, the trappers, the fishermen, the gatherers は the humans who visited the forest「森を訪れる人間たち」の具体例。

　問2　act は「行動する」，like は「～のように」の意味で，下線部は「人間のように行動する」という意味。直後の文「彼女は後ろ足で立ち上がり，キツツキのように笑い，人間の赤ちゃんがそうするようにおかしな歌い方をした」が「人間のような行動」の具体例を示している。

　問3　第5段落で獣の赤ちゃんが人間と同じような行動をするようになり，クマのトゥサリナがその様子に赤ちゃんが人間の世界へ行ってしまうのではないかと恐れていることが述べられているが，第7段落第1文では逆に「赤ちゃんはときどき松葉の中で転がったり鳥に話しかけることがあった」と動物として自然な赤ちゃんの行動が述べられている。これは，赤ちゃんが人間の世界へ行ってしまうことを恐れているクマのトゥサリナにとって喜ぶべきことである。下線部の中心部は

the Bear Tsarina's heart would jump「クマのトゥサリナの心は躍ったものだった」で，クマのトゥサリナが喜んでいることを表している。また，at the thought「〜と思うと」の後に she might stay「彼女が（人間の世界に行かずに）とどまるかもしれない」とあることから，ここでは赤ちゃんが人間の世界へ行かずに自分のところにいてくれるかもしれないと思って喜んでいることを表していると考えるのが適切。したがって，エが正解。ア，イはクマのトゥサリナの喜びが表されていないので不適切。would jump「躍ったものだった」に対する主語は the Bear Tsarina's heart で赤ちゃんが跳ぶのではないのでウ，オも不適切。

問4　下線部は「彼女（＝クマのトゥサリナ）が理解していない世界」という意味。下線部を含む文の prepare は〈prepare ＋人＋ to ＋動詞の原形〉で「（人）が〜する準備をさせる」という意味，How could 〜? は「どうしたら〜することができるだろうか（いや，そうすることはできない）」という反語表現。自分が育てている赤ちゃんが自分の知らない世界で生きていく準備をさせることなど自分にはできない，ということを表している。第5段落で述べられているように，赤ちゃんは人間に興味を抱いており，クマのトゥサリナは赤ちゃんが自分のもとを離れて人間の世界へ行ってしまうことを恐れているので，下線部はクマのトゥサリナが知らない人間の世界を指すと考えるのが適切。下線部と同じものを表す別の3語の表現は，第5段落にある the human world である。

問5　直前の第9段落最後の2文から，クマのトゥサリナが森に入ってきた女性は愛情に満ちた人物であることを知ったこと，赤ちゃんがその女性にすっかり引かれていることを知って赤ちゃんが人間の世界に行く時がきたことを悟ったことがわかる。また，直後の第11段落第1文に，「クマのトゥサリナはその女性が赤ちゃんの世話をして彼女が人間の世界で生きていく手助けをしてくれることを知っていた」と述べられていることから，その女性が赤ちゃんに愛情を注ぎ，人間の世界で生きていけるようにしてくれると確信したことが，下線部の発言やその後の，赤ちゃんの背中をそっと押して女性がいる雪の中へ向かせるという行動の理由と考えられる。したがって，オ「クマのトゥサリナはその女性が赤ちゃんの親切な母親になり，赤ちゃんが新しい世界で生きる手助けをしてくれることを確信していたから」が適切。　ア「クマのトゥサリナはもう赤ちゃんと一緒にいたくなかったので，彼女はうそをついた」は，第5段落第3文「クマのトゥサリナは赤ちゃんが完全に人間の世界へ行ってしまって赤ちゃんを失ってしまうことを恐れていたので，彼女の心は沈んだ」などから，クマのトゥサリナが赤ちゃんとずっと一緒にいたいと思っていたことは明らかなので不適切。　イ「クマのトゥサリナは，赤ちゃんは以前その女性に会ったことがあるのを知っていたので，赤ちゃんと一緒にいることをあきらめた」は，赤ちゃんが森にやってきた女性を以前会ったという記述が本文中にないので不適切。　ウ「クマのトゥサリナはその女性が赤ちゃんの本当の母親であることを知っていたので，彼女を森へ招待した」は，その女性が赤ちゃんの実の母親だったこと，クマのトゥサリナがその女性を森へ招待したことを示す記述が本文にないので不適切。　エ「クマのトゥサリナはその女性をずっと前から知っていて，彼女は赤ちゃんの世話をするのに十分にやさしいことを知った」は，第9段落第2文で，クマのトゥサリナがその女性の魂を読んでそのやさしさを知ったことが述べられているので不適切。クマのトゥサリナはその女性が冬に森に来たときに初めてその女性を知った。

問6　下線部は「彼女の心は2つの方向へと引っ張られた」という意味なので，このときクマのトゥサリナが抱いていた2つの相反する感情を考える。クマのトゥサリナはいつまでも赤ちゃんと一緒にいたいと思っていたが，赤ちゃんが人間に興味を抱き始めて次第に人間のような行動をするようになっていったのを見て，赤ちゃんがいずれ人間の世界に行ってしまうことを覚悟していることから，このときクマのトゥサリナが抱いていた1つの感情は「赤ちゃんと一緒にいたい」と

いうこと，もう1つはそれに反して「親切な人間の世話になって人間の世界で生きていってほしい」ということである。この内容を適切に表しているのはウ「クマのトゥサリナは赤ちゃんが女性のところへ行ってうれしかったが，さようならを言うことについて悲しくも感じていた」。ア「クマのトゥサリナは赤ちゃんがとてもよく育ったことを知っていたが，まだ幼い赤ちゃんに過ぎないと感じていた」は，赤ちゃんの成長した姿や，クマのトゥサリナが大きくなってもまだ幼いと思っていたということを示す記述がないので不適切。　イ「クマのトゥサリナは赤ちゃんの母親になりたかったが，また1人になりたいとも思っていた」は，クマのトゥサリナが赤ちゃんと別れて1人で暮らしたいと思っていたことを示す記述がないので不適切。　エ「クマのトゥサリナは赤ちゃんと手離すことを残念に思っていたが，いつかすぐにまた会えることを知っていた」は，最終段落第2文「再び赤ちゃんに会うことがあるかどうか，彼女（＝クマのトゥサリナ）にはわからなかった」に合わない。　オ「クマのトゥサリナはその女性の方が赤ちゃんにとってよい母親になるだろうと感じていたが，それが本当かまだはっきりとわからなかった」は，クマのトゥサリナがその女性が本当によい母親になるか信じきれていないことを示す記述がないので不適切。

やや難 　問7　want to の後が be held と受け身になっているので，「抱きしめられたいと思った」という意味になる。more than anything else で「他の何よりも」という意味。下線部の最初の as は接続詞。as には様々な意味があるが，ここでは下線部を含む文の前半「両手を宙にあげた」とのつながりから「〜なので」の意味が合う。

基本 　問8　（A）　下線部を含む文の主語は the Bear Tsarina「クマのトゥサリナ」なので，下線部はクマのトゥサリナ以外の女性を指す。同じ文の前半 carried the cub on her back「赤ちゃんを背負った」と and でつないで showed her 〜「彼女に〜を見せた」と続くことから，下線部は獣の赤ちゃんを指すとするのが自然。　（B）　下線部を含む文の直前の文で，クマのトゥサリナは赤ちゃんが人間の世界に行ってしまうことを恐れていることが述べられている。下線部を含む文はその理由を説明して，自分自身の赤ちゃんを失ったことがあったからと述べているので，下線部はクマのトゥサリナを指す。　（C）　prepare the cub to live in a world she didn't understand「赤ちゃんに自分が理解していない世界で生きていく準備をさせる」に対する主語なので，赤ちゃんの世話をしているクマのトゥサリナを指す。　（D）　森を訪れた女性について，赤ちゃんに「この人がお前のお母さんだよ。これからは彼女がお前の世話をしてくれるのよ」と言って，そっと雪の中へ押し出したのはクマのトゥサリナである。　（E）　下線部を含む文の knew 以下の主語は the lady。rake care of the cub and help her live in the human world「赤ちゃんの世話をして彼女が人間の世界で生きていく手助けをする」のは the lady なので，その女性が人間の世界で生きていく手助けをする相手は赤ちゃんである。　（F）　下線部を含む文の as 以下は「赤ちゃんが後ろ足で立って歩いて去っていたとき」という意味で，このとき「寝転がって苦痛に対して目を閉じて眠っているふりをした」のは，赤ちゃんが去って辛い思いをしているクマのトゥサリナである。　（G）　下線部を含む文の前半の主語は The lady，後半の主語は the child である。女性が赤ちゃんを抱き上げた→子供（＝赤ちゃん）は「彼女の腕にぴったり収まった」のだから，下線部の her は the lady を指す。　（H）　下線部を含む段落では，赤ちゃんが去った後のクマのトゥサリナの様子や心情が述べられている。下線部を含む文の if は「〜かどうか」という意味の接続詞で，if 以下「再び赤ちゃんに会うことがあるかどうか」がわからなかったのはクマのトゥサリナである。

　問9　ア「クマのトゥサリナは母親になったことはなかったが，獣の赤ちゃんを育てるように頼まれた」（×）　第5段落第3文から，クマのトゥサリナは母親が赤ちゃんが人間の世界に行ってしま

うことを恐れいていることが述べられ，次の第4文で「これは，彼女が何年も前に自分の赤ちゃんを失っていたからであった」と，その理由が述べられている。第4文 her own cub「彼女自身の赤ちゃん」の her はクマのトゥサリナを指すので，クマのトゥサリナはかつて自分自身の子供がいた，つまり母親になったことがあることになる。　イ「クマのトゥサリナが育てるように頼まれた赤ちゃんは，彼女から雪の森での生き方を学んだ」（○）　第2段落最終文に，「おいしい魚の捕まえ方，一番甘くて汁の多いベリーの見つけ方，根の間に穴を掘ってひどく寒い冬を通して秋の香りがする葉がたくさんの寝床を作る方法」といった森で生きる具体的な方法を赤ちゃんに教えたことが述べられている。　ウ「クマのトゥサリナはきこりや猟師などのような森で働く人間と友達だった」（×）　クマのトゥサリナが人間と友達であったという記述はない。　エ「ある日，ある女性が獣の赤ちゃんを探しに雪の森へ来た」（×）　第9段落第1文に女性がベリーを集めながら雪の森にやってきたことが述べられているが，獣の赤ちゃんを探すことが森へ来た目的であったという記述はない。　オ「クマのトゥサリナは，赤ちゃんが彼女から離れていったとき，悲しみでいっぱいになって自分がしたことを後悔した」（×）　最終段落最終文を参照。赤ちゃんが人間の女性とともにクマのトゥサリナのもとを去り，クマのトゥサリナが冬の深い眠りに陥ったとき，彼女には赤ちゃんの笑い声のこだまが聞こえ，彼女と赤ちゃんの魂の一部はいつでも1つにつながっていることがわかってほほえんでいる。この様子から，「後悔した」という感情は合わない。　カ「クマのトゥサリナは赤ちゃんに一緒にいてほしかったが，彼女はそれが不可能であることを知っていた」（○）　第9段落である女性が森にやってきたとき，赤ちゃんの目はその女性を見て輝き，「クマのトゥサリナは別れを告げる時がきたことを知った」（最終文）とあるので一致している。

2　（長文読解問題・説明文：語句整序，語句補充，内容吟味，英文和訳，語句選択補充，文補充）
（全訳）
時間の減速
山の中では海水面よりも速く時間が過ぎるという，単純な事実から話を始めよう。
その違いはわずかだが，今日の最高の時計で計測することができる。練習すれば，だれでも時間の減速を目で見ることができる。実際，それはほんの数センチしか離れていない高さの間で計測できるのだ。(Ⅰ)例えば，床に置かれた時計はテーブルの上に置かれた時計よりも少し遅く進むのだ。
減速するのは時計だけではない。低くなると，すべての過程が遅くなるのだ。2人の兄弟が家を離れ，1人は海の近くに住み，もう1人は山で暮らし始めるという状況について考えてみよう。彼らが何年ものちに再会すると，低いところにいた方は生きた年数も年齢も少ないのだ。彼の体内時計がより遅く進んでいるのだ。彼が物事をする時間も少なく，彼の植物の成長も遅く，彼の思考も発達が遅い。低いところでは，高いところよりも単に時間が少ないのだ。これは驚くべきことだろうか。おそらくそうだろう。(Ⅱ)しかし，世界はこのように動いているのだ。ある場所では時間はゆっくり過ぎ，またある場所では時間がより速く過ぎるのだ。
驚くべきことは，私たちが時間の減速を計測できる時計を手にする1世紀も前に，ある人物がこの時間の減速を理解していたことだ。もちろん，彼の名はアルバート・アインシュタインである。
(1)観測される前にあることを理解する能力は科学的思考の中心にあるものだ。古代においては，アナクシマンドロスが船が地球を1周するはるか以前に空が私たちの脚の下方まで続いていることを理解していた。さらに現代に近い時代には，コペルニクスが宇宙飛行士が月から地球がそうしているのを見るはるか以前に地球が回転していることを理解していた。同じように，アインシュタインは，時間が過ぎる異なるスピードを計測できるほど正確な時計が開発されるよりも前に，(4)時間がどこでも均一に過ぎているわけではないことを理解していたのだ。

　そうした進歩の過程で，(5)私たちには事実だと思われた事柄が，実は誤解に過ぎなかったということを知るのだ。空は私たちの上方にあって下方にはないことは明らかなことのように思われていたが，そうでなければ地球は落ちてしまうだろう。地球は動かないということは真実のように思われていたが，そうでなければ地球はあらゆるものを衝突させてしまうだろう。(Ⅲ)どこでも時間は同じ速度で過ぎるということは，私たちにとって同様に明確なことのように思われていたのだ。子供たちは成長して，世界は自宅の4つの壁の中からそう思われていたものとは違うことを発見する。全体的に人類は同じことをしているのだ。

　アインシュタインは重力を勉強しているときに，太陽と地球は触れ合うこともなく，両者の間で何も用いることもなくどのようにして互いを「引きつけ合う」ことができるのかという，おそらく私たちの多くを不思議に思わせてきた問いを自らに発したのだ。

　彼は，考えられる説明を探し，太陽と地球は直接互いに引きつけ合っているのではなく，両者がその間にあるものにゆっくりと働きかけているのだと想像することでその説明を発見した。そして，それらの間にあるものは空間と時間だけなのだから，太陽と地球は(あ)ちょうど水中に置かれたボールが水を押しのけるように，それぞれにそれらを取り巻く空間と時間を変えてきたのだと想像した。この時間の構造上の変化が，今度は惑星と星の動きに影響して，それらが互いの方へと「落ちる」原因となるのだ。

　この「時間の構造上の変化」とは何を意味するのだろうか。それはまさに，上で述べた時間の減速を意味する。つまり，物体がその周囲の時間を減速させるのだ。地球は質量を持つ巨大な物体で，周囲の時間を減速させているのだ。(Ⅳ)海の方が地球に近いので，山よりも海水面の方で速度は遅くなるのだ。こういう訳で，海水面の場所にいる兄弟はよりゆっくり年をとるのだが，このことはずっと昔にアインシュタインが想像し，今日の科学技術が証明することができることなのだ。

重要 問1　The ability to understand something before it is observed (is at the heart of scientific thinking.)　the ability を主語として，形容詞的用法の不定詞 to understand something を続けて「何かを理解する能力」とする。before を接続詞として用いて，it is observed「それが観測される前に」とつなげる。何かが実際に観測される前にそうした現象を理解する能力は，科学的な思考の中心にあるものだということを述べている。

問2　下線部「空が脚の下までも続いている」とは，空が我々の頭上だけでなく，脚の下にまで続いているということで，下線部直後の「船が地球を一周する」ことで証明されること，つまり，地球は平らではなく丸いということを表している。したがって，is round と補って，「アナクシマンドロスは地球が丸いことを理解していた」と言い換える。文の動詞が understood と過去形だが，「地球は丸い」という不変の真理を表しているので is は過去形にしないことに注意。

やや難 問3　宇宙飛行士が月から実際に見て確認するよりの前にコペルニクスが知っていたことであるから，it は同じ文の the Earth, do は turns「回る」を指すと考えると文意が通る。

問4　否定文中で every がつく語が使われているので，「どこでも〜というわけではない」という部分否定になる。uniformly は「均一に」の意味。

問5　we learn の後に that 節が続く文。that 以下の主語は some things で関係代名詞 which 〜 to us までが things を修飾し，「私たちには事実だと思われた事柄」となる。some things に対する動詞は were, no more than 〜 で「〜に過ぎない」という意味を表す。

問6　just as 〜「ちょうど〜のように」から，空所には直前の内容を説明する具体例が入る。空所の直前では太陽と地球がその周囲にある空間と時間を変化させていることが述べられているので，周囲に影響を及ぼすという内容のウ「水中に置かれたボールが水を押しのける」が適切。ア「地球の気候は長年にわたって変化してきた」，イ「異なる場所にある時計は異なる速度で進む」，

エ「宇宙にいる宇宙飛行士の方が海がはっきり見える」はいずれも空所の直前の内容の説明として不適切。

問7　（Ⅰ）　山と海水面の高さの場所で時間の進み方が違うことを述べている段落。空所の直前の文の主語 it は「時間の違い」を指す。この場合の level は「高さ」の意味で，空所の直前ではほんの数センチ高さが違うだけで時間の進み方が違うことを述べている。このことを具体的に説明しているウ「例えば，床に置かれた時計はテーブルの上に置かれた時計よりも少し遅く進むのだ。」が適切。　（Ⅱ）　低い場所では高い場所よりも時間の進み方が遅いという事実を述べて，「それは驚くべきことだろうか。おそらくそうだろう（＝驚くべきことだろう）」と続けている。空所直後では，「ある場所では時間はゆっくり過ぎ，またある場所では時間がより速く過ぎるのだ」と再度事実を述べていることから，逆接の語で始まるア「しかし，世界はこのように動いているのだ。」を入れると自然なつながりになる。　（Ⅲ）　空所の前では，地球が丸いこと，地球が動いていることを例に挙げて，それまで真実と思われていたことが実は誤解であったということが述べられている。それと同じ例と言える時間の速度について述べたイ「どこでも時間は同じ速度で過ぎるということは，私たちにとって同様に明確なことのように思われていたのだ。」を入れると文脈に合う。　（Ⅳ）　空所直後に「こういう訳で，海水面の場所にいる兄弟はよりゆっくり年をとる」と続くので，その根拠を表す内容のエ「海の方が地球に近いので，山よりも海水面の方で速度は遅くなるのだ。」が適切。

3　（語句補充）

(1)　tears を入れると，上の英文は「その少年は外で遊ぶといつもズボンを破く」，下の英文は「その幼い子供が泣いていたので，父親が彼女の涙を拭いてやった」という意味になる。上の英文の tear は「破く」の意味で[teər]という発音。3人称単数現在の s がついた形。下の英文の tear は「涙」という意味の名詞で[tiər]という発音。複数形の s がついた形。

(2)　contents を入れると，上の英文は「その論文の内容は良いが，文法的な間違いが多すぎる」，下の英文は「その生徒はテストで自分が取った平均点にとても満足していた」という意味になる。上の英文の content は「内容，中身」という名詞，下の content は「満足している」という意味の形容詞。

(3)　present を入れると，上の英文は「会議には30人が出席していた」，下の英文は「そのネクタイは私の姉[妹]からのプレゼントだ」という意味になる。上の英文の present は「出席している」という意味の形容詞。下の英文の present は「プレゼント，贈り物」の意味の名詞。

(4)　second を入れると，上の英文は「ほんの少し待ってもらえますか。ほとんど終わっています」，下の英文は「今年の校内マラソンで，彼はとてもよく頑張って2位に入った」という意味になる。上の英文の second は「ちょっとの間，瞬間」の意味の名詞。下の英文の second は「2番目の」の意味。

(5)　mean を入れると，上の英文は「あなたはなぜお姉[妹]さんを蹴ったのですか。彼女があなたに何かいじわるでもしたのですか」，下の英文は「1人でいることは必ずしも孤独を感じるということではない。中には1人でいることが好きな人もいる」という意味になる。上の英文の mean は「いじわるな」の意味の形容詞，下の英文の mean は「意味する」の意味の動詞。

(6)　hand を入れると，上の英文は「私は明日までに会社にこの書類を提出しなくてはならない」，下の英文は「宿題を手伝ってくれませんか」という意味になる。上の英文の hand は，hand in で「～を提出する」，下の英文の hand は give ～ a hand で「～を手伝う」の意味。

(7)　interest を入れると，上の英文は「銀行からお金を借りたら利息を払わなくてはならない」，下の英文は「あなたは日本の城に興味がありますか」という意味になる。上の英文の interest は

「利息」，下の英文の interest は「興味」の意味の名詞。

重要 4 　Part A（正誤問題：受動態，現在完了）

　　ア　spoken の後に to を補う。speak to ～ で「～に話しかける」という意味を表すが，受動態で使う場合は to に対する目的語が文の主語になるので省くことはできない。to を補うと「昨夜，私は帰宅途中で知らない人に話しかけられた」という意味の英文になる。　イ　正しい英文。what は先行詞を含む関係代名詞で，「～なもの[こと]」という意味。〈used to ＋動詞の原形〉は「以前は～だった」と過去の状態を表す意味。what it used to be で「以前の私の故郷」ということ。「私の故郷は大きく変わってしまった。今は以前の故郷ではない」という意味の英文。　ウ　正しい英文。no matter how ～ は「どれほど～だろうが」と譲歩を表し，接続詞の働きをする。「外がどれほど寒かろうが，彼はいつも上着を着ないで外出する」という意味の英文。　エ　been を gone にする。have [has] been to ～ は「～へ行ったことがある」（経験），「～へ行ってきたところで，（今まで）～へ行っていた」（完了）の意味があるが，ここでは isn't at home「家にいない」とあるのでいずれも不適切。have [has] gone to ～ は「～へ行ってしまった（だからここにいない）」（結果）という意味を表す。see ～ off は「～を見送る」という意味。「兄[弟]は友達を見送りに駅に行ってしまった」という英文になる。　オ　正しい英文。〈had better ＋動詞の原形〉「～した方がよい」の否定形は had better not ～「～しない方がよい」。「今夜は出かけない方がいいですよ。外はまだ嵐で雨が降っています」　カ　正しい英文。Help yourself to ～. は相手に対して「（食べ物や飲み物）を自由に取ってください」と言うときの表現。either は「（2つのうちの）どちらでも」という意味。「私は空腹です。この2つのサンドイッチの1つを食べてもいいですか」「いいですとも。どちらでも自由に食べてください」という意味の英文。

Part B（語句選択補充問題：前置詞，代名詞，接続詞）

(1)　「彼女がいつでも手伝ってくれることは知っていますが，彼女の親切さには本当に感謝しています。彼女はまさに立派な人物です」〈It is ＋性質を表す形容詞＋ of ＋人（＋ to ＋動詞の原形〉で「～するとは（人）は…だ」という意味。ここでは her の後に to help が省略されている。It is kind of you. とすると「親切にありがとう」という相手の親切に対して感謝の気持ちを表す表現になる。

(2)　「このかばんは大きすぎます。別のを見せてくれますか」　ある1つのもの[人]と同じ種類で別の不特定の1つのもの[人]を指す場合は another を使う。

(3)　「走ろう。そうしないと最終電車に乗り遅れるよ」　unless は「～しなければ」という意味の接続詞。

(4)　「あなたは明日の朝までに仕事を終えることができますか」　by は「（ある時）までに」の意味で「期限」を表す。

Part C（同意文書きかえ問題：比較，間接疑問文，完了形）

(1)　上の英文は「私はパスタを食べるといつも祖母を思い出す」という意味。〈remind ＋人＋ of ～〉「（人）に～を思い出させる」を用いて，「パスタはいつも私に祖母を思い出させる」という意味の英文に書きかえる。ここでは主語が Pasta なので remind に3人称単数現在の s が必要。

(2)　上の英文は「これはこの学校で一番広い教室だ」という意味。下の英文では is 以下が「この教室と同じくらい広い」となっているので，主語に否定語をつけて No other classroom とする。〈no other ＋名詞の単数形〉で「他のどの～も（…ない）」という意味を表し，下の英文は「この学校の他のどの教室もこの教室ほど広くない」という意味になる。

(3)　上の英文は「そのイヌは年老いているので，新しい芸を覚えることはできない」という意味。下の英文では If, were があることから仮定法の文と判断し，空所に young と could を入れて

「もしそのイヌが若ければ，新しい芸を覚えることができるだろうに」という意味の英文にする。

(4) 上の英文は「彼女は私に，『明日ピクニックに行きますか』と言った」という意味。下の英文は発言を直接引用する形ではないので，上の英文の引用箇所を間接疑問文で表す。「～かどうか」の意味の接続詞 if または whether を使い，I would と続けて「彼女は私に明日ピクニックに行くかどうか尋ねた」という意味の英文にする。上の文の will は，下の文では時制の一致により過去形 would となる。

(5) 上の英文は「姉［妹］は2時間前にテレビを見始め，まだそれを見ている」という意味。ある過去の時点で始めた動作が今現在も続いていることを表す現在完了進行形〈have [has] been ＋ ～ing〉を使い，「姉［妹］は2時間テレビを見続けている」という意味の英文にする。

5 （リスニング問題）

Part A

Listen to the following conversations. They will only be played once. Choose the correct answer for each question.

(1) W : New shirt?

M : Yeah, I got it yesterday.

W : That's an interesting color on you.

M : Well, I wanted it in blue, but they didn't have my size. So, I had to choose between this and orange, and there's no way I'm wearing orange.

W : I see. In that case, yeah, I think pink was the right choice.

M : At least it goes well with my black jeans.

(2) W : Wow, I can't believe it's February 20th already.

M : Yeah, time flies, doesn't it?

W : Don't you go to the doctor's tomorrow?

M : Actually, I canceled that appointment a week ago.

W : Did you make another one?

M : Yeah, it's in two weeks. I'm pretty busy right now.

(3) W : Have you made any plans for Saturday yet, John?

M : Not really, but my mom needs some help cleaning up her backyard.

W : What time will you do that?

M : Haven't decided, but it should only take two hours or so. Why?

W : I wanted to try the new drink at SuperStar Coffee but don't want to go alone.

M : Oh, OK. Well, if I go to my mom's in the morning, I should be free by noon. We could go after that.

W : Sounds like a plan!

(4) M : Julio's Mexican Restaurant. How can I help you?

W : Hello. I'd like to reserve some tables for a dinner party on the 2nd.

M : Sure thing. How large is the party, ma'am?

W : There'll be 15 of us.

M : OK. Six people can sit at our largest tables, and we can reserve enough of those for your whole party.

W : Thanks. That would be great.

Part A　次の会話を聞きなさい。会話は1回のみ放送されます。それぞれの問いに対する正しい答え

を選びなさい。
(1) 女性：新しいシャツ？
　　　男性：うん，昨日買ったんだ。
　　　女性：あなたにはおもしろい色だわ。
　　　男性：うーん，青いのがほしかったんだけど，ぼくのサイズがなかったんだ。だから，これ
　　　　　　とオレンジ色のとで選ばなくてはならなくて，ぼくがオレンジを着るなんてありえな
　　　　　　いからね。
　　　女性：なるほど。その場合は，ええ，ピンクが正しい選択だったと思うわ。
　　　男性：少なくとも，ぼくの黒いジーンズには合うんだよ。
　　　1　男性のシャツは何色ですか。
　　　　　A　黒。　　　B　青。　　　C　オレンジ。　　　D　ピンク。
(2) 女性：うわあ，もう2月20日だなんて信じられないわ。
　　　男性：うん，光陰矢の如しだね？
　　　女性：明日はお医者さんへ行かないの？
　　　男性：実は，1週間前に予約をキャンセルしたんだ。
　　　女性：他の日を予約したの？
　　　男性：うん，2週間後だよ。今のところはかなり忙しいんだ。
　　　2　男性はいつ医者に診てもらいに行きますか。
　　　　　A　2月13日頃に。　　　B　今月末までに。　　　C　来月に。　　　D　2月21日に。
(3) 女性：ジョン，土曜日の予定はもう立てたの？
　　　男性：まだだけど，お母さんが裏庭の掃除の手伝いを必要としているんだ。
　　　女性：何時にするの？
　　　男性：まだ決めていないけれど，2時間かそこらしかかからないはずだよ。どうして？
　　　女性：スーパースターコーヒーで新しい飲み物を飲んでみたかったんだけど，1人で行きたく
　　　　　　ないのよ。
　　　男性：ああ，いいよ。ええと，午前中にお母さんのところへ行けば昼にはひまになるはずだ
　　　　　　よ。その後で行けるよ。
　　　女性：いい計画だわ！
　　　3　ジョンはいつ母親の手伝いを始めますか。
　　　　　A　午前中にスーパースターコーヒーでコーヒーを飲んだ後で。
　　　　　B　2時頃に。　　　C　午後に。　　　D　午前10時頃のいつかに。
(4) 男性：ジュリオ・メキシコ料理店です。ご用件を承ります。
　　　女性：もしもし。2日にディナーパーティー用に何席か予約したいのですが。
　　　男性：承知いたしました。何名様ほどでしょうか，お客様。
　　　女性：15名です。
　　　男性：わかりました。当店の一番大きなテーブルに6名お座りいただいて，皆様のテーブルを
　　　　　　十分に予約できますよ。
　　　女性：ありがとうございます。それはすばらしいわ。
　　　4　少なくても女性はパーティーのためにいくつ席が必要ですか。
　　　　　A　2席。　　　B　3席。　　　C　6席。　　　D　9席。

Part B
　　Listen to the following announcement from the School Trip Committee.　Take notes on

what you hear and then complete the chart. Write the numbers for (A) and (C) and the name of the location for (B) in English on your answer sheet. You will hear the announcement twice. You have 10 seconds to prepare.

Hello, fellow students. Sorry to interrupt your homeroom. This is an announcement from the grade 10 School Trip Committee. We'll be giving you the results from last week's survey on where you would like to go for next year's school trip. But before we start, we just wanted to say thank you because most of you responded. In fact, there were only 42 who didn't.

OK, so let's get to the results. First, with honorable mention, was flying to Fukuoka. Just above that, the third most popular option was outdoor activities in Aomori and Akita. A total of 76 students chose this. Next, with 83 students voting for it, was eating seafood and sightseeing in Hokkaido. And finally, the most popular choice was, drumroll please…, traveling to Okinawa to visit historic sites and beaches. One hundred and twelve students chose this option, making it the most popular choice by far. The remaining students voted for the other six choices.

Thank you again for your time, and we will be posting the results in the hallway soon. Also, the committee will now begin working hard to make this the best school trip ever.

Part B　次の修学旅行委員会からの発表を聞きなさい。聞こえたことをメモして，表をうめなさい。解答用紙の(A)と(C)には数字(算用数字)を，(B)には場所の名前を英語で書きなさい。発表は2回放送されます。解答時間は10秒あります。

生徒の皆さん，こんにちは。ホームルームの時間にお邪魔してすみません。この発表は第10学年修学旅行委員会からのものです。来年の修学旅行で皆さんが行きたい場所について先週行われた調査結果をお知らせします。その前に，皆さんのほとんどから返事をいただきましたことにつきまして，お礼を申し上げます。実際，お返事がなかったのはほんの42名でした。

では，結果をお知らせします。まず，選外となったのが，飛行機での福岡への旅行でした。そのすぐ上の3番目に人気がありました選択肢が青森と秋田での屋外活動でした。合計76名の生徒がこれを選びました。次は，83人の生徒が投票した，北海道でのシーフードの食事と観光でした。そして最後に，一番人気だったのが，太鼓をお願いします…，史跡と砂浜を訪れる沖縄旅行でした。112人の生徒がこの選択肢を選び，これまでで一番人気のある選択肢となりました。残りの生徒はその他の6つの選択肢に投票しました。

お時間をいただき，重ねてお礼を申し上げます。私たちはすぐに玄関ホールに結果を掲示します。また，委員会はこれからこれを最高の修学旅行にするために一生懸命に取り組んでまいります。

Part C

Listen to the following lecture and answer the four questions. You will hear the lecture twice. Choose the correct answer for each question.

Have you ever heard of the term invasive species? Well, as you know, to invade usually means to enter a place and take it over. A good example of this is when the German army entered, or invaded, Poland in 1939. Well, the same thing can happen with species as well. You all know what species means, right? Species are groups of the same plants, animals, or insects. So, when we talk about an invasive species, we are talking about when a species arrives in a new environment, increases, and has a negative impact. Sometimes they are brought by accident and sometimes on purpose, but it usually ends in economic or environmental damage.

Now, cane toads are a well-known example of this. In the 1930s in Queensland, Australia, cane beetles were eating all of the sugarcane, which are the plants we use to make sugar. So, in 1935, as a natural way to stop this, over 3,000 cane toads were brought from Hawaii and released into the fields. Unfortunately, these toads weren't able to eat the beetles. This is because the beetles live too high up on the sugarcane plants. They did succeed, however, at finding plenty of other things to eat, including pet food, and also in increasing their numbers very quickly. Moreover, any local animals that ate these toads died as the toads have poison behind their eyes. Today, there are millions of these toads in Australia, and as the world's largest toad, growing up to two kilograms, they have become a huge problem.

Next is the zebra mussel. These mussels were originally from Eastern Europe, but in the 1980s, made their way to lakes in North America in the water tanks of large ships. After arriving in their new environment, these mussels quickly increased and caused several problems. First, they destroyed the food chain by eating a lot of the plankton. This created a food shortage and the local population of mussels and fish decreased greatly. Also, the mussels grew on boats, damaged water pipes, and began destroying beaches along lakes. This damage hurt local businesses, such as restaurants and sightseeing companies, who have had to spend millions of dollars in repairs.

Part C　次の講義を聞いて4つの問いに答えなさい。講義は2回放送されます。それぞれの問いに対する正しい答えを選びなさい。

侵入生物種という用語を聞いたことがありますか。ええ，ご存知の通り，「侵入する」とは通常，ある場補へ入ってそこで優位になることです。このことのよい例が，1939年にドイツ軍がポーランドに入った，つまり侵入したときです。さて，同じことは生物種にも同様に起こることがあります。皆さんは「生物種」とは何かご存知ですね？　生物種とは同じ植物や動物，あるいは昆虫の集まりのことです。ですから，侵入生物種について話すときは，生物種がある新しい環境にやってきて，数を増やして悪い影響を及ぼす場合について話すことになります。それらは偶然持ち込まれることもあれば，意図的に持ち込まれることもありますが，通常は経済面，あるいは環境面での損害を招く結果となります。

さて，オオヒキガエルはこのよく知られた例です。1930年代に，オーストラリアのクイーンズランドでサイカブトが，砂糖を作るために使う植物であるサトウキビのすべてを食べていました。そこで1935年に，これを食い止めるための自然な方法として，3,000匹を超えるオオヒキガエルがハワイから持ち込まれて野に放たれました。残念なことに，これらのカエルはカブトムシを食べることができませんでした。これは，カブトムシがサトウキビのあまりに高い所に住んでいたからです。しかし，カエルたちはペットフードを含む他のたくさんの食べ物を見つけることに成功し，また，とても速く数を増やすことにも成功しました。さらに，これらのカエルは目の後ろに毒を持っているため，これらのカエルを食べた土地の動物はどれも死んでしまいました。今日，オーストラリアには何百万匹ものオオヒキガエルがいて，世界最大のヒキガエルとして2キロまで成長し，大問題となっています。

次は，ゼブラマッセルです。これらのムール貝は東ヨーロッパ原産ですが，1980年代に大型船の水槽に入って北米の湖までやってきました。新たな環境にたどり着いてから，これらのムール貝はすぐに増えていくつかの問題を引き起こしました。まず，それらはたくさんのプランクトンを食べて食物連鎖を破壊しました。このことで食糧不足が起きて土地のムール貝や魚の数が大いに減少し

ました。また，それらのムール貝船の上で繁殖して送水管を破壊し，湖沿岸の砂浜を破壊し始めました。この被害でレストランや観光会社などの地元の企業に損害が出て，修復に何百万ドルも出費しなくてはならなかったのです。

1　講義によると，侵入生物種ではないものの例はどれですか。

A　合衆国に着いて土地のカニに病気を広げたカニ。

B　人が新しい地域に持ち込んだ後に農地を荒らした野生のブタ。

C　北米で卵を産むために中央アフリカから何千マイルも飛んでくる大型のチョウ。

D　新しい国へ持ち込まれて，土地の植物が生長しづらくなるほどとても速く広がったバラ。

2　オオヒキガエルが失敗だった理由は何ですか。

A　カブトムシを捕まえるためにカブトムシのところまで達することができなかった。

B　食べるカブトムシが十分にいなかったときに，食べ物を見つけるのに苦労した。

C　クイーンズランドにはサイカブトのすべてを食べるのに十分なのどの数がいなかった。

D　大きさのせいで，他の動物が食べるためにそれらを狩る十分な時間があった。

3　ゼブラマッセルが北米で問題となった理由ではないものは次のうちのどれですか。

A　それらがあまりに多くのプランクトンを食べたので，その地域の海の動物の食べ物が減った。

B　それらが砂浜にもたらした被害が，地元の企業がお金を失うということになった。

C　それらは簡単に数が増え，それらを食べた動物はその毒で死んだ。

D　それらは船底で繁殖し，湖岸の送水管を壊した。

4　この講義の主題は何ですか。

A　オーストラリアへオオヒキガエルを持ち込んだことのよい影響と悪い影響。

B　侵入生物種が新しい地域に持ち込まれたりやってきたりするときにどのようにして問題が起こるか。

C　新しい生物種をある環境に持ち込むことがどれほど問題の解決に役立つか。

D　沿岸や砂浜沿いの環境を変えるための侵入生物種の利用法。

───　★ワンポイントアドバイス★　───

1 の問8は，本文を読んでいる段階で指示語の問題であることが予測される。先に問題を確認し，本文を読み進めながら確実に代名詞が指す人物をおさえていこう。それによって，本文の内容もより理解しやすくなる。

＜理科解答＞　《学校からの正答の発表はありません。》

1 　問1　ア　19.6　　イ　4.9　　ウ　196　　エ　196
　　問2　9.8m/s　　問3　右図　　問4　右図

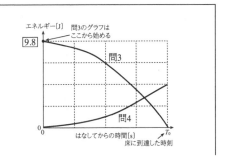

2　問1　下左図　　問2　A　イ　　B　オ　　C　エ　　問3　エ　　問4　下右図
　　　問5　イ　　問6　イ

3　問1　(1)　二酸化炭素　　(2)　CO_2　　問2　イ，ウ，オ　　問3　c　　問4　a
　　　問5　減少　　膨らんだ風船が空気から浮力を受けるため。　　　　問6　無色

4　問1　(1)　イ，ウ　　(2)　ア，イ　　(3)　ア，イ　　問2　(1)　ア，ケ　　(2)　イ，キ
　　　(3)　ウ，カ　　問3　オ→エ→ウ→ア→イ　　問4　ア，イ　　問5　ウ
　　　問6　酢酸カーミンを加えると，細胞が死んでしまうから。　　問7　葉緑体

○推定配点○
1　問1　各1点×4　　他　各3点×3　　2　各2点×6(問2完答)
3　各2点×6(問1，問5各完答)　　4　問1～問5　各1点×9　　他　各2点×2　　計50点

＜理科解説＞

1　（エネルギー―力学的エネルギーの変化）

問1　（ア）　2.0kgの物体にはたらく重力は，2.0(kg)×9.8(N/kg)＝19.6(N)である。この物体を引き上げるのに必要な力は19.6Nである。

（イ）　動滑車を1つ使うことで，必要な力の大きさは半分になるので，図2のように動滑車を2つ使った場合は，19.6÷4＝4.9Nとなる。

（ウ）　図2で物体を10m引き上げるには，ロープは10×4＝40(m)引く必要がある。よって，巻取機がした仕事は，4.9(N)×40(m)＝196(J)となる。なお，仕事の原理から，動滑車を使わずに物体を引き上げた図1と仕事が等しいので，19.6(N)×10(m)＝196(J)と求めてもよい。

（エ）　位置エネルギーの増加分は，（ウ）の仕事と等しく，196Jとなる。

問2　図4で，テープ1枚分が表す時間は0.10秒間だから，最も左のテープが示す平均の速さは，8.8(cm)÷0.10(秒)＝88(cm/s)である。同様に，2枚目以降の平均の速さは，186cm/s，284cm/s，382cm/sである。差を取ると98cm/sずつ増加している。0.10秒間あたり98cm/sずつ増加しているので，1秒間あたりの増加の割合は，980cm/s，つまり，9.8m/sである。

問3　球をはなした時刻0sでの位置エネルギーは，1.0(kg)×9.8(N/kg)×1.0(m)＝9.8(J)である。また，球が床に着いた時刻T_0[s]での位置エネルギーは0である。球は加速運動をしているので，落下する距離は時間の2乗に比例する。よって，時刻0sからT_0[s]までの間のグラフは，放物線になる。よって，時刻が半分のときは，位置エネルギーが4分の1だけ減少するように，なめらかなグラフを描けばよい。

やや難▶　問4　位置エネルギーが減少したぶんが運動エネルギーとなる。よって，運動エネルギーのグラフは問3のグラフと上下対称になる。ただし，この運動エネルギーを持っているのは，1.0kgの球と1.0kgの台車の両方である。両者の質量と速さは同じなので，運動エネルギーは両者で2等分される。よって，球の運動エネルギーのグラフは，問3のグラフを上下対称にしたあと，値を半分にしたものになる。

2 （気象・天気，地層と地史—前線の通過，断層を含む地層）

問1・問2　aは寒冷前線であり，その寒気側イで積乱雲が発達して，短時間の強い雨が降る。bは温暖前線であり，その寒気側オで乱層雲が発達して，長時間の弱い雨が降る。位置と発言を照らし合わせると，ア＝D，イ＝A，ウ＝E，エ＝C，オ＝Bとなる。

問3　はく息は温度が高く，水蒸気を多く含む。メガネのレンズはそれより温度が低いので，はく息が冷やされて温度が露点まで下がり，水蒸気が細かな水滴に変わる。エのように露点そのものが下がるのではない。露点は空気中の水蒸気の量で決まるが，マスクからメガネまでの短距離で水蒸気量が急激に下がるのは考えにくい。

問4　A層が堆積した直後は，A層はまだ断層によってずれていない。よって，図3の右側のブロックを，A層があうように上へ持ち上げれば，解答の図となる。ただし，A層はずれていないので断層は描かず，B層以深は過去の断層の活動でずれているので断層を描く。

重要 ▶ 問5　図3でわかるように，断層によって地表面(水底面)がずれたあとに新しい地層が堆積すると，同じ地層でも断層の両側で厚みが異なる。そこで，図2で各層の地層の厚みを調べると，A層とC層は左右の厚みが同じなので，地表が平らなときに堆積したと分かる。一方，B層は左右の厚みが違うので，B層の堆積の直前に断層が活動し，地表がずれていたときにB層が堆積したことがわかる。D層の厚みは図2では分からないので，断層の活動の有無も判断できない。

問6　a：正しい。図2で，断層のずれは15cm未満なので，厚さ15cmの火山灰が堆積すると，地表面は平らになる。　b：誤り。図2の断層は，断層面の上側にあたる右側のブロックがずり下がっているので，両側から引き伸ばす力がはたらいてできた正断層である。

3 （気体—気体の発生と質量）

問1　化学反応式$CaCO_3＋2HCl→CaCl_2＋H_2O＋CO_2$により，二酸化炭素が発生する。

問2　ア：$C＋O_2→CO_2$により，二酸化炭素が発生する。

イ：$FeS＋2HCl→FeCl_2＋H_2S$により，硫化水素が発生する。二酸化炭素は含まれない。

ウ：$Fe＋2HCl→FeCl_2＋H_2$により，水素が発生する。二酸化炭素は含まれない。

エ：$2NaHCO_3→Na_2CO_3＋H_2O＋CO_2$により，二酸化炭素が発生する。

オ：過酸化水素の分解酵素であるカタラーゼは，動物，植物のさまざまな箇所に含まれる。動物の場合は，肝臓や赤血球に多い。$2H_2O_2→2H_2O＋O_2$により，酸素が発生する。二酸化炭素は含まれない。

問3　密閉容器の中で反応が起こっているので，質量保存の法則により質量は変わらない。

問4　発生した二酸化炭素が追い出され，二酸化炭素よりも軽い空気で満たされるので，軽くなる。

やや難 ▶ 問5　質量保存の法則により，風船まで含めた質量は反応前後で変わらない。しかし，風船が膨らむと，風船が押しのけた空気の重さに相当する浮力がはたらく。この実験では，風船の容積が約500mLになったので，浮力の大きさは$1.2(g/L)×0.5(L)＝0.6(g)$に相当する。よって，電子てんびんの示す値は約0.6g減少する。

問6　フェノールフタレイン液は，酸性と中性では無色，アルカリ性では赤色(赤紫色)に変わる。問5の反応でできる物質は，$CaCl_2$は水に溶けて中性，CO_2は水に少し溶けて酸性となる。もし塩酸が余っていれば，酸性である。よって，フェノールフタレイン液の色は無色のままである。

4 （生物総合—動植物の分類，細胞の観察）

問1　(1)　種子植物は受粉，受精を経て，種子ができる。シダ植物とコケ植物は，種子をつくらず，無性生殖である胞子を形成する。　(2)　根から水分を吸収するのは，からだに根・茎・葉の区別があり，維管束が発達している植物，つまり，種子植物とシダ植物である。コケ植物は維管束がなく，からだの表面全体で水分を吸収している。　(3)　葉脈とは，葉に表れた維管束のこと

である。よって，(2)と同じである。

問2　(1)　胎生はホ乳類の特徴である。ホ乳類の多くは体毛でおおわれているが，海生ホ乳類のクジラには体毛がほとんどない。　(2)　陸上に産卵し，羽毛を持つのは，鳥類の特徴である。そのうち，水中を泳いでえさをとることから，ペンギンがあてはまる。　(3)　ハイギョはシーラカンスと近縁で，古生代から形をほとんど変えていない「生きた化石」であり，魚類と両生類の中間的な特徴を持つ。なお，ハ虫類のウミガメはヒレではなく四肢を持ち，産卵は砂浜であり水中ではない。両生類のサンショウウオもヒレではなく四肢をもち，体表はうろこではなく粘膜である。

問3　魚類は古生代初期(オルドビス紀)，両生類は古生代中期(デボン紀)，ハ虫類は古生代後期(石炭紀)に出現した。ホ乳類は古生代末～中生代初期に出現していた。中生代に入ると大型ハ虫類(恐竜)が繁栄したが，その中から中生代中期(ジュラ紀)に鳥類が分岐した。

問4　相同器官は，現在の形態や機能は異なるが，起源が同じ器官をいい，進化の証拠とされる。
ア：正しい。サボテンのトゲは，葉が変形したものである。
イ：正しい。魚類の胸びれ，鳥類のつばさ，両生類，ハ虫類，ホ乳類の前肢は相同器官である。
ウ：誤り。セキツイ動物のコウモリと節足動物のトンボは，類縁関係が遠い。コウモリのつばさは前肢の変形だが，トンボのはねは表皮の一部であり，別々に進化してきた。しかし，空を飛ぶという同じ機能を持ったために形態が類似したという相似器官の例である。
エ：誤り。軟体動物のイカとセキツイ動物のアリクイは，類縁関係が遠い。また，イカのろうとは水などを排出する器官であり，ホ乳類の口とは機能も異なる。

問5　実験1では，酢酸カーミン液や酢酸オルセイン液などの染色液を加えたあと，染色されるまでの時間として数分待ってからカバーガラスをかける。実験2は，問6で解説する。

問6　染色液は，核やその中の染色体に色をつけるため，実験1のような細胞分裂で使用する。しかし，染色液を加えると，細胞はその状態で固定され死んでしまう。実験2の原形質流動の観察では，生きている細胞を見なければならない。そのため，染色液を加えるわけにはいかない。

問7　多数の楕円形の葉緑体が，細胞質の動きとともに動いて見える。

─────★ワンポイントアドバイス★─────

問題文や図表から，何が起こっているのか的確に理解して，解答を作っていこう。

───────────────────

＜社会解答＞　《学校からの正答の発表はありません。》

1　問1　イ　　問2　奴国　　問3　聖書　　問4　イ　　問5　マルコ・ポーロ　　問6　ウ
　　問7　エ　　問8　エ　　問9　種子(島)　　問10　フランシスコ・ザビエル　　問11　ウ
　　問12　エ(→)ア(→)ウ(→)イ　　問13　a　2　　b　8　　c　13　　d　16　　e　18

2　問1　A　ヨーロッパ　　B　トルコ　　C　スエズ　　D　ウラル
　　問2　(1)　H　　(2)　G　　(3)　G　　問3　(1)　パリ(協定)　　(2)　SDGs
　　(3)　ア　　問4　(1)　ウ　　(2)　(例)　東京から各都市に鉄道で移動するときにかかる時間を示す地図で，新幹線の開通により時間が短縮した。　　問5　(1)　北海道　　(2)　エ

3　問1　ウ　　問2　イ　　問3　ア　　問4　イ　　問5　ナショナリズム　　問6　(1)　ア

　　　(2)　ア　　問7　ウ　　問8　(1)　本旨　　(2)　ア　　(3)　係争　　(4)　エ　　問9　ウ
　　問10　(1)　ウ　　(2)　ア

○推定配点○
1　問5・問12　各2点×2　　他　各1点×15　　2　問4(2)　2点　　他　各1点×13
3　問5　2点　　他　各1点×14　　計50点

＜社会解説＞

1 （日本と世界の歴史―「世紀」を題材にした歴史）

問1　シルクロードを通って，仏教がインドから中国に伝えられた。例えば，唐代の僧である玄奘（げんじょう）（三蔵法師）は，629年，長安を出発し，シルクロードからインドに入り，ナーランダー寺で学び，多くの仏典を中国に持ち帰った。「西遊記」はこの旅行記に取材したものである。

問2　『後漢書』東夷伝には，「建武中元2年（紀元後57年），奴国国王の使者が貢ぎ物をもってきた。お返しに光武帝は，印と組ひもを与えた，」という記述がある。この印が，江戸時代の中頃の1784年，博多湾にのぞむ志賀島で発見された「漢委奴国王」の金印にあたると考えられている。

やや難　問3　15世紀半ばころ，ドイツのマインツにおいて，グーテンベルクは，ぶどう圧搾機を改良した印刷機と良質のインクを組み合わせ，ラテン語の『聖書』を印刷した。この技術開発は，宗教改革や科学革命に大きな影響を与えた。

問4　阿倍仲麻呂は奈良時代の遣唐留学生，のち唐の高官。717年，留学生として入唐。唐の朝廷に仕官して，玄宗皇帝に重用され，唐を代表する詩人である李白らと交流した。753年，帰国の途上で風波に遇って帰れず，唐に留まり長安で死去した。

基本　問5　マルコ・ポーロはイタリアの商人，旅行家。ヴェネチアの生まれ。17歳のとき宝石商の父や叔父に連れられ陸路中国に旅し，1274年にはフビライに謁見して任官した。中国各地を見聞し，帰国後，『世界の記述（東方見聞録）』を口述した。

問6　元軍の2度目の襲来（弘安の役）で，元軍の主力は，1281年6月，博多湾に侵入するが，防塁（幕府が海岸に築いた石の防壁）や日本軍の激しい防戦で上陸を阻まれ，壱岐，さらに肥前国鷹島に退いた。

問7　マゼランはポルトガルの航海者。スペイン王カルロス1世の援助を受けて，1519年，5隻の船と280名の乗組員を率いてモルッカ諸島を目指して西方へ出発し，翌年マゼラン海峡を発見，さらに太平洋を航海して1521年グアム島に到達した。同年フィリピンのマクタン島でラプラプと交戦して戦死したが，1522年，船1隻と部下18人がスペインに帰国した。これは初の世界周航で，地球が球体であることが証明された。アーヨーロッパ人として初めて喜望峰に到達したのはポルトガルの航海者バルトロメウ・ディアス。イーコロンブスは自身が到達した地を，インドであると考えた。そのため，アメリカの先住民を「インディアン」（インド人の意）と命名した。ウージャガイモ，トマトの原産地はアメリカ大陸で，アメリカ大陸からヨーロッパにもたらされた。

問8　二度にわたる朝鮮出兵は，文禄の役（1592〜93年），慶長の役（1597〜98年）。慶長の役末期の1598年8月，豊臣秀吉が死去し，その遺言に従い日本軍は10月から朝鮮撤退を開始した。三度目の出兵を計画，準備していたという事実はない。

基本　問9　1543年，ポルトガル人を乗せた中国の倭寇の船が種子島に漂着。このポルトガル人によって日本に鉄砲が伝えられた。

問10　1549年，アジアで布教をしていたイエズス会の宣教師フランシスコ・ザビエルが，キリスト教を広めるために来日，鹿児島に上陸した。フランシスコ・ザビエルは，布教のために山口，京

都，豊後府内(大分県)などを訪れ，2年あまりで日本を去ったが，かれの報告書を読んだ宣教師がこの後も次々に来日した。

やや難 問11　1789年7月14日，国王の軍隊招集やネッケル罷免に反発したパリ市民が市民軍を集結し，武器弾薬を求めてバスティーユ牢獄を襲撃した。当時，バスティーユ牢獄は，絶対王政の象徴とされていた。現在，この日は，フランスの国祭日(革命記念日)となっている。

問12　エ(1716年)→ア(1772年)→ウ(1782年)→イ(1787年)。

重要 問13　a　ローマ皇帝マルクス=アウレリウス=アントニウスの在位は，161～180年。また，『後漢書』東夷伝によると，倭国の王である帥升が，後漢の安帝に生口(奴隷)を献上したのは107年とされる。　b　奈良時代は，平城京遷都の710年から長岡遷都の784年までの74年間。　c　マルコ・ポーロがフビライに謁見したのは1274年。また，元軍の二度にわたる襲来は，文永の役(1274年)，弘安の役(1281年)である。　d　ポルトガル人を乗せた中国船が種子島に漂着し，日本に鉄砲が伝来したのは1543年。また，ザビエルが鹿児島に上陸し，キリスト教の布教を始めたのは1549年。　e　アメリカ独立革命が起こったのは1775年，フランス革命が勃発したのは1789年。

2 　(地理―世界，日本の自然，文化，環境問題など)

重要 問1　A・B　トルコの国土の大半はアジア州に含まれるが，同国最大の都市であるイスタンブールの西部を含むわずかな地域がヨーロッパ州に属している。そして，イスタンブールのアジア側とヨーロッパ側をボスポラス海峡が分けている。　C　スエズ運河は，スエズ地峡を横切る水平式の運河。全長162.5kmで，アジア州とアフリカ州を分けている。　D　ウラル山脈は，ほぼ東経60度線に沿って，ユーラシア大陸を南北に走る山脈。古期造山帯に属し，山容は比較的なだらかである。アジア(シベリア)とヨーロッパ(ヨーロッパロシア)を分ける境界でもある。

やや難 問2　(1)　Fはロシア語，Gはイタリア語，Hはデンマーク語。「医療や教育が無料」，「育児休業や保育施設なども充実」，「国民が高い税金を負担」などから，福祉国家として知られるデンマークと判定できる。　(2)　枠内の文から，EU(ヨーロッパ連合)加盟国で，かつEUの共通通貨であるユーロを導入している国であることがわかる。ロシアはEUに未加盟，デンマークはEUの加盟国であるが，ユーロは未導入。F～Hのうち，EU加盟国で，かつユーロを導入してのはイタリアだけである。　(3)　Ⅲのグラフは，夏季乾燥，冬季湿潤な地中海気候の特徴を示している。イタリアの首都ローマは，地中海性気候が卓越する代表的な都市の一つである。なお，Ⅰはデンマークの首都コペンハーゲン，Ⅱはロシアの首都モスクワのグラフである。

問3　(1)　パリ協定は，2015年12月にフランスのパリで開かれた国連気候変動枠組み条約第21回締約国会議(COP21)で採択された，2020年以降の地球温暖化防止対策の新しい法定枠組み。世界共通の長期目標として，気温上昇を産業革命前から2℃未満にとどめること，さらに1.5℃以内におさえるように努力することがもりこまれている。　(2)　SDGs(持続可能な開発目標)は，2001年に策定されたミレニアム開発目標の後継として，2015年9月の国連サミットで採択された「持続可能な開発のための2030アジェンダ」に記載された2030年までに持続可能でよりよい世界を目指す国際目標である。17のゴール，169のターゲットから構成され，地球上の「誰一人取り残さない」ことを誓っている。なお，SDGsは，Sustainable Development Goalsの略称である。　(3)　石炭を用いた火力発電は，二酸化炭素，亜硫酸ガスなどを大量に排出し，環境に対する負荷が極めて大きい。よって，ESG投資の対象として不適切である。

問4　(1)　図2は正距方位図法で描かれた世界地図。中心から任意の1点までの距離，方位は正しいが，これ以外の地図の要素(形，面積)はすべて不正確。地図上の任意の1点から，他の任意の1点までの距離，方位も不正確である。　(2)　図3は東京から各都市に鉄道で移動するときにかかる時間を示したカルトグラム(変形地図)である。例えば，1982年に東北・上越新幹線が開通したた

め（東北新幹線は盛岡までの開業），1975年と比べ，1995年は，東京〜仙台，東京〜新潟の時間距離が短縮されたことが読み取れる。

やや難 問5　(1)　東京都は児童数が多いため，北海道は面積が広いため，それぞれ小学校が多くなっている。　(2)　学校一校あたり教員数は，上位グループに属する東京都が26.4，X（北海道）が18.6，大阪府が28.3，愛知県が25.1，神奈川県が29.1，下位グループに属する富山県が19.0，山梨県が17.5，佐賀県が20.6，香川県が21.9，鳥取県が20.0。よって，X（北海道）を除いた上位グループは，下位グループに比べて多いといえる。

3　（総合―近年の世界および日本の動きなど）

問1　イランは，2015年7月，米・英・独・仏・中・露と合意に達し，高濃縮ウランや兵器級プルトニウムを15年間は生産しないことや，ウラン濃縮に使われる遠心分離機を大幅に削減することを約束。これにより，米・欧は，金融制裁や原油取引制限などを緩和した。しかし，トランプ大統領が，2018年5月に核合意を離脱し，制裁を再開したため，イランは2019年5月から段階的に核合意の履行停止を進めてきた。

やや難 問2　中距離核兵器（INF）全廃条約は，1987年12月，ワシントンでアメリカのレーガン大統領とソ連のゴルバチョフ書記長の間で調印された，中距離核戦略兵器の全廃条約。米ソ両国が，核兵器の削減に初めて同意した点で歴史的に意義のある条約である。アー核拡散防止条約（NPT）で，核兵器保有国に限定されたのは米・英・仏・中・ソ（露）の5か国。ドイツ（独）は核兵器を保有していない。ウー部分的核実験禁止条約（PTBT）ではなく，包括的核実験禁止条約（CTBT）。エー戦略攻撃能力削減条約（SORT）ではなく，新戦略兵器削減条約（NEW START）。

問3　弾劾裁判は，政府高官や裁判官など一定範囲の公職にある者の非行に対し，議会内の弾劾裁判所が裁判手続によって，その責任を問い，罷免させることをいう。アメリカにおける弾劾裁判制度は，連邦憲法および諸州の憲法に採用され，公務の就任・在職の資格を剥奪するもので，下院が訴追し，上院が裁判を行う。実際に1974年のニクソン大統領の罷免のように，大統領を含む政府の高官や裁判官が訴追され罷免された例がある。一方，日本では，日本国憲法で初めて弾劾制度を定めたが，対象は裁判官のみである。弾劾裁判は，憲法のほか，裁判官弾劾法，国会法，裁判官弾劾裁判所規則の定めるところにより行われ，衆参両院より選挙された各10名，計20名の訴追委員により構成される訴追委員会が，罷免の訴追を行うことによって開始される。弾劾裁判所は，衆参両院より選挙された各7名，計14名によって組織される。

やや難 問4　シャルル・ミッシェルは，ベルギー出身の第3代欧州理事会議長（2019年〜）。2014年から2019年までベルギーの首相を務めた。なお，パウエルは，第16代連邦準備制度理事会議長，テドロスは，第8代世界保健機関（WHO）事務局長，グテーレスは第9代国際連合事務総長である。

問5　ナショナリズムは，多様な概念をもつ用語であるが，本問では「自国の利益の確保を第一とする考えかた」の意味で使われている。例えば，「資源ナショナリズム」は，発展途上国などで見られる，自国内の天然資源に対する主権の確立や，それらをもとに自国の経済発展を図ろうとする動きをいう。

問6　(1)　刑事裁判が延期されると，被告人が拘置所で身柄を拘束される期間がそれだけ伸びてしまう。つまり，身体の自由を侵害される可能性が高いといえる。　(2)　現在，有権者（選挙権のある者）は18歳以上の日本国民。しかし，裁判所は，裁判員について，当分の間，20歳以上の有権者の中から選ばれるとしている。イー裁判員6名，裁判官3名の計9名の合議体で行われる。ウー裁判員は，有罪，無罪の決定だけでなく，有罪の場合には量刑の決定にも参加する。エー有罪判決を出すには，最低でも1名の裁判官の賛成が必要。裁判員のみの賛成で有罪判決は下せない。

やや難 問7　プライマリーバランスは，国の財政で，公債金を含まない税収などによる歳入と，公債金以外の歳出の差額。(一般会計歳入の総額－公債金)－(一般会計歳出の総額－国債費)＝(1,026,580億円－325,562億円)－(1,026,580億円－233,515億円)＝701,018億円－793,065億円＝－92,047億円。よって，約9兆2,000億円の赤字となる。

重要 問8　(1)　本旨は，本来の趣旨。日本国憲法は，地方自治が民主主義の基礎であるとし，第8章において，地方自治は「地方自治の本旨」にもとずいて行うと定めている。　(2)　ブライスは，地方自治が住民にとって大切な政治参加の営みであり，この経験が民主主義の理解に役立ち，さらに国や中央の政治に民主主義を実現することにつながると主張した。イー住民自治ではなく，団体自治。ウー1999年に制定された地方分権一括法により，機関委任事務は廃止され，自治事務，法定受託事務，国の直接執行事務などに再編された。エーー地方公共団体のみに適当される特別法(地方自治特別法)の制定には，その地方公共団体の住民による投票が必要で，その投票で過半数の同意を得なければ，国会は特別法を制定できない。　(3)　国地方係争処理委員会は，国と地方公共団体との間で，法律・政令の解釈・運用や国の関与をめぐって争いが生じた場合に，両者の間に立ち，公平・中立に調整を図る審判者(第三者委員会)。地方分権一括法によって，総理府(現在の総務省)に設置された。5人の委員は，両議院の同意を得て，総務大臣が任期3年で任命する。　(4)　国庫支出金は，国が使途を特定して地方公共団体に交付する資金。地方交付税交付金は，地方公共団体間の財政均衡と財源確保のため，国が地方公共団体の一般財源として交付している資金。国庫支出金とは異なり，使途は特定されていない。地方債は，地方公共団体が財政上の必要から発行する債券。債券の発行には，都道府県は総務大臣，市町村は知事の同意が必要。よって，ア～エのうち，自主財源でかつ使途が指定されていないのは地方税のみである。

やや難 問9　地方議会は首長に対する不信任の決議をすることができる。ただし，この場合は，総議員の3分の2以上が出席し，その4分の3以上が同意することが必要である。また，首長は，不信任の決議を受けた日から10日以内であれば議会を解散することができる(地方自治法178条)。アー都道府県知事の被選挙権は満30歳以上，市区町村長の被選挙権は25歳以上。イー再可決には出席議員の3分の2以上の賛成が必要。エー3分の1ではなく過半数。

問10　(1)　エ(1956～57)→イ(1958～61)→ウ(1963～64)→ア(1965～70)　(2)　小泉純一郎の首相在職期間は，2001年4月26日～2006年9月26日。イ(1982年11月27日～1987年11月6日)，ウ(2009年9月16日～2010年6月8日)，エ(1993年8月9日～1994年4月28日)。

★ワンポイントアドバイス★

2020年の1月～2月に行われたトランプ大統領に対する弾劾裁判に関する問題が出題された。よって，年が開けてからの時事問題も見逃してはいけない。

＜国語解答＞　《学校からの正答の発表はありません。》

一　問一　「自由」～である（。）　　すなわち～ている（。）

問二　（例）　目的や努力を意識することなく，興味のままにふるまえるもの。

問三　（例）　自分の好き勝手にふるまって責任を伴わない自由。

　　　（例）　集団の中に入ることで，考えなくとも得られる自由。

　　　（例）　自分で獲得するのではなく，他者から与えられる自由。

問四　①　（例）　本来の自由とは目的や努力を必要とせずあるがままでいることをいうので，責任や努力を必要とする⒝の自由は，本来の自由ではない。　　②　（例）　自由は自らの手で獲得し責任を伴うものであるから，自分のしたいようにするという⒜の自由は，無責任かつ自分勝手である。　　問五　2　境地　3　端的　4　興

二　問一　（例）　化け物のような自分をどこかへやりたいと親が思っていることを残念に思ったから。　　問二　ア　（例）　眠っている姫君の口に取り集めた打撒をぬって姫君に罪を着せる　イ　（例）　盗み食いをするような者は都に置いておけないと姫君を追放する　ウ　（例）　身に覚えのない罪を着せられて途方にくれた　　問三　見る目も不便なり

問四　6　　問五　④

○推定配点○

一　問一　各5点×2　　問三　各5点×3　　問五　各2点×3　　他　各10点×3

二　問一　10点　　問二　各5点×3　　問四　4点　　他　各5点×2　　計100点

＜国語解説＞

一　（論説文―大意・要旨，文脈把握，漢字の読み書き）

問一　「『自然』と同じく」で始まる段落の「『自由』は，この絶対の自がそれ自らのはたらきで作用するのをいうのである」，「すなわち『自由』は，積極的に，独自の立場で，本奥の創造性を，そのままに，任運自在に，遊戯三昧するの義を持っている」という二文に着目する。「近ごろ」で始まる段落の「それは『自然』と同じく『自由』には」や，「『自然』と同じく」で始まる段落の「『自然』と同じく『自由』の」，「『自由』は，今時西洋の」で始まる段落の「『自由』は，今時西洋の」を含む文は，「自由」という語が使われていても，「筆者が考える『自由』の意味」を端的に説明しているわけではない。

やや難　問二　傍線1の前の子供との会話から，筆者は「東洋的『自由』」の真理を読み取っているので，この子供の様子について述べている部分に着目する。「それから」で始まる段落に「何らの努力もなければ，何らの目的も意識せられぬ。ただキョウの動くにまかせ，そのままに飛躍跳動したにすぎない……当面の子供から見れば，何もしていないのだ」とあり，この境地を「老子の『無為』である，東洋人のよくいう『無我無心』である。ここに『自由』の真面目が活躍する」とまとめている。この子供の様子をもとに「自分の言葉で」まとめる。「どのようなものか。」と問われているので，文末は「～もの。」とする。

やや難　問三　「それが」で始まる段落に「それが，精華の自由なのか？」という筆者の問いかけがある。筆者は批判的に問いかけているので，この前の「『自由＝無責任』にシフトしていないか。『ここでは好きなことができるんだ』『好き勝手にしていい』『何でもええやん』と。」という内容を，好き勝手にふるまって責任を伴わない自由，などとまとめて，一つ目の「自由」とする。

「つまり」で始まる段落に「集団がパッケージで自由を獲得し，その集団の中に入りさえすれば，自分は考えなくても戦えるし，『何かやっている』という気になれた」とあるのに着目する。

この「〜気になれた」という皮肉をこめた表現や，「今は」で始まる段落の「今はグローバル化の波の中で，集団よりも個が中心になっていく時代へと変化している……強者や支配者がいて，支配者に対して運動を起こせば自由になった時代と，今は違うはず。自分を自由にするのも，不自由にするのも，全て自分。」という筆者の考えから，筆者が否定的に捉えている二つ目の自由を読み取る。集団の中に入ることで自分が考えなくとも得られる自由，などとまとめる。

　「それにしても」で始まる段落以降の「どうやら，『他者が，誰かが自分に自由を与えてくれる』と，学生たちは誤解しているようだ」や「自由だって個人で獲得しなければならない」，「自由が必要であれば，自分で獲得するしかなく，自分自身の意識で自由にするしかない」から，筆者が否定的に捉えている三つ目の自由を読み取る。自分で獲得するのではなく他者から与えられる自由，などとまとめる。

重要 問四　①　Ａの，自由とは「何らの努力もなければ，何らの目的も意識せられぬ」あるがままの子供がふるまうようなものであるという考え方に対して，「自分で手に入れ」「それに伴う責任を負う」というＢの自由は，本来の自由だろうかという論点で反論を述べる。

　②　Ｂの考え方は，最終段落にあうように「自由というのは，もらうものではなく，誰かが与えるものでもなく，自分で手に入れるものである。さらにそれに伴う責任を負う」というものである。この考え方からすると，Ａの「何らの努力もなければ，何らの目的も意識せられぬ」自由というものは，どのように映るであろうか。この論点から反論を構成する。

問五　2　「境地」には，立場，場所以外に，ある段階に達した心の境地，という意味がある。「境」の他の音読みは「ケイ」で，「境内」という熟語がある。　3　要点だけをはっきりとしめす様子。「端」の訓読みは「はし」「はた」「は」。　4　おもしろみや楽しみ。他に，「興を添える」「興をそぐ」「興が乗る」などの表現がある。「興」の他の音読みは「コウ」。

二　（古文―情景・心情，内容吟味，文脈把握，品詞・用法）

〈口語訳〉　Ａ　年月が過ぎるうちに，早くも十二，三歳になるまで育てたけれども，背も大きくならず，（おじいさんとおばあさんが）しみじみと思ったことには，ただ者ではなく，ただ化け物のようです。私たちは，どのような罪の報いを受けて，このような者を，住吉神社から授かったのだろうか。情けないことよと，（端から）見ても気の毒である。夫婦が思ったことには，あの一寸法師のやつを，どこかへやりたいと思ったと言うと，すぐに，一寸法師は，このことを承知して，親にもこのように思われるのも残念な事だな，どこかへ行きたいと思い，刀がなくてはどうしよう（もない）と思い，針を一本，老母に求めると，（老母は針を）取り出しお与えになった。そして，麦わらで（刀を入れる）柄鞘をこしらえ，都へも上りたいと思うが，万が一舟がなくてはどうしようもないと，また老母に，「お椀と箸とをください」と言って受け取り，旅立ったのだった。住吉の入り江から，お椀を舟にして乗り込んで，都へ上っていった。

　Ｂ　こうして，年月が過ぎるうちに，一寸法師は十六歳になったが，背はもとのままである。そのころ，宰相殿には，十三歳におなりになる姫君がいらっしゃる。容貌が美しくていらっしゃったので，一寸法師は，姫君を見申し上げたときから，思いを寄せ，何とかして思案をめぐらせ，自分の妻にしたいと思って，ある時，神前に供える米を取り，茶袋に入れて，姫君が寝ていらっしゃったときに，計略を巡らし，姫君の口に（米を）塗り，そうして，茶袋だけを持って泣いていた。宰相殿は（一寸法師を）御覧になって，（泣いている理由を）お尋ねになると，「姫君が，わたしがこれまで取り集めておきましたお供えのお米を，お取りになって召し上がりました」と申し上げたので，宰相殿は大いにお怒りになり，なるほど，姫君の口に（米が）ついている。（一寸法師の言ったことは）本当に嘘ではない。このような者を都に置いておくわけにはいかない，なんとしても追放してしまえと，一寸法師にお命じになる。一寸法師が（姫君に）申し上げるには，「（姫君が）わたしの物

をお取りになったのですから，いずれにせよ（わたしが）とりしきるようにとのことでした」と，内心うれしく思うこと限りない。姫君は，ただ夢を見ているようで，呆然としていらっしゃる。一寸法師は，「はやくはやく」と急かし申し上げると，（姫君は）暗闇の中を遠くへ行くような様子で，都を出て，足が向かうままにお歩みになる。（姫君の）お心のうちが，推し量られることでございます。何ともかわいそうに。一寸法師は，姫君を先に立たせて出ていった。宰相殿は，かわいそうに，姫君をお引き留めしようかともお思いになったけれども，（正妻が姫君の）継母であったので，たいしてお引き留めにはならない。女房たちも（姫君に）お付き添いにはならない。

　　　ⓒ　舟から下りて，一寸法師は，あちこち見渡すと，どこからともなく，鬼が二人来て，一人は打出の小槌を持ち，もう一人が言うには，「（一寸法師を）飲み込んで，あの女房を取り上げましょう」と言う。（一寸法師を）口から飲みますと，（鬼の）目の中から出て来た。鬼が言うには，「これは怪しい者だ。口を閉じると目から出て来る」。一寸法師は，鬼に飲み込まれては，目から出て飛び歩いたので，鬼も恐れおののいて，「これはただ者ではない。きっと地獄の反乱から出て来た（に違いない）。とにかく逃げろ」と言って，打出の小槌や，杖，鞭，何もかもを打ち捨てて，極楽浄土の西北の方向の，いかにも暗い所へ，やっとのことで逃げ出したのだった。さて，一寸法師は，これを見て，まず打出の小槌を略奪し，「私の背よ，大きくなれ」と，どんと打ちますと，間もなく背が大きくなり，次に，このたびの疲れに欲しいと思っていることなので，とりあえずご飯を打ち出すと，いかにもおいしそうなご飯が，どこからともなく出て来た。不思議な幸福となったのだった。

問一　本文後の注釈から，「ばや」が願望の意味を表すことを確認する。Ⓐの「いづかたへも行かばや」が，一寸法師が家を出ると決意したことを表しているので，その前に一寸法師が家を出た理由が書かれている。親は，十二，三歳になっても背が大きくならない一寸法師を「化け物風情」と言って，「あの一寸法師めを，いづかたへもやらばや」と思っており，このことを聞いた一寸法師の「このよし承り，親にもかように思はるるも口惜しき次第かな」という心情を述べた部分から理由を読み取る。「かように」の指し示す内容を具体的に述べてまとめる。

やや難▶

問二　【　ア　】の後の「計画」は，本文の「はかりこと」に相当する。「はかりこと」の前後「ある時，打撒取り，茶袋に入れ，姫君の伏しておはしけるに，はかりことをめぐらし，姫君の御口にぬり，さて，茶袋ばかり持ちて泣きゐたり」に着目する。一寸法師が何のために姫君の口に打撒をぬったのか，その目的を加えてまとめる。姫君を妻にするという目的は説明の文に既に記述があるので含めない。【　イ　】の後に「決断」とあるので，宰相殿の「かかる者を都に置きて何かせん，いかにも失ふべし」という言葉に着目する。「かかる」が指示する具体的な内容を補って具体的にまとめる。「ただ夢の心地して，あきれはててぞおはしける」は，ただ夢を見ているようで，呆然としていらっしゃるという意味なので，【　ウ　】には，姫君が呆然としている理由を加えてまとめる。

問三　「つくづくと思ひけるは」の後「ただ者にてはあらざれ，ただ化け物風情にてこそ候へ。われら，いかなる罪の報いにて，かやうの者をば，住吉よりたまはりたるぞや。あさましさよ」までが，親が思った内容にあたる。その後の引用の意味を表す「と」の後が，語り手の感想となる。

問四　3は「見渡すと」，4は「飲み込みますと」，5は「打ちますと」という現代語になり，「ば」は「〜と」という訳し方となる。6は「欲しいと思っていることなので」という現代語になり，「ば」は「〜ので」という理由の意味を表す訳し方となる。

問五　Ⓑに「宰相殿は，あはれ，このことをとどめ給へかしとおぼしけれども，継母のことなれば，さしてとどめ給はず」とある。「このこと」は，姫君が出て行くことを指し示しており，「とどめ給へかし」からは，宰相殿が悔やんだことが読み取れる。この内容を述べている④が一致する。

①の「鬼の目や口を突いて回った」は，本文の「口より呑み候へば……目より出でて飛び歩きければ」と一致しない。②の「姫君が逃げださないようにするために」という描写は，本文に見られない。③は，鬼が一寸法師に対して「ただ地獄に乱こそ出で来れ」と言っており，地獄に反乱が起きたわけではない。「継母」は姫君を嫌っていたが，女房が嫌っていたという描写はないので，⑤も一致しない。

★ワンポイントアドバイス★

記述式の問題では，設問の文言に注目することで論点を外さない記述にしあげよう。指定字数や指定表現はもちろん，反論や論点，根拠などの言葉を意識することが大切だ。「自分の言葉で」という指示からは，ふだんからどのような学習を心がけるべきなのかを知ることができるだろう。

2020年度
★★★★★★★★★★★★★★★★★★★★★★
入 試 問 題

2020年度

開成高等学校入試問題

【**数　学**】（60分）　　＜満点：100点＞

【**注意**】　答案は指定された場所にかき，考え方や計算の過程がはっきりとわかるように心がけること（とくに指示がある場合を除く）。

1．解答する際に利用した図はなるべくていねいにかくこと。

2．問題文中にとくに断りのない限り，答えの根号の中はできるだけ簡単な数にし，分母に根号がない形で表すこと。

3．円周率は π を用いること。

4．試験中，机の上に置けるのは，次のものだけです。これ以外の物品を置いてはいけません。

　・黒しんの鉛筆またはシャープペンシル　　・消しゴム　　・コンパス　　・直定規

　・三角定規一組（10cm程度の目盛り付き）　　・時計　　・メガネ

1　次の問いに答えよ。ただし，答えのみ書くこと。

(1)　次の式を因数分解せよ。

$$(x-21)^4-13(x-21)^2+36$$

(2)　次の連立方程式を解け。

$$\begin{cases} \sqrt{3}\,x+\sqrt{5}\,y=\sqrt{7} \\ \dfrac{1}{\sqrt{3}}\,x+\dfrac{1}{\sqrt{5}}\,y=\dfrac{1}{\sqrt{7}} \end{cases}$$

2　Oを原点，Pの座標を $\left(-\dfrac{3}{2},\ 0\right)$ とする。下図のように，$y=\dfrac{\sqrt{3}}{6}x^2$ のグラフ上に3点A，B，Cがある。ただし，$\angle OPA=\angle OPB=30°$，$\angle ABC=60°$ である。このとき，後の問いに答えよ。ただし，(1)から(3)までは答えのみ書くこと。

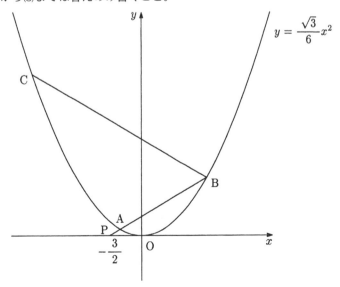

(1)　3点A，B，Cそれぞれの座標を求めよ。

(2)　3点A，B，Cを通る円の中心の座標を求めよ。

(3)　点Bを接点とする(2)の円の接線の式を求めよ。

(4)　$y = \dfrac{\sqrt{3}}{6}x^2$ のグラフ上にも(3)で求めた直線上にもある点は，点Bのみであることを証明せよ。

3　A，B はともに一の位が0ではない2桁の自然数であり，A と B の一の位の数は等しい。このとき，次の条件をみたす A，B の組は何組あるか。ただし，$A = 11$，$B = 21$ と $A = 21$，$B = 11$ のような組は異なる組と数えるものとする。

(1)　A，B の一の位がともに7であり，積 AB が7で割り切れる。

(2)　A，B の一の位がともに6であり，積 AB が6で割り切れる。

(3)　積 AB が A，B の一の位の数で割り切れる。

4　AB＝AC＝AD＝6，BC＝BD＝CD＝4　である四面体ABCDがある。辺ABの中点をPとし，辺AC，AD上にそれぞれ点Q，Rを AQ＞AR となるようにとる。このとき，次の問いに答えよ。

(1)　△ABCの面積を求めよ。

(2)　辺AC上の点Hを∠PHA＝90° となるようにとるとき，線分AHの長さを求めよ。

(3)　AQ＝4，PQ＝PR のとき，線分ARの長さを求めよ。

(4)　△PQRが二等辺三角形であり，四面体APQRの体積が四面体ABCDの体積の $\dfrac{1}{324}$ となるような線分AQ，ARの長さの組をすべて求めよ。ただし，解答欄はすべて使うとは限らない。

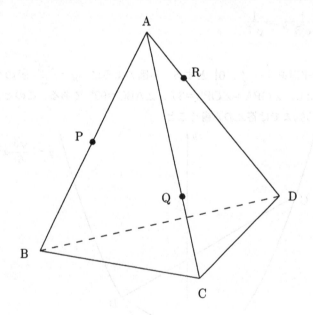

【英　語】（50分）　＜満点：100点＞　　　※リスニングテストの音声は弊社HPにアクセスの上，
　　　　　　　　　　　　　　　　　　　　　　　音声データをダウンロードしてご利用ください。

【注意】　１．試験開始後約20分経過してから，聴き取り問題（約15分間）を実施します。
　　　　　２．短縮形は１語と数えるものとします。　［例：I am（２語）　　I'm（１語）］

1　次の英文を読み，後の問いに答えよ。

　　Why me? I often ask myself. Why did I have to be the one? Why did I get
picked to be different? Why are people *mean to me and always treating me
differently? These are the kinds of questions that I used to ask myself. It took
more than ten years for me to find answers and to realize that (1)I'm not more
different than anyone else.

　　I was born on June 29, 1978. Along with me came my twin sister, Stephanie.
She was born with no problems, but I was born with *cerebral palsy. CP made
me shake a little; when my sister began to walk, I couldn't. The doctors knew,
in my case, the cerebral palsy was not so serious. But they didn't know if I'd
ever walk straight or do things that other kids my age could do.

　　At first my condition did not bother me, because when you're a *toddler, you
do things that are really easy. When it took me a little longer to play outdoor
games, because I couldn't run that well, my friends just thought I was slow. My
problem was noticed when other children were learning how to write and I
couldn't. (2)Kids that I [away, friends, from, me, my, started, stay, thought, to,
were] because they said I was different. Classmates began commenting on my
speech. They said I talked really strangely. Every time someone was mean to
me, I would start to cry and I would always blame myself for being different.

　　People thought I was stupid because it was hard for me to write my own name.
 So when I was the only one in the class to use a *typewriter, I began to feel I
was different. It got worse when the third graders moved on to fourth grade and
I had to stay behind. I was not allowed to move on because the teachers thought
I'd be unable to type fast enough to keep up. Kids told me that was a lie and
the reason I was not allowed to enter the next grade was because I was stupid.
It really hurt to be *teased by my classmates.

　　After putting up with everyone making fun of me and me crying about it, I started
*sticking up for myself when I was ten, in fourth grade. I realized if I wanted
them to stop, I would have to be the person who made them stop. I finally
found out who my real friends were, and I tried to ignore the ones who were
mean. Instead of constantly thinking about the things I couldn't do, I tried to
think about the things I could do, and (3)it helped others, and myself, understand
who I really was. When there was something I couldn't do, such as play

*Pictionary, I sat and I watched or I would go and find something else to do. A few people still made fun of me, but after a while, when they saw they didn't get a reaction, they stopped, because it wasn't fun anymore. What they didn't know was that it did still hurt me. It hurt me a lot more than they could ever imagine.

It took a lot of strength of mind and a lot of love from family and friends to get where I am today. I learned that no one was to blame for my condition. I know that there are some things that I can do and I can do them very well. On the other hand, there are some things I can't do, like taking my own notes in class or running in a race, but ⎡ 4－1 ⎦. Now as a girl in my mid-teens, I believe I've learned more than many adults will learn in their whole lives. I've come to understand that ⎡ 4－2 ⎦ because they're afraid of being nice. They try to prove to themselves and others that ⎡ 4－3 ⎦, but, sooner or later, ⎡ 4－4 ⎦. A lot of people will go through life being mean to those with physical difficulties because ⎡ 4－5 ⎦—they feel uncomfortable with someone who's different.

Parents need to teach their children that it's all right to be different and (5)it's all right to be friends with those who are. Some think that the people with physical or mental difficulties should be treated like little kids for the rest of their lives. They think we don't need love or friends, but our needs are the same as every other human being's.

There are times when I wish I hadn't been born with cerebral palsy, but (6)crying [about, any, do, going, good, isn't, it, me, to]. I can only live once, so I want to live the best I can. I am glad I learned who I am and what I am able to do. I am happy with who I am. Nobody else could be the Angela Marie Erickson who is writing this. (7)I could never be, or ever want to be, anyone else.

(注)　mean　意地の悪い，不親切な　　cerebral palsy ＝ CP 脳性小児まひ

　　　　toddler　よちよち歩きの幼児　　typewriter　タイプライター，文字を打って印字する機械

　　　　tease ～ ＝ make fun of ～　　stick up for oneself　自分自身の立場を守る

　　　　Pictionary　自分の描いた絵を相手に当てさせるゲーム

問１　下線部(1)の内容を最もよく表しているものを次のア～エから１つ選び，記号で答えよ。

　ア　I am considered to be equal by everyone.

　イ　I am not different from other people in any way.

　ウ　I am treated by everyone as equally as anyone else.

　エ　I am different from others in some ways, as we all are.

問２　下線部(2)の [ ] 内の語を最も適切な意味になるように並べ替えて記せ。

問３　下線部(3)を，it の表す具体的な内容を明らかにして次のように和訳するときそれぞれの空所に入る日本語を，指定された範囲の字数で答えよ。

　　　⎡　　ア　　⎦ことで，他の人や私自身が，⎡　　イ　　⎦を理解するのに役立った。

　　　※ア：30字から40字　　イ：5字から15字

問４　空所 ⎡ 4－1 ⎦ ～ ⎡ 4－5 ⎦ に入る最も適切なものをあとのア～オからそれぞれ選び記号で

答えよ。なお，各選択肢の使用は 1 回限りとする。

ア　they are cool

イ　some people are just mean

ウ　I will have to live with that

エ　they don't know how to act or what to say to them

オ　they're going to wish they hadn't said some of those hurtful things

問5　下線部(5)の後に省略されている適切な 1 語を，文脈を考えて答えよ。

問6　下線部(6)の ［　］ 内の語を最も適切な意味になるように並べ替えて記せ。

問7　下線部(7)を和訳せよ。

問8　本文の内容と一致するものを次のア〜オから 1 つ選び，記号で答えよ。

ア　The writer had to stick to indoor activities while young.

イ　The writer got hurt when she fell down playing difficult physical games and sports.

ウ　As a middle-aged adult, the writer learned how to get through life with a physical problem.

エ　As a toddler, the writer's condition kept her from doing things that other toddlers could do easily.

オ　In elementary school, the writer realized that it was up to her to change her classmates'behavior toward her.

2　次の英文を読み，後の問いに答えよ。

　Everyone knows that running is a good way to stay （　1　） shape. The simplicity of running appeals （　2　） many people. You don't need a lot of expensive equipment; you just need a good pair of running shoes. Well, that idea is changing. Some researchers suggest that perhaps you do not need shoes （　3　） all.

　This is not a surprise to the Tarahumara Indians, who live in northwestern Mexico. The rough ground in their area makes it easier to travel （　4　） foot than by car. Traditionally, the Tarahumara were hunters. They followed the animals that they were hunting for long distances, sometimes for days, until the animals became tired and died. As a result, for the Tarahumara, running very long distances became part of daily life. They are known for their stamina, running races of 50 miles (80 kilometers) or longer. When Tarahumara athletes ran in the marathon at the 1968 Olympics, they did not understand that the race was （　5　） after only 26.2 miles, so they kept running. "[　6　]," they complained.

　But here is the amazing part: Tarahumara runners don't wear running shoes. Tarahumara shoes are very simple. The *sole is a piece of rubber held to the foot with *homemade straps. These rubber soles protect their feet against sharp objects, but they don't provide any support or cushioning.

How is it possible that some of the best runners in the world don't wear running shoes?　Scientific studies are beginning to look at something the Tarahumara have known for centuries: Human bodies are made for running barefoot.　In a recent study, researchers used a video camera to see how athletes run when they are barefoot.　The study made it clear that barefoot runners land on the middle of their foot.　(7)When they do this, the arch of the foot reduces the impact.　Then that force is sent back up through the leg.

As we look at the side view of a barefoot runner, we can understand (8)why this makes sense.　The natural, barefoot *stride has two clear advantages (5) running in shoes.　First, the raised arch is the foot's natural shock reducer.　As the force of impact pushes the foot toward the ground, the arch becomes flat and wider.　It reduces the energy of impact.　Second, as the foot leaves the ground, that energy travels back up the leg.　This helps the leg move upward into the next step.　(9)One way to understand [arch, as, imagine, is, the, this, to] a trampoline.　The downward movement is switched to upward force, increasing the runner's speed.

　(注)　sole　靴・靴下などの底　　homemade strap　手作りのひも　　stride　一歩

問1　空所（1）～（4）に入る最も適切なものを次のア～カからそれぞれ選び，記号で答えよ。
　　なお，各選択肢の使用は1回限りとする。
　　ア　at　　イ　from　　ウ　in　　エ　on　　オ　to　　カ　under
問2　本文の2か所にある空所（5）に共通して入る1語を答えよ。
問3　空所[6]に入る最も適切な語句を，次のア～オから1つ選び，記号で答えよ。
　　ア　Too far　　イ　Too hot
　　ウ　Too much　　エ　Too short
　　オ　Too tired
問4　下線部(7)の具体的な内容を明らかにして次のように和訳するとき，それぞれの空所に入る日本語を，指定された範囲の字数で答えよ。
　　｜　ア　｜が｜　イ　｜とき　※ア：5字から10字　　イ：5字から10字
問5　下線部(8)の疑問に対する答えが文中では2つ述べられている。1つ目に挙げられているものを，次のような形で表現するとき，それぞれの空所に入る日本語を，指定された範囲の字数で答えよ。
　　｜　ア　｜が｜　イ　｜から　※ア：4字から10字　　イ：5字から10字
問6　下線部(9)の[　]内の語を最も適切な意味になるように並べ替えて記せ。

3　次の各組の空所に共通して入る最も適切な1語をそれぞれ答えよ。
⑴　Strangely (　　　), it starts raining whenever I try to go out.
　　I'm tired of his complaints.　I've had (　　　).
⑵　At this restaurant the food was good, but the (　　　) was very slow.
　　They provide a shuttle bus (　　　) from the station during the festival.

(3) It was a few days before he was completely (　　) of pain.

　　You can take this pamphlet for (　　).

(4) This new building is five (　　) high.

　　My mother used to tell me some (　　) from old Japanese fairy tales.

(5) I have moved several times since I saw you (　　).

　　This cold weather will (　　) for another week.

4　次の各組の空所には，発音は同じだがつづりが異なる語が入る。各組の番号のついている方の
空所に入る語をそれぞれ答えよ。

(1) Mt. Fuji is (　　) than any other mountain in Japan.

　　We need to (　1　) another teacher for the new school year.

(2) If you follow this (　　), you will get to the beach.

　　I (　2　) a horse for the first time yesterday.

(3) The (　　) of the old tree was coming out of the ground.

　　You should take another (　3　) because the main street is very crowded.

(4) Some foreigners are interested in Japanese (　　) arrangement.

　　You need to have (　4　), eggs, sugar, and milk to make this cake.

(5) We need three more (　　) to finish this job.

　　Your parents are both from Osaka, and (　5　) are from Tokyo.

5　次の英文のうち，文法的または語法的な間違いを含むものを2つ選び，記号で答えよ。

ア　There are two dogs in this room.　One is white, and another is black.

イ　I have been responsible for taking care of these birds since I married John.

ウ　Students who belong to this school are advised to take all the basic classes.

エ　The cookies my sister made were so delicious that I couldn't stop eating them.

オ　A : What should I do first?

　　B : At first, you need to cut the vegetables.

　　A : OK.　What's next?

カ　A : Where is your brother?

　　B : I don't know, but he must be in one of the rooms on this floor.

　　A : Let's go and find him.

6　次の日本文の意味を表すように，それぞれの空所に入るべき語句を指定された語数で答えよ。

(1) 彼は私の3倍の数の本を持っている。

　　He has (　　　　) I do.　（6語）

(2) 万が一のために，少なくとも自分の住所と電話番号は暗記しておいた方がよい。

　　You should at least learn your own (　　　　) just in case.　（6語）

7 (聴き取り問題)

Part A

(1) You need a rope and a magnet to do magnet fishing. According to John, what other items do you have to have?

A Gloves, a hat, and rubber boots.

B A hat, a water bottle, and a bucket.

C Gloves, a water bottle, and a brush.

D Rubber boots, a bucket, and a brush.

(2) Look at the pictures. Which pair of items did Paul catch?

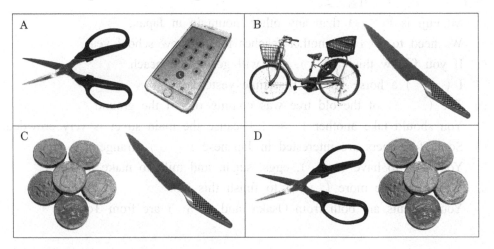

(3) What is the conversation about?

A How to make money with a fishing rod.

B A way to catch metal things in the water.

C Where to buy things necessary for magnet fishing.

D A new way of cleaning the bottom of rivers, lakes, and oceans.

Part B

(1) What did the customer finally order?

A A donut, chicken soup, and tea with sugar but no milk.

B A donut, cream of mushroom soup, and tea with milk but no sugar.

C Two kinds of donuts, chicken soup, and tea with milk and sugar.

D Two kinds of donuts, cream of mushroom soup, and tea with no milk or sugar.

(2) Which statement is true?

A The customer decided to bring home what he ordered.

B The customer learned the expression "for here or to go" while ordering.

C The customer paid for his food and the employee gave the change to him.

D The customer had problems deciding which food and drink to order before paying.

(3) Fill in the blanks [A] and [B] on the receipt.

※ Write the price with numbers (算用数字) for [B].

Tim's Donuts
233 Duncan St.
Calgary, Alberta
(250) 555-5557

February 1, 2020 (10:50 AM)

1 old-fashioned	1.15
1 [A]	1.15
1 soup	3.00
1 tea	[B]
TOTAL	

Part C

(1) What time will the party start?

   A At five thirty.   B At four thirty.

   C At half past six.   D At a quarter to six.

(2) Is Jill looking forward to the party?

   A Yes, she is. She has a history class in the afternoon, but she will be in time for the party.

   B Yes, she is. She has never met Tom's friend and she wants to practice French with his friend.

   C No, she isn't. She has met Tom only once and feels nervous meeting him.

   D No, she isn't. She has a history report that she needs to give to the teacher by Monday.

(3) What does Tom want Jill to do?

   A Introduce him to Ken.

   B Meet his friend from France.

   C Practice French with his friend.

   D Ask Ken to help her with her report.

(4) Which sentence is NOT true?

A Tom invited Ken because they have known each other for years.

B Ken is free this Saturday, and he really wants to attend the party.

C Ken and Jill will go to a party which will be held at Tom's place this weekend.

D Jill is probably wrong about who was the first European to come to North America.

Part D

(1) According to the monologue, between which places is the Eastern Garbage Patch located?

A Japan and Canada.

B Hawaii and California.

C The Arctic and Hawaii.

D Japan and the United States.

(2) How did the scientists in the monologue prove that plastic is also in the air?

A By studying the snow in places near the Pacific Ocean.

B By checking the places where the rivers enter the oceans.

C By studying the snow in places away from large cities and oceans.

D By checking the wind in the Arctic and mountains in Southern France.

(3) According to the monologue, what is the size of a human hair compared with that of the plastic in the air?

A About half the size.

B About the same size.

C About double the size.

D About one-third the size.

(4) What is mainly discussed in the monologue?

A The patch of garbage moving between Japan and Hawaii.

B Plastic and garbage found in large cities close to the ocean.

C The most important way to study plastic all over the world.

D Plastic and garbage in the ocean and tiny pieces of plastic in the air.

【理　科】（40分）　　＜満点：50点＞

1　塩酸は塩化水素の水溶液であり，塩化水素は電解質であることが知られている。この水溶液の性質を2種類の実験を通して調べることにした。

[実験1] 下図のような装置を用いて塩酸に電流を流したところ，陽極付近と陰極付近の両方で気体が発生した。あらかじめ塩酸で満たしてゴム栓をした容器を炭素電極の上部に設置し，電極で発生した気体を集めたところ，陰極で発生した気体は集まったが，陽極で発生した気体はあまり集まらなかった。しばらく電流を流した後，陽極に設置した容器内の水溶液をスポイトで別の容器に取り，赤インクをたらしたところ，インクの色が薄くなった。一方，陰極で発生した気体に火のついたマッチを近づけたところ，ポンという音がして気体が燃焼した。

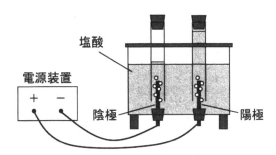

問1　陰極で生じた気体を発生させるために組み合わせて使われる試薬を，次の**ア〜ク**の中から**二つ選び**，記号で答えよ。

ア　マグネシウム　　　　　イ　オキシドール　　　　ウ　石灰石

エ　炭酸水素ナトリウム　　オ　塩化アンモニウム　　カ　硫酸

キ　水酸化カルシウム　　　ク　二酸化マンガン

問2　[実験1]の結果から確認できることや考えられることとして，適切なものを次の**ア〜エ**の中から**すべて選び**，記号で答えよ。

ア　塩酸中では塩化水素の分子が電離して陽イオンと陰イオンが存在していたことがわかる。

イ　陰極付近から発生した気体は空気よりも軽く，一方，陽極付近から発生した気体は空気よりも重いため，陰極から発生した気体をより多く集めることができた。

ウ　発生した気体の性質から，塩酸の電気分解によって塩素と水素が発生したことがわかる。

エ　集まった気体の体積から，塩酸中には水素イオンと塩化物イオンが　1：1　の個数比で存在していたことがわかる。

[実験2] 質量パーセント濃度2.7%の塩酸25mLを100mLのビーカーに入れ，ＢＴＢ溶液を数滴たらして混ぜた後，水溶液をガラス棒でよくかき混ぜながら，質量パーセント濃度5.0%の水酸化ナトリウム水溶液を少しずつ加えた。水酸化ナトリウム水溶液を15mL加えたところで，体積40mLの緑色の水溶液が得られた。さらに，この緑色の水溶液から水分をすべて蒸発させると，白色の個体が1.1g得られた。この実験において，水溶液の密度はすべて 1 g/㎤ であるとする。

問3　[実験2]において，15mLよりも水酸化ナトリウム水溶液をさらに多く加えていくと，水溶液の色は緑色から何色に変化するか。

問4　次の文中の空欄①と②に当てはまる数字や語句を答えよ。空欄①に当てはまる答えは小数第1位まで求めよ。

　　[実験2]の結果から，水溶液中に溶けている塩化水素と水酸化ナトリウムは，質量比で塩化水素：水酸化ナトリウム＝（　①　）：1.0 で反応することがわかる。この比は 1：1 ではないが，塩化水素と水酸化ナトリウムを構成する原子の質量を考え合わせると，水素イオンと（　②　）イオンが 1：1 の個数比で反応することもわかる。

問5　文中の下線部で得られた，白色の固体を構成する物質の化学式を答えよ。元素記号を書く際は，大文字と小文字を例のように明確に区別して書くこと。

例

問6　[実験2]で得られた白色の固体が，緑色の水溶液に溶けていたときの質量パーセント濃度を求めよ。答えは小数第1位まで求めよ。

問7　[実験2]において，ビーカー内の水溶液中に存在する，すべての種類の陽イオンの総数は，塩酸に加えた水酸化ナトリウム水溶液の体積を横軸に，陽イオンの総数を縦軸にしてグラフを作るとどのような形状になるか。正しいものを次のア～ウの中から一つ選び，記号で答えよ。

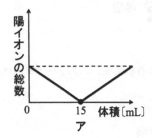
ア

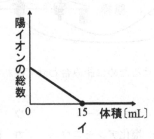
イ

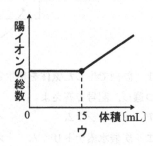
ウ

2　右の図1は，ある年の2月10日の明け方5時に日本のある場所で撮影した星空の写真を模式的に示した図である。

　この日は，地球から見て金星が太陽から最も離れて見える日を少し過ぎていた。

　これについて，以下の問いに答えよ。

問1　図1はどの方角を示したものか。最も近いものを次のア～エの中から一つ選び，記号で答えよ。

　ア　北東
　イ　南東
　ウ　南西
　エ　北西

問2　図1のときの木星と金星の位置として，それぞれ最も近いものを次のページの図2のア～シの中から一つずつ選び，記号で答えよ。

図1

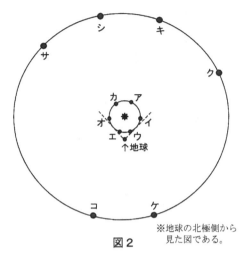

図2

※地球の北極側から
見た図である。

問3 図1のときの木星と金星の形として，それぞれ最も近いものを次の**ア**〜**エ**の中から一つずつ選び，記号で答えよ。ただし，形は肉眼で見たときと同じような向きで，かつ軌道の方向が横方向になるように描かれている。また，このとき木星と金星の形は異なるので，同じ記号を選ばないこと。

ア あまり欠けていない　**イ** やや欠けている　**ウ** 半月型　**エ** 三日月型

問4 木星と金星についての記述として，それぞれ最も適当なものを次の**ア**〜**キ**の中から**二つずつ**選び，記号で答えよ。ただし，同じ記号を重複して選んでもかまわない。

ア 雲で覆われていて地面は見えない。

イ メタンを主成分とする濃い大気がある。

ウ 自転周期が地球とほぼ同じである。

エ 太陽系の惑星の中で平均の表面温度が最も高い。

オ 太陽系の惑星の中で最も大きくて平均密度が地球より大きい。

カ 多数の衛星をもつ。

キ 小さな望遠鏡で簡単に環（リング）が見られる。

地球上の方角は東西南北で表す。地図上では上が北の場合，右が東で左は西である。

天球上の方位も東西南北で表すが，天球は内側から見上げているため，日本で南を向いて見上げると上が北になり，右が西で左は東である。これは，天球上では天体が日周運動をしていく方向を西としているからである。

毎日同じ時刻に空を見ると，太陽の位置は東西方向にはあまり動かないが，地球が公転しているため，夜空の恒星の位置は1日に約1度ずつ西へ動くように見える。そのため，図1のもとになる写真を撮った日（2月10日）の後，₁毎日明け方5時に同じように写真を撮ると恒星がだんだん右上（西の方向）に動いていき，惑星も太陽との位置関係の変化に応じて東西方向に位置を変えていく。

　一方，23時間56分おきに空を見ると，夜空の恒星の位置は動かないが，太陽の位置は約1度ずつ東へ動くように見える。そのため，2月10日の明け方5時の後，₂23時間56分おきに同じように写真を撮ると，恒星は同じ位置に写るが，惑星は地球から見たときの方向の変化に応じて東西方向に位置を変えていく。

問5　下線部1のように写真を撮ると，木星と金星は写真の中でどのように位置を変えていくように見えるか。それぞれ最も近いものを次の**ア〜オ**の中から一つずつ選び，記号で答えよ。

　　なお，惑星は内側のものほど1周にかかる時間が短いので，**図2**で金星は地球や太陽に対して相対的に反時計回りに位置を変えていくように見える。一方，木星は地球より1周にかかる時間が長いので，地球や太陽に対して相対的に時計回りに位置を変えていくように見える。

　ア　右上に動いていく　　**イ**　右下に動いていく

　ウ　左下に動いていく　　**エ**　左上に動いていく

　オ　ほとんど動かない

問6　下線部2のように写真を撮ると，木星と金星が恒星を背景として（恒星に対して）どのように位置を変えていくように見えるか。それぞれ最も近いものを次の**ア〜オ**の中から一つずつ選び，記号で答えよ。

　　なお，惑星が恒星に対して西から東へ動くことを順行，東から西へ動くことを逆行という。金星については，逆行が起こるのは**図2**の**ウ**と**エ**の間の狭い範囲だけなので，**図2**の**ア〜カ**の位置ではすべて順行である。木星については，逆行が起こるのは**図2**の位置の中では**ケ**と**コ**だけである。

　ア　右上に動いていく　　**イ**　右下に動いていく

　ウ　左下に動いていく　　**エ**　左上に動いていく

　オ　ほとんど動かない

③　虫眼鏡を用いた物体の観察について考える。図1のように凸レンズに目を近づけ，A点にあるろうそくの火を見ると，A点から出た光が凸レンズを通過するときに（　①　）し，凸レンズを通過した後，B点から出たように進み，拡大されたろうそくの火がB点にあるように見える。このようにB点に見えるものを（　②　）と呼ぶ。

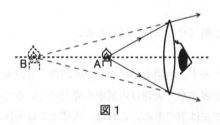

図1

問1　空欄①と②に当てはまる語句を，それぞれ**漢字2字**で答えよ。

　次のページの**図2**の方眼には，物体，凸レンズ，焦点，凸レンズの軸が描かれている。また，物体の先端から出た光のうち，凸レンズの軸と平行な光，凸レンズの中心を通る光，延長線（点線**ーーー**）が焦点を通る光の進む向きが，それぞれ凸レンズの中心線に当たるまで描かれている。

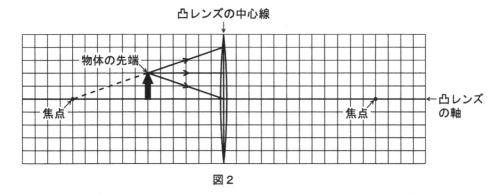

図2

問2　図2に描かれた3本の光線について，凸レンズの中心線を通過した後の進み方を解答用紙の方眼上に実線と矢印で描け。なお，図中のレンズは凸レンズであることを強調するためにある程度厚く描かれているが，薄い凸レンズの場合について考えるので，光の進む向きは凸レンズの中心線上だけで変わるものとして描け。

問3　図2の物体の先端から出た光は，凸レンズを通過した後，ある1点から出たように進む。この点の凸レンズの軸からの距離を答えよ。

　　　ただし，凸レンズの焦点距離を4.8㎝，凸レンズの中心線と物体の距離を2.4㎝，物体の先端から凸レンズの軸までの長さを0.8㎝とする。

　　物体を大きく見るためには物体と目を近づければよいが，人の目が物体をはっきり見るためには物体と目がある程度離れていなければならない。そのことを図3，図4のような人の目の模式図を用いて説明する。人の目が物体の1点を見るときは，図3のように1点から出た光が人の目の水晶体で向きを変えて網膜上で1点に集まり，1点として知覚される。図4のように網膜上で1点に集まらないときは，物体がぼやけてはっきりと見ることができない。水晶体は筋肉によってその厚みが調節されるが，調節にも限界があり，物体をはっきり見るためには物体と水晶体をある距離以上離しておかなければならない。この距離を明視の距離と呼ぶ。

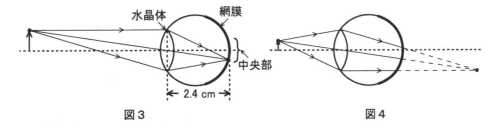

図3　　　　　　　　　　　　　　　図4

問4　水晶体を凸レンズとして考え，その焦点距離がもっとも小さくなるときの値を答えよ。ただし，図3のように，人の目が見る物体は水晶体の軸の近くにあり，物体の1点から出た光は網膜の中央部の1点に集まるものとする。また，ここでは明視の距離を24.0㎝，水晶体の中心線から網膜の中央部までの距離を2.4㎝とし，網膜の中央部は水晶体の軸に垂直な平面として扱う。さらに，光の進む向きは水晶体の中心線上だけで変わるものとし，答えは小数第1位まで求めよ。

焦点距離4.8cmの薄い凸レンズを虫眼鏡として用い，物体をもっとも大きく観察するためには，図5のように，明視の距離に物体があるように見えればよい。ここでも明視の距離は24.0cmとし，虫眼鏡と人の目の間の距離は 0 cmとする。

<-- 24.0 cm -->

※長さの比率が正しいとは限らない

図5

問5 下線部のように観察するためには，薄い凸レンズの中心線と物体の距離をいくらにすればよいか。

問6 虫眼鏡を使わずに人の目で物体を直接観察するとき，物体を最も大きく観察するためには，物体と人の目の間の距離を明視の距離と等しくすることになる。このように物体を直接観察するときに比べて，同じ物体を**下線部**のように観察するときは，物体の大きさは何倍に見えるか。

4 ヒトの血液は肺循環と体循環を交互に循環する（図1）。心臓は規則正しく拍動することで，血液を循環させる役割を果たす。ヒトの心臓は四つの部屋で構成され，その拍動には，次の①～③の段階がある。

① 心房が広がり内部圧力が低下すると，静脈から心房へ血液が流れる。

② 心房が収縮し内部圧力が高まると，心房から心室へ血液が流れる。

③ 心室が収縮し内部圧力が高まると，心室から動脈へ血液が流れる。

図2のように弁は各部屋の出口にあり，血液の逆流を防ぐ役割を果たす。心臓の各部屋では，圧力の変化が血液の移動をうながす力となり，血液が移動するときに部屋の体積が変化する。次のページの図3は拍動1回分の，左心室と右心室での体積と心室圧（心室内部の血圧）の関係を示したグラフである。1回の拍動で心室から出される血液の体積を1回拍出量という。それは，図3のグラフの体積変化として読み取ることができる。

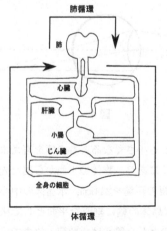

図1 肺循環と体循環

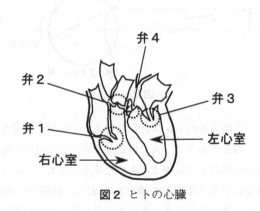

図2 ヒトの心臓

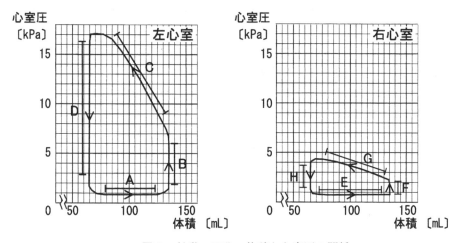

図3 拍動1回分の体積と心室圧の関係

問1 図3から**直接読み取ることができないこと**を次のア〜エの中から一つ選び，記号で答えよ。

ア 左心室について1回の拍動期間中に，圧力が上昇しながらも体積変化がない期間がある。

イ 左心室について1回の拍動期間中に，右心室より高い心室圧を示す期間がある。

ウ 1回拍出量は左心室と右心室で等しい。

エ 拍動期間において，左心室と右心室は同時に収縮する。

問2 図3の**A〜H**のうち，図2中の**弁2，弁3**が開いている段階をそれぞれ一つずつ選び，記号で答えよ。

問3 図3から考えて，心臓が1分間に60回拍動するとき，体循環に送り出される血液量は毎分何mLになるか答えよ。

問4 一般に1回拍出量は左右の心室で等しいとされる。仮に1回拍出量が左右の心室で異なるとして，この場合に生じる不都合としてどのようなことが考えられるか。**不都合を述べた説明**として，適切なものを次のア〜エの中から一つ選び，記号で答えよ。

ア 体循環において，異なる臓器の間で，供給される血液量に差が生じるという結果をまねき，血液循環を維持することができなくなる。

イ 体循環において，動脈と毛細血管の間で血流速度が異なるという結果をまねき，血液循環を維持することができなくなる。

ウ 体循環に入る血液量と体循環から出る血液量が異なるという結果をまねき，血液循環を維持することができなくなる。

エ 体循環に入る酸素量と体循環から出る酸素量が異なるという結果をまねき，細胞への酸素の供給を維持することができなくなる。

問5 ₁血液中の液体成分は，血管からしみ出した後，₂細胞を浸す液体になる。これに関連する次の(1)，(2)の問いに答えよ。

(1) **下線部1，2**の名称をそれぞれ答えよ。

(2) **下線部2**の特徴やはたらきを述べた文として，適切なものを次のア〜エの中から**二つ選び**，記号で答えよ。

ア この液体には，赤血球のヘモグロビンが含まれ，この液が酸素を細胞まで運搬する。

イ この液体には，グルコースなどの小腸で吸収された養分が含まれ，この液が養分を細胞まで運搬する。

ウ この液体には，細胞の活動で生じたアンモニアなどの不必要な物質が含まれ，この液が血管に戻される前にアンモニアは腎臓で尿素に変えられ体外へ排出される。

エ この液体には，エネルギーを得るために細胞が行う呼吸で生じた二酸化炭素が含まれ，この液が二酸化炭素を細胞から運び去る。

【社　会】（40分）　＜満点：50点＞

1　中国の皇帝に関する次の文章〔A〕～〔F〕を読み，以下の設問に答えなさい。

〔A〕隋の煬帝は，隋を建国した文帝の子です。文帝の次男でしたが，陰謀により兄から皇太子の地位を奪ったといわれています。煬帝が604年に即位すると，民衆を動員して大運河を建設しました。この大運河は大きな恩恵をもたらす一方で，建設に動員された民衆を苦しめることにもなりました。また，朝鮮半島北部を支配していた（　X　）に遠征しましたが失敗し，各地の反乱をまねきました。最後は臣下に殺されました。

〔B〕唐の玄宗は，皇帝に即位するとさまざまな改革を行い，「開元の治」とよばれる唐の盛時をもたらしました。しかし，しだいに政治にあきてしまい，晩年には若い楊貴妃を溺愛しました。地方におかれていた節度使の安禄山が反乱をおこすと，玄宗は唐の都である（　Y　）を逃れて，子に皇帝の位を譲りました。このころには①唐の律令体制の根幹である均田制・租庸調制・府兵制もくずれ，唐は衰退に向かいました。

〔C〕宋の徽宗は1100年に即位しました。書画をよくし，「桃鳩図」などの作品を残しています。しかし徽宗のとき，宋は大変な危機に直面しました。というのは，中国東北地方で強大化していた金国が南下し，ついに金軍によって都の開封が占領されたのです。徽宗は捕虜として北方に連行され，いったん宋は滅亡しました。徽宗の子が南方に逃れて宋を再建し，南宋を樹立しましたが，徽宗は北方で幽閉されたまま死去しました。

〔D〕元の初代皇帝はフビライ＝ハンです。フビライ＝ハンはモンゴル帝国の創始者チンギス＝ハンの孫にあたります。兄モンケ＝ハンが死去すると，強引にハン位につきましたが，それは弟アリクブカとの抗争をまねきました。フビライ＝ハンは現在の北京に遷都し，中国の古典に基づいて国号も元と改めました。その後，南宋を滅ぼすことはできましたが，ベトナム・ジャワ・日本への遠征は失敗に終わりました。

〔E〕明の永楽帝は，明を建国した洪武帝の子です。洪武帝のもとでは，燕王に封じられて現在の北京に派遣されていました。都の南京で洪武帝の孫が建文帝として即位すると，おじにあたる燕王は挙兵し，おいの建文帝を倒しました。こうして燕王は1402年に永楽帝として即位し，やがて都も北京に移しました。永楽帝は鄭和という人物に南海遠征を行わせたことでも有名です。その船隊は第1回航海で②カリカットに達し，さらにその後の航海でアフリカ東岸にまで到達しました。

〔F〕清の光緒帝は，清朝第11代の皇帝です。1875年に第10代同治帝が死去すると，いとこにあたる光緒帝がわずか4歳で即位しました。これは，同治帝の母である西太后の強い推薦があったためで，光緒帝が即位しても実権は西太后が握りました。青年になった光緒帝は，③日清戦争敗北後に革新政治にふみきろうとしましたが，1898年の宮廷クーデタによって失敗に終わり，宮殿内に幽閉されてしまいました。1900年の④義和団事件の際は，8か国の連合軍が北京を制圧したため，光緒帝は西太后とともに北京から脱出しました。

問1　文章〔A〕に関して，『隋書』によれば，煬帝のとき倭王が使いを派遣して，国書をもたらしました。その国書をみた煬帝は不快に感じて，
「蛮夷の書，無礼なるもの有らば，復た以て聞する勿れ（二度と取りつぐな）」
と言いました。煬帝はなぜ不快になったのですか。その理由として最も適切なものを，次のページのア～エから1つ選び，記号で答えなさい。

ア 国書に「和を以て貴しとなす」と書かれていたから。

イ 国書に「渡りて海北を平ぐること九十五国」と書かれていたから。

ウ 国書に「日出づる処の天子，書を日没する処の天子に致す」と書かれていたから。

エ 国書に「共に一女子を立てて王となす」と書かれていたから。

問2 文章〔**A**〕に関して，煬帝が即位した時期の日本の出来事として最も適切なものを，次のア〜エから1つ選び，記号で答えなさい。

ア 冠の色などで地位を区別する冠位十二階の制度がつくられた。

イ 中大兄皇子（なかのおおえのおうじ）が中臣鎌足（なかとみのかまたり）とともに，蘇我蝦夷（そがのえみし）・入鹿（いるか）の親子を倒した。

ウ 「富本銭」という日本で最初の銅銭がつくられた。

エ 仏教の力で国家を守るため，国ごとに国分寺や国分尼寺がつくられた。

問3 空欄（**X**）にあてはまる国名を漢字で答えなさい。

問4 文章〔**B**〕に関して，玄宗に仕えて高い地位を得た日本人がいます。この日本人が故郷を懐かしんでよんだ，

「天の原 ふりさけ見れば 春日なる 三笠（みかさ）の山に 出でし月かも」

の歌は有名です。結局は日本に帰れず，唐で死去した，この人物の名を答えなさい。

問5 空欄（**Y**）にあてはまる都市名を，当時の名称で漢字で答えなさい。

問6 下線部①に関して，唐の律令体制を模範として，日本でも律令体制が整備されました。日本の律令体制について述べた文として**誤っているもの**を，次のア〜エから1つ選び，記号で答えなさい。

ア 太政官（だいじょうかん）の下に中務省（なかつかさ）・式部省・治部省・民部省・兵部省（ひょうぶ）・刑部省（ぎょうぶ）・大蔵省・宮内省の8省がおかれた。

イ 班田収授法では，6歳以上のすべての男女に等しく2段（たん）の土地を口分田として支給し，その人が死ぬと国に返させた。

ウ 口分田を支給された農民には収穫の約3％を租として納めさせ，また成年男子には調・庸などの負担を課した。

エ 成年男子の3〜4人に1人を兵士として徴発し，国ごとの軍団で勤務させ，訓練をうけさせた。

問7 文章〔**C**〕に関して，徽宗が即位するよりも前におきた日本の出来事を，次のア〜エから1つ選び，記号で答えなさい。

ア 後白河天皇と崇徳（すとく）上皇が対立し，戦いがおきた。

イ 平清盛が平治の乱において源義朝に勝利した。

ウ 源義仲が倶利伽羅峠（くりからとうげ）の戦いに勝利した。

エ 源義家が出羽でおきた清原氏一族の争いを平定した。

問8 文章〔**C**〕に関して，日本では宋との貿易のために大輪田泊（おおわだのとまり）という港が整備されました。大輪田泊は現在の何県何市にありましたか。**漢字**で答えなさい。

問9 文章〔**D**〕に関して，フビライ＝ハンは日本国王あてに書簡を届けました。その書簡は日本に対し友好を求める内容で，その最後の部分には，

「願わくば今後は訪問することで友好を結び，互いに親睦（しんぼく）を深めよう。また聖人は天下を一つの家とするものだ。互いによしみを通じなくては，どうして一つの家だといえよう。（　　　）ような

ことは，だれが好むだろうか。王はこのことをよく考えて欲しい。」

というような内容が書かれてありましたが，鎌倉幕府の執権はこれを無視しました。文中の（　）にはどのようなことが書かれていましたか。（　）に入る内容を答えなさい。

問10　文章〔D〕に関して，フビライ＝ハンに仕えたとされるイタリア人は，帰国後，旅行中に体験したことを語りました。それをまとめた旅行記にはアジアの国々の様子が記されており，たとえばある国では支配者の宮殿の床には純金の板がしきつめられていると記されています。この旅行記の名を5字で答えなさい。

問11　文章〔E〕に関して，永楽帝が即位したころ，日本では有名な芸術論が著されました。この芸術論には，

「秘する花を知る事。秘すれば花なり。秘せずは花なるべからずとなり。この分け目を知る事，肝要の花なり。」

というようなことが記されています。この書の著者が大成した芸術の名称を漢字で答えなさい。

問12　文章〔E〕に関して，永楽帝のときからはじまった日明貿易は，中国の皇帝に貢ぎ物をおくる朝貢貿易のかたちをとりました。このとき，正式な貿易船であることを証明するための書類が用いられました。このような証明書を用いた貿易を何といいますか。漢字で答えなさい。

問13　下線部②に関して，カリカットの位置を，次の地図中のア〜エから1つ選び，記号で答えなさい。

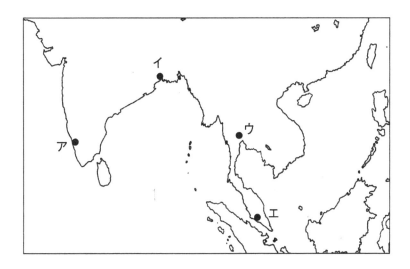

問14　文章〔F〕に関して，光緒帝が即位したころ，朝鮮半島の近くで測量を行っていた日本の軍艦が，朝鮮側から砲撃を受ける事件がおきました。この事件は日本が朝鮮を開国させるために，わざと朝鮮を挑発したものだとされます。この事件の名称を漢字で答えなさい。

問15　文章〔F〕に関して，光緒帝の時代に，日本では大日本帝国憲法が発布され，帝国議会が開設されました。大日本帝国憲法や帝国議会について述べた文として正しいものを，次のア〜エから1つ選び，記号で答えなさい。

ア　大日本帝国憲法下では，天皇が国の元首として統治するとされた。

イ　大日本帝国憲法下では，内閣は天皇ではなく議会に対して責任を負うとされた。

ウ　帝国議会では，貴族院が衆議院よりも強大な権限をもった。

エ　第1回衆議院議員選挙では，有権者は総人口の25％程度だった。

問16　下線部③に関して，日清戦争は朝鮮をめぐる日清の対立からおきました。日清戦争後の下関条約において，朝鮮についてはどのような取り決めがなされましたか。簡単に説明しなさい。

問17　下線部④に関して，義和団は武術を修練した宗教結社が中心の民衆集団です。彼らは北京に入ると，教会を攻撃し，列国の公使館を包囲しました。その際に彼らが掲げたスローガンを，**漢字4字**で答えなさい。

2　世界の諸地域について，地球上での位置や統計資料などを日本と比較しました。以下の設問に答えなさい。

問1　次のア～キのなかで，(1)・(2)にあてはまるものを1つずつ選び，記号で答えなさい。

　　ア　アイスランド　　　イ　アメリカ合衆国　　ウ　イギリス　　エ　インド
　　オ　オーストラリア　　カ　ケニア　　　　　　キ　ブラジル

(1)　この国の首都と東京との緯度差は最も大きい。

(2)　この国の首都と東京との経度差は最も大きい。

問2　日本と人口規模が近い国々に関して，次の表を見て(1)～(3)に答えなさい。

国	人口（千人）2018年	面積（千㎢）2017年	おもな言語
（　A　）	143965	17098	（　A　）語
日本	126529	378	日本語
（　B　）	130759	1964	（　C　）語、先住民の言語

（『日本国勢図会 2019／20年版』・『データブック　オブ・ザ・ワールド2019年版』より）

(1)　（B）・（C）にあてはまる語句を答えなさい。

(2)　次の雨温図ア～ウは，（A），日本，（B）の首都のいずれかのものです。（A）・（B）の首都にあてはまるものをそれぞれ選び，記号と首都名を答えなさい。

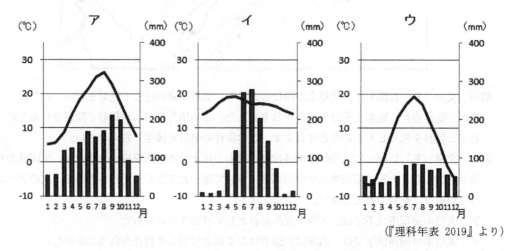

（『理科年表 2019』より）

(3)　3か国ともに首都への人口集中が著しいことも共通しています。そのなかで，日本における

三大都市圏の中心となる都府県について，次の表を見て(i)・(ii)に答えなさい。

都府県	人口増加率（‰） 2017 年〜 18 年	出生率（‰） 2018 年	死亡率（‰） 2018 年
（ D ）	-1.8	7.7	10.1
（ E ）	0.2	8.6	9.2
（ F ）	5.5	8.3	8.9

※ ‰（パーミル）は、千分率。（10‰＝ 1 ％）

（『データブック オブ・ザ・ワールド2019年版』より）

（i）（ E ）にあてはまる都府県名を答えなさい。

（ii）3 都府県の人口増加率を比較すると，（ D ）のみ減少しています。この理由を考えるためには，さらに資料が必要です。最も適当な資料を次の**ア〜エ**から 1 つ選び，記号で答えなさい。

ア 3 都府県の高齢者割合　**イ** 3 都府県の昼夜間人口比率

ウ 3 都府県の転出入者数　**エ** 3 都府県の乳児死亡率

問 3 日本と面積が同規模のドイツに関して，次の表はドイツ，日本を流れる代表的な河川を比較したものです。(1)〜(3)に答えなさい。

河川	長さ（km）	流域面積（千k㎡）	河況係数（調査地点）
（ A ）	1233	199	18 （バーゼル）
（ B ）	2850	815	4 （ウィーン）
（ C ）	322	17	1782 （栗橋）
（ D ）	367	12	117 （小千谷）

※河況係数＝年間の最大流量／年間の最小流量

（『データブック オブ・ザ・ワールド2019年版』より）

(1)（ A ）・（ C ）にあてはまる河川の組み合わせを次の**ア〜エ**から 1 つ選び，記号で答えなさい。

ア A－ドナウ川　　C－信濃川

イ A－ライン川　　C－信濃川

ウ A－ドナウ川　　C－利根川

エ A－ライン川　　C－利根川

(2)（ B ）が注ぎ込む水域と，河口部にみられる地形の名称の組み合わせを，次の**ア〜エ**から 1 つ選び，記号で答えなさい。

ア 黒海－三角州

イ 黒海－リアス海岸

ウ 北海－三角州

エ 北海－リアス海岸

(3) 一般に日本の河川は河況係数が大きくなる傾向があり，それによって治水だけではなく，利水にも困難がもたらされます。利水において困難が生じる理由を「季節」・「用水」という 2 つの語句を用いて説明しなさい。なお，語句を使った箇所には**下線**をつけること。

問4　次の表は，１人あたり国民総所得が日本と同規模の国々についてまとめたものです。（A）～（C）は，アラブ首長国連邦，イスラエル，フランスのいずれかを示しています。(1)～(3)に答えなさい。

国	１人あたり国民総所得（ドル）2016 年	おもな言語	おもな宗教（％）	主要輸出品 2017 年
（ A ）	36240	ヘブライ語 アラビア語	（ D ）教 76 （ E ）教 17	機械類、ダイヤモンド、医薬品
日本	37930	日本語	神道、仏教	機械類、自動車、精密機械
（ B ）	38720	（ B ）語	（ F ）教	機械類、航空機、自動車
（ C ）	40480	アラビア語	（ E ）教 62 ヒンドゥー教 21	（ G ）、金（非貨幣用）、機械類

（『データブック オブ・ザ・ワールド2019年版』より）

(1)　（D）～（F）にあてはまる語句を答えなさい。

(2)　（D）～（F）の３つの宗教の聖地がある都市の位置を，次の地図中の**ア～オ**から１つ選び，記号および都市名を答えなさい。

(3)　（G）の多くは，日本へは専用船で運ばれています。その主要な航路となっている海峡を次の地図中の**X～Z**から１つ選び，記号および海峡名を答えなさい。

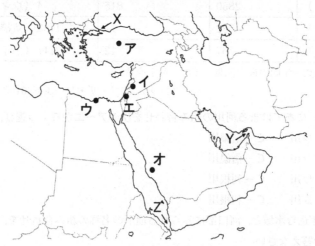

③　次の文章を読み，以下の設問に答えなさい。

　①国際連合（国連）の調査によると，2019年現在で77億人の世界人口は，今後30年で20億人増加する見込みで，今世紀末頃には110億人でピークに達する可能性があるといいます。ただ，地域によって増加率には大きな差があり，インドは2027年頃に（　②　）を抜いて世界で最も人口が多い国になるとみられています。一方で，人口が減少している国の数が増えていることも確認されています。先進諸国では，平均寿命の延びと（　③　）によって④高齢化が進んでいます。このような

⑤人口構成や人口規模などの変化は，⑥環境・開発分野の国際的な取り組みにも大きく影響するといわれています。

　それでは，日本にはどのような課題があるのでしょうか。まず，高齢化の進展にともなう⑦社会保障の給付額増大の問題があります。給付を受ける高齢者の数が増加すれば，いわゆる「現役世代」の⑧税や社会保険料の負担は大きくならざるを得ません。さらに，日本の総人口の減少傾向と東京一極集中の流れにより，⑨一部地域では過疎化が進み，深刻な影響がでています。

　人口減少は⑩労働環境にも影響を与えるでしょうし，市場が縮小することによって経済のマイナス成長が恒常化することも考えられます。そのような中，これまでのような経済成長を前提としなくとも豊かさを実現できる社会を構想しようという提言も注目されています。現在私たちは，財政支出の方向性，⑪消費者としての経済活動のあり方，企業が果たすべき社会的役割などを見直す時期にあるようです。

問1　下線部①に関して，国際連合（国連）について述べた文として正しいものを，次のア～エから１つ選び，記号で答えなさい。

ア　国際連合は，アメリカ合衆国のウィルソン大統領が提唱した「平和原則14か条」に基づいて1945年に発足した。原加盟国は51か国で，そこに日本も含まれている。

イ　国連総会は全加盟国で構成され，原則として年１回開かれる。総会では１国につき１票の投票権を持つが，常任理事国には拒否権が与えられている。

ウ　安全保障理事会の決議に基づいて派遣される国連平和維持活動（ＰＫＯ）は，国連憲章で定められた国連軍と，非武装の停戦監視団や選挙監視団によって構成される。

エ　国際司法裁判所には15名の裁判官がおり，国家間の紛争の解決にあたるが，裁判を始めるには当事国の同意が必要である。

問2　空欄（②）にあてはまる国名を答えなさい。

問3　空欄（③）にあてはまる内容を答えなさい。

問4　下線部④に関して，現在の日本の総人口に占める65歳以上人口の割合（高齢化率）はおよそどれくらいか，次のア～エから１つ選び，記号で答えなさい。

ア　14%

イ　21%

ウ　28%

エ　35%

問5　下線部⑤に関して，次のページの表はある国の人口の世代別構成（人口ピラミッド）と，その国の合計特殊出生率を示したものです。A～Cにあてはまる国名を，次のア～オからそれぞれ選び，記号で答えなさい。

ア　日本

イ　韓国

ウ　インド

エ　メキシコ

オ　アメリカ合衆国

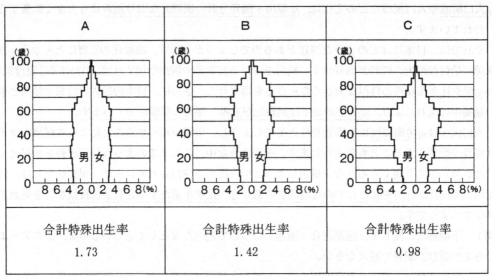

	A	B	C
合計特殊出生率	1.73	1.42	0.98

（『世界国勢図会 2019／20年版』などより）

※「人口ピラミッド」は、2016年から2018年のいずれかのものである。

※合計特殊出生率はそれぞれ2018年のものである。

問6 下線部⑥に関して、地球規模の課題に対する国際的な動きや日本での取り組みについて述べた文として正しいものを、次のア～エから1つ選び、記号で答えなさい。

ア 1992年にブラジルのリオデジャネイロで開かれた国連環境開発会議（地球サミット）では「持続可能な開発」という基本理念が示され、気候変動枠組み条約や生物多様性条約などが採択された。

イ 日本では、公害だけでなく地球規模の環境問題にも対応するため、1993年に環境基本法が制定された。この法律にはいわゆる「3R」の原則が明記され、循環型社会の形成に向けた国・地方公共団体・企業・国民の責務が示されている。

ウ 2015年に採択された「ミレニアム開発目標（MDGs）」は、それまでの「持続可能な開発目標（SDGs）」への取り組みを継続しつつ、対象を発展途上国にしぼることで短期間での問題解決を目指している。

エ 政府開発援助（ODA）とは、発展途上国の経済開発や福祉の向上を図る目的で、先進国の政府が行う資金援助や技術協力のことで、2000年以降、日本のODA実績（支出純額）は世界1位を継続している。

問7 下線部⑦に関して、日本の社会保障制度について述べた文として**誤っているもの**を、次のア～エから1つ選び、記号で答えなさい。

ア 経済的に生活が困難な人に対しては、生活保護法に基づいて、食費や光熱費などの生活費のほかに、必要に応じて医療費などの援助も行われる。

イ 2000年から実施された介護保険制度は、20歳以上の全国民が加入し、75歳以上で介護が必要になったときに介護サービスが受けられる。

ウ 就学前の子どもが通う保育所の設置や、小学生が放課後に通う学童保育などの整備は、社会福祉分野の政策の一環である。

エ　公衆衛生はすべての国民が対象であり，保健所を中心に，予防接種などの感染症対策や，食品・衣料品の安全性の確保などが行われている。

問8　下線部⑧に関して，(1)・(2)に答えなさい。

(1)　税金の納付先により「国税」に分類され，かつ，徴収方法により「直接税」に分類されるものを，次のア〜エから１つ選び，記号で答えなさい。

　　　ア　消費税　　イ　相続税　　ウ　固定資産税　　エ　揮発油税

(2)　2019年10月の消費税増税にともなって，食料品などを対象に「軽減税率」が導入されました。軽減税率の導入には，逆進性を緩和する目的があります。なぜ消費税は逆進性が強いのか，説明しなさい。

問9　下線部⑨に関して，人口減少がもたらす課題のひとつに，インフラストラクチャー（社会資本）の維持があります。2018年12月の水道法改正では水道の基盤強化を図るための制度改正が行われました。そのうち官民連携について，コスト削減のため自治体が施設を保有しつつ民間企業に運営をゆだねる方式を水道事業に導入することの是非が話題になりました。この方式の名称を，次のア〜エから１つ選び，記号で答えなさい。

　　　ア　オンブズマン　　イ　レファレンダム　　ウ　コンツェルン　　エ　コンセッション

問10　下線部⑩に関して，労働環境について述べた文として**誤っているもの**を，次のア〜エから１つ選び，記号で答えなさい。

ア　男女雇用機会均等法では，妊娠・出産などを理由とする不利益な扱いの禁止や，性別を理由とした差別の禁止についても定められている。

イ　育児・介護休業法では，育児休業は原則として子どもが１歳になるまで，介護休業は対象の家族１人につき93日間までの休業が認められている。

ウ　近年は，労働者に働く時間をゆだねる裁量労働制や，一定の範囲内で始業と終業時刻を自分で設定できるワークシェアリングを導入する企業が増えている。

エ　2018年６月に成立した働き方改革関連法に基づいて，一部専門職は労働時間規制や残業代支払いの対象外とする「高度プロフェッショナル制度」が導入された。

問11　下線部⑪に関して，株式投資をする際，近年重要視されているのが「ＥＳＧ投資」です。自社の利益だけでなく，「Ｅ」「Ｓ」「Ｇ」の頭文字が示す事柄への配慮が十分になされているかどうかが注目されています。これらのうち「Ｓ」は Social（社会）を示し，人権への対応や地域貢献活動が十分かが問われます。「Ｇ」は Governance（ガバナンス）を示し，企業統治がしっかりしているかどうかが問われます。では，最初の「Ｅ」が示すものは何か，**漢字２字**で答えなさい。

問12　以下は本文の内容と関係が深い日本国憲法の抜粋です。空欄（Ａ）〜（Ｃ）にあてはまる数字・語句を答えなさい。

第（　Ａ　）条　すべて国民は，健康で文化的な最低限度の生活を営む権利を有する。

第27条　すべて国民は，（　Ｂ　）の権利を有し，義務を負ふ。

第83条　国の財政を処理する権限は，（　Ｃ　）の議決に基いて，これを行使しなければならない。

【三】 次の文章は、松尾芭蕉の紀行文『鹿島詣』の一節である。これを読み、後の問に答えよ。なお、文章中の「（＝　）」はその直前の部分の現代語訳である。

日すでに暮れかかるほどに、利根川のほとり、布佐といふ所につく。この川にて鮭の網代といふものをたくみて（＝しかけて）、武江の市にひさぐものあり。宵のほど、その漁家に入りてやすらふ。よるのやどなまぐさし。月くまなくはれけるままに、夜舟さしくだして鹿島にいたる。昼より雨しきりに降りて、①月見るべくもあらず。ふもとに根本寺のさきの和尚、今は世をのがれて、この所におはしけるといふを聞きて、尋ね入りてふしぬ。すこぶる「人をして深省を発せしむ」と吟じけむ、しばらく清浄の心を得るに似たり。あかつきの空、いささかはれけるを、和尚起こし驚かし侍れば、人々起き出でぬ。月のひかり、雨の音、ただあはれなるけしきのみ胸に満ちて、いふべき言の葉もなし。②はるばると月見に来たるかひなきこそ本意なきわざなれ。かの何がしの女すら、ほととぎすの歌、えよまで（＝詠むことができないで）かへりわづらひしも（＝帰るに帰れなかったのも）、③我がためにはよき荷担の人ならむかし（＝よい味方であろう）。

月はやし梢は雨を持ちながら

*1 「武江」　武蔵国江戸。
*2 「根本寺」　鹿島神宮の西にある寺。
*3 「人をして深省を発せしむ」　杜甫の漢詩の一節、「人に深い反省の思いを抱かせる」という意味。
*4 「かの何がしの女」　『枕草子』の作者・清少納言のこと。

問一　──①「月見るべくもあらず」の意味として最も適切なものを、次の中から選び、記号で答えよ。
ア　月を見ている場合ではない。
イ　月を見る気持ちにもなれない。
ウ　今夜は月を見られそうもない。
エ　今夜は月見をする人もいない。
オ　今夜の月は見てもしかたがない。

問二　──②「はるばると月見に来たるかひなきこそ本意なきわざなれ」とあるが、芭蕉が不本意だと思ったのはなぜか。次の中から最も適切なものを選び、記号で答えよ。
ア　明け方に起こされたのに、雨により結局月が見られなかったから。
イ　かろうじて月は見られたが、雨の中できれいに見られなかったから。
ウ　静かに月を見ていたい気持ちを、和尚にかき乱されてしまったから。
エ　月があまりに美しすぎて、すぐに句を詠むことができなかったから。
オ　せっかく月が見られたのに、かえってもの悲しくなってしまったから。

問三　──③「我がためにはよき荷担の人ならむかし」とあるが、芭蕉が清少納言を「よき荷担の人」と感じているのはなぜか。説明せよ。

問四　【月はやし梢は雨を持ちながら】の「はやし」は雲の流れの速さを言っている。この句に描かれている情景を、本文の内容を踏まえて説明せよ。

そのことは、厳粛な事実なのだ。

が、しかし。

より根本的なのは、それとはべつの理由だった。

「お父さん」

賢治はなおも原稿用紙の塔を見おろしつつ、おのずから、つぶやきが口に出た。

「……おらは、お父さんになりたかったのす」

②そのことが、いまは素直にみとめられた。

ふりかえれば、政次郎ほど大きな存在はなかった。自分の命の恩人であり、保護者であり、教師であり、金主であり、上司であり、抑圧者であり、好敵手であり、貢献者であり、それらすべてであることにおいて政次郎は手を抜くことをしなかった。

ほとんど絶対者である。いまこうして四百キロをへだてて暮らしていても、その存在感の鉛錘はずっしりと両肩をおさえつけて小ゆるぎもしない。尊敬とか、感謝とか、好きとか嫌いとか、忠とか孝とか、愛とか、怒りとか、そんな語ではとても言いあらわすことのできない巨大で複雑な感情の対象、それが宮沢政次郎という人なのだ。

しかも自分は、もう二十六歳。

おなじ年ごろの政次郎はすでに賢治とトシの二児の父だった。質屋兼古着屋を順調にいとなんだばかりか、例の、大沢温泉での夏期講習会もはじめている。文句のつけようのない大人ぶりである。自分は父のようになりたいが、今後もなれる見込みは、

（ない）

みじんもない。それが賢治の結論だった。自分は質屋の才がなく、世わたりの才がなく、強い性格がなく、健康な体がなく、おそらく長い寿命がない。ことに寿命については親戚じゅうの知るところだから嫁の来手がない。あってもきちんと暮らせない。

すなわち、子供を生むことができない。

自分は父になれないというのは情況的な比喩であると同時に、物理的に確定した事実だった。それでも父になりたいなら、自分には、もはやひとつしか方法がない。その方法こそが、

（子供のかわりに、童話を生む）

このことだった。原稿用紙をひろげ、万年筆をとり、脳内のイメージを追いかけているときだけは自分は父親なのである。ときに厳しい、ときに大甘な、政次郎のような父親なのである。物語のなかの風のそよぎも、干した無花果も、トルコからの旅人も、銀色の彗星も、タングステンの電球も、すきとおった地平線も、すべてが自分の子供なのだ。

（門井慶喜『銀河鉄道の父』より）

*1 「風野又三郎」 宮沢賢治の童話『風の又三郎』の初期の原稿。これを元に賢治は改作を重ねたと考えられている。

*2 「ひっきょう」 結局のところ。

*3 「トシ」 賢治の妹。

問一 ──①「結果として書いたものが、なぜ、／（童話だったか）」とあるが、この疑問に対する答は何か。本文に書かれている内容を整理して説明せよ。

問二 ──②「そのことが、いまは素直にみとめられた」とあるが、それはなぜか。説明せよ。

自分のしわざとは信じられなかった。けれども、そこにあるのは、たしかに見なれた自分の字である。ほとんどが走り書きだったし、ぐしゃぐしゃと上から消した自分の字も多いが、質的にもこれまでで最高だった。

何十本かの短篇のひとつ、たとえば『風野又三郎*1』の冒頭、

① 結果として書いたものが、なぜ、

しかし、ひっきょうは、

（書けたから、書いた）

ることができなかった。

（童話だったか）

つまり、なぜ大人むけの小説や論文、漢詩などではなかったか。あるいは長年こころみてきた、世間にもっとも通りのいい和歌ではなかったか。その疑問なら、答がはっきりしたようだった。

ひとつには、長い縁ということがある。小学校のころ担任の八木先生がエクトール・マロ『家なき子*3』を六か月かけて朗読してくれたこと。トシに、

——書いたら。

と勧められたこと。それにくわえて、性格的に、むかしから自分は大人がだめだった。

大人どうしの厳しい関係に耐えられなかった。ふつうの会話ができないのだ。質屋の帳場に何度すわっても客との談判ができず、世間ばなしはなおできず、ろくな仕事にならなかったのは、ほかでもない、客が大人だったからなのである。

何しろ大人は怒る。どなりちらす。嘘をつく。ごまかす。あらゆる詭弁を平気で弄する。子供はそれをしないわけではないにしろ、大人とくらべれば他愛ない。話し相手として安心である。自分がこの土壇場でこの文学形式をえらんだのは、一面では、大人の世界からの、

（逃避だった）

しかし結果として書いたものが、なぜ、

（書けたか）

口に、出してみた。

「なしてが」

び噴火がはじまるにちがいなかった。ふたたび走り書きをはじめれば、ふたたひといき入れて万年筆をとり、いまの自分は休火山である。メージのほうが圧倒的に大きかったのだ。紙の上に定着し得たイしなかった。賢治は満足たずらを詩にしたものとして日本一としか思われなかった。の囃し文句など、風の神様の子供が人間に対しておこなう無邪気ない

どっどどどうど　どどうど　どどう

すっぱいざくろもふきとばせ

ああまいざくろも吹きとばせ

どっどどどうど　どどうど　どどう、

どっどどどうど　どどうど　どどう

は、賢治には、自分のことにもかかわらず想像のいとぐちすらも見つけとふかい理由がある。そう思いつつ、しかしそのふかい理由が何なのか鬱積していたのだろうとか、その程度では何の説明にもならない。もっ筆でがりがりと他人の文章をうつしてばかりだったぶん創作の欲求が人間あんまり空腹になると頭がかえって冴えるものだとか、ふだん鉄

（なして、書けたか）

なるには足りない「例外者たち」を見下すことでみずからの相対的な地位を上昇させる。言い換えるなら、自分たちが多数者の側に属していること、厄介なもめごととはまず起こらないであろうこと、そして、みずからの安全が揺るぎないものであることを確認したうえで、輪の中に入る資格をもたない部外者たちに対し――おそらくは、彼ら／彼女らが排除の対象となっていることを知らせることなく――「沈黙の中の排除」という攻撃の刃を向ける。

このように、賢明な彼らの戦略は、排除の対象が土俵に上がり、戦いを挑む可能性をあらかじめ封じ込め、みずからが敗北する危険性を最初から消去しておくことを通じて、快適な中間者の王国へと自閉する。そして、反論やいさかいの可能性をあらかじめ封じ込めたそのうえで、あらためて、見苦しく、痛々しいものどもを笑い飛ばす。この意味において、「決して負けることのない」戦略の上に確保される彼ら／彼女らの自尊心のあり方は、きわめて狡猾な性格を有したものである。

また、このように狡猾な性格を有した彼ら／彼女らに特有の自尊心のあり方は、同時に尊大な性格を有したものでもある。彼ら／彼女らの示す生活習慣は、ある根本的な点において、他者を見下し、貶めることを通じてみずからの自己肯定感を確保する、という仕組みの上に成り立つものだからである。

そして、わたしが何よりも不安を感じるのは、彼らのその尊大にして狡猾な自尊心が、ある種の臆病さともいうべきものを、その裏側に見え隠れさせている点である。あるいは、その臆病さを、「中間でなくなることへの恐れ」と言い換えてもよい。彼ら／彼女らの自尊心を支えている、「ああ、ぼくふつうでよかった」という安堵

の感覚は、その裏側で、「でも、ふつうじゃなくなったらどうしよう？ みんなと同じバスに乗れなくなったらどうしよう？」という臆病な猜疑心を常に見え隠れさせてはいないだろうか。

（三谷尚澄『哲学してもいいですか？』より）

*1 「ソーシャル・メディア」 インターネット上で個人同士が相互に情報を発信・受信するサービスの総称。
*2 「ローコストキャリア」 格安航空会社（LCC）のこと。
*3 「クオリティ」 品質。

問一 ＝＝a〜eのカタカナを漢字に直せ。一画ずつ丁寧に書くこと。

問二 ――①『現状の居心地のよさ』に立てこもることで『中間の優位』を正当化する」とあるが、どういうことか。説明せよ。

問三 ――②「幸か不幸か、いまの日本で暮らすことは非常に快適だ」とあるが、筆者はどのような点を「不幸」だと考えているのか。説明せよ。

問四 ――③「それを肯定的に評価するための理由を見出すことができない」とあるが、筆者がそのように感じるのは、「中間優越主義」がどのようなものだからか。

二 次の文章は、宮沢賢治をモデルにした小説の一部である。これを読み、後の問に答えよ。

気がつくと、日が暮れている。

机の上には、三百枚の塔が打ち立てられている。賢治はそれを見おろし、側面をざらりと撫でおろしつつ、いまの自分そのものが、（絵空事）そんなふうにしか思われなかった。

何万円というお金をかけなくても十分においしい焼き肉を食べることができる。何十万円、何週間とかけて世界の秘境まで旅をしなくても、ウユニ塩湖もギアナ高地もアンコール・ワットも、ネット上でクオリティの高い写真と現地レポートを見れば充分に楽しめる。生まれたときからそんな夢のような環境で育ってきたことを思えば、デフレ時代の申し子たちが、安上がりにして快適な中間者の王国にしがみつき、「ここではないどこかへ」という気持ちとは無縁のままで人生を終えてしまうのであってかまわない」。そう考えることにも十分な理由を見出すことができるのかもしれない。

とはいえ、やはり、とここでまた話は折り返される。デフレ時代の若者たちが「快適な中間者の国」の住人であることに見出す自己肯定感に対しては、どうしてもどこか引っかかりを感じずにはいられないのである。

まず、この問題についてわたしがとくに興味深く思うのは、「悟り世代」という言葉に含まれる「悟り」という言い回しの用いられ方である。

隔靴掻痒、どうしても錯綜を含んだものの言い方とならざるをえないのだけれど、わたしが感じている引っかかりはおよそ以下のように説明しておくことができる。

あるいは、「悟り」という言葉が、自嘲や d ジギャクといったマイナスのニュアンスを抜きに、自分たちは「合理的」で「賢く」、「どう振る舞えばよいかを知っている」、といった肯定的な意味で用いられている点である。

何度も述べてきた通り、「悟り世代」と呼ばれる集団に属する若者たちの示す「安定志向」や「波風を立てない合理性」に対して、わたし自身
こんな言い方ができるだろうか。

不要な争いを避けることを知る彼らの「知恵」は、自分たちの仲間と

は、批判と同情との入り混じった、ある種の混乱を含んだ印象を抱いている。そして、一面においては、「足ることを知り、泥臭いごたごたに巻き込まれることなく人生を乗り切る知恵」を有した「悟り世代」の若者たちが、自分たちの賢明な生き様に自尊心と誇りを見出すことには十分な根拠が認められる、ともわたし自身は考えている。

しかし、これも繰り返しになるが、彼ら/彼女らの肯定的な自己評価を可能にしているその「賢さ」が、「中間者であることへの安住」のいわば不可避の裏面として、「自分が少数者や例外者ではないこと」を特権化する意識へと結びつくとき、わたしはどうしても彼ら/彼女らの自尊心を支える意識、自己正当化の論理にいくばくかの危うさを見出さずにはいられなくなるのである。

「――いや、「意識の高い」人たちって偉いなあって、もちろん思いますよ。「上を見る」人ってたしかに魅力的だと思うし、努力する人ってやっぱり偉いじゃないですか。ただ、正直、ぼくにはそんな能力もエネルギーもないし、ほどほどで十分だと思ってるんで、(そんなみっともないことは)やらないですけど(と一言つけたすことで自分のプライドは守る)」。

こういった形で立てられる、いわば尊大な中間優越主義とも呼ぶべき正当化の論理に対して、わたしはどうしても③それを肯定的に評価するための理由を見出すことができないのである。

*3

【国 語】 （五〇分） （満点：一〇〇点）

一 次の文章は、「悟り世代」と呼ばれる現代の若者を念頭に書かれたものである。これを読み、後の問に答えよ。

「ほどほど」を約束してくれる輪の中の世界こそが最高だ。わたしは、不要な a カットウや苦しみ抜きに、その「ほどほど」で十分だ。そして、不要な a カットウや苦しみ抜きに、そのいまの波風のない平和な暮らしに十分満足している。だから、愚か者たちよ、余計な真似をしてわたしたちの平安を乱さないでくれ。じたばたと見苦しく、うっとうしい奴らはいらない。奴らは、足ることを知り、不要な摩擦や混乱を回避することを知る賢明なわたしたちの仲間となる資格のない連中だ――。

こんなふうに、①「現状の居心地のよさ」に立てこもることで「中間の優位」を正当化する。あるいは、例外者の切り捨てといわば背中あわせの仕方で自分たちなりの肯定の論理を構築する。そういった悟り世代に特徴的な態度それ自体を批判することは、意外に難しいことであるかもしれない。実際のところ、「いま・ここの居心地のよさ」を放棄して、「出る杭」と「お荷物」だらけの社会に暮らしたいと願う人間はいないだろう。だとするならば、悟り世代の依拠する素朴な現状肯定と居直りの論理を自分たちもまた共有するその限りにおいて、彼ら／彼女らの示す中間への自閉的自足に向けた批判はそのまま自分に跳ね返ってくる。そう考えざるをえないだろうからである。

また、この問題については、ここでもう一点付け加えておく必要があるようにも思われる。いまの日本社会のあり様が、そういった中間層への居直りを可能にし、支え、ときには積極的に b スイショウしさえする

方向に作用している、というのがそれである。

②幸か不幸か、いまの日本で暮らすことは非常に快適だ。ファスト・フード店に入れば五百円玉一つで空腹を満たすことができ、夜中の二時だろうが三時だろうが、コンビニにふらりと立ち寄ればおでんとビールでささやかな一人宴会を始めることができる。退屈しそうなときには、漫画からレンタルDVDから各種ゲームから、さほど出費を気にすることなく充実したエンターテイメントの世界を楽しむことが可能だ。また、ときに孤独を感じそうな瞬間が訪れたとしても、指先ひとつでスマートフォンのスリープを解除しさえすればよい。その先には、*1 ソーシャル・メディアを通じた、気の合う仲間たちだけから成り立つ居心地のよい社交の空間が広がっている。

その他、ファストファッションからデパ地下のスイーツから流行りのラーメン屋まで、いまの日本を彩る消費文化の快適さと清潔さ、そしてコストパフォーマンスの高さは、どれをとっても驚くべき――というか間違いなく世界最高の――水準にある。

なるほど、c コウガイ型アウトレットモールにせよ格安居酒屋にせよ*2 ローコストキャリアにせよ「デフレ時代の消費者アイテム」を代表する商品リストを見渡すとき、そこに大型高級車やブランド品や豪華レストランでの食事がもつ華やかさや贅沢さといった要素を見出すことは難しいのかもしれない。しかし、それでも、これら現代日本のお買い得アイテムたちが、一昔前に見られた「安かろう／まずかろう／お金の無駄遣いだろう」のへっぽこ商品とは次元の違う品質をもち、中間者たちの日常における「生活の質」を格段に引き上げてくれるレベルにあるのは間違いのないところだと思う。

MEMO

大切なことはメモしておこうネ！

2020年度

解 答 と 解 説

《2020年度の配点は解答欄に掲載してあります。》

＜数学解答＞ 《学校からの正答の発表はありません。》

1　(1)　$(x-18)(x-19)(x-23)(x-24)$　　(2)　$x=-\dfrac{\sqrt{21}}{7}$, $y=\dfrac{2\sqrt{35}}{7}$

2　(1)　$A\left(-1,\ \dfrac{\sqrt{3}}{6}\right)$, $B\left(3,\ \dfrac{3\sqrt{3}}{2}\right)$, $C\left(-5,\ \dfrac{25\sqrt{3}}{6}\right)$　　(2)　$\left(-1,\ \dfrac{17\sqrt{3}}{6}\right)$

　　(3)　$y=\sqrt{3}\,x-\dfrac{3\sqrt{3}}{2}$　　(4)　解説参照

3　(1)　17組　　(2)　45組　　(3)　508組

4　(1)　$8\sqrt{2}$　　(2)　$AH=\dfrac{7}{3}$　　(3)　$AR=\dfrac{2}{3}$

　　(4)　$AQ=\dfrac{7+\sqrt{47}}{3}$, $AR=\dfrac{7-\sqrt{47}}{3}$　　　$AQ=2$, $AR=\dfrac{1}{9}$　　　$AQ=3$, $AR=\dfrac{2}{27}$

○推定配点○

1　各10点×2　　2　(1)　各2点×3　　(2)・(3)　各6点×2　　(4)　8点

3　(1)　6点　　(2)　8点　　(3)　10点　　4　(1)～(3)　各6点×3　　(4)　12点(完答)

計100点

＜数学解説＞

1　(小問群―因数分解，連立方程式，平方根)

(1)　$(x-21)^2=A$とおくと，$(x-21)^4-13(x-21)^2+36=A^2-13A+36=(A-4)(A-9)$　　Aを元に戻すと，$\{(x-21)^2-4\}\{(x-21)^2-9\}$　　$x-21=B$とおくと，$(B^2-2^2)(B^2-3^2)=(B+2)(B-2)(B+3)(B-3)$　　Bを元に戻すと，$(x-21-2)(x-21+2)(x-21-3)(x-21+3)=(x-18)(x-19)(x-23)(x-24)$

(2)　$\sqrt{3}\,x+\sqrt{5}\,y=\sqrt{7}\cdots$①　　$\dfrac{1}{\sqrt{3}}x+\dfrac{1}{\sqrt{5}}y=\dfrac{1}{\sqrt{7}}$から，$\dfrac{\sqrt{3}}{3}x+\dfrac{\sqrt{5}}{5}y=\dfrac{\sqrt{7}}{7}\cdots$②　　②×5－①から，$\dfrac{2\sqrt{3}}{3}x=-\dfrac{2\sqrt{7}}{7}$　　$x=-\dfrac{2\sqrt{7}}{7}\div\dfrac{2\sqrt{3}}{3}=-\dfrac{3\sqrt{7}}{7\sqrt{3}}=-\dfrac{\sqrt{21}}{7}$　　①－②×3から，$\dfrac{2\sqrt{5}}{5}y=\dfrac{4\sqrt{7}}{7}$　　$y=\dfrac{4\sqrt{7}}{7}\div\dfrac{2\sqrt{5}}{5}=\dfrac{4\sqrt{7}\times5}{7\times2\sqrt{5}}=\dfrac{2\sqrt{35}}{7}$

2　(関数・グラフと図形―交点の座標，垂直に交わる直線，外接円の中心，三平方の定理，接線，証明)

重要　(1)　直線ABとy軸との交点をDとすると，∠OPD＝30°なので，△OPDは内角の大きさが30°，60°，90°の直角三角形となる。よって，PO：OD＝$\sqrt{3}$：1　よって，直線ABは$y=\dfrac{1}{\sqrt{3}}x+b$と表すことができる。$\left(-\dfrac{3}{2},\ 0\right)$を代入して$b$の値を求めると，$b=\dfrac{3}{2\sqrt{3}}$　　点A，Bのx座標は，方程式$\dfrac{\sqrt{3}}{6}x^2=\dfrac{1}{\sqrt{3}}x+\dfrac{3}{2\sqrt{3}}$の解として求められるから，$\dfrac{\sqrt{3}}{6}x^2-\dfrac{\sqrt{3}}{3}x-\dfrac{\sqrt{3}}{2}=0$　　$x^2-2x-3=0$　　$(x+$

1) $(x-3)=0$　　$x=-1$, 3　　よって，A$\left(-1, \dfrac{\sqrt{3}}{6}\right)$，B$\left(3, \dfrac{3\sqrt{3}}{2}\right)$　　点Bからy軸に垂線BE

を引き，BCとy軸との交点をFとすると，∠EBP＝30°だから，∠EBF＝30°　　　BE：EF＝$\sqrt{3}$：1

よって，直線BCの式を$y=-\dfrac{1}{\sqrt{3}}x+c$とおいて，B$\left(3, \dfrac{3\sqrt{3}}{2}\right)$を代入することで，$\dfrac{3\sqrt{3}}{2}=-\dfrac{3}{\sqrt{3}}+$

c　　$c=\dfrac{5\sqrt{3}}{2}$　　方程式$\dfrac{\sqrt{3}}{6}x^2=-\dfrac{1}{\sqrt{3}}x+\dfrac{5\sqrt{3}}{2}$を解くと，$x^2+2x-15=0$　　$(x+5)(x-3)=0$

$x=-5$　　よって，C$\left(-5, \dfrac{25\sqrt{3}}{6}\right)$

重要 (2)　直線ACの傾きは，$\left(\dfrac{\sqrt{3}}{6}-\dfrac{25\sqrt{3}}{6}\right)\div\{-1-(-5)\}=-\sqrt{3}$　　　直線ABの傾きは$\dfrac{1}{\sqrt{3}}$であり，

$-\sqrt{3}\times\dfrac{1}{\sqrt{3}}=-1$　　傾きの積が-1である2直線は垂直に交わるので，∠BAC＝90°　　よって，

∠BACを作る線分BCは3点A，B，Cを通る円の直径である。したがって，線分BCの中点をOとす

ると点Oは3点A，B，Cを通る円の中心となる。点Oのx座標は，$(-5+3)\div2=-1$　　y座標は

$\left(\dfrac{25\sqrt{3}}{6}+\dfrac{3\sqrt{3}}{2}\right)\div2=\dfrac{17\sqrt{3}}{6}$　　よって，円の中心の座標は，$\left(-1, \dfrac{17\sqrt{3}}{6}\right)$

(3)　円の接線は接点を通る半径に垂直であり，垂直に交わる直線の傾きは-1だから，点Bを通る

円Oの接線の傾きは$\sqrt{3}$である。$y=\sqrt{3}x+d$とおいてB$\left(3, \dfrac{3\sqrt{3}}{2}\right)$を代入すると，$\dfrac{3\sqrt{3}}{2}=3\sqrt{3}x+$

d　　$d=-\dfrac{3\sqrt{3}}{2}$　　点Bを接点とする円Oの接線は，$y=\sqrt{3}x-\dfrac{3\sqrt{3}}{2}$

(4)　$y=\dfrac{\sqrt{3}}{6}x^2$のグラフと直線$y=\sqrt{3}x-\dfrac{3\sqrt{3}}{2}$との交点の$x$座標は，方程式$\dfrac{\sqrt{3}}{6}x^2=\sqrt{3}x-\dfrac{3\sqrt{3}}{2}$の解

である。両辺を$\dfrac{6}{\sqrt{3}}$倍して整理すると，$x^2-6x+9=0$　　$(x-3)^2=0$　　$x=3$　　$y=\dfrac{\sqrt{3}}{6}x^2$

$\dfrac{\sqrt{3}}{6}\times3^2=\dfrac{3\sqrt{3}}{2}$　　$\left(3, \dfrac{3\sqrt{3}}{2}\right)$のみが交点なので，$y=\dfrac{\sqrt{3}}{6}x^2$のグラフ上にも(3)で求めた直線上に

もある点は点Bのみである。

$\boxed{3}$　（数の性質—自然数の組，倍数）

(1)　2桁の自然数A，Bの十の位の数をそれぞれa，bとすると，A＝$10a+7$，B＝$10b+7$と表すこと

ができる。このとき，AB＝$(10a+7)(10b+7)=100ab+70(a+b)+49$　　$70(a+b)+49$は7で割

り切れるので，$100ab$が7で割り切れればABは7で割り切れる。$100=2^2\times5^2$だから，aまたはbが

7であればよい。$a=7$である場合が，(A，B)＝(77, 17)，(77, 27)，…，(77, 97)の9組あり，

$b=7$である場合が，(A，B)＝(17, 77)，(27, 77)，…，(97, 77)の9組ある。このうち，$a=b=$

7である場合の(77, 77)が繰り返し数えられているから，$9\times2-1=17$(組)

(2)　(1)と同様に2桁の自然数A，Bの十の位の数をそれぞれa，bとすると，一の位の数が6である

とき，$100ab$が6で割り切れれば積ABが6で割り切れる。$100=2^2\times5^2$なので，aまたはbが3の倍数

であればよい。$a=3$，6，9の場合にはbとして9通りずつがあるので，9×3(組)考えられ，$b=3$，

6，9の場合も同様に9×3(組)が考えられる。そのうちの，aもbも3の倍数である場合は重なって

数えていて，その組の数は，$a=3$，6，9のそれぞれに対してbとして3，6，9があるから3×3(組)

よって，$9\times3\times2-3\times3=45$(組)

重要 (3)　(1)，(2)と同様に$100ab$について考える。一の位の数がともに1であるとき，a，bがそれぞれ

1から9までの自然数であれば，1で割り切れる。$a=1$，2，3，…，9のときbに9通りずつの数があ

るので，$9\times9=81$(通り)　　$100ab=2^2\times5ab$なので，一の位の数が2，4，5であるときも同様に

81通りずつある。一の位の数が3であるとき，aまたはbが3の倍数であればABは3で割り切れるか

ら，一の位の数が6であるときと同様に45組ある。一の位の数が8のときには，aまたはbが2の倍数であればABは8で割り切れる。aまたはbが2の倍数のとき，$a=2$，4，6，8の場合と$b=2$，4，6，8の場合で$9×4×2$組ある。そこから，aもbも2の倍数である場合を除くと，$9×4×2-4×4=56$（組）　一の位の数が9の場合には，aまたはbが9の倍数の場合が，一の位の数が7の場合と同様に17組ある。その他に，a，bが共に3の倍数であって9の倍数でない場合があるので，$a=3$，6に対して$b=3$，6の$2×2=4$（組）合わせて21組ある。したがって，一の位の数が1〜9までの2桁の自然数がそれぞれの一の位の数で割り切れるA，Bの組の総数は，$81+81+45+81+81+45+17+56+21=508$（組）

$\boxed{4}$ （図形―三平方の定理，面積，長さ，面積の比，体積の比，2次方程式）

基本　(1)　点AからBCに垂線AEを引くと，△ABCが二等辺三角形だから点EはBCの中点となる。△ABEで三平方の定理を用いると，$AE=\sqrt{AB^2-BE^2}=\sqrt{32}=4\sqrt{2}$　よって，△ABEの面積は，$\frac{1}{2}×4×4\sqrt{2}=8\sqrt{2}$

重要　(2)　線分PCを引くと，AP＝BPなので，$△APC=△BPC=\frac{1}{2}×8\sqrt{2}=4\sqrt{2}$　△APCの面積をACを底辺，PHを高さとして求めることで，$\frac{1}{2}×6×PH=4\sqrt{2}$　$PH=\frac{4\sqrt{2}}{3}$　△APHで三平方の定理を用いると，$AH=\sqrt{3^2-\left(\frac{4\sqrt{2}}{3}\right)^2}=\sqrt{\frac{49}{9}}=\frac{7}{3}$

(3)　△ABCと△ABDは合同な三角形なので，AC上にAS＝ARとなる点をとると，$△APS≡△APR$となり，AS＝AR　また，PQ＝PRのときPQ＝PSとなる。AS＝xとすると，SQ＝$4-x$　点Hは二等辺三角形PQSの底辺QSの中点でもあるので，$SH=\frac{1}{2}(4-x)$　よって，$AH=x+\frac{1}{2}(4-x)=\frac{4+x}{2}$　(2)でAH＝$\frac{7}{3}$と求めたので，$\frac{4+x}{2}=\frac{7}{3}$　$12+3x=14$　$x=AR=\frac{2}{3}$

やや難　(4)　$△APQ=\frac{AQ}{AC}×△APC$　$△APC=\frac{1}{2}△ABC$なので，AQ＝yとすると，$△APQ=\frac{y}{6}×\frac{1}{2}△ABC$　点Rから面ABCに引いた垂線の長さは点Dから面ABCに引いた垂線の$\frac{AR}{AD}$である。よって，AR＝zとすると，四面体APQRの体積は四面体ABCDの体積の$\frac{y}{6}×\frac{1}{2}×\frac{z}{6}$　これが$\frac{1}{324}$となるとき，$yz=\frac{6×2×6}{324}=\frac{6×2×6}{324}=\frac{2}{9}$…①

PQ＝PRのとき，図Ⅰで示すように，AC上にAS＝ARとなる点Sをとると，PQ＝PS，AS＝AR　$AH=AS+SH=z+\frac{1}{2}(y-z)=\frac{y+z}{2}$　よって，$\frac{y+z}{2}=\frac{7}{3}$　$y+z=\frac{14}{3}$…②　②から，$y=\frac{14}{3}-z$　これを①に代入すると，$z\left(\frac{14}{3}-z\right)=\frac{2}{9}$　両辺を9倍して整理すると，$9z^2-42z+2=0$　$9z^2-2×21+2=0$として解の公式に当てはめると，$z=\frac{2×21±\sqrt{2^2×21^2-4×9×2}}{2×9}=\frac{2×21±2\sqrt{441-18}}{2×9}=\frac{21±\sqrt{423}}{9}=\frac{21±3\sqrt{47}}{9}=\frac{7±\sqrt{47}}{3}$　$6<\sqrt{47}<7$だから，$0<\frac{7-\sqrt{47}}{3}<1$　そのとき，$y=\frac{14}{3}-\frac{7-\sqrt{47}}{3}=\frac{7+\sqrt{47}}{3}$　$4<\frac{7+\sqrt{47}}{3}<5$　AQ＞ARなので，$AQ=\frac{7+\sqrt{47}}{3}$，$AR=\frac{7-\sqrt{47}}{3}$

PQ＝QRのとき，図Ⅱで示すように，AP上にAT＝ARとなる点Tをとると，$△AQT≡△AQR$なの

で，QT＝QR　△QPTは二等辺三角形であり，点QからAPに垂線QIを引くと，IはPTの中点となる。よって，$AI = AT + TI = z + \dfrac{3-z}{2} = \dfrac{z+3}{2}$

△AIQ∽△AHPなので，AI：AH＝AQ：AP　$\dfrac{z+3}{2} : \dfrac{7}{3} = y : 3$　$(3z+9) : 14 = y : 3$　$y = \dfrac{9z+27}{14}$　これを①に代入すると，$z\left(\dfrac{9z+27}{14}\right) = \dfrac{2}{9}$　$81z^2 + 9 \times 27z - 28 = 0$　$9z = X$とすると，$X^2 + 27X - 28 = 0$　$(X+28)(X-1) = 0$　よって，$X = 9z = 1$から，$z = \dfrac{1}{9}$　①に代入して，$\dfrac{1}{9}y = \dfrac{2}{9}$　$y = 2$　よって，AQ＝2，$AR = \dfrac{1}{9}$　PR＝QRのとき，△APR≡△AQR　よって，AP＝AQ＝3　$\dfrac{3}{6} \times \dfrac{3}{6} \times \dfrac{z}{6} = \dfrac{1}{324}$となる。よって，$z = \dfrac{1}{324} \div \dfrac{1}{24} = \dfrac{2}{27}$　よって，AQ＝3，$AR = \dfrac{2}{27}$

図Ⅰ 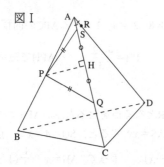　図Ⅱ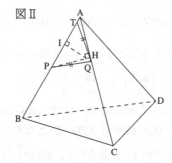

★ワンポイントアドバイス★

2の(2)，(3)は傾きの積が－1である2直線が垂直に交わることを用いる。3は十の位の数の積がポイントになる。4の(3)はARを△ABCの面に移して考えるとよい。(4)は3種類の二等辺三角形ができることに注意。

＜英語解答＞《学校からの正答の発表はありません。》

1　問1　イ　問2　thought were my friends started to stay away from me
問3　ア　(例)　自分にできないことについて考えるのではなく自分にできることについて考える　イ　(例)　本当の自分　問4　4-1　ウ　4-2　イ　4-3　ア
4-4　オ　4-5　エ　問5　different　問6　about it isn't going to do any good
to me　問7　(例)　私は決して他のだれにもなることはできないし，なりたいとも決して思わない。　問8　オ

2　問1　(1)　ウ　(2)　オ　(3)　ア　(4)　エ　問2　over　問3　エ
問4　ア　(例)　裸足の走者　イ　(例)　足の中央で着地する
問5　ア　(例)　土踏まず　イ　(例)　足への衝撃を減らす
問6　the arch as this is to imagine

3　(1)　enough　(2)　service　(3)　free　(4)　stories　(5)　last

4　(1)　hire　(2)　rode　(3)　route　(4)　flour　(5)　ours
5　ア，オ
6　(1)　three times as many books as　(2)　address and telephone number by heart
7　Part A　(1)　A　(2)　C　(3)　B
　　Part B　(1)　D　(2)　B　(3)　[A]　chocolate　[B]　1.50
　　Part C　(1)　C　(2)　D　(3)　B　(4)　A
　　Part D　(1)　B　(2)　C　(3)　C　(4)　D

○推定配点○
1　問1・問2・問4〜問6・問8　各2点×10　　問3・問7　各3点×3
2　問1〜問3・問6　各2点×7　　問4・問5　各3点×4　　3〜5　各2点×12
6　各3点×2　　7　各1点×15　　　計100点

＜英語解説＞
1　(長文読解問題・エッセイ：内容吟味，語句整序，指示語，文選択補充，英文和訳)
　(全訳)　なぜ私が？　私はしばしば自問する。なぜ私がそうならなくてはならなかったのか？　なぜ私が選ばれて皆と違うのか？　なぜ人々は私に対して意地悪で，いつも私を皆と違う扱いをするのだろう？　こうしたものが私がよく自らに発していた問いの種類である。私が答えを見つけ，自分が他のだれとも違っていないことを悟るのに10年を超える年月がかかった。
　私は1978年6月29日に生まれた。私と共に，双子の姉妹であるステファニーも生まれた。彼女は何の問題もなく生まれたが，私は脳性小児まひで生まれた。脳性小児まひは私を少しばかり震えさせた。姉が歩き始めたとき，私は歩けなかったからだ。医者たちは，私の場合は脳性小児まひがそれほど深刻ではないことを知っていた。しかし彼らは，私がまっすぐに歩けるか，あるいは同じ歳の他の子供たちにできることが私にできるかどうか知らなかった。
　よちよち歩きの幼児のときはとても簡単なことをするから，最初は自分の状態に困らされることはなかった。私があまりうまく走れなかったために屋外で遊ぶのにみんなよりも少し時間がかかったとき，友人たちはただ私が足が遅いと思っただけであった。私の問題は，他の子供たちが書き方を学んでいて私は学べなかったときに気づかれた。(2) 私が友人だと思っていた子供たちは，他の子供たちが私は皆と違っていると言ったので，私を避けるようになった。クラスメイトたちは私の話し方について言い始めた。彼らは，私がとても変な話し方をすると言った。だれかが私に意地悪をするたびに，私は泣き出し，いつも自分が違っていることで自分を責めたものだった。
　人々は，私が自分の名前を書くことが困難だったために，私はばかなのだと思っていた。だから，私がクラスでただ1人タイプライターを使っていたとき，私は自分が皆と違っているのだと感じ始めた。3年生が4年生に進級したときに事態はさらに悪くなり，私は留年しなくてはならなかった。教師たちが私は授業についていけるほど速くタイプを打てないと思ったために，私は進級することを許されなかったのだ。子供たちは私に，それはうそで，私が次の学年に進むのを許されなかった理由は私がばかだからだと言った。クラスメイトたちにいじめられたことには本当に傷ついた。
　みんなが私をいじめてそのことで私が泣くことに耐えたあと，4年生の10歳のときに私は自分自身の立場を守るようになった。私は，彼らにいじめをやめてほしければ，自分が彼らにやめさせられる人物にならなくてはならないのだと悟ったのだ。私はついに，私の真の友人がだれなのかを知り，意地悪な連中を無視しようとした。いつも自分にできないことについて考える代わりに，私は自分にできることについて考えようと努め，そのことが他の人々，そして私自身が，私が本当はど

のような人間であるのかを理解する手助けとなった。遊びのピクショナリーのような自分にできないことがあるときには，私は座ったり観察したりして，あるいは他に何かすることを見つけに行ったりしたものだった。数人の人々はまだ私をいじめたが，しばらくすると，反応がないことがわかるともうおもしろくもないので，彼らはいじめをやめた。彼らにわかっていなかったことは，そのことが私を実に傷つけるということだった。それは彼らには想像もできないほどに私をひどく傷つけた。

　今日私がいるところまで到達するのに，多くの精神力，家族と友人たちからの多くの愛情が必要だった。私は，私の状態に対してだれも責められるべきではないことを学んだ。私は，私にできることもあることを知っているし，私はそれらをとても上手にすることができる。一方で，授業中にメモをとるとか競走で走るといった，私にはできないこともあるが，<u>私はそうしたこととともに生きていかなくてはならないだろう</u>。今，10代半ばの女の子として，私は多くの大人が一生かけて学ぶことよりも多くのことを学んだと信じている。私は，<u>ある人々は親切にすることが怖いから意地悪くするだけなのだ</u>ということを理解するようになった。彼らは自分自身と他の人々に<u>自分が冷静であることを証明しようとするが，遅かれ早かれ，<u>彼らはあのようなひどいことを言わなければよかったと思うだろう</u>。多くの人々は，<u>肉体的に困難を抱えた人々に対してどのように振る舞い，何を言えばよいのかわからない</u>―自分たちと違っている人々に不快感を覚えるために，そのような人々に意地悪をして人生を送るだろう。

　親たちは自分の子供たちに，周りと違うことは問題ないことであり，周りと違っている人々と友人になっても問題ないということを教える必要がある。中には，肉体的あるいは精神的に困難を抱えている人々は残りの人生ずっと幼い子供のように扱われるべきだと考えている人もいる。彼らは，私たちには愛情も友人も必要ではないと考えているが，私たちが必要としているものは他のすべての人間のものと同じものなのだ。

　脳性小児まひなど抱えて生まれなければよかったと思うときがあるが，<u>(6)そのことで泣くのは私にとって何ら役に立たない</u>。私は一度しか生きることができないから，精一杯生きたいと思う。私は自分が本当はどのような人間であるのか，そして自分に何ができるのかを知ってうれしく思う。私はあるがままの自分に満足している。他のだれも，この文章を書いているアンジェラ・マリー・エリクソンになることはできないだろう。<u>(7)私は決して他のだれにもなることはできないし，なりたいとも決して思わない</u>。

問1　下線部は比較級を使った文を否定文にしたもの。「私は他のだれよりも違っている」を否定するので，「他のだれよりも違っているということはない（＝他のだれとも違わない）」という内容になる，したがって，イ「私は決して他の人々と違っていない」が適切。not ～ in any way は「決して～ない」という意味。アは「私はだれからも同等だと見なされている」，ウは「私はだれからも，他のだれとも同等に扱われている」，エは「私は，だれもがそうであるように，いくつかの点で他の人々と違っている」という意味。

重要　問2　(Kids that I) thought were my friends started to stay away from me (because they said I was different.)　Kids that の that は主格の関係代名詞で，Kids that were my friends「私の友人だった子供たち」ということ。これに I thought ～「私は～と思っていた」という意味が挿入された形で，「私が友人だと思っていた子供たち」という意味になる。stay away from ～ で「～を避ける」という意味を表す。なお，because 以下の they は直前の文にある other children のことで，筆者のことを自分たちと違うと言い出した子供たちのことである。

やや難　問3　下線部の主語は it，動詞は helped で，〈help ＋目的語＋動詞の原形〉で「～が…するのに役立つ，～が…する手助けをする」という意味を表す。it は直前の文の内容，「自分にできないこ

とについて考えるのではなく自分にできることについて考えること」を指し，下線部は，「自分にできないことについて考えるのではなく自分にできることについて考えることは，他の人や自分自身が～を理解するのに役立った」という内容になる。設問の空所イには間接疑問 who I really was の内容が入る。直訳すれば，「私は本当はだれなのか」となるが，ここでは自分本来の性格や個性や能力がどうであるのかという内容で解釈するのが適切。5字から15字でまとめるので，「本当の自分」（5字），「私が本当はどのような人間なのか」（15字）といった解答が考えられる。

問4　全訳を参照。4−1　直前で自分にできないことを具体的に挙げ，but でつないでいることから，自分にできないことがあることを認める内容になるウが適切。　4−2　空所の後の because 以下が空所に入る文の理由になる。「親切にするのが怖いために，逆に意地悪をする」という内容にすると文意が通る。　4−3　空所を含む文の主語 They は「親切にするのが怖いために，逆に意地悪をする人々」を指す。このような人々が証明したいと思うこととしてウを入れると，「ただ感情的に意地悪をするのではなく，冷静な判断に基づいて行動している」という内容になり，意地悪をする人々の言い訳となって文意も通り，前後の文とのつながりも自然になる。

4−4　「意地悪をする人々は自分が冷静であることを証明しようとする」という文前半の内容とbut でつながるので，そのような人々もいずれは後悔することになる，という内容になるオが適切。　4−5　空所には「多くの人々が肉体的に問題を抱える人々に意地悪をして人生を送る」ことの理由となることが入る。エを入れると，空所直後の「―（ダッシュ）」以下がエの内容を別の表現で言いかえていると考えられ，前後関係が成り立つ。

問5　下線部は〈It is ～ to ＋動詞の原形〉「…することは～だ」の構文。下線部の直前にも同じ形のit's alright to be different「（周りと）と違うことは問題ない」とあり，この部分との関係を考える。下線部の those who ～ は「～するような人々」という意味で，are の後に前半と同じdifferent を補うと「違うことは問題ないし，違う人々と友人になることも問題ない」となり，文意が通る。

重要　問6　(…, but crying) about it isn't going to do any good to me.　isn't と going があることから〈be going to ＋動詞の原形〉の文にする。動名詞 crying が主語。do good to ～ で「～の役に立つ」という意味で，ここでは否定文で用いる。この good は名詞なので，その前に否定文で用いる any をつけて「何ら役に立たない」という意味にする。

問7　最後の anyone else は2つある be に続く補語。ever は否定文で「決して（～ない）」という意味を表す。否定文中の anyone なので，「だれにも～ない」という意味になる。

問8　ア「筆者は若いとき，室内の活動をし続けざるをえなかった」（×）　第3段落第2文から，筆者が屋外で遊んでいたことがわかる。また，病気のせいで外に出て活動できなかったという記述はない。stick to ～ は「～にくっつく」という意味だが，ここでは「そのことだけをする」という意味で用いられている。　イ「筆者は，体を使った難しいゲームやスポーツをしていて転んだときにけがをした」（×）　体を使って活動していて転んでけがをしたという記述はない。

ウ「中年の大人として，筆者は体の問題を抱えながら人生を生き抜く方法を学んだ」（×）　第6段落第5文から，この時点で筆者は10代半ばであることがわかる。　エ「よちよち歩きの幼児のとき，筆者は自分の状態のせいで他の幼児が簡単にできることをすることができなかった」（×）第3段落第1文から，よちよち歩きをしていた頃は自分の状態のせいで行動が制限されることがなかったことがわかる。〈keep ＋目的語＋ from ～ing〉は「…に～させない（でおく）」という意味。オ「小学校で，筆者はクラスメイトの彼女への態度を変えるのは自分次第であることを悟った」（○）　第5段落第1，2文を参照。第2文「私は，彼らにいじめをやめてほしければ，自分が彼らに

やめさせられる人物にならなくてはならないのだと悟った」は，クラスメイトの態度を変えるのは自分次第であることを悟ったということであり，第1文「4年生の10歳のときに」から，それが小学生のときのことだったことがわかる。

2 （長文読解問題・説明文：語句選択補充，語句補充，指示語，内容吟味，語句整序）

（全訳） 走ることが健康を保つためのよい方法であることはだれでも知っている。多くの人々は走るということの単純さが気に入る。高価な用具も多くはいらない。質のよいランニング用のシューズが1足あればよいだけだ。ところが，その考えが変わってきている。研究者の中には，たぶんシューズはまったく必要ないと言う者もいるのだ。

これは，メキシコ北西部に住んでいるタラフマラ族にとっては驚くべきことではない。彼らの住む地域のでこぼこした地面のせいで，車よりも徒歩で移動する方が楽である。伝統的に，タラフマラ族は狩猟民族だった。彼らは長い距離を，ときには何日もの間，疲れたり死んだりするまで狩りの対象とした動物を追跡した。その結果，タラフマラ族にとって，とても長い距離を走ることは日常生活の一部となった。彼らはそのスタミナで知られていて，50マイル（80キロ）のレースを走る。タラフマラ族のアスリートが1968年のオリンピックでマラソンを走ったとき，彼らは26.2マイルだけ走った後でレースが終わることをわかっていなかったので，彼らは走り続けたのだ。彼らは，「[6]短すぎる」と不平を言った。

しかし，驚くべきところはこうだ。タラフマラ族の走者はランニング用のシューズをはかないのだ。タラフマラ族のシューズはとても単純だ。靴底は手作りのひもで足につけられた1枚のゴムである。これらのゴムはとがった物から彼らの足を保護するが，それらは支えたり衝撃を和らげたりはしない。

世界で最も優秀な走者の何人かがランニング用のシューズをはかないということが，どうしたら可能なのだろうか。科学的な研究によって，タラフマラ族が何世紀も前から知っていたあることを調べ始めている。人間の体は裸足で走る作りになっているということだ。最近の研究で，研究者たちはビデオカメラを使って，裸足のときにアスリートがどのように走るのかを見た。研究によって，裸足の走者は足の中央で着地することが明らかになった。こうすると，土踏まずが衝撃を減らすのだ。それから，その力は脚を通して上方に送られる。

裸足の走者を横から見ると，このことがなぜ理にかなっているのかがわかる。自然な，裸足の一歩には，シューズをはいて走るよりも2つの明らかな利点がある。まず，一段高い土踏まずは足の天然の緩衝材なのだ。衝撃力が地面に向かって足を押しつけるときに，土踏まずは平たく広がる。そのことが衝撃のエネルギーを減らすのだ。次に，足が地面を離れるときに，そのエネルギーが脚の上の方へ戻っていく。このことは脚が次の一歩へと上がるのに役立つ。(9)土踏まずをこのように理解する1つの方法は，トランポリンを想像することである。下への動きが上へ向かう力にかわって，走者のスピードを増すのである。

問1 (1) in shape「健康な状態で」 (2) appeal to ~「~の気に入る」 (3) not ~ at all「まったく~ない」 (4) on foot「徒歩で」

問2 最初の空所は，「終わっている」の意味の over。後の空所は，advantage over ~「~に対する[優位]」の over。

問3 第2段落最後の2文を参照。長距離を走ることを得意とし，80キロのレースもこなすタラフマラ族にとって，その半分ほどのマラソンは物足りないと考えられる。また，マラソンが終わったことを知らずにその後も走り続けたことからも，エが適切。

問4 they, this が指す人物，内容を考える。they は do「する」の主語で複数であることから，直前の文の barefoot runners「裸足の走者」を指すと考えるのが適切。裸足の走者がすること

は，同じく直前の文の land on the middle of their foot「足の中央で着地する」である。

問5　下線部の後は，「裸足の一歩には2つの利点がある」という内容が続き，その2つの利点が First, ～．… Second ～．と列挙されている。ここでは，1つ目に挙げられている答えをまとめるので，First, の後の部分をまとめる。この文の主語は the raised arch「一段高くなっている土踏まず」で，それについて the foot's natural shock reducer「足の天然の緩衝材」と説明しているので，イについては，「足への衝撃を減らす」のように簡潔にまとめるとよい。

重要　問6　(One way to understand) the arch as this is to imagine (a trampoline.)　understand の目的語を考え，One way to understand the arch as this「土踏まずをこのようなものとして理解するための1つの方法」を主語にする。この文の前で土踏まずの説明をしていることから，後の trampoline を土踏まずの機能を説明するために挙げた例と考えて，is を動詞として to imagine a trampoline「トランポリンを想像すること」を補語とする。

基本　③　（語句補充）

(1)　enough を入れると，上の英文は「妙なことだが，私が外に出ようとするといつも雨が降り出す」，下の英文は「彼の不平にはうんざりしている。もう十分だ」という意味になる。上の英文の strangely enough は「妙なことだが，奇妙な話だが」という意味。下の英文の I've had enough. は，「これまで十分に～した」ということで，食べ物などを勧められて「もう十分いただきました」などと言う場合にも用いられる。

(2)　service を入れると，上の英文は「このレストランでは，食べ物はおいしかったが，食べ物が出てくるの(＝食べ物を出すこと)がとても遅かった」，下の英文は「祭りの間は駅からシャトルバスが運行される」という意味になる。上の英文の service は「食事などを出すこと」，下の service は「交通機関の便」という意味。

(3)　free を入れると，上の英文は「彼の痛みが完全になくなるまで数日かかった」，下の英文は「このパンフレットは無料でお持ちできます」という意味になる。上の英文の free of ～ は「～がない」状態を表す表現。下の英文の free は「無料の」の意味。for free で「無料で」という意味を表す。

(4)　stories を入れると，上の英文は「この新しい建物は5階建てだ」，下の英文は「母は私に，日本の古いおとぎ話からいくつかの物語を話してくれたものだ」という意味になる。上の英文の stories は「階」の意味の story の複数形，下の英文の stories は「物語」の意味の story の複数形。

(5)　last を入れると，上の英文は「あなたに最後に会ってから，私は数回引っ越した」，下の英文は「この寒い天候はもう1週間続くだろう」という意味になる。上の英文の last は「最後に」の意味の副詞，下の英文の last は「続く」の意味の動詞。

④　（同音異義語）

(1)　上の英文の空所には higher「high(高い)の比較級」を入れて，「富士山は日本の他のどの山よりも高い」という英文にする。下の英文の空所には hire「雇う」を入れて，「私たちは新学年に向けてもう1人教師を雇う必要がある」という英文にする。

(2)　上の英文の空所には road「道」を入れて，「この道を行けば浜辺に着きます」という英文にする。下の英文の空所には rode「ride(乗る)の過去形」を入れて，「私は昨日，初めて馬に乗った」という英文にする。

(3)　上の英文の空所には root「根」を入れて，「その古い木の根が地面から出てきていた」という英文にする。下の英文の空所には route「道，ルート」を入れて，「大通りはとても混雑しているので，あなたは別の道を行った方がよい」という英文にする。

(4) 上の英文の空所には flower「花」を入れて,「中には日本の生け花に興味を持つ外国人もいる」という英文にする。下の英文の空所には flour「小麦粉」を入れて,「このケーキを作るには, 小麦粉, 卵, 砂糖, ミルクがなくてはならない」という英文にする。

(5) 上の英文の空所には hours「hour(時間)の複数形」を入れて,「この仕事を終えるのにあと3時間必要だ」という英文にする。下の英文の空所には ours「私たちのもの」を入れて,「あなたの両親は2人とも大阪出身で, 私たちの両親は東京出身だ」という英文にする。

5 (正誤問題:現在完了, 受動態, 関係代名詞, 接続詞, 助動詞)

ア 「この部屋には2匹のイヌがいる。1匹は白くて, もう1匹は黒い」 another を the other に直す。2つ[人]について「一方は~, もう一方は…」と言う場合, 最初の一方を one で指し, 残りのもう一方を the other で表す。

イ 「私はジョンと結婚して以来, これらの鳥の世話をする責任がある」 正しい英文。have been は継続用法の現在完了。

ウ 「この学校に所属している生徒たちは, すべての基礎クラスを受けるように助言される」 正しい英文。〈advise＋人＋to＋動詞の原形〉「(人)に~するように助言する」を受動態で用いた文。

エ 「姉[妹]が作ったクッキーはとてもおいしかったので, 私はそれらを食べるのをやめられなかった」 正しい英文。cookies と my sister の間に関係代名詞が省略された文。so ~ that …「とても~なので…」。stop「やめる」は動名詞を目的語にとる。

オ 「A:私は最初に何をすればいいですか。／B:最初に, 野菜を切る必要があります。／A:わかりました。次は何ですか」 At first の At が不要。at first は「最初は」という意味だが,「最初は~だったが, 最後には…」と後に対照的な結果になったことを表す場合に用いる。ここでは単に「最初に~, 次に…」と順序を表しているので first を用いるのが適切。

カ 「A:あなたのお兄[弟]さんはどこにいるのですか。／B:わかりませんが, この階の部屋の1つにいるにちがいありません。／A:彼を見つけに行きましょう」 正しい英文。この場合の must は「~にちがいない」の意味。〈go and＋動詞〉「~しに行く」

6 (語句補充問題:比較)

(1) 「~倍…」は as ~ as … の前に「~倍」を表す語句を置いて表す。

(2) 「暗記する」は learn ~ by heart で表す。

7 (リスニング問題)

Part A　Listen to the conversation and choose the correct answer for each question.

Kenji: Hey, John. What are you doing with that rope?

John : Oh. Hi, Kenji. I'm fishing for treasure.

Kenji: Treasure, with a rope?

John : Yes, it's called magnet fishing. It's like regular fishing, but instead of a fishing rod, a fishing line, and a hook, I use a rope and a really strong magnet.

Kenji: Interesting. So, if I want to try magnet fishing, what do I need?

John : The basics are a strong rope and a powerful magnet. You must also bring gloves, a hat, and rubber boots.

Kenji: I have some of those already. Anything else?

John : You don't need them, but sometimes I bring a water bottle, a bucket, and a brush.

Kenji: OK. Have you actually caught anything interesting?

John : Yes, I caught a bicycle last week and today I caught this pair of scissors. Oh, and one time I caught a smartphone.

Kenji: Really!

John : But my friend, Paul, caught a kitchen knife and some foreign coins!

Kenji: You can make money by magnet fishing? Wow! I have to try this now.

Part A　会話を聞いて，それぞれの質問に対する正しい答えを選びなさい。

ケンジ：やあ，ジョン。そのロープで何をしているの？

ジョン：ああ。やあ，ケンジ。宝探しをしているんだよ。

ケンジ：ロープで宝を？

ジョン：うん。これはマグネットフィッシングって言うんだ。普通の釣りのようだけど，釣り竿と釣り糸と釣り針の代わりにロープとすごく強力な磁石を使うんだ。

ケンジ：おもしろいね。で，もし僕がマグネットフィッシングを試したいなら，何が必要？

ジョン：基本は，強いロープと強力な磁石。手袋と帽子とゴムの長靴も持って来ないといけない。

ケンジ：僕はすでにそれらを持っているよ。他には？

ジョン：必須ではないけど，僕はときどき水筒とバケツとブラシを持って来たりするよ。

ケンジ：わかった。実際に何かおもしろい物を釣ったことがあるの？

ジョン：うん。先週は自転車，そして今日はこのハサミを釣ったよ。ああ，それと一度，スマートフォンを釣った。

ケンジ：本当！

ジョン：でも，友達のポールは包丁と何枚か外国のコインを釣ったよ！

ケンジ：マグネットフィッシングでお金を稼げるってこと？　わぁ！　今すぐやってみなきゃいけないな。

(1)　マグネットフィッシングをするにはロープと磁石が必要です。ジョンによると，他にどんな道具を持っていなければなりませんか。

A　手袋と帽子とゴムの長靴。

B　帽子と水筒とバケツ。

C　手袋と水筒とブラシ。

D　ゴムの長靴とバケツとブラシ。

(2)　写真を見なさい。どの物の組み合わせをポールは釣りましたか。

(3)　会話は何についてですか。

A　釣り竿でお金を稼ぐ方法。

B　水中から金属の物を取る方法。

C　マグネットフィッシングに必要な物をどこで買うべきか。

D　川や湖や海の底を掃除する新しい方法。

Part B　Listen to a customer ordering at a donut shop. Choose the correct answer for questions (1) and (2), and fill in the blanks [A] and [B] on the receipt.

Employee: Hello, and welcome to Tim's Donuts. Can I take your order, please?

Customer : Yes, I would like an old-fashioned donut, a chocolate donut, and soup.

Employee: What kind of soup would you like? Cream of mushroom or chicken noodle?

Customer : I'll have the cream of mushroom.

Employee: OK. Would you like anything to drink with your order?

Customer : Yes. Can I get a straight tea, please?

Employee: Straight tea? Sorry, I don't understand what you mean.

Customer : You know, tea with no milk or sugar.

Employee: Oh, we usually just say, "I take my tea with no milk or sugar."
Customer : Ah, is that how you say it? Thanks. I'll remember that for next time.
Employee: You're welcome. In case you change your mind, the milk and sugar are on the counter to your left. Would you like anything else?
Customer : No, thank you.
Employee: Is that for here or to go?
Customer : To go where?
Employee: Did you want to eat your food here or take it home?
Customer : Oh, is that what you meant? Sorry, for here.
Employee: Your total will be $6.80.
Customer : Here's my card.

Part B　ドーナツ店で注文をしている客の会話を聞いて，(1)と(2)それぞれの質問に対する正しい答えを選びなさい。また，レシートの[A]と[B]の空欄を埋めなさい。

従業員：こんにちは，ティムズドーナツへようこそ。注文を取らせていただけますか？
客　　：はい，オールドファッションドーナツとチョコレートドーナツとスープをください。
従業員：どのようなスープがよろしいですか？　マッシュルームクリームですか，それともチキンヌードルですか？
客　　：マッシュルームクリームをいただきます。
従業員：わかりました。ご注文と一緒に何か飲み物はいかがですか？
客　　：はい。ストレートティーをもらえますか？
従業員：ストレートティー？　申し訳ございませんが，おしゃっていることの意味がわかりません。
客　　：ほら，ミルクと砂糖なしの紅茶です。
従業員：ああ，私たちはふつう，ただ「ミルクと砂糖なしの紅茶をもらう」と言います。
客　　：あっ，そう言うんですか？　ありがとう。次回のために覚えておきます。
従業員：どういたしまして。万が一お気持ちが変わったときのために，ミルクと砂糖は左側のカウンターにあります。他に何かいかがですか？
客　　：結構です。
従業員：店内でお召し上がりですか，それともお持ち帰りですか？
客　　：どこに行くためですって？
従業員：食事をここで食べたいですか，それともご自宅に持って帰りたいですか？
客　　：ああ，そういう意味ですか？　すみません，店内で食べます。
従業員：合計で6ドル80セントです。
客　　：カードをどうぞ。

(1)　最終的に，客は何を注文しましたか。
　A　ドーナツ1個とチキンスープと砂糖入りミルクなしの紅茶。
　B　ドーナツ1個とマッシュルームのクリームスープとミルク入り砂糖なしの紅茶。
　C　ドーナツ2種類とチキンスープとミルクと砂糖入りの紅茶。
　D　ドーナツ2種類とマッシュルームクリームのスープとミルクと砂糖なしの紅茶。
(2)　どの文言が正しいですか。
　A　客は注文した物を家に持ち帰ることにした。
　B　客は注文している間に for here or to go の言い方を習った。

C 客は食事代を支払い，従業員は彼におつりを渡した。

D 客は支払いの前にどの食べ物と飲み物を注文するか決めるのに苦労した。

(3) レシートの[A]と[B]の空欄を埋めなさい。　※[B]には算用数字で値段を書きなさい。

```
            ティムズドーナツ
            233ダンカン通り
         カルガリー，アルバータ州
            (250)555-5557


      2020年2月1日(午前10：50)


  オールドファッション  1つ    1ドル15セント
  [  A  ]             1つ    1ドル15セント
  スープ               1つ    3ドル
  紅茶                 1つ    [  B  ]
  合計
```

Part C　Listen to the conversation and choose the correct answer for each question.

Ken: Hi, Jill. Are you also going to Tom's house party tomorrow?

Jill ： Oh. Hi, Ken. Yes, I am. So, how do you know Tom?

Ken: He joined my soccer club a couple of weeks ago. Since I didn't have any plans, he invited me to the party.

Jill ： Oh, really? I have known him for a long time. By the way, I have basketball practice until 4:30. So I am not sure if I can make it on time. The party starts at 5:30 in the evening, right?

Ken: Ah, no. It's an hour later.

Jill ： Oh, good!

Ken: I'm really looking forward to going. And you?

Jill ： Not really. I have to hand in my history report by Monday.

Ken: But it's already Friday! So, why are you going then?

Jill ： Tom wants me to meet his friend who is visiting here from Paris. So I couldn't say no and Tom is a good friend. Also, I can practice speaking French with his friend.

Ken: I see. What's your report on? Maybe I can help you with it.

Jill ： I have to write about the first European to visit North America. I think it was Christopher Columbus. I'm going to write about him.

Ken: Ah, I am not a history expert, but I think it might be a good idea to look at that again. You said, North America, right?

Jill ： Yes.

Ken: Scientists recently discovered that the Vikings had lived in Canada for a while more than a thousand years ago.

Jill ： Oh, I'm going to have to check that then. Thanks for the help and I'll see you at the party.

Part C　会話を聞いて，それぞれの質問に対する正しい答えを選びなさい。

ケン：やあ，ジル。君も明日，トムの家のパーティーに行くの？

ジル：ああ，こんにちは，ケン。ええ，行くわ。どうしてトムを知ってるの？

ケン：数週間前に，彼が僕のサッカー部に入部したんだ。僕は何も用事がなかったから，彼がパーティーに招待してくれたんだよ。

ジル：ああ，本当？　私は彼と長年の付き合いなのよ。ところで，私は4時30分までバスケットボールの練習があるの。だから，パーティーに間に合うかわからないわ。パーティーは夕方の5時30分に始まるのよね？

ケン：えっ，違うよ。1時間後だよ。

ジル：ああ，よかった！

ケン：僕は行くのをすごく楽しみにしてるんだ。君は？

ジル：そんなに楽しみにしてないわ。月曜日までに歴史のレポートを提出しなければならないから。

ケン：でも，もうすでに金曜日だよ！　じゃあ，どうして君は行くの？

ジル：トムがパリからここに来ている友達を私に会わせたがっているの。だから，無理って言えなかった。トムはいい友達だし。それに，彼の友達とフランス語を話す練習ができるしね。

ケン：なるほど。君のレポートは何についてなの？　僕が手伝えるかも知れない。

ジル：北アメリカを訪れた最初のヨーロッパ人について書かなければならないの。それはクリストファー・コロンブスだと思う。彼について書くつもり。

ケン：えっ，僕は歴史の専門家ではないけど，もう一度確認したほうがいいと思うよ。北アメリカって言ったよね？

ジル：ええ。

ケン：1,000年以上前のある期間，バイキングがカナダに住んでいたことを，科学者たちが最近，発見したんだよ。

ジル：えっ，それじゃあ，それを調べなくてはならないわね。手伝ってくれてありがとう。パーティーで会いましょう。

(1)　パーティーは何時に始まる予定ですか。

A　5時30分に。　　　B　4時30分に。　　　C　6時30分に。　　　D　6時45分に。

(2)　ジルはパーティーを楽しみにしていますか。

A　はい，しています。彼女は午後に歴史の授業があるが，パーティーには間に合う予定だ。

B　はい，しています。彼女はトムの友達に会ったことがなく，彼の友達とフランス語の練習をしたいと思っている。

C　いいえ，していません。彼女は一度だけトムに会ったことがあり，彼に会うことに緊張する。

D　いいえ，していません。彼女は月曜日までに先生に渡す必要がある歴史のレポートがある。

(3)　トムはジルに何をしてほしがっていますか。

A　彼をケンに紹介する。

B　フランス出身の彼の友達に会う。

C　彼の友達とフランス語の練習をする。

D　ケンに彼女のレポートの手伝いを頼む。

(4)　どの文が正しくありませんか。

A　長年の知り合いなので，トムはケンを招待した。

B　ケンは今週の土曜日暇で，パーティーにとても出席したがっている。

C　ケンとジルは今週末にトムの家で開かれる予定のパーティーに行くつもりだ。

D　北アメリカに最初に来たヨーロッパ人がだれだったかについて，ジルはおそらく間違っている。

Part D　Listen to the monologue and choose the correct answer for each question.

Many people know that plastic is not good for the environment. You have probably heard that plastic is in our oceans, lakes, and rivers. You might have also seen pictures of sea turtles trying to eat plastic bags. These plastics and some other garbage are gathered together by the movement of the ocean. In the Pacific Ocean, this huge collection of garbage is called the Great Pacific Garbage Patch. This group or patch of garbage is so long that it stretches from North America to Japan and can be divided into two groups: the Western Patch, which is near Japan, and the Eastern Patch, which is located between Hawaii and California.

However, in recent studies, scientists found that oceans and rivers are not the only ways plastic is being spread. They looked at the snow in places far away from large cities or oceans such as the Arctic and the mountains in Southern France. There, they found plastic in the snow. This proved that small pieces of plastic are being carried in the air. A lot of these pieces were about half the size of a human hair. This is a major problem for people and animals. First, we are breathing in these small pieces of plastic, which may be bad for our health. Next, and more importantly, after the snow melts, the water carries the plastic to rivers and oceans. There, animals and fish eat the plastic and then we eat them. This can make us sick.

Part D　話を聞いて，それぞれの質問に対する正しい答えを選びなさい。

プラスチックが環境に良くないことは多くの人が知っている。あなたたちは多分，プラスチックが私たちの海や湖や川の中にあるということを聞いたことがあるだろう。ビニール袋を食べようとしているウミガメを見たこともあるかも知れない。これらのプラスチックと他のいくつかのゴミは海の動きによってひとまとめにされる。太平洋では，この巨大なゴミの集積は太平洋ゴミベルトと呼ばれる。このゴミの集まりまたは区画は北アメリカから日本まで伸びるほど長く，2つのグループに分けられる。日本の近くにある西区画と，ハワイとカリフォルニアの間に位置する東区画だ。

しかし，最近の研究で科学者たちは，海や川がプラスチックを拡散させている唯一の経路ではないということを発見した。彼らは，北極や南フランスの山のような大都市や海から遠く離れた場所の雪を調べた。そして，彼らはその雪の中にプラスチックを見つけた。小さなプラスチックの粒子が空気中を漂って運ばれていることが判明したのだ。これらの粒子の多くは人間の髪の毛の半分ほどの大きさだ。これは人間と動物にとって重大な問題だ。まず，私たちはこれらのプラスチックの小さな粒子の中で呼吸をしている。それは私たちの健康に悪いかも知れない。次に，そしてもっと重大なことには，雪が溶けたあと水がそのプラスチックを川や海に運ぶ。そして，動物や魚がそのプラスチックを食べ，私たちがそれらを食べる。それは私たちを病気にする可能性がある。

(1)　話によると，どの場所の間に東ゴミベルトは位置していますか。

A　日本とカナダ。　　B　ハワイとカリフォルニア。

C　北極とハワイ。　　D　日本とアメリカ合衆国。

(2)　話に出てくる科学者たちはプラスチックが空気中にもあることをどうやって証明しましたか。

A　太平洋の近くの場所の雪を調べることによって。

B　川が海に合流する場所を調べることによって。

C　大都市や海から離れた場所の雪を調べることによって。

D　北極と南フランスの山の風を調べることによって。

(3)　話によると，人間の髪の毛の大きさは空気中のプラスチックの大きさと比べてどのくらいですか。

A　約半分の大きさ。　　　B　ほぼ同じ大きさ。

C　約2倍の大きさ。　　　D　約3分の1の大きさ。

(4)　話の中で主に何が説明されていますか。

A　日本とハワイの間を移動しているゴミの区域。

B　海の近くの大都市で発見されたプラスチックとゴミ。

C　世界中でプラスチックを研究するための最も重要な方法。

D　海の中のプラスチックとゴミと空気中のプラスチックの小さな粒子。

★ワンポイントアドバイス★

1の問4は，空所の前後の内容に注意することはもちろんだが，最初から順に空所をうめようとせず，どこでもよいので確実に適切と思われるところからうめて，選択肢を減らしていくのが効率的である。

<理科解答>　《学校からの正答の発表はありません。》

1　問1　ア，カ　　問2　ア，ウ　　問3　青色　　問4　①　0.9　　②　水酸化物
　　問5　NaCl　　問6　2.8%　　問7　ウ

2　問1　イ　　問2　木星　ク　　金星　イ　　問3　木星　ア　　金星　イ
　　問4　木星　ア，カ　　金星　ア，エ　　問5　木星　ア　　金星　ウ
　　問6　木星　ウ　　金星　ウ

3　問1　①　屈折　　②　虚像[正立の虚像]　　問2　下図
　　問3　1.6cm　　問4　2.2cm　　問5　4.0cm　　問6　6.0倍

4　問1　エ　　問2　弁2　G　　弁3　A　　問3　毎分4200mL　　問4　ウ
　　問5　(1)　下線部1　血しょう　　下線部2　組織液　　(2)　イ，エ

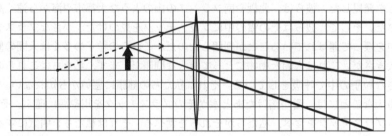

○推定配点○

1　問1～問3　各1点×3　　問3～問6　各2点×5　　2　各1点×11

3　問1・問2　各1点×5　　問3～問6　各2点×4

4　問1～問4　各2点×5　　問5　各1点×3　　計50点

＜理科解説＞

1 （酸・アルカリと中和―塩酸の電気分解と中和）

問1 塩酸を電気分解すると，$2HCl \rightarrow H_2 + Cl_2$により，陰極から水素$H_2$，陽極から塩素$Cl_2$が発生する。水素は，マグネシウムなどの金属を，硫酸などの強い酸に溶かすことでも発生する。

重要 問2 ア：正しい。水溶液に電流が流れたのは，水溶液中にイオンが存在したためである。イ：誤り。陽極に集まる気体が少ないのは，重さが原因ではなく（確かに空気より重いが），発生した塩素が水に溶けてしまったためである。ウ：正しい。塩素には漂白作用があり，インクの色が薄まった。エ：誤り。この実験では塩素が水に溶けたために，気体の体積を正しく測定できず，1：1であることまでは確認できない。

問3 アルカリ性の水酸化ナトリウム水溶液を過剰に加えると，BTB液は青色になる。

問4 ① 2.7％の塩酸25mLと，5.0％の水酸化ナトリウム水溶液15mLが過不足なく中和している。液の密度がどれも1.0g/cm³だから，反応した質量の比は，次のようになる。

$25 \times 1 \times 0.027 : 15 \times 1 \times 0.05 = 0.675 : 0.75 = 0.9 : 1.0$

② 中和では，水素イオンH^+と水酸化物イオンOH^-が，1：1の個数比で結びつく。

問5 化学反応式は，$HCl + NaOH \rightarrow NaCl + H_2O$である。残る白色の固体は，塩化ナトリウム（食塩）であり，化学式は$NaCl$である。

問6 40mL＝40gの水溶液に，塩化ナトリウムが1.1g含まれるから，その質量パーセント濃度は，$1.1 \div 40 \times 100 = 2.75$で，四捨五入により2.8％である。

重要 問7 塩酸（H^+，Cl^-）に，水酸化ナトリウム水溶液（Na^+，OH^-）を加えると，はじめはH^+がOH^-と結びついて消費されるが，それと同数のNa^+が入ってくるため，陽イオンの合計数は変化しない。中和点に達した以降は，H^+はなくなっているが，Na^+が増加する一方である。

2 （地球と太陽系―木星と金星の動き）

基本 問1 水星や金星は，夕方日没後の西の空か，明け方日の出前の東の空に見える。図1では，太陽の方向が東の地平線に近い。

問2 地球から見て金星が太陽から最も離れて見えるのは，地球から金星軌道に接線（図2の破線）を引いたときの接点に金星が位置するとき（イとウの間）である。それを少し過ぎているので，金星はイの位置にある。木星は地球から見て金星のやや右にあるので，クの位置にある。

問3 木星のような外惑星は，わずかに満ち欠けをするものの，ほとんど丸く見える。金星は，図2の接点（イとウの間）に金星が位置するときに半月型に見え，本問ではそれより遠くにあるから，半月型よりやや膨らんで見える。

問4 木星は太陽系で最も大きい惑星だが，大半が水素やヘリウムのような軽い物質でできており，密度は地球より小さい。地球から見た木星は，大気と雲の上端が見えているのであって，内部は見えない。また，地球型惑星のような岩石の地面はなく，地表ははっきりしない。自転周期は10時間ほどで，地球より短い。衛星の数は70個を超えている。環はあるが，地球からは高性能の望遠鏡でなければ見ることができない。金星は，二酸化炭素を主成分とする濃い大気があり，猛烈な温室効果のため480℃程度という高温で，太陽系の惑星で最高である。雲におおわれていて地表は見えない。自転周期は243日で，公転周期より長い。衛星や環はない。

問5 図2でイの位置にある金星は反時計回りに公転するから，地球から見たとき，日々太陽に近づくように見える。つまり，毎日同じ時刻に撮影すると，金星は東側（左下側）に少しずつずれていく。一方，木星も反時計回りに公転しているが，その速さが地球より遅いため，地球から見たとき時計回りに動いていることになり，西側（右上側）にずれていく。

やや難 問6 問題文のように，問題の時期は木星も金星も順行をしている。だから，木星も金星も，恒星

を基準に考えると，東側(左下側)に少しずつずれていく。

3 （光の性質—レンズでできる像）

問1　焦点距離よりも内側のA点にろうそくがあると，レンズによる光の屈折によって，ろうそくと同じ側に正立の虚像が見える。

問2　焦点から出た光は，レンズを通ったあと凸レンズの軸(光軸)に平行に進む。光軸に平行にレンズに入射した光は，レンズを通ったあと焦点を通る。レンズの中心を通る光は直進する。これら3本の光を図示すればよい。

問3　問2で作図した3本の直線を左側に伸ばしていくと，一点に集まる。個の一点が，物体の先端の虚像の位置である。図2は1目盛りが0.4cmだから，虚像の位置は，レンズから左に4.8cmであり，凸レンズの軸から上に1.6cmとなる。つまり，物体は2倍に拡大されて見える。

やや難　問4　水晶体は厚さを変えることができるので，焦点距離も変わる。近い物体を見るときには，水晶体を厚くして焦点距離を短くする。焦点距離を最も短くしたときに見える物体の最小の距離が明視の距離である。つまり，物体が明視の距離24.0cmにあるとき，焦点距離は最小で，水晶体から網膜にある倒立の実像までの距離は2.4cmである。

そこで，右図のように，明視の距離にある物体の先端をA，その倒立の実像をB，レンズの中心をO，焦点をF，その他C，D，Eの点を取る。△ADO∽△OEBだから，DO：EB＝CO：OE＝24.0：2.4＝10：1である。また，△DOF∽△BEFだから，OF：EF＝DO：BE＝10：1である。OE＝

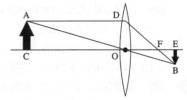

2.4cmだから，焦点距離OFは，$2.4 \times \frac{1}{10+1} = 2.18\cdots$で，四捨五入により2.2cmとなる。

なお，写像公式を使えば，$\frac{1}{24} + \frac{1}{2.4} = \frac{1}{f}$より，$f = \frac{24}{11} = 2.18\cdots$で2.2cmとなる。

やや難　問5　右図のように，物体の先端をA，明視の距離にある正立の虚像をB，レンズの中心をO，焦点をF，その他C，D，Eの点を取る。△BEF∽△DOFだから，BE：DO＝EF：OF＝28.8：4.8＝6：1である。また，△BEO∽△ACOだから，EO：CO＝BE：AC＝6：1である。EO＝24.0cmだから，CO＝24.0÷6＝4.0cmとなる。

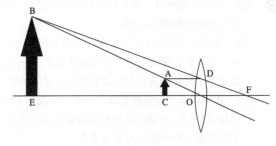

なお，写像公式を使えば，より，$\frac{1}{a} - \frac{1}{24.0} = \frac{1}{4.8}$より，$a = 4.0$cmとなる。

問6　問5のことから，凸レンズを使うと物体は6.0倍の大きさに見える。つまり，明視の距離に物体をそのまま置いた像を見るのに比べ，明視の距離にできた像を見ると，6.0倍の大きさに見える。

4 （ヒトのからだのつくり—心臓の拍動のしくみ）

問1　ア：正しい。図3のBがあてはまる。イ：正しい。図3で，右心室の最大の心室圧よりも高い時期がある。ウ；正しい。図3で，1回の拍動での体積変化は，どちらも135mL－65mL＝70mLで等しい。エ：誤り。図3では収縮のタイミングは読めない。

問2　弁2が開いているとき，血液が右心室から肺動脈へ流出するので，右心室の体積が減少するGがあてはまる。弁3が開いているとき，血液が左心房から左心室に流入するので，左心室の体積が増加するAがあてはまる。

問3　左心室の1回の拍動での体積変化は，135mL－65mL＝70mLである。1分間に60回拍動するから，

送り出される血液量は，毎分70×60＝4200mLである。

問4　左右の心室で1回拍出量が異なる場合，例えば左心室より右心室が少ない場合，右心室→肺→左心室の血液量が減るので，左心室の拍出量がまかなえない。逆も同様の不都合がある。なお，アは実際に臓器ごとに血液量は異なる。イは実際に場所によって血流速度が異なる。エは，出入りの酸素量の差が組織や細胞に与えられる。

問5　(1)　血液中の液体成分である血しょう(血漿)は，血管の壁からしみだして，組織液となる。

(2)　ア：誤り。組織液に赤血球は含まれない。イ：正しい。血液中の養分は，組織液を仲立ちにして細胞に渡される。ウ：誤り。アンモニアは血液によって肝臓に送られ，尿素に変えられる。エ：正しい。細胞で生じた二酸化炭素は，組織液を仲立ちにして血液に渡される。

━━★ワンポイントアドバイス★━━

問われている内容について，適切に模式図を描き，図の上で動きや規則性を考える習慣を身につけよう。

＜社会解答＞　《学校からの正答の発表はありません。》

1　問1　ウ　　問2　ア　　問3　高句麗　　問4　阿倍仲麻呂　　問5　長安　　問6　イ
　　問7　エ　　問8　兵庫(県)神戸(市)　　問9　(例)　兵を用いる(ようなこと)
　　問10　世界の記述[東方見聞録]　　問11　能　　問12　勘合貿易　　問13　ア
　　問14　江華島事件　　問15　ア　　問16　(例)　朝鮮が完全な独立国であることを認めた。
　　問17　扶清滅洋

2　問1　(1)　オ　　(2)　イ　　問2　(1)　B　メキシコ　　C　スペイン
　　(2)　A　(記号)　ウ　　(首都)　モスクワ　　B　(記号)　イ　　(首都)　メキシコシティ
　　(3)　(ⅰ)　愛知県　　(ⅱ)　ウ　　問3　(1)　エ　　(2)　ア
　　(3)　(例)　季節による流量の変化が大きく，用水に不便だから。
　　問4　(1)　D　ユダヤ(教)　　E　イスラム(教)　　F　キリスト(教)
　　(2)　(記号)　エ　　(都市)　エルサレム　　(3)　(記号)　Y　　ホルムズ(海峡)

3　問1　エ　　問2　中国　　問3　少子化　　問4　ウ　　問5　A　オ　　B　ア　　C　イ
　　問6　ア　　問7　イ　　問8　(1)　イ　　(2)　(例)　消費税は，原則として，品物やサービスに対し，一律に課せられるので，収入の少ない人ほど税の負担割合が高くなるから。
　　問9　エ　　問10　ウ　　問11　環境　　問12　A　25　　B　勤労　　C　国会

○推定配点○
1　各1点×17　　　2　各1点×16(問2(2)A・B，問4(2)・(3)各完答)　　　3　各1点×17
計50点

＜社会解説＞
1　(日本と世界の歴史―中国の皇帝を題材にした歴史)

問1　「日出づる処の天子，書を日没する処の天子に致す」という表現は，倭(日本)の天子(天皇)と中国の天子(皇帝)が対等な関係にあることを意味している。このことは，中国が主人，日本が家来というこれまでの上下関係を否定するものであり，これを煬帝は不快に感じたのである。

問2　煬帝が即位した604年，日本では聖徳太子が十七条の憲法を制定した。また，この前年の603年には，聖徳太子が冠位十二階の制を定め，冠の色で役人の地位を区別することとした。イは645年，ウは7世紀後半，エは741年以降。

問3　高句麗は，ツングース系の民族が前1世紀に鴨緑江岸に建国した国で，4世紀の初め，楽浪郡を滅ぼし，朝鮮半島北部を領有した。4世紀末〜5世紀，好太王(広開土王)が倭と戦ったころが全盛期。668年，唐・新羅に滅ぼされた。

基本　問4　阿倍仲麻呂は，奈良時代の遣唐使留学生，唐の官吏。717年，吉備真備，玄昉らとともに入唐。科挙に合格し，唐の皇帝玄宗に仕え，李白，王維などの文人と交流した。753年帰国の途中に難破し，唐に戻り，再び唐に仕え，その地で没した。「天の原…」という故国をしのんだ歌は有名。

基本　問5　長安は，中国中東部，黄河支流の渭水(いすい)下流域にあった古都。現在は陝西省の省都で，西安とよばれる。

問6　口分田は，6歳以上の男女に支給されたが，男子は2段(約24アール)，女子にはその3分の2(約16アール)が支給された。「男女等しく2段」ではない。

やや難　問7　エは後三年の役(1083〜1087年)の説明。なお，アは保元の乱(1156年)，イは平治の乱(1159年)，ウは倶利伽藍峠の戦い(1183年)。

問8　大輪田泊は，古代・中世，摂津の和田岬の北側にあった港。奈良時代，行基が構築したという五泊の一つである。平安時代末，平清盛が中国との貿易(日宋貿易)のために修築した。鎌倉時代以降は兵庫とよばれるようになった。

問9　フビライの手紙は，当時の中国の文面には見られないほど丁重であったとされるが，その内容は武力行使をにおわせながらの通商要求である。幕府は，この要求を拒否したことで，フビライが「兵を用いる」ことを覚悟し，執権を高齢の北条政村から若い北条時宗へと交代し，元寇に備える政策をとった。

問10　『世界の記述』はイタリアの商人・旅行家マルコ=ポーロのアジア見聞録。『東方見聞録』ともいう。1271年中央アジアをへて中国の元朝に約21年仕え，95年に海路帰国するまでの記録。ジェノバの獄中で語ったことを，ルスティケリが記録したものという。

問11　「秘する花を…」の芸術論は，世阿弥の著作『風姿花伝(ふうしかでん)』。父である観阿弥の能についての教えを体系化し，子孫に伝えようとしたもので，世阿弥の芸術論の基本をなす。一般芸術論，教育論としても価値が高い。

問12　勘合は，中国の明が他国との通交の際，正式の船の証として発行した割符。日本との間では，倭寇や私貿易をおさえるため，「日本」の2字を分け，室町幕府に「本」字の勘合100通を与え，遣明船がそれぞれ所持して入明し，中国の港で台帳と照合された。一方，明船は「日」字の勘合を所持するものとされた。

やや難　問13　カリカットはインド南西部，ケーララ州の港湾都市。中世，東西通商の要地で，1498年，ヴァスコ=ダ=ガマは，この地の北方に上陸した。また，明の鄭和の遠征の拠点としても知られる。現地名は，コジコーデ。

やや難　問14　江華島は，韓国，京畿道の西岸，漢江河口にある島。仁川広域市に属する。1875年，日本の軍艦雲揚号が，江華島付近で水深を図るなどの挑発行為を行い，砲撃を受けたため，日本が報復攻撃を行った事件。翌年，日朝修好条規が結ばれた。

問15　大日本帝国憲法第4条は，「天皇は国の元首にして統治権を総攬(そうらん)し，この憲法の条規によりこれを行う」としていた。イー内閣は議会ではなく天皇に対し責任を負うとされた。ウー貴族院と衆議院の権限はほぼ同等であった。エー有権者は総人口の1.1%であった。

重要　問16　下関条約の第1条は，「清国は，朝鮮国が完全な独立国であることを認める。したがって，朝

鮮国の自主独立をさまたげる，朝鮮国から清国へ貢ぎ物を持っていくようなことは，これからはまったく廃止する。」としている。

やや難 問17 「扶清滅洋」は義和団が掲げた排外主義のスローガン。「清を扶けて，外国(洋)を滅ぼす」という意味。

2 (地理―世界の自然，人口，宗教など)

問1 (1) 東京は北緯35度付近，オーストラリアの首都キャンベラは南緯35度付近に位置する。よって，両者の緯度には約70度の差がある。 (2) 東京は東経140度付近，アメリカ合衆国の首都ワシントンD.C.は西経75度付近に位置している。よって，両者の経度には約215度の差がある。

重要 問2 (1) 2018年現在，メキシコの人口は約1億3千万人。世界で10番目に人口が多く，日本はメキシコに次いで第11位。メキシコはスペインの植民地支配を受けた歴史的な経緯から，スペイン語が公用語となっている。 (2) ロシアの首都モスクワは冷帯(亜寒帯)に属し，冬は寒さがきびしく気温は0℃以下になる。よって，ウである。メキシコの首都メキシコシティは標高2,000mを超える高原に位置している。よって，年中，月平均気温が15℃前後の常春の気候である。よって，イである。なお，アは東京の雨温図。 (3) ⅰ Dは人口増加率が2017～18年でマイナスとなっていることから大阪府。Fは人口増加率が2017～18年で5.5%とかなり高くなっていることから東京都。よって，残ったEが愛知県である。 ⅱ 人口増加には，出生数と死亡数の差である自然増加と，ある地域への移入人口とそこからの移出人口の差である社会増加がある。よって，人口増加率がマイナスの理由を考えるためには，自然増加だけでなく，社会増加も知る必要がある。

問3 (1) バーゼルは，スイス北西部，ライン川に沿い，ドイツ・フランスとの国境に接する都市。一方，ウィーンはドナウ川に臨むオーストリアの首都。信濃川は日本最長の河川，利根川は流域面積が日本最大の河川。 (2) B(ドナウ川)は，ドイツのシュヴァルツヴァルトに源を発し，東流してオーストリア，ハンガリー，ルーマニアなどを経て黒海に注ぐ河川。黒海に注ぐところに広大なデルタ(三角州)を形成している。 (3) 河況係数は，河川の最大流量と最小流量の比。日本の河川は，流域面積が狭く，季節による降水量の変動が大きいため，河況係数が大きくなり，用水に不都合が生じる。

問4 (1) Aはイスラエル。ユダヤ人が，1948年，パレスチナに建設した国家で，ユダヤ人の多くはユダヤ教(D)を信仰している。Bはフランス。フランス人の7割近くはキリスト教(F)を信仰している。そのほとんどはカトリックの信者である。Cはアラブ首長国連邦。アラブ首長国連邦の国民の約6割はイスラム教(E)の信者である。 (2) ユダヤ教，キリスト教，イスラム教の共通の聖地はエルサレム。イスラエルはエルサレムを首都としているが，国際的には認められていない。 (3) Yのホルムズ海峡は，ペルシャ湾とアラビア海を結ぶ交通の要衝。OPEC(石油輸出国機構)の生産する石油のほとんどがこの海峡を通過する。なお，Xはボスポラス海峡，Zはマンダブ海峡。

3 (公民―国連，人口問題，社会保障制度，税制など)

問1 国際司法裁判所は，国際連合の主要な司法機関。国際間の紛争を裁判するが，裁判所が強制権を持たないために，当事者が同意しない限り裁判を開始することはできない。オランダのハーグに置かれている。アーアメリカ合衆国のウィルソン大統領の提唱に基づいて発足したのは国際連盟。イー総会においては，常任理事会には拒否権は認められていない。常任理事会に拒否権が与えられているのは安全保障理事会である。ウー国連平和維持活動(PKO)に国連軍は参加しない。

基本 問2 2019年現在，世界で最も人口が多い国は中国。人口14億人を超えている。

基本 問3 少子化は，出生率が低下し，子どもの数が減少し続けること。先進国にほぼ共通する。

問4 2018年現在，総人口に占める65歳以上の人口の割合は28.1%。

重要 問5　インド，メキシコは，いずれも合計特殊出生率が2.0を大きく超えているのでA～Cには該当しない。Cは合計特殊出生率が0.98と極端に低いことから韓国。残ったA，Bのうち，合計特殊出生率が1.73と比較的高いAがアメリカ合衆国である。アメリカ合衆国は多くの移民を受け入れてきたため，先進国の中では例外的に合計特殊出生率が高い。残ったBが日本である。

問6　国連環境開発会議は，1992年にブラジルのリオデジャネイロで開かれた国際会議。「持続可能な開発」を理念に，気候変動枠組み条約，生物多様性条約や，具体的な行動計画を示した「アジェンダ21」などが採択された。イ―「3R」の原則が明記されたのは，2000年に制定された循環型社会形成推進基本法。ウ―「発展途上国にしぼる」ではなく，「すべての国を対象にする」。エ―日本のODA実績(支給純額)は，2018年現在，アメリカ合衆国，ドイツ，イギリス，フランスに次いで第5位。

問7　介護保険制度において，被保険者は65歳以上の老人と40歳から64歳までの初老期認知症などによる要介護者。また，保険料は40歳以上の者が支払う。

重要 問8　(1)　相続税は，相続税法に基づいて個人に課せられる国税。徴収方法によって直接税に分類される。消費税は，国税で間接税。固定資産税は，地方税で直接税。揮発油税は，国税で間接税。
(2)　間接税は，直接税と異なり，個人間で税率を調整(上げ下げ)することができない。このため，貧しい人にとって負担が重くなる傾向がみられる。

やや難 問9　コンセッションは，土地や建物を保有したまま，運営権を外部に売却する資金調達の方法。所有権は持ち続けることで，契約を通じて運営に関与することができる上，株式を上場した場合と異なり買収される懸念もない。アは護民官，イは国民(住民)投票，ウは財閥。

問10　一定の範囲内で始業と終業時刻を自分を設定できる制度は，フレックスタイム制。一方，ワークシェアリングは，雇用の確保を図るために，総量の決まった仕事を多くの人で分かち合うこと。

やや難 問11　「E」は「Environment」(環境)を示している。ある企業が，地球温暖化対策や生物多様性の保護活動などを重視しているかを，投資の基準，観点とするという意味である。

問12　A　日本国憲法第25条①は，国民に生存権を保障している。　B　日本国憲法第27条①は，国民に勤労の権利を認めるとともに，勤労の義務も定めている。　C　日本国憲法第83条は，国民のお金を扱う財政処理は，国民主権の立場から，国民の代表である国会の同意が必要であることを定めている。

★ワンポイントアドバイス★

「コンセッション」，「ESG投資」など最新の用語が出題されている。よって，テレビや新聞を意識して見たり，読んだりする必要がある。

＜国語解答＞　《学校からの正答の発表はありません。》

一　問一　a　葛藤　　b　推奨　　c　郊外　　d　自虐　　e　巧妙　　問二　（例）　現在の波風のない平和な暮らしの中，不要な摩擦や混乱を避けほどほどで十分とすることで，自分たちこそが足るを知る賢明な多数派であるとすること。　　問三　（例）　デフレ時代の若者たちが快適な暮らしに満足し，「ここではないどこかへ」という探求心や向上心とは無縁のまま人生を終えることに何の不満も持たない点。　　問四　（例）　「中間優越主義」は，他者を見下し，貶めることを通じてみずからの自己肯定感を確保するものであると同時に，臆病な猜疑心も感じさせるものだから。

二　問一　（例）　一つは人との長い縁があったから，一つは大人の世界から逃避したかったから，もう一つは，子供のかわりに童話を生むことで父という存在になりたかったから。

問二　（例）　賢治が子供のかわりに童話を生むことで自分も父になれると実感し，はじめて本当は政次郎のような父になりたかったという自分の気持ちに気づき，その気持ちを受け入れることができたから。

三　問一　ウ　　問二　エ　　問三　（例）　あの有名な清少納言でさえ歌を詠めないことがあるのだから，自分が句を詠めないこともあるだろうと慰められるから。

問四　（例）　月を見ると雨上がりの空の雲は速く流れ，木々の梢はまだ雨気を含みしずくがしたたり落ちているという，空と梢の対照的な情景を描いている。

○推定配点○
一　問一　各2点×5　他　各10点×3　　三　各15点×2
二　問一・問二　各5点×2　他　各10点×2　　計100点

＜国語解説＞

一　（論説文―大意・要旨，文脈把握，漢字の読み書き）

問一　a　心の中で相反する欲求や感情がからみあい，そのいずれをとるか迷い悩むこと。「葛（かずら）」や「藤（ふじ）」の枝が絡み合う様子からできた。　b　すぐれている点をあげて人に勧めること。「推」の訓読みは「お（す）」。「奨」を使った熟語には，他に「奨励」などがある。　c　市街地に隣接した地域。「郊」を使った熟語には，他に「近郊」などがある。　d　自分で自分をいじめ苦しめること。「虐」の訓読みは「しいた（げる）」。　e　非常に巧みであること。「妙」を使った熟語には，他に「妙案」や「当意即妙」などがある。

問二　傍線部①の「『現状の居心地のよさ』」と「立てこもる」，「『中間の優位』」，「正当化する」という要素に分けて，それぞれをわかりやすく述べることで説明とする。まず，「『現状の居心地のよさ』」と「立てこもる」については，傍線部①の前に「こんなふうに」とあるので，前の内容に着目する。直前の段落の「波風のない平和な暮らしに十分満足」などの表現を用いて「『現状の居心地のよさ』」を説明し，「『ほどほど』を約束してくれる輪の中の世界こそが最高だ」や「不要な摩擦や混乱を回避する」などの表現を用いて「立てこもる」を説明する。「『中間の優位』」については，傍線部①の直後の文「例外者の切り捨てといわば背中あわせの仕方で自分たちなりの肯定の論理を構築する」をふまえて，自分たちこそが多数派であるとするなどのわかりやすい表現に置き換える。最後の「正当化する」は，正しいとするという意味であるが，どのような点において正しいとしているのかを加えてまとめるとよい。「どういうことか。」と問われているので，「～こと。」の形で結ぶ。

　問三　「いまの日本で快適に暮らす」ことの「不幸」な点は何かを考える。筆者は，同じ段落と直

後の段落で, 日本の消費文化の快適さと清潔さ, コストパフォーマンスの高さにおいて世界最高水準であることを述べている。一方,「なるほど」で始まる一つ後の段落で, 日本の中間者たちの日常における「生活の質」が高いことをいったんは肯定した後で, その後「何万円という」で始まる段落で「デフレ時代の申し子たちが, 安上がりにして快適な中間者の王国にしがみつき,『ここではないどこかへ』という気持ちとは無縁のままで人生を終えてしまうのであってかまわない」。そう考えることも十分な理由を見出すことができるのかもしれない。」と筆者の考えを述べている。この「安上がりにして快適な中間者の王国にしがみつき,『ここではないどこかへ』という気持ちとは無縁のままで人生を終えてしまう」から, いまの日本で暮らす「不幸」を読み取る。まず,「ここではないどこかへ」は, どのような心情を指すのかを自分の言葉を用いて明らかにし, さらに,「『ここではないどこかへ』という気持ちとは無縁のまま人生を終えてしまう」ことに対して何の疑問も不安も持っていない点を「不幸」としていることを読み取りたい。

重要 問四　筆者が「尊大な中間優越主義」を肯定的に評価することができない理由を読み取る。直後の段落に「こんな言い方ができるだろうか」と述べ, 以降の段落で, 筆者は「中間優越主義」が「尊大」で「狡猾な性格を有したもの」と述べている。この尊大さと狡猾さについて,「また」で始まる段落で「このように狡猾な性格を有した彼ら／彼女らに特有な自尊心のあり方は……ある根本的な点において, 他者を見下し, 貶めることを通じてみずからの自己肯定感を確保する, という仕組みの上に成りたつものだからである」と述べており, ここから肯定的に評価できないとする理由を読み取る。さらに, 最終段落の「彼らのその尊大にして狡猾な自尊心が……偽装された臆病さともいうべきものを, その裏側に見え隠れさせている」「臆病な猜疑心を常に見え隠れさせてはいないだろうか」から,「中間優越主義」は, 同時に「臆病な猜疑心」も感じさせるものだからという理由を加えてまとめる。設問に問われている通りに,「『中間優越主義』は,」で書き始め,「～ものだから。」でまとめる。

□二　(小説―情景・心情, 文脈把握)　　　　　　　　　　　　　　　　　＜最新問題＞

問一　賢治が書いたものが童話だった理由が問われている。直後の段落に「答がはっきりしたようだった」とあり, その後で順に答えを挙げている。「ひとつには」で始まる段落に「ひとつには, 長い縁ということがある」とあり,「八木先生の朗読」と, トシに勧められたことを挙げている。「それに加えて」に続く部分の「性格的に, むかしから自分は大人がだめだった」とあり, 後の「大人の世界からの(逃避だった)」などの表現を用いて, 二つ目の理由をまとめる。「より根本的なのは」で始まる段落に「それとはべつの理由だった」と述べ,「……おらは, お父さんになりたかったのす」と続けている。文章の後半「父になりたいのなら, 自分には, もはやひとつしか方法がない……(子供のかわりに, 童話を生む)」から, 三つ目の理由を読み取る。設問に「整理して」とあるので, 一つずつ列挙する形で述べる。

やや難 問二　傍線部②の「そのこと」は, 直線の賢治の「……おらは, お父さんになりたかったのす」を指し示している。この「お父さん」は賢治の父政次郎のことで,「いまは素直にみとめられた」というのであるから, 今までは政次郎のようになりたい思っていることを認められなかったのだと想像できる。賢治にとって政次郎は「大きな存在」であり「尊敬とか, 感謝とか, 好きとか嫌いとか, 忠とか孝とか, 愛とか, 怒りとか, そんな語ではとても言いあらわすことのできない巨大で複雑な感情の対象」であったが, 賢治自身は「強い性格がなく, 健康な体がなく, おそらく長い寿命がな」く,「子供を生むことができない」「父になれない」存在であった。そのような賢治が「(子供のかわりに, 童話を生む)」ことで, 父という存在になれると気づいたのである。このことをふまえて, 政次郎のような父親になりたかったと「いまは素直にみとめられた」理由を考える。

三 （古文―内容吟味，語句の意味，口語訳）

〈口語訳〉　日がようやく暮れかかるころ，利根川のほとり，布佐という所に着く。この川で鮭の網代というものをたくみにしかけて，（取った鮭を）江戸の市で売るものがある。宵の間，その漁師の家で休む。この夜の宿はなまぐさい。月がかげもなく晴れわたったので，夜舟を川下に進ませて鹿島に着く。

　（翌日は）昼頃から雨がしきりに降って，（今夜は）月を見られそうもない。麓に（ある）根本寺の前の和尚が，いまは俗世をのがれて，ここに住んでおられると聞き，尋ねて行って泊った。たいそう（杜甫が）「人をして深省を発せしむ」と詠んだように，しばらくの間清浄な心を得た気持ちになる。明け方の空が，すこし晴れたのを，和尚が起こしてくださったので，人々も起き出してきた。月の光や，雨の音など，ただあわれ深い様子が胸に迫るばかりで，いっこうに句はできない。はるばるここまで月を見に来たかいもないのは（まったく残念なことである）。あの清少納言ですら，ほととぎすの歌を，詠むことができないで帰るに帰れなかったのも，（句のできない）私のためにはよい味方であろう。

　月はやし梢は雨を持ちながら（月を仰ぎ見ると雨上がりの空の雲足ははやく飛ぶように動いて見える。木々の梢はまだ雨気を含んでいて雨滴がしたたり落ちている）

問一　ここでの「べく」は可能の意味を表す。「昼より雨しきりに降りて」に続く部分であることからも意味を推察することができる。

問二　直前の文「月のひかり，雨の音，ただあはれなるけしきのみ胸に満ちて，いふべき言の葉もなし」が，芭蕉が不本意だと思った理由にあたる。芭蕉にとっての「いふべき言の葉」は句であることから判断する。

問三　――③は，風情ある景色を前に句を詠むことができない芭蕉の心情を述べている部分である。同じ文の前半の清少納言がほととぎすの歌を詠むことができないで帰るに帰れなかったという内容から，芭蕉が清少納言をよい味方としている理由を推察する。あの有名な清少納言でさえ歌を詠めないことがあるのだから，自分が句を詠めないこともあるだろうと慰められるから，などとまとめる。

重要 問四　鹿島にいたときには詠めなかったが，後に思い出し詠んだ句である。前日の昼から激しく雨が降り，翌朝早く少し晴れ間が見えたころの「月のひかり，雨の音，ただあはれなるけしき」が描かれている。空を見ると雨上がりの空の雲の流れははやくはやく飛ぶように動いて見え，地上では木々の梢がまだ雨気を含んでおりしずくがしたたり落ちているという情景である。空と地上の対比，さらに，空を大きくはやく水平方向に動く雲の動きと，木々の梢からしずくがしたたり落ちる静かな垂直方向の動きをとらえたい。

★ワンポイントアドバイス★
記述式の問題では，文章中の言葉を抜き出すことを考えると時間内にまとめるのは難しくなる。解答の根拠となる部分を読みこんだうえで，自分の言葉で再度まとめあげるという意識を持とう。

大切なことはメモしておこうネ！

2019年度

★★★★★★★★★★★★★★★★★★★★★★

入 試 問 題

2019年度

開成高等学校入試問題

【数　学】（60分）〈満点：100点〉

【注意】　答案は指定された場所にかき，考え方や計算の過程がはっきりとわかるように心がけること（とくに指示がある場合を除く）。

1. 解答する際に利用した図はなるべくていねいにかくこと。
2. 問題文中に特に断りのない限り，答えの根号の中はできるだけ簡単な数にし，分母に根号がない形で表すこと。
3. 円周率は π を用いること。
4. 試験中，机の上に置けるのは，次のものだけです。これ以外の物品を置いてはいけません。
   ・黒しんの鉛筆またはシャープペンシル　・消しゴム　　・コンパス　　・直定規
   ・三角定規一組（10cm 程度の目盛り付き）　・時計　　　・メガネ

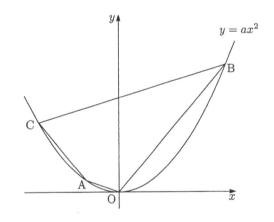

1　a は正の定数とする。関数 $y=ax^2$ のグラフ上に，x 座標がそれぞれ 0，-4，16，-12 である点 O，A，B，C をとる。$\angle ACB=90°$ のとき，以下の問いに答えよ。結果のみ書け。

　ただし，「傾きがそれぞれ k，ℓ である 2 直線が垂直に交わるのは，

$$k\ell = -1$$

のときであり，そのときに限る」という事実は，証明なしに用いてよいものとする。

(1) a の値を求めよ。

(2) 2 直線 OC，AB の交点を P とする。三角形の面積比 $\triangle OPA : \triangle BPC$ を求めよ。

2　右図の四角形 ABCD は，

$$AD /\!/ BC,$$
$$\angle ABC=60°, \quad \angle BCD=30°,$$
$$AB=6, \quad BC=18$$

を満たしているとする。

　辺 AB 上に点 E を，辺 CD 上に点 F を，

$$AE:EB=DF:FC=1:2$$

となるようにとる。$0<x<10$ を満たす x に対して，線分 EF 上に，$EP=x$ を満たす点 P をとる。

　四角形 ABCD を，点 P を中心として $180°$ だけ回転移動（点対称移動）させた図形を，四角形 A′B′C′D′ とする。四角形 ABCD と四角形 A′B′C′D′ の重なる部分からなる図形を Z とし，図形 Z の

面積を S とする。

(1) 図形 Z が四角形となるような x の値の範囲と，そのときの S を x の式で表せ。

(2) $S = 14\sqrt{3}$ となる x の値を求めよ。

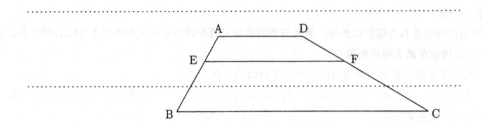

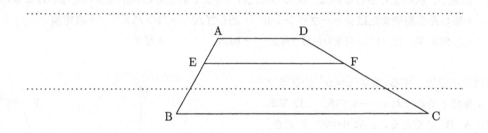

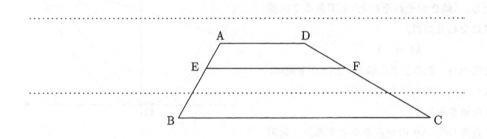

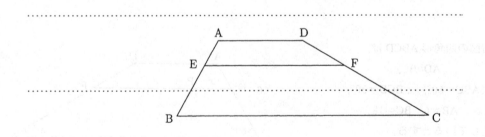

3　正二十面体のサイコロがあり，各面には 1 から 20 までの数がいずれか一つずつ書かれていて，1 の書かれた面，2 の書かれた面，…，20 の書かれた面はすべて 1 面ずつあるとする。また，このサイコロを投げたとき，どの面が出ることも同様に確からしいものとする。

(1)　このサイコロを 2 回投げて，出た面に書かれた数の和が 6 の倍数となる確率を求め，結果のみを答えよ。

(2)　このサイコロを 3 回投げて，出た面に書かれた数を 5 で割った余りを順に a, b, c とする。ただし，5 で割り切れるとき，余りは 0 とする。

(i)　3 数の積 abc が 0 となる確率を求めよ。

(ii)　$\dfrac{abc}{6}$ が整数となる確率を求めよ。

4　1 辺の長さが 6 である右図のような立方体 ABCD－EFGH がある。

　　　　辺 AE 上に，AI：IE＝1：1 となる点 I，

　　　　辺 EF 上に，EJ：JF＝2：1 となる点 J，

　　　　辺 EH 上に，EK：KH＝2：1 となる点 K

をとる。さらに，

　　　　2 直線 AJ，IF の交点を L，

　　　　2 直線 AK，IH の交点を M，

　　　　2 直線 FK，HJ の交点を N

とする。

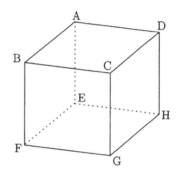

(1)　△JNK の面積を求めよ。

(2)　三角錐 AILM の体積を求めよ。

(3)　7 つの点 E，I，J，K，L，M，N を頂点とする「凹み」のない多面体の体積を求めよ。

【英　語】（50分）〈満点：100点〉　　※リスニングテストの音声は弊社 HP にアクセスの上，音声データを
　　　　　　　　　　　　　　　　　　　　ダウンロードしてご利用ください。

【注意】　1.　試験開始後約20分経過してから，聴き取り問題（約14分間）を実施します。
　　　　　2.　短縮形は1語と数えるものとします。　　[例：I am(2語)　　I'm(1語)]

1　次の英文を読み，後の問いに答えなさい。

My Father's Life

My dad's name was Raymond Carver. His family called him Raymond. I was named Raymond Carver Jr. When he died on June 17, 1967, my mother telephoned my wife with the news. I was away from my family at the time, trying to enter the University of Iowa. When my wife answered the phone, my mother was upset and shouted, "Raymond's dead!" For a moment, my wife thought my mother was telling her that (1) was dead. Then my mother made it clear which Raymond she was talking about and my wife said, "Thank God. I thought you meant my Raymond."

My dad went to Washington State in 1934, looking (2A) work. The first house I clearly remember living (2B) had an outdoor toilet. On Halloween night, or just any night, just for fun, neighbor kids would carry our toilet away and leave it next to the road. (3)My dad would have to get (A) to help (B) bring (C) home. Or these kids would take the toilet and put it in somebody else's backyard. Once they actually set it (2C) fire. But ours wasn't the only house that had an outdoor toilet. When I was old enough to know what I was doing, I would throw rocks at the other toilets when I saw someone go inside. After a while, though, everyone switched to indoor toilets until, suddenly, our toilet was the last outdoor one in the neighborhood. I remember that I felt embarrassed when my third-grade teacher, Mr. Wise, drove me home from school one day. I asked him to stop at the house just before ours, (4)claiming I lived there.

In 1949, after a long time without any car, we finally got a 1938 Ford. But the engine broke down in the first week we had it, and my dad had to have the motor rebuilt. "We drove the oldest car in town," my mother said. "All the money he spent on car (5) was almost as much as the cost of buying a new one."

One time she found someone else's tube of lipstick on the car floor. "See this?" she said to me. "Some woman left this in the car." Another time I saw her take a bowl of warm water into the bedroom where my dad was sleeping. She took his hand from under the covers and held it in the water. I stood at the door to see what was going on. "This will make him talk in his sleep," she said to me. There were things she needed to know, things she was sure he was (6) her.

Several years after that, my dad got sick and lost his job. He was allowed to leave the hospital, but now came the years when he just stayed in the same old house doing nothing. He spent most of the time trying to understand what he'd done wrong in his life and what had caused him to be like that. During those years, I was trying to make money to live and raise my own family. But, for various reasons, we had to move a lot. I was unable to contact my dad so often. But I did have a chance one Christmas to tell him I wanted to be a writer. He said to me, "What are you going to write about?" Then, to help me out, he said, "Write about things you know about. Write about some of those fishing trips we took." I said I would, but I knew I wouldn't. "Send me what you write," he said. I said I'd do that, but then (7)I didn't. I wasn't writing anything about fishing, and I didn't think he'd especially care about, or even necessarily understand, what I was writing in those days. Besides, he wasn't a reader. To be more specific, (8)he wasn't the kind of reader I imagined I was writing for.

Then he died. I didn't have the chance to tell him goodbye, or that I was proud of him. After the ceremony at the church, one of my dad's cousins reached out and took my hand. "(9)We all (　　　) him," he said, and I knew he wasn't saying it just to be polite. I began to cry for the first time since receiving the news. I hadn't been able to before. I hadn't had the time. Now, suddenly, I couldn't stop. I held my wife and (10) like a child while she said and did what she could do to support me there in the middle of that summer afternoon. I heard our name used a lot that afternoon, my dad's name and mine. But I knew they were talking about my dad. *Raymond*, these people kept saying in their beautiful voices out of my childhood. *Raymond*.

問1　空所(1)に入る最も適切なものを1つ選び，記号で答えなさい。

ア　he　　　　　イ　I　　　　ウ　my dad　　　エ　Raymond　　　オ　she

問2　空所(2A)～(2C)に入る最も適切なものをそれぞれ1つずつ選び，記号で答えなさい。それぞれの記号は一度のみ使えるものとする。

ア　by　　　　　イ　for　　　ウ　in　　　　　エ　into

オ　like　　　　カ　on　　　キ　with

問3　下線部(3)の空所(A)～(C)に順に入る組み合わせとして最も適切なものを1つ選び，記号で答えなさい。

(A)・(B)・(C)=

ア　him・me・it　　　　　　イ　it・him・me　　　　　　ウ　it・me・somebody

エ　somebody・him・it　　　オ　somebody・me・him

問4　下線部(4)について，筆者がこのようにした理由として最も適切なものを1つ選び，記号で答えなさい。

ア　The author did not want the teacher to see the toilet.

イ　The author found a house with an outdoor toilet.

ウ　The author wanted to complain to the teacher about his old toilet.

エ　The author was afraid of being scolded for throwing rocks.

オ　The author was thankful to the teacher for taking him home.

問5　空所(5)に入る最も適切なものを1つ選び，記号で答えなさい。

ア　accessories　　　　　イ　accidents　　　　　ウ　productions

エ　repairs　　　　　　オ　washing

問6 空所(6)に入る最も適切なものを1つ選び，記号で答えなさい。

ア guessing about　　イ keeping from　　ウ learning about

エ sleeping with　　オ teaching to

問7 下線部(7)の後に省略されている内容を5語または6語の英語で答えなさい。

問8 下線部(8)はどのような意味か，最も適切なものを1つ選び，記号で答えなさい。

ア 彼は作家に批判的な読者であるように思われた。

イ 彼は不親切に思われたので，私の読者としては想像できなかった。

ウ 彼は優しさを欠くため，私の作品に登場させたくなかった。

エ 彼は私が読者として想定する類いの人ではなかった。

オ 彼は私の作品に登場させられるような人物ではなかった。

問9 下線部(9)は次の文とほぼ同じ内容になる。空所に入る最も適切な1語を答えなさい。

All of us feel sad because we cannot see him anymore

問10 空所(10)に入る最も適切な動詞1語を同じ段落内から見つけ，答えなさい。ただし，動詞の形は必要に応じて変えてもよい。

問11 本文の終わりの2つの段落(Several years after that 以降)の内容と一致するものを2つ選び，記号で答えなさい。

ア The author's father became ill and remained in the hospital for the rest of his life.

イ The author's father became aware of the reason he got sick and lost his job.

ウ The author and his father had to change their addresses many times.

エ The author talked to his father every day even though they lived apart.

オ The author told his father on a day in December that he was thinking of becoming a writer.

カ The author's father advised the author to write about the fishing trips they took, but the author did not think he would do so.

キ The author told his father that he was proud of him before his father died.

ク The cousin of the author's father talked to the author so as not to be rude.

2　次の英文を読み，後の問いに答えなさい。

The human eye is one of the most powerful machines on the planet. It's like a 500 megapixel* ((1)500,000,000 pixel) camera that can work in strong or weak light and even under water. It tells our brains so much about the world. Our eyes are for reading, finding partners, and understanding the world around us. But is there still more to see out there? With the help of cameras, we can understand things around us better.

The human eye is great, and (2)[are / be / enough / have / lucky / of / them / to / two / we]. But there are things that we still can't see (3)even if we look hard. ⬚ I ⬚, you can watch a horse running. But your eyes can't keep up with its fast-moving feet enough to see whether all four feet are ever off the ground at the same time. For these types of questions, we need cameras.

⬚ II ⬚, the photographer Eadweard Muybridge used one to solve (4)the running horse

<u>mystery</u>. Using careful photography, Muybridge proved that a horse is flying at certain points as it runs.

Ⅲ , photography has found its way into all areas of scientific research at universities and companies. It improves our understanding of a world which we in fact need help to see a little better. Slow-motion film or high-speed photography shows us the beating of a hummingbird's* wings and the path of a gunshot through its target. But it's not always a matter of the world moving by too quickly for our eyes to (5). Sometimes cameras can help us see very slow movements. Researchers use photographs to show the life cycle of plants and how flowers turn to follow the sun in what is called (6)<u>phototropism</u>, or growing towards the light. In this way, photography has expanded how we see things.

Ⅳ , cameras are also used by students in various ways. They are now present in just about every phone and computer. Young students can use them to observe the world around themselves, to record it, and to share their findings online.

Photography has changed how we view things around us. Whether it's the movement of horses' feet or the growth of seeds, cameras allow us to see a beautiful world through new eyes.

(注) megapixel　100万画素(の)　　hummingbird　ハチドリ

問1　下線部(1)に関して，次の空所にあてはまる1語を答えなさい。

　　　500,000,000＝half a □

問2　下線部(2)の[　　]内の語を並べ替え，最も適切な表現を完成させなさい。ただし，[　　]内には，不要な語が1つ含まれている。

問3　下線部(3)を和訳しなさい。

問4　空所 Ⅰ ～ Ⅳ に入る最も適切なものをそれぞれ1つずつ選び，記号で答えなさい。それぞれの記号は一度のみ使えるものとする。

　　ア　A few years later　　　イ　About 150 years ago　　　ウ　For example
　　エ　In classrooms today　　　オ　Since then

問5　下線部(4)の内容を次のように説明するとき，それぞれの空所に入る日本語を，指定された範囲内の字数で答えなさい。

　　　 ア の イ が，同時に ウ 瞬間があるのかどうかという謎

　　　※ア：4字から7字　　　イ：3字から5字　　　ウ：6字から10字

問6　空所(5)に入る最も適切なものを1つ選び，記号で答えなさい。

　　ア　process　　　イ　produce　　　ウ　propose　　　エ　protect　　　オ　provide

問7　下線部(6)の phototropism は，正確には positive phototropism と呼ばれる性質である。次の表現は，その<u>反対の性質</u>である negative phototropism を簡潔に説明したものである。空所に入る最も適切なものを1つ選び，記号で答えなさい。

　　negative phototropism＝growing (　　　) the light

　　ア　along with　　　　　イ　around　　　　　　ウ　away from
　　エ　out of　　　　　　　オ　up by

問8　本文の内容に一致するものを１つ選び，記号で答えなさい。

ア　Eadweard Muybridge used a camera to prove something that our eyes cannot catch.

イ　Scientists cannot study about horses without cameras now.

ウ　Some researchers beat hummingbirds until they showed them their wings.

エ　Unlike universities, companies do not use cameras for their research.

オ　Students these days enjoy taking photos of their friends, changing them, and sharing them online.

問9　カメラと目の関係について，筆者の考えに最も近いものを１つ選び，記号で答えなさい。

ア　Cameras are for small objects and the human eye is for underwater objects.

イ　Cameras are so great that they have left nothing for the human eye to explore.

ウ　The human eye is more useful than cameras because cameras are useful only in some areas of scientific research.

エ　The human eye is not so useful because it needs a lot of help from cameras.

オ　The human eye can give us much more information about the world around us with cameras.

3　以下の Part A と Part B の問題に答えなさい。

Part A　次の日本文の意味を表すように，空所に入る最も適切な１語を答えなさい。なお，短縮形は１語として扱う。

(1)　ラグビーボールの投げ方を教えてあげよう。

I will show you （　　　）（　　　）throw a rugby ball.

(2)　最後に君が連絡をよこしたのは3か月前だよ。

I （　　　）（　　　）from you for three months.

(3)　彼の言葉に私はひどく傷ついた。

I was deeply hurt by （　　　）he （　　　）.

(4)　その帽子をかぶっていると君は別人のようだね。

The hat （　　　）（　　　）（　　　）quite different.

Part B　次の日本文の意味を表すように，空所に入る最も適切なものを１つ選び，記号で答えなさい。

(1)　私に言わせれば，話すことほど簡単なことはない。

In my opinion, （　　　）is easier than talking.

ア　anything　　　イ　everything　　　ウ　nothing　　　エ　silence

(2)　君たちはどうやってお互いを理解するようになったのですか。

How did you （　　　）to understand each other?

ア　become　　　イ　come　　　ウ　find　　　エ　turn

(3)　私が話しかけた店の人は，私の新しいパソコンの何が問題かまったく分からなかった。

The sales clerk （　　　）had no idea about what was wrong with my new computer.

ア　I spoke　　　イ　I spoke to　　　ウ　to that I spoke　　　エ　whom I spoke

4 以下の Part A と Part B の問題に答えなさい。

Part A 次の各組の英文の空所には，発音は同じだがつづりが異なる語が入る。(ア)～(カ)に入る最も適切な 1 語を答えなさい。

(1) { The wind （ ア ） the candles out.
     { I like your （ イ ） shirt.

(2) { I decided not to （ ウ ） money on such an old hotel.
     { Ricky put his arm around his mother's （ エ ）.

(3) { The sun （ オ ） above the horizon.
     { Mr. Iwata lined the students up into two （ カ ）.

Part B 次の(1)～(3)の語の下線部の発音と同じ音を持つものを 1 つ選び，記号で答えなさい。

(1) cancel<u>ed</u>   ア bak<u>ed</u>   イ inform<u>ed</u>   ウ <u>led</u>   エ want<u>ed</u>

(2) h<u>oo</u>d   ア bl<u>oo</u>d   イ c<u>oo</u>l   ウ f<u>oo</u>d   エ w<u>oo</u>l

(3) promi<u>se</u>   ア advi<u>se</u>   イ exerci<u>se</u>   ウ increa<u>se</u>   エ lo<u>se</u>

5 （聴き取り問題） 放送回数は Part A のみ 1 回，Part B 以降は 2 回です。

Part A

1. Fill in ［ A ］, ［ B ］, ［ C ］, and ［ D ］ with the correct answers.
   ※Fill in numbers（算用数字）for [A], [B], and [D].
   ※Fill in "Yes" or "No" for [C].

Place	Number of days and nights	Breakfast (Yes / No)	Cost per person
Sapporo	[A] days and [B] nights	[C]	$468
Hakodate			$[D]

2. Choose the correct answer for where they decided to go and why.
   A They decided to go to Sapporo because it is faster to fly.
   B They decided to go to Sapporo because the price is lower.
   C They decided to go to Hakodate because it takes longer to go by train.
   D They decided to go to Hakodate because the woman does not like taking the plane.

Part B

1. Which describes the woman's feelings about buying a dog?
   A Confused.
   B Delighted.
   C Sad.
   D Worried.

2. Which one is NOT a reason why the man wanted the pug instead of the toy poodle?

    A He liked the pug's nose.

    B He wanted a quieter dog than the toy poodle.

    C The pug was the right color.

    D The toy poodle cost too much.

3. What did the woman say she disliked?

    A Dogs over three kilograms.   B Dogs whose color is red-brown.

    C Dogs whose hair often falls out.   D Dogs with a funny nose.

4. Which puppy was most likely to be chosen at the end of the conversation?

    A A brown pug that loves to be around people.

    B A friendly and inexpensive pug that is two kilograms.

    C A red-brown toy poodle that is well-behaved.

    D A toy poodle that is on sale and barks very loudly.

Part C

1. What is the main purpose of the questions at the beginning of the monologue?

    A To get us to imagine bananas and watermelons in our minds.

    B To make us think of the popularity of watermelons in the summer.

    C To remind us of how tasty bananas are for young children.

    D To show us the speaker's knowledge of fruits and vegetables.

2. Below is a picture of the watermelon that was described in the painting. Choose the correct pair of colors for (a, b) and (c, d).

    (a, b)＝A (black, red)

           B (black, white)

           C (green, red)

           D (green, white)

    (c, d)＝A (red, black)

           B (red, white)

           C (white, black)

           D (white, white)

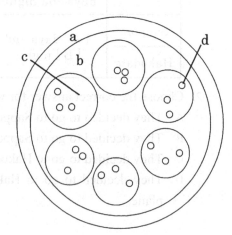

3. What did the monologue mention only about bananas?

    A The inside was partly red.

    B The skin was green.

    C They can still be found in the wild.

    D They had seeds.

4. What is the topic of this monologue?

   A How different fruits and vegetables used to look.

   B The long history of humans growing fruits and vegetables.

   C The roles that seeds of fruits and vegetables had in the past.

   D What humans have done to change fruits and vegetables.

Part D

1. What does the speaker say about a borrowed book?

   A If it is damaged, it should be treated carefully.

   B It is as enjoyable as a book we own.

   C People visiting your house like to read it.

   D We often fail to give it back to its owner.

2. Which was NOT described in the monologue about how you should treat books that you own?

A

B

C

D

3. According to the speaker, which bookshelf should you use for your books?

   A A bookshelf placed away from doors.

   B A bookshelf that can be locked with a key.

   C A bookshelf with glass windows.

   D A bookshelf you can easily take books from.

4. What does the speaker's reply mean?

   A He has read all his books at least once.

   B He has read most of his books twice.

   C He has not read any of his books more than twice.

   D He has twice as many books as they have.

【理　科】（40分）〈満点：50点〉

1　人類の誕生を700万年前，地球の年齢を46億年，宇宙の年齢を138億年として，以下の問いに答えよ。

問1　46億年の時間の長さを 4 m（教室の黒板の長辺程度）とすると，人類の誕生から現在までの時間の長さは，何 cm になるか。小数第 1 位まで求めよ。

問2　海洋プレートをつくる岩石は，海底のあるところで形成され，海溝で沈み込んで消滅する。したがって，海洋プレートをつくる岩石のうち，最も古いと考えられるのは海溝付近の岩石である。太平洋プレートで考えると，最も古い岩石は日本海溝付近の岩石であり，形成されてから約 1 億5000万年たっていると推定されている。この岩石が形成されたのはどのような時代か。最も適切なものを，次のア～エの中から 1 つ選び，記号で答えよ。

ア　アンモナイトや恐竜が生息していた中生代

イ　アンモナイトや恐竜が生息していた新生代

ウ　ナウマンゾウやビカリアが生息していた中生代

エ　ナウマンゾウやビカリアが生息していた新生代

問3　セキツイ動物が上陸した時期を，両生類のあるものから陸上の乾燥に耐えられるは虫類やほ乳類に進化した時期だと考えると，それはいつごろか。最も適切なものを，次のア～エの中から 1 つ選び，記号で答えよ。

ア　16億年前～14億年前　　　イ　12億年前～10億年前

ウ　 8 億年前～ 6 億年前　　　エ　 4 億年前～ 2 億年前

問4　岩石や化石は過去の様子を教えてくれる。また，宇宙にある天体も過去の様子を教えてくれる。このことについて，表 1 を参考に(1)，(2)の問いに答えよ。

表 1

天体	地球からの距離
太陽	1 億 5000 万 km
海王星	45 億 km
シリウス	8.6 光年
アンドロメダ銀河	230 万光年

(1)　遠い天体をみることが過去の様子をみることになるのは，宇宙空間を進む光の速さが秒速30万 km であり，光が天体から地球に届くのに時間がかかるためである。地球からみる太陽は何分前の姿といえるか。小数第1位まで求めよ。

(2)　宇宙や身の回りの現象について，最も適切なものを，次のア～エの中から 1 つ選び，記号で答えよ。

ア　今晩，私が夜空にみるアンドロメダ銀河とシリウスの姿は，ともに同じ時間だけさかのぼった過去の姿である。

イ　人類が誕生した当時に地球から出た光は，現在にいたってもアンドロメダ銀河までは届いていない。

ウ　仮に海王星から地球をみたとして，海王星からみる地球の姿は 4 時間10分後の地球の姿で

ある。

エ 厳密には，私が今この瞬間にみている文字や机は少し過去の様子であり，さらに，窓の外にみえている遠くの景色は，より過去の様子である。

2 ばねばかりを作成して，いくつかの実験をした。ばねや糸の質量は非常に小さく，滑車の摩擦も無視できるものとして，以下の問いに答えよ。ただし，100g の物体にはたらく重力の大きさを 1N とする。

問1 ばねは力がはたらくことでその長さを変える。ばねにはたらく力の大きさを，ばねののびで割ったものをばね定数と呼ぶ。おもりをつけていないときのばねの長さ（自然長または自然の長さ）が 3.00cm のばねを用意した。このばねの一端に質量 90.0g のおもりをつけ，他端を天井につけて**図1**のようにしたところ，ばねの長さは10.20cm となった。このばねのばね定数は何 N/cm か求めよ。小数第3位まで答えよ。

図1

図1のばねを用いて，**図2**のようなはかりを作成した。ばねの上端につながっているケースとリングを合わせた質量を $M[\text{g}]$，ばねの下端につながっているケースとフックを合わせた質量を $m[\text{g}]$ とする。上のケースには，正しくはかれるように目盛りがついており，**図2**のようにつるした状態で 0g を示していた。なお，以下の**問2**〜**問4**では，0g を示す点の調整はおこなわないものとする。

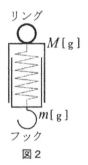

図2

問2 このはかりを2つ用意して**図3**のようにつるしたところ，上のはかりは64g，下のはかりは16g を示した。このとき，M と m はそれぞれ何 g か求めよ。整数で答えよ。

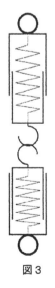

図3

次に，前のページの**図2**のはかりを3つ用意して**図4**のように棒を水平に引いた。

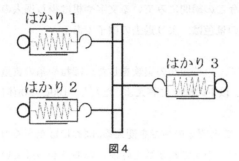

図4

問3 棒が傾くことなく静止したとき，はかり1は30g，はかり2は50gを示した。はかり3は何g
を示すか求めよ。整数で答えよ。

問3の3つのはかりを用いて，**図5**のようにはかり1は台の上で水平に置き，はかり2・3ははか
り1と糸でつないで，滑車を通してつるした。しかし，はかり3は間違えて上下逆にしてしまった。
はかり2・3に質量が15gの分銅をそれぞれつるして静止させた。

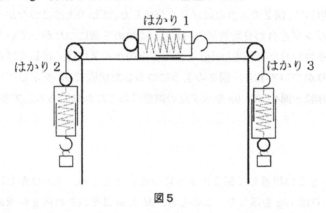

図5

問4 **図5**のはかり1・2・3は，それぞれ何gを示すか求めよ。整数で答えよ。

3　次のⅠ，Ⅱの各問いに答えよ。

Ⅰ　太郎君は動物の有性生殖に興味をもち，減数分裂に関して詳しく調べてみることにした。

減数分裂は精子や卵を作る過程でおこる特殊な細胞分裂で，オスの（　①　），メスの（　②　）
でおこなわれる。さらに，減数分裂は次のページの**図1**のように変化することがわかった。**図1**
では1つの細胞から4個の精子が出来上がる過程が模式的に示されている。図中の2本の染色体
上に対立遺伝子AとBが存在している。つまり，**図1**は，遺伝子の組み合わせＡＢの細胞が，減
数分裂をおこなったときの染色体の受け継がれ方を示している。

減数分裂が起こる前に染色体が2倍に複製され，次に2回の細胞分裂が連続して起こり，4つ
の細胞ができる。その結果，1つの細胞当たりの染色体の本数が体細胞の半分になる。

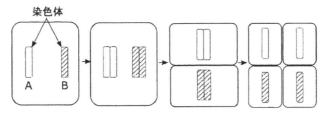

図1　減数分裂の過程

問1　問題文の（①），（②）にあてはまる器官の名称を答えよ。

問2　遺伝子の組み合わせ**ＡＢ**の細胞が**体細胞分裂**をおこなったときの染色体の受け継がれ方がわかるように，**図1**にならって解答欄に染色体をかき込みなさい。

Ⅱ　太郎君がシロアリの生殖に関して詳しく調べてみたところ，以下のようなことがわかった。

　シロアリは，メスの羽アリとオスの羽アリが交尾して，それぞれ女王アリ，王アリとなって巣を作り始める。女王アリの産んだ卵から，働きアリ，兵アリ，副女王アリ，副王アリといった，いろいろな役割をもったアリが生まれてくる。1つの巣の中では，1匹の女王アリのみが卵を産み，ほかの働きアリはたとえメスでも卵を産まない。しかし，女王アリが死ぬと，女王アリの娘である副女王アリのうちの1匹が二世代目の女王アリになる。一般に王アリはすでに死んでいるので，副王アリのうちの1匹が二世代目の王アリになる場合が多い。そしてこの2匹が交尾をし，二世代目の女王アリが産卵し始める。

問3　一世代目の女王アリの遺伝子の組み合わせが**ＡＢ**，一世代目の王アリの遺伝子の組み合わせが**ＣＤ**のとき，この2匹の受精卵によって生まれてくる二世代目の働きアリの遺伝子の組み合わせとして，可能性のあるものを**すべて**答えよ。

問4　一世代目の女王アリの遺伝子の組み合わせが**ＡＢ**，一世代目の王アリの遺伝子の組み合わせが**ＣＤ**のとき，いくつかのシロアリの巣で二世代目の女王アリの遺伝子の組み合わせを調べたところ，二世代目の働きアリと同じ組み合わせはなく，**ＡＡ**か**ＢＢ**の女王アリしか見つからなかった。この事実から**誤っている**とわかるものを，次の**ア〜ウ**の中から1つ選び，記号で答えよ。

ア　一世代目の女王アリは，一世代目の王アリ以外とも交尾することがある。

イ　働きアリと同様に，二世代目の女王アリも，一世代目の女王アリと王アリの双方から遺伝子を受け継いでいる。

ウ　副女王アリは，王アリの精子が卵に受精しなかった未受精卵をもとにして生まれてくる。

問5　以下の文中の（③），（④）にあてはまる数値を整数で答えよ。

　一世代目の女王アリの遺伝子の組み合わせが**ＡＢ**，一世代目の王アリの遺伝子の組み合わせが**ＣＤ**である場合，この2匹の受精卵によって生まれてくる二世代目の働きアリが，遺伝子Ａを持っている確率は（　③　）％である。

　二世代目の女王アリの遺伝子の組み合わせが**ＡＡ**，二世代目の王アリの遺伝子の組み合わせが**ＡＣ**であった場合，この2匹の受精卵によって生まれてくる三世代目の働きアリが遺伝子Ａをもつ確率は（　④　）％である。

　このように三世代目の働きアリは，二世代目の女王アリと同じ遺伝子を持っている確率が高い。したがって，三世代目の働きアリにとって，自分で卵を産むよりも，二世代目の女王アリに協力

して，女王アリがたくさん卵を産むことが，自分と同じ遺伝子を残すことにつながる。その結果，このような仕組みが誕生したという考えもある。

4 物質のもつ化学エネルギーを電気エネルギーに変換する装置を電池とよぶ。電池のしくみを理解しようと思い，調べてみると金属板とうすい塩酸があれば電池をつくることができるらしいということがわかった。そこで次のような疑問をもち，実験をおこなった。

[疑問1] うすい塩酸と金属板をどのように組み合わせると，電池ができるのだろうか。

[実験1] ビーカーにうすい塩酸または純水を入れ，**図1**のような装置で，金属板として亜鉛と銅を使い，組み合わせをかえて実験をおこなった。モーターの回転と金属板上の様子を観察し，[**結果1**]にまとめた。

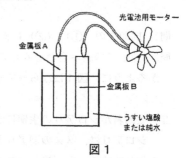

図1

[結果1]

実験	①	②	③	④	⑤
金属板A	亜鉛	銅	亜鉛	銅	亜鉛
金属板B	亜鉛	銅	銅	亜鉛	銅
ビーカーの中身	塩酸	塩酸	塩酸	塩酸	純水
モーターの回転	しない	しない	する	する	しない
金属板上の様子	A，Bとも気体が発生	A，Bとも変化なし	A，Bとも気体が発生	A，Bとも気体が発生	A，Bとも変化なし

問1 [**結果1**]の①〜④からわかることは何か。最も適切なものを，次の**ア**〜**エ**の中から1つ選び，記号で答えよ。

ア 金属板として亜鉛を使っても電池はつくれない。

イ 金属板として銅を使っても電池はつくれない。

ウ 金属板上に気体が発生すれば，電池になる。

エ 電池には2種類の違った金属板が必要である。

問2 ⑤の実験をおこなうのはなぜか。最も適切なものを，次の**ア**〜**エ**の中から1つ選び，記号で答えよ。

ア 回路がつながっているかを確認するため。

イ ビーカーの中身が純水でも電池になるのか確認するため。

ウ 亜鉛の陽イオンが溶け出てくるのを確認するため。

エ モーターの動きを確認するため。

つづけて次のような疑問をもち，実験をおこなった。

[疑問2] **図1**の装置で，ビーカーの中身を塩酸ではなく，ほかの水溶液にかえても電池になるのだろうか。

[実験2] 水溶液を4種類用意し，金属板Aに亜鉛板，金属板Bに銅板をつかって**図1**と同様の装置

で実験をした。

[結果2]

水溶液	食塩水	砂糖水	エタノールの水溶液	硫酸
モーターの回転	する	しない	しない	する

問3　[結果2]から，[疑問2]に対する答えはどうなるか。最も適切なものを，次のア～エの中から1つ選び，記号で答えよ。

ア　どんな水溶液にかえても電池になる。

イ　電池になる水溶液は，有機物を溶かしたものがよい。

ウ　電池になる水溶液は，結晶を溶かしたものがよい。

エ　電池になる水溶液は，電解質を溶かしたものがよい。

さらに次のような疑問をもち，実験をおこなった。

[疑問3]　金属板として使う金属の種類によって生じる電圧は違うのだろうか。

[実験3]　図2のように，ペトリ皿にろ紙をしき，食塩水をしみこませた。その上に4種類の金属片を互いに触れ合わないようにしてのせ，マルチメーターで金属間の電圧をはかった。

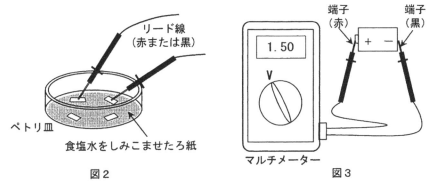

図2　　　　　　　　　　　　図3

測定のときは，リード線の赤色と黒色の端子を金属片にしっかりと押し当てて電圧を記録した。なお，図3はマルチメーターを電池につなぐときのつなぎ方を表したものである。

[結果3]　マルチメーターの数値は，以下の表のようになった。なお－（マイナス）の値は，マルチメーターに電流が逆向きに流れたことを示している。

		赤側の金属			
		銅	亜鉛	マグネシウム	鉄
黒側の金属	銅		－ 0.8 V	－ 1.5 V	－ x V
	亜鉛	＋ 0.8 V		－ 0.7 V	＋ y V
	マグネシウム	＋ 1.5 V	＋ 0.7 V		＋ 1.2 V
	鉄	＋ x V	－ y V	－ 1.2 V	

　調べてみると，4種類の金属の中では，マグネシウムが最も－極になりやすく，銅が最も＋極になりやすいことがわかった。また，電圧との関係は**図4**のようになることもわかった。

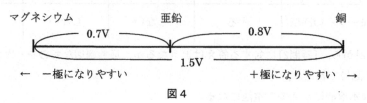

図4

問4　4種類の金属を－極になりやすい順番に，マグネシウムから並べるとどうなるか。下の（①）と（②）にあてはまる金属を元素記号で答えよ。元素記号を書く際は，大文字と小文字を例のように明確に区別して書くこと。

　　マグネシウム　＞（　①　）＞（　②　）＞　銅

例　Hg

問5　[結果3]の空欄 x , y にあてはまる数値をそれぞれ答えよ。

【社　会】（40分）〈満点：50点〉

1　次のＡ～Ｆの文章は，日本の水産業のあゆみについて述べたものである。これらを読み，あと
の問いに答えなさい。

Ａ　日本列島の人々は，①縄文時代のころから魚や貝をとって食べていました。その様子は，②各地
に残された貝塚からうかがうことができます。③「魏志」倭人伝には，日本列島の人々が海にもぐっ
て魚や貝をとっているという記述があります。弥生時代には，素もぐりによる漁も行われていたこ
とがわかります。

問1　下線部①に関して，縄文時代の漁労について述べた文として誤っているものを，次のア～エか
ら1つ選び，記号で答えなさい。
　　ア　沖合に出て漁をするときに舟を利用した。
　　イ　骨や角でつくった釣り針で魚を釣った。
　　ウ　魚をつく銛_{もり}には鉄器が用いられた。
　　エ　とった貝を土器で煮_にることもあった。

問2　下線部②に関して，縄文時代の貝塚からの出土遺物として誤っているものを，次のア～エから
1つ選び，記号で答えなさい。
　　ア　いのししの骨
　　イ　割れた土器のかけら
　　ウ　こわれた土偶
　　エ　使われなくなった石包丁

問3　下線部③に関して，「魏志」倭人伝の内容について述べた文として正しいものを，次のア～エ
から1つ選び，記号で答えなさい。
　　ア　邪馬台国の女王卑弥呼は，30ほどの小さな国々を従えていた。
　　イ　卑弥呼は，魏に使いを送り，皇帝から「日本国王」という称号を授けられた。
　　ウ　邪馬台国は，伽耶地域の国々と結んで高句麗や百済と戦った。
　　エ　邪馬台国には身分の違いがあり，卑弥呼は儒教にもとづいて統治を行っていた。

Ｂ　④『万葉集』には，海や浜での漁業活動をよんだ和歌がおさめられています。⑤律令制度のもとで
は，租税として海産物が納められることもありました。やがて全国に広まっていった荘園でも，漁
業活動が行われました。⑥鎌倉時代の荘園を描いた絵図には，小舟に乗った漁民の姿が描かれてい
るものもあります。

問4　下線部④に関して，『万葉集』について述べた文として正しいものを，次のア～エから1つ選
び，記号で答えなさい。
　　ア　『万葉集』では，平仮名を用いて和歌を表記している。
　　イ　『万葉集』には，防人や農民の歌もおさめられている。
　　ウ　『万葉集』は，紀貫之らによってまとめられた。
　　エ　『万葉集』の代表的歌人として，西行があげられる。

問5　下線部⑤に関して，奈良時代の租税の納入に使われたある荷札には，次のような文字が記されている。これについて，(1)・(2)に答えなさい。

伊豆国田方郡棄妾郷瀬埼里戸主茜部真弓調荒堅魚十一斤十両　六連一丸

---

(1)　上記の荷札を用いて納入された租税を何というか。**漢字**で答えなさい。

(2)　この荷札と租税を説明した文として**誤っているもの**を，次の**ア～エ**から１つ選び，記号で答えなさい。

　　ア　この荷札は，都に運ばれる品物につけられた。

　　イ　この荷札に記載された人物は，戸籍に登録されていた。

　　ウ　この租税は，成人男子が負担した。

　　エ　この租税は，所有する口分田の広さにもとづいて課税された。

問6　下線部⑥に関して，下の絵図（部分）は荘園領主と地頭が土地を折半したときに作成されたものである。これについて，(1)・(2)に答えなさい。

（東京大学史料編纂所データベースより。一部を改変した）

(1)　絵図に示された紛争の解決手段を何というか。**漢字**で答えなさい。

(2)　この絵図を説明した文として正しいものを，次の**ア～エ**から１つ選び，記号で答えなさい。

　　ア　絵図の右側が荘園領主の支配とされ，境界に線が引かれている。

　　イ　描かれた小舟に乗る漁民は，地頭のもとで倭寇として活動した。

　　ウ　周辺の山林は，荘園領主と地頭による土地の折半の対象外とされた。

　　エ　作成された絵図にもとづき，鎌倉幕府は荘園領主と地頭から年貢を徴収した。

C　江戸時代には，⑦江戸や大阪が都市として発展し，消費が増大したため，周辺地域での漁業活動がさかんになりました。また，網を利用した漁が広まり，九十九里浜でとれた（　1　）や蝦夷地でとれた（　2　）は，⑧加工されて肥料として用いられました。さらに，⑨長崎貿易で輸出される海産物の生産も活発になりました。

　　問7　下線部⑦に関して，江戸時代の江戸と大阪について述べた文として**誤っているもの**を，次の**ア～エ**から1つ選び，記号で答えなさい。

　　　　ア　江戸に設けられた諸藩の江戸屋敷には，全国から多くの武士が集まった。

　　　　イ　諸藩は大阪に蔵屋敷を置いて，年貢米や特産物の販売を行った。

　　　　ウ　江戸と大阪では，問屋や仲買が株仲間という同業者組織を作るようになった。

　　　　エ　江戸と大阪の間では，北前船が定期的に往復して物資を輸送するようになった。

　　問8　空欄(1)にあてはまる魚を**ひらがな**で答えなさい。

　　問9　空欄(2)にあてはまる魚を**ひらがな**で答えなさい。

　　問10　下線部⑧に関して，江戸時代の海産物を加工した肥料の用いられ方について述べた文として正しいものを，次の**ア～エ**から1つ選び，記号で答えなさい。

　　　　ア　おもに東北地方の稲作で用いられた。　　**イ**　おもに近畿地方の稲作で用いられた。

　　　　ウ　おもに東北地方の綿作で用いられた。　　**エ**　おもに近畿地方の綿作で用いられた。

　　問11　下線部⑨に関して，江戸時代の長崎貿易では，次のような海産物が輸出された。これについて，(1)・(2)に答えなさい。

> 干しあわび　　いりこ（干したなまこ）　　ふかのひれ

　　　(1)　上記のような輸出用の海産物を総称して何というか。**漢字**で答えなさい。

　　　(2)　上記の海産物の生産と流通を説明した文として**誤っているもの**を，次の**ア～エ**から1つ選び，記号で答えなさい。

　　　　ア　おもに蝦夷地で生産された。　　　　**イ**　おもに倭館で取り引きされた。

　　　　ウ　おもに清へ輸出された。　　　　　　**エ**　銅などとともに輸出された。

D　明治時代になると，⑩諸産業は欧米の技術を取り入れて大きく発展しました。水産業も例外ではありません。⑪ポーツマス条約で沿海州とカムチャツカの漁業権を日本が獲得すると，北洋漁業とよばれる遠洋漁業が拡大しました。昭和時代のはじめに発表された⑫『蟹工船』には，北洋漁業の過酷な労働が労働者の視点で描かれています。

　　問12　下線部⑩に関して，明治時代の諸産業の発展について述べた文として正しいものを，次の**ア～エ**から1つ選び，記号で答えなさい。

　　　　ア　富岡製糸場では，ドイツ人技師の技術指導を得て綿糸を生産した。

　　　　イ　大阪紡績会社では，輸入した蒸気機関を用いて生糸を生産した。

　　　　ウ　欧米の製鉄業の技術を取り入れ，官営の八幡製鉄所が建設された。

　　　　エ　欧米式の工作機械を用いて，長崎造船所では航空母艦が建造された。

　　問13　下線部⑪に関して，ポーツマス条約について述べた文として正しいものを，次のページの**ア～エ**から1つ選び，記号で答えなさい。

ア この条約はイギリスの仲介で結ばれた。

イ この条約で日本は長春以南の鉄道利権を獲得した。

ウ この条約で日本は山東省の権益を獲得した。

エ この条約でロシアは清における日本の優越権を認めた。

問14 下線部⑫に関して,『蟹工船』の作者として正しいものを,次の**ア〜エ**から１つ選び,記号で答えなさい。

ア 芥川龍之介 **イ** 小林多喜二 **ウ** 志賀直哉 **エ** 谷崎潤一郎

E ⑬戦時体制が強まると労働力や物資の不足から,日本の水産業は大きな打撃をうけました。戦後,⑭サンフランシスコ平和条約によって日本が独立を回復すると,遠洋漁業がさかんになりました。アメリカ合衆国の水爆実験で被爆した第五福竜丸も,太平洋に遠洋漁業に出て（ 3 ）をとる漁船でした。

問15 下線部⑬に関して,戦時体制のもとでの労働力や物資について述べた文として**誤っているもの**を,次の**ア〜エ**から１つ選び,記号で答えなさい。

ア 新たに結成された大政翼賛会が,労働力や物資を動員できるようになった。

イ 軍需品の生産が優先されたため,農村では労働力や肥料が不足した。

ウ 生活必需品の供給が減り,マッチや衣料品で切符制が導入された。

エ 労働力が不足したため,中学生や未婚の女性も勤労動員の対象となった。

問16 下線部⑭に関して,サンフランシスコ平和条約について述べた文として**誤っているもの**を,次の**ア〜エ**から１つ選び,記号で答えなさい。

ア この条約は首席全権である吉田茂首相が調印した。

イ この条約に対してソ連は調印を拒否した。

ウ この条約で中華人民共和国への賠償が決められた。

エ この条約で日本は千島列島の権利を放棄した。

問17 空欄(3)にあてはまる魚を**ひらがな**で答えなさい。

F 現在の水産業は,⑮排他的経済水域の設定や資源保護などの視点から漁獲量の制限が厳しくなっており,遠洋漁業に従事する人は減っています。また,国内の漁獲量は減って,⑯水産物の輸入が増えています。こうしたなかで,とる漁業から育てる漁業への転換が進められ,⑰養殖業の成長が期待されています。

問18 下線部⑮に関して,次の表は諸国の領海・排他的経済水域と領土の面積を示したものである。これについて,次のページの(1)・(2)に答えなさい。

国名	領海・排他的経済水域の面積	領土の面積
アメリカ合衆国	762万㎢	983万㎢
メキシコ	285万㎢	196万㎢
X	541万㎢	191万㎢
日本	447万㎢	38万㎢

（『海洋白書 2015』、『世界国勢図会 2018/19年版』より）

開成高等学校

(1) 前のページの表の**X**に該当する国として正しいものを，次の**ア〜エ**から１つ選び，記号で答えなさい。

　　ア インドネシア　**イ** オーストラリア　**ウ** ブラジル　**エ** ニュージーランド

(2) 排他的経済水域は，領海の外側で沿岸から200海里以内までとされている。200海里とは約何kmか。一の位を四捨五入して答えなさい。

問19 下線部⑯に関して，次の表**X・Y**は日本の輸入水産物の輸入相手国（2017年）を示したものである。**X・Y**に該当する輸入水産物の組み合わせとして正しいものを，あとの**ア〜エ**から１つ選び，記号で答えなさい。

X

国名	金額（百万円）	割合
チリ	128,274	57.4%
ノルウェー	48,482	21.7%
ロシア	25,000	11.2%
アメリカ合衆国	11,610	5.2%
その他	10,163	4.5%

Y

国名	金額（百万円）	割合
ベトナム	48,335	21.9%
インド	38,338	17.4%
インドネシア	31,709	14.4%
アルゼンチン	20,357	9.2%
タイ	14,329	6.5%
カナダ	11,959	5.4%
ロシア	10,159	4.6%
その他	45,296	20.5%

（『平成29年度 水産白書』より）

　ア X−タラ類　Y−エビ

　イ X−サケ・マス類　Y−エビ

　ウ X−タラ類　Y−イカ

　エ X−サケ・マス類　Y−イカ

問20 下線部⑰に関して，次の表は四国4県の海面漁業と海面養殖業の漁獲量（2013年）を示したものである。**X〜Z**に該当する県の組み合わせとして正しいものを，あとの**ア〜カ**から１つ選び，記号で答えなさい。

県名	海面漁業漁獲量	海面養殖業漁獲量
X	80,000t	19,000t
Y	77,000t	66,000t
Z	19,000t	30,000t
徳島	13,000t	14,000t

（『第65回 日本統計年鑑 平成28年』より）

　ア X−愛媛　Y−高知　Z−香川

　イ X−愛媛　Y−香川　Z−高知

　ウ X−高知　Y−愛媛　Z−香川

　エ X−高知　Y−香川　Z−愛媛

　オ X−香川　Y−愛媛　Z−高知

　カ X−香川　Y−高知　Z−愛媛

2 以下の会話文を読み，あとの問いに答えなさい。

先　生：昨年夏のサッカーワールドカップロシア大会，日本のグループリーグ突破もあって盛り上がったね。①フランスは20年ぶりの優勝だった。

カイタ：準優勝のクロアチアも強かったな。そういえば今回はセルビアも出場していたけれど，昔，クロアチアとセルビアは一つの国だったんですよね？今回，合同チームなら優勝できた気もします。

先　生：確かに。今は7つの国に分かれたけれど，1990年大会時点では【　A　】という一つの国だったんだよ。でも悲惨な戦争まで起こったから，合同チームは無理だろうなあ。開催国の②ロシアだって，ソ連にはもう戻れないしね。

カイタ：4位のイングランドも，③イギリスでまとまって出場すれば優勝を狙えた気がします。ここの場合は内戦もなく一つの国にまとまっていますし。

先　生：それもそうだね。もっとも，イギリス北部の【　B　】では，2014年の住民投票で45％がその独立に賛成したことも無視できないけれど。

カイタ：そうですか，分かれる話ばかりですね。統合する話は無いんですか？

先　生：国家の定義にもよるし，国家とサッカーチームを分けて考える必要もあるけれど，④平成に入ってからの国連加盟国同士の統合は，1990年の【　C　】統一とイエメン統一くらいだね。この二つは冷戦終結の影響が大きかった。

カイタ：冷戦といえば朝鮮半島統一も期待できるのかな。昨年は11年ぶりの⑤南北首脳会談があったし，その前の平昌（ピョンチャン）五輪では合同チームも結成されました。

先　生：注目だね。あと，国家の統合ではないけれど，国境を越えた動き自体は世界各地で起こっている。EUや⑥ＡＳＥＡＮなどがいい例だね。

カイタ：そうですね。特にEUは，それ自体が統合された一つの国のようにも見えます。

先　生：確かに政治統合も進行中だし，各加盟国は《　X　》の一部をEUに譲ったとも表現される。ただし，今のEUはあくまでも《　X　》国家の集まりで，各加盟国が《　X　》を持つのが前提だから，国家と呼ぶのはまだ早いよ。

カイタ：そうか。⑦東京都などの自治体と，日本という国家との関係とは違うんですね。

先　生：そうだね。でも，いわゆるグローバル化は様々な分野で進んでいる。日本の⑧ＴＰＰ11参加も話題になっているね。

カイタ：国家統合はなくても，⑨労働者の移動や⑩市場の統合は進んでいます，と。

先　生：そう。ただ，⑪国境を越える動きには反動がつきものだから，不透明な部分もある。これからもニュースを見て，知識を更新しよう。

カイタ：はい！がんばります。

問1　空欄【A】〜【C】にあてはまる，国名や地域名を答えなさい。

問2　3か所ある空欄《X》に共通してあてはまる，**漢字2字**の言葉を答えなさい。

問3　下線部①〜③のフランス・ロシア・イギリスの三国に関して，(1)〜(8)に答えなさい。

(1)　この三国は，第一次世界大戦開戦時に三国協商を形成していて，三国が作った戦後構想は現在の国境にも影響している。例えば，次のページの中東の地図中のXとYの間の国境も第一次世界大戦の戦後処理時に引かれたもので，この国境付近は2014年からＩＳ（イスラム国）の勢力拡大の場にもなった。X・Y両国の国名の正しい組み合わせを次のページの**ア〜カ**から1つ

選び，記号で答えなさい。

ア X－イラク　　Y－イラン　　**イ** X－イラク　　Y－シリア

ウ X－イラン　　Y－イラク　　**エ** X－イラン　　Y－シリア

オ X－シリア　　Y－イラク　　**カ** X－シリア　　Y－イラン

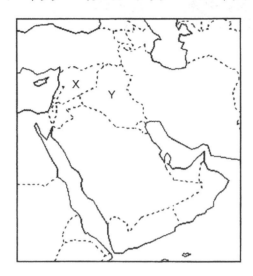

(2) この三国は，いずれも国際連合安全保障理事会の常任理事国である。安全保障理事会について述べた文として正しいものを，次の**ア～エ**から1つ選び，記号で答えなさい。

ア 国連加盟国すべての代表が出席し，すべての国が対等な一票を行使する。

イ 常設の国連軍を組織し，これまでも国際法違反の国への攻撃を行ってきた。

ウ 国連の中枢となる機関で，国連の事務総長は常任理事国の国民から選ばれる。

エ 合計15か国によって構成され，常任理事国は実質事項の決議での拒否権を持つ。

(3) この三国は，いずれも核保有国である。核兵器について述べた文として正しいものを，次の**ア～エ**から1つ選び，記号で答えなさい。

ア 2017年に国際連合で採択された核兵器禁止条約は，核抑止の概念を否定して核兵器を一律に禁止する内容だった。

イ 唯一の戦争被爆国である日本の政府は，2017年に国際連合で核兵器禁止条約が採択される際に主導的な役割を果たした。

ウ アメリカ合衆国のトランプ大統領は，2017年のプラハ演説で核兵器廃絶を訴え，ノーベル平和賞を受賞した。

エ 核兵器廃絶のためのキャンペーンを展開してきたアムネスティ・インターナショナルは，2017年にノーベル平和賞を受賞した。

(4) この三国の国旗は，いずれも赤・青・白の三色で構成され，同様の組み合わせはアメリカ合衆国やオランダなど多くの国で見られる。一方で，日本のように赤と白の二色で構成される国旗も多く，次のページの**X～Z**の三つの旗も赤と白の二色からなる国旗である（ただし白黒で表示）。

　　A～Cは，**X～Z**の国旗の国のいずれかの面積と人口（2018年）を示している。正しい組み合わせをあとの**ア～カ**から1つ選び，記号で答えなさい。

	X	Y	Z

A　面積　999万km²　　人口　3695万人

B　面積　78万km²　　人口　8192万人

C　面積　4万km²　　人口　854万人

（『世界国勢図会 2018/19年版』より）

ア　X－A，Y－B，Z－C

イ　X－A，Y－C，Z－B

ウ　X－B，Y－A，Z－C

エ　X－B，Y－C，Z－A

オ　X－C，Y－A，Z－B

カ　X－C，Y－B，Z－A

(5) 1789年のフランス人権宣言の内容として**誤っているもの**を，次の**ア〜エ**から１つ選び，記号で答えなさい。

ア　自由は，他人を害しないすべてをなし得ることに存する。

イ　人は，自由かつ権利において平等なものとして出生し，かつ生存する。

ウ　あらゆる政治的団結の目的は，人の消滅することのない自然権を保全することである。これらの権利は，自由・所有権・安全および圧制への抵抗である。

エ　経済生活の秩序は，すべての者に人間たるに値する生活を保障する目的をもつ正義の原則に適合しなければならない。

(6) ロシアの国土について述べた次の**ア〜エ**の文のうち，下線部の内容が正しいものを1つ選び，記号で答えなさい。

ア　最東端の地点はベーリング海峡の西岸にあたり，ここから東方向に海上を300km 移動すると，途中，東経170度線を越えることになる。

イ　最西端の地点はバルト海に面した飛び地で，ここから南方向に300km 移動すると，オランダ国内の海抜0m未満の地域に到達する。

ウ　最南端の地点はカフカス山脈上に位置し，ここから東方向に300km 移動すると，アゼルバイジャンの国土をまたぎカスピ海に到達する。

エ　最北端の地点は北極海にある島で，ここから南方向に300km 移動すると，寒極として知られるオイミャコンに到達する。

(7) イギリスについて述べた文として正しいものを，次の**ア〜エ**から１つ選び，記号で答えなさい。

ア　国内のほとんどの地域は亜寒帯（冷帯）に属し，首都ロンドンの7月の平均気温は20℃を超えず，1月の平均気温はマイナス10℃を下回る。

 イ 宗教において，国民の多数派は正教会のキリスト教徒だが，近年はムスリムが増加傾向にある。

 ウ 公用語である英語は，オランダ語やノルウェー語とともに，ゲルマン系言語に分類される。

 エ 現時点では通貨としてユーロを用いているが，2016年の国民投票でユーロからの離脱が決まったため，通貨変更の準備が進められている。

(8) 以下の表は食料の生産量（2013年）を示したもので，**X・Y・Z**は，フランス・ロシア・イギリスのいずれかである。**X・Y・Z**の組み合わせとして正しいものをあとの**ア～カ**から1つ選び，記号で答えなさい。

	小麦	野菜	果実	魚介類
X	52,091	16,120	3,368	4,487
Y	38,614	5,324	8,186	695
Z	11,921	2,581	393	837

（単位は千ｔ。『世界国勢図会 2018/19年版』より）

 ア **X**－イギリス **Y**－フランス **Z**－ロシア

 イ **X**－イギリス **Y**－ロシア **Z**－フランス

 ウ **X**－フランス **Y**－イギリス **Z**－ロシア

 エ **X**－フランス **Y**－ロシア **Z**－イギリス

 オ **X**－ロシア **Y**－イギリス **Z**－フランス

 カ **X**－ロシア **Y**－フランス **Z**－イギリス

問4 下線部④に関して，(1)～(4)に答えなさい。

(1) 昭和時代の日本にはなかったが，平成元年（1989年）4月に導入され，平成29年度（2017年度）の日本の歳入の約18％を占めている財源を，**漢字**で答えなさい。

(2) 憲法改正のための国民投票法は，平成19年に制定された。国民投票が行われた際に憲法改正が成立する条件として正しいものを，次の**ア～エ**から1つ選び，記号で答えなさい。

 ア 有権者数の過半数の賛成

 イ 有効投票数の過半数の賛成

 ウ 有権者数の3分の2以上の賛成

 エ 有効投票数の3分の2以上の賛成

(3) 日本国内で沖縄県に米軍基地が集中している問題については，平成に入ってからも解決が難航した。沖縄県宜野湾市の住宅密集地の中にあり，平成30年の沖縄県知事選でも移設先が争点になった米軍基地の名称を，**漢字**で答えなさい。

(4) 日本史上，「成」の字が入っている元号は平成のみだが，「平」の字が入っている元号は複数ある。そして，「平」の字を使う漢字二字の元号のうち，大半は2文字目が「平」であり（「天平」「承平」など），1文字目が「平」の元号は平成以外に一つしかない。1159年から1160年にかけて用いられたこの元号を**漢字**で答えなさい。

問5 下線部⑤に関して，この時の「南」側の大統領の名を，**漢字**で答えなさい。

問6 下線部⑥に関して，次のページの表は，ＡＳＥＡＮ諸国の宗教別人口の割合を示したもので，**X・Y・Z**は仏教・キリスト教・イスラム教のいずれかである。**X・Y・Z**の組み合わせとして

正しいものをあとの**ア～カ**から１つ選び，記号で答えなさい。

	X	Y	Z
インドネシア（2010年）	87.2%	9.9%	0.7%
フィリピン（2000年）	5.0%	92.7%	—
カンボジア（2008年）	1.9%	0.4%	96.9%

（—は記載なし。『データブック　オブ・ザ・ワールド　2018年版』より）

ア　X－仏教　　　　　Y－キリスト教　　　Z－イスラム教

イ　X－仏教　　　　　Y－イスラム教　　　Z－キリスト教

ウ　X－キリスト教　　Y－仏教　　　　　　Z－イスラム教

エ　X－キリスト教　　Y－イスラム教　　　Z－仏教

オ　X－イスラム教　　Y－仏教　　　　　　Z－キリスト教

カ　X－イスラム教　　Y－キリスト教　　　Z－仏教

問7　下線部⑦に関して，以下の表は，東京都の東西南北端それぞれの経度と緯度を示したものである。東京都最西端の島の名を答えなさい。

	東　端	西　端	南　端	北　端
東　経	153° 59′	136° 04′	136° 04′	139° 01′
北　緯	24° 17′	20° 26′	20° 26′	35° 54′

問8　下線部⑧に関して，以下の表は，ＴＰＰ11参加国のうち3か国の輸出額上位5品目とその輸出総額に占める割合（2016年）を示したもので，**X・Y・Z**は，シンガポール・チリ・ニュージーランドのいずれかである。**X・Y・Z**の組み合わせとして正しいものをあとの**ア～カ**から１つ選び，記号で答えなさい。

	X		Y		Z	
1位	機械類	48.6	銅	24.6	酪農品	23.2
2位	石油製品	11.3	銅鉱	21.2	肉類	12.7
3位	精密機械	4.5	野菜・果実	11.0	木材	7.2
4位	有機化合物	4.4	魚介類	7.8	野菜・果実	7.2
5位	プラスチック	3.7	パルプ・古紙	4.0	機械類	5.4

（『世界国勢図会　2018/19年版』より）

ア　X－シンガポール　　　Y－チリ　　　　　　　　Z－ニュージーランド

イ　X－シンガポール　　　Y－ニュージーランド　　Z－チリ

ウ　X－チリ　　　　　　　Y－シンガポール　　　　Z－ニュージーランド

エ　X－チリ　　　　　　　Y－ニュージーランド　　Z－シンガポール

オ　X－ニュージーランド　Y－シンガポール　　　　Z－チリ

カ　X－ニュージーランド　Y－チリ　　　　　　　　Z－シンガポール

問9　下線部⑨に関して，ブラジル人労働者の多い群馬県邑楽郡大泉町では，多文化共生コミュニティセンターを開設している。そしてこの施設のウェブサイトでは次のページのように，日本語に加えて，ブラジルの公用語が併記されている。ブラジルの公用語を答えなさい。

(http://www.oizumi-tabunka.jp/ より)

問10 下線部⑩に関して，今，A国とB国の二つの国があり，ある商品の価格と需要数量の関係が，それぞれ以下のグラフの線分で表されると仮定する。

　このようなA国とB国が市場を統合すると，価格が400のとき，この商品の需要数量はいくつになるか，答えなさい。なお，需要数量は単純に合算されるとする。また，割り切れないときは，小数第一位を四捨五入して整数で答えること。

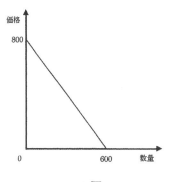

A国　　　　　　　　　　　　　B国

問11 下線部⑪に関して，アメリカ合衆国では1924年，移民法が改正され，日本からの移民が実質禁止された。右の絵は，当時の風刺画家が移民法改正への皮肉を込めて描いたもので，当時のアメリカ合衆国でインディアンと呼ばれていた人たち（左側の2人）と，日本人（右側の2人）が何かを話している。

　元の絵に「ふきだし」はないが，この絵を描いた画家の意図を考え，「ふきだし」にあてはまる文を答えなさい。

(飯倉 章 『黄禍論と日本人』中公新書　2013年　より一部転載)

を討ち漏らすことなく徹底的に倒すため。

イ　舟をそのままの向きで素早く後ろに戻せるようにすることで、退却をする時にも攻撃をしかけて少しでも敵を倒すため。

ウ　とにかく舟を素早く移動できるようにすることで、敵の態勢が整う前に奇襲を仕掛けて時間をかけずに敵を倒すため。

エ　どのようにも舟を操り攻守の切り替えを早くすることで、敵を混乱状況に陥れて戦うことなく敗走させるため。

オ　どの方向にも舟を簡単に動かせるようにすることで、その都度適切に攻めたり退いたりして被害なく敵を倒すため。

問四　──3「片趣」とあるが、どういうことか。具体的な内容に触れながら説明せよ。

その直前の部分の現代語訳である。

十六日、渡辺、神崎両所にて、この日ごろ【＝数日】そろへける舟ども、とまづなすでにとかんとす。をりふし北風木を折ってはげしう吹きけれども、大浪に舟どもさんざんにうち損ぜられて、1いだすに及ばず。修理のために其日はとどまる。

渡辺には大名小名寄りあひて、「そもそも舟軍の様はいまだ調練せず。いかがあるべき【＝どうしたらよいだろうか】」とA評定す。*4梶原申しけるは、「今度の合戦には、舟に逆櫓をたて候はばや【＝逆櫓を付けたいところです】」。判官、「逆櫓とはなんぞ」。梶原、「馬は駆けんと思へば、弓手へも馬手へも【＝左へも右へも】まはしやすし。舟はきっと【＝すばやく】おしもどすが大事に候ふ。*7艫舳に櫓をたてちがへ、脇楫をいれて【＝脇にも櫓を付けて】、どなたへもやすう押すやうにし候はばや【＝押すように】したいものです」と申しければ、判官のたまひけるは、「いくさといふ物は、一引きも引かじと思ふだにも【＝思う時でさえも】、Bあはひあしければおしもどすはなんのよかるべきぞ。もとより逃げまうけしてはなんのよきにはせず」と申せば、判官、「猪のしし、鹿のしし【＝鹿】は知らず、いくさはただ平攻に攻めて、勝ったるぞ心地はよき」とのたまへば、梶原におそれてたかくは笑はねども、目ひき鼻ひき、ぎゝめきあへり【＝ひしめき騒ぎあった】。

まづ門出のあしさよ。逆櫓をたてんとも、*8かへさま櫓をたてんとも、殿ばらの舟には百挺千挺もたて給へ。義経はもとの櫓で候はん」とのたまへば、梶原申しけるは、「よき大将軍と申すは駆く【＝攻める】べき処をば駆け、引くべき処をば引いて、身をまったうしてかたきをほろぼすをもって、よき大将軍とはする候ふ。3片趣なるをば、猪のしし武者とて、よきにはせず」と申せば、判官、「猪のしし、鹿のしし【＝鹿】は知らず、いくさはただ平攻に攻めて、勝ったるぞ心地はよき」とのたまへば、侍ども、梶原におそれてたかくは笑はねども、目ひき鼻ひき、ぎゝめきあへり【＝ひしめき騒ぎあった】。

（『平家物語』による）

（注釈）　*1　「渡辺、神崎」…ともに摂津の国の地名。
　　　　*2　「ともづな」…舟の後ろ側である艫の部分に結んだ綱。
　　　　*3　「大名小名」…兵を有する御家人たち。
　　　　*4　「梶原」…源氏方の御家人の梶原景時。
　　　　*5　「逆櫓」…「櫓」は舟を操作する道具。普通、船の後方部分にある
　　　　　　が、「逆櫓」は、これを前方部分にも付けるということ。
　　　　*6　「判官」…源　義経。
　　　　*7　「艫舳」…艫は舟の後方、舳は舟の前方のこと。
　　　　*8　「かへさま」…上下や前後、表裏などが逆のこと。

問一　――1「いだすに及ばず」とはどのような意味か。わかりやすく答えよ。

問二　――A「評定す」、――B「あはひ」の文中での意味として最も適当なものを次のそれぞれの選択肢の中から選び、記号で答えよ。

　A　「評定す」
　　ア　恐れる　　イ　決める　　ウ　話し合う
　　エ　見極める　　オ　ためらう

　B　「あはひ」
　　ア　状況　　イ　人材　　ウ　気分
　　エ　武器　　オ　間隔

問三　――2「艫舳に櫓をたてちがへ、脇楫をいれて」とあるが、梶原がこのようにしようとする目的の説明として最も適当なものを次の選択肢の中から選び、記号で答えよ。

　ア　あらゆる方向に舟を思い通りに動かせるようにすることで、敵兵

私が後方から眺めていると、甲板の連中の手はまるでばね仕掛のように、つぎつぎとあがって行く。すこし時間はかかったが、とうとう、私を除いたすべてが手をあげた。すると、どうだろう、私の手もまた、あまり気のない恰好においてではあるが、しだいにあがって行くではないか。

全員一致！

それは、どうやら、私にとって不可抗力なのである。なんという卑劣！

私は自分が裁判にかけられるかもしれないことが怖ろしいのだ。自分の血が流れるかもしれないことが、そして、自分のなけなしの財産だけではなく、自分の体まで海に投げ込まれるかもしれないことが、どうしようもなく、こわいのだ。

ここで、いきなり夜である。

私の眼は、まるで望遠レンズをつけたカメラのように、大きな船室の遠くの隅で、二人の男があぐらをかき、仲よさそうに話している情景を捉える。まったく奇妙なことに、それは、昼間のあの私的な裁判において、撲られた中年の男と、撲った青年である。二人の間には酒の入っているらしい瓶さえある。引き揚げ者同士であるのに、今は贅沢品であるそのアルコールらしいものを、どこで手に入れたのだろうか？　どちらかの一方が、荷物の奥に大切に入れていたのだろうか？　それをかわるがわる、瓶の口から直接にすこしずつ飲んでいる。

私の耳に二人の会話は聞こえない。私はまた、読唇術〔＝声の聞こえない状態で唇の動きから言葉を理解する方法〕というものを知らない。しかし、二人の言葉がなぜかはっきりわかる。

「いやどうも、ついのぼせてしまって、わけがわからなくなったものですから」

「若いときは元気があまっているから、しようがないですよ。私だって若いときはね、いろいろありましたよ。おたがいに日本人なんだからね。内地に帰ったら、一度私のところへ遊びにいらっしゃいよ」

「ええ、ぜひ。酒を一本ぶらさげていきますよ」

これでは一体、昼間のできごとは何であったのだろう、と二十何歳かの私はまったく驚いている。

あれは裁判ではなく、裁判をまねた儀式であったのか？　つまり、日本に戻るためのお祓い？　そして、船中の退屈をまぎれさせる意味もすこしはある、あまり上手ではない夢幻劇？　日本に帰れば、あてにしていた状況がまたどう変わるかわからないから、糾問者の側も、裁判のあとまで、あまり真剣に役柄にはまってはいけない、ということもあるのだろうか？

そういえば、あの船尾の甲板の集会において、糾問したり弁明したりしていた人間たちは、地に足がついていなかった。いや、甲板に足がついていなかった人間たちは、地に足がついていなかった。

（清岡卓行「船の中の裁判」）

問一　──1　「なんという卑劣！」と感じているのか。説明せよ。

問二　──2　「あの船尾の甲板の集会において、糾問したり弁明したりしていた人間たちは、地に足がついていなかった」とあるが、「地に足がついていなかった」とはどういうことか。夜の場面の「人間たち」の様子と比較しながら説明せよ。

三　次の文章は、西に逃げていく平家を追う源氏方の様子を描いた場面である。これを読み、後の問いに答えよ。なお、文中の〔＝　〕は

という、異様に閉ざされた環境の私的な裁判において、とどめがたく興奮した集団が、裁判された人間を海の中に投げ込むという偶発事も、起こりうるのではないか。そんな惨劇の空想が、おたがいの無言のうちに漂っていた。

私は裁判が行われていると聞いて、その会場になっている船尾の甲板に、今やってきているところである。後方の隅から眺めてみると、甲板に百数十人の人が坐っており、船の中央寄りの一段高いところ、というのは、上の階に昇って行く左右両側からの梯子の踊り場のことであるが、そこにつぎつぎと人が立って話をしている。批判する人と弁明する人が一所懸命な顔の表情を見ていると、じつに辛い気持ちになる。その表情はほとんど、ひきつっている。

ところで、打明けて言うと、私はひそかに恐怖しているのだ。もしか したら、あの壇上に自分も引きずりだされ、おまえはそれでも日本人か、と怒鳴られるのではないか、そんな不安をじりじり感じているのである。なぜなら、私はいつも集団からやられる人間であるからだ。戦争中は、日本にいても、あるいは日本が支配する外地にいても、おまえはそれでも日本人かと言われた。戦争に負けると、かつて日本が支配していた外地で、おまえはそれでも民主主義がわかっているのかと言われた。今度は船の中で、ふたたび、おまえはそれでも日本人かと言われる番だろう。

批判する側は、三人ほどの同じ顔ぶれで、弁明する側は、いつも新しい顔だ。

噂に聞いたほど荒荒しいという感じはしないが、やはり重苦しい緊張がある。私の耳に話の内容は、じつは聞こえていない。私の眼の前で、海の微風（そよかぜ）がそれを消してしまうのだろうか。しかし、自己弁明する人の揚げることとは、ふつうありえない。この引き揚げ船に乗っているひとびとは、技術者や医師や教育者などと、その家族である。

その青年は、眼のつりあがった弁明者に向かって、なにか二言三言叫ぶと、いきなり右の拳で、相手の顎を横ざまに撲（なぐ）りつけた。よろめいた相手が立ち直ると、同じようにまた撲りつけた。今度は相手が倒れた。仲裁がはいり、撲られた男が立ちあがると、口のはしから血がいくら流れている。やはり、陰惨だ。甲板の百数十人はかなり興奮している。あの遅しい青年が、甲板の連中に向かって叫んでいる。その言葉だけは、なぜか私の耳に聞こえた。この男の財産を没収して、海の中に投げ込みたい、賛成の人は手をあげてくれ、と言っているのである。

日本に戻ったら、なんと言われるのだろう？おまえはそれでも人間かとか、それでも動物かとか言われるのであれば、ずいぶん助かるのだが。壇上では、今、眼のつりあがった鋭い顔つきの、痩せて背の高い中年の男が自己釈明をしている。そうだ、あの人には日本人の財産の調査し窮民救済のためにやむをえなかったとか、その筋から強制されたとか言っているのだろうか？私の耳にその言葉はやはり聞こえていない。海の微風が消してしまうようである。

おや、日によく焼けて逞しい青年が、不意に壇上に駆け昇った。縁の太い眼鏡をかけ、実直そうな感じである。私の傍らにいる老人が、あの人は元兵士ですよ、と独り言のように呟く。それは、どこかで捕虜であった状態からのがれてきて、その後なにか別の職業に臨時についていた脱走兵、という意味だろうか？元兵士なら、民間の個人という形で引き

王道の先頭にいない若者。その強さが際立つ時代なのかもしれない。

（黒川伊保子『アンドロイドレディのキスは甘いのか』による）

問一 ──a～eを漢字に直せ。一画ずつ丁寧に書くこと。

問二 ──1「人工知能がヒトの知性を超える日が来るのだろうか」とあるが、このような問いが生じるのはなぜか。説明せよ。

問三 ──2「痛みがない人工知能には、生み出せないことば」とはどのようなことばか。説明せよ。

問四 ──3「王道の先頭にいない若者」とはどういう人間か。説明せよ。

二 次の文章を読み、後の問いに答えよ。なお、文章中の〔＝ 〕は出題者による注である。出題にあたり一部表記を改めた。

高曇りの夏の空の下。午後三時頃だろうか。船は今、大洋のまんなかを進んでいる。波はわずかで、船もすこししか揺れない。船酔いのために吐いたりする船客は一人もおらず、皆平静である。

もっとも、平静なのは、船の進行状態に反応する体の調子の方であって、心の調子の方はそうはいかない。人によっては、激烈に燃えていたり、暗鬱に沈んでいたり、あるいは、深い好奇心を抱いていたり、いろいろだろう。いちばんのんびりしている人でも、いつもよりはたぶん、腰が落ち着かないものを感じているにちがいない。

というのは、船尾の甲板の上で、船客たちによる私的な裁判が、今や行われているのである。この船は引き揚げ船〔＝終戦後、日本に戻ってくるための船〕で、外地〔＝古くから日本が領有していた地を内地、それ以外の地を外地と呼んだ。終戦後、外地は日本の領有ではなくなった。〕から日本へ向かっ

ている途中であり、まだ敗戦後三年目ぐらいなのだ。外地において、かつては敵国であり、現在は戦勝国であるところの進歩的な外国人に協力した日本人を、昔ながらの国家主義的で保守的な日本人が中心になって、痛烈に批判しようというのである。端的に言うと、おまえはそれでも日本人かという詰問を、刃のようにつきつけるのである。

こんなふうに私的な裁判を行おうとする背景には、これから引き揚げ船がたどりつこうとしている祖国の日本が、自分たちが離れてきたばかりの外地よりは、はるかに保守的であり、昔ながらの国家主義もいくぶん残っているだろう、という予想、あるいは期待がある。裁判をみちびいているのは、一部少数の人間であるが、それに積極的に反対する人間は一人もいないし、それを面白がっている人間がほとんどなのである。状況が変化するだろうという見通しにおいて、この船の引き揚げ者という敏感な大衆は、少なくとも表面上、いわばマゾヒスティックに従順である。

この奇妙な裁判のことは、外地にいるときすでに、引き揚げ者たちのあいだでささやかれていた。今までの引き揚げ船においては、そうした裁判がたいてい行われており、自分たちの場合にもそんなふうになるだろう、ということであった。今までの、行きっぱなしの引き揚げ船の内情がどうしてわかるのか、日本との通信は不可能であったし、引き揚げ船の船長や船員も外地にやってきたとき上陸できなかったから、それは考えてみるとふしぎであったが、その噂には不気味な真実らしさがあった。その噂はもしかしたら、外地にいる引き揚げ者たちのあいだだけで醸酵した、一種の幻想のようなものであったかもしれないのだが──。

もちろん、そうした噂を面白がる人と、嫌がる人がいた。海上の船中

の言うことをよく聞く、正確さが半端ない優等生脳を育てる価値は、はたしてあるのだろうか。

息子が14歳のとき。

ある c ザッシの取材で、「妻の d キゲンを直す、魔法の一言を教えてほしい」と編集者に尋ねられた。私は答えられず、宿題にしてもらって家に持ち帰った。

息子の答えを期待していたわけじゃない。でも、話していればインスピレーションが浮かぶかもしれないと思い、彼にその話をした。

そうしたら、息子が、「本当にわからないの?」と聞いてくるではないか。「あなたには、わかるの?」と尋ねたら、彼は「たぶんね」とうなずいた。「なじる人は傷ついているんだよ。なじられた理由なんか、この際、関係ない。たとえ、それが筋が通っていなくたって」と彼は続けた。

曰く、なじられたときに、「ああ、大切な人が傷ついている」と心から思えばいい。そう思ったときに、口から自然に出てくることばが、魔法のことばじゃないの? オールマイティの便利なことばなんてあるわけがない。ことばは、そんなものじゃない。

私は胸を突かれた。

その昔、幼い息子を理不尽なことでなじることが時折あった。私が仕事と育児と家事の連立で疲れ果てて、彼に当たったのだ。そんなとき、彼は、必ず、私を抱きしめてくれた。背中をさすってくれたこともある。理不尽な理由で、悪くもない自分を激しくなじる母親を、である。彼は、私が傷ついていると知っていたのだ……! 私自身も知らなかったのに。

そんな人工知能を、誰が作れるのだろう?

ただ、ご飯を食べさせて、抱きあげて、ことばをかけた。それだけだ。なのに、大人たちが彼にかけたことばが、彼の中で再構成されて熟成され、私の世界観をはるかに超えた化学反応である。

人工知能が、人類を超える日? ばか言っちゃいけない。2 痛みがない人工知能には、生み出せないことばがある。そのことばにこそ、人間の尊厳がある。

今、彼は25歳になった。

レーザーの研究をする大学院生で、モトクロスレースもこなすハードなバイク乗り。料理がとびきりうまく、革細工が趣味で、キャンプの達人。アルゼンチンタンゴを踊り、友達の面倒見がよく、私の事業にいくつものアイデアをくれる彼は、私がこの世で一番好きな男友達だ。どんな人工知能にだって、とって代われない。

一方で、彼は、偏差値は特段高くない。人に羨まれる学歴を持っているわけじゃないし、女たちが振り返る容姿を持っているわけでもない。就職戦線も負け通し。ただ、おかげで、e アイショウのいい会社に出逢ってくれた。一社だけの、相思相愛。迷うこともなく、彼は彼の道を行く。

彼が「はみ出す存在」だからこそ、人工知能に負ける日に怯えることはない。今までも、そして、これからも。

よくよく考えてみれば、そもそも人工知能以前に、誰にも勝っていないし、負けてもいないのだ。他者の評価で生きたことがないので、どんな戦いにも巻き込まれなかった。

【国 語】 〈五〇分〉〈満点：一〇〇点〉

一 次の文章を読み、後の問いに答えよ。なお、文章中の〔＝ 〕は出題者による注である。

コンピュータが、人類を超える日。

このことに、人々が怯えるようになったのはいつからだろう。

「2001年宇宙の旅」のHAL〔＝1968年の映画「2001年宇宙の旅」に登場する人工知能を備えたコンピュータ。宇宙船上で船員を殺害する。〕のせい？

私は、いつでも、そっちのほうが聞きたかった。

じゃ、人々が怯える「コンピュータが人類を超える瞬間」ってどこなの？

はっきり言って、これに「デザインや音楽が、a ジザイに編集できる」が加わった。やがて、これに「デザインや音楽が、今のコンピュータは、できないスタッフよりはるかに使える。

コンピュータが、人類を超える日。

コンピュータが、人類を超える日。

夕は、「覚えられる、忘れない、問題解決の元ネタを提供できる」に変わった。

私は、34年前から、人工知能のエンジニアとして生きてきた。

その私の周辺には、いつもこの問いがあったような気がする。

——人工知能がヒトの知性を超える日が来るのだろうか。

「では、あなたの言う、ヒトの知性ってなに？」

ただ、私はいつも、質問に質問で返した。

新しいデータをすばやく覚え、それを正確に再現できる、「覚えられない」、その能力で言ったら、1980年代のコンピュータだって、既にヒトの能力をはるかに超えていた。

膨大なネット情報のフリーキーワード検索ができるようになってから、気になるデータが瞬時に引っ張り出せるようになった。何かの対応に困ったとき、どんぴしゃの、あるいは類似の事例を検索して、なんらかの対応策を練る。この使い方ができるようになってからのコンピュー

夕は、「覚えられる、忘れない、問題解決の元ネタを提供できる」に変わった。やがて、これに「デザインや音楽が、b ジザイに編集できる」が加わった。はっきり言って、今のコンピュータは、できないスタッフよりはるかに使える。

じゃ、人々が怯える「コンピュータが人類を超える瞬間」ってどこなの？

私は、いつでも、そっちのほうが聞きたかった。

息子が12歳のときだった。

彼に「あなたに会えて、本当によかった。私の息子に生まれてくれて、ありがとう」としみじみ伝えたことがあった。

彼は、嬉しそうに微笑んだ後、「でもなぜ？」と質問してきた。「運動ができるわけでもない、成績がいいわけでもない、おかたづけもできない。なのに、なぜ？」

「そんなことに、嬉しそうになぜ？」と聞いてくるからよ」と、私は笑った。「誰もが b ナットクする正解を、誰よりも正確に、誰よりも速く出してくる、聞き分けのいい優等生が欲しかったら、私は人工知能で作るから。そんなのは、人工知能が得意なことだもの。いつも、予想をはるかに超えてはみ出すきみに、わくわくする」

それは、人工知能エンジニアの母親としての、素直な感想だった。

ヒトの尊厳は「優等生である」場所にはない。なぜなら、そんなことは、やがて人工知能にとって代わられるからだ。

20世紀には、あるいは、そうだったかもしれない。偏差値の高さが人の価値だった時代がたしかにあった。けれど、人工知能の世紀に、他人

2019年度

解 答 と 解 説

《2019年度の配点は解答欄に掲載してあります。》

< 数学解答 > 《学校からの正答の発表はありません。》

1 (1) $a=\dfrac{1}{8}$　　(2) $1:49$

2 (1) $0<x\leqq3$のとき$S=4\sqrt{3}\,x$　　$7\leqq x<10$のとき$S=40\sqrt{3}-4\sqrt{3}\,x$　　(2) $x=5\pm\sqrt{2}$

3 (1) $\dfrac{33}{200}$　　(2)（ⅰ）$\dfrac{61}{125}$　　（ⅱ）$\dfrac{91}{125}$

4 (1) $\dfrac{8}{5}$　　(2) $\dfrac{9}{2}$　　(3) $\dfrac{129}{10}$

〇推定配点〇

1 (1) 8点　(2) 12点　　2 (1) 10点　(2) 10点

3 (1) 6点　(2) 各12点×2

4 (1) 8点　(2) 10点　(3) 12点　　　計100点

< 数学解説 >

1 （関数・グラフと図形の融合問題－直線の交点，面積の比）

(1) 4点O，A，B，Cは関数$y=ax^2$のグラフ上の点なので，それぞれの座標はaを用いて，O$(0,$ $0)$，A$(-4,\ 16a)$，B$(16,\ 256a)$，C$(-12,\ 144a)$と表せる。よって，直線CAの傾きは，$\dfrac{16a-144a}{-4-(-12)}=-16a$，直線CBの傾きは，$\dfrac{256a-144a}{16-(-12)}=4a$と表せる。∠ACB$=90°$のとき，直線CAと直線CBは垂直に交わるから，その傾きの積は-1である。したがって，$-16a\times4a=-1$　$a^2=\dfrac{1}{64}$　　aは正の数なので，$a=\dfrac{1}{8}$

(2) $a=\dfrac{1}{8}$だから，A$(-4,\ 2)$，B$(16,\ 32)$，C$(-12,\ 18)$　　直線OCは傾きが$\dfrac{18}{-12}=-\dfrac{3}{2}$，切片が0なので，直線OCの式は$y=-\dfrac{3}{2}x$　　直線ABは傾きが$\dfrac{32-2}{16-(-4)}=\dfrac{3}{2}$だから，直線ABの式を$y=\dfrac{3}{2}x+b$とおいてA$(-4,\ 2)$を代入すると，$b=8$　　よって，直線ABの式は$y=\dfrac{3}{2}x+8$である。したがって，点Pのx座標は方程式$-\dfrac{3}{2}x=\dfrac{3}{2}x+8$の解として求められるから，$x=-\dfrac{8}{3}$　　同じ直線上の線分の比は，線分の両端のx座標の差の比として求められるので，AP：PB$=\left\{-\dfrac{8}{3}-(-4)\right\}:\left\{16-\left(-\dfrac{8}{3}\right)\right\}=$ $1:14$　　OP：PC$=\left\{0-\left(-\dfrac{8}{3}\right)\right\}:\left\{-\dfrac{8}{3}-(-12)\right\}=2:7$ 高さが共通な三角形の面積の比は底辺の比に等しいので，△OPAの面積をSとすると，△OPB$=14$S　　△BPC：△OPB$=$ $7:2$だから，△BPC$=49$S　　したがって，△OPA：△BPC$=$

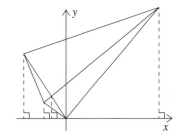

1：49

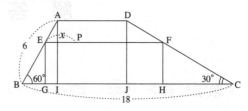

② （平面図形－点対称移動，重なる部分，面積，三平方の定理）

(1) 図1のように点E，F，A，DからBCに垂線EG，FH，AI，DJを引き，内角の大きさが30°，60°，90°の直角三角形の3辺の比が$2：1：\sqrt{3}$となることを用いると，BG＝2，BI＝3　FH＝EG＝$2\sqrt{3}$だから，CH＝6，DJ＝AI＝$3\sqrt{3}$だから，CJ＝9　よって，EF＝10，AD＝6である。

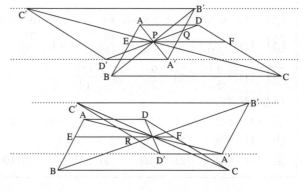

A′B′とEFが交わる点をQとすると，点PはAA′の中点なので，点PはEQの中点である。まず，A′B′が線分ADと交わるときに重なる部分が平行四辺形になる。よって，$0<x≦3$のときである。そのときの重なってできる平行四辺形の底辺は$2x$であり，高さは，$2\sqrt{3}$だから，S＝$2x×2\sqrt{3}＝4\sqrt{3}x$　次に重なる部分が平行四辺形になるのは，C′D′が線分ADと交わるときである。C′D′がEFと交わる点をRとすると点PはRFの中点であり，PF≦3のとき，つまり，$7≦x<10$のときに重なる部分が平行四辺形となる。EP＝xのときPF＝$10-x$　そのときの重なってできる平行四辺形の底辺は$2(10-x)$であり，高さは，$2\sqrt{3}$だから，S＝$2(10-x)×2\sqrt{3}＝40\sqrt{3}-4\sqrt{3}x$

(2) $0<x≦3$のときと$7≦x<10$のときにできる平行四辺形について，面積Sが最大となるのは$6×2\sqrt{3}＝12\sqrt{3}$である。よって，S＝$14\sqrt{3}$となるのは$3<x<7$のときであり，重なる部分は右図のような六角形AUD′A′VD

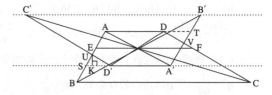

となる。その面積は，（平行四辺形ASA′T）－△USD′－△VTDで求めることができる。なお，この図形は点Pについて対称なので，△USD′＝△VTDである。EP＝xとするとき，EP：SA′＝AE：AS＝1：2だから，SA′＝$2x$　SD′＝$2x-6$　点UからAD′に垂線UKを引くと，△UD′S，△USKは内角の大きさが30°，60°，90°の直角三角形だから，UK＝$\frac{\sqrt{3}}{2}$US＝$\frac{\sqrt{3}}{2}×\frac{1}{2}$SD′＝$\frac{\sqrt{3}}{4}$SD′となる。よって，△USD′＝$\frac{1}{2}×(2x-6)×\frac{\sqrt{3}}{4}(2x-6)＝\frac{\sqrt{3}}{8}(2x-6)^2＝\frac{\sqrt{3}}{8}(4x^2-24x+36)$　平行四辺形ASA′Tの面積は$2x×2\sqrt{3}＝4\sqrt{3}x$　したがって，S＝$14\sqrt{3}$となるとき，$4\sqrt{3}x-\frac{\sqrt{3}}{8}(4x^2-24x+36)×2＝14\sqrt{3}$　$-\sqrt{3}x^2+10\sqrt{3}x-23\sqrt{3}＝0$　$x^2-10x+23＝0$　二次方程式の解の公式を用いると，$x＝\frac{10±\sqrt{100-92}}{2}＝\frac{10±2\sqrt{2}}{2}＝5±\sqrt{2}$

③ （確率－正二十面体のさいころ，数の性質）

重要 (1) 2回投げたときの出た面の数の和は2から40までの自然数である。そのうち，6の倍数は6，12，18，24，30，36　和が6となる場合の面の出方は，(1, 5)，(2, 4)，‥，(5, 1)の5通り…①　和が12となる場合は，(1, 11)，(2, 10)，‥，(11, 1)の11通り…②　和が18となる場合は，(1,

17)，（2，16），‥，（17，1）の17通り…③　和が24となる場合は，（4，20），（5，19），‥，（20，4)の17通り…④　和が30となる場合は，（10，20），（11，19），‥，（20，10）の11通り…⑤　和が36となる場合は，（16，20），（17，19），‥，（20，16）の5通り…⑥　①～⑥から，和が6の倍数となる場合が66通りあり，2回投げたときの目の出方も総数は$20^2＝400$なので，その確率は，$\dfrac{66}{400}＝\dfrac{33}{200}$

やや難　(2)　（ⅰ）　出た面の数を5で割った余りは，0，1，2，3，4のいずれかである。3数a，b，cの積が0となるのは，a，b，cのうち少なくとも1個が0のときである。5で割った余りが0となる面の数は5，10，15，20の4個であり，a，b，cのいずれもが0でない場合の数は，16×16×16（通り）として求められる。3回投げたときの目の出方の総数は20×20×20だから，3数の積abcが0とならない確率は，$\dfrac{16×16×16}{20×20×20}＝\dfrac{64}{125}$　したがって，3数の積abcが0となる確率は，$1-\dfrac{64}{125}＝\dfrac{61}{125}$

（ⅱ）　$\dfrac{abc}{6}$が整数となるのは，abcが6の倍数となるときである。0も6の倍数であり，（ⅰ）で確かめたように$abc＝0$となる場合は61通りある。…①　a，b，cのいずれもが0でない場合は4×4×4＝64（通り）ある。そのうちのa，b，cがすべて異なる数の場合には，1×2×3，2×3×4，1×3×4の3パターンがあり，それぞれにa，b，cのどれがどの数になるかについて，例えば1×2×3の場合の$(a, b, c)＝(1, 2, 3)$，（1，3，2），（2，1，3），（2，3，1），（3，1，2），（3，2，1）のように6通りずつあるから，3×6＝18（通り）…②　a，b，cのうち2つが同じ数の場合には，2×2×3，2×3×3，3×3×4，3×4×4の4パターンあり，それぞれにa，b，cのどれがどの数になるかについて，例えば2×2×3の場合の$(a, b, c)＝(2, 2, 3)$，（2，3，2），（3，2，2）のように3通りずつあるから，4×3＝12（通り）…③　①～③から，61＋18＋12＝91（通り）あるので，$\dfrac{abc}{6}$が整数となる確率は，$\dfrac{91}{125}$

4　（空間図形－切断，面積，体積）

(1)　図1のように，点Kから EF に平行な直線を引いて，JH との交点をPとすると，KP：EJ＝HK：HE＝1：3　EJ＝4なので，KP＝$\dfrac{4}{3}$　また，KN：FN＝KP：FJ＝$\dfrac{4}{3}$：2＝2：3　よって，KN：KF＝2：5　△JNKと△JFKはそれぞれの底辺をKN，KFとみたときの高さが共通だから，△JNK：△JFK＝KN：KF＝2：5　ところで，△JFKの面積はJFを底辺，KEを高さとして求められるから，$\dfrac{1}{2}×$2×4＝4△JNK＝$\dfrac{2}{5}$△JFK＝$\dfrac{8}{5}$

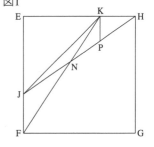

図1

重要　(2)　図2のように，点JからEAに平行な直線を引いてFIとの交点をQとする。JQ：EI＝FJ：FE＝1：3　EI＝3なので，JQ＝1　また，AL：JL＝AI：JQ＝3：1だから，AL：AJ＝3：4　点LからAEに垂線LRを引くと，LR：JE＝AL：AJ＝3：4　JE＝4なので，LR＝3　点MからAEに垂線を引くと点Rに達して，同様にMR＝3　面ALIと面AMIは垂直に交わっているので，三角錐AILMの体積は，△AILを底面，MRを高さとして求められる。よって，$\dfrac{1}{3}×\left(\dfrac{1}{2}×3×3\right)×$

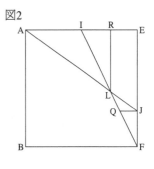

図2

$$3=\frac{9}{2}$$

やや難 (3) E, I, J, K, L, M, Nを頂点とする多面体は，四角形 図3
EJNKを底面，AEを高さとする四角錐から，三角錐AILMと
三角錐ALNMを除いたものである。四角形EJNK＝△EJK＋

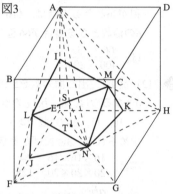

$\triangle$JNK$=\frac{1}{2}\times4\times4+\frac{8}{5}=\frac{48}{5}$　よって，四角錐AEJNKの体

積は，$\frac{1}{3}\times\frac{48}{5}\times6=\frac{96}{5}$　三角錐ALNMの体積については，

LMの中点をSとし，△ASNを底面とする合同な三角錐LASN
と三角錐MASNの和として求められる。JK$=4\sqrt{2}$であり，

AL：AJ＝3：4だから，LM$=3\sqrt{2}$　LS＝MS$=\frac{3\sqrt{2}}{2}$　図3

で示すように，直線ASが面EFGHと交わる点をTとすると，

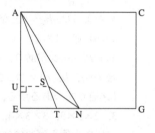

点TはEG上にある。AEを3：1に分ける点をUとすると，△ULM，

△SUL，△SUMは直角二等辺三角となるから，US$=\frac{3\sqrt{2}}{2}$　US：

ET＝AS：AT＝AL：AJ＝3：4なので，ET$=\frac{3\sqrt{2}}{2}\times\frac{4}{3}=2\sqrt{2}$

点NからEFに垂線NVを引くと，NV：KE＝FN：FK＝3：5　よっ

て，NV$=\frac{12}{5}$　△VNEは直角二等辺三角形だから，EN$=\frac{12\sqrt{2}}{5}$

NT$=\frac{12\sqrt{2}}{5}-2\sqrt{2}=\frac{2\sqrt{2}}{5}$　△ASN＝△ANT－△SNT　点SからEGまでの距離はAEの$\frac{1}{4}$なの

で$\frac{3}{2}$　よって，△ASN$=\frac{1}{2}\times\frac{2\sqrt{2}}{5}\times6-\frac{1}{2}\times\frac{2\sqrt{2}}{5}\times\frac{3}{2}=\frac{6\sqrt{2}}{5}-\frac{3\sqrt{2}}{10}=\frac{9\sqrt{2}}{10}$　よって，三角

錐ALNMの体積は，$\frac{1}{3}\times\frac{9\sqrt{2}}{10}\times\frac{3\sqrt{2}}{2}\times2=\frac{9}{5}$　したがって，E, I, J, K, L, M, Nを頂点とす

る多面体の体積は，$\frac{96}{5}-\frac{9}{2}-\frac{9}{5}=\frac{129}{10}$

★ワンポイントアドバイス★

①の(1)は，垂直に交わる2直線の傾きの積は1であることを使う。(2)はともかく点
Pのx座標を求める。②は，四角形A′B′C′D′をいろいろと書いてみること。③の(2)
は，$abc＝0$のときも整数となることを忘れずに。④の(3)は，(1)，(2)がヒント。

＜英語解答＞　《学校からの正答の発表はありません。》

① 問1 イ　問2 (2A) イ　(2B) ウ　(2C) カ　問3 エ　問4 ア
問5 エ　問6 イ　問7 send him what I wrote　問8 エ　問9 miss
問10 cried　問11 オ, カ

② 問1 billion　問2 we are lucky enough to have two of them
問3 (例) たとえじっと見ても　問4 Ⅰ ウ　Ⅱ イ　Ⅲ オ　Ⅳ エ
問5 (例) ア　走っている馬　イ すべての脚　ウ 地面から離れる　問6 ア

　　　問7　ウ　　問8　ア　　問9　オ
3　Part A　(1)　how to　　(2)　haven't heard　　(3)　what, said
　　(4)　makes you look　　Part B　(1)　ウ　　(2)　イ　　(3)　イ
4　Part A　(1)　(ア)　blew　　(イ)　blue　　(2)　(ウ)　waste　　(エ)　waist
　　(3)　(オ)　rose　　(カ)　rows　　Part B　(1)　イ　　(2)　エ　　(3)　ウ
5　Part A　1　[A]　3　　[B]　2　　[C]　Yes　　[D]　568　　2　D
　　Part B　1　B　　2　C　　3　C　　4　C
　　Part C　1　A　　2　(a, b)　D　　(c, d)　A　　3　C　　4　A
　　Part D　1　D　　2　A　　3　D　　4　A

○推定配点○
1問9，2問1，3Part A，5　各1点×24
1問1～問8・問10・問11，2問2～問9，3Part B，4　各2点×38　　　計100点

＜英語解説＞

1　(長文読解問題・物語文：語句選択補充，内容吟味，語句補充)
　(全訳)

父の人生

　私の父の名前はレイモンド・カーバーである。家族の人たちは彼をレイモンドと呼んでいた。私はレイモンド・カーバー・ジュニアと名づけられた。彼が1967年6月17日に死んだとき，母がその知らせを妻に電話で伝えた。私は当時，自分の家族から離れて，アイオワ大学に入ろうと努力していた。妻が電話に出たとき，母は取り乱していて「レイモンドが死んだの！」と叫んだ。一瞬妻は，母は(1)私が死んだと言っているのだと思った。それから母は，どちらのレイモンドのことを言っているのかはっきり言って，妻は「ああよかった。うちのレイモンドのことかと思いましたよ」と言った。

　父は1934年にワシントン州に行って，仕事を探した。私が暮らしていたことをはっきり覚えている最初の家は外にトイレがあった。ハロウィンの夜，あるいはいつの夜でも，近所の子どもたちがふざけてうちのトイレを運び出して，道路の脇に置いていったものだ。(3)父はだれかにそれを家に戻すのを手伝わせなくてはならなかったものだ。あるいは，この子どもたちはトイレを持って行って他の人の裏庭に置いたりもした。実際に，それに火をつけたことも1度あった。しかし，うちは外にトイレがあるただ一軒の家ではなかった。私は自分がしていることがわかる年齢だったときに，だれかが中に入るのを見ると，他人の家のトイレに石を投げたものだ。しかし，しばらくするとだれもが屋内のトイレに切り替えて，突然，うちのトイレは近所で最後の屋外のトイレになってしまった。私は，3年生のときの担任の先生だったワイズ先生が，ある日学校から家まで車で私を送ってくれたときに恥ずかしい思いをしたのを覚えている。私は，彼にうちのすぐ手前の家のところで止めてくれるよう頼んで，自分はそこに住んでいるのだと言い張った。

　1949年，車を持たずに長年過ごした後，私たちはついにフォード1938年型を手に入れた。しかし，車を手に入れて最初の週にエンジンが故障して，父はモーターを修復してもらわなくてはならなかった。母は，「私たちは町で一番古い車を運転していたのよ。彼が車の(5)修理に使ったすべてのお金は，新車を買うのにかかる費用とほとんど同じだったわ」と言った。

　あるとき，彼女は車の床にだれかの口紅を見つけた。彼女は私に，「わかる？　だれか女の人が車にこれを置き忘れたのよ」と言った。別のときに，私は彼女がお湯の入った洗面器を持って，父

が眠っている寝室に入って行くのを見た。彼女はかけ布団の下から彼の手を出して，お湯に入れておいた。私は何が行われているのかを見るためにドアのところに立っていた。「こうすると眠りながらしゃべるのよ」と彼女は言った。彼女には知らなくてはならないこと，彼が彼女に隠していると彼女が確信していることがあったのだ。

それから数年後，父は病気になって仕事を失った。彼は退院を許可されたが，今や何もせずに同じ古い家にいるだけの年月がやって来た。彼は自分の人生でどんな悪いことをしたか，何が原因でこのようになってしまったのかを理解しようとしながら時間のほとんどを過ごした。そうした年月の間，私は生活して自分の家族を養うために稼ごうとしていた。しかし，様々な理由から，私たちは何度も引っ越さなくてはならなかった。私は父に連絡することがあまりできなかった。しかし，あるクリスマスの日に，自分は作家になりたいということを彼に伝える機会があった。彼は私に，「何について書くつもりなんだ？」と言った。それから，手助けをしようと，「お前が知っていることについて書きなさい。私たちが行ったあの釣りの旅のいくつかについて書きなさい」と言った。私はそうすると言ったが，そうはしないことはわかっていた。「書いているものを送ってくれ」と彼は言った。私はそうすると言ったが，そのときはそうしなかった。私は釣りについて何も書いていなかったし，彼は当時私が書いていたものに特に関心を持たないだろうと思っていたし，必ずしも理解しないだろうと思っていた。そのうえ，彼は本など読まないのだ。もっとはっきり言えば，彼は私が書いている対象として想定している種類の読者ではなかったのだ。

それから彼は死んだ。私はお別れを言う機会も，彼を誇りに思っていることを言う機会もなかった。教会で葬儀が終わった後，父のいとこの1人が手を伸ばして私の手を取った。彼は，「(9)私たちは皆，彼がいなくなって寂しいよ」と言ったが，彼が単に礼儀正しくしようとそう言っているのではないことはわかっていた。私は知らせを受けてから初めて泣き始めた。以前はそうすることができなかった。その時間がなかったのだ。そのとき急に，私は涙を止めることができなくなった。私は妻を抱きしめて，彼女がその夏の真っ昼間にその場で私を支えてくれるためにできることを言ったりしたりしてくれる間じゅう，子どものように(10)泣いた。私は，その日の午後，私たちの名前，父の名前と私の名前が何度も使われるのを聞いた。しかし，皆，父のことを話しているのはわかっていた。レイモンドと，この人たちは私が子どものころから美しい声で言い続けた。　レイモンド

問1　筆者（＝レイモンド）の母親が筆者の妻に，電話でレイモンドが死んだと伝えた場面。空所を含む文の直後の文で，筆者の母親が話をはっきりさせ，それを聞いた筆者の妻が安心していることから，筆者の妻は，死んだレイモンド（＝筆者の父親）が自分の夫であると勘違いしたと考えられる。

問2　全訳を参照。　（2A）look for ～「～を探す」。この場合の looking は分詞構文で，went to Washington State に続いて行われた動作を表している。　（2B）I clearly remember living が後ろから The first house を修飾する形。「その家に住んでいた」という内容が合うので，in を補う。　（2C）近所の子どもたちが，屋外に置かれたトイレにいたずらをしたことが述べられている部分。set ～ on fire で「～に火をつける」という意味を表す。

重要 ▶ 問3　〈get ＋人＋ to ＋動詞の原形〉「（人）に～させる」，〈help ＋人＋動詞の原形〉「（人）が～するのを手伝う」を用いた文。道路の脇まで持ち去られた屋外のトイレを元に戻すときのことが書かれている。somebody「だれか」が手伝う相手は筆者の父親なので，(B)には父親を指す him を入れる。bring ～ home「～を家に戻す」の目的語になるのは道路の脇まで持ち去られたトイレなので，それを指す it を入れる。

問4　下線部を含む文の2文前に，当時，屋外にトイレを置いていたのは筆者の家だけになっていたことが書かれている。それに続いて，先生に車で家まで送ってもらったが，自宅の手前の家が自

分の家だと言い張ったことが書かれているので，まだ屋外にトイレがあることを先生に知られたくなかったためにうそを言ったと考えられる。したがって，ア「筆者は先生にトイレを見られたくなかった」が適切。イは「筆者は外にトイレがある家を見つけた」，ウは「筆者は自分の古いトイレについて先生に不平を言いたかった」，エは「筆者は石を投げたことを叱られるのを恐れていた」，オは「筆者は家まで連れて帰ってくれたことで先生に感謝していた」という意味。

問5　当時父親が使っていた自動車について述べている部分。空所を含む文の直前で「町で一番古い車を運転していた」とあり，空所の後では新車を買った場合と比較して「同じくらい費用がかかった」と述べていることから，その古い自動車の修理代について述べていると考えられる。したがって，エ「修理」が適切。アは「アクセサリー」，イは「事故」，ウは「成果」，オは「洗車」という意味。

問6　父親の車の床に口紅が落ちていたことから，筆者の母親が，夫が女性に関して何か隠し事をしているのではないかと疑っていたことが書かれている部分。keep from ～ で「～に隠し事をする」という意味を表す。

問7　下線部の直前にある do that に当たる内容が省略されている。that はさらに前の父親の発言にある Send me what you write を指すので，これを主語と時制に合わせて，I didn't send him what I wrote または I didn't send what I wrote to him とする。

問8　下線部を含む文の前では，当時筆者は父親がアドバイスしたような釣りの話は書いていなかったことや，父親については，「彼は当時私が書いていたものに特に関心を持たないだろうと思っていたし，必ずしも理解しないだろうと思っていた。そのうえ，彼は本など読まない」と述べている。このことを踏まえ，the kind of reader ～「～のような種類の読者」，imagined I was writing for「私が書いている対象として想定している種類の読者」などの内容から，エが適切。

問9　下線部とほぼ同じ内容を表す英文は，「私たちの全員がもう彼に会えないので悲しく感じている」という意味。「～がいなくて悲しい[恋しい]」といった意味を表す動詞は miss。

問10　空所を含む文の直前に，筆者が亡くなった父親を思って泣き出して押さえることができなかったことが書かれている。空所の直後の like a child「子どものように」とのつながりからも，cry の過去形を入れるのが適切。

問11　ア「筆者の父親は病気になり，人生の残りの期間はずっと入院していた」（×）　父親の健康状態とその後の様子については第5段落に書かれている。第1文に病気になって仕事を失ったことが書かれているが，第2文に退院を許可されて家に戻ったことが書かれているので，一致しない。イ「筆者の父親は自分が病気になって仕事を失った理由に気づいた」（×）　第5段落第3文に「彼は自分の人生でどんな悪いことをしたか，何が原因でこのようになってしまったのかを理解しようとしながら時間のほとんどを過ごした」とあるが，仕事を失った理由に気づいたことは書かれていない。ウ「筆者と彼の父親は何度も住所を変えなくてはならなかた」（×）　第5段落第5文から，筆者は何度も引っ越しをしたことがわかるが，第2文には，筆者の父親は退院後ずっと家で過ごしていたことが書かれているので，一致しない。エ「離れて暮らしていたけれども，筆者は毎日父親と話をした」（×）　第5段落第5，6文から，筆者は何度も引っ越しをしなくてはならず，父に連絡することがあまりできなかったことがわかる。オ「筆者は12月のある日，父親に作家になることを考えていると言った」（○）　第5段落第7文を参照。筆者はあるクリスマスの日に，父親に作家になりたいと思っていることを伝えている。カ「筆者の父親は筆者に自分たちが行った釣り旅行について書くよう助言したが，筆者はそうしようとは思わなかった」（○）　第5段落第8文以下の筆者とその父親とのやり取りを参照。父親が親子で行った釣りの旅について書くよう助言したのに対し，筆者は「そうはしないことはわかっていた」と述べている。

キ「筆者は父親が死ぬ前に，自分は彼を誇りに思っていると父親に言った」（×） 第6段落第2文を参照。筆者は父親に，父親のことを誇りに思っていることを伝える機会がなかった。 ク「筆者の父親のいとこは失礼にならないようにするために筆者に話しかけた」（×） 第6段落第4文を参照。父親のいとこが筆者に言葉をかけたとき，筆者はいとこの発言について「彼が単に礼儀正しくしようとそう言っているのではないことはわかっていた」と述べている。

2 （長文読解問題・説明文：語句補充，語句整序，英文和訳，語句選択補充，内容吟味）

（全訳） 人間の目は地球上で最も能力のある機械の1つである。それは，強い光や弱い光，そして海中でさえも機能する5億画素のカメラのようだ。それは私たちに，世界についてとても多くのことを伝えてくれる。私たちの目は本を読んだり，パートナーを見つけたり，自分たちの周りの世界を理解したりするためのものだ。しかし，そこから外にまださらに見るべきものがあるだろうか。カメラの助けによって，私たちは周りのものをよりよく理解することができる。

人間の目はすばらしいもので，(2)私たちは幸いなことにそれらを2つ持っている。しかし，(3)たとえじっと見ても，私たちにはそれでも見えないものがある。I例えば，私たちは馬が走っているところを見ることはできる。しかし，目は4本すべての脚が同時に地面から離れているかどうかが見えるほどまではその速く動く脚の動きについて行けない。こうした問題のために，カメラが必要となる。

IIおよそ150年前に，写真家のエドワード・マイブリッジは，走っている馬の謎を解明するためにカメラを使った。マイブリッジは，綿密な写真を使って，馬は走っているときにある点で飛んでいることを証明した。

IIIそれ以来，写真は大学や企業での科学的な研究のあらゆる分野で用いられるようになっている。それは，私たちが実際にもう少しよく見えるための手助けが必要な世界の理解を改善してくれる。スローモーションフィルムや高速度撮影は，ハチドリの羽ばたきや目標を貫くときの銃弾の軌道を見せてくれる。しかし，それは必ずしも，私たちの目が処理するにはあまりに速く移動して過ぎていく世界の事柄とはかぎらない。カメラは私たちがとても遅い動きを見る手助けをしてくれることもあるのだ。研究者は，植物の生活環や，花がいわゆる光屈性，すなわち光に向かって生長することにおいてどのようにして太陽の動きに従うようになるかを示すためにカメラを使う。このように，写真はものの見え方を広げてきたのだ。

IV今日の教室では，カメラは学生にも様々な面で使われている。カメラは今や，ほとんどすべての電話やコンピューターに備わっている。若い学生は，周りの世界を観察したり，それを記録したり，オンライン上で自分たちが見つけたものを共有するためにカメラを使うことができる。

写真は私たちの周りにあるものの見方を変えてきた。馬の脚であれ，種子の成長であれ，カメラのおかげで私たちは新たな目を通して美しい世界を見ることができるのだ。

問1　5億は10億の半分。10億は billion で表す。

問2　(The human eye is great, and) we are lucky enough to have two of them.　「人間の目はすばらしい」と and でつながるので，目について肯定的な内容の文にする。〈形容詞［副詞］＋enough to ＋動詞の原形〉で「～するのに十分なほど…」という意味を表す。

問3　even if ～ で「たとえ～しても」という意味を表す。look hard は「じっと［よく］見る」という意味。

問4　全訳を参照。　I　空所の後に書かれている走る馬の脚の様子は，人間の目ではよく見えないことの例なので，For example「たとえば」が適切。　II　人間の目ではとらえることができない馬の動きを見きわめる方策として，エドワード・マイブリッジという写真家がカメラを使ったことが書かれている。過去の実例を述べているので，About 150 years ago「およそ150年前

に」が適切。　Ⅲ　エドワード・マイブリッジの成功をきっかけとして，その後科学的な研究の
あらゆる分野で写真が用いられるようになっていることが書かれている。現在完了 has found
が使われていることから，Since then「そのとき以来」が適切。then はエドワード・マイブリ
ッジという写真家がカメラを使って走っている馬の脚の動きを明らかにしたときを指す。
　Ⅳ　空所の後に，学生が観察したものを写真に撮るためにカメラが使われていることが書かれて
いるので，その場所を表す In classrooms today「今日の教室では」が適切。

やや難 問5　下線部「走っている馬の謎」とは，直前の段落の最後から2文目にある「走っている馬の4本
の脚が同時に地面から離れているかどうか」ということを指す。この内容を条件に合う字数でま
とめる。「ア　走っている馬　イ　すべての脚　ウ　地面から離れる」アは「走行中の馬」，イは
「4本の脚」，ウは「空中に浮いている」などとしてもよい。

問6　空所を含む文の moving by 以下は too ~ to …「…するにはあまりに~」の形になっており，
撮影の技術が対象とするものは，走っている馬やハチドリの羽ばたきなどのような，「私たちの
目が~するにはあまりに速く移動して過ぎていく世界の事柄とはかぎらない」という文。人間の
目ではとらえきれない動きのことを述べているので，process「~を処理する」が適切。produce
は「~を生産する」，propose は「~を提案する」，protect は「~を保護する」，provide は「~
を供給する」という意味。

問7　下線部の phototropism は，下線部直後の growing towards the light「光に向かって生長す
ること」という意味。この場合の or は「すなわち」という意味である。negative phototropism
はこれと反対の性質を表すので，「光から離れて生長すること」ということになる。

問8　ア「エドワード・マイブリッジは私たちの目ではとらえることのできないものを証明するた
めにカメラを使った」（○）　エドワード・マイブリッジは，第2段落最後から2文目に書かれてい
る，人間の目ではとらえられない走っている馬の脚の動きを解明するためにカメラを使ったのだ
から一致する。　イ「科学者は，今ではカメラなしでは馬を研究することができない」（×）　走
っている馬の脚の動きを明らかにするためにカメラが使われたが，馬の研究全般についてカメラ
が欠かせないとは書かれていない。　ウ「一部の研究者は，ハチドリがその羽を見せるまでハチ
ドリをたたいた」（×）　第4段落第3文に，撮影技術のおかげでハチドリの羽ばたきの様子が見え
るようになったことが書かれているが，この文にある beat は「羽ばたき」という意味の名詞。
選択肢の beat は「~をたたく」という意味の動詞で，科学者がハチドリの羽を見るためにハチ
ドリをたたいたことは書かれていない。　エ「大学と違って，企業は研究のためにカメラを使わ
ない」（×）　第4段落第1文に，写真が大学や企業での科学的研究の分野で大きな役割を果たして
いることが述べられている。　オ「最近の学生は，友人の写真を撮ったり，それらを交換したり，
それらをオンライン上で共有したりして楽しんでいる」（×）　学生のカメラの使い方については
第5段落で述べられている。ここで述べられているのは，研究上の必要からのカメラの使用につ
いてであり，個人的な楽しみでカメラを使っているということではない。

問9　ア「カメラは小さなものを見るためのもので，人間の目は水中のものを見るためのものであ
る」（×）　第1段落第2文に「（人間の目は）海中でさえも機能する5億画素のカメラのようだ」と
あるが，これは人間の目の機能をカメラにたとえた記述。第4文には人間の目の機能について，
「本を読んだり，パートナーを見つけたり，自分たちの周りの世界を理解したりするためのもの」
とある。　イ「カメラはとてもすばらしいものなので，人間の目が探求すべきものは何も残って
いない」（×）　第1段落で，筆者は人間の目の機能のすばらしさについて述べ，第2段落ではそれ
でも見ることのできないものを見るためにカメラが必要だと述べている。カメラの登場によって，
人間の目の必要性がなくなったということではない。　ウ「カメラは科学的な研究の一部の分野

でしか役に立たないので，人間の目はカメラよりも役に立つ」（×）　第2段落の後半で，人間の目では捕えることのできないものがあるのでカメラが必要であることが述べられているが，その一方で，第1段落では人間の目の機能のすばらしさについて述べている。筆者は人間の目とカメラの優劣を比較しているのではない。　エ「人間の目は，カメラの多くの助けが必要なので，あまり役に立たない」（×）　ウ同様に，人間の目とカメラの機能を比較してどちらが優れているかを述べてはいないので不適切。　オ「人間の目は，カメラを使うことで私たちの周りの世界についてはるかに多くの情報を与えることができる」（○）　走っている馬の動きやハチドリの羽ばたきなどを明確に見るためにカメラを使う例が挙げられている。また，結論部分の最終段落最からも，カメラのおかげで人間がより多くのものを見ることができるようになったというのが筆者の主張であることがわかる。

基本 **3** （語句補充，語句選択補充）

Part A　(1)　「〜のし方」は〈how to ＋動詞の原形〉で表す。

(2)　「3か月間，ずっと便りをもらっていない」と言いかえて，hear from 〜「〜から便りをもらう」を継続用法の現在完了の否定文で表す。

(3)　「彼の言葉」を「彼が言ったこと」と言いかえて，「こと，もの」の意味の先行詞を含む関係代名詞 what を用いて表す。

(4)　「その帽子は君をまったく違うように見えさせる」と言いかえて，〈make ＋目的語＋動詞の原形〉「〜に…させる」を用いて表す。「〜のように見える」は〈look ＋形容詞〉で表す。

Part B　(1)　is の後が easier than talking「話すことよりも簡単だ」なので，主語を否定語 nothing にする。

(2)　「〜するようになる」は〈come to ＋動詞の原形〉で表す。

(3)　The sales clerk の後に目的格の関係代名詞が省略されていると考え，speak to 〜「〜に話しかける」を用いたイを入れる。

4 （語彙の問題，発音問題）

Part A　(1)　上：「風がろうそくを吹き消した」　blow「（風が）吹く」の過去形 blew を入れる。下：「私はあなたの青いシャツが好きだ」　blue「青い」を入れる。

(2)　上：「私はそのような古いホテルにお金を無駄遣いしないことにした」　waste「〜を無駄にする」を入れる。　下：「リッキーは母親の腰に腕を回した」　waist「腰」を入れる。

(3)　上：「太陽が地平線の上に昇った」　rise「昇る」の過去形 rose を入れる。　下：「イワタ先生は生徒たちを2列に並べた」　row「列」の複数形 rows を入れる。

Part B　(1)　[d]の発音。　cancel「〜を取り消す」　baked　bake「〜を焼く」の過去形。下線部は[t]の発音。　Informed　inform「〜に知らせる」の過去形。下線部は[d]の発音。led lead「〜を導く」の過去形・過去分詞。下線部は[ed]の発音。wanted　want「〜を望む」の過去形・過去分詞。下線部は[id]の発音。

(2)　[u]の発音。　hood「ずきん」blood「血」。下線部は[ʌ]の発音。　cool「涼しい」。下線部は[u:]の発音。　food「食べ物」。下線部は[u:]の発音。　wool「羊毛」。下線部は[u]の発音。

(3)　[s]の発音。　promise「約束，約束する」　advise「〜に助言する」。下線部は[z]の発音。exercise「練習する，運動する」。下線部は[z]の発音。　increase「増える」。下線部は[s]の発音。　lose「〜を失う」。下線部は[z]の発音。

5 （リスニング問題）

Part A

Listen to the friends talking about where they will go for spring break. Fill in the chart for question 1, and choose the correct answer for question 2.

Woman: So, where should we go for spring break this year?

Man : I found two tours to Hokkaido. They are both 3 days and 2 nights and they both include breakfast. The first one is to Sapporo, and it costs $468 per person.

Woman: Wow! That is cheap. Is that by train or by plane?

Man : By plane from Narita Airport.

Woman: Hmm. What about the second one?

Man : It costs $100 more and is by train from Tokyo Station to Hakodate.

Woman: I know the first one is cheaper and it takes less time to get there, but I don't like flying. So ...

Man : OK. Let's go with the second tour, then.

Part A 友人たちが春休みにどこへ行くかについて話しているのを聞きなさい。質問1には表の空所をうめ，質問2には正しい答えを選びなさい。

女性：それで，今年は春休みにどこへ行ったらいいかしら？

男性：北海道ツアーを2つ見つけたんだ。両方とも2泊3日で，朝食付きだよ。最初のは札幌行きで1人あたり468ドルかかる。

女性：うわあ！　安いわね。電車，それとも飛行機で行くの？

男性：成田空港から飛行機だよ。

女性：うーん。2つ目のはどうなの？

男性：あと100ドルかかって，東京駅から函館まで電車で行くんだ。

女性：最初の方が安いし着くまで時間がかからないのはわかるけど，飛行機で行くのは嫌だわ。だから…

男性：よし。それじゃあ，2つ目ので行こう。

1 ［A］［B］［C］［D］に正しい答えを入れなさい。

※［A］［B］［D］には算用数字を入れなさい。

※［C］には Yes か No を入れなさい。

場所	何泊何日	朝食(あり／なし)	1人あたりの費用
札幌	[B]泊[A]日	[C]	$ 468
函館			$ [D]

2 彼らが行くことにした場所とその理由について正しい答えを選びなさい。

A 彼らは飛行機で行く方が速いので札幌に行くことにした。

B 彼らは値段が安いので札幌に行くことにした。

C 彼らは電車で行く方が時間がかかるので函館に行くことにした。

D 彼らは女性が飛行機に乗ることが嫌なので函館に行くことにした。

Part B

Listen to the couple talking about what dog to buy as a pet and choose the best answer.

Woman: I'm so excited. We're finally getting a puppy. What do you think about this toy poodle?

Man : A toy poodle! Why? That one is too expensive and it's too noisy. Look at this pug. It's much cheaper and it's not so noisy! Just look at its funny nose.

Woman: A pug! No, you know that I hate cleaning up dog hair. Their hair is always falling out. That's why I don't like them. Poodles don't have that problem.

Man : OK, let's go with your idea. What about the size and color?

Woman: I am thinking about one that will be 2.5 kg to 3 kg and I want to get a brown or red-brown colored one. What do you think?

Man : I think any color is fine, but the most important thing is personality. It has to be a friendly dog.

Woman: Hey, look. This one is the perfect dog then! Its parents were only around 2.7 kg. It is on sale, and it's the right color.

Man : Yeah, he is cute. And it looks like it knows how to behave well. Let's get it!

Part B　夫婦がペットとしてどんな犬を買うかについて話しているのを聞いて，最も適切な答えを選びなさい。

女性：わくわくするわ。とうとう子犬を買うんだわ。このトイ・プードルについてどう思う？

男性：トイ・プードルだって！　どうして？　それは高すぎるし，うるさいよ。このパグを見てよ。ずっと安いし，あまりうるさくないよ！　そのかわいらしい鼻を見てごらんよ。

女性：パグですって！　だめよ，私が犬の毛を掃除するのが大嫌いなのを知っているでしょう。その毛はいつも抜け落ちてくるのよ。だからそれは好きじゃないの。プードルにはそういう問題がないのよ。

男性：わかったよ，きみの考えで進めよう。大きさと色は？

女性：2.5キロから3キロになるのを考えていて，茶色か赤茶色のを買いたいわ。あなたはどう思う？

男性：ぼくはどんな色でもいいと思うけど，一番大事なのは性格だね。人なつっこい犬でなくちゃ。

女性：ねえ，見てよ。それなら，この犬は申し分ないわ！　両親はたった2.7キロよ。特売だし，色もいいわ。

男性：うん，かわいらしいね。それに，行儀よくすることを知っているようだ。それを買おう！

1　女性の犬を買うことについての気持ちを述べているのはどれですか。

　A　困惑している。

　B　喜んでいる。

　C　悲しんでいる。

　D　心配している。

2　男性がトイ・プードルではなくパグをほしがっていた理由ではないものはどれですか。

　A　彼はパグの鼻が気に入った。

　B　彼はトイ・プードルよりも静かな犬がほしかった。

　C　パグは色がよかった。

　D　トイ・プードルはあまりに高かった。

3　女性は何が嫌いだと言いましたか。

　A　3キロを超える犬。

　B　色が赤茶色の犬。

　C　毛がよく抜け落ちる犬。

　　D　おかしな鼻をした犬。
4　会話の最後で，その犬が最も選ばれる可能性が高いですか。
　　A　人の周りにいることが大好きな茶色のパグ。
　　B　2キロの人なつっこくて高くないパグ。
　　C　行儀のよい赤茶色のトイ・プードル。
　　D　特売でとてもうるさく吠えるトイ・プードル。

Part C

Listen to the monologue and choose the best answer for each question.

　　Do you love a nice cold piece of watermelon in the summer? Or do you sometimes bring a banana for a snack to school? We all know what they look like, right? However, the original or wild ones sometimes looked different from the fruits and vegetables in your house. For example, a watermelon today has a thin green skin on the outside. It is soft and red on the inside, and it usually has black seeds that you throw away. However, a 17th-century painting of a watermelon by an Italian painter shows a slightly different watermelon. It has the same green skin, but the inside is mostly white with six red circles that have black seeds.

　　The same is true for the first bananas. Humans started growing and changing bananas thousands of years ago. The wild ones can still be found today. They are smaller than most supermarket bananas and they have many large hard-black seeds that you cannot eat. The outside is not yellow but a light-green color. Also, unlike regular bananas, the skin is tough and hard to take off. So the next time you are choosing a piece of fruit or you see some vegetables on your plate, remember that they did not always look the same as they do today.

Part C　話を聞いてそれぞれの質問に対して最も適切な答えを選びなさい。

　　夏の冷えておいしいスイカは好きだろうか。あるいは，学校へおやつにバナナを持って行くことはあるだろうか。私たちは皆，それらの見た目を知っている。しかし，元の，あるいは野生のものは家にある果物や野菜と見た目が違う場合がある。例えば，今日のスイカは外側に薄い緑色の皮がある。それは柔らかくて内部は赤く，普通は捨ててしまう黒い種がある。しかし，あるイタリアの画家が描いた17世紀のスイカの絵は，少し違うスイカである。同じ緑色の皮はあるが，内部は黒い種がある6つの赤い円があって，ほとんど白いのだ。

　　同じことは元のバナナについても言える。人間は何千年も前にバナナを栽培し，改良し始めた。野生のバナナは今でも見つかる。それらはスーパーマーケットにあるほとんどのバナナよりも小さく，食べられない大きな黒くて硬い種がたくさんある。外側は黄色ではなく明るい緑色だ。また，普通のバナナと違って，皮が硬くてむきづらい。そこで，次に果物を選んだり皿に載った野菜を見たりしたときには，それらが今日の姿と必ずしも同じではなかったことを思い出してみよう。

1　話の冒頭の質問の目的は何ですか。
　　A　私たちに，心の中にあるバナナとスイカをイメージさせること。
　　B　私たちに，夏のスイカの人気について考えさせること。
　　C　私たちに，幼い子どもにとってバナナがいかにおいしいものかを思い出させること。
　　D　私たちに，話し手の果物と野菜についての知識を示すこと。
2　以下は絵に描かれたスイカの画像である。(a, b)と(c, d)の正しい色の組み合わせを選びな

さい。

(a, b) ＝ A （黒, 赤）

B （黒, 白）

C （緑, 赤）

D （緑, 白）

(c, d) ＝ A （赤, 黒）

B （赤, 白）

C （白, 黒）

D （白, 白）

3 話はバナナだけについて何について述べていますか。

A 内部は部分的に赤い。

B 皮が緑色だ。

C 今でも野生の状態で見つかる。

D 種がある。

4 この話の話題は何ですか。

A 果物や野菜がかつてはいかに違った見た目だったか。

B 果物と野菜を栽培する人間の長い歴史。

C 果物と野菜の種が過去に持っていた役割。

D 人間が果物と野菜を改良するためにしてきたこと。

Part D

Listen to the monologue and choose the best answer for each question.

The habit of reading is one of the greatest traditions we have. When we read, we enjoy the books that belong to us much more than the books we borrow. A borrowed book is like a guest in the house. You must be careful not to damage it. And then, although we often forget, you have to return it.

But your own books belong to you. They are like a close friend to you. Books are for use, not for show. You should not own a book that you are afraid to put marks in, to fold the corners of the pages of, or to place on the table, wide open and face down. A good reason for marking your favorite parts in books is that you can remember the important sayings and find them again quickly.

Everyone should begin collecting books when they are young. Also, they should have their own bookshelves. The shelves should not have doors, glass windows, or locks. People should be free to touch or see the books inside. Knowing that they are there in full view is both exciting and refreshing. Most of my life at home is spent in a room that has six thousand books. And I have the same answer to the question that visitors always ask. "Have you read all of these books?"

"Of course. Some of them twice." This reply is both true and surprising.

Part D 話を聞いてそれぞれの質問に対して最も適切な答えを選びなさい。

読書の習慣は私たちが持つ最もすばらしい伝統の1つだ。読書をするとき，私たちは借りた本よりも自分の本の方がはるかに楽しめる。借りた本は，家にいる客のようなものだ。それを傷めないように注意しなくてはならない。それから，しばしば忘れてしまうのだが，それを返さなくてはならない。

　しかし，自分の本は自分のものだ。それらは親しい友人のようなものだ。本は使うものであって，見せるものではない。印をつけたり，ページの角を折ったり，広げた面をテーブルの上に置いたりするのが怖くてできないような本を持つべきではない。本の気に入った個所に印をつける適切な理由は，すばやく大切な言葉を思い出したり，再びそれらを見つけることができることだ。

　だれでも若い頃に本を集め始めるべきだ。また，自分自身の本棚を持つべきだ。本棚にはドアもガラス窓も，カギもあってはならない。自由に中の本に触れたり見たりすることができるべきである。全体が見える状態で本が本棚にあるとわかっていると，わくわくするし，気分転換にもなる。私の自宅での人生のほとんどは，6,000冊の本がある部屋で過ごされた。そして私には，来訪者がつねにする「これらの本をすべて読んだのですか」という質問に対する決まった答えがある。

　「もちろんです。そのうちの何冊かは2回読みました」この返答は，本当であり，また人を驚かせるものだ。

1　話し手は借りた本について何と言っていますか。

　　A　それが傷んでいたら，注意深く扱うべきだ。

　　B　自分が持っている本と同じくらい楽しめる。

　　C　家を訪ねてくる人が読みたがる。

　　D　しばしばその持ち主に返し忘れる。

2　自分が持っている本の扱い方について，話で述べられていないのはどれですか。

3　話し手によれば，自分の本のためにどの本棚を使うべきですか。

　　A　ドアから離れたところに置かれた本棚。

　　B　カギをかけることができる本棚。

　　C　ガラス窓がついた本棚。

　　D　簡単に本を取り出せる本棚。

4　話し手の返答は何を意味していますか。

　　A　彼は少なくとも1度は自分の本を読んだ。

　　B　彼は自分の本のほとんどを2度読んだ。

　　C　彼は自分のどの本も2度以上読んでいない。

　　D　彼は来訪者の2倍の本を持っている。

──★ワンポイントアドバイス★──

　②の問4は，For example「例えば」ならば具体例が，About 150 years ago「約150年前」ならばある程度昔のことが書かれている個所，のように，選択肢そのものがヒントになる。先に選択肢をよく見てから本文を読むと効率的だろう。

＜理科解答＞ 《学校からの正答の発表はありません。》

1 問1 0.6cm 問2 ア 問3 エ 問4 （1）8.3分前 （2）エ

2 問1 0.125N/cm 問2 M 40g m 24g 問3 104g
　　問4 （はかり1）55g （はかり2）15g （はかり3）31g

3 問1 ① 精巣 ② 卵巣 問2 右図
　　問3 AC, AD, BC, BD
　　問4 イ 問5 ③ 50 ④ 100

4 問1 エ 問2 イ 問3 エ
　　問4 ① Zn ② Fe
　　問5 x 0.3 y 0.5

○推定配点○
1 各2点×5 　 2 各2点×7 　 3 各2点×7 　 4 各2点×6(問4は完答) 　 計50点

＜理科解説＞

1 （大地の動き－地球や宇宙の歴史）

問1　地球誕生からの46億年を4m＝400cmの長さに例える。すると，人類の誕生は700万年前だから，46億：700万＝400cm：x〔cm〕より，x＝0.608…で，0.6cmになる。このように，人類の歴史は黒板のうち1cmにも満たないくらい短い。

問2　最も古い海洋底は，小笠原諸島の南のマリアナ海溝付近にあり，形成されて1.5億年が経っている。時代区分では，中生代(2.5億～6600万年前)にあたる。この時代は，アンモナイトや大型ハ虫類が繁栄した時代である。大型ホ乳類のナウマンゾウや巻貝のビカリアが繁栄したのは新生代である。

問3　生物の種類が爆発的に増加したのは古生代(5.4億～2.5億年前)の初期である。それ以前の長い時代は，化石に乏しい先カンブリア時代である。古生代の初期は，海生の無セキツイ動物が多数出現した時代である。オゾン層が形成され，太陽光のうちの紫外線が地表に届きにくくなり，生物が陸上進出したのは，古生代の半ばである。シダ植物，そして両生類が陸上に進出した。また，ホ乳類が出現したのは中生代に入ってからである。

問4　（1）　光の速さはたいへん速いとはいえ有限であり，宇宙から届く光は，過去に天体などから出た光である。つまり，宇宙の遠くを見ることは，過去を見ることと同じである。太陽から地球までの距離を光の速さで割ると，光が到達するのにかかる時間が求まる。つまり，われわれが見ている太陽は，15000万÷30万＝500秒前，つまり，500÷60＝8.3分前の太陽である。

（2）　ア―誤り。アンドロメダ銀河は銀河系の外にある別の銀河で，シリウスは銀河系の中にある恒星である。表1のように距離がちがうので，光が到達する時間も違う。イ―誤り。人類が誕生したのが700万年前なので，光の速さであれば230万光年の距離のアンドロメダ銀河には届いている。ウ―誤り。450000万km÷30万km＝15000秒，15000÷60＝250分だから，海王星で見る地球の姿は，4時間10分「前」の姿である。エ―正しい。光の速度は有限なので，われわれが見ている周囲の姿はわずかに過去の姿である。

2 （力－ばねはかりの値）

基本 問1　90.0gのおもりを下げると，0.900Nの力がはたらき，ばねは10.20－3.00＝7.20cm伸びた。ばね定数は，ばねを1cm伸ばすのに必要な力であり，0.900÷7.20＝0.125N/cmである。

問2　以下の解説では，質量1gにかかる重力の大きさを1gwと書き表す(100gw＝1N)。

上のはかりのばねには，$m+m+M$〔gw〕の力がかかる。下のはかりのばねには，M〔gw〕の力がかかる。その差は$2m$〔gw〕である。これが，2つのはかりの指す値の差$64-16=48$〔g〕に相当するので，$2m=48$　より，$m=24$〔g〕である。

はかりの説明文から，はかりは質量m〔g〕がつり下がっている状態で0を指す。だから，上のはかりの指す64gは，$m+M$〔g〕にあたる。そのうち$m=24$〔g〕だから，$M=64-24=40$〔g〕である。

問3　はかりを水平に置いた場合，ばねにはケースとフックの24gwがはたらかない。そのため，水平に置いたはかりの指す値は，実際にばねにはたらく力よりも24gw小さい。だから，実際にばねにはたらく力は，はかり1は54gw，はかり2は74gwである。棒が静止したのだから，はかり3のばねにはたらく力は，$54+74=128$gwである。よって，はかりの指す値は，$128-24=104$〔g〕である。

問4　はかり1には，左右どちらからも$m+M+15$〔gw〕の力がはたらく。つまり，$24+40+15$〔gw〕$=79$〔gw〕である。はかりは，24gwの力がはたらくときに，目盛り0を指すので，79gwであれば，$79-24=55$〔g〕を指す。はかり2は，このはかり本来の使い方をしている。下に15gの分銅を下げたのだから，指す値も15gである。はかり3で，ばねには$M+15$〔gw〕の力がはたらく。つまり，$40+15$〔gw〕$=55$〔gw〕である。はかりは，24gwの力がはたらくときに，目盛り0を指すので，55gwの力であれば，$55-24=31$〔g〕を指す。

③　（生殖と遺伝－シロアリの生殖）

問1　動物の有性生殖では，オスの精巣でつくられた精子と，メスの卵巣でつくられた卵が受精を行い，その受精卵から個体が生まれる。

問2　体細胞分裂では，染色体が2倍に複製され，それが2つの細胞に入ることで，同じ遺伝子を持つ2つの細胞に分かれる。

問3　一世代目の女王アリの遺伝子はABだから，減数分裂によってできる卵の遺伝子はAまたはBである。一世代目の王アリの遺伝子はCDだから，減数分裂によってできる精子の遺伝子はCまたはDである。以上より，これらの受精によってできる二世代目の働きアリの遺伝子は，AC，AD，BC，BDの可能性がある。

問4　ア―可能性がある。一世代目の女王アリが，別のオスのアリと交尾し，そのオスがAやBの遺伝子を持っていたという考え方は成り立つ。イ―可能性はない。二世代目の女王アリは，CとDのどちらかの遺伝子も持っていない。ウ―可能性がある。CやDの遺伝子を持つ精子が受精せず，未受精の卵から二世代目の女王アリが生まれたという考え方は成り立つ。

問5　③　問3でみたように，二世代目の働きアリの遺伝子は，AC，AD，BC，BDの4種類が同じ確率で現われるので，遺伝子Aを持つ確率は50％である。　④　二世代目の女王アリの遺伝子はAAだから，減数分裂によってできる卵の遺伝子はAしかない。だから，王アリの遺伝子が何であっても，三世代目の働きアリの遺伝子には必ずAが含まれる。なお，現実に起こっていることは，問4のウであり，単為生殖とよばれる。有性生殖をするための器官を持ち，実際に有性生殖もおこなっていながら，副女王アリだけは受精していない卵からまるで無性生殖のように生まれてくる。これは，問題文のように特定の遺伝子を受け継ぐのに役に立っている。

④　（電池とイオン－化学電池に生じる電圧）

基本　問1　2つの金属板に同じ金属を使った①と②では，モーターは回っておらず，水溶液から電気エネルギーを取り出す電池になっていない。

問2　純水では電池にならないことを確かめておく必要がある。

問3　砂糖水やエタノール水溶液では，溶媒が分子のまま水に溶けており，イオンにはなっていない。このような非電解質の水溶液では，電池はできない。食塩水や硫酸のように電解質の水溶液を使うと電池ができる。なお，問題の実験2では有機物の水溶液はいずれも電池にならなかった

が，酢酸のように有機物の水溶液でも電池ができるものもある。また，硫酸はもともと液体であり，固体の結晶が溶けた水溶液ではない。

問4・問5　結果3の表を見ると，鉄とマグネシウムの組み合わせでは，できた電池の負極がマグネシウムで，正極が鉄であり，その間の電圧は1.2Vである。このことから，図4に鉄を入れた関係は右のようになり，x，yの値が求まる。なお，電池の－極になりやすい金属とは，電子を手放してイオンになりやすい金属である。この性質を，金属のイオン化傾向とよび，右図の左側ほどイオン化傾向が大きい。

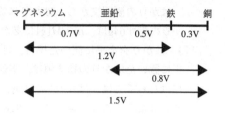

★ワンポイントアドバイス★

問題文の条件をよく読み，基本に忠実に解いて，不要な失点をしないように心がけよう。

< 社会解答 >　《学校からの正答の発表はありません。》

1　問1　ウ　　問2　エ　　問3　ア　　問4　イ　　問5　(1)　調　　(2)　エ
問6　(1)　下地中分　　(2)　ア　　問7　エ　　問8　いわし　　問9　にしん　　問10　エ
問11　(1)　俵物　　(2)　イ　　問12　ウ　　問13　イ　　問14　イ　　問15　ア
問16　ウ　　問17　まぐろ　　問18　(1)　ア　　(2)　(約)370(km)　　問19　イ
問20　ウ

2　問1　A　ユーゴスラビア　　B　スコットランド　　C　ドイツ　　問2　主権
問3　(1)　オ　　(2)　エ　　(3)　ア　　(4)　ウ　　(5)　エ　　(6)　ウ　　(7)　ウ
(8)　カ　　問4　(1)　消費税　　(2)　イ　　(3)　普天間基地　　(4)　平治
問5　文在寅　　問6　カ　　問7　沖ノ鳥島　　問8　ア　　問9　ポルトガル(語)
問10　500　　問11　(例)　アメリカ国民は，君たち以外は，全員移民なのにね。

○推定配点○
1　各1点×24　　2　問9〜問11　各2点×3　　他　各1点×20　　　計50点

< 社会解説 >

1　(総合－日本の水産業のあゆみを題材にした歴史，地理など)

基本▶　問1　鉄器などの金属器が使用されるようになったのは弥生時代。縄文時代には金属は存在していなかった。

基本▶　問2　石包丁は，稲刈りに用いられた道具。縄文時代に水田耕作は行われていないので，当然，石包丁もつくられていない。

問3　「魏志」倭人伝には，女王卑弥呼が治める邪馬台国が30あまりの小さな国々をしたがえていたという記述がある。イ－「日本国王」ではなく，「親魏倭王」の称号を得た。ウ－伽耶地域の国々と結んで高句麗や百済と戦ったのは大和政権。エ－儒教ではなく，呪術。

問4　『万葉集』には，天皇，皇族，貴族，官僚歌人の歌のほか，農民，防人の歌も収められている。ア－平仮名ではなく，漢字(万葉仮名)。平仮名が使用されるようになったのは平安時代。

ウー紀貫之ではなく，大伴家持。紀貫之は『古今和歌集』の編者。エー西行は平安時代末期の歌人。

問5　(1)　調は地方の特産物を納める税で，絹・糸・鉄・鍬・海産物など34種の品目が規定されていた。男子に課せられ，庸とともに都に運ばれた。　(2)　所有する口分田の広さにもとづいて課税されたのは租。男女とも課せられ，地方の財源となった。

やや難　問6　(1)　下地中分は，鎌倉時代～南北朝時代に荘園領主と地頭の間でかわされた所領争いの解決方法の一つ。荘園そのものを折半して，互いにその所有を認めて侵犯しないようにした。
(2)　領家は，寄進契約によって名目的な荘園領主となった貴族・寺院などをいう。問題にある絵図の左半分が地頭の所有，右半分が荘園領主の所有として，問題を解決したのである。イー倭寇は室町時代に，朝鮮・中国沿岸を荒らしたり，密貿易を行った海賊の集団の呼称。地頭とは無関係。ウー山林も下地中分の対象となった。エー年貢は，荘園領主や大名が農民に課した租税。地頭は年貢の取り立てを担った。

問7　北前船は，江戸時代中期～明治時代前期，北海道と大坂を結んだ廻船。一方，江戸と大坂の間を結んだのは，江戸・上方間航路である。

問8　江戸時代，九十九里浜では地引き網による鰯漁が盛んになった。

問9　江戸時代，松前(北海道南西部)では鰊漁が盛んになった。

問10　鰯や鰊は，綿作などの商品作物生産に欠かせない肥料として，干鰯，〆粕などに加工され，上方をはじめ各地に出荷された。

やや難　問11　(1)　俵物は，江戸時代，長崎貿易における輸出海産物の総称で，特にいりこ(干しなまこ)，干しあわび，ふかのひれの三品を指すことが多い。俵詰めで輸送されたことによる呼称とされる。いずれも中華料理の高級食材として珍重された。　(2)　倭館ではなく，長崎市内の唐人屋敷で取引きされた。倭館は，室町時代初期，朝鮮王朝が日本人の接待，貿易，居留のために設けた客館。現在の釜山，蔚山などに設置された。

重要　問12　官営の八幡製鉄所は，ドイツの技術を取り入れて建設され，1901年に操業を開始した。アードイツ人技師ではなく，フランス人技師。イー生糸ではなく，綿糸。エー日本で最初に航空母艦(空母)が就航したのは1922年(大正11年)。

問13　ポーツマス条約の第6条は，ロシアが長春以南の鉄道(のちの南満州鉄道)とそれに付属する財産などの権利を日本に譲り渡すことを規定している。アーイギリスではなく，アメリカ合衆国。ウー日本が山東省の権益を獲得したのは，第一次世界大戦後のベルサイユ条約。エー清ではなく，韓国(大韓帝国)における日本の優越権を認めた。

やや難　問14　小林多喜二は，昭和時代初期の小説家。初め人道主義的な小説を書き，のちにプロレタリア作家として活動。代表作は『蟹工船』，『不在地主』，『党生活者』など。

問15　大政翼賛会は，1940年10月，第二次近衛内閣の下で結成された国民統制組織。各政党は解党して合流，官製の上意下達機関となった。一方，政府に労働力や物資を動員する権限が与えられたのは1938年制定の国家総動員法による。

問16　中華人民共和国への賠償が決められたのは，1972年に締結された日中共同声明。この声明で，中国は対日戦争賠償の請求権を放棄した。

問17　第五福竜丸は，焼津の遠洋まぐろ漁船。1954年，マーシャル諸島付近で操業中，アメリカ合衆国がビキニ環礁で行っていた水爆実験による大量の死の灰を浴び，乗組員1名が死亡した。

問18　(1)　インドネシアは13,000以上の島々からなる群島国家で，面積は日本の約5.5倍。
(2)　1海里＝1,852m。1,852m×200＝370,400m＝370.4km≒370km

基本　問19　Xーチリは南部のフィヨルドを利用したサケ・マス類の養殖が盛ん。Yーベトナムでは，海

岸沿いのマングローブ林を伐採して養殖池を造成し，日本向けにエビの養殖が行われている。

問20　高知県は，伝統的にカツオの一本釣りが盛ん。土佐清水市や室戸市はカツオの水揚げが多く，鰹節の生産も行われている。よって，四国四県の中で海面漁業漁獲量が最も多いXが高知県と判定できる。愛媛県は，南部の宇和海を中心に，タイ，ハマチなどの養殖が盛ん。よって，四国四県の中で海面養殖業漁獲量が最も多いYが愛媛県と判定できる。残ったZが香川県である。

2　(総合－サッカーワールドカップを題材にした地理，歴史，経済など)

問1　A　ユーゴスラビアは，バルカン半島北西部に1918年～1990年代初頭まで存在した国家。クロアチア，スロベニア，セルビア，ボスニア＝ヘルツェゴビナ，マケドニア，モンテネグロの6共和国と2自治国から構成された。　B　スコットランドは，グレートブリテン島北部を占める地域。1707年にイングランドと合併。中心都市はエディンバラ。1997年の住民投票によって，課税変更権を持つ独立議会の設立が承認された。　C　1990年10月3日，東西ドイツが統一。1949年に成立した分断国家の一方の東ドイツが，他方の西ドイツに編入される形で国家統合がなされた。

重要　問2　主権は，その国家自身の意思によるほか，他国の支配に服さない統治権力。また，国家の政治のあり方を最終的に決める権利。本問では，前者の意味で，主権ということばが使用されている。

重要　問3　(1)　シリアは地中海東岸からティグリス川・ユーフラテス川上流域にかけて広がる共和国。イラクは，ティグリス川・ユーフラテス川中・下流域のほとんどを占める共和国。南東部がペルシャ湾に面する。　(2)　国際連合の安全保障理事会は，常任理事国5か国と非常任理事国10か国の合わせて15か国で構成され，実質事項の決議は，常任理事国5か国を含む9か国以上の賛成が必要である。アー国連加盟国すべての代表が出席して開かれるのは総会。イー常設の国連軍は存在しない。ウー国連の事務総長は，安全保障理事会の勧告に基づいて国連総会によって任命される。(3)　2017年7月7日に国連本部で採択された核兵器禁止条約は，核兵器そのものを違法とする条約で，核兵器の使用，製造，実験はもちろん，使用することも威嚇することも禁止している。イー日本政府は，日本がアメリカ合衆国の「核の傘」によって守られているとして，条約には参加していない。ウートランプ大統領ではなく，オバマ大統領。エーアムネスティ・インターナショナルではなく，核兵器廃絶国際キャンペーン(ICAN)。　(4)　Xはトルコ，Yはカナダ，Zはスイス。　(5)　エは1919年に制定されたワイマール憲法の第151条。社会権的基本権の保障を世界で初めて規定し，20世紀の憲法に大きな影響を与えた。　(6)　ロシアの国土の最南端は，カフカス山脈の南東端付近。ここから約300km東に行くと，カスピ海の中央付近に達する。　(7)　英語は，イギリス，アメリカ合衆国，カナダ，オーストラリア，ニュージーランドなどで用いられている言語で，インド・ヨーロッパ語族ゲルマン語派に属する。アー亜寒帯(冷帯)ではなく，温帯。イー正教会ではなく，新教(プロテスタント)。エー一貫して，ユーロではなく，ポンドを使用している。　(8)　小麦の生産量は，3か国中でロシアが最も多く，フランス，イギリスがこれに次いでいる。

重要　問4　(1)　消費税は，一般の商品価格に一定の税率を上乗せさせることによって，消費者が負担する税。大衆課税の性格が強く，逆進性が高い。日本では1989年に税率3％で導入された。(2)　2010年5月に施行された国民投票法は，国会が憲法改正を発議して60～180日以内に行われる国民投票で，有効投票の過半数の賛成を得て承認されるとする。　(3)　普天間基地は，在日米軍が使用している海兵隊の飛行場。宜野湾市の住宅密集地の中にあり，世界で最も危険な基地といわれる。　(4)　1159年に起こった源氏と平氏の勢力争いを平治の乱という。

やや難　問5　2017年3月，朴槿惠前大統領が罷免され，5月に実施された選挙で文在寅が当選し，大統領に就任。対北朝鮮政策では融和的な姿勢を示している。

基本 問6 カンボジア，タイ，ミャンマー，ベトナムなどのインドシナ諸国は，仏教徒が多数を占めている。インドネシア，マレーシア，ブルネイなどは，イスラム教徒が多数を占めている。フィリピン，東ティモールではキリスト教徒が多数を占めている。

基本 問7 沖ノ鳥島は，東京都の西端，南端であるだけでなく，日本全体の南端でもある。

問8 Xは工業製品が上位を占めていることからシンガポール。Yは銅，銅鉱が上位を占めていることからチリ。チリは世界最大の銅鉱の生産国である。Zは酪農品，肉類が上位に入っていることからニュージーランド。ニュージーランドは世界有数の農産品輸出国である。

問9 ブラジルは，ポルトガルの植民地支配を受けたという歴史的な経緯から，ポルトガル語を公用語に採用している。

やや難 問10 A国では，価格が400のとき，需要数量は300となる。B国では，価格が400のとき，需要数量は200となる。よって，A国とB国が市場を統合すると，需要数量は，単純にこれを合算して500となる。

問11 アメリカ合衆国は「移民の国」といわれ，アメリカ先住民(インディアンやイヌイット)以外はみな移民やその子孫である。

─★ワンポイントアドバイス★─

経済に関する問題で，難易度の高い問題がみられたものの，ほとんどは基本的な問題である。基本問題で確実に得点できるようにしたい。

＜国語解答＞ 《学校からの正答の発表はありません。》

一 問一 a 自在 b 納得 c 雑誌 d 機嫌 e 相性 問二 (例) いつか人工知能に「ヒトの場所」をとって代わられ，「ヒトの尊厳」が失われてしまうのではないかと人々が危惧しているから。 問三 (例) 心に痛みをもつ人間が傷ついた経験を自分の中で熟成させたことで，相手自身さえ気づいていなかった気持ちに触れられること。
問四 (例) 人工知能にとって代わられるような優等生ではなく，他者の評価に惑わされず自分自身の価値観で自らの道を行く人間。

二 問一 (例) 自分が裁判にかけられるかもしれない恐怖から，他者を非難する多数者に確固とした理由がなく賛同してしまったこと。 問二 (例) 自らの考えを持たず，その場の雰囲気に流されて決断してしまっていたこと。

三 問一 (例) (舟を)出すことができない。 問二 A ウ B ア 問三 オ
問四 (例) 他の方法を考えず，むやみに前に突進すること。

〇推定配点〇
一 問一 各2点×5 他 各10点×3 二 各15点×2
三 問一～問三 各5点×4 問四 10点 計100点

＜国語解説＞

一 (論説文－大意・要旨，文脈把握，漢字の書き取り)

問一 a 思いのままであること。「自由自在」「変幻自在」などの熟語がある。 b 他人の考えや行動を十分に理解してもっともだとすること。「納」には，他に「ノウ」「トウ」「ナ」「ナン」と

いう音読みがある。　c　さまざまな記事を載せ定期的に発行する書物。　d　表情や態度にあらわれる快不快の感情。「嫌」には他に「ケン」という音読みがある。　e　互いの性格のあいかた。「性」を「ショウ」と読む熟語には，他に「性分」「気性」「苦労性」などがある。

問二　冒頭「コンピュータが，人類を超える日。このことに，人々が怯えるようになったのはいつからだろう」，また「じゃ，人々が」で始まる段落「人々が怯える『コンピュータが人類を超える瞬間』ってどこなの？」と同様の内容を述べている部分から，人類が，コンピュータつまり人工知能に超えられることに対して「怯え」ているから生ずる問いだとわかる。さらに，──1の次の段落に「では，あなたの言う，ヒトの知性ってなに？」という筆者の問いかけがあり，その後に書かれている筆者と12歳の息子とのやりとりに注目する。「ヒトの知性」を，「誰もがナットクする正解を，誰よりも正確に，誰よりも速く出してくる，聞き分け」のよさ，と仮定すると，それは「人工知能の得意なこと」なので「人工知能にとって代わられる」とある。人間が「人工知能にとって代わられる」ことは「ヒトの尊厳」が失われてしまうことなので，そのことに対して「怯え」ているからだとまとめる。「怯える」を，危惧するなどの具体的な表現に代えてもよい。なお，「ヒトの尊厳」に「ヒト」とあるカタカナ表記は「コンピュータ」に対するもので，本文の後半「人工知能が，人類を超える日？」で始まる段落では，「人間の尊厳」と表記が代えられている。人工知能が全く及ばないものとして「人間」と漢字表記にしていることにも気づきたい。

やや難　問三　直後に「そのことばにこそ，人間の尊厳がある」とあるように，筆者が「人間の尊厳」とする「ことば」とは，どのようなものかをとらえる。具体的には，筆者と14歳の息子とのやりとりでなされた「『ああ，大切な人が傷ついている』と心から思えばいい。そう思ったときに，口から自然に出てくることば」である。この息子の「ことば」について，筆者は幼い頃の息子になぐさめられたことを思い出し，「彼は，私が傷ついていると知っていたのだ……！　私自身も知らなかったのに」と述べ，「大人たちが彼にかけたことばが，彼の中で再構成されて熟成され，私の世界観を超えた答えとして返ってきた。入力情報をはるかに超えた化学反応である」と説明している。ここから，心に「痛み」を受けた人間が，「痛み」を自分の中で「再構成」し「熟成」することで，相手が自分でも気づいていなかった本当の気持ちに触れるようなことばだとまとめる。

重要　問四　人工知能が発達するこれからの時代において「王道の先頭にいない若者」こそが「強さが際立つ」と筆者は述べている。「王道の先頭にいない若者」について，本文の後半で自分の息子の例を挙げ，「どんな人工知能にだって，とって代われない」「彼は，偏差値は特段高くない。人に羨まれる学歴を持っているわけじゃないし，女たちが振り返る容姿を持っているわけでもない……迷うこともなく，彼は彼の道を行く」「彼が『はみ出す存在』だからこそ，人工知能に負ける日に怯えることはない。今までも，そして，これからも」「そもそも人工知能以前に，誰にも勝っていないし，負けてもいないのだ。他者の評価で生きたことがないので，どんな戦いにも巻き込まれなかった」と述べている。ここから，「王道」は一般的に人々が高く評価することを意味し，「王道の先頭にいない若者」は，その他者の評価から「はみ出す存在」で，「彼の道を行く」者だとわかる。自分の言葉で置き換えながら簡潔にまとめる。

□二　（小説－情景・心情）

問一　青年が男の財産を没収しようと言って，甲板の人々に賛同を求めている場面である。直前の段落「甲板の連中の手は……つぎつぎとあがって行く。すこし時間はかかったが，とうとう私を除いたすべてが手をあげた」という状況である。そこで「私の手もまた，あまり気のない恰好においてではあるが，しだいにあがって行くではないか」としたことを「卑劣」だと感じているの

である。——1の後「私は自分が裁判にかけられるかもしれないことが恐ろしい」という理由を述べ，私が他者を非難する多数者に確固とした理由がないまま思わず賛同してしまったとまとめる。「私の手もまた……しだいにあがって行くではないか」や「不可抗力」などといった他人の動作を見るような表現が，「卑劣」する感情を際立たせている。

やや難 問二　「夜の場面の『人間たち』」は，最初は一部の人間にひきずられ面白がって糾問したり弁明したりしていたのだが，青年が男を撲る陰惨な場面をきっかけに「全員一致」の決断をすることになる。人々が，自らの考えがなかったがゆえにその場の雰囲気に流されて決断してしまったことを「地に足がついていなかった」と表現している。文章中の言葉だけではなく，自分の言葉を補ってまとめる。

三　（古文－内容吟味，語句の意味，口語訳）
〈口語訳〉　十六日，渡辺，神崎両所で，数日揃えた船の，艫に結んだ綱が解かれようとしている。ちょうどその時に北風が木を折って激しく吹いたので，大波に舟がさんざんに打ち壊されて，（舟を）出すことができない。（舟の）修理のためにその日はとどまる。

渡辺には御家人たちが寄り集まって，「さて舟軍の状態はまだ訓練されていない。どうしたらよいだろうか」と相談する。梶原が言ったことには，「今度の合戦には，舟に逆櫓を付けたいところです」。判官は，「逆櫓とは何だ」（とお聞きになる）。梶原は，「馬は走らせようと思えば，右へも左へも向けやすい。（同じように）舟はすばやくおしもどすのが大事でございます。舟の後方と前方に櫓を互い違いに立て，脇にも楫を付けて，どちらの方向へも簡単に押すようにしたいものです」と申したので，判官がおっしゃったことには，「戦というものは，一歩も引くまいと思う時でさえも，状況が悪いので引き上げるのが普通のやり方だ。最初から逃げる準備をしてどんな良いことがあろうか。ともかく門出（だというの）に縁起が悪い。逆櫓をたてるとも，反対に櫓をたてなくても，お前たちの舟には百挺でも千挺でもたてるがよい。私，義経の（舟）はもとの櫓だ」とおっしゃるので，梶原が申した（こと）には，「良い大将軍と言うのは攻めるべきところを攻め，引くべきところを引いて，身を安全に保って敵を滅ぼすことによって，良い大将軍とするのです。片方にばかり心を寄せて，他方を顧みないのは，猪武者といって，よいこととはしない」と申し上げると，判官は，「猪か，鹿かは知らないが，戦はただひたすらに攻めに攻めて，勝つのが気持ち良い」とおっしゃれば，侍どもは，梶原をおそれて大声では笑わなかったが，目や鼻で合図をしあい，ひしめき騒ぎ合った。

問一　「いだす」は出す，「及ばず」は，「～することができない」という意味。同じ文に「北風……はげしう吹きければ，大浪に舟どもさんざんにうち損ぜられて」，直後に「修理のために」とあることからも，舟が壊れて出すことができない，という意味だとわかる。

問二　Ａ　「ひょうじょう（す）」と読む。直前の「いかがあるべきと」にふさわしい意味を選ぶ。
　　Ｂ　「あはひ」は，漢字で書くと「間」。もとは間隔という意味であるが，ここでは，「あはひ」が悪ければ「引く」という文脈なので，アの「状況」が適当。

問三　直前の「舟はきっとおしもどすが大事に候ふ」や，直後の「どなたへもやすう押すやうにし候はばや」，さらに，後の「よき大将軍と申すは駆くべき処をば駆け，引くべき処をば引いて，身をまったうしてかたきをほろぼすをもって，よき大将軍とはする候ふ」という梶原の言葉に着目する。梶原が——2を提言したのは，被害が少なく敵を倒すためである。

やや難 問四　「片趣」は，片方にばかり心を寄せて，他方を顧みないことを言う。意味がわからなくとも，直後で「猪のしし武者」と言い換えていることから考える。「猪のしし」はいのししのこと。突進する動物として知られていることから，「猪のしし武者」は，考えもなくむやみに敵に突進する武者を意味する。したがって，ここでの「片趣」は，考えもなくむやみに前に進むことだとわ

かる。

★ワンポイントアドバイス★

現代文の読解問題では，記述式が中心となっている。論説文では筆者の考えを理解
したうえで，自分の言葉を補ったり置き換えたりして文章をまとめなくてはんらな
い。設問に答えるだけではなく，筆者の考えに対して自分なりに思考する過程も楽
しみたい。

解答用紙集

○月×日 △曜日 天気（合格日和）

◆ご利用のみなさまへ
＊解答用紙の公表を行っていない学校につきましては、弊社の責任に
　おいて、解答用紙を制作いたしました。
＊編集上の理由により一部縮小掲載した解答用紙がございます。
＊編集上の理由により一部実物と異なる形式の解答用紙がございます。

人間の最も偉大な力とは、その一番の弱点を克服したところから
生まれてくるものである。──カール・ヒルティ──

東京学参株式会社

※ 141%に拡大していただくと，解答欄は実物大になります。

（注意）　式や図や計算などは，他の場所や裏面などにかかないで，すべて解答用紙のその問題の場所にかきなさい。

1

[A]

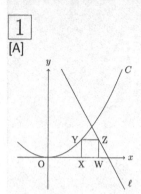

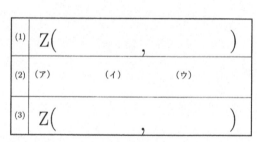

(1)	Z（　　　　　　，　　　　　）
(2)	（ア）　　　　　（イ）　　　　（ウ）
(3)	Z（　　　　　　，　　　　　）

[B]

	（ア）		（イ）	
(1)				
	（ウ）		（エ）	

(2)

（注意）　式や図や計算などは，他の場所や裏面などにかかないで，すべて解答用紙のその問題の場所にかきなさい。

2

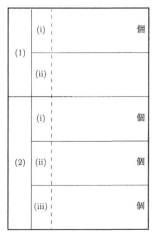

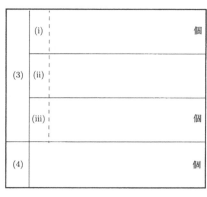

3

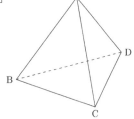

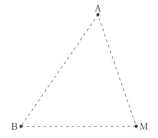

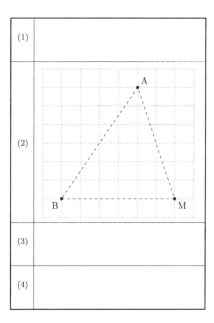

※ 145％に拡大していただくと，解答欄は実物大になります。

1

問1
(1)

問2
(2)

問3
(3)　I wonder _____ .

問4　　　問5
(4)　　　(5)

問6　　　問7　　　問8
(6)　　　(7)　　　(8)

2

問1
(1)

問2
(2)

問3　　　　　　　　　　問4　　　　　　問5
(3)　(4)　(5)　　　　　　　　　　　(6)

問6
(7)

3

(1)　　　　　(2)　　　　　(3)
(4)　　　　　(5)

4

① ア　　　　イ　　　　ウ
② ア　　　　イ

5

(1)　　　　　(2)
(3)　　　　　(4)
(5)

6

Part A
(1)　　(2)　　(3)

Part B
(1)　　(2)　　(3)

Part C
(1)　　(2)　　(3) a　　b　　(4)

※ 135%に拡大していただくと，解答欄は実物大になります。

1

問 1	問 2	問 3			
	色				

問 4	問 5	問 6	問 7
		g	%

2

問 1	問 2			
回目	（1）	（2）	（3）	（4）

問3	（1）生殖	理由
	（2）生殖	理由

問 4	問 5	
	（1）	（2）

3

問 1	問 2	問 3	問 4	問 5	問 6
					億 km

4

問 1	問 2	問 3
A	： ： ：	： ： ：

問 4	問 5	問 6	問 7
倍	： ： ：	A	A

※ 130％に拡大していただくと，解答欄は実物大になります。

1

問1

問2　A [　　　海　]　B [　　　海　]

問3　(1)　C [　　]　D [　　]　E [　　]　F [　　]

　　　(2) [　　　　　　　　]

問4 [　　　　　　　　　　　　]

問5 [　　　　　　　　　　　　]

問6 [　　　　　　　　　　　　　　　　　　　]

2

問1　(1) [　　　　　]　(2) [　　　　　]　(3) [　　　　　]

　　　(4) [　　　　　]　(5) [　　　　　]　(6) [　　　　　]

　　　(7) [　　　　　]　問2 [　　]　問3 [　　　　　]　問4 [　　]

問5 [　　]　問6 [　　]　問7 [　　　　　]　問8 [　　　　　]

問9 [　　]　問10 [　　　　　]　問11 [　　　　　]

3

問1 [　　]　問2 [　　]　問3　(1) [　｜　]　(2) [　　]

問4　(1) [　｜　｜　]　(2) [　｜　]　問5 [　　]

問6 [　　　　　　　　　　　　　　　　　　　から。]

問7 [　　　　　　　]　問8　(1) [　｜　]　(2) [　　]

問9　(1) [　｜　]　(2) [　　]　問10 [　　]　問11　(1) [　　]　(2) [　　]

一

問一

問二

問三

二

問一　a　　　b　　す　　c　　まった　　d　　い

問二

問三

問四

三

問一　　　　　　問二　君　波　川　流　我　拾　薪

問三　　　　　　問四　起　□　→　承　□　→　転　□　→　結　□

問五

※ 139％に拡大していただくと，解答欄は実物大になります。

（注意）　式や図や計算などは，他の場所や裏面などにかかないで，すべて解答用紙のその問題の場所にかきなさい。

1

(1)		通り
(2)		通り
(3)		通り

2

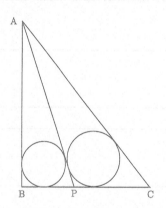

(1)		(2)	(i)	AC =
				PC =
			(ii)	：

3

(1)	ⓐ		ⓑ		ⓒ		ⓓ		ⓔ	
	ⓕ		ⓖ		ⓗ		ⓘ		ⓙ	
	ⓚ				①		②		③	

(2)	

4

(1)	BI =
(2)	∠BID =
(3)	

※ 145％に拡大していただくと，解答欄は実物大になります。

1

問1
(A)	(B)	(C)

問2

問3
(2)	(4)

問4

問5
(5) 2番目	4番目	(7) 2番目	4番目

問6
(6)	(8)

問7

2

問1
(1a)	(1b)	(1c)	(1d)	(1e)

問2　問3　問4

問5

問6　問7　問8　問9

3

4
(1)	(2)	(3)	(4)

5
(1)	(2)
(3)	(4)

6

Part A
1.	2.	3.	4.

Part B
1.	2.	3.	4.

Part C
1.	2.	3.	4.

※ 139%に拡大していただくと，解答欄は実物大になります。

1

問1	問2			問3
	あ	い	う	

問4

問5	問6
二酸化炭素：水 ＝ _____ ： _____	g

2

問1	問2	問3		問4	問5
		あ	い		

問6	問7	問8	問9
		倍	

3

問1	問2	問3	問4
hPa	N	hPa	

問5	問6	問7
N	cm	kg/m^3

4

問1			問2	問3	
（あ）	（い）	（う）		（1）	（2）
				mm/s	

問4					問5
（1）	（2）①		（2）②		
	部分（構造）	臓器	部分（構造）	臓器	

※ 128%に拡大していただくと，解答欄は実物大になります。

1

問1　1 ☐　2 ☐　3 ☐　4 ☐

問2 ☐　問3 ☐　問4 ☐　問5 ☐

問6 ☐　問7 ☐　問8 ☐　問9 ☐　問10 ☐ 県

問11 ☐

問12 ☐　問13 ☐　問14 ☐

2

問1　(1) A ☐ 県　B ☐ 県　(2) ☐

問2　(1) ☐

(2) ☐　(3) ☐

問3　(1) ☐　(2) ☐　(3) ☐　(4) ☐

問4 ☐　問5 ☐　問6 ☐　問7 ☐

問8　(1) i ☐　ii ☐　(2) ☐

3

問1 ☐　問2 ☐　問3 ☐　問4 ☐　問5 ☐

問6 ☐　問7　(1) ☐　(2) ☐　問8 ☐

問9 ☐ と ☐

問10　(1) A ☐　(2) ☐

B ☐

C ☐

問11

◇国語◇ 開成高等学校 　2023年度

※139％に拡大していただくと、解答欄は実物大になります。

一

問一 a 　　b 　　c 　　d 　　e

問二

問三

問四

二

問一

問二

三

問一

問二

問三

※143％に拡大していただくと，解答欄は実物大になります。

(注意)　式や図や計算などは，他の場所や裏面などにかかないで，すべて解答用紙のその問題の場所にかきなさい。

1

	(i)	
(1)		
	(ii)	
(2)	(i)	
	(ii)	

2

(1)	
(2)	
(3)	
(4)	

3

(1)				
(2)	(i)		(3)	(i)
	(ii)			(ii)
	(iii)		(4)	

4 (1)

(2)　　　　　　　　　　　　　　　　　　　　(3)

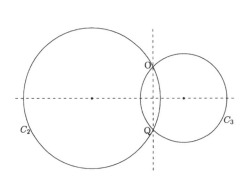

※ 147%に拡大していただくと，解答欄は実物大になります。

1

問1　問2

問3

問4　問5

問6　問7

問8　問9

2

問1　　　　　問2-(2a)　問2-(2b)　問2-(2c)

問3

問4

問5　　　　問6　　　　　　問7

3

ア	イ	ウ	エ	オ
カ	キ	ク	ケ	コ

4

(1)　　　　　　　　　　　　　　　　　　　　　　　　　　when you can.

(2)　　　　　　　　　　　　　　　　　　　　　　　　　　　　　　?

(3)　　　　　　　　　　　　　　　　　　　　　　　　　　　　　　.

(4)　　　　　　　　　　　　　　　　　　　　　　　　　　　　over?

(5)　　　　　　　　　　　　　　　　　　　　　　　　　　　　　　.

5

Part A

(1)　　　(2)　　　(3)

Part B

(1)-(Ⅰ)　(1)-(Ⅱ)　(1)-(Ⅲ)　(1)-(Ⅳ)　(2)　　　(3)

Part C

(1)　　　(2)　　　(3)　　　(4)

※130%に拡大していただくと，解答欄は実物大になります。

1

問 1	問 2	問 3	問 4	問 5	問 6
				V	

2

問 1	問 2		問 3	問 4
	(1)	(2)		トン

問 5									
番号	理由								

3

問 1			問 2	
① 約　　　：	②	③	A	D

問 3		
(1) 丸形：しわ形＝約　　　：	(2) 丸形：しわ形＝約　　　：	(3) 丸形：しわ形＝約　　　：

問 4									
さやの色を知るためには									

問 5		
(1)	(2)	(3)

4

問 1	問 2	問 3	問 4									

問 5			問 6	
X	Y	Z	A	B

※ 135％に拡大していただくと，解答欄は実物大になります。

1

問1 [　　　　　] 問2 [　　] 問3 [　　　　　　　　]条約

問4 (1) [緯　　度｜経　　度] (2) [　　] (3) [　　]

問5 (1) [　　] (2) [　　　　エネルギー] (3) [　　　　　　　]

問6 (1) [　　　]川 (2) [　　] (3) [　　]

(4) [　　　　　　　　　　　　　　　　　　　　　　　　　]

2

問1 (1) [　　　　]遺跡 (2) [　　] (3) [　　　　　　]

問2 [　　　　　　　　　｜　　　　　　　　　]

問3 [　　] 問4 [　　] 問5 [　　　　] 問6 [　　] 問7 [　　]

問8 (1) [　　] (2) [　　] 問9 [　　　　]

問10 (1) [　　　　　　] (2) [　　] 問11 [　　]

3

問1 a [　　] b [　　] c [　　] d [　　] 問2 [　　　] 問3 [　　]

問4 [　　] 問5 [　　] 問6 (1) [　　　] (2) [　　　]

問7 (1) [　　　　　] (2) [　　　　　]

問8 (1) [　　　]

(2) [　　　　　　　　　　　　　　　　　　　　　　　　　]

一

問一

問二

問三

二

問一　A　B　C　D　E

問二

80

問三

80

三

問一

問二

問三

※ 145%に拡大していただくと，解答欄は実物大になります。

(注意)　式や図や計算などは，他の場所や裏面などにかかないで，すべて解答用紙のその問題の場所にかきなさい。

1

(1)	C の x 座標	
	F の x 座標	
(2)	AD の傾き	
	CF の傾き	
(3)	t =	

2

| (1) | | 個 | |

(2)	①	ア		イ	
		ウ		エ	
		オ		カ	
		キ			
	理由				
	②				
			m =		

3

(1)			通り
(2)	①		通り
	②		通り
(3)			通り
(4)			通り
(5)			通り

4

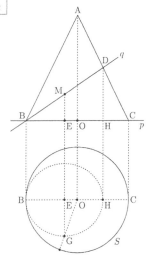

(1)	OG =
(2)	DH =

※ 143％に拡大していただくと，解答欄は実物大になります。

1　問1　[1番目　　3番目　　6番目　　]

問2

問3　[　]　　問4　[　　　　　]

問5　[　]　　問6　[　]

問7

問8　(A)　(B)　(C)　(D)　(E)　(F)　(G)　(H)

問9

2　問1　[1番目　　3番目　　7番目　]　　問2　[　　　　]

問3　[　　　　　]こと

問4

問5　[　]　　問6　[　]　　問7　(Ⅰ)　(Ⅱ)　(Ⅲ)　(Ⅳ)

3　(1)　　(2)　　(3)
(4)　　(5)　　(6)
(7)

4　Part A　[　　]　　Part B　(1)　(2)　(3)　(4)

Part C　(1)
(2)
(3)
(4)
(5)

5　Part A　1　　2　　3　　4
Part B　A　　B　　C
Part C　1　　2　　3　　4

※139%に拡大していただくと，解答欄は実物大になります。

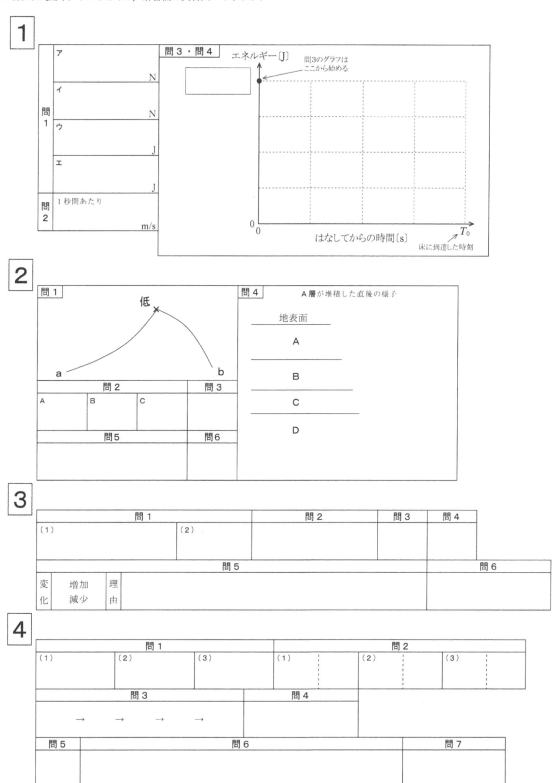

※ 139%に拡大していただくと，解答欄は実物大になります。

1

問1 [　] 問2 [　｜　] 問3 [　｜　] 問4 [　]

問5 [　　　　　　] 問6 [　] 問7 [　] 問8 [　]

問9 [　｜　島] 問10 [　　　　　　] 問11 [　]

問12 [　→　　→　　→　]

問13 a [　] b [　] c [　] d [　] e [　]

2

問1 A [　　] B [　　] C [　　]

D [　] 問2 (1) [　] (2) [　] (3) [　]

問3 (1) [　協定] (2) [　] (3) [　] 問4 (1) [　]

(2) [　　　　　　　　　　　]

問5 (1) [　　] (2) [　]

3

問1 [　] 問2 [　] 問3 [　] 問4 [　]

問5 [　　　　] 問6 (1) [　] (2) [　] 問7 [　]

問8 (1) [　｜　] (2) [　] (3) [　｜　] (4) [　]

問9 [　] 問10 (1) [　] (2) [　]

※１４３％に拡大していただくと、解答欄は実物大になります。

一

問一　〜　。　　〜　。

問二

問三

問四
①
②

問五　2 ｜ 3 ｜ 4

二

問一（30）

問二　ア
　　　イ
　　　ウ

問三

問四　　　　問五

※ 142％に拡大していただくと，解答欄は実物大になります。

(注意)　式や図や計算などは，他の場所や裏面などにかかないで，すべて解答用紙のその問題の場所にかきなさい。

1

(1)　　　　　　　　　　　　　　　　　　　　(2) $x =$　　　　　$,$　$y =$

2

(1) A$($　$,$　$)$, B$($　$,$　$)$, C$($　$,$　$)$

(2)　$($　$,$　$)$

(3)

(4)

3

(1)	組
(2)	組
(3)	組

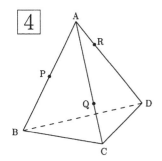

(1)	
(2)	AH =
(3)	AR =
(4)	AQ =　　　　, AR =
	AQ =　　　　, AR =
	AQ =　　　　, AR =
	AQ =　　　　, AR =

※ 150％に拡大していただくと，解答欄は実物大になります。

1

問1　[　　　]

問2　(Kids that I)

問3　ア　[　　　　　　　　　　　　　　　　　　　　　　　　　　　]
　　　　　　[　　　　　　　　　　　　　　　　　　　　　　　　　　　]

　　　　イ　[　　　　　　　　　　　　　　　　　　　　]

問4　4−1 [　　　]　4−2 [　　　]　4−3 [　　　]　4−4 [　　　]　4−5 [　　　]

問5　[　　　　　　　]　　　問6　(crying)

問7　[　　　　　　　　　　　　　　　　　　　　　]　　問8 [　　　]

2

問1　(1) [　　]　(2) [　　]　(3) [　　]　(4) [　　]

問2　[　　　　　　　]　　　問3　[　　　]

問4　ア [　　　　　　　　　　　　]　　イ [　　　　　　　　　　　　]

問5　ア [　　　　　　　　　　　　]　　イ [　　　　　　　　　　　　]

問6　(One way to understand)　　　　　　　　　　　　(a trampoline.)

3　(1) [　　　　]　(2) [　　　　]　(3) [　　　　]　(4) [　　　　]　(5) [　　　　]

4　(1) [　　　　]　(2) [　　　　]　(3) [　　　　]　(4) [　　　　]　(5) [　　　　]

5　[　　　　]

6　(1) He has (　　　　　　　　　　　　　　　　　　) I do.

　　(2) ～your own (　　　　　　　　　　　　　　　　) just in case.

7

Part A　(1) [　　]　(2) [　　]　(3) [　　]

Part B　(1) [　　]　(2) [　　]　(3) A [　　　　　] B [　　　　　]

Part C　(1) [　　]　(2) [　　]　(3) [　　]　(4) [　　]

Part D　(1) [　　]　(2) [　　]　(3) [　　]　(4) [　　]

※ 136％に拡大していただくと，解答欄は実物大になります。

1

問 1	問 2	問 3
		色

問 4		問 5	問 6	問 7
①	②			
			％	

2

問 1	問 2		問 3	
	木星	金星	木星	金星

問 4		問 5		問 6	
木星	金星	木星	金星	木星	金星

3

問 1		問 2
①	②	

問 3	問 4
cm	cm

問 5	問 6
cm	倍

4

問 1	問 2		問 3	問 4
	弁2	弁3	毎分	
			mL	

問 5		
(1)		(2)
下線部1	下線部2	

※ 138％に拡大していただくと，解答欄は実物大になります。

1

問1 [　　] 問2 [　　] 問3 [　　　　　　]

問4 [　　　　　] 問5 [　　　　　　] 問6 [　　　]

問7 [　　] 問8 [　　県　　　市] 問9 [　　　　　　ようなこと]

問10 [　｜　｜　｜　] 問11 [　　　　　] 問12 [　　　　　]

問13 [　　] 問14 [　　　　] 問15 [　　]

問16 [　　　　　　　　　　] 問17 [　┆　┆　┆　]

2

問1 (1) [　　] (2) [　　] 問2 (1) B [　　　　] C [　　　]

(2) A 記号 [　] 首都 [　　　] B 記号 [　] 首都 [　　　　]

(3)（i）[　　　　] （ii）[　] 問3 (1) [　　] (2) [　]

(3) [　　　　　　　　　　　]

問4 (1) D [　　　　　　教] E [　　　教] F [　　　　教]

(2) 記号 [　] 都市 [　　　　] (3) 記号 [　] [　　　海峡]

3

問1 [　　] 問2 [　　　　] 問3 [　　　　　] 問4 [　　]

問5 A [　　] B [　　] C [　　] 問6 [　　] 問7 [　] 問8 (1) [　]

(2) [　　　　　　　　　　]

問9 [　　] 問10 [　　] 問11 [　┆　　]

問12 A [　　　　] B [　　　　] C [　　　　]

Ⅰ

問一　a　　　　b　　　　c　　　　d　　　　e

問二

問三

問四

Ⅱ

問一

問二

Ⅲ

問一　　　　問二

問三

問四

※この解答用紙は152％に拡大していただくと，実物大になります。

(注意)　式や図や計算などは，他の場所や裏面などにかかないで，すべて解答用紙のその問題の場所にかきなさい。

1

(1)	$a =$	(2)	$\triangle OPA : \triangle BPC =$	:

2 (1)

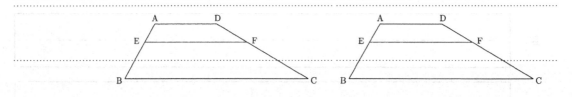

(2)

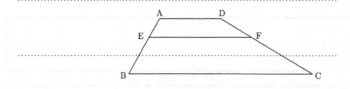

(1)	のとき $S =$
	のとき $S =$
(2)	$x =$

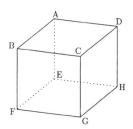

$\boxed{3}$ (2)

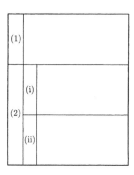

(1)		
(2)	(i)	
	(ii)	

$\boxed{4}$

(1)	
(2)	
(3)	

※この解答用紙は147％に拡大していただくと，実物大になります。

1　問1 ☐　　問2 2A ☐　2B ☐　2C ☐

問3 ☐　　問4 ☐　　問5 ☐　　問6 ☐

問7 (I didn't) ☐　　問8 ☐

問9 ☐　　問10 ☐　　問11 ☐

2　問1 ☐

問2 ☐

問3 ☐

問4 I ☐　II ☐　III ☐　IV ☐

問5 ア ☐　　イ ☐

ウ ☐

問6 ☐　　問7 ☐　　問8 ☐　　問9 ☐

3　Part A　(1) ☐　(2) ☐

(3) ☐

(4) ☐

Part B　(1) ☐　(2) ☐　(3) ☐

4　Part A　(1) ア ☐　イ ☐　(2) ウ ☐　エ ☐

(3) オ ☐　カ ☐

Part B　(1) ☐　(2) ☐　(3) ☐

5　Part A　1 [A] ☐　[B] ☐　[C] ☐　[D] ☐　2 ☐

Part B　1 ☐　2 ☐　3 ☐　4 ☐

Part C　1 ☐　2 (a,b) ☐　(c,d) ☐　3 ☐　4 ☐

Part D　1 ☐　2 ☐　3 ☐　4 ☐

※この解答用紙は135％に拡大していただくと，実物大になります。

1

問 1	問 2	問 3	問 4		
cm			（1）　　　　　　　　分前	（2）	

2

問 1	問 2		問 3
N/cm	M　　　　　　g	m　　　　　　g	g

問 4		
はかり1　　　　　g	はかり2　　　　　g	はかり3　　　　　g

3

問 1		問 2
①	②	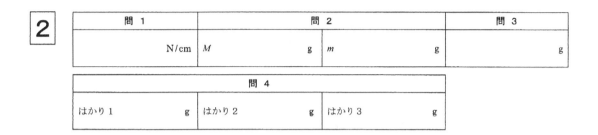

問 3	問 4	問 5	
		③	④

4

問 1	問 2	問 3	問 4	
			①	②

問 5	
x	y

※この解答用紙は132％に拡大していただくと，実物大になります。

1

問1 [　　] 　問2 [　　] 　問3 [　　]

問4 [　　] 　問5 (1) [　　　　　] (2) [　　]

問6 (1) [　　　　] (2) [　　] 　問7 [　　]

問8 [　　　　] 　問9 [　　　　] 　問10 [　　]

問11 (1) [　　　　] (2) [　　] 　問12 [　　] 　問13 [　　]

問14 [　　] 　問15 [　　] 　問16 [　　] 　問17 [　　　　]

問18 (1) [　　] (2) [約　　　　km] 　問19 [　　] 　問20 [　　]

2

問1 A [　　　　　] 　B [　　　　　] 　C [　　　　　]

問2 [　┊　]

問3 (1) [　] (2) [　] (3) [　] (4) [　]

　　(5) [　] (6) [　] (7) [　] (8) [　]

問4 (1) [　　] (2) [　] (3) [　　] (4) [　　]

問5 [　　　] 　問6 [　] 　問7 [　　] 　問8 [　]

問9 [　　語] 　問10 [　　　]

問11 [　　　　　　　　　　　]

※この解答用紙は145%に拡大していただくと、実物大になります。

一

問一　a□　b□　c□　d□　e□

問二

問三

問四

二

問一

問二

三

問一

問二　A□　B□　　問三　□

問四

〈ダウンロードコンテンツについて〉

　本問題集のダウンロードコンテンツ、弊社ホームページで配信しております。現在ご利用いただけるのは「2025年度受験用」に対応したもので、**2025年3月末日**までダウンロード可能です。弊社ホームページにアクセスの上、ご利用ください。

※配信期間が終了いたしますと、ご利用いただけませんのでご了承ください。

高校別入試過去問題シリーズ

開成高等学校　2025年度

ISBN978-4-8141-2902-7

[発行所] 東京学参株式会社

　　　〒153-0043　東京都目黒区東山2-6-4

書籍の内容についてのお問い合わせは右のQRコードから　⇒　

※書籍の内容についてのお電話でのお問い合わせ、本書の内容を超えたご質問には対応
　できませんのでご了承ください。

2024年4月11日　初版